Hermann Kulke
Dietmar Rothermund

GESCHICHTE
INDIENS

Von der Induskultur
bis heute

Kaum ein Land blickt auf eine so lange Geschichte zurück wie Indien, das bis heute durch seine Religiosität fasziniert. In den letzten Jahren hat der indische Subkontinent aber auch durch eine atemberaubende wirtschaftliche Dynamik das Interesse des Westens geweckt. Diese umfassende und anschauliche Darstellung der Geschichte Indiens bietet den Schlüssel zum Verständnis der zweitgrößten Nation und der größten Demokratie der Erde. Die beiden international renommierten Indien-Kenner haben ihr erfolgreiches Standardwerk für diese Sonderausgabe überarbeitet und aktualisiert.

Hermann Kulke, geb. 1938, ist Professor em. für Asiatische Geschichte an der Universität Kiel. Zahlreiche Publikationen zur Geschichte Indiens.

Dietmar Rothermund, geb. 1933, ist Professor em. für Geschichte Südasiens an der Universität Heidelberg. Bei C.H.Beck erschienen von ihm u.a. «Krisenherd Kaschmir» (2002) sowie in der Reihe C.H.Beck Wissen «Mahatma Gandhi» (2003) und «Geschichte Indiens» (2. Aufl. 2006).

Hermann Kulke
Dietmar Rothermund

GESCHICHTE INDIENS

Von der Induskultur
bis heute

Verlag C.H.Beck

Mit 21 Abbildungen und 15 Karten

Die erste Auflage dieses Buches erschien 1982
im Verlag Kohlhammer, Stuttgart.
Die zweite, verbesserte und aktualisierte Auflage erschien 1998 im
Verlag C. H. Beck in der Reihe «Beck's Historische Bibliothek».
Für die broschierte Sonderausgabe wurde der Band erneut
durchgesehen und aktualisiert.

Broschierte Sonderausgabe 2006

© Verlag C. H. Beck oHG, München 1998
Umschlagentwurf: Fritz Lüdtke, Atelier 59, München
Umschlagabbildungen:
vorne: Virupaksha-Tempel in Hampi © Patrick Guedj / Hoa-Qui / laif;
hinten: Der Gott Shiva mit einem Gläubigen in der Form einer Krönung
durch den Großkönig, Darstellung am Tempel
von Gangaikondacholapuram, Tamil Nadu, 11. Jh.,
Photo: Hermann Kulke
Satz: Druckerei C. H. Beck, Nördlingen
Druck und Bindung: Ebner & Spiegel, Ulm
Gedruckt auf säurefreiem, alterungsbeständigem Papier
(hergestellt aus chlorfrei gebleichtem Zellstoff)
Printed in Germany
ISBN-10:   3 406 54997 7
ISBN-13: 978 3 406 54997 7

www.beck.de

Inhalt

Vorwort zur Sonderausgabe   7

Einleitung: Umwelt und Geschichte   9

I. Die frühen Kulturen im Nordwesten 25
   1. Vorgeschichte und Induskultur 25
   2. Einwanderung und Seßhaftwerdung der Aryas 44

II. Die Großreiche des Altertums 67
   1. Der Aufstieg der Gangeskultur und die Großreiche des
      Ostens 67
   2. Zerfall des Großreiches und die Invasionen des Nordens 91
   3. Das klassische Zeitalter der Guptas 108
   4. Der Aufstieg Südindiens 123

III. Die Regionalreiche des frühen Mittelalters 139
   1. Entstehung und Konflikte der Regionalreiche 139
   2. Könige, Fürsten und Priester: Strukturprobleme
      hinduistischer Reiche 163
   3. Götter, Tempel und Dichter: Die Entstehung der
      Regionalkulturen 179
   4. Indiens Einfluß in Südostasien: Ursachen und Wirkungen 195

IV. Religionsgemeinschaften und Militärstaaten
    im Spätmittelalter 207
   1. Die islamische Eroberung Nordindiens und das
      Delhi-Sultanat 207
   2. Die Staaten Zentral- und Südindiens im Zeitalter des
      Delhi-Sultanats 230

V. Aufstieg und Zerfall des Mogulreiches 251
   1. Die Großmoguln und ihre Widersacher 251
   2. Indische Landmacht und europäische Seemacht 270
   3. Der Kampf um die Vormacht in Indien 284

VI. Die Epoche der Kolonialherrschaft 303
    1. Company Bahadur: Händler und Herrscher 303
    2. Das britisch-indische Imperium 319
    3. Entwicklung und Unterentwicklung 332

VII. Der Freiheitskampf und die Teilung Indiens 347
    1. Der indische Freiheitskampf 347
    2. Die Teilung Indiens 375

VIII. Die Republik 391
    1. Die Republik Indien: Staat, Wirtschaft und Gesellschaft 391
    2. Indien in der Weltpolitik: Von der internationalen
       Vermittlung zur regionalen Vormacht 427

Perspektiven 447

Anhang

Literaturhinweise und Anmerkungen 451
Zeittafel 471
Karten 482
Abbildungsnachweis 493
Register 494

Vorwort zur Sonderausgabe

Diese «Geschichte Indiens» ist seit ihrem ersten Erscheinen im Jahre 1982 mehrfach überarbeitet und auf den neuesten Stand gebracht worden. Die vorliegende aktualisierte Sonderausgabe ist bereits die dritte deutsche Auflage. Die englische Ausgabe hat 2004 schon die vierte Auflage erreicht. In Indien ist diese Ausgabe weit verbreitet und wurde von den zuständigen Stellen sogar als Lehrbuch empfohlen. Bereits 1991 ist eine italienische Übersetzung erschienen, in jüngster Zeit folgten eine türkische und eine rumänische Übersetzung. Die Verfasser sind über die Resonanz, die ihre Arbeit gefunden hat, sehr erfreut, weil sie auf diese Weise die Kenntnisse, die sie in langen Jahren der Forschung und Lehre an den Universitäten Kiel und Heidelberg erworben haben, einer internationalen Leserschaft vermitteln können.

Die Jahrtausende der indischen Geschichte lassen sich kaum von einem einzigen Autor erfassen. Deshalb ist die vorliegende Darstellung von zwei Verfassern geschrieben worden, deren Fachgebiete sich ergänzen und die das Glück gehabt haben, fast zwei Jahrzehnte am Südasieninstitut der Universität Heidelberg zusammenzuarbeiten und sich über ihre Forschungserfahrungen auszutauschen. Hermann Kulke hat sich bei seinem Studium des Sanskrit und der Geschichte zunächst mit der Tradition der südindischen Tempelstadt Chidambaram beschäftigt und danach mit den Beziehungen zwischen Tempelkult und Königtum in Orissa. Ferner hat er den Einfluß der höfischen Kultur des indischen Mittelalters auf Südostasien untersucht. Zu allen diesen Themen hat er umfangreiche Veröffentlichungen vorgelegt. Dietmar Rothermund wandte sich nach Studien der europäischen und der amerikanischen Geschichte der indischen Geschichte zu und schrieb ein Buch über den indischen Freiheitskampf. Später entstand dann eine politische Biographie Mahatma Gandhis. Ferner beschäftigte er sich intensiv mit der indischen Wirtschaftsgeschichte. Einem Buch über die britisch-indische Agrargesetzgebung folgte eine Monographie über die Einwirkung der Weltwirtschaftskrise auf Indien. Daneben arbeitete er auch auf dem Gebiet der Geschichte der indischen Außenpolitik.

Die Verfasser haben sich zwar die Arbeit an diesem Buch geteilt, sich aber dabei darum bemüht, eine Darstellung aus einem Guß zu schaffen. Hermann Kulke schrieb die ersten vier Teile und Dietmar

Rothermund die Einleitung und die übrigen Teile des Buches. Für die Ratschläge bei der Überarbeitung des ersten Teils über die frühen Kulturen danken wir Dr. Martin Brandtner, Kiel.

Auf Fußnoten wurde in diesem Buch verzichtet, statt dessen sind die Quellenangaben und Nachweise wörtlicher Zitate den nach Kapiteln geordneten Literaturhinweisen hinzugefügt worden. Eine ausführliche Zeittafel gibt den ereignisgeschichtlichen Überblick, der im Text zugunsten einer strukturgeschichtlichen Behandlung des Themas zurückgestellt wurde. Bei der Transkription indischer Wörter und Namen wurde die international übliche Form gewählt und auf diakritische Zeichen verzichtet. Bei Namen und Wörtern, die mit C beginnen, muß der Leser beachten, daß dieses C wie tsch (vgl. englisch «church») ausgesprochen wird. Die indische Devanagari-Schrift übertrifft unsere Schrift in der Genauigkeit der Wiedergabe phonetischer Einzelheiten. Eine Textedition ist daher ohne eine wissenschaftlich genaue Transkription undenkbar. Für das vorliegende Buch genügt jedoch die vereinfachte Umschrift, da nur Wörter und Namen genannt werden, mit deren Verwechslung aufgrund unzureichender Transkription nicht zu rechnen ist.

Dr. Georg Berkemer, Heidelberg, gilt unser Dank für die vielfältige Hilfe, die er uns bei der Überarbeitung der zweiten Auflage geleistet hat. Sie ist auch dieser Sonderausgabe zugute gekommen.

Kiel und Heidelberg, im Januar 2006 *Hermann Kulke*
Dietmar Rothermund

Einleitung

Umwelt und Geschichte

Umwelt – das ist die Welt in ihrer Beziehung auf einen lebendigen Mittelpunkt, der Standort der Pflanze, die Jagd- oder Weidegründe des Tieres, der Lebensbereich des Menschen. Für den Menschen ist dieser Lebensbereich sowohl durch objektive Gegebenheiten als auch durch subjektive Erfahrungen bestimmt. Die Natur setzt ihm Grenzen, er überwindet sie mit Werkzeugen. Er gestaltet seine Umwelt und macht Geschichte. Im Laufe dieser Geschichte sind es nicht mehr nur die Grenzen der Naturgegebenheiten, sondern die der Erfahrung und Erkenntnis, die es zu überwinden gilt. Von der Anpassung an die natürliche Umwelt mit Hilfe einfachster Mittel bis zur Hochkultur wandelt sich der Erfahrungshorizont und die regionale Reichweite menschlicher Beziehungen. Dementsprechend wandelt sich auch das auf den Menschen bezogene naturgegebene Umfeld, der Erkenntnisstand bestimmt den Aktionsradius. Jäger und Sammler, nur mit Faustkeil oder Steinaxt gerüstet, lebten an den Nahtstellen von Wald und Steppe oder in offenen Flußtälern. Für sie waren gerade jene Gebiete geeignet, die später für den seßhaften Bauern mit Gespann und Pflug wenig hergaben und daher gemieden wurden. Der Bauer wiederum zog zunächst die leichteren Böden und das Schwemmland großer Flüsse vor. Erst als eiserne Werkzeuge ihm das Roden erlaubten, konnte er seine Umwelt neu gestalten und weite fruchtbare Ebenen und Küsten urbar machen. Vor allem dort, wo Klima und Regenfall eine gute Getreideernte erlaubten, wuchs dann die Bevölkerung, und es entstanden große Reiche, die freilich in ihrer Machtentfaltung eng an diese Agrarbasis gebunden waren.

Die indische Geschichte zeigt diese Entwicklung sehr deutlich. Funde aus der Steinzeit stammen zum größten Teil aus Gebieten, die später nicht Zentren bedeutender Reiche wurden: Die Gegend zwischen Udaipur und Jaipur, das Tal der Narmada, die Ostseite der Gebirge an der Westküste, das Land zwischen Krishna und Tungabhadra (Raichur Doab), der Teil der Ostküste, in dem das Hochland dem Meer am nächsten ist, und schließlich die Ränder des Chota Nagpur Plateaus im Nordosten Indiens (siehe Karte 2).

Etwa um 7000 v. Chr., so nimmt man aufgrund neuerer Forschungsergebnisse an, wurde mit dem Anbau von Getreide in Südasien begonnen. Dies war eine Zeit erhöhter Niederschläge in Indien, das seit eh und je vom Monsun, dem regenträchtigen Südwest- und Südost-Wind, abhängt, der langfristig durch die Schwankungen der Erdachse beeinflußt wird. Der frühe Getreideanbau in dieser monsungünstigen Zeit war sicher noch sehr verstreut in jedem Sinne des Wortes und bot keine Grundlage für umfassendere politische und kulturelle Strukturen.

Die Vorläufer der Induskultur experimentierten in Baluchistan mit kleineren Anlagen zur Bebauung von Schwemmland, ehe sie sich in die weite Ebene des Indus wagten. Sie bauten Steinmauern (*gabarbands*), die nach den jährlichen Regenfällen das Schwemmland zurückhielten. Anfänglich hielten die Archäologen diese Mauern für Bewässerungsdämme, aber Löcher in den Mauern zeigten an, daß diese Erde und nicht Wasser zurückhalten sollten. Solche Bauwerke wurden in der Nähe von Quetta und Las Belas sowie im Bolan-Tal gefunden. In diesem Tal liegt auch Mehrgarh, das im nächsten Kapitel ausführlich beschrieben wird.

Paläobotanische Untersuchungen haben ergeben, daß der Regenfall in der gesamten Region um 3000 v. Chr. angestiegen ist. Zu dieser Zeit wurden wohl die neuen Methoden der Schwemmlandbebauung nicht nur in der Indus-Ebene, sondern auch im benachbarten Ghaggar (Hakra)-Tal eingeführt. Dieser Fluß verlief in einer Entfernung von 100 bis 120 km parallel zum Indus. Wahrscheinlich war dieses weiter östlich gelegene Tal für die frühen Siedler sogar attraktiver als das Indus-Tal mit seinen enormen Überschwemmungen. Der Indus führte bis zu zweimal mehr Wasser als der Nil und stellte daher hohe Ansprüche an die, die seine Überschwemmungen nutzen wollten. Die Erbauer von Harappa und Mohenjo Daro waren Meister des Wasserbaus, wie die Wasserleitungen und Drainagesysteme ihrer Städte zeigen. Welche Methoden sie in der Landwirtschaft benutzten, wissen wir noch nicht. Es sind bisher keine Dörfer der Induskultur im Umkreis dieser Städte gefunden worden. Vielleicht waren die landwirtschaftlichen Arbeiten wegen der großen Überschwemmung jahreszeitlich begrenzt, und es wurden gar keine permanenten Siedlungen auf dem Lande errichtet. Die Bebauung der Ebene wurde dann vermutlich von den Städten aus organisiert, die auch bedeutende Handelszentren waren. Harappa, das an der Grenze zwischen Ackerbau und Weidewirtschaft lag, war offenbar eine Art Brückenkopf, auf den die Handelsstraßen aus dem Norden zuliefen. Metalle und kostbare Steine kamen aus den Bergen und fanden über die Indusstädte den Weg in den internationalen Seehandel. Die Induskultur pflegte rege Handelsbeziehungen zu den Staaten Mesopotamiens. Aus deren Quellen ist belegt, daß Schiffe aus Meluhha (der Eigenname der Induskultur) den Euphrat hinauffuhren, und daß es in Akkad zu Zeiten des Königs Sargon (ca. 2290 v. Chr.) einen offiziellen Dolmetscher der Meluhha-Sprache gab.

Während die beiden großen Indusstädte, soweit wir bisher wissen, nicht an der Spitze von Siedlungshierarchien von Städten und Dörfern zweiter und dritter Ordnung gestanden haben, war dies im Ghaggar-Tal ganz anders. Die Stätte von Ganweriwala nahe Derawar Fort, die zwar identifiziert, aber noch nicht ausgegraben worden ist, soll die Überreste einer Stadt bergen, die mindestens so groß wie die Indusstädte war. Ganweriwala ist von einer großen Zahl kleinerer Siedlungen umgeben, die ebenfalls noch ausgegraben werden müssen. Hier scheint sich eine Siedlungshierarchie abzuzeichnen. Vielleicht war Ganweriwala sogar die Hauptstadt der Induskultur, während die Indusstädte ihre mächtigen Außenposten waren. Von Mohenjo Daro läßt sich mit Sicherheit sagen, daß es eine in ihrer Gesamtheit geplante Stadt war, die von den Menschen einer bereits voll entwickelten Hochkultur errichtet wurde. Es könnte sein, daß der Plan zu dieser Gründung in einer anderen Stadt konzipiert worden ist, in der die Vorbedingungen für diese Art des Städtebaus bereits geschaffen worden waren.

Archäologische Befunde weisen auf ein plötzliches Austrocknen des Ghaggar-Tals um 1700 v. Chr. hin, das vermutlich durch eine tektonische Verwerfung verursacht wurde. Die Yamuna, die jetzt parallel zum Ganges nach Osten fließt, könnte durch das Ghaggar-Tal nach Westen geflossen sein, bis eine solche Verwerfung ihren Lauf änderte. Zwischen Jagadhri und Ambala beträgt die Entfernung zwischen dem alten Ghaggar-Tal und dem heutigen Tal der Yamuna nur etwa 70 km. Das Land dort ist recht flach, und eine geringfügige Neigung nach Osten könnte die schicksalhafte Änderung des Flußlaufs bewirkt haben. Die alte indische Festlandsscholle stößt hier gegen den Himalaya. Sie bewegt sich auch heute noch und bewirkt immer wieder Erdbeben. Es gibt auch die Hypothese, daß damals zur gleichen Zeit tektonische Verwerfungen die Mündung des Indus verriegelten und zu einem Rückstau führten, der Mohenjo Daro im Wasser versinken ließ. Diese Hypothese wird von Gelehrten bestritten, die meinen, daß der gewaltige Indus sich nie hätte aufhalten lassen und sich sofort einen anderen Weg ins Meer gebahnt hätte. Doch selbst wenn man dem zustimmt, könnte man doch annehmen, daß ein einmaliger Rückstau oder mehrere jahreszeitliche Wiederholungen genügt hätten, um Mohenjo Daro bleibenden Schaden zuzufügen. Es wäre also möglich, daß tektonische Verwerfungen die Zentren der Induskultur ausschalteten und die Organisation vernichteten, die diese Hochkultur erhielt. Die Induskultur zeigte eine weit größere technische Perfektion und Uniformität als die Kultur Mesopotamiens, sie war wohl deshalb auch verwundbarer. Während in Mesopotamien immer neue Reiche entstanden, die eine gewisse kulturelle Kontinuität wahrten, erwies sich die Induskultur als nicht regenerierbar. Vielleicht war sie zu hochgradig spezialisiert und hatte sich der Umwelt, der sie ihren Aufstieg verdankte, so gut angepaßt, daß sie den Wandel dieser Umwelt nicht überleben konnte.

Eine Region blieb von der Umweltkatastrophe zunächst verschont: die Halbinsel Kathiawar in Gujarat. Diese war von den Menschen der Induskultur kolonisiert worden und wurde für sie zur wichtigen Verbindung mit der Außenwelt. Bedeutende Stätten sind hier identifiziert, aber noch nicht ausgegraben worden. Dholavira kommt dabei besondere Bedeutung zu. Es liegt im Rann von Kutch, heute weit von der Küste entfernt, aber seinerzeit wohl ein bedeutender Seehafen. Auf der anderen Seite der Halbinsel liegt Lothal, das ebenfalls als Seehafen der Induskultur gilt. Hier haben bereits Grabungen stattgefunden, deren Ergebnisse im nächsten Kapitel vorgestellt werden. Der Seehandel über Oman brachte die afrikanische Hirse in diese Gegend und gab der Landwirtschaft im trockenen Binnenland der Halbinsel Auftrieb. Die üblichen Getreidesorten der Induskultur, Weizen und Gerste, konnten dort nicht angebaut werden. Die Hirse war also von geradezu strategischer Bedeutung für die Kolonisierung dieser Gebiete durch die Menschen der Induskultur und breitete sich von hier auch auf das Hochland im Osten aus.

Die gesamte Region, in der die Induskultur vorherrschte, war sehr groß. Späte Ausläufer der Induskultur sind sogar in Daimabad in Maharashtra gefunden worden. Shortugai in Badakshan, Afghanistan, ist bisher der nördlichste Stützpunkt der Induskultur, den die Archäologen finden konnten. Die Entfernung von Daimabad bis Shortugai beträgt rund 2400 km. Solche fernen Außenposten sowie die nicht von den tektonischen Verwerfungen betroffenen Städte verfielen, als das Herzland unterging und nicht mehr durch Handel und kulturelle Oberaufsicht den Zusammenhalt des Kulturgebiets garantierte. Die Siedlungen, die nachweislich einer späteren Zeit angehören, aber noch Spuren des Einflusses der alten Kultur zeigen, wurden bisher von den Archäologen als «Spät-Harappa» (ca. 1700–1500 v. Chr.) eingestuft, neuerdings setzt sich jedoch die Bezeichnung «post-urban» für diese Periode durch. Es verging etwa ein Jahrtausend, bis in Indien, dann aber in der Ebene von Ganges und Yamuna, eine zweite urbane Kultur entstand.

Neben den tektonischen Verwerfungen haben auch andere ökologische Faktoren zum Untergang der ersten urbanen Kultur beigetragen. Paläobotanische Forschungen weisen darauf hin, daß die «post-urbane» Periode von einem bemerkenswerten Rückgang der Regenfälle gekennzeichnet war. Die Wirkungen einer solchen «Großwetterlage» machen sich langsamer bemerkbar, sind aber auch viel nachhaltiger als die Wirkungen tektonischer Verwerfungen. Nomadische Rinderhirten wie die Einwanderer, die sich selbst «Arya» (die Edlen) nannten, konnten die neue Situation besser bewältigen als die Bauern, die vom reichlichen Fluß des Wassers profitiert hatten. Nachdem sie ihr Vieh zunächst im Panjab geweidet hatten, brachen die «Aryas» nach Osten auf, wo der Regenwald der Ganges-Ebene vermutlich durch die Abnahme der Regenfälle zurückging und zur Brandrodung einlud.

Der Weg nach Osten war den Einwanderern geradezu durch ihre Blickrichtung vorgezeichnet. Sie «orientierten» sich im wahren Sinne des Wortes am Sonnenaufgang und nannten den Osten das, was vor ihnen, den Westen das, was hinter ihnen war. Zur rechten Hand (*Dakshina*) lag dann der Süden, von dem sie zunächst nur eine sehr ungenaue Vorstellung hatten. Dakshinapatha, der Weg nach Süden, war durch ödes Hochland und Bergketten erschwert. Die Gangesebene dagegen erschloß sich ihnen leichter. Ihre alte Sitte des Pferdeopfers (*ashvamedha*) ist für die damalige Struktur von Herrschaft und Umwelt charakteristisch. Ehe der König das Pferd feierlich opferte, ließ er es ein Jahr frei herumlaufen, und wer ihm in den Weg trat, mußte sich zum Kampf stellen, wer es gewähren ließ, erkannte damit stillschweigend die Herrschaft des Königs an – eine sehr flexible Art der Grenzbestimmung.

Im 6. Jahrhundert v. Chr. machten sich dagegen neue Tendenzen bemerkbar, die zur Entstehung des ersten indischen Großreiches führten. Die große Ostmark der Gangesebene, das heutige Bihar und Bengalen, war noch nicht unter den direkten politischen Einfluß der Einwanderer gekommen, stand aber offensichtlich in engem Kulturkontakt mit ihnen. Buddhismus und Jainismus entstanden in dieser Zeit in der Region, in der die Kulturkontakte am intensivsten waren. Der buddhistische Mönchsorden erwies sich dann bei der kulturellen Durchdringung der großen Ostregion zunächst als wesentlich effektiver als die Brahmanen. Diese politisch noch wenig strukturierte Region wurde nicht in gleichem Maße wie die obere Gangesebene von vielen kleinen miteinander rivalisierenden Königen beherrscht und lud daher geradezu zur Errichtung eines Großreiches ein. Reiche Eisenerzvorräte im angrenzenden Hügelland lieferten Material für Werkzeuge und Waffen. Die fruchtbare Ebene bot dem Großreich eine gute Agrarbasis. Reis gedieh in Indien nur in den Gebieten gut, die weniger als 300 Meter hoch liegen und mindestens 1000 Millimeter Jahresniederschläge haben. Die Nordostebene ist das größte Gebiet dieser Art in Indien.

Die Unterwerfung der vielen kleinen Könige der oberen Gangesebene war den Herrschern des neuen Ostreiches ein leichtes. Durch die Kontrolle der Handelsstraßen spannten sie dann ein Herrschaftsnetz von großer Reichweite. Freilich dürfte diese Herrschaftsreichweite in den ferner liegenden Gebieten nicht mit einer großen Herrschaftsintensität verbunden gewesen sein. Aber es wurde auf diese Weise ein Informationsstand erreicht, der es nach dem Zerfall des Großreiches vielen Herrschern in ganz Indien ermöglichte, diesem Beispiel nachzueifern und ein mehr oder weniger gut organisiertes Reich zu errichten, das sich von den alten Königreichen der oberen Gangesebene deutlich unterschied. Wenn der Shatavahana-König, der im Hochland ein Großreich errichtete, auf der Höhe seines Erfolges ein Pferdeopfer nach alter Sitte zelebrierte, dann hatte das nichts mit dem flexiblen Souveranitätstest früherer Zeiten zu tun, sondern bedeutete eine kulturelle Legitimation des siegreichen Herrschers. Diese Legitimationsfunktion der Sitten der alten Königreiche blieb erhalten und bewirkte die Kontinuität des Herrschaftsstils.

Dieser idealtypische Bezug auf das Altertum, der nicht erst von romantischen Historikern später in die indische Geschichte hineininterpretiert worden ist, sondern durchaus dem Selbstverständnis der Herrscher Indiens entsprach, erschwert die Abgrenzung der historischen Perioden, die uns in der europäischen Geschichte als Altertum, Mittelalter und Neuzeit vertraut sind. Man hat sich daher in der indischen Geschichtsschreibung gern mit einer anderen Dreiteilung beholfen, die einer hinduistischen Periode eine islamische und schließlich eine britische folgen läßt. Das ist eine ideologische Periodisierung, die bei Hindus und Muslims gleichermaßen zur Selbsttäuschung führte. Die Hindus sahen die vorislamische Zeit als ein goldenes Zeitalter, eine heile Welt, die zuerst von der islamischen und dann von der britischen Fremdherrschaft überwältigt wurde. Diese Sichtweite bestätigte indirekt die der Muslims, die ihrerseits die sogenannte islamische Epoche als eine Zeit gesamtindischer Vorherrschaft des Islam betrachteten und die vielfältigen Beziehungen, die in dieser Zeit zwischen Hindus und Muslims bestanden, übersahen. Der Begriff einer britischen Epoche erfreute sich ebenfalls einer allgemeinen Zustimmung bei Herrschern und Beherrschten, verhinderte aber gerade darum die Einsicht in die Kontinuität der geschichtlichen Entwicklung und in die Marginalität des britischen Einflusses. Die jüngere Generation der indischen Historiker steht dieser Periodisierung denn auch sehr kritisch gegenüber, aber es fehlt bisher an Alternativen. Hier soll deshalb der Versuch gemacht werden, eine Periodisierung aus der Beziehung der Akteure des geschichtlichen Prozesses zu ihrer Umwelt zu entwickeln.

Im Mittelpunkt der alten indischen Geschichte steht die Gestalt des «Cakravartin», des Welteroberers. Die zu erobernde Welt ist zunächst einmal die dem Eroberer bekannte indische Umwelt in den Erkenntnisgrenzen seiner Zeit. Kämpfe untereinander und mit aus dem Norden einbrechenden Fremdlingen gaben den Königen des Altertums immer wieder Gelegenheit, dem Eroberungsauftrag nachzukommen. Am Ende und Höhepunkt des Altertums gelang es den Kaisern der Gupta-Dynastie, diesem Ideal nahezukommen. Mit dem Zerfall ihres Großreiches beginnt das Mittelalter, in dem das Gupta-Vorbild in vielen Regionalstaaten kopiert wird. Das politische System, das dieser Tradition entsprach, war die konzentrische Monarchie, theoretisch universal, praktisch aber der jeweiligen Umwelt angepaßt. Wie die Wellen, die entstehen, wenn man einen Stein ins Wasser wirft, war die Ausstrahlung dieser Herrschaft nahe dem Mittelpunkt stark und sichtbar und nahm mit der Entfernung ab. Im Interferenzbereich gab es dann Konfliktpunkte, aber auch Stellen, wo lokale Machthaber selbständig schalten und walten mochten. Der König war kein «orientalischer Despot», sondern eine Kulturgestalt und fand als solche Anerkennung. Die Vermittler der Kultur waren die Brahmanen, mit denen sich jeder König umgab. Universale Idee und regionale Praxis des Königtums wurden von ihnen in einem den Gegebenheiten entsprechenden Entwurf verbunden. Der Herrschaftswettbewerb führte zu einer fortschreitenden Durchdringung der Umwelt und einer Symbiose von königlichem und lokalem Einfluß im Sinne gegenseitiger Bestätigung. In der Zeit vom 5. bis 9. Jahrhundert erfaßt dieser Prozeß nach und nach ganz Indien. Eine höfische Kultur hohen Ranges entsteht überall und dringt bis nach Südostasien vor. Im späteren Mittelalter kommt es dann zur Verfeinerung dieser höfischen Kultur bis hin zur Erstarrung, zugleich machen sich volkstümliche religiöse Bewegungen bemerkbar, denen auch die Regionalsprachen, die sich vom höfischen Sanskrit absetzen, ihre lebendige Entwicklung verdanken. Am Ende des Mittelalters fügen sich Staatenbildungen islamischer Eroberer aus dem Norden in dieses Muster ein und prägen eine höfische Kultur auf einer anderen religiösen Grundlage, aber mit durchaus ähnlicher Funktion.

Die Neuzeit beginnt mit der Herrschaft der Mogul-Dynastie, die den Versuch unternimmt, Indien unter ein einheitliches, rationales und zentralisiertes Verwaltungssystem zu bringen, und in dieser Beziehung viele Gemeinsamkeiten mit den europäischen Herrschern des Zeitalters des Absolutismus hat. Das Großreich dieser Dynastie zerbricht im 18. Jahrhundert. Aber so, wie dereinst die höfische Kultur der Gupta-Kaiser nachgeahmt wurde, blieben die neue höfische Kultur der Mogul-Dynastie und ihr Verwaltungssystem ein Vorbild für die regionalen Herrscher, die das Reich aufteilten. Die Briten übernahmen schließlich das Erbe des Mogul-Verwaltungssystems und einigten Indien auf dieser Grundlage.

Der historische Prozeß, der hier kurz skizziert worden ist, wurde vom Wandel der Kriegskunst entscheidend beeinflußt. Die Könige des frühen Altertums zogen mit leichten, zweirädrigen Kampfwagen in die Schlacht. Ihre Nachfolger stiegen auf Elefanten um und führten große Heere an. Der Elefant war die Wunderwaffe des ersten indischen Großreiches gewesen. Die größte Militärhilfeaktion des Altertums war Candraguptas Entsendung von 500 Elefanten an seinen Bundesgenossen Seleukos. Zwischen Elefant und Macht bestand ein enges gegenseitiges Verhältnis. Nur ein reicher Herrscher konnte es sich leisten, eine große Zahl gut trainierter Kriegselefanten zu halten. Die Haltung solcher Elefanten war eine zentrale Angelegenheit und bedingte eine entsprechende Machtkonzentration, die die Beherrschung eines gewissen Territoriums zugleich erforderte und ermöglichte.

Die traditionelle indische Schlachtordnung, die im Schachspiel nachgestaltet worden ist, stammt aus dem Altertum und blieb für zwei Jahrtausende verbindlich. Der König leitete die Schlacht vom Rücken seines Elefanten, er durfte sich nicht allzusehr exponieren, weil die Schlacht verloren war, wenn er vom Feind umringt wurde. Die Dynamik der Schlacht hing von den Kavallerieoffizieren ab. Flankenschutz boten wiederum die Elefanten, und ein großes, meist recht schwerfälliges und schlecht trainiertes Fußvolk bildete Vorhut und Nachhut. Schlachten dieser Art waren umständliche und aufwendige Unternehmungen. Auf diese Weise entstand ein Machtoligopol, das in dem gegebenen geopolitischen Rahmen zur Bildung von regionalen Schwerpunkten führen mußte. Die Struktur des indischen Subkontinents bietet günstige Voraussetzungen für die Herausbildung regionaler Machtkonzentrationen bei einem mehr oder weniger gleichförmigen Stand staatlicher Organisation und Kriegstechnik, die eine mittlere Herrschaftsreichweite im Umkreis von 200 bis 300 km und eine Interventionsreichweite über Strecken von 700 bis 900 km ermöglichte. Herrschaftsreichweite bedeutet in diesem Zusammenhang die Aufrechterhaltung unmittelbarer Kontrolle und den Anspruch auf Steuern und Abgaben, Interventionsreichweite bezieht sich auf die Entsendung von Heeren zur Unterwerfung anderer Herrscher, die aber meist in ihrer regionalen Herrschaftsfunktion belassen wurden oder aber durch andere Vasallen ersetzt werden mußten. Die Großregionen Indiens, die sich in 18 Teilregionen untergliedern lassen, sollen im folgenden vorgestellt werden. Hier sei vorweggenommen, daß wegen dieses Verhältnisses von Herrschaftsreichweite und Interventionsreichweite zumeist in jeder Großregion eine Vormacht bestand, die in einer Teilregion ihren Herrschaftsschwerpunkt hatte, aber aufgrund ihrer Interventionsmöglichkeit andere Mächte derselben Großregion mehr oder weniger von sich abhängig machte. Insgesamt gibt es drei Großregionen mit je vier Teilregionen und eine Zwischenregion mit sechs Teilregionen. Für das Verhältnis der Großregionen zueinander ist diese Zwischenregion von besonderer Bedeutung, weil sie die Nord-Süd-Interventionsreichweite entscheidend beeinflußte.

Die erste Großregion besteht aus dem Band der Flußebenen des Nordens, das sich in einer Breite von rund 300 km und einer Länge von rund 3000 km von der Indusmündung bis zur Gangesmündung am Fuß der Gebirge entlangzieht. Die beiden anderen Großregionen sind die Ostküste und das Hochland, die von der Nordregion durch die rund 600 km breite und 1700 km lange Zwischenregion, die von Gujarat bis Orissa reicht, getrennt werden. Die vier Teilregionen der Nordebene sind das Kerngebiet des ersten Großreiches (Bihar, Bengalen), die mittlere Gangesebene zwischen Benares und Kanpur, die Zentralregion um Agra und Delhi und das Indusgebiet. Die Zwischenregion ist zugleich Mittler und Puffer zwischen der Nordregion und den Regionen des Südens. Sie ist öde und unwegsam, ein Rückzugsgebiet der Stammesbevölkerung. Noch heute enthält sie die größten Waldgebiete des sonst meist entwaldeten Indiens. Die Endpunkte dieser Region, die Küstenprovinzen Gujarat und Orissa im Westen und im Osten, sind auf jeweils besondere Weise von den anderen Regionen getrennt; Gujarat durch die Wüste im Norden und die Gebirge im Osten, Orissa durch Gebirge und reißende Flüsse, die die Verbindungen von Norden nach Süden oft monatelang unterbrechen können. Im Inneren der Zwischenregion gibt es vier voneinander isolierte Enklaven: die fruchtbare Ebene von Chattisgarh, die im Altertum den Namen Dakshina Kosala trug, Vidarbha, die Gegend um die heutige Stadt Nagpur, das Malwa-Plateau um Ujjain und Indore, im Altertum unter dem Namen Avanti bekannt, und schließlich das Land der Rajputen zwischen Udaipur und Jaipur. Natürlich gab es unter den Enklaven der Zwischenregion vielfältige Kulturkontakte. Einflüsse aus anderen Regionen wurden hier ebenfalls besonders gut bewahrt. Gujarat und Orissa waren darüber hinaus durch ihre Küstenlage geradezu prädestiniert, Verbindungen mit anderen Teilen Indiens und der Welt jenseits der Meere zu halten. Im politisch-militärischen Sinne war jedoch diese Zwischenregion eine große Barriere zwischen den Reichen des Nordens und des Südens.

Die vier Schwerpunkte der Hochlandregion des Südens sind die fruchtbare Gegend des Dekhan-Lava-Plateaus um Aurangabad und Paithan; die Zentralregion um Haiderabad, die auch die alten Hauptstädte Kalyani, Manyakheta und Bidar umfaßt, die Region, die von Bijapur über Badami bis Vijayanagara die alten Zentren des südlichen Hochlandes enthält und das Gebiet um Mysore, einst Stammland der Hoysalas und später die Hochburg Tipu Sultans.

Die Küstenregion im Osten hat wiederum vier Schwerpunkte: Das Krishna-Godavari-Deltagebiet mit der alten Hauptstadt Vengi; Tondaimandalam, das Gebiet um Kanchi, Hauptstadt des Pallavareiches, das Kaveri-Delta, Kerngebiet des Colareiches, und das Gebiet um Madurai, Schwerpunkt des Pandya-Königreiches. Während die letzten drei Teilregionen unmittelbar aneinandergrenzen, schiebt sich zwischen die erste und die zweite wie ein Riegel ein Gebiet, in dem das Hochland nahe an die Küste heranreicht (Rayalaseema). An dieses Gebiet schließt sich übrigens im Westen eine Region an, die eine ähnliche Schwellenfunktion im Hochland hat, das Raichur Doab (Zweistromland) zwischen den Flüssen Krishna und Tungabhadra, ein altes Kulturland reich an Tempeln und vorgeschichtlichen Funden, das jedoch nie selbst zum Schwerpunkt eines Reiches wurde, dafür aber oft als Grenzgebiet umkämpft wurde. Hindukönige vermieden es, ihre Hauptstadt in der Nähe des Zusammenflusses zweier großer Flüsse zu errichten, denn diese Orte galten als heilig und waren Wallfahrtsstätten, zu denen man auch Rivalen den Zugang nicht verwehren durfte. Ein anderes bemerkenswertes Gebiet ist das zentrale Hinterland der drei südlichen Teilregionen, das Kongu-Land um Coimbatore, das offenbar schon im Altertum eine bedeutende Rolle gespielt hat, denn von den in Südindien gefundenen römischen Münzen befinden sich die meisten Fundstellen hier. Doch keine bedeutende Dynastie ist mit diesem Gebiet verbunden, es sei denn die der Kalabhras, die vom 4. bis 6. Jahrhundert auch die Ostküste beherrschten, deren Herkunft aber bisher noch nicht geklärt ist.

Die Westküste, die bisher nicht erwähnt wurde, kann im Zusammenhang der regionalen Machtkonzentrationen vernachlässigt werden, weil sie als schmaler, vielfach unterteilter Landstreifen am Fuße der schroffen Abhänge des Gebirges keinem Herrscher eine genügende Machtbasis bot. Als Mittler zwischen den Landmächten und den Einflüssen aus Übersee hat die Westküste jedoch eine bedeutende Rolle gespielt.

Die Hauptstädte der Königreiche, die in diesen regionalen Zentren entstanden, haben mit wenigen Ausnahmen die Jahrhunderte nicht überdauert. Heute künden oft nur ein paar Ruinen von ihnen, oder es gibt noch ein Dorf, das den großen alten Namen trägt. Diese Vergänglichkeit der Städte hat mehrere Gründe. Sie alle lebten vom Überschuß, den die Landwirtschaft erbringen mußte, und verdankten ihr Dasein nur dem Herrscher, der es vermochte, diesen Überschuß an sich zu ziehen. Mit der Herrschaft vergingen auch diese Städte, und wenn in der betreffenden Region eine neue Dynastie aufstieg, baute sie meist eine neue Hauptstadt an anderer Stelle auf. Im zentralen Bereich der meisten Regionen gab es viele Stellen, die dafür geeignet waren, und dieser Bereich ist geradezu markiert durch die Häufung vergangener Hauptstädte. Nur in wenigen Ausnahmen zwang eine besonders günstige strategische Lage zum immer wiederholten Bau neuer Städte an einer bestimmten Stelle. Das Musterbeispiel hierfür ist Delhi, das auf der Schwelle zum fruchtbaren Doab, dem Zweistromland zwischen Yamuna und Ganges, liegt. Die Ausläufer der Aravalli-Hügelkette treten hier nahe an die Yamuna heran, die bei Delhi breit und flach dahinfließt – ein strategisch äußerst wichtiges Einfallstor, das dem, der es beherrschte, eine Schlüsselstellung sicherte. So findet man denn auch an dieser Stelle auf engstem Raum Dutzende alter Hauptstädte, die im Laufe von rund zwei Jahrtausenden über- und nebeneinander gebaut worden sind. Eine andere kontinuierliche Stadt dieser Art ist Patna, das alte Pataliputra, das auf einem Hochufer liegt und bei den großen Überschwemmungen der Monsunzeit wie eine Insel aus dem Flußmeer des Ganges hervorragt. Weder auf den Plateaus des Hochlandes noch in den Niederungen der Ostküste gibt es Städte, die mit solcher Zwangsläufigkeit immer wieder an derselben Stelle errichtet werden mußten. Das Regionalmuster blieb konstant, die Anordnung der Hauptstädte innerhalb der Regionen war zumeist beliebig.

Die großen Entfernungen, die die regionalen Zentren indischer Reiche voneinander trennten, bewirkten oft eine konfliktfreie Zeitgenossenschaft großer Herrscher des Nordens und des Südens oder des Westens und des Ostens. Interventionen jenseits der breiten Zwischenzone erwiesen sich immer wieder als problematisch. Die Lösung, ein Großreich von zwei Hauptstädten aus zu regieren, von denen die eine Delhi war, die andere, Daulatabad oder Aurangabad, 1000 km von Delhi entfernt in der ersten Teilregion des Hochlandes lag, war nie sehr lange erfolgreich. Auch die Zentren des Hochlandes und der Ostküste waren noch weit genug voneinander entfernt, um dauerhafte Eingriffe zu erschweren. So ist zum Beispiel Badami (Vatapi), die alte Hauptstadt der dritten Teilregion des Hochlandes, von den alten Hauptstädten der ersten und zweiten Teilregion der Ostküste jeweils 600 km entfernt. Nur das Krishna-Godavari-Delta geriet immer dann in Abhängigkeit von Herrschern des Hochlandes, wenn diese ihren Herrschaftsschwerpunkt in der Region Bidar-Haiderabad, die nur rund 300 km vom Delta entfernt ist, hatten.

Innerhalb jeder der drei Großregionen konnten Kämpfe um die Vormacht jedoch leicht ausgetragen werden, und sie führten, wie bereits gesagt, meist dazu, daß jeweils der Herrscher einer Teilregion sich die anderen Herrscher seiner Großregion unterwarf. Die Möglichkeit einer Konfrontation solcher Herrscher mit denen anderer Großregionen wurde dann entscheidend vom Zyklus der Vormachtkämpfe in den einzelnen Großregionen bestimmt. Hatte etwa ein starker Herrscher des südlichen Hochlandes in seiner Region die Vormacht errungen, während der mächtigste Herrscher des Nordens in der Region Delhi-Agra saß, dann war das Konfrontationspotential gering. Der Herrscher des südlichen Hochlandes richtete sein Augenmerk dann viel eher auf die Ostküste, und der des Nordens war zumeist in Auseinandersetzungen mit Herrschern der nördlichen Gebiete außerhalb Indiens verwickelt. Konstellationen wie die, die sich ergab, als eine mächtige Dynastie, die Rashtrakutas, im Zentrum des Hochlandes herrschten, während die Vormacht des Nordens, die Gurjara-Pratiharas, in der mittleren Gangesebene herrschten und es zu einer äußerst intensiven Konfrontation kam, waren daher recht selten.

Das Konfrontationspotential wuchs erst, als islamische Herrscher Nordindien mit neuen Methoden schneller, weit ausgreifender Kavallerieoffensiven eroberten und dann auch nach Süden vordrangen. Die Vergrößerung der interregionalen Interventionsreichweite durch die neue Art der Kriegführung bedeutete aber zunächst noch keine Ausdehnung der Herrschaftsreichweite, und das bisherige regionale Muster behielt weiterhin seine Gültigkeit, auch wenn die Akteure wechselten und Sultane anstelle der Maharajas die regionale Herrschaft ausübten. Alle Herrscher stellten sich nach und nach auf die neue Art der Kriegführung um. Diese Umstellung hatte jedoch wichtige strukturelle Konsequenzen. Aufgrund besonderer, noch ungeklärter Umweltbedingungen stieß die Zucht von Reitpferden in Indien auf Schwierigkeiten, und alle Herrscher waren daher vom Pferdeimport abhängig. Das wiederum bedingte, daß die Erhaltung von Kavalleriekontingenten in Indien eine sehr kostspielige Sache war. Die Herrscher versuchten, ihr Risiko auf diesem Gebiet zu mindern, indem sie ihre Offiziere verpflichteten, bestimmte Kontingente in eigener Verantwortung zu erstellen, dafür wurden sie mit entsprechenden Steuereinziehungsrechten entschädigt. Auf diese Weise entstand ein Kavalleriefeudalismus besonderer Art. Zugleich wurde die Herrschaftsschicht Indiens auf eine Kavalleriementalität festgelegt, die sich schließlich bei der Konfrontation mit der modernen europäischen Kriegführung als tödliche Verblendung erweisen sollte.

Der europäische Eingriff war nicht nur aus diesem Grunde fatal, sondern auch, weil er von der maritimen Peripherie ausging, der man in Indien bisher nur geringe Beachtung geschenkt hatte. Der Eingriff von der Peripherie her bedeutete die Überwindung des bisherigen, auf das Landesinnere bezogenen Orientierungsrahmens und damit auch des hier skizzierten Regionalmusters. Die Interventionsreichweite wurde plötzlich nicht nur durch eine neue Kriegführung, sondern durch die bewegliche Basis der Unternehmungen enorm gesteigert. Der Indische Ozean ist das umfassendste Element der indischen Umwelt, die Vernachlässigung dieser Tatsache hat schwerwiegende Folgen für den Verlauf der neueren Geschichte gehabt. Dabei fehlte es Indien nicht an Seefahrern, die Ausbreitung der indischen Kultur in Südostasien und der schwunghafte Seehandel mit allen Ländern Asiens zeugen davon. Die Flottenexpedition des Cola-Königs Rajendra nach Shrivijaya schließlich zeigt, daß man den Herrschern früherer Zeiten den Willen zur Seemacht nicht absprechen kann. Die Vernachlässigung des Ozeans ergab sich erst in späterer Zeit, als die Brahmanen ihn als «Kala pani» (schwarzes Wasser) bezeichneten, das kein rechtgläubiger Hindu überqueren dürfe, und als die islamische Herrschaftsschicht hochmütig auf jeden herabsah, der sich ihnen nicht auf dem Land und zu Pferd entgegenstellte.

Wenn auch die britische Eroberung Indiens von der maritimen Peripherie aus letztlich die regionalen Gesetzmäßigkeiten, von denen bisher die Rede war, überwand, so folgte sie doch zunächst einem Muster, das dem der Errichtung des ersten indischen Großreichs erstaunlich ähnlich sah. Dies ergab sich aus dem Umstand, daß die Briten von einem schwachen Herrscher, der das Zentrum seiner Herrschaft in der Region Delhi-Agra hatte, die Steuereinziehungsrechte für Bengalen und Bihar, die erste Teilregion des Nordens, bekamen und damit die Agrarbasis zur Verfügung hatten, die auch die Grundlage für das erste Großreich war. Sie eroberten dann nach und nach die übrigen Teile der Nordregion und stießen genau wie die Herrscher des ersten Großreichs unter Aussparung der Zwischenregion und des nördlichen Hochlandes von Osten her in das südliche Hochland vor. Damit hatten sie bereits um 1800 die wichtigsten Agrarregionen Indiens in der Hand. Diese Regionen blieben auch weiterhin die Hauptagrarbasis der britischen Herrschaft in Indien. So konnten sie es sich leisten, einige Zentren des Hochlandes und der Zwischenregion sowie Randgebiete an der Westküste unter der Herrschaft einheimischer Fürsten zu belassen, die freilich ganz und gar von ihnen abhängig waren. Mit der Einigung und Befriedung Indiens unter britischer Fremdherrschaft änderte sich auch die Nutzung der Agrarbasis. In früheren Epochen war diese Nutzung regional begrenzt. Die Herrscher gaben das, was sie in ihrer Region an sich brachten, auch dort wieder aus. Auch Großreiche, die mehrere Regionen umfaßten, stützten ihre Zentralgewalt zumeist auf die Region, in der die Hauptstadt lag, und bezogen nur geringe Zuschüsse aus den anderen Regionen, die von Vasallen oder Gouverneuren regiert wurden, die zur Erfüllung der Aufgaben, die ihnen von der Zentralgewalt übertragen worden waren, auf ihre eigene regionale Agrarbasis angewiesen waren. Die Briten dagegen ließen sich einen hohen Tribut zollen und transferierten ihn zum großen Teil aus dem Lande. Ihre Gouverneure waren bürgerliche Beamte, die weder Hofstaat noch Truppen, weder Musiker noch Kunsthandwerker unterhielten, und dazu noch ihr Gehalt sparten, um sich im Ruhestand einen Landsitz in England leisten zu können. Die islamischen Herrscher Indiens hatten ein treffendes, ein wenig abschätziges Wort für die Gebiete, die außerhalb der Regierungszentren lagen: mofusil (das Getrennte). Unter britischer Herrschaft wurde praktisch ganz Indien «mofusil», mit Ausnahme der wenigen Herrschaftszentren, von denen die größten an der maritimen Peripherie lagen, weil sie ursprünglich Brückenköpfe der Seemacht gewesen waren. Die urbanen Zentren des Inlands verfielen, während diese Brückenköpfe zu riesigen Wasserköpfen wurden und schließlich mit Hilfe des sich rasch ausdehnenden Eisenbahnnetzes Export- und Importhandel dominierten. Die Fremdbestimmung der Entwicklung Indiens wurde auf diese Weise deutlich sichtbar.

Im unabhängigen Indien machte sich dann immer stärker der Einfluß der Industrialisierung bemerkbar. Eine Schwerindustrie entstand am Nordostrand der Zwischenzone in einer Gegend, die bisher ein Rückzugsgebiet von Stämmen gewesen war. Kohle- und Erzvorkommen in dieser Region gaben den Anlaß zu dieser neuen Entwicklung. Auch andere Regionen des Inlands zeigten neue Ansätze urbanen Wachstums, aber die großen Hafenstädte blieben auch im unabhängigen Indien die Metropolen des Landes.

Bemerkenswerte Veränderungen lassen sich jedoch beim Anstieg der Bevölkerungsdichte in vielen Regionen Indiens feststellen. Über die Bevölkerungsentwicklung in früheren Jahrhunderten der indischen Geschichte wissen wir nur wenig. Sie kann nur aufgrund der Umweltbedingungen geschätzt werden. Die Reisanbaugebiete in der östlichen Gangesebene und an der Ostküste dürften schon seit langer Zeit dichter bevölkert gewesen sein als die Weizenanbaugebiete der westlichen Ebene, und diese wiederum waren volkreicher als das karge Hochland, auf dem zumeist Hirse angebaut wurde. Diese Bedingungen blieben auch unter der britischen Herrschaft mit wenigen Ausnahmen unverändert, da nur einige größere Bewässerungsanlagen gebaut wurden, die eine Intensivierung der Landwirtschaft ermöglichten. Die ersten umfassenden Volkszählungen fanden in den letzten Jahrzehnten des 19. Jahrhunderts statt. In diesen Jahrzehnten war ein langsames, aber stetiges Bevölkerungswachstum zu verzeichnen, das durch die Hungersnöte in den letzten Jahren des Jahrhunderts jedoch beeinträchtigt wurde. Die Volkszählung von 1901 reflektierte diesen Zustand. Betrachtet man die Gebiete, die damals bereits eine Bevölkerungsdichte von mehr als ca. 150 Menschen pro Quadratkilometer hatten, dann zeichnet sich ein recht deutliches und einfaches Muster ab: Die ersten drei Teilregionen der Ebene, die ersten drei Teilregionen der Ostküste, südlichste Streifen der Westküste und kleine Bezirke in den fruchtbaren Niederungen Gujarats. Dieses Muster dürfte auch für die vorigen Jahrhunderte gültig sein. Die Bevölkerungsdichte war früher sicher wesentlich geringer, aber der Vorsprung der bezeichneten Gebiete vor allen anderen geht vermutlich sehr weit zurück. Dieser Vorsprung ist auch bis in die Gegenwart erhalten geblieben, da aber seit 1921 das Bevölkerungswachstum ständig gestiegen ist, bedeutet dieser Vorsprung heute eher eine Belastung. Wo immer dies möglich ist, ringt man in den dicht bevölkerten Gebieten nun dem Boden zwei Ernten im Jahre ab. Einige der dicht bevölkerten Gebiete sind jedoch jetzt nicht mehr Regionen des raschesten Wachstums, statt dessen zeigen sich interessante neue Entwicklungen am Südrand der Gangesebene, im Westen und Süden des Hochlandes, in Gujarat und an der Nordostküste. Ein Blick auf die Gebiete, die bei der Volkszählung von 1971 mehr als ca. 150 Menschen pro Quadratkilometer hatten, zeigt diese Tendenz recht deutlich. Der gesamtindische Durchschnitt war 173 Menschen pro Quadratkilometer zu dieser Zeit. Die Gebietsgrenzen, die wir hier betrachten, bezeichnen also ungefähr die Grenze zwischen überdurchschnittlich und unterdurchschnittlich bevölkerten Regionen, und die Grenzverschiebungen sind in dieser Hinsicht von besonderer Bedeutung. Insbesondere das Bevölkerungswachstum auf dem Hochland, das in vergangenen Jahrhunderten immer nur dünn besiedelt war, zeigt einen Strukturwandel der regionalen Bevölkerungsverteilung an. Dieser Strukturwandel dürfte langfristig auch eine Verlagerung des politischen Gewichts der Regionen Indiens bedeuten. Bisher hat die große Nordprovinz, Uttar Pradesh, die die zweite und dritte Teilregion der Ebene umfaßt, das größte Gewicht gehabt, in früheren Jahrhunderten durch ihre zentrale Lage und in neuester Zeit auch durch ihre große Bevölkerungszahl, der eine große Zahl von Abgeordneten und Ministern in der Bundeshauptstadt entspricht.

Die Gebiete aber, die auch 1971 noch eine unter dem Durchschnitt liegende Bevölkerungsdichte aufweisen, können mit Sicherheit als solche angesehen werden, die in der indischen Geschichte bisher nie eine wichtige Rolle gespielt haben. Es sind dies im wesentlichen vier Zonen, die wie breite Schwellen von Westen nach Osten quer durch den Subkontinent verlaufen (siehe Karte 2). Die nördlichste dieser Schwellen reicht von der großen Wüste im Westen bis zum Chota-Nagpur-Plateau im Osten, die zweite beginnt mit dem Vindhya-Gebirge im Westen und reicht wiederum bis an das Chota-Nagpur-Plateau heran, die dritte erstreckt sich von der Mitte des Hochlandes bis hin zu dem Gebirge an der Ostküste, dort, wo es der Küste besonders nahe ist. Die vierte Schwellenzone schließlich reicht vom Rande der dritten Teilregion des Hochlandes bis zur Küste im Osten (Rayalaseema). Dieser Befund, der sich aufgrund einer Betrachtung der Volkszählung ergibt, bestätigt die Darstellung der historischen Regionen, die zuvor gegeben wurde.

Die genannten Schwellenzonen waren übrigens auch Kommunikationsbarrieren und bezeichnen die Grenzen der Regionalsprachen

Indiens. So verläuft die Grenze zwischen dem Tamil- und Telugu-Sprachgebiet am Rande der «Rayalaseema»-Zone, die Nordgrenze des Telugu-Sprachgebiets und damit des dravidischen Sprachraums überhaupt wird im wesentlichen durch die dritte der erwähnten Schwellen gebildet. Im Westen des Hochlandes reicht das Sprachgebiet der südlichsten indo-europäischen Sprache, Marathi, ungefähr von der zweiten bis zur vierten Schwelle. Die nördlichste Schwellenzone ist das Gebiet vieler alter Stammessprachen, doch dieses ist im Laufe der Jahrhunderte immer stärker von der lingua franca des Nordens, Hindi, durchdrungen worden, die jedoch wiederum über die zweite Schwelle nicht hinauskam. Nicht jede Sprachgrenze in Indien wird durch solche Schwellenzonen bezeichnet und nicht überall sind die Schwellenzonen zugleich auch Sprachgrenzen, aber die hier erwähnten Beispiele der Koinzidenz sind bemerkenswert. Sie zeigen, wie sich die vielfältige Gliederung des Landes in den Bereichen der Politik, der Sprache und der Kultur widerspiegelt. Umwelt und Geschichte sind auf diese Weise in ständiger Wechselwirkung eng miteinander verbunden.

Erstes Kapitel

Die frühen Kulturen im
Nordwesten

1. Vorgeschichte und Induskultur

Die Entdeckung der großen Städte der frühen Induskultur Harappa und Mohenjo Daro im heutigen Pakistan seit 1920 stellt die größte Errungenschaft der südasiatischen Archäologie dar und schlug ein neues Kapitel in der Geschichtsschreibung des gesamten Subkontinents auf. Galten bis dahin die Indo-Aryas, die im 2. Jahrtausend v. Chr. in den Nordwesten Indiens einwanderten, als Schöpfer der ersten frühen Hochkultur Indiens, so zählt seit der Entdeckung der Industalstädte Indien zu den ältesten Hochkulturen der Menschheit, die seit Ende des 4. und im 3. Jahrtausend v. Chr. in den großen Flußtälern am Euphrat und Tigris, am Nil und am Indus und im frühen 2. Jahrtausend in Nordchina entstanden.

Den Ausgräbern erschlossen sich innerhalb weniger Jahre zwei große Städte von jeweils mehreren Kilometern Umfang, die trotz ihrer Entfernung von etwa 640 km eine erstaunlich einheitliche Kultur aufwiesen. Beide Städte bestanden aus einer Akropolis und einer Unterstadt, die getrennt befestigt waren. Die Akropolis beider Städte lag auf künstlich aufgeworfenen, mit Ziegelsteinen befestigten Hügeln im Westen ihrer Städte. Auf ihnen befanden sich große Versammlungshallen und kultische Bauten. Den Mittelpunkt der Akropolis in Mohenjo Daro bildete das «große Bad» (etwa 13 × 8 × 3 m), das an eine großartige Kanalisation angeschlossen war und vermutlich ebenfalls rituellen Aufgaben diente. An dieses Bad schloß sich im Osten ein großer zusammenhängender Gebäudekomplex (77 × 11 m) an, in dem die Ausgräber die Residenz eines hohen weltlichen Würdenträgers oder gar des Hohenpriesters vermuteten. Eine besondere Eigenart der beiden großen Industalstädte waren umfangreiche Bauten, die in Mohenjo Daro auf der Akropolis, in Harappa dagegen in unmittelbarer Nähe nördlich der Akropolis lagen und bisweilen als Kornspeicher gedeutet werden. Besonders eindrucksvoll sind diese möglichen Kornspeicher von Mohenjo Daro, die sich westlich an das «große Bad» anschlossen. Auf einer Grundfläche von 50 × 25 m waren in drei Reihen, die in genauer Ostwestrichtung angeordnet waren, 27 Kornkammern angelegt, von denen heute noch die fast fünf Meter hohen

Mohenjo Daro, Pakistan.
Büste des sogenannten «Priesterkönigs», Ende des 3. Jahrtausends v. Chr.

Grundmauern erhalten sind. Sie waren vortrefflich belüftet und konnten von außerhalb der Akropolis her gefüllt werden. In Harappa befanden sich zwischen den Kornspeichern außerhalb der Akropolis und deren Befestigungsmauern ein Areal kleinster Wohnungen und eine große Arbeitsfläche. Man vermutet, daß hier «im Schatten» der Burg von Harappa die Unterkünfte und Arbeitsplätze der Arbeiter oder gar von Sklaven lagen. Die großen Unterstädte waren in regelmäßige, rechteckige Wohnblocks (9 in Mohenjo Daro) von 330 × 170 m unterteilt. Die großen, in Nord-Süd- und Ost-West-Richtung verlaufenden, etwa 10 m breiten Hauptstraßen, die die großen Wohnblocks verbanden, enthielten wie die kleinen, ebenfalls regelmäßig angelegten Gassen, die sie durchzogen, ein vortrefflich ausgebautes Abwassersystem, an das die Häuser direkt angeschlossen waren. Eine große Zahl der Häuser besaß einen weiträumigen Innenhof und einen eigenen Brunnen. Die Häuser waren aus streng normierten Ziegeln erstellt, deren Maße in Länge, Breite und Höhe genau dem Verhältnis 4:2:1 entsprachen.

Neben diesen Zeugnissen der in der damaligen Welt wohl am höchsten entwickelten, einheitlichen Städteplanung im Industal stießen die Ausgräber auf eine Reihe weiterer Überreste einer einst blühenden städtischen Kultur des späten 3. und frühen 2. Jahrtausends

1. Vorgeschichte und Induskultur

v. Chr. Zu ihnen zählten insbesondere die kleinen, vortrefflich gearbeiteten Steatit-Siegel, von denen bisher mehrere Tausend entdeckt wurden. Sie enthalten zahlreiche Darstellungen und Symbole aus der religiösen Umwelt der Industalbevölkerung. Zu ihnen gehören Darstellungen von Baumgottheiten und des berühmten sogenannten «Proto-Shiva», der in typisch meditierender Haltung mit vermutlich drei Köpfen und aufgerichtetem Phallus, umgeben von Tieren, die auch im späteren Hinduismus Verehrung erfuhren, dargestellt wird. Die Induskultur hatte eine – bisher nicht entzifferte – Schrift, die aus etwa 4000 Siegeln bekannt ist. Beide Städte verfügten ferner über ein einheitliches System von Längenmaßen und Gewichten, das auf Zweiteiligkeit und bereits auch auf dem Dezimalsystem beruhte. Gebrauchsgegenstände aus Kupfer und Schmuckstücke aus Edelsteinen sprachen für einen blühenden internationalen Handel. Sehr bald ließen dann auch Siegelfunde in Mesopotamien, deren indische Herkunft nun erkannt wurde, ebenso wie Rollsiegel und Handelsobjekte vorderorientalischer Herkunft in den Industädten direkte Handelsbeziehungen mit Mesopotamien erkennen.

Über die Geschichte der Industädte und ihr politisches System war dagegen kaum etwas bekannt, einzig die Zeitgenossenschaft mit den Reichen des Vorderen Orients, insbesondere den akkadischen (seit etwa 2350 v. Chr.), galt als gesichert. Da in der Frühzeit der Ausgrabungen zunächst jegliche Spur von einer «indischen» Vorgeschichte dieser Städte fehlte, wurden Harappa und Mohenjo Daro als östlichste Ausläufer der frühen städtischen Hochkultur Mesopotamiens angesehen, die, wenn schon nicht durch Einwanderung vorderorientalischer Völker, so doch unter dem direkten Einfluß ihrer Kultur entstanden waren. Für diese Annahme sprachen auch die Handelsbeziehungen Mesopotamiens zu den Ländern Dilmun, Magan und Meluhha, die in akkadischen Texten mehrfach gemeinsam genannt werden. Forschungen ergaben inzwischen, daß Dilmun mit Bahrein und Magan wohl mit dem heutigen Oman zu identifizieren sind. Das in den akkadischen Texten genannte Meluhha war offenbar das Industal, woher Mesopotamien Holz, Kupfer, Gold, Silber, Karneol und Baumwolle bezog. Den mesopotamischen Vorbildern entsprechend schloß man deshalb auch für die Induskultur auf eine theokratische Organisation und sah in Mohenjo Daro und Harappa die Zwillingshauptstädte eines straff organisierten Reiches. Klar schien auch die Ursache für den Untergang der Industädte zu sein, seit auf der höchsten Stelle der Zitadelle von Mohenjo Daro mehrere Skelette von Männern, Frauen und Kindern gefunden wurden, die ganz offensichtlich auf der Flucht von Eroberern niedergemetzelt worden waren und deutliche Zeichen tödlicher Axt- oder Schwerthiebe aufwiesen. Dieses oft beschriebene «letzte Massaker» von Mohenjo Daro wurde als ein klares Indiz für die kriegerische Eroberung der Indusstädte und ihren gewaltsamen Untergang angesehen. Und was lag näher, als diesen Untergang der Induskultur mit der Eroberung Nordwestindiens durch die Aryas seit der Mitte des 2. Jahrtausends v. Chr. in Verbindung zu bringen? Wurde doch deren kriegerischer Gott Indra in zahlreichen Hymnen der frühen Aryas als «Burgenzerstörer» besungen.

Intensive archäologische Forschungen in Pakistan und Indien und auch in Afghanistan haben seit Ende des Zweiten Weltkrieges unser Wissen über die historische Entwicklung und die geographische Ausbreitung der Induskultur jedoch ganz entscheidend erweitert und in vieler Hinsicht auch korrigiert. Diese neuen Grabungen zeigen, daß die Induskultur auf dem Höhepunkt ihrer Ausbreitung im frühen 2. Jahrtausend v. Chr. einen Raum von etwa 1,3 Millionen km² umfaßte (im Vergleich: Deutschland 357000 km²) (siehe Karte 3). Neben dem Kerngebiet im Industal, wo seit 1958 die wichtigen Städte Kot Diji (östlich von Mohenjo Daro) und Amri (im Dadu-Distrikt am westlichen Unterlauf des Indus) ausgegraben wurden, ergaben sich als ein weiterer bedeutender Schwerpunkt der Induskultur die Halbinsel Kathiawar und die Küste von Gujarat, wo 1954 südlich von Ahmedabad die bedeutende Hafenstadt Lothal entdeckt wurde. Heute gelten jedoch Malwan, 150 km weiter im Süden in der Nähe der heutigen Hafenstadt Surat, und Daimabad im Ahmadnagar-Distrikt von Maharashtra als südlichste Ausläufer der Induskultur. Neben Lothal stellt auf heutigem indischen Boden Kalibangan, etwa 310 km nordwestlich von Delhi im heutigen Rajasthan gelegen, die wichtigste Stadt der Induskultur dar; sie wurde seit 1961 ausgegraben. Der östlichste Ausläufer auf indischem Boden liegt nach heutigem Wissen in Alamgirpur bei Meerut östlich von Delhi im Yamuna-Ganga-Zweistromland, und im Norden reichte der Einfluß der Induskultur bis Rupar am Fuße des Himalaya. Im Westen war der Einfluß der Kultur der Indusstädte bis weit über das bergige Vorland von Baluchistan hinaus zu spüren. Nahe der heutigen Grenze zum Iran stellte Sutkagen Dor möglicherweise einen Außenposten der Städte des Industales für ihren Handel mit dem Vorderen Orient dar. Auch Teile Afghanistans, das Ursprungsland der im Vorderen Orient und Indien gleichermaßen begehrten Lapislazuli-Steine, gehörten zeitweise zum Bereich der Induskultur. In Mundigak bei Kandahar, einer der frühesten Siedlungen der gesamten Region, sind noch heute die Überreste einer Palastanlage mit einer aus Halbsäulen gebildeten eindrucksvollen Fassade aus der Zeit der Induskultur zu sehen. Und weiter im Norden, am Ufer des Amu Darya, wurde bei Shortugai eine Siedlung freigelegt, die ebenfalls zur Induskultur gerechnet wird. Auch sie mag einer ihrer nördlichen Handelsaußenposten gewesen sein.

1. Vorgeschichte und Induskultur

Mit dieser geradezu atemberaubenden Erweiterung unseres Wissens über die zunächst nicht geahnte räumliche Ausdehnung der Induskultur ging auch die Erforschung ihrer Vor- und Frühgeschichte einher. Besonders wichtig war es in diesem Zusammenhang, daß man nun erstmals unter Städten der Induskultur Siedlungsschichten entdeckte, die einwandfrei der Zeit vor der Entstehung der Induskultur angehören. Dies geschah bei abermaligen Grabungen in Harappa sowie in den neu entdeckten Städten Kalibangan, Amri und Kot Diji. In diesen Städten erkannte man eine Abfolge mehrerer kontinuierlicher Siedlungsschichten, deren Kultur sich immer mehr der späteren Hochkultur der Städte näherte. Diese Schichten teilte man in vier Entwicklungsstufen ein, die man in der wissenschaftlichen Literatur heute im allgemeinen mit dem Namen von Harappa, der zuerst ausgegrabenen Stadt der Induskultur, verbindet: Vor-Harappa, Früh-Harappa, Harappa (auch «mature» Harappa) und Spät-Harappa. Das herausragende Ergebnis dieser Forschungen der vergangenen Jahrzehnte stellt die sichere Erkenntnis dar, daß die großen Städte der Induskultur in der Endphase eines kontinuierlichen, mehrere Jahrtausende umfassenden Entwicklungsprozesses entstanden, der zunächst in den Randzonen des Industales, insbesondere im östlichen Baluchistan und dann im Indutal selbst seinen Ursprung genommen hat. Die keineswegs zu leugnenden Einflüsse und – sicherlich wechselseitigen – Beziehungen zum Vorderen Orient, in denen anfangs die treibende Kraft für die Entstehung der Induskultur gesehen wurde, treten demgegenüber immer mehr in den Hintergrund.

Auf diese Entwicklung, die zur Entstehung und Ausbreitung der Induskultur führte, sei nun anhand der Grabungsergebnisse von vier Orten etwas näher eingegangen. Diese Orte spiegeln exemplarisch die zeitliche Abfolge vier wichtiger Phasen der frühgeschichtlichen Entwicklung Nordwestindiens wider. Sie führte von der Seßhaftwerdung nomadisierender Viehzüchter und dem Beginn organisierten dörflichen Lebens und Ackerbaus im östlichen Baluchistan über dörfliche Zusammenballungen zur Entwicklung erster Städte im Industal, deren planmäßiger Erweiterung zu großen urbanen Zentren der Harappa-Kultur und schließlich zu deren Untergang. Es sind dies Mehrgarh in Baluchistan sowie die bereits genannten Orte Amri am südlichen Indus, Kalibangan im heutigen indischen Bundesstaat Rajasthan und die frühere Hafenstadt Lothal in Gujarat.

Mehrgarh, das seit 1974 von einer französischen Forschergruppe ausgegraben wird, liegt etwa 250 km nordwestlich von Mohenjo Daro am Fuße des Bolanpasses, der das Industal über Quetta und Kandahar in Afghanistan mit der iranischen Hochebene verbindet. Der Grabungsplatz von etwa einem Kilometer Durchmesser enthält insgesamt sieben Hügel mit jeweils mehreren Siedlungsschichten. Der älteste Siedlungskomplex zeigt in seiner obersten und jüngsten Schicht ein größeres Dorf aus der Jungsteinzeit, dessen Entstehung durch die Radiokarbonmethode in das 6. Jahrtausend v. Chr. datiert wurde. Die rechteckigen Häuser waren bereits aus Lehmziegeln errichtet, Keramik war jedoch noch unbekannt. Zu den wichtigen Fundgegenständen zählen Feuersteinklingen, die den typischen «Sichelglanz» aufweisen, der durch Getreideschneiden auf Feuersteinen entsteht – ein untrügliches Indiz dafür, daß damals bereits Ackerbau betrieben wurde. Eingehende Untersuchungen der Abdrücke von Getreidekörnern bestätigen die Annahme eines derart erstaunlich frühen Ackerbaus in Baluchistan, da sich bereits eine beachtliche Anzahl verschiedener Getreidesorten nachweisen ließ: zwei Gerstenarten, Emmer, Einkornweizen und Brotweizen.

Noch überraschender war es, daß man nahezu dieselben Getreidesorten bei weiteren Probegrabungen auch in der frühesten Siedlung fand, die sieben Meter tiefer auf dem gewachsenen Boden lag und die in das 7. Jahrtausend datiert wird. Der frühe Übergang von Jagd und Nomadismus zu seßhafter Tierhaltung und Ackerbau in Teilen des östlichen Baluchistan wird weiterhin durch eine große Zahl von Tierknochen bestätigt, auf die man in den verschiedenen jungsteinzeitlichen Siedlungsschichten von Mehrgarh stieß. Diese ältesten Schichten enthalten zumeist Überreste wilder Tiere wie Gazellen und wilder Ziegen und Schafe, während in den folgenden Schichten die Knochenreste gezähmter Ziegen, Schafe und Rinder im Verhältnis zu jenen der Wildtiere stetig zunehmen. Der Beginn der Domestizierung dieser Tiere, zumindest des Schafes, begann nach diesen neuen Forschungsergebnissen in Baluchistan demnach bereits um 6000 v. Chr., also etwa gleichzeitig wie in Westasien. Etwas später folgte der Wasserbüffel, von dem hier in Baluchistan die frühesten Knochenreste in Asien (mit Ausnahme Ostchinas) entdeckt wurden.

Die Grabbeigaben dieser Zeit lassen ferner auf einen bereits weitgespannten Handel im 6. Jahrtausend schließen, da zahlreiche Perlen aus Türkis aus Persien oder Zentralasien und aus Lapislazuli aus Afghanistan sowie Muscheln von der über 600 km entfernten Küste gefunden wurden.

Unmittelbar an diesen frühesten Siedlungshügel schließt eine Besiedlung an, die der Zeit des Chalkolithikums, der Übergangszeit von der Stein- zur Bronzezeit, angehört. In diesem zweiten Siedlungsbereich von Mehrgarh, der in das 5. Jahrtausend datiert wird, fand man erstmals Keramik sowie einen Ring und eine Perle aus Kupfer. Besonders auffallend ist für diese zweite Phase eine deutliche Zunahme handwerklicher Tätigkeit. So fand man an einer Stelle über hundert Knochenahlen und mehrere Steine mit deutlichen Rillen, in denen diese Ahlen geschliffen wurden. Die oberste Schuttschicht dieses

1. Vorgeschichte und Induskultur

zweiten Siedlungshügels enthält ferner Bruchstücke bemalter Keramik, die Übereinstimmungen mit Fundstücken aus der Nähe Quettas (Kili Ghul Mohammad III) aus der Zeit um 4000 v. Chr. aufweisen. Etwa zu dieser Zeit verlagerte sich die Besiedlung abermals um einige hundert Meter; die Kontinuität der Besiedlung ist durch die Keramik der vorangegangenen Phase gesichert. In dieser dritten Periode setzte sich der handwerkliche Aufschwung fort, der vor allem durch die Einführung der Töpferscheibe gekennzeichnet war, auf der bereits in größerer Zahl eine feine Keramik hergestellt wurde. In dieser Zeit scheint Mehrgarh sogar technische Innovationen hervorgebracht zu haben! Für die Bearbeitung von Lapislazuli, Türkis und Karneol zu den begehrten Perlen für Halsketten benutzte man einen zylindrischen Bohrer aus grünem Jaspis, der mit einem Bogen bewegt wurde. Ähnliche Bohrer sind aus dem östlichen Iran (Shahr-i-Sokhta) und dem Industal (Chanhu Daro) erst ein Jahrtausend später bekannt. Ferner fand man Bruchstücke eines Tiegels, in dem Kupfer nun auch am Orte geschmolzen wurde.

Gegen 3500 v. Chr. verschob sich das Siedlungsgebiet abermals. In diese vierte Phase fällt ein neuer Höhepunkt der Keramik. Die Töpfer stellten große Vorratskrüge mit kunstvollem geometrischen Muster und Unmengen von einfacher Gebrauchskeramik her, manche von ihnen nur eierschalendick. Kleine weibliche Tonfiguren wurden nun in großer Zahl aus Terrakotta erstellt, einem Material, aus dem nun erstmals in Mehrgarh auch Stempelsiegel verfertigt wurden, die Vorgänger der späteren Industalsiegel. All dies läßt auf steigenden Wohlstand und Reichtum einer nun gänzlich seßhaften Bevölkerung schließen.

Um 3200 v. Chr. begann die fünfte Siedlungsphase, deren Kultur aus den Ausgrabungen im östlichen Iran und Zentralasien bekannt ist. Noch vor kürzerer Zeit hatte man angenommen, daß die sichtbaren kulturellen Neuerungen dieser Zeit, die man in Baluchistan bis dahin nur bis in das frühe 4. Jahrtausend zurückverfolgen konnte, auf Einflüsse aus Zentralasien zurückgingen, die über den Iran (Shahr-i-Sokhta) und Afghanistan (Mundigak) nach Baluchistan eindrangen. Neuere Grabungsergebnisse wie jene von Mehrgarh zeigen nun aber deutlich, daß einheimische Bevölkerungsgruppen von Baluchistan ihrerseits in diesem Entwicklungsprozeß eine eher aktive als (wie bisher vermutet) passive Rolle spielten. Der sich seit dem Ende des 4. Jahrtausends weiter entfaltende Handel zwischen Baluchistan, dem Ostiran und Turkmenistan trug allerdings sicherlich das seine zu einer gegenseitigen Beeinflussung und weiteren kulturellen Angleichung dieses Großraumes bei.

Die folgenden Siedlungsphasen von Mehrgarh aus der Zeit 3000 bis 2500, die uns bis an den Beginn der frühen Harappa-Zeit heranführen, zeichnen sich durch eine weitere Zunahme des Wohlstandes und eine beginnende Verstädterung aus. Neue und feinere, mit Tiersymbolen versehene Siegel und Terrakotta-Figuren von Männern und Frauen mit kunstvollen Frisuren scheinen einen neuen Lebensstil auszudrücken. Ein naturalistischer Stil, der uns in Mehrgarh nun erstmals z.B. in kleinen Tierfiguren und dem Haupt eines Mannes entgegentritt, nimmt bereits stilistische Elemente der späteren Harappa-Kunst vorweg. Die jüngste Siedlungsschicht von Mehrgarh ist mit einem Labyrinth teils zweistöckiger Gebäude überzogen. Das Brennholz scheint wegen der Zunahme der Bevölkerung und ihrer Bedürfnisse knapper geworden zu sein, denn Funde in ausgegrabenen Feuerstellen zeigen, daß nun, wie auch heute noch, getrockneter Kuhdung als Brennmaterial verwendet wurde. Erstaunlich war in dieser letzten Siedlungsphase von Mehrgarh auch die Fertigungsweise der Keramik, die Ausmaße einer «halbindustriellen Massenproduktion» annahm, wie es in einem Bericht der Ausgräber heißt. So wurden über 200 Gefäße unterschiedlicher Größe in einem Brennofen gefunden, die nach einem Fehlbrand ungenutzt liegenblieben.

In der Mitte des 3. Jahrtausends wurde die blühende städtische Siedlung Mehrgarh dann aus bisher nicht bekannten Gründen von seinen Bewohnern verlassen. Neuere Grabungen in dem nahe gelegenen Nausharo lassen jedoch eine kontinuierliche Besiedlung dieser Gegend während der gesamten Harappa-Zeit erkennen. Gegen Ende dieser Periode existiert in Mehrgarh ein bedeutendes Gräberfeld, dessen Grabbeigaben deutliche Übereinstimmungen mit zeitgenössischen Kulturen Zentralasiens und dem wichtigen «Gräberfeld H» in Harappa aufweisen.

Wichtige Aufschlüsse über den Übergang von der Vor-Harappa- zur Harappa-Kultur erfahren wir aus Amri, das etwa 150 km südlich von Mohenjo Daro am Westufer des Indus gerade an der Stelle liegt, wo die Ausläufer der Berge Baluchistans am nächsten an den großen Strom heranreichen. Es scheint, als ob Amri und seine Bevölkerung anfangs noch die Anlehnung an die frühen Kulturen Baluchistans suchten, als sie sich nun auf das große Wagnis einließen, in das bisher weitgehend unbekannte, aber fruchtbare große Tal vorzudringen und ihre Siedlung nur etwa einen Kilometer vom heutigen Flußbett des Indus entfernt zu gründen. Dieser neue Aufbruch geschah offenbar erst über zwei Jahrtausende nach dem Beginn der Entwicklung in Baluchistan, denn im Gegensatz zu den frühesten Siedlungen in Baluchistan wie etwa Mehrgarh reichen die ältesten Siedlungsschichten Amris «nur» bis ins 4. Jahrtausend zurück. Doch der Ort blieb wie auch weitere am Induslauf bis in die Spätzeit der Induskultur kontinuierlich besiedelt und ist somit besonders aufschlußreich für deren Entwicklung. Die Ergebnisse der Grabungen zwischen 1959

1. Vorgeschichte und Induskultur

und 1962 waren derart bedeutsam, daß man seither generell die Vor-Harappa-Kultur am unteren Indus als Amri-Kultur bezeichnet. Die bereits genannten vier Entwicklungsphasen der Kultur des Industales treten hier in besonders deutlicher Weise hervor: Die Amri-Kultur der Vor-Harappa-Kultur (I), die Früh-Harappa-Kultur (II), in der die Ausgräber deutliche Anzeichen einer Übergangsperiode erkannten, ferner die eigentliche Harappa-Zeit (III) sowie die Jhangar-Kultur (IV), eine regionale Variante der Spät-Harappa-Zeit am unteren Indus.

Die Besiedlung des Ortes begann in der Amri-Phase I, die ihrerseits vier Unterperioden aufweist. Die früheste Schicht (IA) enthält noch keinerlei Anzeichen fester Gebäude, aber es existieren immerhin schon eingegrabene Vorratskrüge als ein sicheres Zeichen für Ackerbau und Vorratswirtschaft sowie handgefertigte Keramik, deren Zweifarbigkeit und Bemalung noch Beziehungen zu Fundstätten in Baluchistan aufweisen. Ferner wurden zusammen mit Feuersteinwerkzeugen bereits Bruchstücke von Kupfer- und Bronzegegenständen gefunden. Die zweite und dritte Unterperiode (IB und IC) stellen den Höhepunkt der Amri-Kultur dar, als sich der Umfang der besiedelten Fläche des Dorfes nahezu verdoppelte. Radiokarbondatierungen weisen diesen Aufschwung in die Zeit zwischen 3660 und 3020 v. Chr., als auch etwa 600 km weiter im Norden Mehrgarh auf dem Höhepunkt seiner Entwicklung stand. Am Anfang dieser Zeit wurden erstmals Gebäude aus Lehmziegeln errichtet, die allerdings noch sehr unterschiedliche Größen hatten. Im Verlaufe der folgenden Jahrhunderte, die mehrere Siedlungsschichten entstehen ließen, sind dann Ansätze einer einheitlichen Hausbauweise nach bestimmten Ordnungsprinzipien zu erkennen (z. B. Innenhöfe, die von kleinen Kammern umgeben waren). Auch die nun auf Töpferscheiben hergestellte Keramik und deren meist geometrische Bemalung entwickelte charakteristische Eigenformen.

Gegen Ende dieser Amri-Periode tauchten in der Mitte des 3. Jahrtausends erstmals vereinzelte Stücke im Stil der frühen Harappa-Keramik auf, deren Zahl dann in der nächsten Phase (II), einer kurzen Übergangszeit, stark zunahm, ohne allerdings die charakteristische Amri-Keramik zu verdrängen. Dies geschah erst in der dritten, der eigentlichen Harappa-Phase von Amri (III). Während in der vorangegangenen kurzen Übergangsphase II die neue Keramik offensichtlich noch aus «Importstücken» (vermutlich aus Mohenjo Daro) bestanden hatte, übernahmen in der Zeit des voll entwickelten Harappa-Stils die Töpfer von Amri nun selbst die Herstellung der Keramik im Stile der großen Städte. Auffallend ist jedoch in diesem Zusammenhang, daß in der frühen Zeit dieser dritten Phase (III A) besonders deutliche Übereinstimmungen mit der Keramik von Mohenjo Daro und dem nahe gelegenen Chanhu Daro und anderen Städten im Sind am Unterlauf des Indus bestanden, während die Töpfer von Harappa und Kalibangan zunächst weiterhin ihrem nördlichen Stil folgten. Die Vereinheitlichung der Keramik und ihrer Bemalung in allen Städten der Induskultur, die vorübergehend zu einem nahezu völligen Erlöschen regionaler Eigenarten führte, erfolgte erst in der folgenden Zeit, die in Amri mit der Periode IIIB begann und die mit dem eingangs dargestellten Höhepunkt der kulturellen Entfaltung der großen Industädte Ende des 3. Jahrtausends zusammenfällt.

Die Bedeutung derartiger Stilentwicklungen der Keramik für die Erforschung der Ausbreitung der Induskultur lassen sich erst dann voll erkennen, wenn wir sie mit der Siedlungsgeschichte Amris und anderer Städte dieser Zeit in Beziehung setzen. Zu Beginn der Übergangsphase von Amri (IIA) trat gleichzeitig mit dem Eindringen erster Einflüsse aus Mohenjo Daro eine deutliche Verkleinerung der besiedelten Fläche ein: einer der beiden Siedlungshügel wurde vorübergehend aufgegeben. Nach einer kurzen Periode (IIB) erneuten Wohlstandes, als wieder beide Hügel besiedelt waren, trat zu Beginn der eigentlichen Harappa-Phase (IIIA), als unter dem Einfluß von Mohenjo Daro plötzlich der einheimische Keramik-Stil von Amri völlig zum Erliegen kam, abermals ein Rückschlag für Amri ein: dieses Mal wurde sogar der Hauptsiedlungshügel aufgegeben. In der nächsten Periode (IIIB), als sich in allen Städten des Industales eine nahezu einheitliche Keramikproduktion durchsetzte, kehrten die Bewohner Amris zwar in das Hauptdorf zurück, verließen aber dafür endgültig den kleineren Hügel, der seither nicht wieder besiedelt wurde. Für Amri bedeutete demnach der Aufstieg Mohenjo Daros und die Ausbreitung der eigentlichen Harappa-Kultur einen Rückgang der eigenen Entwicklung, da es nicht mehr zu seiner früheren Größe zurückfand. In Amri sprechen alle Anzeichen dafür, daß die Ausbreitung der eigentlichen Harappa-Kultur seit der Mitte des 3. Jahrtausends nicht ohne Umwälzungen der Bevölkerung, verbunden mit sozialen Konflikten und Kriegen, vonstatten ging. Amri weist bisher zwar keine direkten Spuren kriegerischer Auseinandersetzung auf, doch existieren immerhin auf einem Hügel Spuren eines Walles, der einst als Befestigung gedient haben könnte. In Kot Diji dagegen, einer Stadt, die nur etwa 50 km von Mohenjo Daro auf der östlichen Seite des Indus lag und die schon in der Vor-Harappa-Zeit starke Befestigungen aufwies, scheint die Ausbreitung der Harappa-Kultur durch Mohenjo Daro gewaltsam vonstatten gegangen zu sein. Die frühe Harappa-Zeit dieses Ortes, die der Phase II in Amri entspricht, ging in Kot Diji mit einer großen Brandkatastrophe zu Ende. Nach diesem Untergang des alten Kot Diji folgte dann eine Phase, die deutlich einer neuen Kulturentwicklung angehörte, die wie in Amri

1. Vorgeschichte und Induskultur 35

(III A) unter starkem Einfluß des nahen und nun mächtigen Mohenjo Daro stand.

Eine ähnlich bewegte Zeit scheint im späten 3. Jahrtausend Kalibangan im heutigen Rajasthan durchgemacht zu haben. Am heute ausgetrockneten Ghaggar-Fluß, dem Sarasvati der späteren aryanischen Einwanderer, gelegen, stellte Kalibangan neben Harappa und Mohenjo Daro die wichtigste Stadt der Induskultur dar. Die Bedeutung Kalibangans für unsere Kenntnis über die Entwicklung der Induskultur liegt jedoch weniger in seiner Größe als vielmehr in dem einzigartig guten Erhaltungszustand der ersten Stadt von Kalibangan aus der Vor-Harappa-Zeit und den hier besonders klar erkennbaren Umständen, unter denen sich der Übergang zur Harappa-Zeit vollzog. Die erste Stadt der Vor-Harappa-Zeit in Kalibangan wurde etwa um 2900 begründet und wies bereits eine Reihe wichtiger Elemente auf, denen wir später in der voll ausgebildeten Harappa-Kultur begegnen. Zu ihnen gehören eine klare Planung der Stadt, die die Form eines Parallelogramms hatte, dessen Längsseiten von 250 m genau nach Norden orientiert waren. Die Stadt war befestigt, und ihre Häuser wurden aus genormten Lehmziegelsteinen mit den Maßen 30 × 20 × 10 cm errichtet. Für das Bewässerungssystem wurden bereits gebrannte Ziegel verwandt. Die auf Töpferscheiben hergestellte Keramik war von ausgezeichneter Qualität, unterschied sich jedoch in der Bemalung deutlich von jener der späteren Harappa-Zeit. Da diese erste Stadt aber bereits eine Anzahl bedeutender Elemente der reifen Harappa-Kultur aufwies, neigen manche Forscher dazu, die Kultur von Kalibangan I nicht als Vor-Harappa, sondern als Proto-Harappa zu bezeichnen. Dennoch steht außer Zweifel, daß Kalibangan I noch nicht der eigentlichen, stark vereinheitlichten Harappa-Kultur angehörte, sondern deutliche Zeichen einer regionalen Eigenständigkeit trug.

Etwa um 2650 v. Chr., also zu Beginn der expansiven Entwicklung der Harappa-Kultur, wurde die Stadt ebenfalls aus bisher nicht bekannten Gründen aufgegeben. Eine Neubegründung erfolgte erst nach etwa 50 bis 100 Jahren unter offenbar gänzlich neuen Umständen der nun voll entwickelten Harappa-Kultur. Bei der Neubegründung handelte es sich nicht um eine einfache Wiederbesiedlung von Kalibangan, sondern um eine planmäßige Neuanlage und großzügige Erweiterung der Stadt in genauer Anlehnung an die großstädtischen Vorbilder von Harappa und Mohenjo Daro. Wichtigstes Merkmal war nun auch in «Neu-Kalibangan» die strikte Unterteilung der Bereiche der Zitadelle und der Unterstadt. Um die notwendige Erhöhung für die Zitadelle zu gewinnen, erbaute man sie auf den Ruinen der alten Stadt, die inzwischen teilweise von Treibsand zugedeckt worden war. Genau parallel zur Zitadelle wurde im Osten im Abstand von 40 m die neue Unterstadt von nahezu vierfacher Größe ebenfalls in der Form eines Parallelogramms errichtet. Zitadelle und Unterstadt wurden getrennt mit starken Befestigungswällen umgeben. Die Zitadelle war zusätzlich in zwei Bereiche aufgeteilt, die ihrerseits durch eine weitere Befestigungsmauer getrennt waren. Im südlichen Teil scheinen im wesentlichen administrative und religiöse Gebäude (Feueraltäre?) existiert zu haben, während sich in der nördlichen Hälfte vermutlich die Wohnbereiche der Würdenträger befanden.

Die Unterstadt war, wie auch in Mohenjo Daro und Harappa, in große Wohnbereiche aufgeteilt. Das in der voll entwickelten Harappa-Kultur so ausgeprägte Element einheitlich gestaffelter Maße, das auch auf starke normative Ordnungsprinzipien und Wertvorstellungen schließen läßt, trat in Kalibangan selbst in den Breiten der Straßen und Gassen überaus deutlich hervor. Von dem Grundmaß 1,8 m ausgehend, hatten sie je nach ihrer Bedeutung im Plan der Stadt eine Breite von 3,6 bzw. 5,4 oder 7,2 m. Auch die Maße der Ziegelsteine, die schon in Kalibangan I die Größe von 30 × 20 × 10 cm hatten, wurden in der Neustadt nun der Harappa-Norm von 40 × 20 × 10 cm angepaßt. Als eine besondere Eigenart des neuen Kalibangans gilt ein dritter, kleinerer Hügel, der etwa 80 m östlich der Unterstadt liegt, auf dem ausschließlich Spuren von Feueraltären gefunden wurden. Waren dies die Tempel oder Opferplätze der Stadtbevölkerung, während die Feueraltäre auf der Zitadelle den Hohenpriestern und Herrschenden vorbehalten blieben? Unklar bleibt vorerst auch, warum sich ausgerechnet in Kalibangan unter den vielen kleinen Terrakottafiguren keine Muttergöttinnen befinden, die in Harappa und Mohenjo Daro und Baluchistan in so großer Zahl gefunden wurden.

Die Blütezeit von Kalibangan scheint ohne erkennbare Unterbrechung bis in das 18. Jahrhundert v. Chr. angehalten zu haben. Nach einer kurzen Phase des Niedergangs verließen dann um 1700 v. Chr. die Bewohner die Stadt. Das schwierige und bisher kaum gelöste Problem des Untergangs der Induskultur und seiner Städte wird uns im folgenden noch ausführlicher beschäftigen. In Kalibangan zumindest scheint die Ursache klar zu sein: Durch Austrocknung des nahen Ghaggar-Flusses verloren Kalibangan und sein landwirtschaftliches Hinterland die Grundlage ihrer Existenz.

Als letzte Stadt der Induskultur sei noch die Hafenstadt Lothal südlich von Ahmedabad erwähnt. Von den bisher erwähnten Siedlungen ist Lothal die späteste Gründung, da es erst in der Zeit des Höhepunktes der Industalkultur um etwa 2200 v. Chr. erbaut wurde. Auch Lothal weist die uns inzwischen bekannten Merkmale einer «typischen» Harappa-Stadt auf. Auf einer erhöhten Plattform von 48 × 42 m befand sich die Burg, die allerdings durch eine gemeinsame Umwallung in die übrige Stadt einbezogen war. Auch hier ist die Stadt in große rechteckige Wohnblocks unterteilt, die von kleinen Gassen durchschnitten werden. Die sensationellste Entdeckung der Ausgräber von Lothal war jedoch ein 219 × 38 m großes Bassin im Osten der Stadt. Da seine fast 5 m tiefen Mauern mit gebrannten Ziegeln eingefaßt waren und zwei Vertiefungen in diesen Mauern als Schleusen gedeutet wurden, glaubte man, ein Dock für Hochseeschiffe entdeckt zu haben, das bei Flut angesteuert werden konnte. Vier durchbohrte Steine, die man in diesem Bassin fand und als «verlorene» Senkanker deutete, sowie eine Plattform zwischen dem Bassin und der Stadt sprachen weiterhin für die Annahme, daß Lothal der Endhafen des hochentwickelten Handels zwischen dem Vorderen Orient und Indien gewesen sein mußte. Inzwischen sind jedoch eine Reihe ernsthafter Einwände gegen die Theorie erhoben worden, daß es sich hierbei um ein Dock für Hochseeschiffe gehandelt habe. Doch auch neue Deutungen, die in dem Bassin lediglich einen Tank für Trinkwasser und Bewässerung sehen, konnten sich nicht unangefochten durchsetzen.

Doch mit oder ohne Dock, Lothal stellte sicherlich eine bedeutende Handels- und Hafenstadt dar. Dafür sprechen ebenso die große Zahl gefundener Handwerkszeuge und Hunderte am Orte bearbeiteter Steinperlen wie zahlreiche Siegel der Harappa-Zeit und möglicherweise auch das umstrittene, sogenannte «Persische-Golf-Siegel» von Lothal. Vermutlich war Lothal eine wichtige Handelsstadt, über die die Industalstädte und ihre Handwerker das dringend benötigte Rohmaterial aus dem Hinterland Lothals wie Baumwolle aus Gujarat und möglicherweise sogar Kupfer aus Rajasthan über den Seeweg bezogen. Für diese Annahme spricht ebenso die relativ späte Gründungszeit Lothals um 2200 v. Chr., als die Nachfrage der Industalstädte nach Rohstoffen am höchsten war, wie der an sich kleine Umfang der Stadt von nur 300 × 250 m. Lothal dürfte somit durchaus den späteren, ebenfalls nie sehr großen Handelsemporien nahe kommen, wie wir sie aus der klassischen Zeit vor allem an den Küsten Südindiens kennen. Wenn auch Lothal zunächst keine Zeichen der Krise aufweist, die die großen Städte des Industales bereits seit Beginn des 2. Jahrtausends v. Chr. erkennen lassen, so überlebte Lothal dennoch nicht deren endgültigen Untergang. Um etwa 1850 (als die Nachfrage der Industalstädte nachließ?) traten deutliche Spuren eines Rückganges der Besiedlungsflächen in Lothal auf. Es folgte eine Spätphase, die durch «wildes», planloses Bauen gekennzeichnet war, bis etwa um 1700 v. Chr. auch in Lothal das Leben erlosch.

Welche Erkenntnisse lassen sich aus diesen «Einzeldarstellungen» von vier Siedlungen im nordwestlichen Raum des südasiatischen

Subkontinents für die Geschichte der Induskultur und ihrer großen Städte gewinnen? Die neuen Grabungsergebnisse (wie jene in Mehrgarh) in Baluchistan zeigen klar eine kontinuierliche Entwicklungsgeschichte jungsteinzeitlicher Siedlungen seit dem 7. Jahrtausend auf. Hatte man bisher den Beginn dieser Entwicklung in Baluchistan etwa in das 4. Jahrtausend datiert, so zeigt sich nun, daß sich im nordwestlichen Südasien nahezu gleichzeitig wie im Iran der Übergang von Jägern zu viehzüchtenden Nomaden und seßhaften Bauern in festen Siedlungen vollzog. Die Grabungen in Amri im unteren Industal bestätigen zwar, daß der entscheidende Schritt für die Entstehung der Induskultur, die Besiedlung des Industales, erst etwa drei Jahrtausende später, aber eben doch bereits in der Mitte des 4. Jahrtausends begann. Bisher hatte man den Beginn dieser Entwicklung in das frühe 3. Jahrtausend datiert und als eine Folge direkter Einflüsse aus Mesopotamien, dem Iran und Zentralasien angesehen, meist in der Form von Wanderungen ganzer Bevölkerungsgruppen. Die Entdeckung früher, jungsteinzeitlicher Siedlungen in Baluchistan macht es jedoch nun immer wahrscheinlicher, daß die Entwicklung der Induskultur ihren Ursprung direkt in den westlichen Randgebieten des Subkontinents genommen hat. Für den Aufschwung, den die Siedlungen in Baluchistan und seit dem späten 4. Jahrtausend auch am unteren Indus nahmen, den Archäologen wie für Mehrgarh und Amri auch für eine immer größer werdende Zahl von anderen Siedlungen nachweisen, dürfte neben der Entwicklung des einheimischen Handwerks auch die Zunahme des interregionalen Handels bis hin nach Zentralasien und dem Vorderen Orient sicherlich eine bedeutende Rolle gespielt haben – aber keineswegs, wie sonst oft angenommen, ausschlaggebend gewesen sein.

Während sich die Vorgeschichte auf diese Weise sehr viel deutlicher abzeichnet, weiß man über die Entstehung der spezifischen «Harappa-Kultur» immer noch wenig. Die Zeit ihrer Entstehung bleibt unumstritten. Hier hat auch die neuere Forschung die Angaben der ersten Ausgräber (ca. 2600 bis 2500 v.Chr.) nicht wesentlich korrigiert, auch wenn Forscher heute die Periode der Blüte dieser Kultur auf die Zeit von etwa 2300 bis 2000 v.Chr. beschränken. Wo und wie diese Kultur begann, ist dagegen noch ein Rätsel. Die ersten Ausgräber sind bei der Erforschung der Schichtenfolge (Stratigraphie) von Mohenjo Daro und Harappa nicht sehr sorgfältig gewesen. Erschwerend kommt hinzu, daß in Mohenjo Daro, der wichtigsten Stadt, die älteste Siedlungsschicht ganze 8 m unter dem heutigen Grundwasserspiegel liegt. Das Anschwemmen des Industales und das damit verbundene Ansteigen des Grundwasserspiegels dürfte nicht nur eine der Ursachen für den Untergang der Stadt gewesen sein, es verhindert auch systematische Grabungen und macht es nahezu unmöglich, das Geheimnis der Anfänge von Mohenjo Daro zu lüften. Daher wählt man den Ausweg, Parallelen zu anderen Orten des Indusgebiets zu finden, in denen die betreffenden Schichten besser ausgegraben und durch die Radiokarbonmethode datiert werden konnten. Künftige Grabungen bei Ganweriwala, wo unlängst etwa auf halber Strecke zwischen Mohenjo Daro und Kalibangan eine Harappa-zeitliche Siedlungsfläche von der Größe Mohenjo Daros entdeckt wurde, dürfte zu wichtigen neuen Erkenntnissen führen.

Die Grabungen in Orten wie Amri und Kot Diji am unteren Indus zeigen, daß seit etwa 2600 oder kurz danach in dieser Region eine neue Keramik auftritt, die in den nördlicher gelegenen Städten wie Kalibangan zunächst noch unbekannt ist. Alle neueren Untersuchungen deuten darauf hin, daß diese neue Keramik und die mit ihr zusammenhängende Kultur ihren Ursprung in Mohenjo Daro haben muß. Die in dieser Zeit zu beobachtenden Veränderungen in den Siedlungen der Randgebiete Mohenjo Daros, wie die oben aufgezeigte vorübergehende Verkleinerung des Siedlungsgebietes von Amri und die Befestigung des nur 50 km von Mohenjo Daro entfernten Kot Diji dürften Folgen dieses plötzlichen Aufstiegs von Mohenjo Daro sein.

Vermutlich dürfte es bereits in dieser frühen Phase der Harappa-Kultur in der Mitte des 3. Jahrtausends am südlichen Indus zu einer regionalen Staatsbildung gekommen sein, deren Zentrum dann Mohenjo Daro gewesen sein muß. Das mittlere Industal und seine Seitentäler im Panjab und in Rajasthan mit den späteren Zentren Harappa und Kalibangan lagen zunächst außerhalb dieser frühen Entwicklung. Im Panjab begann diese Entwicklung erst im Laufe des 3. Jahrtausends in einer zweiten Phase, die jedoch von Anbeginn an bereits von der frühen Harappa-Kultur, wie sie in Mohenjo Daro entstand, stark beeinflußt war, ohne allerdings alle ihre Eigenarten sofort zu übernehmen. Es ist zu vermuten, daß Harappa und möglicherweise Kalibangan auch damals bereits schon zu eigenen Staatsbildungen fanden. Etwa um 2600 v. Chr. trat die Induskultur in eine historisch bedeutsame Phase, in der es zu der eingangs geschilderten, kaum zu übertreffenden Vereinheitlichung der Kultur kam. Eine Reihe von Indizien spricht dafür, daß dieser Höhepunkt der Induskultur mit starken politischen Umwälzungen und einer weiteren Expansion einherging. Hierfür spricht u. a. die plötzliche Aufgabe des frühen Kalibangan um etwa 2550 und die 50 bis 100 Jahre später erfolgende Neubesiedlung und überaus planmäßige Erweiterung, die nun nach genauen Prinzipien der großen Städte erfolgte. Weitere Hinweise sind die Verstärkungen der Befestigung in Harappa während dieser Zeit (sogar einige Tore wurden zugemauert) und eine abermalige Brandkatastrophe in Kot Diji um 2520, die zum endgültigen Untergang dieser blühenden Stadt in der Nähe Mohenjo Daros führte. Der etwa gleichzeitigen Expansion der Induskultur begegneten wir bereits im Norden in der gerade erwähnten Neubegründung Kalibangans sowie im Süden in der Gründung der Hafenstadt Lothal. Darüber hinaus scheint ein großer Teil der in den letzten Jahrzehnten so zahlreich entdeckten Siedlungen der Harappa-Zeit auf indischem Boden im weiteren Umkreis von Kalibangan und Lothal dieser expansiven Phase zu entstammen.

Die Vermutung liegt nahe, daß sich diese Umwälzungen in Zusammenhang mit der Begründung eines ersten Großreiches auf südasiatischem Boden vollzogen haben. Nach allem, was wir bisher aus den hier aufgezeigten Ergebnissen archäologischer Forschungen entnehmen können, müßte das Zentrum dieses Reiches ebenfalls in Mohenjo Daro gelegen haben. Die Existenz mächtiger und befestigter Städte wie Harappa und Kalibangan lassen jedoch einen eher losen und möglicherweise nur vorübergehenden Zusammenschluß um den starken Kern am unteren Indus vermuten. Stimmt diese Deutung der Grabungsfunde, so hatten wir es hier in der Induskultur mit einer ähnlichen stufenweisen politischen Entwicklung zu tun, wie wir sie etwa 1500 Jahre später im Gangestal antreffen werden, wo es sich zeigen wird, daß die Entwicklung zunächst gleichzeitig in mehreren lokalen Kerngebieten und über regionale Zusammenschlüsse verlief, bis dann eines dieser Zentren die Führung übernahm und ein Großreich errichtete. Alle diese Überlegungen zur politischen Entwicklung der Industalstädte müssen jedoch solange Hypothesen bleiben, bis die Entzifferung der Schrift der Indussiegel weitere und gesicherte Aufschlüsse zuläßt.

Die Forschungsergebnisse der letzten Jahrzehnte beeinflußten die Diskussion über die Ursachen des plötzlichen Niedergangs der Induskultur nicht minder als jene über deren Vor- und Frühgeschichte. Auch die neuen Ausgrabungen bestätigen, daß sich der Niedergang innerhalb der kurzen Zeit etwa eines Jahrhunderts zwischen 1800 und 1700 v. Chr. ereignet haben muß. Allerdings mußte die anfangs so einleuchtende These von dem gewaltsamen Untergang der Stadtkultur am Indus fallengelassen werden, da man in keiner der inzwischen so zahlreich ausgegrabenen Städte auf ähnliche Zeugnisse eines «letzten Gemetzels» stieß wie in Mohenjo Daro. Auffallend sind dagegen die zahlreichen Symptome für einen plötzlichen «inneren» Niedergang und Verfall der städtischen Kultur am Ende der Spät-Harappa-Zeit. Einige Städte und Siedlungen scheinen plötzlich aufgegeben worden zu sein: Kochutensilien in der Nähe von Herdstellen sprechen eine deutliche Sprache. Einige Städte wiederum scheinen nochmals in kümmerlicher Weise besiedelt worden zu sein, bevor sie endgültig verlassen wurden. Wegen des planlosen Bauens – man benutzte gebrauchte und bisweilen sogar zerbrochene Ziegel und kümmerte sich nicht um die Kanalisation – spricht man von einer «Squatter-Periode». Von den hier näher behandelten Städten weisen z.B. Kalibangan, Amri und Lothal deutliche Zeichen dieses raschen und tiefgreifenden Verfalls auf. In den großen Metropolen Harappa und Mohenjo Daro fehlen dagegen derartige Symptome weitgehend. Sie scheinen geradezu ausgestorben zu sein. Mögen auch ihre letzten Bewohner von marodierenden Banden ausgeplündert und in einigen Fällen sogar in einem «letzten Gemetzel» niedergemacht worden sein – für den Niedergang der Induskultur und den Untergang ihrer Städte müssen andere Faktoren als räuberische Überfälle entscheidend gewesen sein.

Die Versuche der letzten Jahrzehnte, dieses Problem zu lösen, stimmen letztlich alle darin überein, daß der Untergang der Induskultur eine Folge sich drastisch verschlechternder Umweltbedingungen seit dem Beginn des 2. Jahrtausends v.Chr. war. Geologen verweisen auf die Möglichkeit von tektonischen Erdbewegungen, die am unteren Lauf des Indus vorübergehend eine dammartige Hügelkette entstehen ließen, durch die das untere Industal zeitweise überflutet wurde. Nur so sei die bisher in der Tat nicht geklärte Existenz dicker Schlammschichten zu deuten, die (wie Cremeschichten in einer Torte) in Mohenjo Daro selbst zwischen den oberen Siedlungsschichten liegen, die die heutige Flußebene bis zu 13 m überragen. Die näherliegende Vermutung, daß klimatische Veränderungen entscheidend zum Untergang der Industalkultur beitrugen, wurde bereits früh ausgesprochen. Nach den Erfahrungen, die man gerade in den letzten Jahrzehnten mit den negativen Folgen menschlicher Eingriffe in die Ökologie der ariden Zonen der Erde gemacht hat, ist zumindest eine örtliche Beeinflussung des Klimas durch die steigende Bevölkerung der Industalstädte und ihres Hinterlandes nicht auszuschließen. Dabei dürfte die Entwaldung zur Brennholzgewinnung für Herde und vor allem die zahllosen Ziegelöfen nicht weniger folgenreich gewesen sein als die «Überweidung» (um ein Schlagwort der heutigen Diskussion zu gebrauchen) durch die großen Herden im Hinterland der Städte. Eine menschenverschuldete «Umweltkatastrophe» ist also keineswegs auszuschließen.

Eine wissenschaftliche Erforschung der klimatischen Umweltbedingungen der Industalstädte durch Pollenuntersuchungen in Rajasthan führte zu weiteren erstaunlichen Ergebnissen. Für das östliche Grenzgebiet des Industales ergab sich aufgrund dieser Forschungen im 6. Jahrtausend ein leichter Anstieg der Feuchtigkeit und damit auch der Vegetation. Um 3000 v.Chr. setzte ein plötzlicher, starker Anstieg von Niederschlag und Vegetation ein, der etwa um 2500 seinen Höhepunkt erreichte. Aber bereits Ende des 3. Jahrtausends begann ein fast ebenso starker Abfall, so daß die Niederschlagsmengen zwischen 1800 und 1500 v. Chr. sogar erheblich hinter jenen zurückblieben, die für die Zeit vor 3000 geschätzt worden sind. Für etwa 1500 v. Chr. zeigt die Kurve der Niederschlagsmengen nochmals einen leichten Anstieg, der aber nur bis etwa 1000 v. Chr. anhielt. Nach einem erneuten starken Abfall, durch den in der zweiten Hälfte des 1. Jahrtausends v. Chr. der absolute Tiefpunkt erreicht wurde, pendelten sich im frühen 1. Jahrtausend n. Chr. Niederschlag und Vegetation zwischen dem Höchststand von 2500 und dem Tiefststand von 400 v. Chr. auf einen Mittelwert ein, der bis heute bestehenblieb. Es ist faszinierend, diese klimatologischen Daten mit der frühen historischen Entwicklung Indiens in Beziehung zu setzen. Nicht nur Aufstieg und Fall der Induskultur zwischen 3000 und 1800 v. Chr. wären demnach klimatisch beeinflußt, ja geradezu bedingt gewesen. Auch die frühe Kultur der vedischen Aryas in Nordwestindien am Indus und seinen Nebenflüssen seit etwa 1500 v. Chr. und die Anfang des 1. Jahrtausends v. Chr. einsetzende Wanderung großer Gruppen vedischer Bevölkerung in das östliche Gangestal scheinen von dem «Zwischenhoch» Ende des 2. Jahrtausends v. Chr. beeinflußt worden zu sein. Denn wenn die Ergebnisse der Pollenuntersuchungen in Rajasthan auch für das Gangestal relevant sind, dürften sie nicht nur die in der vedischen Literatur erkennbare zunehmende Verschlechterung der Lebensbedingungen im Panjab und Rajasthan seit etwa 1000 v. Chr. erklären, sondern auch einen zusätzlichen Grund für die Besiedlung des Gangestal durch die Aryas aufzeigen: Die einsetzende Trockenperiode machte den Dschungel der Gangesebene «durchlässiger». Als dann nach 500 v. Chr. wieder ein deutlicher Anstieg des Niederschlages begann, hatte die Rodung in den Kerngebieten der frühen politischen Entwicklung im Gangestal bereits eingesetzt. Die Vermehrung der Niederschläge mag nun eher zur Stärkung des Reisanbaus und der «zweiten Urbanisierung» in Südasien beigetragen haben, die in eben dieser Zeit begann. Jedoch erst weitere klimatologische Untersuchungen können zeigen, ob die bisher räumlich nur sehr begrenzt durchgeführten Pollenuntersuchungen derart weitgehende Schlüsse rechtfertigen.

Zusätzlich zu der klimatisch und möglicherweise auch geologisch bedingten Verschlechterung der Umwelt der Industalstädte dürften auch wirtschaftlich-soziale Faktoren den Untergang beeinflußt haben. Auf dem Höhepunkt ihrer Expansion kurz vor 2200 v. Chr. hatte sich die Kultur der Städte des Industales in eben dem Maße von jener ihres bäuerlich-nomadischen Hinterlandes entfernt, wie ihre wirtschaftliche Abhängigkeit von diesem Hinterland zunahm. Anfängliche Schwierigkeiten in der Versorgung der wachsenden städtischen Bevölkerung der Metropolen des Industales und die Erschließung weiterer Rohstoffe für ihr florierendes Handwerk und den steigenden Handel scheinen zunächst durch eine weitere Expansion in das Hinterland gelöst worden zu sein. Die zweite Zerstörung von Kot Diji sowie das Verlassen und der spätere planmäßige Ausbau Kalibangans lassen vermuten, daß Mohenjo Daro und Harappa durchaus in der Lage waren, ihre Herrschaft zumindest vorübergehend auch in das Hinterland auszudehnen. Eine dauerhafte Sicherung der Handelswege und der Abgaben, mit denen die Kornspeicher der Metropolen gefüllt wurden, hätte jedoch eines zusätzlichen Ausbaus der Herrschaftsmittel (z.B. eines stehenden Heeres und einer zentralen Verwaltung) bedurft. Doch gerade in der Zeit der größten Expansion der Kultur der Industalstädte deutet nichts darauf hin, daß diese Expansion auch mit einem derartigen Ausbau der politischen Struktur einherging. Vieles spricht statt dessen dafür, daß diese Expansion der Induskultur über die Kerngebiete ihrer Städte hinaus eher eine Folge intensiven Handels und kultureller Kontakte als militärischer Interventionen und dauerhafter Staatsbildungen war. Entscheidend für die Existenz einer derartigen städtischen Kultur blieb letztlich die Bereitschaft der Bevölkerung des weiteren Hinterlandes, die Städte im Austausch gegen deren handwerkliche Produkte an ihrer landwirtschaftlichen Produktion teilhaben zu lassen. Die Existenz und Größe der Städte hingen somit von der Höhe der landwirtschaftlichen Überschußproduktion ihres Hinterlandes ab.

Ein kontinuierlicher Rückgang der Erträge, etwa infolge klimatischer Veränderungen, mußte besonders dann verheerende Folgen für die exponierten Städte haben, wenn ihnen in dieser Situation die politische Macht fehlte, auch aus entfernteren Gebieten einen Teil der nun knapper werdenden landwirtschaftlichen Erträge gewaltsam als «Abgaben» einzutreiben. Entsprechende Versuche politisch schwacher Städte oder auch Stadtstaaten dürften im Hinterland eher zu gefährlichen Aufständen geführt haben, als die nun prekäre Versorgungslage zugunsten der Städte zu beeinflussen. Ein Abwandern der betroffenen Stadtbevölkerung scheint in dieser Situation der einzige Ausweg gewesen zu sein. Einmal begonnen, dürfte ein derartiger Prozeß eine zusätzliche Eigendynamik entwickelt haben, die nun ihrerseits erheblich zur Beschleunigung des Verfalls und zum Untergang der Städte beitrug. Am ersten und stärksten wurden die besonders exponierten, großen Städte Mohenjo Daro und Harappa von einem Rückgang der landwirtschaftlichen Produktion betroffen. Teile ihrer Bevölkerung wanderten in die Außengebiete aus, offenbar vor allem in die gerade in dieser Spätzeit im Süden begründeten Städte in Kathiawar und Gujarat. Der Wohlstand und die Kultur gerade dieser Städte und Handelsaußenposten hingen ursprünglich aber wesentlich vom Kontakt mit den großen Metropolen am Indus ab. Deren Schwächung mußte daher auch unmittelbare Folgen für die Städte der Außenregionen haben: Sie begannen, sich zunehmend an den wirtschaftlichen Bedürfnissen und der Kultur ihres eigenen Hinterlandes zu orientieren. Damit wandelte sich ihre Spät-Harappa-Kultur zunehmend in lokale Nach-Harappa-Kulturen. Der schrittweise Rückgang des Handels zwischen den Städten des Industales und den Außenregionen traf die großen Städte im Zentrum besonders hart, da er sie zusätzlich nun auch von den für ihr Handwerk so dringend benötigten Rohstoffen abschnitt. Knappheit von Lebensmitteln, Stadtflucht und Rückgang des Handels führten in den Metropolen des Industales zu einem derart rapiden Verfall des städtischen Lebens, daß kaum Anzeichen vorhanden sind, die auf ihre Besiedlung in der Nach-Harappa-Zeit schließen lassen. Auf diese Anzeichen stoßen wir dagegen in kleineren Städten wie Amri oder Lothal, in denen die Nach-Harappa-Kultur noch wenige Generationen länger bis ins 17. Jahrhundert überlebte. Als auch in ihnen das städtische Leben erlosch, kehrte die Entwicklung für über tausend Jahre wieder in das Dorf, die eigentliche Grundlage der indischen Kultur, zurück. Der Untergang der Städte der Induskultur, so rätselhaft auch seine Ursachen bis heute sind, stellt in der indischen Geschichte keineswegs ein einmaliges Phänomen dar: Auch die späteren blühenden Städte Nord- und Zentralindiens (wie z.B. Kausambi) verfielen in den frühen Jahrhunderten n.Chr., als einer der Faktoren ihres Aufstiegs, der überregionale Handel, zurückgegangen war. Es sollten abermals Jahrhunderte vergehen, bis die mittelalterlichen Städte mit den neuen Funktionen von Residenz- und Tempelstädten aufstiegen.

2. Einwanderung und Seßhaftwerdung der Aryas

Das zweite Jahrtausend v.Chr. wurde – nach dem Untergang der Induskultur – Zeuge eines weiteren bedeutenden Ereignisses der frühindischen Geschichte, als Gruppen zentralasiatischer Nomaden, die sich in ihren Schriften *Ārya* nannten, über den Hindukush nach Nordwestindien einwanderten. Im Jahre 1786 entdeckte William Jones, der Begründer der Asiatic Society in Calcutta, die enge sprachliche Verwandtschaft zwischen Sanskrit, der Sprache der Aryas, Griechisch, Latein und den germanischen und keltischen Sprachen. Diese epochale Erkenntnis legte den Grundstein für die Erforschung der indo-europäischen Sprachgemeinschaft, zu der nach unserem heutigen Wissen weit mehr Sprachen zählen, als Jones zunächst angenommen hatte. Seit dem späten 19.Jahrhundert setzte sich in der Forschung mehr und mehr die Überzeugung durch, daß der Ur-

2. Einwanderung und Seßhaftwerdung der Aryas

sprung dieser indo-europäischen Sprachfamilie in den Weiten der osteuropäischen und zentralasiatischen Steppen zu suchen sei.

Die bedeutenden Erkenntnisse der frühen Sprachwissenschaftler über die engen linguistischen Beziehungen innerhalb der indo-europäischen Sprachfamilie wurden jedoch zunehmend von rassistisch-nationalistischen Ideologien überschattet, die den Ursprung der eigenen Nation in einer mythisch-arischen Rasse postulierten. Dies trifft seit dem 19. Jahrhundert besonders auf deutsche nationalistische Historiker und in etwas jüngerer Zeit auch auf nationalistische Historiker Indiens zu. Diese Entwicklung hatte in Europa verheerende Folgen und führte in jüngster Zeit auch in Indien zu heftigen Auseinandersetzungen zwischen Historikern und zu schweren kommunalistischen Unruhen. Im Kontext der frühen indischen Geschichte erscheint es daher geboten, in der deutschen Sprache von *Aryas* zu sprechen, um diese frühgeschichtlichen Sprachgruppen Nordwestindiens von dem neuzeitlichen, ideologischen Konstrukt der *Arier* als einer mythischen Urrasse der Indo-Europäer deutlicher als bisher zu unterscheiden.

Intensive Forschungen der letzten Jahrzehnte in Rußland, Zentralasien, Pakistan und Nordwestindien haben unser Wissen über die möglichen «Vorväter» der indischen Aryas und deren Beziehung zu den Kulturen Zentralasiens erheblich erweitert. Die Theorie ihrer Urheimat in den eurasiatischen Steppen fand dabei weitgehende Bestätigung. Seit dem 4. Jahrtausend v. Chr. zeichnete sich die Kultur der frühen Indo-Europäer durch die Domestizierung des Pferdes und der Kuh, die Nutzung von Kupfer und Bronze für Schmuck, Werkzeuge und Waffen aus sowie durch die Erfindung von Streitwagen mit Speichenrädern. Seit dem 3. Jahrtausend breitete sich ihre, nach einer bestimmten Grabform genannte, Kurgan-Kultur aus den Steppen westlich des Urals in die zentralasiatischen Steppen aus. Stämme dieser nomadischen Kultur im heutigen Kasachstan gelten als Vorfahren der indo-iranischen Sprachfamilie, die sich Ende des dritten Jahrtausends in Gruppen der indischen und iranischen Aryas («Arya» und «Iran» sind etymologisch verwandt) trennten.

Die Tatsache einer Einwanderung der Iranier in Persien und der indischen Aryas im Nordwesten des indischen Subkontinentes kann durch deren heilige Schriften des Avesta und der Veden als hinlänglich gesichert gelten – auch wenn indische Nationalisten weiterhin einen indischen Ursprung der Indo-Aryas postulieren. Dennoch sind Einzelheiten der Wanderungsbewegungen aus Zentralasien und insbesondere deren Chronologie noch immer heftig zwischen Archäologen, Sprachwissenschaftlern und Historikern umstritten. In den Jahrzehnten nach der Entdeckung der Induskultur in den 20er Jahren gingen Archäologen und Historiker noch von einem deutlichen zeitlichen Abstand von etwa fünf Jahrhunderten zwischen dem Untergang der Indusstädte im 18. Jahrhundert und der «Ankunft» der Aryas in Indien etwa um 1300 v. Chr. aus. Diese Überlegungen fußten auf der Annahme, daß jene Aryas, aus deren Kreisen etwa seit dem 13. Jahrhundert v. Chr. die heiligen Schriften der Veden hervorgingen, die frühesten Aryas auf südasiatischem Boden waren.

Der zeitliche Abstand von etwa einem halben Jahrtausend zwischen dem Untergang der Indusstädte und dem Kommen der Indo-Aryas und damit auch der vermutete tiefe kulturelle Bruch zwischen beiden Kulturen wird heute in zweifacher Hinsicht in Frage gestellt. Zum einen lassen archäologische Grabungen immer deutlicher das Fortbestehen kultureller Elemente der Harappa-Kultur bis in die frühvedische Zeit erkennen, während zum anderen archäologische Befunde in spätharappazeitlichen Grabungsstätten neue, der Harappa-Kultur nicht zuzuordnende Elemente («intrusive traits») aufweisen, die Forscher nun zunehmend als Zeugnisse früher, vorvedischer Aryas deuten. Ausgrabungen in Baluchistan (z. B. Mehrgarh VIII und in dem nahegelegenen Nausharo III) brachten Befunde aus der Zeit um 2000 v. Chr. an das Tageslicht, die deutliche Übereinstimmungen zur iranischen Bronzekultur in Nordwestpersien (Tepe Hissar III) und im südlichen Turkmenistan (Namazga V) aufweisen. Forscher vermuten, daß diese iranische Zivilisation von einer semi-nomadischen Elite beherrscht wurde, die der Sprachgruppe der iranischen und indischen Aryas angehörte. Zu den neuen, «fremden» Elementen in Indien zählen insbesondere Pferde. Sie waren in der Harappa-Kultur unbekannt, denn keine Indussiegel bildeten je ein Pferd ab. Indische Archäologen verweisen in diesem Zusammenhang besonders auf Feueraltäre hin, die in der Blütezeit der Harappa-Kultur ebenfalls unbekannt waren, jedoch in den jüngeren Schichten von Kalibangan und Lothal entdeckt wurden. Neue Bestattungsriten und wertvolle Grabbeigaben stellen weitere neue Elemente dar. Besonderes Aufsehen erregte der Grabfund eines wertvollen Goldschatzes mit großartigen Tierdarstellungen, der 1985 in Quetta – in nicht allzu großer Entfernung von Mehrgarh – beim Bau eines Hotels entdeckt wurde und der direkte Beziehungen zu ähnlichen Funden in Baktrien aufweist.

Eine besondere Bedeutung kommt den Keramikfunden im Gräberfeld H in Harappa zu, da sie gegenüber der Keramik Harappas eine gänzlich neue Art der Bemalung aufzeigen. Vats, der Ausgräber Harappas, äußerte bereits in den dreißiger Jahren die Vermutung, daß die Vogeldarstellungen, die in ihrem Körper ein Lebewesen bergen, den vedischen Glauben an Seelenwanderung und Wiedergeburt widerspiegelten. Wegen der damals allgemein akzeptierten, bedeutend späteren Datierung der Veden (1300–1000) stießen Vats Deutungen weitgehend auf Ablehnung. In Anbetracht der neueren Funde in spätharappazeitlichen Grabungsstätten neigen Archäologen heute mehr und mehr dazu, Vats Thesen zu folgen. Sollten diese durch weitere Entdeckungen erhärtet werden, so wäre damit eine entsprechend frühere Datierung des Rigvedas, der ältesten vedischen Hymnensammlung, unumgänglich, eine Erkenntnis, der sich Indologen heute noch weitgehend verschließen.

Sollte sich die These einer frühen Einwanderung von Aryas in Nordwestindien erhärten, so hätten wir in einer weiteren Hinsicht unser bisheriges Bild von der frühen historischen und kulturellen Entwicklung Indiens beträchtlich zu revidieren. Denn damit wäre erwiesen, daß Gruppen früher Aryas mit der noch blühenden Kultur der Indusstädte in Kontakt getreten waren. Diese Schlußfolgerung muß aber keineswegs bedeuten, daß diese frühen Aryas direkte Vorfahren der vedischen Aryas waren. Denn wie im folgenden aufgezeigt wird, enthält der Rigveda keinerlei Hinweise darauf, daß die Verfasser der frühesten vedischen Hymnen städtisches Leben kannten.

Verfechter einer Frühdatierung der Arya-Einwanderung in Indien vertreten daher die These, daß diese frühen Einwanderer aus Zentralasien sehr bald in der Bevölkerung der späteren Induskultur aufgingen. Für diese Annahme spricht die Tatsache, daß im 16. und 15. Jahrhundert v. Chr. keinerlei archäologische Spuren möglicher zentralasiatischer Einflüsse in Nordwestindien erkennbar sind. Die Nachfahren dieser frühen «akkulturierten» Aryas dürften Träger einer ersten indo-aryanischen kulturellen Synthese gewesen sein, in der sich Elemente der (vermutlich drawidischen) Harappa-Kultur und der zentralasiatischen Kultur der Einwanderer verbanden. Es wäre weiterhin zu vermuten, daß ihnen ein wesentlicher Anteil an der Übermittlung harappazeitlicher Kulturelemente zufiel, die, wie etwa die religiöse Verehrung von Tieren und Bäumen, den frühen vedischen Aryas fremd gewesen zu sein schienen, die jedoch die weitere Entwicklung des Hinduismus stark beeinflußten.

Die erste, historisch zweifelsfrei belegte Nachricht über vedische Aryas ist jedoch weder aus Zentralasien noch aus Indien überliefert, sondern aus Obermesopotamien und Anatolien. Etwa um 1380 v. Chr. schloß ein Mitanni-König mit dem Hethiter-König Suppiluliuma I. einen Friedensvertrag, in dem die vedischen Götter Mitra, Varuna, Indra und die Nasatyas angerufen wurden. Und in dem Tontafelarchiv der hethitischen Hauptstadt Boghazköi wurde ein handbuchartiger Text über Pferdezucht gefunden, der eine Anzahl reiner Sanskritworte enthält. Über die engen sprachlichen und kulturellen Beziehungen zwischen der herrschenden Elite des Mitanni-Reiches und den vedischen Aryas Indiens kann damit kein Zweifel bestehen, ohne daß dies jedoch zu bedeuten hat, daß die vorderorientalischen vedischen Aryas indischer Herkunft gewesen sein müssen. Wahrscheinlicher ist es, daß Gruppen vedischer Aryas aus ihren gemeinsamen Siedlungs- und Weidegebieten im südlichen Zentralasien in getrennten Wanderungszügen westwärts in den Vorderen Orient und in den Süden nach Nordwestindien aufbrachen. Ähnlich wie ihre «Brüder» in Indien scheinen auch die vedischen Aryas im Vorderen Orient Vorgänger gehabt zu haben, die früheren Aryas zuzurechnen sind. Die Namen von Kassiten-Königen Babylons des 16. Jahrhunderts v. Chr. scheinen sie als Aryas auszuweisen, denen die Sanskrit-Sprache der vedischen Aryas jedoch fremd war.

Alles spricht demnach dafür, daß in der ersten Hälfte des 2. Jahrtausends (ca. 2000–1400) mehrfach semi-nomadische Gruppen, die der Sprachfamilie der Indo-Aryas angehörten, aus Zentralasien nach Indien einwanderten. Die beiden Eckpunkte dieser Einwanderungsbewegungen stellen zum einen die Anzeichen fremder Kulturelemente in spätharappazeitlichen Fundhorizonten ab ca. 2000 v. Chr. dar, zum anderen der Rigveda als frühestes literarisches «Monument» der vedischen Aryas in Indien. Sprachlich und kulturell steht der Rigveda in enger Verbindung mit den Sanskritfunden des 14. Jahrhunderts aus dem Vorderen Orient. Die jüngsten Teile des Rigvedas können jedoch kaum älter als aus dem 11. Jahrhundert sein, da in ihnen bereits Eisen Erwähnung findet.

Der chronologische Rahmen, in dessen Verlauf sich die Einwanderung der Aryas nach Südasien vollzogen haben dürfte, hat sich damit in den letzten Jahrzehnten beträchtlich erweitert. Dennoch bleiben eine ganze Reihe von Fragen ungeklärt. Dieses gilt insbesondere für die historisch und kulturell bedeutsamen Hintergründe der Wanderung der vedischen Aryas. Ihre frühen vedischen Hymnen enthalten keinerlei Hinweise auf Zentralasien oder den Iran. Sie nennen aber Flußnamen aus dem östlichen Afghanistan und dem westlichen Nordpakistan wie Kubha und Suvastu, die heute als Kabul- und Swat-Flüsse bekannt sind. In dieser Gegend haben Archäologen die Gandhara-Grabkultur entdeckt, die klare Anzeichen für neue Bestattungsriten und Feueraltäre sowie für die Nutzung von Pferden und Bronze aufweist. Aber auch in diesem Fall kamen Archäologen bisher zu keiner einhelligen Meinung, ob diese Grabkultur als eine Hinterlassenschaft der frühen Aryas oder bereits der vedischen Aryas angesehen werden kann. Manche Archäologen zweifeln, ob es überhaupt möglich ist, mittels archäologischer Funde eine genaue Abfolge mehrerer Einwanderungen der Aryas nach Südasien nachzuweisen. So bleiben auch weiterhin die vedischen Texte, insbesondere die Hymnen des Rigveda, unsere wichtigste Quelle über die frühe Geschichte und Kultur der vedischen Aryas. Sie spiegeln zwar das priesterliche Weltbild ihrer brahmanischen Autoren wider, dennoch erhellt eine

2. Einwanderung und Seßhaftwerdung der Aryas 49

kritische Analyse dieser Texte manche interessante Einzelheiten des täglichen Lebens der frühen vedischen Zeit. Die wichtigste Quelle für unsere Kenntnisse über die vedischen Aryas in Nordindien und gleichzeitig auch deren höchste kulturelle Leistung ist der Veda, das heilige «Wissen». Das umfangreiche Schrifttum der Veden zerfällt in vier Gruppen, die heiligen Worte (*mantra*), die Erklärungstexte des Opferrituals (*brāhmaṇa*), die philosophischen «Geheimlehren» (*upaniṣad*) und die Leitfäden des Rituals und wissenschaftliche Texte (*sūtra*). Die Einteilung stellt gleichzeitig eine Periodisierung der Textgeschichte dar und spiegelt in vielfacher Weise die aufeinanderfolgenden Entwicklungsphasen der vedischen Gesellschaft von ihrer Einwanderung im Nordwesten Indiens bis zur Urbarmachung des mittleren Gangestales und der Begründung erster Reiche im 6. und 5. Jahrhundert v. Chr. wider.

Die Datierung der Texte und der sie tragenden Kulturen war lange Zeit auch unter westlichen Indologen heftig umstritten. Aufgrund astronomischer Angaben hatte der berühmte indische Freiheitskämpfer Bal Gangadhar Tilak Anfang dieses Jahrhunderts in seinem Buch «The Arctic Home in the Vedas» geglaubt, den Ursprung der Veden bis ins 5. und 6. Jahrtausend v. Chr. zurückdatieren zu können. Der deutsche Indologe H. Jacobi kam unabhängig davon zu ähnlichen Schlußfolgerungen und datierte den Beginn der vedischen Periode auf die Mitte des 5. Jahrtausends. Meist folgte man in der Datierung der vedischen Texte jedoch dem berühmten deutschen Indologen Max Müller, der im späten 19. Jahrhundert in Cambridge lehrte. Von der Lebenszeit des Buddha um 500 v. Chr. ausgehend, datierte er die Entstehung der Upanishaden, deren Philosophie ohne Zweifel der Zeit vor Buddhas Wirken entstammte, in die Jahrhunderte von 800 bis 600 v. Chr. Ihnen gingen die Brahmana- und Mantra-Texte in den Jahrhunderten von 1000 bis 800 bzw. von 1200 bis 1000 v. Chr. voran. Heute datiert man den ältesten vedischen Text, den Rigveda, in die Mitte des 2. Jahrtausends v. Chr. Da die Veden sehr bald nach ihrer Entstehung als göttliche Offenbarung nicht mehr verändert werden durften und in einer für unsere heutige Zeit unfaßbar genauen Weise in Priesterfamilien mündlich überliefert wurden, können sie nun, nachdem ihre Datierung zumindest in bestimmten Jahrhunderten als gesichert angesehen werden kann, als historische Quellen ersten Ranges für die Geschichte der vedischen Gesellschaft in Nordindien angesehen werden.

Dies gilt in besonderem Maße für die Mantra-Texte, die im Abendland als der eigentliche Veda gelten. Sie sind in vier Sammlungen (*saṃhitā*) zusammengefaßt, dem Rigveda, Samaveda, Yajurveda und Atharvaveda. Unter ihnen gilt der Rigveda als ältester und heiligster Text. Da er auch für historische Forschungen die meisten und, wie es scheint, unverfälschten Angaben über das tägliche Leben der Aryas, ihre Kämpfe, Wünsche und Gottesvorstellungen enthält, sei hier etwas näher auf ihn eingegangen. Der Rigveda umfaßt 1028 Hymnen von insgesamt 10600 Versen, die in zehn Büchern oder «Liederkreisen» (*maṇḍala*) zusammengefaßt sind. Als älteste Teile gelten die Bücher II–VII, die als «Familienbücher» bezeichnet werden, weil sie aus bestimmten Familien hervorgegangen sein sollen. Spätere Teile sind insbesondere das erste und das letzte Buch. Besonders in das zehnte Buch sind bereits deutlich philosophische Anschauungen und soziale Ordnungsvorstellungen wie das Kastenwesen eingegangen, die in den frühen Teilen des Rigveda noch nicht anzutreffen sind. Während die frühen Hymnen der Zeit angehören, in denen die Aryas noch im Nordwesten am Oberlauf des Indus und an seinen Nebenflüssen im heutigen Panjab wohnten, entstanden die späten Lieder erst in der Brahmana-Zeit, als die Aryas bereits über das obere Yamuna-Ganga-Zweistromland hinaus vorgestoßen waren. Die Zeit der frühen Hymnen des Rigveda werden im allgemeinen der zweiten Hälfte des 2. Jahrtausends v. Chr. zugerechnet. Doch die Erwähnung von Eisen in einigen der frühen Hymnen macht es wahrscheinlich, daß auch Teile des frühen Rigveda bis in das frühe erste Jahrtausend v. Chr. hineinreichen.

Der Sieg der Indo-Aryas über die einheimische Bevölkerung scheint, wie im Falle anderer erobernder Völkerschaften im Vorderen Orient, wesentlich auf ihrem hochentwickelten, zweirädrigen Pferdestreitwagen (*ratha*) beruht zu haben. Ihre Speichenräder waren so wertvoll und empfindlich, daß die Wagen bisweilen auf Ochsenkarren verladen wurden, um sie bis zum Beginn der Schlacht zu schonen. Die Landnahme der Aryas scheint sich dennoch nur schrittweise und langsam vollzogen zu haben. Der Grund hierfür dürfte zwar auch in der Weite des Landes und in der großen Zahl seiner schwer passierbaren Flüsse gelegen haben. Schwerwiegender aber scheint der Widerstand der einheimischen Bevölkerung gewesen zu sein. Als dunkelhäutige Dasa oder Dasyu werden sie in den Texten immer wieder als die eigentlichen Widersacher der Eroberer genannt. Sie verteidigten sich auf befestigten Plätzen (*puraḥ*, später = Stadt), die vornehmlich von mehreren Palisadenringen oder Wällen umgeben waren, oder sie zogen sich in die Berge in ihre Fliehburgen zurück. Zahlreiche Hymnen besingen den Gott Indra als den «Burgenbrecher» (*purandara*) und vom Somatrank berauschten Götterkönig der Aryas, der die Burgen stürmte und die Dasyu tötete:

‹Er befestigt die Erde und breitet sie aus ... Von Natur einen Halt besitzend, indem er an seine Stärke glaubt, zog er umher, die dasischen Burgen brechend. ‹Schleudere kundig, du Keulenträger, dein Geschoß nach den Dasyu; mehre, o Indra, die arische Macht und Herrlichkeit.› Sehet diesen seinen reichen Ertrag und glaubt an Indras

Halebid, Karnataka.
Indra auf seinem Elefanten Airavata, 12. Jh. n. Chr.

Heldenkraft: Er gewann die Rinder, gewann die Rosse, er die Gewächse, er die Wasser, er die Bäume. Dem Tatenreichen, männlichen Bullen, von echtem Kampfesmut wollen wir Soma auspressen, dem Helden, der mit Bedacht wie ein Straßenräuber des Opferlosen [die nicht opfernden Dasyu] Besitz aufzuteilen pflegt.» (I, 103)[1]

Als ein besonderer Feind galt der mächtige Dasa Shambara, den Indra «vom Berg herabschleuderte» (VI, 26), dessen «neunundneunzig Mauern er zerschlagen hat» (VI, 47), während an anderer Stelle gar von «hundert steinernen Burgen» (IV, 30) die Rede ist. Doch auch Agni, der Gott des Feuers und ein besonderer Gönner der Brahmanen, die ihn zum Opferfeuer riefen, stand den Taten des Götterhelden Indra kaum nach. Wenn es von ihm heißt, «er machte durch seine Waffen die Mauern weichen» (VII, 6), so kann damit nur eine Erstürmung durch Brandlegung der Holzpalisaden gemeint sein. Der aryanische Stamm der oft gepriesenen Purus scheint hierbei besonderen Erfolg gehabt zu haben, denn in einem Lied heißt es: «Aus Furcht vor dir zogen die schwarzen Stämme fort, indem sie kampflos ihren Besitz zurückließen, als du, Vaishvanara Agni, für Puru flammend ihre Burgen brechend, leuchtetest ... Du, Agni, triebst die Dasyus aus ihrer Heimat, indem du dem Arya weites Licht schufst.» (VII, 5) Doch die Kämpfe richteten sich keineswegs ausschließlich gegen die einheimischen Dasyus. Die vermutlich schubweise sich vollziehende Einwanderung führte immer wieder auch zu Konflikten mit den nachrückenden Stämmen. So scheint sich an einem Hariyupiya-Fluß an der Grenze Afghanistans ein Kampf zwischen zwei Stämmen abgespielt zu haben, bei dem hundertdreißig gepanzerte Krieger fielen. Zwei Hymnen des Rigveda (VII, 18; 33) berichten ferner von einer «Schlacht der zehn Könige», in der offenbar zwei Stammeskonföderationen aufeinanderstießen. Der König Sudasa, der zu den berühmten Bharatas zählte, blieb mit Indras Hilfe Sieger über seine Gegner, die vergeblich versucht hatten, durch Brechung der Dämme und eine Überschwemmung den Kampf zu gewinnen. Aufschlußreich ist es, daß in diesem Zusammenhang auch sieben Burgen der Gegner des Sudasa genannt werden, da sonst im frühen Rigveda noch kaum von festen Niederlassungen der vedischen Bevölkerung die Rede ist. Allerdings gab es für die Rinder als dem wertvollsten Besitz befestigte Plätze (*gomati-pur*). Unklar bleibt jedoch die Herkunft des Namens des oft genannten Königs Sudasa, Sohn des Divodasa. Auch ein Trasadasyu, ein anderer Stammeskönig, der als großer Patron der vedischen Dichter und als ein Anhänger des aryanischen Götterkönigs Indra gepriesen wird, trägt in seinem Namen die Bezeichnung der einheimischen Widersacher *Dasa* bzw. *Dasyu*. Sollten sich bereits in dieser frühen Zeit einheimische Stämme den Aryas angeschlossen oder ihnen gar als Wegbereiter bei ihrer Einwanderung gedient haben?

2. Einwanderung und Seßhaftwerdung der Aryas

Unlängst trat der finnische Indologe und Historiker A. Parpola, von dem auch wichtige Beiträge zur Entzifferung der Schrift der Indusstädte stammen, mit der interessanten These hervor, daß sich die Auseinandersetzung der vedischen Aryas mit den Dasas bzw. Dasyus ursprünglich im südlichen Zentralasien abgespielt habe. Ihr Name weise Beziehungen zur altiranischen Sprache auf, in der ein Ethnonym *daha* bekannt sei und *dahyu* «Land» bedeute. Der Kampf der vedischen Aryas hätte demnach zunächst vorvedischen Aryas im zentralasiatischen Margiana und Baktrien gegolten. Dieser Kampf habe sich dann in Nordwestindien gegen jene frühen Aryas fortgesetzt, die Jahrhunderte zuvor über den Khyberpass vorgestoßen waren und sich bereits mit der dortigen einheimischen Bevölkerung vermischt hatten, ohne jedoch gänzlich ihre ethnische Identität aufgegeben zu haben. Diese These könnte den ansonsten schwer verständlichen Widerspruch erklären, daß die Dasas im Rigveda einerseits mit sehr verächtlichen Worten bedacht werden, zum anderen einige von ihnen aber als Verbündete der vedischen Aryas gepriesen werden, deren Sprache sie noch verstanden zu haben scheinen.

Das Weltbild der frühen, wandernden vedischen Bevölkerung war von jener großartigen Einfalt, die frühe Kulturen häufig kennzeichnet. Land- und Nahrungsprobleme scheint es im Gegensatz zu späteren Zeiten noch nicht gegeben zu haben, zumindest melden davon die Texte nichts. Im Notfall plünderte man mit Indras Hilfe die Dasyus. Sorgen um gabenfreudige Herren und über die leidige Konkurrenz vermelden allenfalls die Sänger:

«Führe uns zu herrlichem Gute, zu einem Herrn, der Dichtersold gewährt, zu einem liebenden Hausherren.» (VI, 53)

«Auch [andere] Sänger sollen dich [o Indra] ja nicht fern von uns anhalten. Auch aus der Ferne komme zu unserem Opfergelage, oder wenn du hier bist, so höre zu!

Denn diese [die anderen Sänger] bereiten dir eine Erbauung und sitzen bei dem Soma wie Fliegen auf dem Honig. Auf Indra haben die schätzebegierigen Sänger ihren Wunsch gesetzt wie den Fuß auf den Wagen.

Nach Reichtum verlangend rufe ich den Keulenträger mit der schönen Rechten an wie der Sohn den Vater.» (VII, 32)

Die Frage nach dem Sinn des Lebens wurde in den frühen Texten kaum gestellt, wie auch wenig Anlaß bestand, an dem schier unbändigen Siegeswillen des Götterkönigs Indra und seinem unstillbaren Durst auf den Soma-Rauschtrank zu zweifeln. Dichterische Elemente klingen in den Hymnen des Rigveda oft in den Liedern an die Morgengöttin Ushas an:

«Die Göttin Ushas, die hohe, die in glänzender Auffahrt nach der Ordnung ordnungsgemäß in rötlicher Farbe erstrahlt, die die Sonne bringt, wachen die Redekundigen mit ihren Gedichten heran ...

Sie ist wie eine Schöne sich ihres Körpers bewußt; sie steht wie eine Badende aufrecht da, um sich beschauen zu lassen. Die Anfeindungen, die Finsternis vertreibt sie; mit ihrem Lichte ist Ushas, die Himmelstochter, gekommen. Sie, die Himmelstochter, kommt den Männern entgegen; wie eine schöne Frau entblößt sie die Brust. Indem sie ihre begehrenswerten (Reize) dem Opferer enthüllt, hat die Jugendliche wiederum wie früher Licht gemacht.» (V, 80)

Der Siedlungsraum der Aryas dehnte sich im Laufe der Jahrhunderte, die ihrer Überquerung des Hindukusch folgten und in denen der Rigveda seine endgültige Gestalt annahm, bis an die westlichen Ausläufer des Zweistromlands der Yamuna und Ganga aus. Die Yamuna wird immerhin zweimal in den älteren Teilen, die Ganga aber erst einmal im jüngeren 10. Buch erwähnt. Siedlungsschwerpunkt der vedischen Bevölkerung scheint demnach für eine längere Zeit der heutige Panjab, das «Fünfstromland», gewesen zu sein. Besonders der Sarasvati-Fluß, an dem einst die blühende Stadt Kalibangan lag, galt mit seinen «sieben Schwestern» als besonders heilig, denn «du gewannst (unseren) Völkern das Stromland» (VI, 61). In diesem Fünfstromland scheint sich auch der Übergang vom Halbnomadentum zur Seßhaftwerdung vollzogen zu haben, ein Prozeß, der von schweren Kämpfen um die besten Siedlungsplätze bestimmt wurde. So heißt es in zahlreichen Hymnen, daß die «Völker auf Kriegsfahrt sinnen, gegenseitig sich aneifernd zum Kampf um Wasserplätze» (IV, 24), oder es ist die Rede von «zwei Schlachthaufen, (die) sich um den Samen, oder um die Kühe, um leibliche Nachkommenschaft, um Wasser, um Felder streiten» (VI, 25). Rinderdiebstahl scheint sich damals derartiger Beliebtheit erfreut zu haben, daß der Ausdruck *goṣāti*, der wörtlich «Rindergewinnung» bedeutet, gleichbedeutend mit Beutezug wurde. Die Kämpfe scheinen jedoch nicht nur der reinen Kriegslust entsprungen zu sein, sondern auch Ausdruck eines Bevölkerungsdruckes und steigender Landnot gewesen zu sein. Zu groß und undurchdringlich waren damals die indischen Dschungel. Wie sonst sollten in dem weiten und sonnenreichen Indien Hinweise auf «den großen Kampf um Wasser und Sonne» (VI, 46) und die Bitte an Indra nach «ungeteiltem Brachland» (VI, 28) verstanden werden? Nach Jahrhunderten einer halbnomadischen Lebensweise begann die vedische Bevölkerung die Urbarmachung ihrer Siedlungsgebiete durch Bewässerung der fruchtbaren, wüstennahen Landstriche und durch Rodung der großen Wälder. So heißt es im Rigveda: «Da brachten sie die Felder in guten Stand, leiteten die Flüsse ab. Es zogen die Pflanzen in die Wüstenei ein, in die Niederung die Gewässer.» (IV, 33)

Neulandgewinnung durch Bewässerung wüstennaher Landstriche dürfte gegenüber der Rodung der auch von den Ureinwohnern gemiedenen dichten Taldschungel noch relativ einfach gewesen sein.

2. Einwanderung und Seßhaftwerdung der Aryas

Natürlich war Brandrodung bekannt, und Agni, der Feuergott, wurde für seine Verdienste entsprechend besungen. Doch Brandrodung allein bedeutete noch keine Rodung im eigentlichen Sinne. Die dikken und keineswegs immer ganz verbrannten Baumstümpfe blieben weiterhin stehen und schlugen sogar wieder aus. Um einen Dschungel in einen fruchtbaren Ackerboden oder das erwünschte «ungeteilte Brachland» zu verwandeln und die Baumstümpfe auch tatsächlich zu roden und anschließend den schweren Boden zu beackern, bedurfte es zusätzlicher Werkzeuge. Erforderlich waren starke Äxte und Pflüge. Den einwandernden Aryas war, wie vor ihnen schon den Einwohnern der Industalstädte, Kupfer und Bronze bekannt. Beide Metalle eigneten sich aber eher für Schmuck und Waffen, weniger jedoch für Äxte und schwere Pflüge. Großflächige Urbarmachung des Gangestales war deshalb kaum vor der Entdeckung und Nutzbarmachung des Eisens möglich. Eisen kam gegen Ende der frühvedischen Zeit auf, eine Tatsache, die ziemlich genau mit den neuesten Ergebnissen der archäologischen Forschungen übereinstimmt, die auf eine Nutzung des Eisens in Nordwestindien um 1000 v. Chr. schließen lassen. Während in den Texten, die noch der frühen Zeit vor 1000 v. Chr. zugerechnet werden, Eisen nur sehr vereinzelt genannt wird (z.B. als «Hals» der Pfeilspitze, VI, 75, und als Axt auch schon in VI, 8), enthalten die Texte des Rigveda, die dem 10. oder gar 9. Jahrhundert v. Chr. angehören dürften, mehrere Angaben, in denen Äxte ausdrücklich im Zusammenhang mit Rodungsarbeiten genannt werden. Ein gutes Beispiel stellt ein Zitat aus dem letzten Buch des Rigveda dar: «Die Götter zogen aus, sie trugen Äxte, die Bäume fällend zogen sie mit ihren Dienstmannen aus» (X, 28). Hier sieht man, förmlich mit den Händen greifbar, den Beginn systematisch organisierter Rodungsarbeiten vor sich! Archäologische Grabungen zeigen bisher aber, daß Eisen in Nordindien noch längere Zeit recht selten gewesen zu sein scheint und anfangs auch mehr für Waffen benutzt wurde. Eiserne Äxte der frühen Eisenzeit Indiens scheinen jedenfalls noch nicht gefunden worden zu sein.

Mit der Seßhaftwerdung begann ein neuer Abschnitt in der Geschichte, der allgemein als die spätvedische Zeit bezeichnet wird. Nach Jahrhunderten unsteten Wanderns durchlief die vedische Gesellschaft in dieser Zeit einen Prozeß tiefgreifender Wandlungen. Der Seßhaftwerdung und der Entstehung erster fester Siedlungen folgten zunehmend enge und folgenschwere Kontakte mit der unterworfenen einheimischen Bevölkerung, weiterhin soziale Differenzierungen, das Aufkommen von Handwerk und Handel, das Entstehen kleiner territorialer Fürstentümer und «Residenzorte» sowie der Beginn neuer philosophischer Spekulationen. Sicherlich wird man sich vor einem vereinfachenden Determinismus hüten müssen, der mit der Einführung des Eisens und dem folgenden sozialen Wandel die Existenz und die Lehre Buddhas erklären will. Es kann kein Zweifel bestehen, daß die indische Gesellschaft, die uns am Ende dieser Periode (etwa 500 v. Chr.), an der Schwelle des Zeitalters des Buddha und der ersten frühen Staaten im Osten, entgegentritt, sich grundlegend von derjenigen der frühvedischen Wanderungszeit unterscheidet. Es ist daher sicherlich nicht verfehlt, dieses spätvedische Zeitalter als die eigentliche formative Phase der frühindischen Kultur zu bezeichnen.

Die Seßhaftwerdung der nomadisierenden Aryas in der spätvedischen Zeit um 1000 v. Chr. läßt sich sehr deutlich an der etymologischen Bedeutung von *grāma*, der heutigen Bezeichnung für «Dorf», aufzeigen. Der Marburger Indologe W. Rau, dem das Verdienst zukommt, die Texte der spätvedischen Zeit im Hinblick auf sozialen und politischen Wandel besonders gründlich untersucht zu haben, konnte überzeugend nachweisen, daß das Wort Grama ursprünglich «Treck» oder «Heerhaufen» bedeutete. In der Zeit der Wanderung wurde der rastende Treck eine Wagenburg. Wie anders könnten sonst die frühen Textbelege erklärt werden, die davon sprechen, daß «die beiden Enden des Grama zusammenkommen», wie es in einem Brahmana-Text dieser Zeit ausdrücklich heißt?[2] Aufschlußreich ist auch die Herkunft der bis heute gültigen Bezeichnung für Krieg (*saṃgrāma*), die nur aus dem Zusammenstoß (*sam*) zweier oder mehrerer Trecks (*grāma*) zu erklären ist. Seßhaftwerdung bedeutete, daß aus der Wagenburg ein Dorf wurde, in dem die Wagen durch Häuser ersetzt wurden. Im Zusammenhang mit der Frage nach der Datierung der Seßhaftwerdung der Aryas ist es nun überaus bedeutsam, daß ebenfalls nachgewiesen wurde, daß in den Texten des Rigveda der Ausdruck Grama stets noch in seiner ursprünglichen Bedeutung als Treck oder Heerschar zu verstehen ist. Erst in den Brahmana-Texten der spätvedischen Zeit tauchen dann erstmals Textstellen auf, die Grama als feste Siedlung erkennen lassen.

Mit der Seßhaftwerdung begann eine zunehmende soziale Differenzierung in den Stämmen und im Dorf. Bereits in der frühvedischen Zeit gab es neben den freien Stammesangehörigen (*viś*) den Stammesadel und die Krieger (*kṣatriya*), aus deren Mitte die Stammesfürsten (*rājan*) hervorgingen, ferner die Priester, die Brahmanen. Als Folge der Seßhaftwerdung traten die Aryas in engere Kontakte mit der unterworfenen, einheimischen Bevölkerung, die als Tagelöhner und, wie wir noch sehen werden, als Handwerker wichtige Dienste übernahmen. Entscheidendes Kriterium der Abgrenzung der drei freien Stände der Aryas gegen die unterworfene, einheimische Bevölkerung war die dunklere Farbe (*varṇa*) der Einheimischen. Damit war die Voraussetzung für die Entstehung der vier «Kasten» (*varṇa*) geschaffen, die erstmals in einer späten Hymne des Rigveda

2. Einwanderung und Seßhaftwerdung der Aryas

genannt werden. Sie berichtet von der Erschaffung der vier Varna und des Kosmos durch die Opferung des mythischen Urwesens Purusha. Für die künftige hinduistische Gesellschaftsordnung erlangte diese Hymne höchste normative Geltung:

«Purusha alleine ist diese ganze Welt, die vergangene und die zukünftige ... Solches ist seine Größe und noch gewaltiger als dies ist Purusha. Ein Viertel von ihm sind alle Geschöpfe, drei Viertel von ihm ist das Unsterbliche im Himmel.
Als die Götter mit Purusha als Opfergabe das Opfer vollzogen, da war der Frühling dessen Schmelzbutter, der Sommer das Brennholz, der Herbst die Opfergabe. Als sie den Purusha auseinanderlegten, in wie viele Teile teilten sie ihn? Was ward sein Mund, was seine Arme, was wurden seine Schenkel, was seine Füße genannt?
Sein Mund ward zum Brahmanen, seine beiden Arme wurden zum Rājanya gemacht, seine beiden Schenkel zum Vaishya, aus seinen Füßen entstand der Shūdra.» (X, 90)

Diese vier Varna waren ursprünglich Stände, in die erst später die eigentlichen Kasten eingeordnet und subsumiert wurden. Diese tragen den Namen Jati, da man in die Kasten hinein-«geboren» (= *jāta*) wird. Wichtiger als die späteren Kasten war in dieser frühen Zeit der Beginn einer Entwicklung zu einer ständisch orientierten Klassengesellschaft, bestehend aus Haussklaven, unfreien Tagelöhnern und abhängigen Handwerkern, freien Bauern, einer sich zunehmend differenzierenden Herrenschicht und einem starken Priester- und Gelehrtenstand. So trat z. B. neben den Gramani, den «Treckführer» aus der Zeit der Wanderschaft, nun der Gramin als «Besitzer des Dorfes». Während der Gramani aus dem Stand der Vaishyas hervorging, gehörten die neuen Gramin dem Stand der Kshatriyas an. Daß hierdurch soziale Spannungen entstanden, die in der Zeit der Wanderung unbekannt waren, geht aus zahllosen Texten dieser Zeit hervor: «Wenn immer der Kshatriya dazu Lust hat, dann sagt er: ‹Vaishya, bring her, was Du vor mir versteckt hältst!› Er plündert ihn aus. Alles, was er will, tut er.»[3] Innerhalb der Zeit, in der die Brahmana-Texte entstanden, setzte sich der soziale Differenzierungsprozeß auch im Adel fort. Dem Hochadel stand die große Zahl des niederen Adels (*rājanya*) gegenüber, von dem es ausdrücklich heißt, daß er nicht «königsfähig» sei.

Handwerker waren bereits in frühvedischer Zeit bekannt, vor allem natürlich Wagner, die die so wichtigen Streitwagen herstellten und reparierten. Ansonsten aber spielte das Handwerk in dieser frühen Zeit offenbar eine unbedeutende Rolle. Dies änderte sich erst schrittweise mit der Seßhaftwerdung in spätvedischer Zeit. Große Bedeutung erlangten in dieser Zeit Zimmerleute, Töpfer und zunehmend die Schmiede. Verschiedene Metalle werden genannt: Kupfer (*loha*), Bronze (*ayas*), eine Kupfer-Zinn-Legierung (*kaṃsa*), Silber (*rajata*), Gold (*suvarṇa*) und Eisen (*śyāma* und *kṛṣṇāyas*).

Ein wichtiges Element der späteren rigiden Kastenordnung Indiens läßt sich bereits in dieser frühen Zeit erkennen: Die Handwerker waren verachtet und gehörten meist den Shudras an. Sicherlich ist auch aus vielen anderen frühen Kulturen die Abdrängung bestimmter Handwerkergruppen in eine Paria-Lage am Rande oder sogar außerhalb der Gesellschaft bekannt. Durch ihren direkten Umgang mit den Elementen Feuer und Wasser waren z.B. Schmiede und Müller in gleicher Weise gefürchtet wie beargwöhnt. Bezeichnend für Indien aber ist das zusätzliche Element der *rituellen* Unreinheit (*aśuddha*), durch das Shudra-Handwerker vom Opfer ausgeschlossen waren (*amedhya*). Die Angst vor der rituellen Verunreinigung ging bereits in dieser frühen Zeit so weit, daß vorgeschrieben wurde, bei bestimmten Opfern wie dem Agnihotra nur von Aryas geformte Töpferwaren zu verwenden: «Sie [die Sthali, eine irdene Melk- und Kochschüssel] ist von einem Arya geformt, mit senkrecht nach oben gehenden Seitenwänden: zur Gemeinschaft mit den Göttern. So ist sie mit den Göttern vereint. Dämonisch (*asurya*) ist fürwahr das Gefäß, welches von einem Töpfer gebildet, auf einer Töpferscheibe gedreht ist.»[4]

Dieses Zitat aus einem spätvedischen Text ist in doppelter Hinsicht bedeutungsvoll. Es zeigt, daß die von den Aryas unterworfenen Einwohner Nordindiens über hohe handwerkliche Fähigkeiten verfügten. Die zunächst rassisch bedingte Abgrenzung gegenüber dem dunkelhäutigen Varna der Ureinwohner führte fast zwangsläufig auch zur Diskriminierung der von ihnen ausgeübten Berufe. In der ursprünglichen handwerklichen Unterlegenheit der Aryas liegt somit sicherlich eine der Ursachen für die Entstehung des Kastensystems, das die gesellschaftlich-politische Überlegenheit der erobernden Aryas ideologisch festschreiben sollte. Aus dem Zitat muß ferner geschlossen werden, daß die Aryas die Töpferscheibe nicht nach Indien mitbrachten, sondern sie dort vorfanden. Das Zitat macht es deshalb auch wahrscheinlich, daß die berühmte, auf Töpferscheiben hergestellte «bemalte graue Keramik» (painted grey ware), die heute von den Archäologen allgemein als das wichtigste «Leitfossil» der frühen vedischen Siedlungen in Nordindien angesehen wird, ursprünglich auf vorvedische Einwohner Nordindiens zurückgehen dürfte und erst später von der vedischen Gesellschaft übernommen wurde und durch sie dann die starke Verbreitung fand.

Wichtig für die spätvedische Zeit war eine deutliche Zunahme des Handels, der durch das aufkommende Handwerk und die Erschließung des Landes möglich wurde. Der Handel scheint auch im frühen Indien eine Pionierfunktion in der Auskundschaftung neuer Landstriche gehabt zu haben. Hierbei dürfte insbesondere der überregionale Salz- und Metallhandel und die Suche nach neuen Erzlagern eine beträchtliche Rolle gespielt haben. Für die Gesellschafts- und künfti-

2. Einwanderung und Seßhaftwerdung der Aryas

ge Kastenordnung war es wichtig, daß Handel nicht als verunreinigend galt und damit auch von Aryas ausgeübt werden konnte. Brahmana-Texte dieser Zeit stellen den Handel ausdrücklich neben die Landwirtschaft (*kṛṣi*, Ackerbau), die Priestertätigkeit (*brahmacarya*) und den Adels- oder Königsdienst (*rājānucarya*). Der Handel scheint bereits in dieser frühen Zeit in starkem Maße in die Hände der aryanischen Eroberer übergegangen zu sein. Hier ist die hohe Stellung der Händler, der Bania-Kaste, im späteren Hinduismus bereits vorweggenommen.

Nicht minder bedeutend als die soziale und wirtschaftliche Entwicklung war die politische Entwicklung in der spätvedischen Zeit, die durch die Entstehung eines neuen Königtums und das Aufkommen erster Kleinstaaten gekennzeichnet ist. Auch in frühvedischer Zeit war ein in manchen Fällen sogar erbliches Königtum bereits bekannt. Doch standen damals dem König politische Organe des Stammes zur Seite, wie die Vollversammlung aller männlichen Stammesmitglieder (*viś* oder *jana*) oder aristokratische Stammesräte (*sabhā* oder *samiti*). Einige Stämme wurden sogar ausschließlich von diesen Ratsversammlungen regiert, eine Tatsache, auf die Inder gerne hinweisen, um ihre alte demokratische Tradition zu bekunden. Diese frühvedischen Ansätze einer republikanischen Adelsherrschaft traten in der spätvedischen Zeit aber gänzlich in den Hintergrund. Statt dessen entstand nach der Seßhaftwerdung ein neues Königtum, das sich gegenüber demjenigen der frühvedischen Zeit weniger durch eine neue Machtfülle als durch seine neue Ideologie unterschied. Die frühen Könige hatten ihre Legitimation auch im Falle ihrer Erblichkeit aus der Zustimmung des Stammes, meist in der Form der Königs*wahl*, bezogen. In der spätvedischen Zeit ging der König dagegen ausschließlich aus dem Machtkampf im Hochadel hervor, und er stützte seine Legitimation zunehmend auf die sakrale Königs*weihe* durch die Brahmanen. An dieser Weihe nahmen Vertreter des Volkes nur noch als Statisten teil.

Es war dies die Zeit, in der als Zeichen ständig steigenden Einflusses der Brahmanen die großen, rituellen Zeremonien der Königsweihen wie der Rajasuya oder das «Pferdeopfer» (*aśvamedha*) entstanden, die den magisch-sakralen Charakter des indischen Königtums bis in das frühe Mittelalter entscheidend formten. In zahlreichen indologischen Untersuchungen über diese Königsweihen ist mit Recht die starke kosmo-magische Funktion dieser Weihen hervorgehoben worden, durch die dem König die Erhaltung der kosmischen Ordnung und die Sicherung der gefährdeten irdischen Fruchtbarkeit zugewiesen wurde. Dabei wurde aber oft außer acht gelassen, daß diese Apotheose des Königtums auf eine stärkere Differenzierung der Gesellschaft und insbesondere auf die Legitimierung der nun dominierenden Stellung der Brahmanen und Rajas abzielte. Die von Brahmanen verfaßten Texte machen es jedenfalls sehr klar, daß die Brahmanen selbst die stärksten Verfechter dieses neuen sakralen Königtums waren und in ihm den besten Garanten ihrer eigenen dominierenden Stellung im Kastensystem und ihrer wirtschaftlichen Sicherung sahen. Aus ihrem Abscheu gegen die «königlosen» Stämme machten sie keinen Hehl, denn sie erinnerten sich noch zu gut an die frühvedischen Hymnen klagender Sänger und Priester, die bittstellend von Stamm zu Stamm ziehen mußten.

Einen guten Einblick in den «Hofstaat» des Königs des spätvedischen Königtums gewährt die Zeremonie der Anrufung der «Juwelenreichen» (*ratnin*), die im Verlaufe der ursprünglich wohl jährlich wiederholten königlichen Weihe des Rajasuya vollzogen wurde. Als Vorbereitung für seine Weihe stattete der König den Häusern der am Hofe einflußreichsten Würdenträger, den «Juwelen» (*ratna*), Besuche ab, da sie, wie es im Text heißt, ihm die Herrschaft (*rāṣṭra*) gaben und auch wieder nehmen konnten. Zunächst hatte der König seine Hauptfrau, dann die wegen Kinderlosigkeit verstoßene Gattin und dann die Lieblingsfrau aufzusuchen und dort Opfer zu vollziehen. Dann folgten Besuche und Opfer beim Hauptpriester (*purohita*), beim Heerführer (*senānī*) oder einem Adligen (*rājanya*), beim Dorfschulzen oder Scharführer (*grāmaṇī*), beim Herold und Barden (*sūta*), Wagenlenker, Fleischvorschneider, Speisenverteiler, Fleischer bzw. Koch und beim Würfelwerfer; ferner nennen einzelne Texte noch den Zimmermann, Streitwagenbauer und den Läufer.

Es ist oft über diese eigenartige Liste der frühen «Juwelen» der vedischen Könige gerätselt worden, da ihr angeblich weder ein klares politisches noch ein religiöses Konzept zugrunde liege. So wunderte man sich z. B. oft über die Einbeziehung etwa des Würfelwerfers oder des Fleischers in den Kreis der königlichen Würdenträger. Als «Ausweg» wurde der Symbolcharakter der Königsweihe und die magische Funktion dieser Höflinge hervorgehoben. Betrachten wir jedoch die Liste in dem sozialen Kontext des frühen Königtums, so fällt es nicht schwer, in ihr eine Zusammenstellung oder zumindest Auswahl der für den König tatsächlich wichtigen Berater und Diener zu erkennen, deren jährlich zu erneuernde Zustimmung und Loyalität Voraussetzung für Erfolg und Überleben des Königs war. Die Rajasuya-Zeremonie sollte offensichtlich den persönlichen Aspekt der patrimonialen Herrschaft einer «erweiterten Hausgewalt» legitimieren, die die frühen indischen Rajas über ihre kleinen «Reiche» ausübten.

Die Entwicklung dieser neuen Königsideologie scheint sich wesentlich schneller vollzogen zu haben als die Entwicklung eines territorialen Königtums. Immerhin zeigten sich in spätvedischer Zeit

2. Einwanderung und Seßhaftwerdung der Aryas

deutliche Anzeichen der Auflösung der Stämme (*jana*) als höchste politische Organisationsform der frühvedischen Gesellschaft. Der Ausdruck Jana bezeichnete nun ganz allgemein den Menschen, und der Terminus Vish, unter dem bisweilen der «Gau» eines Stammes in frühvedischer Zeit verstanden wurde, stand nun für das beherrschte Volk, die Untertanen. Als neue Bezeichnung tauchte Janata auf, die zwar auch noch für «Stammesvolk» stand, aber doch schon den weiteren Sinn von Volk oder «Völkerschaft» einschloß, die nicht mehr an die Geburt in einem bestimmten Stamm gebunden war. Parallel dazu entstand ebenfalls neu der Ausdruck Janapada, der zunächst noch «Stammesvolk», dann aber zunehmend «Stammesgebiet» (*pada* = Schritt/Ort) bedeutete und bis zur Entstehung der späteren Großreiche die eigentliche Bezeichnung für ein territorial definiertes Stammesfürstentum und Stammeskönigtum (*mahajanapada*) darstellte. Ein anderes Beispiel einer derartigen «Territorialisierung» eines Stammesgebietes bildet Kurukshetra, das «Gebiet/Ort (*kṣetra*) des Kurustammes» in der Gegend des heutigen Delhi und Schauplatz des Mahabharata-Kampfes (s. u.).

Dieser hier nur skizzenhaft aufgezeigte Prozeß der «Territorialisierung» der Stammesherrschaft bis zur Entstehung eines territorialen Königtums in Nordindien vollzog sich sehr schleppend und dauerte etwa fünf Jahrhunderte. Diese Entwicklung nimmt bereits viele Zeichen der späteren indischen «Vielstaaterei» vorweg. Eine Ursache hierfür mag es sein, daß die etwa 40 in den Texten genannten Stämme der Einwanderungszeit – und wesentlich mehr mögen tatsächlich existiert haben – eben nur sehr kleine Gruppen waren, die eher Clans entsprochen haben dürften als z. B. den großen germanischen Stämmen der Völkerwanderungszeit. Wie klein manche dieser Stämme waren, läßt sich aus einer Rigveda-Hymne an den Gott Indra erkennen: «Nicht einmal in einer Bergfeste hält sich sogar ein ganzer Volksstamm lange, der seine (Indras) Stärke gereizt hat.» (II, 34) Und anders als im Vorderen Orient stießen die einwandernden Indo-Aryas in Indien nicht auf starke Gegner oder gar mächtige Reiche, die sie gezwungen hätten, sich auch ihrerseits politisch zu organisieren. Für die Durchdringung der großen Weiten Nordindiens war der frühe, bewegliche Kleinverband möglicherweise sogar besser geeignet.

Aus dieser Zeit der Seßhaftwerdung und der Stammeskämpfe berichtet das Mahabharata, das indische Nationalepos, das mit einem Umfang von etwa 106 000 Versen das wohl längste literarische Einzelwerk der Menschheit darstellt. Es schildert den Kampf, der sich in spätvedischer Zeit zwischen feindlichen Vettern der Kauravas und Pandavas um die Vorherrschaft über das westliche Ganga-Yamuna-Zweistromland abgespielt haben soll. Die Kauravas herrschten in

Hastinapura an der Ganga (57 Meilen nördlich von Delhi) und die Pandavas in Indraprastha an der Yamuna (auf dem Boden des heutigen Delhi). Die 100 Kauravas sannen auf Mittel, die fünf Pandavas aus Indraprastha zu vertreiben und luden sie zu einem Würfelspiel ein, bei dem die Pandavas dann auch tatsächlich alles verspielten und in ein zwölfjähriges Exil ziehen mußten. Als nach Ablauf des Exils alle Friedensbemühungen scheiterten, kam es zur großen, achtzehntägigen Schlacht, die mit dem Untergang der Kauravas und dem Sieg der Pandavas endete, die von Krishna unterstützt wurden. Das Problem der umstrittenen Historizität des Mahabharata liegt in der Tatsache, daß der Text des Epos erst in den Jahrhunderten um die Zeitenwende niedergeschrieben wurde und Historiker es deshalb früher mit gutem Grund ablehnten, den hier umrissenen Kern der Handlung als historisches Geschehen anzuerkennen. Archäologische Grabungen der letzten Jahrzehnte haben jedoch ergeben, daß die wichtigen Orte, die in der zentralen Handlung des Epos eine Rolle spielen, übereinstimmend Funde der «bemalten grauen Töpferware» (*painted grey ware*, PGW) aufweisen. Die Zeitspanne, in der diese Keramik geschaffen wurde, wird von den Archäologen in die Jahre von etwa 900 bis 400 v.Chr. datiert, in Einzelplätzen (Atranjikhera, östl. von Agra) weisen Funde sogar bis um 1000 v.Chr. zurück. Die Fundorte der PGW-Keramik stimmen ziemlich deutlich mit dem frühen Verbreitungsgebiet der vedischen Gesellschaft, wie wir es aus den vedischen Texten erschließen können, überein. Diese ursprünglich möglicherweise aus dem Kreise einheimischer Töpfer hervorgegangene Keramik wird heute von den meisten Archäologen in ihrer weiteren Ausbreitung direkt mit den Aryas verbunden und als «Leitfossil» ihrer spätvedischen Siedlungen angesehen. Wenn hier in der Forschung auch noch nicht das letzte Wort gesprochen sein dürfte, so zweifelt man heute nicht mehr an dem historischen Kern des Mahabharata-Kampfes – auch wenn die meisten Einzelheiten des Textes späterer, dichterischer Schöpfung zugeschrieben werden müssen. Einige Einzelheiten fanden dagegen überraschende Bestätigungen. So grub man in den PGW-Schichten an einigen Plätzen genau jene Form von Würfelsteinen aus, die im Mahabharata bei dem verhängnisvollen Würfelspiel zwischen den Kauravas und den Pandavas beschrieben wurden.

Es ist nicht ausgeschlossen, daß dieser Sieg der Pandavas bereits eine Stärkung einheimischer Stämme gegenüber den Eroberern darstellte. Für diese Annahme sprechen zwei Begebenheiten. Die fünf Pandava-Brüder heirateten gemeinsam Draupadi, die Tochter des Königs der östlichen Pancalas, und sie wurden in ihrem Kampf gegen die Kauravas von dem später vergöttlichten Krishna aus Mathura im Süden von Delhi unterstützt. Da Polyandrie bei den Indo-Aryas un-

2. Einwanderung und Seßhaftwerdung der Aryas

bekannt ist und der dunkelhäutige Krishna, ob Heros oder Gott, der einheimischen Bevölkerung zuzuordnen ist, verkörpern die siegreichen Pandavas deutlich ein nicht-aryanisches Element, zumal sie in ihrem Kampf von den Stämmen des Ostens, die noch nicht unter starkem vedischen Einfluß gestanden haben dürften, unterstützt wurden, während die Kauravas Hilfe vor allem von den nordwestlichen – eben aryanischen – Stämmen erhielten. Eine weitere, möglicherweise historische Begebenheit ist im Mahabharata in legendärer Form überliefert: Der Beginn der Besiedlung des mittleren und östlichen Gangestales durch die Indo-Aryas in der spätvedischen Zeit. Das Mahabharata berichtet, daß der fünfte König der Pandavas, der nach dem Sieg in Hastinapura herrschte, seine Hauptstadt nach Kausambi im Osten verlegte, nachdem Hastinapura von einer Flut des Ganges zerstört worden war. Archäologische Grabungen haben ergeben, daß Hastinapura in der Tat von einer Flut heimgesucht wurde, die das jähe Ende der PGW-Siedlung in Hastinapura bedeutete. Da die Datierung dieser Flutkatastrophe bisher noch nicht endgültig vorgenommen wurde (manches deutet auf eine spätere Zeit, etwa Ende des 4. Jahrhunderts v. Chr.), ist es noch nicht möglich, verläßliche historische Aussagen mit dieser legendären Überlieferung zu verknüpfen. Dennoch ist es auffallend, daß Kausambi bei Allahabad zusammen mit Benares die ältesten Spuren beginnender frühstädtischer Besiedlung im Osten aufweist, die in die frühen Jahrhunderte des ersten Jahrtausends v. Chr. fallen.

Die Kultur der spätvedischen Zeit war eine dörfliche Kultur. Anzeichen einer städtischen Kultur, wie wir sie aus der Induskultur kennen, fehlten noch gänzlich. Selbst die «Residenzstädte» der frühen Könige wie etwa Hastinapura kannten noch keine Befestigungen und planmäßige Straßenanlagen. Die Häuser waren aus Lehm und Flechtwerk errichtet, gebrannte Ziegel waren unbekannt. Auch Anzeichen für die Entwicklung einer Schrift sind noch nicht aufgefunden worden. Schmiede- und Töpferhandwerk waren dagegen, wie schon erwähnt, hoch entwickelt. Interessant ist, daß eine Reihe von Gefäßformen aus dieser Zeit in der Industalkultur nicht bekannt waren, aber manche dieser Töpferwaren noch heute in gleicher Form hergestellt werden (z.B. die *thālī*-Schale, *kaṭorā*-Schüssel und der kleine *loṭā*-Krug). Auch die bis heute von den Inderinnen getragenen Glasarmreifen waren bereits bekannt. Inbegriff irdischen Reichtums waren Kühe, die als Milchtiere ebenso geschätzt wurden wie als Zugtiere für Ochsenkarren und den Pflug. Bei schweren Böden wurde der Pflug, wie es noch heute in Maharashtra anzutreffen ist, bisweilen von bis zu über einem Dutzend Ochsen gezogen.

Das Weltbild der spätvedischen Zeit unterschied sich grundlegend von jenem der frühen Wanderzeit. Der ungebrochene Glaube an die

Macht der Aryas und ihrer Götter hatte einer tiefgreifenden Unsicherheit und Skepsis Platz gemacht. In erschütternden Worten klagte ein Sänger: «Es bedrückt mich Ratlosigkeit, Nacktheit, Verschmachten. Wie Vögel ist mein Sinn hin und her gescheucht. Wie Ratten an ihren Schwänzen, so nagen die Sorgen an mir.» (Rigveda X, 33) Fragen des richtigen und moralischen Handelns bedrängten die Gemüter und fanden dichterischen Ausdruck in einer Reihe großartiger Hymnen im späten zehnten Buch des Rigveda, wie z.B. in dem bewegenden Dialog zwischen den Zwillingsgeschwistern Yama und Yami, in dem die Schwester ihren Bruder vergebens auffordert, sie zur Frau zu nehmen. Erste Zweifel an der Allmacht der Götter kamen auf und nährten das Bewußtsein von der Existenz eines unerbittlichen Gesetzes der Vergeltung für die eigenen Taten (karma) und, damit verbunden, den Glauben an die Wiedergeburt (saṃsāra). Ob beide Begriffe, die zu Eckpfeilern indischer Weltanschauung und Religiosität wurden, tatsächlich auf Einfluß der nicht-aryanischen Stämme zurückgehen, ist umstritten, aber keineswegs ausgeschlossen. Skepsis und Ungewißheit führten in den Brahmana-Texten zu einer wuchernden Opfermagie, ja sie bereiteten ihr geradezu den Weg. In den Mittelpunkt der Welt rückte nun das Opfer und mit ihm die Brahmanen, die allein die Kenntnisse seiner minutiösen Ausführung besaßen.

Doch Opfermagie, und sei sie noch so hoch entwickelt, vermochte auf die Dauer den suchenden Menschen nicht zu befriedigen. Ja, es scheint sogar, daß in der Auseinandersetzung mit der hochentwickelten Opfermagie der spätvedischen Zeit eine wichtige Triebkraft für die Entstehung erster philosophischer Spekulationen zu sehen ist. Immerhin gehören neben den Brahmanen nun auch Könige, Vaishyas und sogar auch Shudras und Frauen zu den großen «Fragern» und Lehrern dieser Zeit. Die philosophischen Lehren, die aus diesem Suchen hervorgingen, fanden ihren Niederschlag in den Upanishaden («Geheimlehren»), die am Ende der Texte der verschiedenen vedischen Schulen stehen. Die Upanishaden, die etwa zwischen 750 und 500 v.Chr. entstanden, sind in vielerlei Hinsicht noch eng mit den Opferspekulationen der Brahmanen verbunden, doch erkennen wir z.B. in der Brihadaranyaka-Upanishad die Umdeutung des Opfertieres in einen kosmischen Symbolismus als Grundlage der Meditation. Die Upanishaden zeigen damit in großartiger Weise den Übergang von den mythischen Weltbildern der frühen Veden und dem magischen Denken der Brahmanas zu einer mystisch-philosophischen Erlösungslehre. Ihr lag die befreiende Erkenntnis von der Alleinheit der Einzelseele (ātman) mit der Weltseele (brahman) zugrunde, die in der bekannten Formel «das bist du» (tat tvaṃ asi) gipfelte. Fremd war dieser frühen Erkenntnislehre jedoch noch jeder Dualismus von

Materie und Seele, der in der späteren philosophischen Entwicklung ein so großes Gewicht erhielt. Die Upanishad-Philosophie, die auf der Verbindung der Atman-Brahman-Spekulation mit der Wiedergeburtslehre beruhte, veränderte das Weltbild des frühen vedischen Hinduismus grundlegend und schuf in gleicher Weise die Voraussetzung für die Lehre Buddhas und für die spätere hinduistische Philosophie.

Zweites Kapitel
Die Großreiche des Altertums

1. Der Aufstieg der Gangeskultur und die Großreiche des Ostens

Die Ausdehnung der vedischen Gesellschaft in das mittlere und östliche Gangestal ist für die weitere Geschichte ebenso bedeutend wie die Seßhaftwerdung der Indo-Aryas im Panjab und dem westlichen Zweistromland der Ganga-Yamuna. Hatte dort unter mächtigem Einfluß der Brahmanen die indische Dorfkultur ihren Ursprung genommen, so führte die Landnahme im Osten schon nach relativ kurzer Zeit zur Begründung der ersten historischen Königtümer Indiens und – nach den Industalstädten – zur zweiten «Urbanisierung» in Indien. Als Ursache für die Besiedlung des Gangestales nimmt man heute allgemein eine Änderung des Klimas im Nordwesten Indiens und im Industal an, die zu Dürren in früher fruchtbaren Gegenden führte. Eine Folge dieser klimatischen Verschlechterung wird trotz beginnender Urbarmachung im westlichen Zweistromland und Panjab ein fortgesetzter Kampf um Weide- und Ackerland gewesen sein. In einem Brahmana-Text heißt es eindeutig, daß nur derjenige erfolgreich siedelt, der sich in zwei Richtungen verteidigt. Wer dagegen nur in eine Richtung siegreich ist, «dessen ersiegtes Land besiedeln wahrlich andere». Kein Zweifel, das Land mußte nicht nur der einheimischen Bevölkerung entrissen werden, sondern auch gegen neue, nachrückende Stämme der Aryas verteidigt werden. Ein anderer Grund mag in der politischen Entwicklung im westlichen Siedlungsgebiet gelegen haben. Die in den Brahmana-Texten deutlich erkennbare Monarchisierung der Stämme unter einem in frühvedischer Zeit nicht gekannten Einfluß der Brahmanen mag manche Stämme veranlaßt haben, ihre «republikanische» Freiheit erneut im Osten zu suchen. Immerhin ist es auffallend, daß die buddhistische Überlieferung reich an Nachrichten über die Existenz mächtiger Stammesrepubliken im 6. und 5. Jahrhundert v.Chr. im Osten ist, während die Brahmana-Texte im Westen dagegen nur noch von Königreichen sprechen.

Zeit und Stoßrichtung der neuen Wanderungsbewegungen über Kurukshetra hinaus liegen noch weitgehend im dunkeln. Sicherlich zielte bereits früh eine Stoßrichtung gen Süden: «Die Leute ziehen ersiegend nach Süden».[1] Avanti mit der Hauptstadt Ujjain etwa 700 km südlich von Kurukshetra wurde der wichtigste frühe Vorposten der vedischen Gesellschaft im westlichen Zentralindien und eine der frühesten Stätten, in denen seit etwa 700 v. Chr. Anzeichen einer beginnenden Urbanisierung erkennbar waren. Doch auch gen Norden zogen Aryas: «Wenn ein Vater seinen Sohn aussiedelt, dann siedelt er ihn im Norden aus.»[2] Viele von ihnen werden an den Vorbergen des Himalaya entlang weiter nach Osten gewandert sein, wie denn auch indische Historiker heute annehmen, daß die Ausbreitung der vedischen Gesellschaft in das mittlere östliche Gangestal über die Vorberge des Himalaya erfolgte, um die Dschungel des Gangestales zu umgehen und die großen Nebenflüsse des Ganges an deren Oberläufen überschreiten zu können.

Die Hauptstoßrichtung war eindeutig Osten: «Von Westen ziehen die Leute Ländereien ersiegend nach Osten.»[3] Wichtig an diesem Zitat ist, daß hier ausdrücklich von Ländereien (kṣetra) die Rede ist. Über die Wanderung in das mittlere Gangestal existiert eine weitere aufschlußreiche Textpassage im Shatapatha-Brahmana, dem «Brahmana der hundert Pfade». Sie berichtet von der Begründung des Videha-Reiches im Nordosten von Patna durch den Fürsten Videgha-Mathava. Zusammen mit dem Feuergott Agni-Vaishvanara, der uns schon als «Kolonisator» im Westen begegnet war, brach Videgha vom heiligen Sarasvati-Fluß nach Osten auf. Er folgte dem Feuergott, der flammend alle Flüsse überschritt, bis sie an den Fluß Sadanira (dem heutigen Gandak) gelangten, der vom Himalaya kommend bei Patna in den Ganges fließt. Über ihn zog Agni nicht mehr hinweg. Dann heißt es weiter: «Den überschritten vordem die Brahmanen nicht, denn Agni-Vaishvanara war nicht über ihn hinweggeflammt. Jetzt wohnen östlich von dort viele Brahmanen. Dies war vordem gar schlechtes Land, zerfließender Boden (Sumpf?), denn Agni-Vaishvanara hatte es nicht genießbar gemacht. Jetzt aber ist es gar gutes Land, denn nun haben Brahmanen es mit Opfer genießbar gemacht.»[4] Wenn man einmal davon absieht, daß im Gangestal bereits eine blühende «vorvedische», chalkolitische Zivilisation bestanden hatte und im «Brahmana der hundert Pfade» alles Gute stets von den Brahmanen vollbracht wird, so ist das Geschehen, über das hier berichtet wird, höchst aufschlußreich. In der Zeit, in der dieser Text verfaßt wurde, bestand demnach noch eine genaue Erinnerung daran, daß einst das Land östlich des Sadanira-Flusses für Brahmanen als unrein gegolten hatte, da ihr Opfer- und Feuergott Agni es noch nicht betreten hatte. Der Fürst Videgha hatte dennoch das Land zunächst ohne Unterstützung der Brahmanen erobert, denn Agni – hier nur stellvertretend für die Brahmanen genannt – hatte sich ausdrücklich geweigert, den Fluß zu überschreiten. In der Zeit (im 8. Jahrhundert v. Chr. ?), als das «Brahmana der hundert Pfade» verfaßt wurde (es heißt im Text ausdrücklich *etarhi* «jetzt»), galt das Land jedoch bereits

1. Der Aufstieg der Gangeskultur und die Großreiche des Ostens

auch für Brahmanen als «gar gutes Land». Ein beträchtlicher Unterschied bestand aber dennoch gegenüber dem heiligen Kerngebiet im Nordwesten, der den Zeitgenossen nicht verborgen bleiben konnte: Der Gott der Brahmanen hatte dieses Land nicht betreten! Der Osten galt orthodoxen Brahmanen wegen der starken autochthonen Elemente in Gesellschaft und Kultur noch bis in die letzten Jahrhunderte v. Chr. als suspekt und teilweise unrein. Und sicherlich ist dem Indologen Hermann Oldenberg zuzustimmen, aus dessen 1881 erstmals erschienenen Buch über Buddha wir den Brahmana-Text zitierten, wenn er zu dem Schluß kam: «Wer die Anfänge des Buddhismus betrachtet, muß sich erinnern, daß die Heimat der ältesten Gemeinden in dem Lande oder mindestens an der Grenze des Landes liegt, in welches einst Agni-Vaishvanara, als er nach Osten wanderte, nicht hinübergeflammt war».

Die archäologischen Funde sprechen eine noch deutlichere Sprache über den kraftvollen Aufbruch der «Gangeskultur», als dies die verstreuten Hinweise in den nicht genau datierbaren Texten der Brahmana-Periode zu tun vermögen. Seit der Unabhängigkeit Indiens hat der Archaeological Survey of India große Anstrengungen unternommen, gerade die frühen historischen Städte Nordindiens systematisch auszugraben. Wenn auch noch vieles zu tun bleibt und zum Teil erhebliche Widersprüche in der Datierung einzelner Grabungsstätten geklärt werden müssen, so gilt es heute als sicher, daß die Zeit des 6. und 5. Jahrhunderts v. Chr. eine entscheidende Periode in der Entwicklung der indischen Kultur und den Beginn der eigentlichen Geschichte dieses Subkontinents darstellt. In dieser Zeit entstanden die ersten historischen, territorialen Staaten im zentralen Gangestal, weite Teile Nordindiens wurden von der «zweiten Urbanisierung» erfaßt, Gebiete im heutigen Pakistan wurden von Dareios dem Großen als Satrapien des Perserreiches annektiert und am Ende dieses Zeitalters, das gleichsam wie der Phönix aus der Asche des Kurukshetra hervorzusteigen scheint, trat Buddha als die erste historische Persönlichkeit Indiens ins Rampenlicht der Geschichte.

Aus den zahlreichen kleinen Janapada-Stammeskönigtümern stiegen seit dem späten 6. Jahrhundert v. Chr. sechzehn zu «Großstammestümern» auf (siehe Karte 4). Wenn auch nicht in allen Texten immer übereinstimmend genau dieselben Mahajanapadas genannt werden, so sind die wichtigsten unter ihnen heute auch durch archäologische Funde sicher nachgewiesen. Zu ihnen gehören Kamboja und Gandhara im Norden des heutigen Pakistan; Kuru, Surasena (mit der Hauptstadt Mathura) und Pancala im westlichen und Vatsa (mit der Hauptstadt Kausambi) im östlichen Zweistromland; ferner Kasi mit der Hauptstadt Benares am mittleren Ganges; nördlich davon (zwischen Benares und dem Himalaya gelegen) Kosala; dann weiter im Osten Magadha (im Süden des heutigen Patna) und wiederum nördlich des Ganges die beiden Stammesstaaten der Mallas und der Vrijis und im – damals noch – «fernen Osten» das Großstammestum Anga an der heutigen Grenze zwischen Bihar und Bengalen. Im westlichen Zentralindien lagen Avanti (das spätere Malva) mit seiner berühmten Hauptstadt Ujjain und weiter im Osten (im heutigen Madhya-Pradesh) Cetiya. Der Schwerpunkt dieser plötzlich aufbrechenden Entwicklung lag also eindeutig im Ganga-Yamuna-Zweistromland und weiter im Osten im heutigen Bihar.

Über die Entstehung und die Struktur dieser Mahajanapadas gibt es bisher nur Mutmaßungen. In allen Fällen muß es sich aber bereits um Zusammenschlüsse größerer Stammesverbände gehandelt haben. Ob die Bewohner allerdings auch alle demselben Stamm angehörten, dessen Namen der Mahajanapada trug, ist in Anbetracht der früher wesentlich kleineren Stämme unwahrscheinlich. Vermutlich handelte es sich um Zusammenschlüsse mehrerer Stämme unter der Führung des stärksten Stammes, der dieser Konföderation dann seinen Namen gab. Für die Annahme, daß die Mahajanapadas sich aus zwei oder mehreren, ursprünglich unabhängigen Janapadas zusammensetzten, spricht die Tatsache, daß in einigen dieser Mahajanapadas jeweils zwei größere Städte existierten, die ursprünglich die Zentren unabhängiger Janapadas waren. Beispiele waren Hastinapura und Indraprastha im Kuruland oder Kampila und Ahicchatra in Pancala. Vieles spricht dafür, daß diese frühen Staaten bereits manche Strukturmerkmale der späteren, insbesondere der mittelalterlichen, hinduistischen Königreiche aufwiesen: Die Ausübung der königlichen Macht war im wesentlichen auf das eigene Stammesgebiet beschränkt. Die Gefolgschaft der im Inneren autonomen äußeren Fürstenstaaten beschränkte sich auf gemeinsame Kriegs- und Beutezüge und auf Teilnahme an der königlichen Hofhaltung. Feste Grenzen wiesen diese frühen Stammesstaaten bestenfalls dort auf, wo natürliche Grenzen wie Flüsse gegeben waren. Die Ausdehnung der königlichen Macht außerhalb des eigenen Stammlandes hing weniger von deren militärischer Stärke als von der Loyalität der Grenzstämme und den konkurrierenden Ansprüchen benachbarter Fürsten und Könige ab.

Diese Entwicklung der Mahajanapadas war eng mit der Entstehung der frühen Städte im mittleren Gangestal seit dem späten 6. Jahrhundert v. Chr. verbunden. In der Tat sind von den sechs frühen großen Städten im zentralen Gangestal fünf die Hauptstädte bedeutender (in den Klammern aufgeführten) Mahajanapadas: Rajagriha (Magadha), Varanasi/Benares (Kashi), Kausambi (Vatsa), Sravasti (Kosala) und Campa (Anga); einzig Saketa gebot über keinen eigenen Mahajanapada, sondern lag auch in Kosala, war aber offensichtlich Zentrum eines früheren Janapada. Die bedeutendsten frühen historischen Städte im zentralen Westindien waren Ujjain (Avanti) und im Nordwesten der sogenannte Bhir Mound, die früheste städtische Ansiedlung in der späteren, berühmten buddhistischen Universitätsstadt Taxila (Gandhara). Urbanisierung und politische Entwicklung scheinen sich damit im späten 6. und 5. Jahrhundert v. Chr. in Indien gegenseitig bedingt zu haben. Das hervorstechendste Merkmal dieser Gangesstädte gegenüber jenen früheren Siedlungen wie Hastinapura waren vor allem Befestigungsanlagen. Sie bestanden anfangs aus Wassergräben und Erdwällen, die etwa seit dem 5. Jahrhundert v. Chr. mit Ziegeln bedeckt oder gar von Ziegelmauern ersetzt wurden. Damals wurden seit dem Untergang der Industalstädte erstmals wieder gebrannte Ziegel hergestellt. Am beeindruckendsten ist Kausambi mit einer Stadtbefestigung von 6,5 km Umfang, deren Ziegelmauern teilweise über 10 m Höhe erreichen und in der ihr Ausgräber, Professor G. R. Sharma von der nahen Allahabad-Universität, Anklänge an das Mauerwerk der Industalstädte zu entdecken glaubte. Weiterhin existierten in einigen der frühen Städte bereits größere öffentliche Bauten wie Hallen und besonders buddhistische Klosteranlagen und – nach dem Tode Buddhas – Stupas. Planmäßig angelegte Straßenanlagen scheinen in den Gangesstädten dagegen erst das Werk des 4. Jahrhunderts v. Chr. zu sein.

Ein weiteres wichtiges Merkmal der städtischen Wirtschaft sind Münzen, die erstmals in der Geschichte Indiens im 5. Jahrhundert v. Chr. in den Gangesstädten auftauchten. Ihre genormten Gewichte lassen auf das Aufkommen eines hochentwickelten Handels schließen. Eines der begehrten Handelsobjekte dieser Zeit war eine neue, hochwertige Keramik, die sogenannte «nördliche schwarz-polierte Ware» (northern black polished ware, NBPW), die um 500 v. Chr. oder im späten 6. Jahrhundert v. Chr. entstanden zu sein scheint. Ähnlich wie die frühe «bemalte graue Keramik» (PGW) mit der spätvedischen Kultur im Panjab und dem westlichen Zweistromland identifiziert wurde, gilt nun die NBPW als «Leitfossil» der neuen städtischen Gangeskultur und als ein sicherer Indikator für ihre Ausbreitung auch außerhalb des Gangestales (siehe Karte 4). Das Zentrum dieser frühen NBPW-Produktion lag im zentralen Gangestal, und sie gelangte von dort durch den Handel in weite Teile Nord- und Zentralindiens. Ein weiterer Indikator frühhistorischer Urbanisierung, die Schrift, fehlt allerdings in den frühen Gangesstädten vollständig. Da die Inschriften Kaiser Ashokas aus dem 3. Jahrhundert v. Chr., als bisher älteste Zeugnisse indischer Schrift, aber bereits derart hochentwickelte und standardisierte Schriften aufweisen, glaubt man, den Beginn der indischen Schriftentwicklung etwa in das 5. Jahrhundert v. Chr. verlegen zu können. Der Anstoß dürfte vom Nordwesten Indiens ausgegangen sein, der damals unter persischer Herrschaft stand. Eine der beiden Schriften, die von rechts nach links geschriebene Karoshthi, geht auf die im Perserreich als offizielle Schrift benutzte aramäische Schrift zurück.

Ihren großartigsten Ausdruck fand die östliche Gangeskultur in einer geistig-religiösen Erneuerungsbewegung, die in mancher Hinsicht als eine Reaktion auf das Brahmanen-Kshatriya-Bündnis der Brahmana-Periode zu verstehen ist. Diese Erneuerungsbewegung ist besonders mit der Lehre und dem Wirken des Buddha verbunden. Buddhas Todesjahr 483 v. Chr. galt bis vor kurzem als ältestes sicheres Datum der indischen Geschichte, auch wenn die buddhistische Welt 1956 die 2500 jährige Wiederkehr seines Parinirvana im Jahr 544 v. Chr. feierlich beging. Vor geraumer Zeit zeigte jedoch der deutsche Indologe Heinz Bechert auf, daß keines dieser Daten, die sich alle auf spätere buddhistische Chroniken und kanonische Texte stützen, als gesichert gelten kann. Eine erneute Überprüfung dieser Schriften ergab statt dessen, daß die buddhistischen Quellen keine genaue Datierung des Buddha zulassen, daß aber vieles dafür spräche, das achtzigjährige Leben des Buddha etwa einhundert Jahre später in das 5. Jahrhundert zu datieren. Diese Erkenntnisse fanden 1988 während einer internationalen Konferenz bei Göttingen weitgehende, aber keineswegs einhellige Zustimmung. Verständlicherweise stößt diese Spätdatierung des Buddha bei indischen Historikern auf Zurückhaltung. Da die frühe buddhistische Literatur, insbesondere die Jatakas, zur Zeit des Buddha bereits ein blühendes städtisches Leben in Nordindien schildern und archäologische Grabungen derartig hochentwickelte Städte sehr viel deutlicher im 5. als im 6. Jahrhundert v. Chr. erkennen lassen, sprechen auch archäologische Grabungsbefunde eher für eine Datierung des Buddha in das 5. Jahrhundert.

Doch der Buddha stand nicht alleine. Sein Zeitgenosse war Mahavira, Stifter des Jinismus, jener anderen großen Asketenreligion, die – im Gegensatz zum Buddhismus – noch heute in Indien existiert und insbesondere unter den reichen Kaufleuten Westindiens über eine große Anhängerschaft verfügt. Als eine späte Nachwirkung von Mahaviras Lehre mag Gandhis rigorose Ethik in nicht unbeträchtlicher Weise auf den Einfluß des Jinismus in seiner Bania-Händlerkaste zurückzuführen sein. Beide Asketenbewegungen kennzeichnet gleichermaßen eine Abkehr von dem mythisch-magischen Denken der vedischen Zeit und – trotz gewisser Übereinstimmungen – von den mystischen Spekulationen der Upanishaden und eine Hinwendung zu einer neuen Form der Rationalität. Diese neue geistige Entwicklung brachte schon ein Jahrhundert später die Grammatik des großen indischen «Sprachwissenschaftlers» Panini als das erste große wissenschaftliche Werk Indiens hervor.

Mag auch die Lehre des Buddha in ihrer weiteren Entwicklung gerade in Indien wieder von mystischen Spekulationen und (vor allem im Tantrismus) von magischem Denken überwuchert worden sein, das Moment der «rational geklärten Erfahrung» ist in der ursprünglichen Lehre Buddhas unverkennbar. Seine Lehre von den «vier edlen Wahrheiten», von dem Leiden allen Lebens, von der Entstehung des Leidens, von der Aufhebung des Leidens und dem «zur Aufhebung des Leidens führenden Weg», ist das Ergebnis eines langjährigen, durchaus rationalen Erlösungsstrebens, in dem der Buddha die Vergeblichkeit mystischer Spekulationen und härtester Askese erfahren hatte. Seine Lehre, daß einzig «der edle achtgliedrige Pfad, nämlich rechte Ansicht, rechtes Denken, rechtes Reden, rechtes Handeln, rechtes Geben, rechtes Streben, rechte Wachsamkeit und rechte Sammlung» zur Vernichtung der Begierden als Urquelle allen Leidens und der Wiedergeburt führt, mutet daher mehr wie eine praktische Anleitung zur rational-moralischen Lebensführung an als wie eine spekulative Deutung der Welt. Die wichtigen Stufen des Leben Buddhas, sein Leben als Sohn eines Shakya-Fürsten im heutigen Nepal, das Verlassen seiner Familie im Alter von 29 Jahren, seine jahrelange Meditation und Erleuchtung im heutigen Bodh Gaya, seine erste Predigt in Sarnath bei Benares, durch die er «das Rad der Lehre» in Bewegung setzte, seine Wanderungen und Predigten im Gebiet des heutigen Bihar und östlichen Uttar Pradesh, seine Begegnung mit den Mächtigen seiner Zeit – unter ihnen König Bimbisara von Magadha –, all dies läßt sich noch deutlich aus den überaus umfangreichen Schriften des Buddhismus erschließen. Nach Buddhas Tod fand ein Konzil von 500 Mönchen in Rajagriha statt, um den Wortlaut seiner Reden für seine große Anhängerschaft kanonisch festzulegen. Auf einem zweiten Konzil in Vaishali fand bereits eine Spaltung statt zwischen den Anhängern einer konservativen Richtung der «Alten» (*Theravadins*), die weiterhin das asketische Ideal der Mönchsgemeinde (*sangha*) vertraten, und einer neuen Bewegung, die sich stärker der Belange der wachsenden Zahl der Laienanhänger der «großen Gemeinde» annahm und dabei eine Erweiterung des Sangha-Begriffes anstrebte (daher ihr Name *Mahāsaṅghika*). Ihre Lehre wurde Vorläufer der späteren Lehre des «Großen Wagens» (*Mahāyāna*), die die Lehre der Alten abwertend als den «Kleinen Wagen» (*Hinayāna*) bezeichneten. Damit war noch lange bevor der Buddhismus seinen Höhepunkt erreicht hatte, bereits sein weiteres Schicksal in Indien vorgezeichnet. Denn so fruchtbar sich die Spaltung für die weitere philosophische Entwicklung des Buddhismus und auch des späteren Hinduismus erweisen sollte, so trug sie doch schon den Keim des späteren Untergangs des Buddhismus in Indien in sich.

Bevor wir uns der so bedeutsamen politischen Entwicklung im Osten Indiens zuwenden, deren Zeuge der Buddha selbst war, sei ein Blick auf den Nordwesten Indiens geworfen, wo sich ebenfalls bedeutende Entwicklungen abspielten. Das persische Reich der Achämeniden stieg im 6. Jahrhundert v. Chr. in wenigen Jahrzehnten zum ersten Weltreich der Geschichte auf. Bereits sein Begründer Kyros soll eine Expedition in das heutige Afghanistan entsandt haben, die bis an die Tore Indiens vorgestoßen sein soll. Die Eroberung Nordwestindiens war jedoch erst das Werk des großen Dareios (521 bis 485). In seiner berühmten Inschrift von Behistun (um 518 v. Chr.) nennt er Gandhara als Satrapie seines Reiches. Andere Inschriften fügen wenige Jahre später auch Hindush, den heutigen Sind, als weitere Satrapie hinzu. Der Indus, den Skylax, ein Grieche in persischen Diensten, zuvor mit Schiffen erkundet hatte, war damit Grenze des persischen Reiches geworden. Wenn auch wenig über die persische Verwaltung dieser indischen Satrapien bekannt ist, so ist doch aufschlußreich, daß nach Herodots Bericht die Indusregion («Indoi») die höchsten Steueraufkommen des persischen Reiches erbracht haben soll. Dies zeigt, daß das Industal zumindest unter Dareios und Xerxes fest in das persische Reich eingegliedert und einer sehr effizienten Verwaltung unterworfen war. Es ist anzunehmen, daß die Kenntnis über das für Indien gänzlich neue Verwaltungssystem der Perser in das Gangestal vorgedrungen ist, wo sich Magadha gerade anschickte, das erste historische Reich auf indischem Boden zu errichten. Der direkte persische Einfluß auf das Geschehen in Indien ist jedoch nur schwer abzuschätzen, zumal bisher keine archäologischen Zeugnisse ihrer Herrschaft auf indischem Boden gefunden wurden – nicht einmal achämenidische Goldmünzen.

Die politische Entwicklung in Indien trat in dem Gebiet des östlichen Uttar Pradesh und Bihar im 5. Jahrhundert in eine neue Phase ein. Aus der großen Zahl der Mahajanapadas erhoben sich wenige zu den dominierenden Mächten dieser Region. Es waren dies das Königreich von Kosala und die Stammeskonföderation der Vrijis nördlich der Ganga, das Königreich Vatsa mit der Hauptstadt Kausambi in der Nähe des Zusammenflusses der Ganga und Yamuna und südlich der Ganga das Königreich von Magadha. Unter ihnen setzte ein Kampf um die Vormacht ein. Dabei entfalteten die Reiche von Kosala und Magadha eine aggressive Politik, die nicht nur auf die Besiegung benachbarter Großstämme, sondern nun erstmals auch auf eine Annektion ihrer Gebiete abzielte. Den Anfang scheint Magadha unter König Bimbisara gemacht zu haben.

In seiner langen Regierungszeit legte er den Grundstein zum Aufstieg Magadhas zur führenden Macht Indiens. Ein entscheidender Durchbruch scheint dabei sein Sieg über das östliche Anga gewesen zu sein, das Magadha einverleibt wurde. Dadurch konnte Magadha seine Kontrolle über den wichtigen Handel auf dem Gangesstrom beträchtlich verstärken und möglicherweise auch bereits direkten Einfluß auf den Küstenhandel in Ostindien gewinnen. Bimbisara verlegte als ein Zeichen seiner neuen Oberherrschaft seine Hauptstadt nach Neu-Rajagriha. Dort soll er auch Buddha begegnet sein, der ihn zu seiner Lehre bekehrte. Bimbisara fand jedoch ein schmähliches Ende. Sein Sohn Ajatashatru nahm ihn gefangen und ließ ihn in der Haft verhungern.

Ajatashatru setzte die expansive Politik seines Vaters unvermindert fort, erlitt aber zunächst eine Niederlage durch seinen Onkel, den König von Kosala, der aber bald darauf wiederum von seinem Sohn Virudhaka gestürzt wurde. Beide Staaten begannen nun ihren Kampf gegen die Stammesrepubliken nördlich des Ganges. Kosala besiegte den Stamm der Shakya, in dem auch Buddha geboren worden war, und erreichte damit den Höhepunkt seiner Macht: Von Kashi (Benares) am Ganges erstreckte sich sein Herrschaftsbereich bis jenseits der heutigen nepalesischen Grenze an dem Fuße des Himalaya. Magadhas Kampf gegen den starken Stammesbund der Vrijis nördlich des Ganges war sehr verlustreich und soll sich über 14 Jahre hingezogen haben. Der Buddha selbst soll König Ajatashatru von diesem Kampf abgeraten haben. Magadha setzte in den Schlachten erstmals schwere Streitwagen und Katapulte für schwere Steingeschosse ein. Um den Kampf gegen die Vrijis jenseits des Ganges besser organisieren zu können, befestigten zwei Generäle von Magadha an der Mündung des Son-Flusses in den Ganges das Dorf Pataligrama, das bald als Pataliputra (Patna) zur neuen Hauptstadt des Reiches aufsteigen sollte. Vaishali, die Hauptstadt der Licchavis, des stärksten unabhängigen Stammes der Vriji-Konföderation, wird in der buddhistischen Literatur mit seinen mehrstöckigen Häusern als besonders reich und prachtvoll gepriesen. Die Stadt soll von einer Vollversammlung der Oberhäupter ihrer 7707 einflußreichsten Familien regiert worden sein, die alle stolz den Raja-Titel trugen. Ajatashatru mußte seine gerade erworbene Vorherrschaft über das Gangestal aber sehr bald gegen König Pradyota von Ujjain im westindischen Avanti verteidigen, der vorübergehend sogar Kausambi eroberte. Doch Magadha hatte bereits seine Macht derart gefestigt, daß seine Vorherrschaft auch während der nächsten Jahrhunderte nicht mehr ernsthaft gefährdet werden konnte.

Es ist viel über den kometenhaften Aufstieg Magadhas zur Vormacht Nordindiens innerhalb zweier Generationen gerätselt worden. Das Problematische liegt dabei weniger in dem Aufstieg als solchem – wir werden im Verlauf der indischen Geschichte noch auf eine große Zahl ähnlich erfolgreicher Dynastien stoßen – als vielmehr in den Faktoren, die erstmals in der indischen Geschichte zur Begründung eines Großreiches führten. Anhänger der sogenannten Diffusionstheorie, die die Ausbreitung kultureller Errungenschaften von einem Zentrum, meist dem Vorderen Orient, postulieren, weisen nicht ohne Recht auf die zeitliche Nähe der Eroberung Nordwestindiens durch das persische Reich zum Aufstieg Magadhas hin. Dabei kann man sicherlich davon ausgehen, daß genaue Kenntnisse über die Satrapien und ihre Verwaltung in Ujjain in Westindien existierten und vage Vorstellungen auch bis nach Magadha vorgedrungen sein dürften. Doch selbst wenn man somit davon ausgehen kann, daß die Idee eines großen Territorialstaates in Indien nicht ohne vorderorientalischen Einfluß entstand, so ist damit der Aufstieg Magadhas noch nicht hinreichend erklärt. Die Ursachen hierfür müssen offensichtlich in der geschichtlichen Entwicklung Indiens im 7. und 6. Jahrhundert v. Chr. gesucht werden.

Wie später im Zusammenhang mit der Geschichte Südindiens noch näher aufzuzeigen sein wird, vollzog sich die frühe Staatsbildung in einer Sequenz von drei Phasen. Auf die Verwandlung der kleinen Stämme (*jana*) der aryanischen Wanderzeit zu Stammesfürstentümern mit einem relativ fest umrissenen «Platz des Stammesvolkes» (*janapada*) in der ersten Phase folgte in der zweiten Phase der Staatsbildung der Aufstieg der Mahajanapadas im 6. Jahrhundert v. Chr. Die dritte Phase, die im 5. Jahrhundert v. Chr. zur Großreichsbildung durch Magadha als den mächtigsten Mahajanapada führte, kann deshalb als eine Folge einer autochthonen Evolution gesehen werden. Dies gilt um so mehr, als die Entwicklung sich bis zur zweiten Phase offensichtlich ohne konkreten Einfluß «von außen» vollzogen hatte und mit einem tiefgreifenden gesellschaftlichen und wirtschaftlichen Wandel der «Gangestal-Gesellschaft» verbunden war, der zur Entstehung der neuen Gangestalkultur führte und die Voraussetzung für die rapide Entwicklung in der dritten «Großreichsphase» schuf.

Indische Marxisten vertreten vehement die Auffassung, daß erst die Änderung der Produktionsmittel im östlichen Gangestal durch die Nutzung des Eisens (ab ca. 750 bis 700 v. Chr.) und seine Verwendung für Äxte und Pflüge eine Rodung und landwirtschaftliche Erschließung des Gangestales ermöglichte, die dann durch erhöhte Produktion die wirtschaftlichen Voraussetzungen für den Aufstieg der Mahajanapadas im Gangestal schuf. Obgleich Eisen bei der Entwicklung ohne Zweifel eine Rolle spielte, fehlen bisher jedoch archäologische Funde und literarische Belege, die die marxistische These von den durch das Eisen ausgelösten, primär wirtschaftlichen Ursachen des Aufstiegs Magadhas erhärten. Denn bisherige Funde weisen sehr deutlich darauf hin, daß das Eisen in dieser Zeit auch weiterhin vorwiegend für Waffen verwendet wurde. Im Sinne einer überlegenen

1. Der Aufstieg der Gangeskultur und die Großreiche des Ostens

Waffentechnik mag Eisen in der Tat eine entscheidende Rolle beim Aufstieg Magadhas gespielt haben. Die wichtigen Eisenlager im Chota-Nagpur-Gebiet an der heutigen Grenze zwischen Bihar und Orissa waren den südlich des Ganges herrschenden Magadhas sicherlich leichter zugänglich als den Mahajanapadas nördlich des Ganges. So ist es möglicherweise auch kein Zufall, daß der erste größere Eroberungszug König Bimbisaras von Magadha dem Nachbarstaat Anga galt, der ebenfalls südlich des Ganges lag und der zudem den Handel auf dem östlichen Ganges kontrollierte, über den teilweise das Eisenerz aus Chota Nagpur und Orissa nach Nordindien gelangt sein dürfte. Magadha schaltete damit am Anfang seines Aufstieges den gefährlichsten Konkurrenten mit direktem Zugang zu den Eisenlagern südlich von Magadha aus.

Über die Nachfolger Ajatashatrus liegen nur ungenaue und sich teilweise widersprechende Berichte vor. Wie schon Ajatashatru und sein Zeitgenosse Virudhaka, der König von Kosala, werden von der buddhistischen Überlieferung auch die vier folgenden Könige alle als Vatermörder gebrandmarkt. Wenn diese Berichte auch nicht ganz verläßlich sein mögen, so sehen wir doch mit dem Aufstieg Magadhas zur Vormacht Nordindiens einen neuen Typ skrupellos ehrgeiziger Großkönige an die Macht gelangen, der dann im Arthashastra, dem Staatslehrbuch des Kautalya, seine klassische literarische Darstellung finden wird. Unter den Königen von Magadha verdient insbesondere Shishunaga genannt zu werden, da er die Pradyota-Dynastie von Avanti vernichtete, die in den vorangegangenen Jahrzehnten Magadha vom Westen her schwer bedrängt hatte. Avanti im westlichen Zentralindien wurde dem Reiche von Magadha einverleibt, dem damit auch Kausambi zufiel, das die Pradyotas besetzt hatten. Unter Shishunagas Sohn Kakavarna fand das bereits erwähnte zweite buddhistische Konzil statt. König Kakavarna fiel einer Palastintrige zum Opfer, an der nun auch eine Königin beteiligt gewesen sein soll.

Sieger, manchen Überlieferungen zufolge sogar der Mörder des Königs, war Mahapadma, der Begründer der kurzlebigen, aber bedeutenden Nanda-Dynastie. Mahapadma war Sohn einer Shudra-Frau. In den späten Purana-Texten wird er wenig schmeichelhaft als der Vernichter der Kshatriyas dargestellt, womit sicherlich sowohl auf seine niedere Herkunft wie auf seine großen militärischen Erfolge gegen die zahlreichen Fürsten Nordindiens angespielt wird. Mahapadma setzte das Werk seiner Vorgänger zielstrebig fort und unterwarf nahezu das gesamte Nordindien, Teile Zentralindiens und sogar Kalinga an der Ostküste. Er gilt als der größte Herrscher Indiens vor den Mauryas und trägt in den Königslisten der Puranen auch entsprechend als erster den kaiserlichen Titel des Ekachattra, der das ganze Land unter einem einzigen (*eka*) königlichen Schirm (*chattra*) vereinigte. Nach den Berichten der klassischen griechischen und römischen Autoren verfügten die Nandas, die in Pataliputra herrschten, als Alexander der Große den Nordwesten Indiens eroberte, über ein mächtiges, stehendes Heer von 200 000 Fußsoldaten, 20 000 Reitern, 2000 vierspännigen Streitwagen und 3000 Elefanten. Diese klassischen Autoren berichten damit erstmals vom Einsatz größerer Kriegselefantentruppen, deren Wirkung auf das Schlachtgeschehen erst durch die großen beweglicheren Reitertruppen überboten wurde, die mit den zentralasiatischen Eroberern im Mittelalter zum Einsatz gelangten. Der Unterhalt ihres großen Heeres wurde von den Nandas durch rigorose Eintreibung der Steuern im Reich und erfolgreiche Beutezüge ermöglicht. In der späteren Literatur galten die Nandas als Verkörperung der Habgier, und die Geschichte ihres angeblich im Ganges vergrabenen Königsschatzes erinnert an den Hort der Nibelungen. Auf Mahapadma folgten angeblich dessen acht Söhne, die nacheinander jedoch nur über wenige Jahre herrschten, bis der letzte von ihnen etwa um 320 v. Chr. von Candragupta Maurya gestürzt wurde. Trotz ihrer kurzen Regierungszeit können die Nandas mit Fug und Recht als die Wegbereiter der kaiserlichen Macht der Mauryas gelten. Unter ihrer Herrschaft waren erstmals weite Teile des damals bekannten Indiens unter «einem einzigen Schirm» vereinigt (siehe Karte 5). Auch deren Heer und Verwaltung wurden von den Mauryas übernommen. Dennoch fehlte dem Reich der Nandas jene innere Größe, die das künftige Reich der Mauryas kennzeichnete. Wie schon bei der Gründung des Magadha-Reiches unter König Bimbisara dürften auch dieses Mal Anregungen aus dem Westen gekommen sein, die zur Transformation des Nanda-Reiches zum Großreich der Mauryas beitrugen.

Der Indienzug Alexanders des Großen in den Jahren 327 bis 325 v. Chr. ist in Europa sicherlich das bekannteste Ereignis der alten Geschichte Indiens und ist in den Geschichtswerken der Historiker des 19. und frühen 20. Jahrhunderts überaus detailliert dargestellt worden. Die indische Geschichtsschreibung dagegen nahm von Alexander keine Notiz, er war einer der vielen namenlosen Eroberer des Nordwestens. Die Erinnerung an ihn kehrte erst über ein Jahrtausend später nach Indien zurück, als die islamischen Eroberer aus dem Vorderen Orient die Alexander-Legende mitbrachten und Sultane von Delhi sich sogar als «Zweiter Alexander» feiern ließen. In dem unbeugsamen Willen, auch im Osten das Reich der Perser in seiner ganzen Weite selbst abermals zu erobern und an die Grenzen der damaligen Welt vorzustoßen, überquerte Alexander im Mai 327 v. Chr. den Hindukusch. Nahezu ein Jahr führte er wagemutige und teilweise verlustreiche Kämpfe zur Unterwerfung der Bergstämme im Norden des heutigen Pakistan, bis er dann im Februar 326 den Indus über-

1. Der Aufstieg der Gangeskultur und die Großreiche des Ostens

schritt. Der König von Takshashila (Taxila) unterwarf sich aus freien Stücken, bewirtete die Griechen mit «3000 gemästeten Ochsen und mehr als 10000 Schafen» und stellte Alexander sogar 5000 Soldaten, um ihn im Kampf gegen seinen verfeindeten Nachbarn, König Poros, zu unterstützen. Poros, König der Pauravas, den Nachkommen des im Rigveda oft erwähnten Puru-Stammes, trat mit einer mächtigen Streitmacht (u. a. 200 Kriegselefanten) an, die jedoch Alexander nach einer überraschenden Überschreitung des von Fluten angeschwollenen Hydaspes-Stromes besiegte. Poros wurde jedoch als Verbündeter wieder eingesetzt.

Als Alexander darauf trotz des Monsuns weiter nach Osten bis an den Hyphasis-Fluß (Beas) östlich von Lahore zog, verweigerten seine griechischen Soldaten ihm erstmals seit acht Jahren die Gefolgschaft. Je weiter sie in den Panjab vorgestoßen waren, um so klarer war es geworden, daß nicht das von Alexander ersehnte nahe Ende der Erde, sondern noch die ganze Tiefe des indischen Subkontinents und das mächtige Reich der Nandas vor ihnen lag. Alexanders Rede an seine Soldaten, um sie dennoch zum Weitermarsch an den Ganges zu gewinnen, indem er sie wortreich an die großen gemeinsamen Siege über die Perser erinnerte, um ihre Angst vor den Kriegselefanten und der großen Kriegerzahl der indischen Könige zu zerstreuen, sowie die Alexander zur Umkehr beschwörende Verteidigungsrede, die der General Coenus im Namen der Soldaten hielt, gehören zu den beeindruckendsten Überlieferungen der Alexandergeschichte. Alexander brach in Verbitterung zum Rückmarsch auf, der sein Heer auf dem Indus stromabwärts an die Küste brachte. Unterwegs hatten sie schwere Kämpfe gegen Stämme des Industales, insbesondere die Malavas («Malloi»), zu bestehen; Alexander entrann dabei einmal nur knapp dem Tode. Waren die Soldaten vor den Strapazen und Gefahren Indiens zurückgeschreckt, so stand ihnen der schlimmste Teil des Indienzuges noch bevor. Jede Herausforderung annehmend, zog Alexander mit einem Teil seines Heeres durch die Gedrosische Wüste, das heutige Baluchistan, ein Abenteuer, das nur wenige seiner Getreuen lebend überstanden. Im Mai 324 erreichte Alexander Susa in Persien.

Alexanders Tod in Babylon im Jahre 323, die Teilung des Reiches und die folgenden Diadochenkämpfe zerstörten den Plan, zumindest Teile Indiens in das hellenistische Weltreich einzugliedern. Bereits nach wenigen Jahren (um 317 v. Chr.) waren die letzten östlichen Vorposten in Indien aufgegeben. So peripher Alexanders Indienzug auch für die Geschichte Indiens gewesen sein mag, so bedeutend waren seine mittelbaren Folgen. Die Berichte der im Gefolge Alexanders reisenden Berichterstatter und des griechischen Botschafters am Hofe des ersten Maurya-Königs bildeten die Grundlage der Kenntnisse des klassischen und mittelalterlichen Abendlandes über Indien. Die nach dem Tod Alexanders im Westen Indiens entstehenden hellenistischen Staaten, vor allem die graeco-baktrischen im heutigen Afghanistan, wirkten weiterhin befruchtend auf die kulturelle Entwicklung Indiens. Bekannte Beispiele sind die hellenistischen und römischen Einflüsse auf die indische Astronomie und Kunst.

Eine wichtige, indirekte Folge des Indienzuges Alexanders ist vermutlich die politische Entwicklung Indiens der folgenden Jahre. Wenn auch die Hintergründe des jähen Aufstiegs Candraguptas und seiner Begründung der Maurya-Dynastie im dunkeln liegen, so deuten doch Überlieferungen darauf hin, daß er seine Karriere in einem erfolgreichen Kampf gegen die von Alexander im Industal zurückgelassenen Garnisonen begann. Wann und unter welchen Umständen es ihm aber dann gelang, von Westindien aus Pataliputra einzunehmen und den letzten Nanda-König zu beseitigen, ist unbekannt. Indische Überlieferungen, besonders das etwa um 400 n. Chr. verfaßte Drama Mudrarakshasa, schreiben einen wesentlichen Anteil dem Brahmanen Kautalya zu, dem mit allen Wassern des politischen Intrigenspiels gewaschenen Verfasser des Arthashastra. Der Umsturz in Magadha scheint sich um 320 v. Chr. vollzogen zu haben. Candragupta nutzte die folgenden Jahre zu einem systematischen Ausbau der Verwaltung des Reiches und des Heeres. Über kriegerische Eroberungen liegen keine verläßlichen Berichte vor. Doch bereits im Jahre 305 v. Chr. überschritt Seleukos Nikator, der aus den Diadochenkämpfen als Herrscher über die asiatischen Teile des Alexander-Reiches hervorgegangen war, mit einem großen Heer den Hindukush, um Alexanders Erbe in Indien anzutreten. Candragupta trat ihm im Panjab erfolgreich mit einem großen Heer entgegen und erhielt in einem Friedensvertrag alle Gebiete östlich von Kabul und sogar Baluchistan zugesprochen. Die 500 Kriegselefanten, die Candragupta Seleukos zu übergeben hatte, nehmen sich gegenüber diesem Gebietsgewinn sehr bescheiden aus, auch wenn diese «Wunderwaffe» des Ostens vier Jahre später Seleukos zum Siege gegen seinen westlichen Rivalen Antigonos verholfen haben soll.

Für unsere Kenntnisse vom alten Indien ist es nun von größter Bedeutung, daß Seleukos etwa im Jahre 302 v. Chr. Megasthenes als Gesandten an den Hof Candraguptas nach Pataliputra entsandte. Als ein scharfsinniger Beobachter verfaßte er einen umfangreichen Bericht über das indische Reich, dessen Original zwar verlorenging, aus dem aber mehrere klassische Autoren lange Passagen zitierten, die uns bis heute erhalten blieben. Ein Teil des Berichtes erweckte seit jeher besonderes Interesse der Indienforscher: Megasthenes Beschreibung der sieben Berufsgruppen.

1. Der Aufstieg der Gangeskultur und die Großreiche des Ostens 81

Megasthenes beschrieb folgende sieben Stände oder Berufsgruppen. Höchsten Ansehens erfreuten sich nach Megasthenes die Philosophen, offenkundig die Brahmanen. «Der zweite Teil ist der der Landleute, die an Menge die anderen weit zu übertreffen scheinen; diese, von Kriegen und anderen Staatsleistungen enthoben, beschäftigen sich mit der Landwirtschaft; und kein Feind würde, wenn er einen Landmann auf dem Lande träfe, ihm Unrecht tun ... Für das Land zahlen sie dem König Pachtzins, weil ganz Indien dem König gehöre, dem Privatmanne es aber nicht erlaubt sei, Grund und Boden zu besitzen; außer der Pachtsumme zahlen sie ein Viertel in die Staatskasse.» Es folgen weiterhin die außerhalb der Dörfer wohnenden Hirten, dann die Kunsthandwerker, die «nicht steuerfrei sind, sondern aus dem königlichen Speicher zugemessenes Getreide empfangen». Den fünften Stand bilden die Krieger, die wie auch «die Kriegspferde und -elefanten aus der Königskasse ernährt werden». Als sechste Gruppe nennt Megasthenes «die Aufpasser; diese spionieren alles aus und beaufsichtigen, was in Indien geschieht und erstatten dem König Bericht». Die siebte Gruppe sind die «Ratgeber und Beisitzer des Königs, von denen die Obrigkeiten, Gerichtshöfe und die Verwaltung des Ganzen (besorgt werden)»[5]. Auch wenn diese Liste von sieben Berufsgruppen als solche in keinen indischen Texten bekannt ist, so werden doch alle diese Berufsgruppen einzeln hinläufig oft erwähnt, so daß man annehmen darf, daß Megasthenes eine recht genaue Schilderung der Berufsgruppen im Umkreise der indischen Hauptstadt gab. Insgesamt entsteht das Bild eines zentral verwalteten und straff organisierten Staates. Auffallend ist in diesem Zusammenhang besonders die kategorische Feststellung, daß der König Eigentümer allen Landes sei, die Kunsthandwerker und Soldaten direkt aus der Staatskasse entlohnt wurden und königliche Spione das ganze Reich überwachten. Diese Beobachtungen des Megasthenes dürften sich im wesentlichen auf die Hauptstadt und das von ihr aus unmittelbar kontrollierte Hinterland, das Kerngebiet des Reiches, bezogen haben. Spione und Überwacher stellten dagegen, wie wir im folgenden sehen werden, in der Tat eines wichtigsten Herrschaftsmittel des frühen Großreichs in Indien dar.

Das Bild eines zentral organisierten Reiches, in dem das gesamte öffentliche Leben und weite Bereiche der Wirtschaft von der königlichen Macht beherrscht und kontrolliert werden, ergibt sich noch deutlicher aus dem Arthashastra, als dessen Autor Kautalya, Ministerpräsident und Mitstreiter Candraguptas, gilt. Seit der Entdeckung und Veröffentlichung im Jahre 1909 hat man sich immer wieder bemüht, dieses wichtigste Staatslehrbuch des alten Indien in einen direkten Zusammenhang mit Candraguptas Herrschaft zu bringen und in ihm ein Spiegelbild der Politik des Maurya-Reiches zu sehen. Wenn heute zwar auch nicht an der ursprünglichen Autorenschaft Kautalyas um 300 v. Chr. gezweifelt wird, so ergaben neuere Forschungen doch eindeutig, daß Teile des Textes einerseits bis ins 3. Jahrhundert n. Chr. mehrfach erweitert wurden, andererseits beschreibt der Text eine Situation kleiner, rivalisierender Königreiche, die zumindest theoretisch alle die gleiche Chance haben, ein Großreich zu bilden – wenn sie die Maxime politischen Handelns des Arthashastra skrupellos befolgen. In der frühen Geschichte Indiens gab es keine Periode, die der im Arthashastra geschilderten Situation so nahe kam wie die Zeit des Kampfes der Mahajanapadas Nordindiens und des Aufstieges Magadhas. Es ist deshalb sehr wahrscheinlich, daß Kautalya als erfolgreicher Organisator des Coup d'Etat Candraguptas eher seine eigenen Erfahrungen und die politischen Maximen des politischen Handelns der vorangegangenen Periode lehrbuchartig darstellte, als ein getreues Bild der Politik des Maurya-Großreiches zu entwerfen. Als historische Quelle für das Reich der Mauryas besitzt das Arthashastra deshalb nur einen begrenzten Wert. Um so größer ist dagegen sein Aussagewert für die politischen Maxime der so bedeutenden Phase der Staatsbildung im Übergang vom Königreich zum Großstaat. Die Gültigkeit dieses Lehrbuches bis weit ins Mittelalter hinein beruhte vermutlich darauf, daß diese politische Situation im Verlaufe der indischen Geschichte häufig wiederkehrte.

Im Mittelpunkt der Lehre (*śāstra*) des Arthashastra stehen das Streben und der Nutzen (*artha*) des Königs und des Staates. Als «Siegerheischender» (*vijigīṣu*) steht der König im Mittelpunkt eines Staatenkreises (*maṇḍala*), der auf dem Prinzip beruht, daß der Nachbar der natürliche Feind (*ari*) und dessen Nachbar (als Feind des Feindes) wiederum der natürliche Freund (*mitra*) ist, eine Einteilung, die sich bis zur Peripherie der möglichen Einflußnahme mehrfach wiederholt. Dieses konzentrische System ringförmiger Freund-Feind-Konstellationen ist durchsetzt von neutralen «mittleren» Königen (*madhyama*) und umlagert von unbeteiligten Außenstehenden (*udāsīna*), die ihrerseits von ihren eigenen Rajamandalas umgeben sind. Ziel des Vijigishu muß es sein, zunächst die Feinde, dann die Neutralen und zuletzt die Unbeteiligten zu besiegen. Der militärische Erfolg hängt aber entscheidend vom Zustand der Machtfaktoren ab, auf denen das eigene Königtum und Königreich (*rājya*) ebenso beruhen wie jene des Feindes. Diese Machtfaktoren sind König, Beamte (Minister), Provinz, Stadt, Schatz, Heer und Verbündete. Das wesentliche Anliegen des Arthashastra ist es nun, Anleitungen zu geben, wie noch *vor* dem Kampf die eigenen Machtfaktoren zu stärken und jene des Feindes zu schwächen seien oder wie (im Sinne des Arthashastra) die eigene Stellung durch Festungen, Bewässerungsanlagen, Handel, Ödlandbesiedlung, Bergwerke, Nutzwälder und Elefantengehege zu fördern

1. Der Aufstieg der Gangeskultur und die Großreiche des Ostens 83

sind und den feindlichen Unternehmungen Schaden zugefügt werden kann. Um dieses Ziel zu erreichen, hatte der Vijigishu im eigenen Land eine große Zahl von Spionen und im Land des Feindes Geheimagenten einzusetzen. Gerade die seitenlangen Anweisungen an diese königlichen Agenten, oft verbunden mit erstaunlichen psychologischen Erkenntnissen in die Schwächen und Käuflichkeit der Menschen, brachte Kautalyas Werk in den Verruf, selbst Machiavellis «Il Principe» in den Schatten zu stellen. Doch wichtiger als diese «destabilisierenden» Maßnahmen im Feindesland sind im Arthashastra die Anweisungen für die «Ausrottung der Dornen» im eigenen Land und die Stärkung der eigenen Machtfaktoren. Da eine eindeutige Abhängigkeit der politischen Macht von der eigenen wirtschaftlichen Stärke postuliert wird, liest sich das Arthashastra stellenweise wie eine Einführung in die politische Ökonomie zum Aufbau einer Staatswirtschaft, die Bergbau, Handel und Handwerk ebenso umfaßte wie Landwirtschaft. Zieht man ferner noch die detaillierten Angaben über den Aufbau der Verwaltung und die bis in Einzelheiten gehenden Anweisungen über die Gehälter der Beamten vom höchsten königlichen Opferpriester (48000 panas) bis zum kleinen Aufseher (60 panas) in Betracht, so entsteht das Bild eines überaus effizient organisierten und zentral regierten Staates, der ein Höchstmaß an Abschöpfung des produzierten Mehrwertes anstrebte. Die Ausbeutung kannte keine moralischen, sehr wohl aber Grenzen des politisch Machbaren. Zu hoher Steuerdruck und Frondienst trieben die eigene, produzierende Bevölkerung in die Arme des Feindes, Zufriedenheit der Bevölkerung wurde damit ebenfalls eine politische Notwendigkeit.

Über die weitere politische Entwicklung des Maurya-Reiches nach dem Sieg Candraguptas über Seleukos Nikator und dem Erwerb des Nordwestens wissen wir wenig. Doch aus der Tatsache, daß König Ashoka bei seinem Regierungsantritt etwa im Jahre 268 v. Chr. bereits über ein Reich regierte, das sich bis in den heutigen Bundesstaat Karnataka ausdehnte, muß man annehmen, daß diese Eroberungen das Werk Candraguptas und seines Sohnes und Nachfolgers Bindusara (ca. 293 bis 268 v. Chr.) waren. Von Candragupta weiß die jinistische Überlieferung zu berichten, daß er sich als gläubiger Jaina in Karnataka zu Tode gefastet habe. An Bindusaras Hof weilten Gesandte der Seleukiden und sogar der Ptolemäer, doch sie hinterließen keine bedeutenden Berichte wie eine Generation zuvor Megasthenes.

Mit der über dreißigjährigen Regierungszeit Ashokas erhellt sich das Bild der indischen Geschichte schlagartig. Als erster indischer Herrscher hinterließ er eine Reihe großartiger Inschriften, die zu den bedeutendsten Dokumenten der indischen Geschichte zählen. Seit ihrer Entdeckung und Entzifferung durch den Engländer Prinseps in den dreißiger Jahren des 19. Jahrhunderts beschäftigen sie in gleicher

Sarnath, Uttar Pradesh.
Kapitell der
Säuleninschrift Ashokas,
heutiges Staatswappen der
Indischen Union,
Mitte des 3. Jh. v. Chr.

Weise Indologen wie Historiker, und der indische Staat erhob nach Erlangung der Unabhängigkeit das Kapitell der Säuleninschriften Ashokas zum indischen Staatswappen. Seine politische Karriere begann der Kronprinz Ashoka als Statthalter in Taxila im Nordwesten, wo er einen Aufstand niederschlug, und in Ujjain, der berühmten Hauptstadt des früheren Avanti im westlichen Zentralindien. Das genaue Datum und die Umstände seines Regierungsantritts in Pataliputra sind noch nicht gänzlich geklärt. Buddhistische Texte berichten von Kämpfen Ashokas gegen seine Brüder und betonen sogar, daß Ashoka erst vier Jahre nach seinem Regierungsantritt feierlich gekrönt worden sei. Der holländische Indologe Eggermont sieht in diesen Überlieferungen aber eine spätere buddhistische Legendenbildung und datiert die Regierungszeit Ashokas auf 268 bis 233 v. Chr.

Das erste große historische Ereignis, das aus der Regierungszeit Ashokas bekannt ist, hatte eine einschneidende Wende in seinem Leben zur Folge: Mit einem großen Heer unterwarf er im Jahre 261 v. Chr. das Land Kalinga, das im Osten am längsten dem Expansionismus der

1. Der Aufstieg der Gangeskultur und die Großreiche des Ostens

Mauryas widerstanden hatte. Aus seinen Inschriften erfahren wir, daß die verheerenden Folgen des Krieges, in dem «einhundertfünfzigtausend Menschen verschleppt, hunderttausend getötet wurden und viele Male mehr starben», Ashoka zur Aufgabe aller weiteren kriegerischen Eroberungen und zur Hinwendung zum Buddhismus bewegten. Denn «selbst ein hundertster oder tausendster Teil der Menschen, die damals in Kalinga getötet wurden, umkamen oder verschleppt wurden, wird von Devanampiya («Götterliebling» = Ashoka) jetzt als schmerzlich empfunden». Fürderhin, so verkündete er ebenfalls in seiner berühmten 13. Felsinschrift, strebe er nur noch Eroberungen durch die Verkündung der Sittenlehre (*dhamma*) an.

Er wurde buddhistischer Laienanhänger (*upāsaka*) und begab sich zwei Jahre nach dem Kalinga-Krieg sogar für ganze 256 Tage auf eine große Pilgerreise (*dhamma-yātā*) zu den heiligen Stätten des Buddhismus in Nordindien. Nach seiner Rückkehr veranstaltete er in der Hauptstadt Pataliputra ein großes Fest zu Ehren des buddhistischen Ordens und begann noch im selben Jahr (258 v. Chr. nach Eggermont) seine große missionarische Tätigkeit. In einer das Reich systematisch überziehenden Reihe von Inschriften ließ er die von ihm als richtig erkannte Dhamma-Lehre verkünden und sandte Botschafter in alle ihm damals bekannten Länder. Er ließ zunächst an die Provinz- und Distriktbeamten den Befehl ergehen, seine Dhamma-Ankündigungen (*sāsana*) wo immer möglich auf Felsen und Säulen einmeißeln zu lassen. Zunächst entstanden so eine Reihe der sogenannten kleineren Felsinschriften, in denen er sich zu seinem buddhistischen Glauben offen bekannte. Im folgenden Jahr 257 v. Chr. ließ er dann die ersten vier großen Felsedikte in den Grenzregionen des Reiches in Stein schlagen, von denen bisher acht mehr oder weniger vollständige Versionen gefunden wurden. In letzter Zeit wurden zwei weitere Fragmente entdeckt. Eine von ihnen, in griechisch und aramäisch abgefaßt, wurde bei Kandahar in Afghanistan entdeckt. In ihnen erließ Ashoka für das gesamte Reich Anordnungen zur drastischen Einschränkung des Fleischgenusses und das Verbot ungenehmigter und ausschweifender Versammlungen. Fürsorgende Maßnahmen verkündete er dagegen auch jenseits der Reichsgrenzen den Colas, Pandyas, Satyaputras, Keralaputras im fernen Südindien und in Tambapanni (Sri Lanka), sowie «Antiyoga», dem König Antiochos II. von Syrien (261 bis 246) und dessen Nachbarn. Ferner ordnete er verschiedenen Beamtengruppen an, regelmäßig alle drei bzw. fünf Jahre in ihren Amtsbezirken Inspektionsreisen zur Überwachung der Dhamma-Unterweisung durchzuführen.

Ashokas Maßnahmen scheinen aber bereits zu Anbeginn auf Widerstand gestoßen zu sein. Denn die neue Serie der großen Felsedikte, die er im folgenden Jahr, «im 13. Jahr nach der Weihe», erließ, beginnen mit der Feststellung: «Tugendhafte Taten sind schwer auszuführen. Wer tugendhafte Taten zu vollbringen beginnt, vollbringt etwas Schweres.» Um die Verbreitung des Dhamma zu kontrollieren und den offenkundigen Widerstand zu brechen, ernannte er in diesem Jahre hohe Beamte zu «Großinspektoren der Lehre» (*dhammamahāmāta*). Sie hatten Verkündung und Einhaltung des Dhamma zu überwachen und Ashoka regelmäßig Bericht zu erstatten, auch wenn er, wie es in einem Edikt ausdrücklich heißt, sein Mahl einnehme oder sich in seinen Privatgemächern aufhielte. Aufschlußreich ist es, daß er ferner ausdrücklich anordnete: «Sie sind überall beschäftigt, hier (in Pataliputra) und in allen ferngelegenen Städten, in den Harems meiner Brüder und Schwestern und aller sonstigen Verwandten.» Im gleichen Jahr, als er die Dhamma-mahāmātas in seinem Reiche einsetzte, sandte er zur Dhamma-Unterweisung Botschafter (*dūta*) in ferne Länder des Westens. Einmalig für indische Inschriften werden die Könige dieser Reiche im 13. Felsedikt sogar namentlich genannt: Antiyoka (Antiochos II., Theos von Syrien, 261 bis 246), der König der Griechen (*Yona*), Tulamaya (Ptolomaios II. Philadelphos, 285 bis 247), Antekina (Antigonos Gonatas von Makedonien, 276 bis 239), Maka (Magas von Kyrene, um 300 bis 250), Alikasudala (vermutlich Alexander von Epirus, 272 bis 255). Ferner wurden abermals die unabhängigen indischen «Südstaaten» der Colas und Pandyas, sowie Tambapanni (Sri Lanka) und eine Reihe von Stämmen innerhalb des Reiches (wie z.B. die Andhras) mit Botschaften bedacht.

Die kaiserliche Missionstätigkeit Ashokas stellt in der Geschichte des Altertums der Menschheit einen wohl einmaligen Vorgang dar. Erfolgreicher aber als die erstaunliche Aufnahme direkter Kontakte mit der hellenistischen Welt war die Missionierung in Südostindien und Sri Lanka durch Ashokas Bruder oder Sohn Mahinda sowie in Nordwestindien. Der Einfluß Südindiens und Sri Lankas auf die spätere Ausbreitung des Buddhismus nach Südostasien war ebenso bestimmend wie jener Nordwestindiens für die Vermittlung der Lehre Buddhas nach Zentralasien, von wo aus sie dann über die Seidenstraße bereits im 1. Jahrhundert n.Chr. China erreichte.

Doch Ashoka vergaß trotz seines religiösen Eifers und seines Interesses an der Missionsarbeit keineswegs seine Herrscherpflichten. So scheint er trotz seiner Reue über die blutige Niederschlagung der Kalingas nie daran gedacht zu haben, etwa Kalinga wieder die Selbständigkeit oder zumindest doch den Verschleppten die Rückkehr in ihre Heimat zu gewähren. Als kluger Politiker vermied er es so gar, seine Reue über die Leiden der Kalingas in jenen Felsinschriften einzugestehen, die er in Kalinga (Dhauli und Jaugada) einmeißeln ließ. Anstelle des berühmten 13. Felsediktes, in dem er seine Reue über die Greuel in Kalinga eingestand, ließ er in Kalinga gesondert zwei

1. Der Aufstieg der Gangeskultur und die Großreiche des Ostens

«Separatedikte» zusammen mit den anderen Reichsedikten in den Fels einmeißeln. Während er im übrigen Reich zwar seine Reue eingestand, aber doch gleichzeitig Widerstand mit strengen Strafen, ja sogar mit dem Tode bedrohte, verkündete er in den Separatedikten den Kalingas und den uneroberten Nachbarstämmen seine guten Absichten:

«Alle Menschen sind für mich (wie meine) Kinder ... Die nicht unterworfenen Grenznachbarn fragen sich vielleicht: ‹Welche Absichten hat der König gegen uns?› Nur dies ist mein Wunsch hinsichtlich der Grenznachbarn: sie sollen die Überzeugung gewinnen: ‹So wünscht der König: Sie sollen keine Angst vor mir haben und sollen mir vertrauen, und nur Glück sollen sie von mir erlangen, nicht Leid› ... ‹Dies euch [Ashoka spricht königliche Beamte in Kalinga an] sagend, müßt ihr also eure Arbeit tun und jenen (Grenznachbarn) Vertrauen einflößen, damit sie die Überzeugung gewinnen: ‹Wie ein Vater ist der König für uns; wie er mit sich selbst Mitleid hat, so hat er Mitleid mit uns; und wie seine Kinder sind wir für den König›.»[6]

Auch für unsere Kenntnis der staatlichen Entwicklung Indiens besitzen die Inschriften Ashokas größten Wert, weil sie die ältesten zeitgenössischen Originaldokumente der indischen Geschichte darstellen. Aus ihnen geht hervor, daß das Reich in fünf große Bereiche eingeteilt war. Im Zentrum lag Magadha mit der Reichshauptstadt Pataliputra. Magadha und einige der angrenzenden Gebiete der früheren Mahajanapadas des Gangestales unterstanden der direkten Herrschaft der Mauryas. Eigenartigerweise erfahren wir aber wenig aus den Inschriften Ashokas über die Verwaltung dieses Kerngebietes des Reiches, doch werden wir mit Recht annehmen dürfen, daß auf dieses Gebiet die Berichte des Megasthenes und manche Angaben des Arthashastra unmittelbar zutreffen. Außerhalb des Kerngebietes gab es vier Großprovinzen, über die Prinzen (*kumāra* oder *āryaputra*) als Vizekönige oder Gouverneure regierten. Im Nordwesten lag die Residenz des Vizekönigs in Taxila, im Osten in Tosali in Kalinga in der Nähe von Bhubaneswar (der heutigen Hauptstadt von Orissa), im Westen in Ujjain und im Süden in Suvarnagiri bei Kurnool im äußersten Südwesten von Andhra Pradesh. In einer unlängst entdeckten kleinen Felsinschrift in Panguraria in Madhya Pradesh wird ein Prinz und Vizekönig (*kumāra*) angesprochen. Diese Inschrift wird daher als ein Indiz dafür gewertet, daß das Reich eine weitere, fünfte Provinz gehabt habe. Da die Inschrift aber nur etwa hundert Kilometer von Ujjain, der Hauptstadt der Westprovinz, entfernt in den Fels gemeißelt wurde, ist es wahrscheinlicher, daß in der Panguraria-Inschrift der Vizekönig von Ujjain angesprochen wurde.

Diese Großprovinzen waren in Unterprovinzen oder Großdistrikte aufgeteilt. Während z.B. in der Provinzhauptstadt Tosali von Kalinga ein Kumara regierte, unterstand die Distriktshauptstadt Samapa (heute Jaugada) südlich von Tosali, wo ebenfalls die Felsinschriften Ashokas gefunden wurden, den Mahamatras. Für das hohe Maß des Zentralismus der Reichsverwaltung spricht die Tatsache, daß sich Ashoka durch seine Inschrift ausdrücklich – sozusagen unter Umgehung der obersten Provinzadministration von Tosali – aus Pataliputra direkt an die Mahamatra-Distriktsbeamten von Samapa wandte. Diese Mahamatras bildeten die wichtigsten hohen Beamten des Reiches und waren mit einer Vielzahl von Funktionen ausgestattet. Sie dürften die königlichen Ratgeber darstellen, die Megasthenes als siebte Gruppe aufzählte und die für die Verbindung zwischen der Hauptstadt und den Außenprovinzen verantwortlich waren. In den Provinzhauptstädten hatten sie z.B. die Funktion der Stadtrichter (*nagara-viyohālaka*) inne. Neben den Mahamatras werden in den Inschriften Pradeshika, Rajuka und Yukta als Beamte genannt. Die Yuktas waren niedere Beamte, vermutlich königliche Steuerbeamte und Schreiber. Den Pradeshikas unterstanden dagegen Gebiete (*pradeśika*) einer Größenordnung, die unterhalb der Provinzen lagen und oft mit der Division im britischen Indien verglichen wurden. Ob die Rajuka dann auf nächst niederer Ebene Distriktvorsteher waren, ist nicht ganz klar. Einer Inschrift des 26. Regierungsjahres (4. Säuleninschrift) zufolge waren sie immerhin über «mehrere 100000 Menschen» eingesetzt und wurden von Ashoka mit besonderen Vollmachten im Strafvollzug ausgestattet. Andererseits heißt es in derselben Inschrift aber auch sehr klar, daß die Rajukas weiterhin dem Befehl König Ashokas direkt unterstanden und die Anordnungen der königlichen Agenten (*pulisāni*) zu befolgen hätten, da diese seine Wünsche kannten.

Aus diesen Angaben ist oft auf eine strikt zentralisierte Verwaltung des gesamten Maurya-Reiches geschlossen worden. Dabei wurde aber übersehen, daß die *Säulen*inschriften, die diese klaren Angaben über die direkte Kontrolle Pataliputras enthalten, bisher nur im Yamuna-Ganges-Tal von nördlich Delhis (Topra) bis an die Vorberge des Himalaya gefunden wurden. Das Gebiet, in dem die Säuleninschriften mit ihren klaren Hinweisen auf zentrale Kontrolle gefunden wurden, stimmt damit deutlich mit jenem überein, das wir oben als das direkt verwaltete Kerngebiet des Reiches bezeichneten. Die Gebiete der Großprovinzen außerhalb des Kerngebietes waren von dieser starken und direkten Kontrolle durch Pataliputra offensichtlich ausgenommen. Kalinga scheint allerdings eine Ausnahme gespielt zu haben. Als erst kürzlich unter blutigen Umständen unterworfene Provinz nahm sich Ashoka ihrer besonders an.

Vermutlich bedarf das Bild, das moderne Historiker vom Maurya-Reich entwarfen, noch in einer weiteren Hinsicht einer Korrektur. In Kartenwerken moderner historischer Atlanten umschließt das Reich im allgemeinen den gesamten Subkontinent gleichmäßig als flächendeckender Staat, lediglich die «Spitze» des fernen Südens bleibt

1. Der Aufstieg der Gangeskultur und die Großreiche des Ostens

ausgenommen. Betrachten wir aber die Topographie der Fundorte der Inschriften in einem größeren Zusammenhang, so ergeben sich eindeutig bestimmte regionale Schwerpunkte (siehe Karte 5). Sie stimmen deutlich mit den bereits genannten fünf Großregionen des Reiches überein, dem Kerngebiet im Yamuna-Ganges-Tal und den vier Großprovinzen. Besonders auffallend ist, daß die großen Felsinschriften bisher nur außerhalb des Kerngebietes in den Provinzen an den Grenzen des Großreiches gefunden wurden: drei im Nordwesten (Kandahar, Shahbazgarhi und Mansehra), zwei im Westen (Girnar und Sopara), zwei im Süden (Erragudi und Sannathi), zwei im Osten (Dhauli und Jaugada) und eine im Grenzgebiet zwischen dem Kerngebiet und der Nordwestprovinz (Kalsi). Nicht weniger auffallend ist die Massierung von zehn kleinen Felsinschriften in der Südprovinz und einer noch höheren Zahl von Säuleninschriften (*dhamma stambha*, «Säulen der Lehre») im nördlichen Kerngebiet. Auch die altehrwürdige Provinzhauptstadt Ujjain mag einmal ein bedeutender Schwerpunkt gewesen sein, wenn auch bisher dort nur in ihrer Nähe Ashokas berühmtes Schismen-Edikt in Sanchi und die kleine Felsinschrift bei Panguraria entdeckt wurden. Gegenüber dieser Schwerpunktbildung im Norden und Süden sowie an den äußeren Grenzen des Reiches hebt sich um so mehr der weite «leere» zentralindische Raum ab, in dem bisher keine Inschriften Ashokas entdeckt wurden. Auch wenn weitere Funde nicht ausgeschlossen werden können, so liegt, nach nunmehr über hundertjähriger intensiver Ashoka-Forschung, der Schluß nahe, daß das eigentliche Zentralindien (Maharashtra, Andhra Pradesh zwischen den Narmada- und Krishna-Flüssen) sowie der gesamte Süden südlich des Penner-Flusses (Kerala und Tamil Nadu) außerhalb des Maurya-Reiches lagen. Südlich des Vindhya-Gebirges beherrschten demnach die Mauryas lediglich die westlichen und östlichen Küstengebiete und dann weiter im Süden wieder ein inländisches Gebiet um Mysore möglicherweise wegen des berühmten südindischen Goldes (*Survarṇagiri* = Goldberg). Die Außenregionen des Reiches an den Küsten und im Süden waren durch alte Handelsrouten mit Pataliputra verbunden: Der Westen über die wichtige Straße, die von Pataliputra über Kausambi am nördlichen Abhang und sozusagen im Schutze des Vindhya-Gebirges über Vidisha (Sanchi) und Ujjain bis zum Hafen von Bharukacha (heute Broach) verlief, von wo aus eine Verbindung bis in die Nähe Bombays bestand, wo bei Sopara die großen Felsedikte eingemeißelt wurden. Die Südprovinz war durch beide Küsten mit dem Norden und durch eine im Landesinneren verlaufende Handelsstraße von Suvarnagiri über Pratishthana (heute Paithan bei Aurangabad) mit Ujjain verbunden. Das zentralindische Hinterland der Provinzen lag offensichtlich außerhalb der Herrschaft der Mauryas und wurde von unbesiegten Stämmen bewohnt. In Ashokas Inschriften werden diese unbesiegten (*avijita*) Grenznachbarn oder Waldstämme (*aṭavī*) in der Tat auch mehrfach erwähnt, und man gewinnt ganz den Eindruck, als ob Ashoka die freien Stämme als die gefährlichsten Feinde des Reiches einschätzte.

Das Maurya-Reich stellte auf dem Höhepunkt seiner Macht jedoch ohne Zweifel ein gesamtindisches Reich dar und bildete somit den Abschluß einer Entwicklung, die im 6. Jahrhundert v. Chr. begonnen hatte. Der Schwerpunkt des Reiches blieb aber weiterhin genau die nordindische Großregion zwischen Delhi, Ujjain und Bihar, in der diese Entwicklung in den früheren Mahajanapadas ihren Ursprung genommen hatte und über die auch bereits das Nanda-Reich geherrscht hatte. Hinzugekommen waren allerdings der Nordwesten und wegen ihrer Häfen die Küstengebiete im Westen mit Broach und der Halbinsel Kathiawar und ebenso im Osten die Küsten Kalingas wegen des beginnenden Handels mit Südindien, Sri Lanka und Südostasien. Südlich des Vindhya-Gebirges beschränkte sich damit die Herrschaft des Reiches auf die beiden schmalen Küstengebiete Zentralindiens und die Südprovinz am Suvarnagiri, dem «Goldberg», sowie auf die Kontrolle der großen Straßen, die diese Außengebiete mit Magadha verbanden.

Die staatsmännische Größe Ashokas beruhte wesentlich darauf, daß er auf dem Höhepunkt seiner Macht jeglicher weiteren Expansionspolitik abschwor. Um die «weißen Flächen» in Zentral- und Südindien auszufüllen, hätte es in der Tat einer nicht endenden Reihe weiterer blutiger Kalinga-Kriege bedurft. Fast 2000 Jahre später sollte das Reich der Mogulen unter Kaiser Aurangzeb genau an diesem Versuch scheitern. Ashoka strebte statt dessen die Konsolidierung des Erreichten an. Die Mittel, die er hierzu wählte, waren neu, ja revolutionär. In der klaren Erkenntnis, daß ein gesamtindisches Großreich langfristig einer höheren Legitimation als der nackten Machtpolitik des Arthashastra bedurfte, erhob er die Verkündung seiner moralischen Dhammalehre zur höchsten Maxime seiner Politik. Bei seiner Verkündung der Lehre bezog er bewußt die «Infrastruktur» der aufsteigenden Religionsgemeinschaft der Buddhisten in seine Politik ein. Er vermied es jedoch sehr konsequent, in seinen offiziellen Inschriften das allgemeine Sittengesetz seiner Dhammalehre mit dem Buddhismus zu identifizieren. Statt dessen schloß er ausdrücklich auch Brahmanen und die Sekte der Ajivikas in seine Religionspolitik mit ein.

Das indische Königtum erhielt damit unter Ashoka, nach einer Periode skrupellosen Machtstrebens der frühen Könige von Magadha, eine neue moralische Dimension. In den Mitteln, die Ashoka bei seinem Kampf für den «Sieg der Lehre» (*dhamma-vijaya*) einsetzte, war er in gewisser Weise allerdings doch wieder ein Kind seiner Zeit. Das

Spitzelwesen der Dhamma-Mahamatras, die er u. a. ausdrücklich am Hofe gegen Angehörige der eigenen Dynastie einsetzte, aus denen stets zuallererst die Feinde eines Königs hervorgingen, dürfte sich für die Betroffenen nur unwesentlich von dem früheren System unterschieden haben. Unbenommen davon bleibt jedoch die Größe der Vision Ashokas, die Reichspolitik auf der Grundlage einer allgemein verbindlichen Ethik zu gestalten. Die erstaunliche Ausdehnung des Maurya-Reiches beruhte letztlich jedoch nicht nur auf der Stärke seiner Ideologie und Streitmacht, sondern ganz offensichtlich auch auf der damaligen Rückständigkeit Zentral- und Südindiens. Als auch dort in den nachfolgenden Jahrhunderten regionale Machtzentren auf der Grundlage autochthoner politischer Entwicklungen entstanden, nahm die Geschichte Indiens eine neue Wende, die in die Periode der großen Regionalreiche des frühen Mittelalters einmündete. Die Formen regionaler Legitimation hinduistischen Königtums sollten sich als dauerhafter erweisen als Ashokas große Vision.

2. Zerfall des Großreiches und die Invasionen des Nordens

Über die späte Geschichte des Maurya-Reiches nach dem Tode Ashokas liegen nur unzureichende und sich häufig widersprechende Berichte in den klassischen abendländischen, den puranischen und den buddhistischen Texten vor. Zu großen königlichen Inschriften, die ein so wichtiges Instrument der Herrschaft Ashokas waren, raffte sich keiner der Nachfolger Ashokas mehr auf. Möglicherweise hatten diese königlichen Erlasse wegen ihres patriarchalisch-bestimmenden Charakters und der strikten Anordnung, sie an bestimmten Tagen des Jahres öffentlich verlesen zu lassen, den Unwillen aller Betroffenen heraufbeschworen. Ob sich allerdings Zerfallserscheinungen im Reich schon in den letzten Jahren Ashokas bemerkbar machten, wie es buddhistische Quellen berichten, ist umstritten. Sicherlich gewannen jedoch die Außenregionen sehr bald ihre Unabhängigkeit zurück. So gibt es z.B. aus der Südprovinz und Kalinga keinerlei Hinweise auf ein Fortbestehen der Maurya-Herrschaft in diesen Gebieten nach dem Tode Ashokas. Möglicherweise kam es nach dem Tode Ashokas sogar zu einer Aufteilung Nordindiens unter seine Söhne und Enkel. Einer von ihnen, Dasaratha, folgte auf Ashoka in Magadha und ist als einziger von ihnen durch drei kleine, historisch unbedeutende Stiftungsinschriften für die Ajivika-Sekte südlich von Pataliputra bekannt.

Der letzte Angehörige der Maurya-Dynastie, Brihadratha, wurde etwa um 185 v. Chr. während einer Truppenparade von seinem General Pushyamitra Shunga ermordet, der die nach ihm genannte

Shunga-Dynastie gründete. Trotz ihrer relativ langen Herrschaft von 112 Jahren existieren über diese Dynastie kaum verläßliche Nachrichten. Keiner ihrer Könige hinterließ eine Inschrift. Die Shunga-Dynastie wird häufig mit einer brahmanischen Reaktion gegen die Bevorzugung der Buddhisten unter den Mauryas in Verbindung gebracht. So veranstaltete König Pushyamitra erstmals wieder das große vedische Pferdeopfer (*aśvamedha*) – in der Tat eine deutliche Abkehr von Ashokas Verbot der Tieropfer. Daß nach dem Untergang des Maurya-Reiches Könige darangingen, einst von Ashoka verbotene Feste wiederaufleben zu lassen und ihnen sogar bewußt ihre königliche Förderung zukommen ließen, wissen wir auch aus einer Inschrift aus dem 1. Jahrhundert v. Chr. aus Kalinga. In ihr verkündete König Kharavela ausdrücklich, daß er die von den Mauryas verbotenen musikalischen Darbietungen und Tänze wieder eingeführt habe. Dennoch fällt es schwer, an eine tatsächliche brahmanische Gegenreformation unter den Shungas zu glauben, wie sie in buddhistischen Texten dargestellt wird. Mehrere buddhistische Klosteranlagen (z. B. Sanchi) wurden unter ihrer Herrschaft erweitert oder, wie der berühmte Stupa von Bharhut südlich von Kausambi, sogar gänzlich neu errichtet. Unverkennbar ist es allerdings, daß nach der deutlich persisch beeinflußten Kunst der Mauryas unter den Shungas ein neuer Kunststil gefördert wurde, der alte, volkstümliche Elemente wie die Darstellungen der Muttergöttin aufnahm und in mancher Hinsicht als Ursprung der indischen Kunst angesehen werden kann.

Nach der Thronbesteigung hatte Pushyamitra einen schweren Abwehrkampf gegen die aus Baktrien eindringenden Griechen zu führen (siehe unten). Selbst wenn der Angriff abgeschlagen werden konnte, so ging doch das gesamte Gebiet westlich Mathura dem Magadha-Reich endgültig verloren. Von seinem Sohn Agnimitra berichtet Jahrhunderte später der große Sanskritdichter Kalidasa, er sei Vizekönig in der alten Handelsstadt Vidisha bei Sanchi gewesen. In Besnagar, in unmittelbarer Nähe von Vidisha, ließ Heliodorus, ein Gesandter des griechischen Königs Antialkidas, Ende des 2. Jahrhunderts v. Chr. eine große Garuda-Säule errichten. In der Inschrift dieser Säule, in der sich der Grieche Heliodorus als Anhänger der vishnuitischen Bhagavata-Sekte bezeichnet, wird ein König namens Bhagabhadra genannt, vermutlich ein Angehöriger der Shunga-Dynastie. Die alte westindische Hauptstadt Ujjain scheint dagegen nicht mehr unter der Kontrolle Magadhas gestanden zu haben. Der letzte König der Shungas soll etwa im Jahre 73 v. Chr. auf Veranlassung seines brahmanischen Ministers Vasudeva von einer Sklavin ermordet worden sein.

2. Zerfall des Großreiches und die Invasionen des Nordens 93

Unter den vier Königen der von Vasudeva begründeten, kurzlebigen Kanva-Dynastie fiel das einstmalige Großreich von Magadha auf den Status eines Mahajanapadas zurück und hörte auf, eine nennenswerte Rolle in der Geschichte Indiens zu spielen. Denn inzwischen hatte sich der Schwerpunkt abermals in den Nordwesten Indiens verlagert, wo seit etwa einem Jahrhundert verschiedene Fremddynastien um die Vormacht kämpften. Als dann etwa um 28 v. Chr. der letzte Kanva-König einem Angriff der Shatavahana- oder Andhra-Dynastie Zentralindiens zum Opfer fiel, dokumentierte dies nicht nur den Untergang Magadhas nach fünfhundertjähriger Vormachtstellung. Der Sieg des zentralindischen Königs über Magadha markiert gleichzeitig den beginnenden Aufstieg Zentral- und Südindiens in den folgenden Jahrhunderten. Da der Aufstieg des Südens von größter Bedeutung für die weitere Geschichte und Kultur Indiens war, werden wir uns mit ihm in einem gesonderten Kapitel näher beschäftigen. Hier seien zunächst die Ereignisse im Nordwesten behandelt, die zwar wesentlich turbulenter verliefen, aber in ihrer historischen Bedeutung für den weiteren Verlauf der Geschichte Indiens weit hinter jenen im Süden zurückstanden.

Als das Maurya-Reich auf dem Höhepunkt seiner Macht stand, hatte es alle Versuche der Seleukiden abgewehrt, als Nachfolger Alexanders dessen Erbe in Indien anzutreten. Ebenso wie der bereits erwähnte Versuch Seleukos I. Ende des 4. Jahrhunderts v. Chr. am Widerstand Candraguptas gescheitert war, blieb hundert Jahre später ein Kriegszug des Seleukiden Antiochos III. bis über den Hindukush erfolglos. Sein Scheitern war aber weniger ein Erfolg indischer Abwehrkraft als vielmehr die Folge tiefgreifender Umwälzungen, die sich inzwischen in Baktrien im südlichen Zentralasien und in Persien vollzogen hatten. Um 250 v. Chr. hatten östlich des Kaspischen Meeres die Parther unter Arsakes ihre Unabhängigkeit von den Seleukiden erklärt und waren nach einem Jahrhundert harter Kämpfe gegen zentralasiatische Reiternomaden und gegen die Seleukiden zur Vormacht des Orients aufgestiegen und blieben bis zu ihrem Untergang (um 226 n. Chr.) gefürchtete Feinde Roms. Etwa gleichzeitig mit Arsakes sagte sich noch weiter im Osten auch der Statthalter Diodotos von den Seleukiden los und begründete das griechisch-baktrische Reich. Doch erst Euthydemos, dem dritten griechischen König Baktriens, gelang es, dem Seleukiden-König Antiochos III. die Anerkennung der Unabhängigkeit Baktriens endgültig abzutrotzen, als jener sich auf dem bereits erwähnten Zuge nach Indien befand.

Die Geschichte der griechischen Könige Baktriens wird indische Geschichte, als die Nachfolger Euthydemos' nun ihrerseits den Versuch unternahmen, das Erbe Alexanders in Indien anzutreten und damit als «Indo-Griechen» in die Geschichte eingingen. In den kommenden zwei Jahrhunderten bis etwa zur Zeitenwende herrschten über 40 griechische Könige und Fürsten in Nordwestindien und dem Grenzgebiet von Afghanistan. Ihre Geschichte, besonders im 1. Jahrhundert v. Chr., ist jedoch oft nur in Umrissen bekannt, und die Namen mancher Könige sind nur durch Münzfunde überliefert. Zwei Inschriften geben auf indischem Boden über sie Auskunft, weiterhin existieren wenige, meist vage Hinweise über die «Yavanas» in der indischen Literatur sowie kurze, aber wichtige Angaben in der klassischen, abendländischen Literatur. Die Indo-Griechen stellten den östlichsten Außenposten des Hellenismus dar und überlebten als Herrscherelite in nahezu völliger Isolation die von den Parthern in Persien besiegten hellenistischen Staaten fast um ein Jahrhundert.

In Indien werden die Yavanas besonders mit dem bedeutendsten ihrer Herrscher, Menander, in Verbindung gebracht, der in einem berühmten buddhistischen Text unter dem Namen Milinda eine große Rolle spielt. Das wichtigste politisch-militärische Ereignis dieser Zeit, die schrittweise Eroberung Nordwestindiens, war jedoch das Werk mehrerer gräko-baktrischer Könige. Etwa um Christi Geburt wußte Strabo hierüber in seiner Geographie zu berichten:

«Die Griechen, die den Aufstand (in Baktrien) veranlaßten, wurden aufgrund der Fruchtbarkeit und der Vorzüge des Landes so mächtig, daß sie die Herren von Ariana und Indien wurden. Ihre Führer, besonders Menander, falls er wirklich den Hyphasis (an dem Alexander umkehren mußte) nach Osten überschritt und den Isamus (Yamuna?) erreichte, eroberte mehr Völker als Alexander. Diese Eroberungen wurden teilweise von Menander, teilweise von Demetrios, dem Sohn Euthydemos' und König von Baktrien, errungen.»[1]

Unter Demetrios I. (ca. 200–190 v. Chr.) dürfte sich die Herrschaft der Griechen bereits bis über den Hindukush ausgebreitet haben. Sein Werk setzten Pantaleon und Appolodoros in den kommenden Jahrzehnten fort. Unter Eukratides (ca. 170–145 v. Chr.), dem letzten großen gräko-baktrischen König, erstreckte sich die Herrschaft der Griechen bereits bis in den Panjab. In den späten Jahren des Eukratides und unter seinen Nachfolgern verfiel jedoch die Herrschaft der Griechen in Baktrien zunehmend, bis sie, im Kampf gegen die Parther geschwächt, zwischen 141 und 128 v. Chr. von dem zentralasiatischen Shaka-Stamm unterworfen wurden. In Nordwestindien und dem südöstlichen Afghanistan dagegen erlebte das indo-griechische Reich noch über mehrere Jahrzehnte eine beachtliche Blütezeit.

Die überragende Herrscherpersönlichkeit dieser Indo-Griechen war Menander, unter dem sich die griechische Herrschaft zeitweise bis in das westliche Yamuna-Ganges-Zweistromland ausbreitete. Aus der Tatsache, daß der unbekannte Seefahrer und Verfasser des berühmten «Periplus des Erythräischen Meeres» im 1. Jahrhundert n. Chr. berichtete, er habe in Barygaza noch Münzen des Apollodoros und des

Takht-i-Bahai bei Peshawar,
Pakistan. Sitzender Buddha,
Gandhara-Stil,
2./3. Jh. n. Chr.

Menander gesehen, wird meist geschlossen, daß diese Hafenstadt längere Zeit im Besitz der Griechen gewesen sein dürfte. Die Datierung seiner Regierungszeit schwankt noch immer erheblich zwischen 166 bis 150 (Tarn) und 155 bis 130 v.Chr. (so der indische Historiker Narain). Als einziger griechischer König fand er Eingang in die indische Literatur. In den «Fragen des Milinda» (*Milindapañho*, Milinda = Menander) wird er von dem Mönch Nagasena in einem für die buddhistische Literatur typischen Dialog in alle wichtigen Fragen der buddhistischen Lehre eingeführt. Wegen seiner geistvollen und scharfsinnigen Ausführungen galt der Milindapanho den Buddhisten bereits im Altertum als ein dem Kanon gleichbedeutender Text. Auch wenn es sicherlich falsch ist, in dem Text einen Beweis für die Bekehrung Menanders zum Buddhismus zu sehen, so ist ein tiefes Interesse dieses griechischen Königs am Buddhismus nicht ausgeschlossen. Immerhin existieren einige Münzen Menanders, die ein dem buddhistischen Cakra ähnliches Rad zeigen, und Plutarch berichtet sogar, daß nach Menanders Tod seine Asche in alle Städte seines Reiches verteilt wurde, wo Monumente über ihr errichtet wurden, eine dem

Buddhismus zweifelsohne sehr nahestehende Verehrung eines großen Toten.

Nach Menander verfiel das indo-griechische Reich schnell in eine Reihe kleiner Königreiche, die zu keiner gemeinsamen Politik mehr fähig waren. Um so erstaunlicher ist es, daß sie sich in ihrer Isolation noch über mehrere Generationen halten konnten. Ein bis heute tief beeindruckendes Zeugnis ihrer Existenz fernab der übrigen hellenistischen Welt ist die schon erwähnte Säule, die ein griechischer Botschafter Ende des 2. Jahrhunderts v. Chr. in Besnagar bei Vidisha, mitten im fernen Zentralindien, errichten ließ. Wenn auch die indogriechischen Nachfolgestaaten im ersten Jahrhundert v. Chr. für die weitere politische Entwicklung Indiens keine Rolle mehr spielten, so übten sie doch auf die «Fremdstämme», die seit dem Beginn dieses Jahrhunderts in schneller Abfolge im Nordwesten Indiens einfielen und die Herrschaft der Indo-Griechen beendeten, einen starken Einfluß aus. Das bekannteste Erbe der Indo-Griechen ist sicherlich die Gandhara-Kunst in Nordwestindien, dem heutigen Nord-Pakistan, und im östlichen Afghanistan. In den ersten Jahrhunderten n. Chr. entstand hier unter starken hellenistischen und provinzialrömischen Einflüssen eine bedeutende Kunstschule, die wesentlich zur Erschaffung der Buddha-Statue beitrug, die ihrerseits das bedeutendste indische Vermächtnis für die Kunst Asiens darstellt.

Weniger bekannt, aber für die historische Forschung von nicht geringerer Bedeutung ist die Einführung eines hochentwickelten Münzwesens durch die Griechen in Indien. Hatten die großen Maurya-Könige nur die aus flachen, genormten Metallstücken bestehenden, mit Symbolen «punzierten Münzen» (*punch-marked coins*) gekannt, so ließen nun selbst weniger bedeutende griechische Könige in Indien mehr und prächtigere Münzen mit ihren Herrscherbildern und Symbolen prägen als die späteren Großkönige. In der Tat weist keine Periode der indischen Geschichte auch nur annähernd einen derartigen Münzreichtum auf wie die Zeit der Indo-Griechen. Das Münzwesen der Indo-Griechen wurde von den nachfolgenden Dynastien Nordindiens übernommen und bildete die Grundlage der indischen Münzen des Altertums, auch als die Kushanas die Münzen auf das römische und die Guptas auf indische Gewichtsmaße umstellten. Für die historische Forschung bedeutet die Einführung eines Münzsystems, das Namen und Bilder der Herrscher und später sogar in einigen Fällen das Emissionsdatum der Münzen enthält, gegenüber den punzierten Münzen einen gewaltigen Fortschritt und die Schaffung eines zusätzlichen – vermutlich sogar des «objektivsten» – Quellenbereichs. Die Münzen der Griechen waren jedoch keineswegs nur Ausdruck gesteigerten Selbstbewußtseins ihrer Herrscher. Sie waren vielmehr ein essentieller Teil eines neuen Herrschaftssystems, das

2. Zerfall des Großreiches und die Invasionen des Nordens

ganz wesentlich auf der Förderung, Kontrolle und indirekten Teilhabe am interregionalen und internationalen Handel beruhte. Gerade in dieser Hinsicht, Handel und Herrschaft zu verbinden, traten die Shakas und später besonders die Kushanas das Erbe der Indo-Griechen an.

Wie über tausend Jahre zuvor in der Zeit der Einwanderung der Aryas geriet Indien im 2. Jahrhundert v. Chr. abermals unter den Einfluß des zentralasiatischen Kräftefeldes. In Baktrien stießen Ende dieses Jahrhunderts mehrere Völkerschaften aufeinander und drängten sich gegenseitig südwärts in die fruchtbaren Niederungen des südasiatischen Subkontinents. Die Völkerwanderung hatte um 170 v. Chr. im östlichen Kernland Zentralasiens ihren Anfang genommen, als das große Nomadenvolk der Xiongnu (Hiung-nu) im Kampf um Weideplätze ein anderes Nomadenvolk, die Yuezhi (Yüe-chi), vernichtend schlug. Die Yuezhi brachen darauf nach Westen auf und drängten auf der steten Suche nach Weideland einen weiteren Stamm, die Saiwang oder Shakas, vor sich her. Ein Teil der Shakas scheint nach chinesischen Berichten über den Pamir in das obere Industal vorgestoßen zu sein, während sich der größere Teil des Volkes in das nördliche Baktrien und den östlichen Iran bewegte. Dort wurden sie zusammen mit den verwandten Skythen zeitweise eine ernste Gefahr für das Reich der Parther, bei dessen Verteidigung zwei Parther-Könige ihr Leben ließen. Vermutlich unter Mithridates II. (123 bis 88 v. Chr.) erkannten sie jedoch die Oberhoheit der Parther an, und ein großer Teil der Shaka-Stämme ließ sich in Sakastan, dem heutigen Seistan in Südafghanistan, nieder. Dort vermischten sie sich mit Skythen und dem dort ansässigen parthischen Landadel. Andere Teile des Shaka-Volkes traten seit Anfang des 1. Jahrhunderts v. Chr. in Indien auf und bestimmten für nahezu ein Jahrhundert das Geschick des Nordwestens.

Der erste König der Shakas auf indischem Boden ist Maues. Seine Datierung schwankt zwischen 94 v. Chr. und etwa 22 n. Chr. Unter ihm und seinem Nachfolger Azes I. begründeten die Shakas ein großes Reich in Nordwestindien von Mathura, Ujjain, Gandhara bis an die Küste von Saurashtra. In der Zeit von Maues und Azes gingen die indo-griechischen Reiche in Indien endgültig unter. Doch die Shakas übernahmen in vielfacher Hinsicht deren Kultur, mit der sie seit der Zeit ihres «Zwischenaufenthaltes» in Baktrien vertraut waren. So übersetzten die Shaka-Könige den persischen Titel «König der Könige» ins Griechische (*basileus basileon*), benutzten die griechischen Monatsnamen und prägten ihre Münzen nach dem Vorbild der Indo-Griechen. Ein späterer jinistischer Text, das *Kālakācāyakathānaka*, enthält eine interessante Überlieferung über die Zeit der Shakas. Aus Ujjain, so heißt es dort,

«... ging Kalaka zum Land der Shaka. Dort führten Könige den Titel *sāhi*, und der Oberkönig wurde *sāhānu sāhi* genannt. Kalaka nahm nun Aufenthalt bei einem *sāhi* und als dieser zusammen mit 95 anderen *sāhi* bei dem Oberkönig in Ungnade fiel, überredete er sie, nach Indien zu ziehen. Sie kamen zuerst nach Saurashtra, im Herbst aber zogen sie weiter nach Ujjayini (und) eroberten die Stadt. Der *sāhi* wurde nun dort Oberkönig, und so entstand die Dynastie der Shaka-Könige. Nach einiger Zeit aber erhob sich der König von Malawa, Vikramaditya mit Namen, besiegte die Shakas und wurde selbst König. Er führte eine eigene Ära ein. Nach 135 Jahren kam sodann ein anderer Shaka-König, stürzte die Dynastie des Vikramaditya und führte wiederum eine neue Ära ein.»[2]

Dieser Text ist in doppelter Hinsicht sehr aufschlußreich. Zum einen gibt er Auskunft über die Entstehung der zwei wichtigsten, auch bis heute bisweilen noch gebräuchlichen Zeitrechnungen der indischen Geschichte, der Vikrama-Ära, die im Jahre 58 v. Chr. beginnt, und der 135 Jahre später einsetzenden Shaka-Ära des Jahres 78 n. Chr. Die Herkunft beider Zeitrechnungen ist für die Historiker noch immer ein «heißes Eisen». Fest steht allerdings, daß es keinen historischen König Vikramaditya von Malawa gab. Meist wird heute die nach ihm benannte «Vikrama-Ära» auf den Shaka-König Azes I. zurückgeführt, während der Beginn der sogenannten «Shaka-Ära» mit dem (überaus umstrittenen) Datum des Regierungsbeginns des großen Kushana-Königs Kanishka gleichgesetzt wird. Der jinistische Text scheint aber in anderer Hinsicht noch eine recht genaue Erinnerung an die Shaka-Zeit bewahrt zu haben. Das indische Shaka-Reich dürfte in der Tat wesentlich auf einer Konföderation von Shaka-Stämmen beruht haben, deren Häuptlinge – der Text nennt die erstaunlich hohe Zahl von 95 Häuptlingen – den persischen Titel Shahi trugen. Die indischen und persischen Titel «Großkönige» (*mahārāja*) und «Oberkönig der Könige» (*sāhānu sāhi* = Sanskrit *rājātirāja*), die die Shaka-Könige annahmen, dürften daher zunächst nicht nur einem starken Geltungsdrang entsprungen sein, sondern vielmehr der tatsächlichen Stellung der Shaka-Könige entsprochen haben, Führer und *primus inter pares* einer Stammeskonföderation zu sein, deren Häuptlinge sich ebenfalls Shahis nannten. Weniger klar ist dagegen, welche Machtpositionen die Kshatrapas und Mahakshatrapas, die die Shakas als Provinzgouverneure (pers. Satrap) einsetzten, in diesem föderativen Reichsverband der Shaka-Stämme innehatten. Vermutlich dürften viele von ihnen (vor allem die Mahakshatrapas) dem königlichen Clan angehört haben, doch sicherlich zählten auch lokale indische Fürsten zu den Kshatrapas. Die Shaka-Könige könnten somit versucht haben, durch die Institution der Kshatrapas ein Gegengewicht zu den Mächtigen innerhalb der Shaka-Stämme zu schaffen.

In den letzten Jahrzehnten vor der Zeitenwende zeigte das Shaka-Reich deutliche Auflösungserscheinungen, während die Provinzgouverneure an Macht gewannen. Azes II. war der letzte große Shaka-

2. Zerfall des Großreiches und die Invasionen des Nordens 99

König Nordwestindiens. Etwa um 20 n. Chr. wurden die Shakas von der kurzlebigen Dynastie der Indo-Parther unter ihrem König Gondophernes abgelöst, der bis etwa 46 n. Chr. herrschte. Von Arachosien in Südafghanistan aus, wo er Provinzgouverneur gewesen zu sein scheint, eroberte er über das Industal hinaus Teile des Shaka-Reiches. Die Ostprovinzen wie Mathura, deren Kshatrapen in der Zeit des Untergangs der Shakas ihre Selbständigkeit erstritten hatten, blieben allerdings ebenso außerhalb des indoparthischen Reiches wie Saurashtra, das bis in die Zeit der Gupta-Dynastie unter der Herrschaft der unabhängigen Shaka-Kshatrapen stand.

Der Name Gondophernes ist wie kein anderer königlicher Name des Ostens mit dem frühen Christentum verbunden. Kurz nach dem Tode Jesu Christi wurde (nach den Akten des heiligen Thomas aus dem 3. Jahrhundert n. Chr.) die Missionierung Indiens dem Apostel Thomas zugeteilt. Diese apokryphen Akten schildern ausführlich, wie Thomas am Hofe des «Gunduphar, des Königs von Indien», tätig war und viele Bewohner des Reiches zum Christentum bekehrte. Später sei er nach Südindien gezogen, wo er zunächst in Kerala missioniert und dann in der Nähe des heutigen Madras den Märtyrertod gefunden haben soll. Während an der Echtheit der Überlieferung der südindischen Thomas-Christen Zweifel bestehen, kann die Beziehung früher Christen zum indischen König Gondophernes als historisch gesichert betrachtet werden. Denn ohne die Annahme einer tatsächlichen christlichen Missionierung in Nordwestindien vor dem Tode Gondophernes etwa um 46 n. Chr. wäre es schwer vorstellbar, wie der Name dieses historischen Königs und Zeitgenossen Christi zwei Jahrhunderte später in die Akten des St. Thomas Eingang gefunden haben könnte, zu einer Zeit, als Gondophernes selbst in Indien längst vergessen gewesen sein dürfte. Gondophernes fand ferner als «Kaspar» über das Armenische («Gathaspar») als einer der Heiligen Drei Könige aus dem Morgenlande Eingang in die Welt christlicher Legenden.

Während im frühen 1. Jahrhundert n. Chr. Indo-Parther, die Shakas und die Reste der Indo-Griechen um Vorherrschaft und Überleben in Nordwestindien und Afghanistan kämpften, befanden sich bereits die Yuezhi unter Führung der Kushanas als nächste «Welle nomadischer Völkerschaften» Zentralasiens im Anmarsch auf Indien. Unter ihrem mächtigen Ansturm brach die Herrschaft aller vorangegangenen versprengten «Fremddynastien» in Nordwestindien zusammen, und innerhalb weniger Jahrzehnte gelang es den Kushanas, ein großes Reich aufzurichten, das weite Teile Zentralasiens und das gesamte Nordindien bis in das östliche Gangestal umfaßte. Wir hatten bereits die Westwanderung der Yuezhi aus ihrer Heimat um 170 v. Chr. bis zum Zusammenstoß mit den Shakas und deren Vertreibung aus ihrem Weidegebiet mitverfolgt. Den Yuezhi war aber im zentralasiatischen Siedlungsgebiet der Shakas nur eine kurze Atempause vergönnt, denn wenige Jahre später wurden sie erneut von ihren alten Widersachern, den Xiongnu, angegriffen und abermals nach Westen getrieben. So gelangten sie wenige Jahrzehnte nach den Shakas ebenfalls nach Baktrien, das sie ihnen Ende des 2. Jahrhunderts v. Chr. abnahmen. In den folgenden Jahrzehnten scheinen die Yuezhi ihre nomadische Lebensweise zumindest teilweise abgelegt und sich in fünf Großgauen in Baktrien niedergelassen zu haben, an deren Spitze jeweils ein Fürst (*yabgu*) stand.

Die für Indien bedeutsame Geschichte der Yuezhi begann kurz nach der Zeitwende, als Kujala Kadphises, der Yabghu der Kushanas, die vier anderen Fürsten besiegte und deren Gebiete zu einem neuen Reich unter den Kushanas vereinte. Der Verlauf der weiteren Entwicklung des Kushana-Reiches ist in der im 5. Jahrhundert n. Chr. verfaßten Geschichte der zeitgenössischen chinesischen Han-Dynastie überliefert. In ihr wird berichtet, daß Kadphises nach der Vereinigung der fünf Fürstentümer sich zum König ausrufen ließ, das Partherreich angriff und Kao-fu (Kabul) und Ki-pin (Kafiristan im nordwestlichen Pakistan?) unterwarf. Kadphises sei im hohen Alter von über 80 Jahren gestorben. Sein Sohn Vima Kadphises habe Indien erobert und dort einen Statthalter eingesetzt. Forschungen haben inzwischen diesen chinesischen Bericht aus dem 5. Jahrhundert n. Chr. bestätigt. Von Kadphises I. wurden eine Reihe von Münzen gefunden, die auf der einen Seite den Namen des (letzten) griechischen Herrschers Hermaios des Kabultales und auf der anderen Seite seinen eigenen Namen als «Kujula Kada, der Kushana Fürst» enthalten. Da später geprägte Münzen Kadphises I. nicht mehr als Fürsten (*yabgu*), sondern als Maharaja bezeichnen, nehmen Historiker an, Kadphises habe anfangs unter der Oberhoheit Hermaios' gestanden, bevor dieser von den Parthern oder ihm selbst besiegt wurde.

Kujulas Nachfolger Vima Kadphises II. setzte den Eroberungszug seines Vaters fort und unterwarf große Teile Nordindiens, den Panjab, das obere und mittlere Industal und das Ganga-Yamuna-Tal bis Mathura, möglicherweise sogar bis Benares. Er stellte das Münzsystem um, das bisher dem Vorbild der Indo-Griechen gefolgt war, und begann Goldmünzen nach römischem Gewichtsstandard prägen zu lassen. Das Gold dieser Münzen scheint aus den römischen *aurei*-Münzen gewonnen worden zu sein, die durch den sprunghaft ansteigenden Handel mit Rom nach der Entdeckung der Monsunschiffahrt im frühen 1. Jahrhundert n. Chr. in großer Zahl nach Indien gelangten. Die Kushana-Münzen sind von derart hoher Qualität, daß Numismatiker zu erkennen glauben, sie seien sogar von römischen Meistern geprägt worden. Während Kadphises I. offensichtlich dem Buddhismus nahestand – er bezeichnete sich auf seinen Münzen als

2. Zerfall des Großreiches und die Invasionen des Nordens

«standfest im Dharma» (*dharma thita*) –, scheint sein Nachfolger ein Anhänger des hinduistischen Gottes Shiva gewesen zu sein, da einige seiner Münzen deutlich Shiva erkennen lassen. Gleichzeitig mit Kadphises II. herrschten ein oder zwei «namenlose» Kushana-Könige, die, ohne ihre Namen zu nennen, nur aus Inschriften und Münzen bekannt sind. So existiert in Taxila aus dem Jahre 76 n. Chr. die Inschrift eines Königs mit der großartigen Titulatur: «Großkönig, Oberkönig der Könige, Sohn des Gottes, der Kushana» (*mahārāja rājātirāja devaputra Kuṣāna*). Andere Münzen wiederum künden in griechischer Sprache von einem «König der Könige, der Erretter, der Große» (*basileus basileon soter mages*). Man nimmt an, daß diese Münzen und Inschriften von den Statthaltern stammen, die Kadphises II. in Indien einsetzte und die der oben genannte chinesische Bericht ausdrücklich erwähnt. Die Titel der frühen Kushanas und ihrer Statthalter zeigen, wie sehr die Kushanas bemüht waren, ihre neu errungene Herrschaft gegenüber der Vielzahl der bunt zusammengewürfelten Herrschergruppen Nordindiens im 1. Jahrhundert n. Chr. zu legitimieren. «Großkönig» (*mahārāja*) war ein bekannter indischer Königstitel, «Oberkönig der Könige» (*rājātirāja*) entstammte dagegen dem persischen Königtum und war bereits von den Shaka-Königen in Indien eingeführt worden. Der Titel «Sohn des Gottes» (*devaputra*) war bis dahin dagegen in Indien unbekannt und ist möglicherweise von den Kushanas der Vorstellung des «Mandats des Himmels» *(t'ien-ming)* aus dem chinesischen Kaisertum entlehnt worden. Die griechischen Titel Basileus und Soter gehörten seit den Indo-Griechen zu den bekanntesten Titeln der Könige Nordwestindiens dieser Zeit – bekannt besonders aus zahllosen Münzfunden.

Auf Vima Kadphises folgte – möglicherweise erst nach einer kurzen Zwischenzeit eines «namenlosen» Königs – Kanishka, der größte aller Kushana-Herrscher. Da die ersten Nachrichten über ihn ausschließlich aus der Gegend des östlichen Ganga-Yamuna-Zweistromlandes stammen, das unter Vima Kadphises vermutlich unter einem recht autonomen Statthalter gestanden hatte, könnte Kanishka seinen Aufstieg in dieser Außenregion des Reiches begonnen haben. So nennt er sich in zwei Inschriften seines zweiten und dritten Regierungsjahres in Kausambi und Sarnath lediglich *Mahārāja* Kanishka, während er in einer Inschrift aus dem 10. Jahr bereits den Titel *Mahārāja Devaputra* Kanishka und ein weiteres Jahr später in einer Inschrift im Sui-Kloster im mittleren Industal sogar den Titel *Mahārāja Rājātirāja Devaputra* Kanishka führte. All dies deutet auf einen Aufstieg Kanishkas im Osten und möglicherweise auf eine gewaltsame Ausschaltung seiner «namenlosen» Rivalen, deren Titel er dann bei der Eroberung des Westens übernahm, als er alleiniger Herr des Kushana-Reiches geworden war.

Goldmünze des Kanishka. Vorderseite: Kanishka in zentralasiatischer Kleidung vor Feueraltar, Revers: Buddha («Boddo»); griechische Schrift, um 100 n. Chr. (Britisches Museum, London)

Über die Ausdehnung des Reiches unter Kanishka besteht nicht in allen Einzelheiten Klarheit. Doch dürfte es sich von Benares über Kaschmir und – möglicherweise – Ladakh und Baktrien bis an den Oxus und im Süden über Malwa und den Sind bis an die Küste erstreckt haben. Über seine Beziehungen zu Zentralasien herrscht Ungewißheit, denn dort wurde in Khotan ein Heer der Kushanas um 90 n. Chr. von dem chinesischen General Pan-chao geschlagen. Ziel der Expansionspolitik von Kadphises II. und Kanishka scheint es gewesen zu sein, die Handelswege Roms mit Indien unter Umgehung des Partherreiches über Zentralasien und das Meer unter ihre Kontrolle zu bringen. Wie gewinnbringend und essentiell dieser Handel auch für die Kushanas gewesen sein muß, läßt sich daraus schließen, daß Plinius (VI, 101) schon in der Zeit der frühen Kushana-Herrschaft klagte: «Es gibt kein Jahr, in dem Indien weniger als 50 Millionen Sesterzen an sich zieht.» Von den 68 oft umfangreichen römischen Münzfunden in Indien stammen, wie noch ausführlicher in Kapitel II. 4 zu behandeln sein wird, 57 aus Südindien. Nicht minder auffällig ist, daß kaum eine römische Goldmünze im Herrschaftsbereich der Kushanas gefunden wurde. Sicherlich läßt dies auf einen intensiven Handel Roms mit Südindien schließen, doch ebenso deutlich spricht dieser Befund dafür, daß die Kushanas aus allen römischen Aurei, derer sie habhaft werden konnten, eigene Goldmünzen prägten. Nach der Abwertung der Silbermünzen durch Kaiser Nero im Jahre 63 n. Chr. wurde Gold die wichtigste Währung Roms im Handel mit Indien und offensichtlich auch eine der Grundlagen für den wirtschaftlichen und politischen Aufstieg der Kushanas.

Kanishkas Größe und Ruhm beruhten jedoch keineswegs nur auf seinen militärischen und politischen Erfolgen. Die Buddhisten reihen ihn mit Ashoka, Menander und Harsha unter die großen buddhistischen Könige Indiens ein. Als sein Hauptwerk gilt der in der buddhistischen Welt ganz Asiens berühmte Stupa in der Nähe von Peshawar. Mehrere chinesische Pilger hinterließen in den kommenden Jahrhunderten ausführliche Berichte über den Stupa und geben seine Höhe zwischen 600 und 700 Fuß an. Anfang unseres Jahrhunderts wurden die Fundamente dieses Stupas mit einem Durchmesser von 286 Fuß ausgegraben. Kanishkas Stupa muß damit wahrhaft eines der Weltwunder der Antike gewesen sein! Kanishka soll ferner ein großes buddhistisches Konzil in Kaschmir einberufen haben, von dem wichtige Anstöße für die Entwicklung des Mahayana-Buddhismus ausgegangen sein sollen. Für die Entwicklung der indischen Kunst war es ferner von größter Bedeutung, daß Kanishka neben der westlichen buddhistischen Gandhara-Schule, die in mancher Hinsicht als östlichster Außenposten der hellenistisch-römischen Kunst betrachtet werden kann, auch Mathura, das als Wiege der hinduistischen Kunst gilt, seine königliche Förderung uneingeschränkt zukommen ließ. Aus Mathura stammt auch das berühmte – leider hauptlose – Standbild Kanishkas, das ihn in der typischen zentralasiatischen Kleidung zeigt. Überaus aufschlußreich für Kanishkas Religionspolitik sind seine Münzen. Der Weite des Reiches und der Vielzahl seiner Kulturen entsprechend, zeigen sie neben hinduistischen und buddhistischen auch griechische, persische und sogar sumerisch-elamitische Götter. In seinem persönlichen Glauben stand er besonders dem Buddhismus und auch dem persischen Mithras-Kult nahe. Eine im Jahre 1958 entdeckte große Inschrift von Surkh-Kotal im alten Baktrien berichtet, daß Kanishka nach seinem Tod im 31. Jahr der von ihm begonnenen Ära selbst zum Gott Mithras erhoben wurde – sicherlich auch ein Versuch einflußreicher Anhänger des Mithras-Kultes, das religiöse Erbe des großen Kanishka für ihren Kult zu beanspruchen.

Kanishka scheint auf ganz ähnliche Weise wie Ashoka und später der große Mogul-Kaiser Akbar in seiner Religionspolitik synkretistische Tendenzen verfolgt zu haben, die sich bei einem großen Herrscher im indischen Raum geradezu notgedrungen ergaben, wenn ein weites, durch Eroberungen gewonnenes Reich innerlich konsolidiert werden sollte und es galt, mit möglichst vielen Glaubensrichtungen und Landesteilen seinen Frieden zu machen.

Das für die Geschichtsschreibung Indiens, Afghanistans und weiter Teile Zentralasiens wichtigste Ereignis der Regierung Kanishkas ist die Einführung einer neuen Ära, in der von ihm und seinen Nachfolgern über einen Zeitraum von 98 Jahren hin die Kushana-Inschriften datiert wurden. Für die Historiker stellt diese neue Ära aber gleichzeitig auch das schwierigste Erbe Kanishkas dar, da es bisher trotz intensivster Bemühungen nicht gelungen ist, sich für den Beginn dieser Ära (als Regierungsbeginn Kanishkas) auf einen allgemein anerkannten Zeitpunkt zu einigen. Vier großen internationalen Kushana-Konferenzen (1913 und 1960 in London, 1968 in Dushanbe/Zentralasien, sowie 1996 in Wien) zum Trotz stellt die «Kanishka-Ära» weiterhin das am heftigsten umstrittene Problem der indischen Chronologie dar. Hatten 1913 einige Gelehrte die Kushana-Ära noch mit dem Vikrama-Zeitalter gleichgesetzt und damit Kanishkas Regierungsbeginn in das Jahr 58 v.Chr. gelegt, so identifizierten die meisten Historiker die Kanishka-Ära mit der Shaka-Ära des Jahres 78 n.Chr., sicherlich schon wegen des Namens dieser ebenfalls «fremdländischen» Dynastie die naheliegendste Identifizierung mit einer bereits bestehenden Ära. Doch seit den fünfziger Jahren setzte sich dann immer stärker eine Schule durch, die mit guten Gründen den Beginn der Kanishka-Ära in die Zeit zwischen etwa 120 und 144 n.Chr. verlegt. So wies der Numismatiker R. Göbl auf erstaunliche Übereinstimmungen der Münzen der frühen Kushana-Herrscher mit Münzen römischer Kaiser hin, so u.a. jenen Kanishkas mit den Münzen Kaiser Hadrians (117 bis 138 n.Chr.).[3] Diese Spätdatierung erhielt 1993 durch die Entdeckung einer Inschrift Kanishkas in Rabatak in Nordafghanistan erneut erheblichen Auftrieb, die ihren Niederschlag in der bereits genannten vierten Kushana-Konferenz in Wien fand.

Die Nachfolgeschaft nach dem Tode Kanishkas ist noch nicht ganz geklärt. Aus den Jahren 24 und 28 der Kanishka-Ära sind zwei Inschriften des Vasishka aus Mathura und Sanchi bekannt. Im Jahr 41 verfaßte ferner ein König Kanishka in Ara im nordwestlichen Panjab eine einzelne Inschrift. Von 28 bis zum Jahr 60 existiert eine größere Zahl von Inschriften des Königs Huvishka. Da Vasishka nur aus den Inschriften der Jahre 24 und 28 bekannt ist, selbst aber keine eigenen Münzen prägte, nimmt man an, daß Vasishka zusammen mit Huvishka regierte, der möglicherweise sein Bruder war. Da der Kanishka aus der Ara-Inschrift des Jahres 41 sich als Sohn des Vajhishka (= Vasishka) bezeichnet, ist es sicher, daß es sich bei dem Kanishka des Jahres 41 um einen Kanishka II. handelt. Als Sohn des Vasishka dürfte auch er kürzere Zeit zusammen mit (seinem Onkel?) Huvishka regiert haben. Unter diesen drei Kushana-Königen scheint das Reich in seiner von Kanishka I. begründeten Größe weiterbestanden zu haben. Dafür sprechen die genannte Surkh-Kotal-Inschrift aus dem Jahre 31 aus Baktrien und eine Inschrift aus dem Kloster Wardak bei Kabul aus dem Jahre 51, in der Mahārāja Rājātirāja Huvishka genannt wird. Schwerpunkt der Inschriftenfunde dieser Zeit bleibt weiterhin das Ganga-Yamuna-Zweistromland.

2. Zerfall des Großreiches und die Invasionen des Nordens

Die Ara-Inschrift Kanishkas II. ist besonders durch die – in der indischen Geschichte einmalige – Übernahme des römischen Kaiser-Titels bekannt geworden. In dieser Inschrift trägt der Kushana-König zusätzlich zu der bereits bekannten Titelfolge *Mahārāja Rājātirāja Devaputra* auch noch den Titel *Kaisara* Kanishka! Da diese Übernahme des Kaiser-Titels in einer Zeit höchster römischer Machtentfaltung im Osten erfolgt sein dürfte, liegt die Vermutung nahe, daß Kanishka II. den Kaiser-Titel im Zusammenhang mit dem Parther-Krieg annahm, den Kaiser Trajan in den Jahren 114 bis 117 n. Chr. führte. Dieser Krieg endete mit einer schweren Niederlage der Parther, die auch die Hauptfeinde der Kushanas im Westen waren, und Mesopotamien und Assyrien wurden vorübergehend als Provinzen des römischen Reiches annektiert. Trajan selbst hatte auf dem Tigris den persischen Golf erreicht. Auch schon zuvor hatte er, wie Dion Cassius in seiner Geschichte Roms berichtet, Botschafter von den Höfen der «Barbaren» empfangen, «besonders von den Indern». Setzen wir nun das Jahr 78 n. Chr. als Beginn der Kanishka-Zeitrechnung an, so fiele die Ara-Inschrift Kanishkas II. aus dem Jahr 41 in das Jahr 119 n. Chr. Dies wäre wahrlich ein starkes Argument für die Gleichsetzung der Shaka-Ära des Jahres 78 n. Chr. mit der Kanishka-Ära.

Als die Kushanas auf dem Höhepunkt ihrer Machtentfaltung in Nordindien und Teilen Zentralasiens standen, gelangte auch ein Zweig der Shakas in Saurashtra, Gujarat und Malwa mit Ujjain wieder zu Ruhm und Größe. Sie dürften über dieses Gebiet unter Kadphises II. und Kanishka zunächst als Kshatrapa und Mahakshatrapa geherrscht haben. Den Kshatrapa-Titel behielten sie auch bei, als sie in der Mitte des 2. Jahrhunderts n. Chr. unter König Rudradaman neben den Kushanas und den Shatavahanas Zentralindiens zur dritten regionalen Großmacht Indiens aufstiegen. Rudradaman ist bekannt durch seine berühmte Junagadh-Inschrift. Sie nimmt einen besonderen Platz in der indischen Epigraphie ein, da sie nach den Magadhi-Inschriften Ashokas und den Prakrit-Inschriften der folgenden Jahrhunderte die erste Inschrift in Sanskrit ist. In ihr berichtete Rudradaman von der Reparatur eines großen Stausees, dessen Damm während eines fürchterlichen Unwetters im Jahre 72 (= 150) n. Chr. geborsten war. Dieser Stausee war bereits von dem Provinzgouverneur (*rāṣṭrīya*) Pushyagupta unter Candragupta Maurya erbaut und «durch den Yavanaraja Tushaspha des Maurya Ashoka durch einen Kanal (*praṇālī*) verziert worden».[4] Neben dem wichtigen Hinweis für die Verwaltung des Ashoka-Reiches, daß ein Yavanaraja (der Name deutet allerdings auf persische Herkunft) Provinzgouverneur unter Ashoka war, sind die Angaben der Inschrift über die erfolgreichen Kriege gegen die Shatavahana-Könige und sogar den Stamm der Yaudehas in der Gegend des heutigen Delhis wichtig. Da dieser

Kriegszug nach Nordindien auf dem Höhepunkt der Macht der Kushanas kaum denkbar ist (wenn die Angaben Rudradamans in vollem Umfang zutreffen), wird die Inschrift Rudradamans ebenso als ein Argument für die späte Datierung Kanishkas (um 144 n.Chr.) wie für eine Frühdatierung und den frühen Verfall der Kushana-Macht in Indien nach Kanishkas Tod verwandt.

Der Letzte der großen Kushanas war König Vasudeva, von dem Inschriften aus den Jahren 67 bis 98 der Kanishka-Ära existieren. Er war der erste Kushana-Herrscher, der einen indischen Namen trug, ein Zeichen für die fortschreitende «Indisierung» der Kushanas, die sich besonders deutlich in der Zunahme der hinduistischen Götter auf ihren Münzen niederschlug. Über die weitere Geschichte der Kushanas nach Vasudeva, dem noch eine Reihe weiterer Kushana-Könige folgte, herrscht jedoch große Ungewißheit. Dies liegt nur teilweise daran, daß uns diese Könige nur aus ihren Münzen bekannt sind, deren Verbreitung nicht immer sichere Auskunft über ihr Herrschaftsgebiet gibt. Schwerwiegender sind die Unklarheiten, die sich aus der bisher nicht gesicherten Datierung aller Kushana-Herrscher ergeben. Dadurch lassen sich auswärtige Berichte über die Kushanas (z.B. aus Rom oder China) nicht bestimmten Kushana-Königen zuordnen. In Zentralasien und dem heutigen Afghanistan scheint ihre Macht bis ins frühe 3. Jahrhundert n.Chr. fortbestanden zu haben. Dort endete ihre Herrschaft erst nach dem Sturz der Parther durch Ardarshir (etwa 226 n.Chr.), den Begründer der Sassaniden-Dynastie Persiens. Ardarshir I. und Shapur I. wird die Eroberung Baktriens und aller zentralasiatischen Teile des Kushana-Reiches zugeschrieben. Im Kabultal existierten lokale Kushanafürsten noch bis ins 5. Jahrhundert n.Chr. weiter. Auch in Nordwestindien hielten sich lokale Kushanaherrscher noch längere Zeit nach dem Untergang ihres Großreiches. Einen letzten Nachklang ihrer einstmaligen Größe vernehmen wir in der berühmten Allahabad-Inschrift des Gupta-Königs Samudragupta (ca. 335 bis 375). In der Liste der von ihm unterworfenen Könige werden auch die Daivaputra Shahi Shahanushahis erwähnt, ohne Zweifel Nachkommen der großen Kushanas.

Die etwa fünfhundertjährige Periode zwischen dem ersten Großreich Indiens unter den Mauryas und dem klassischen Reich der Guptas wird oft als die dunkle oder «dark period» der indischen Geschichte bezeichnet, in der sich «Fremddynastien» gegenseitig die Herrschaft über Nordindien streitig machten. Sicherlich, der Glanz großer Reiche fehlte, auch wenn das zentralasiatisch-indische Reich Kanishkas eine bedeutende Rolle neben Rom, den Parthern und dem Han-China spielte. Doch gerade diese «dunkle Periode», vor allem die ersten beiden Jahrhunderte n.Chr., war eine Zeit intensiver wirtschaftlicher und kultureller Beziehungen, die den eurasischen Kon-

2. Zerfall des Großreiches und die Invasionen des Nordens

tinent enger als je zuvor verbanden. Indien nahm hierbei mehr als eine bloße Mittlerstellung ein. Der bereits von Ashoka begonnenen Buddhismus-Mission verhalfen die Indo-Griechen und die Kushanas dank ihrer «internationalen» Beziehungen in Zentralasien zum Erfolg. Auch Südindien stand in dieser Zeit geradezu im Mittelpunkt eines intensiven Seehandels zwischen Ost und West. In diese Zeit fallen die ersten historisch belegten Kontakte Indiens mit Südostasien, die schon wenige Jahrhunderte später in großartiger Weise Früchte tragen sollten.

Doch auch für Indien selbst stellten diese Jahrhunderte die Zeit einer überaus fruchtbaren Gärung dar. Jahrhunderte königlicher Förderung des Buddhismus, zu dem die neuen, aber zunächst fremden Herren Indiens offenbar leichter Zugang fanden, hatten die orthodox-vedischen Brahmanen gänzlich in den Hintergrund gedrängt, ohne allerdings – und dies ist entscheidend – den Hinduismus in irgendeiner Weise in Frage zu stellen. Im Gegenteil, in dem erweiterten Freiraum, der so zwischen städtisch-höfischem Buddhismus und orthodoxem Brahmanismus entstanden war, erhielten erstmals neue religiöse Bewegungen Auftrieb, die sich im besonderen um eher volkstümliche Göttergestalten wie Krishna, Vishnu-Vasudeva und Shiva rankten, die bisher am Rande oder sogar außerhalb des orthodox-vedischen Brahmanismus gestanden hatten. Für die weitere Entwicklung des Hinduismus und im besonderen des hinduistischen Königtums war es überaus bedeutsam, daß sich unter den Kushanas erstmals Könige mit bestimmten hinduistischen Göttern «verbanden» und bisweilen mit ihnen nach dem Tode sogar identifiziert wurden. Dem Problem der religiösen Legitimation königlicher Herrschaft scheint in der Zeit der «Fremdherrschaft» eine besondere Bedeutung zugekommen zu sein. War Menanders Asche noch, wie einst Buddhas Asche und Reliquien, über die Städte seines Reiches verteilt worden, und war Kanishka nach seinem Tode als Mithras verehrt worden, so hatte doch bereits unter Vima Kadphises und Kanishka eine Verbindung der Kushana-Könige mit dem hinduistischen Gott Shiva begonnen, die dann unter Huvishka ihren ersten Höhepunkt erreichte. Seine Münzen stellen geradezu ein ikonographisches Bilderbuch des frühen Shivaismus dar. Hierbei übte die für die späte römisch-hellenistische und die iranische Welt so charakteristische Vergöttlichung des Herrschers einen bleibenden Einfluß auf das hinduistische Königtum aus. Erwähnt werden muß auch die Struktur der Shaka- und Kushana-Reiche. Nach dem stark zentralistischen Staatsmodell der Mauryas zeichnete sich in den ersten Jahrhunderten n. Chr. stärker die Möglichkeit einer regionalen Großreichsbildung unter Einbeziehung lokaler Eliten ab, ein Modell, das in den kommenden Jahrhunderten seinen Siegeszug über ganz Indien antreten sollte.

Der bekannteste Beitrag, den diese sogenannte «dunkle Periode» für die Entwicklung der indischen Kultur leistete, liegt sicherlich auf dem Gebiet der Kunst. Nach der «offiziellen» Großplastik der Mauryas, die stark von iranischen Vorbildern geprägt worden war, hatte sich unter den Shungas und deren Nachfolgern zunächst die bedeutende buddhistische Relief-Kunst (Bharhut, Sanchi) entwickelt. Die Verbindung der hellenistisch-römisch beeinflußten Plastik der Gandhara-Schule mit der frühen «archaischen» indischen Plastik der Jahrhunderte um Christi Geburt führte dann in Mathura, dem Zentrum der Indo-Kushana-Kunst, und später in der Sarnath-Schule zur Entstehung der eigentlichen klassischen indischen Kunst der Gupta-Zeit. Weniger bekannt, aber für die hinduistische Gesellschaft von ungleich größerer Bedeutung ist ein weiterer Beitrag dieser Zeit. In ihr entstanden nahezu alle klassischen Gesetzeswerke (Dharmashastra), allen voran das Gesetzbuch des Manu, das im 2. oder 3. Jahrhundert n. Chr. verfaßt worden sein dürfte. Nach einer Zeit der Verunsicherung im Gefolge des Zusammenbruches der Maurya- und Shunga-Reiche folgte eine Zeit der Neubesinnung und in mancher Hinsicht sogar der Rückbesinnung auf die Normen gesellschaftlichen Zusammenlebens. Sie wurden in den Dharmashastras niedergeschrieben und für alle Zeit kodifiziert. Zieht man ferner noch die bereits unter dem Shaka-Kshatrapa Rudradaman in der Mitte des 2. Jahrhunderts n. Chr. in Gujarat vollzogene Abwendung vom Prakrit und Hinwendung zum klassischen Sanskrit in Betracht, so zeigt sich, daß nahezu alle Elemente der klassischen Kultur der Gupta-Zeit bereits in der sogenannten «dark period» vorgezeichnet waren, die damit in vieler Hinsicht eher als die Wiege der klassischen Periode der indischen Kultur angesehen werden kann.

3. Das klassische Zeitalter der Guptas

Die Herkunft der Gupta-Dynastie, die wie die Mauryas und Moguln einer der großen Epochen der indischen Geschichte ihren Namen gaben, ist nicht bekannt. In der berühmten Allahabad-Inschrift König Samudraguptas werden als erste Gupta-Herrscher die Maharaja Shri Gupta und Ghatotkaca genannt. Da auch spätere Inschriften neben diesen Namen keinerlei weitere Einzelheiten über sie zu berichten wissen und von ihnen bisher auch keine eigenen Münzen gefunden wurden, wird man annehmen müssen, daß es sich bei ihnen um mächtige Landbesitzer oder kleine lokale Fürsten handelte, denen erst nachträglich ihre königlichen Nachfahren den Maharaja-Titel zuerkannten. Ihr Stammland dürfte vermutlich in der Gegend von Benares-Allahabad gelegen haben. Einem Bericht in den Puranen läßt sich entnehmen, daß die frühen Guptas «entlang des Ganges» von Prayag (Allahabad) bis Magadha herrschten. Pataliputra und das Zentrum von Magadha befanden sich anfangs noch außerhalb ihres Einflußbereiches. Die eigentliche Geschichte der Guptas begann mit Candragupta I. (320 bis ca. 335). Das historisch bedeutsamste Ereignis seiner Regierungszeit scheint seine Heirat mit einer Prinzessin eines Licchavi-Geschlechtes gewesen zu sein. Die Verbindung mit dem Fürstenhaus dieses seit der Zeit des Buddha bekannten und mächtigen Stammes von Nord-Bihar war ein großer Erfolg der frühen Guptas und trug wesentlich zu ihrer Legitimation bei. So zeigen Candraguptas Goldmünzen auf der einen Seite den König und seine Gattin Kumaradevi und auf der Rückseite eine Göttin auf einem Löwen sitzend mit der Unterschrift «Licchavi». Auch Candraguptas Sohn Samudragupta war sich der Bedeutung seiner Herkunft aus diesem altehrwürdigen Geschlecht bewußt, wenn er sich auf frühen Münzen «Tochtersohn des Licchavi», nicht aber «Guptasohn» nannte. Candragupta begründete ferner im Jahr 320 n. Chr. eine neue Ära, die Gupta-Ära, die vermutlich mit seiner Königsweihe begann. Weiterhin nahm er den königlichen Titel «Oberkönig der Großkönige» (*mahārājaadhirāja*) an.

Candraguptas Sohn Samudragupta (ca. 335 bis 375) ist der eigentliche Begründer der Großmachtstellung der Guptas. Er gilt als einer der großen Eroberer der indischen Geschichte, obschon er heute diesen Ruf wesentlich dem glücklichen Umstand verdankt, daß seine berühmte undatierte Inschrift auf einer Säule Ashokas in Allahabad erhalten blieb und der Nachwelt von seinen Eroberungszügen kündet. Die Inschrift, die ursprünglich wohl in Kausambi gestanden haben dürfte, preist vor allem die zahlreichen Eroberungen Samudraguptas. Sie enthält eine genaue Liste der von ihm unterworfenen Könige und eroberten Reiche, von denen sich allerdings nur etwa die Hälfte mit Sicherheit identifizieren lassen. Dennoch ergibt sich ein recht klares Bild von der systematischen Eroberungspolitik Samudraguptas und vom Aufbau seines Reiches. Samudraguptas «entwurzelte» (*unmūlya*) im «Land der Arya» (*āryavārta*) zwischen Westbengalen im Osten, Mathura-Delhi im Westen und Vidisha in der Nähe von Sanchi im Südwesten eine große Zahl von Königen und Fürsten und annektierte deren Land. Opfer der Expansionspolitik Samudraguptas wurden u.a. das alte Königreich Pancala nördlich der Ganga sowie die verschiedenen Naga-(«Schlangen»-)Dynastien, die seit dem Niedergang der Kushana-Macht in Mathura und Vidisha aufgestiegen waren. In diese erste Phase der Eroberung fällt auch die Eroberung der Hauptstadt Pataliputra.

Der berühmteste Kriegszug Samudraguptas führte ihn bis in den fernen Südosten Indiens. Insgesamt werden 12 Könige und Fürsten der Südregion (*dakṣiṇāpatha*) erwähnt, die er besiegte. Viele von ihnen sind nur aus dieser Inschrift bekannt, die dadurch ein überaus wichtiges Dokument der Geschichte Südostindiens im 4. Jahrhundert n. Chr. darstellt. Über Süd-Kosala, wo er den Mahendra-Fürsten besiegte, zog er durch das «große Waldland» (die Kalahandi- und Koraput-Distrikte in Westorissa) an die Küste von Kalinga. Dort schlug er nacheinander vier Fürsten, unter ihnen Mahendra von Pishtapura im Godavari-Delta und weiter im Süden Hastivarman von Vengi. Sein weiterer Vormarsch fand ein Ende nach einem möglicherweise nur schwer errungenen Sieg über König Vishnugopa von Kanchipuram, der Hauptstadt der Pallavas. Die abschließende Bemerkung in der Allahabad-Inschrift, Samudragupta habe «alle Rajas der Südregion ergriffen, freigelassen und aus Gnade (wieder eingesetzt)»[1], ist daher vermutlich eher ein Euphemismus, der die Tatsache beschönigen sollte, daß dieser Feldzug ohne direkte Eroberung endete und daß die besiegten Fürsten nach seinem Abzug weiterhin ihre ungeschmälerte Herrschaft ausübten. Dieser Euphemismus ist bezeichnend für manche großen Feldzüge mittelalterlicher Maharajas, denen es oft mehr um einen siegreichen Feldzug, als um einen Eroberungskrieg zur Annektion entlegener Gebiete ging. Die Deutung des Südlandzuges Samudraguptas als kaiserliche «Welteneroberung» (*dig-vijaya*) eines angehenden Weltenherrschers findet ihre Bestätigung durch das große Pferdeopfer (*aśvamedha*), das Samudragupta nach Beendigung seiner Eroberungen vollziehen ließ. Aus Anlaß dieses großen Opfers ließ er Goldmünzen prägen, die das Opferpferd vor dem Opferpfahl und auf der Rückseite Samudraguptas Hauptgattin zeigen und u. a. die Aufschrift tragen: «Der Oberkönig der Könige, nachdem er die Erde erobert hatte, erobert er mit unwiderstehlicher Heldenkraft den Himmel.» Sein Enkel Kumaragupta pries ihn noch Jahrzehnte später als «Erneuerer des seit langem in Vergessenheit geratenen Pferdeopfers», was übrigens ein bezeichnendes Licht auf die Selbsteinschätzung der Guptas wirft, Erneuerer hinduistischer Institutionen zu sein.

Die Allahabad-Inschrift zählt weiterhin 14 Reiche und Stämme auf, deren Herrscher als «Grenzlandkönige» (*pratyanta-nṛpati*) bezeichnet werden, also außerhalb des eigentlichen Herrschaftsgebietes Samudraguptas lagen. Diese Fürsten, so heißt es in der Inschrift, waren bereit, Abgaben (*kara*) zu entrichten, Samudraguptas Befehlen (*ājñā*) zu gehorchen und ihre Ergebenheit (*pramāṇa*) durch persönliches Erscheinen am Hofe zu bekunden. Zu diesen Fürstenstaaten zählten Samatata (Südost-Bengalen), Kamarupa (Assam) und Nepal sowie Stammesstaaten im östlichen Rajasthan und im nördlichen

3. Das klassische Zeitalter der Guptas

Madhya Pradesh (z. B. Malavas, Abhiras und Yaudehas). Ferner werden «Dschungelkönige» (āṭavika-rāja) erwähnt, die Samudragupta alle zu seinen Dienern (paricāraka) gemacht habe. Sie dürften im Vindhya-Gebirge südlich des Kerngebietes des Reiches gelebt haben, wo auch spätere Inschriften achtzehn Waldstaaten erwähnten.

Als weitere Gruppe werden die Kushanas (die im vorigen Kapitel schon erwähnten Daivaputra Shahi Shahanushahi), die Shaka, Murunda sowie Simhala (Sri Lanka) und «Bewohner aller Inseln» angeführt. Ihre Reiche lagen zwar jenseits der Gebiete der Waldkönige und der Grenzlandkönige. Doch auch sie schickten Botschaften, Mädchen als Gaben (für den königlichen Harem) und erbaten von Samudragupta «königliche Charta, versehen mit dem Garuda-Siegel (der Gupta-Könige), um den Besitz des eigenen Landes (bestätigt zu erhalten)». Bei dieser Kategorie handelt es sich um freie Nachbarreiche, die in diplomatische Beziehungen zu den Guptas traten. Von den Shakas, den Kshatrapas Westindiens, ist bekannt, daß sie erst von Samudraguptas Nachfolger nach jahrelangem Ringen unterworfen wurden. Die Kushanas in Nordwestindien, Gandhara und Afghanistan lagen sicherlich ebenfalls außerhalb des Machtbereiches Samudraguptas, dürften aber um gute Beziehungen zur neuen Vormacht von Madhyadesa, dem «Mittelland», bemüht gewesen sein. Verwunderung muß allerdings die Nennung des fernen Sri Lanka und «der Bewohner aller Inseln» in diesem Zusammenhang auslösen. Doch hier sind wir in der glücklichen Lage, von dritter Seite eine unabhängige Nachricht über die Hintergründe der Beziehungen Sri Lankas zu Samudragupta zu besitzen. Ein chinesischer Bericht überliefert, daß König Meghavanna von Sri Lanka eine Botschaft an König Samudragupta sandte und ihn um Erlaubnis ersuchte, an der heiligen Stätte des Buddhismus in Bodh Gaya ein Kloster und eine Herberge für Mönche und Pilger aus Sri Lanka errichten zu dürfen. Sicherlich hatte Meghavanna seine Botschafter mit Gaben an König Samudragupta ausgestattet. Diese dürften von den Hofdichtern in Pataliputra als Tributgaben und Zeichen der Anerkennung der Oberhoheit der Guptas über Sri Lanka gedeutet worden sein. Das gleiche gilt vermutlich für die «Bewohner aller Inseln». Sicherlich nahmen einige der frühen Könige Südostasiens Beziehungen zu Samudragupta auf, dem nun mächtigsten Herrscher Indiens. Doch auch in ihrem Fall dürfte kaum von einer freiwilligen Unterwerfung unter die Oberhoheit der Guptas die Rede gewesen sein.

Das Gupta-Reich entwickelte damit unter Samudragupta eine Struktur, die zum Vorbild aller späteren mittelalterlichen Reiche Indiens wurde (siehe Karte 7). Im Zentrum des Reiches lag das Kerngebiet, in dem Samudragupta in zwei Vernichtungskriegen (prasabha-uddharaṇa, «gewaltsames Herausreißen») alle früheren Könige und Fürsten «entwurzelt» hatte. Dieses Kerngebiet wurde damit wie schon unter den Mauryas der direkten Herrschaft der Gupta-Dynastie unterworfen und unterstand den von ihnen direkt eingesetzten Beamten. Jenseits der Grenzen dieses Gebietes herrschten die «Grenzlandkönige», von denen Samudragupta sogar einige, die zuvor (von Rivalen?) ihrer Herrschaft beraubt worden waren, wieder einsetzte. All diese Könige waren «Tribut-Geber» (*karadā*) und waren zur persönlichen Hoffahrt verpflichtet. Auffallend an Samudraguptas Inschrift ist, daß – im Gegensatz zu den Vasallenstaaten des europäischen Mittelalters – diese «Grenzlandkönige» des Gupta-Reiches offenbar nicht zum Kriegsdienst verpflichtet waren. Man sollte in ihrem Fall daher nicht von Vasallen, sondern von Tributärfürsten sprechen. In den folgenden Jahrhunderten gewannen sie jedoch unter dem Namen Samanta-Rajas zunehmend Gewicht in der Reichspolitik, das jenem der europäischen Vasallen recht nahe kam. Zwischen dem Kerngebiet des Reiches und den Tributärstaaten bildeten oft schwer zugängliche Dschungel- und Bergregionen als natürliche Grenzen eine Art Zwischenregion. In ihnen lebten die meist unbesiegten Waldstämme. Samudragupta nahm zwar für sich in Anspruch, «alle Könige der Waldstämme zu Dienern» gemacht zu haben. Doch irgendwelche Formen regelmäßiger Abgaben waren von diesen Bergstämmen nicht zu erwarten. Bestenfalls konnten sie zeitweise für den Militärdienst gewonnen und von Überfällen auf die steuerzahlende Talbevölkerung abgehalten werden. Für Samudragupta und für viele Könige des Mittelalters dürften derartige Übereinkommen mit den Stämmen Grund genug gewesen sein, sie als «Diener» des Königreiches zu bezeichnen. Ashoka hatte sich wohl auch hier mehr an die Wahrheit gehalten, als er in seinen Felsedikten ausdrücklich von den «unbesiegten Waldstämmen» sprach. Jenseits der Waldstämme und der Tributärstaaten lagen die Reiche unabhängiger Könige, die in diplomatische Beziehungen zu der neuen Vormacht des «Mittellandes» traten. Ihre Unabhängigkeit wurde von diesen Beziehungen jedoch nicht beeinflußt, wie das Beispiel der Shakas und Sri Lankas zeigt. Aus den Beziehungen dieser Großkönige sollte im Mittelalter das «Gleichgewicht» der Regionalreiche erwachsen.

Durch seinen berühmten Siegeszug in den Süden durchstieß Samudragupta diese ringförmigen Kreise der Tributärfürsten, Waldkönige und unabhängigen Königreiche und drang in Gebiete vor, die bisher gänzlich außerhalb des Rajamandala der Guptas lagen. Wenn diese «Eroberung der Weltengegenden» (*dig-vijaya*) auch zunächst zu keiner Erweiterung des direkten Machtbereiches der Guptas südlich des Vindhya-Gebirges führte, so gab sie doch ihrem Reich eine neue, imperiale Dimension, die Indien in den kommenden Jahrhunderten nicht politisch, wohl aber ideologisch in der Idee eines gesamtindi-

3. Das klassische Zeitalter der Guptas

schen Königtums einen sollte. Mit dem großen Pferdeopfer, das er nach seinen Siegeszügen vollziehen ließ, verband sich in Samudragupta erstmals die Idee des Cakravartin mit einem hinduistischen König, der seinen Anspruch auf Weltherrschaft auch sichtbar in die Tat umgesetzt hatte. In einer in den Inschriften späterer Jahrhunderte kaum noch vorstellbaren Weise erfuhr Samudragupta daher in der Inschrift von Allahabad bereits zu Lebzeiten eine göttergleiche Verehrung. Er sei «Mensch nur, um den Regeln der Welt entsprechend die Pflichten zu vollziehen, (in Wirklichkeit aber) ein auf der Erde residierender Gott (*deva*)». Bisweilen wird aus dieser Vergöttlichung Samudraguptas geschlossen, daß die Inschrift erst nach seinem Tode verfaßt wurde. Samudraguptas Siegeszug in den Süden und das Vorbild seiner großen Nachfahren auf dem Thron der Guptas trugen gleichermaßen dazu bei, der Idee des weltbeherrschenden Cakravartin in Zentral- und Südindien zum Durchbruch zu verhelfen – so begrenzt auch immer das territoriale Herrschaftsgebiet ihrer kleinen und großen Epigonen in den kommenden Jahrhunderten gewesen sein mag.

Unter Samudraguptas Sohn Candragupta II. (375 bis 413/15) stand das Gupta-Reich auf dem Höhepunkt seiner Machtentfaltung und kulturellen Größe. Durch die Verbindung der aggressiven Expansionspolitik seines Vaters mit der Heiratspolitik seines Großvaters erweiterte er das Reich abermals beträchtlich. Das hervorragende Ereignis seiner Regierungszeit ist der Sieg über die mächtige Dynastie der Shaka-Kshatrapa und die Annexion ihres blühenden Königreiches in Saurashtra und Gujarat. Über den Verlauf und die Datierung dieses Krieges ist wenig Genaues bekannt. Er muß sich jedoch gegen Ende der Regierungszeit Candraguptas zwischen 397 und etwa 409 n.Chr. abgespielt haben. Denn bis 397 existieren Münzen des Shaka-Königs Rudrasimha III. (die wie jene seiner Vorgänger stets ein Emissionsdatum trugen), und etwa ab 409 n.Chr. ließ dann Candragupta eigene Münzen nach dem Vorbild des inzwischen offensichtlich besiegten Rudrasimha prägen – jedoch mit einem entscheidenden Unterschied: Das Zeichen des buddhistischen Vihara auf der Rückseite der Kshatrapa-Münzen wurde von Candragupta II., einem großen Verehrer des hinduistischen Gottes Vishnu, durch Garuda, das Reittier Vishnus, ersetzt. Das zweite wichtige Ereignis der Regierungszeit Candraguptas II. ist die Verheiratung seiner Tochter Prabhavatigupta mit Rudrasena II., dem König der östlichen Vakataka-Dynastie Zentralindiens. Diese Dynastie war in der zweiten Hälfte des 3. Jahrhunderts n.Chr. einige Jahrzehnte nach dem Untergang des Shatavahana-Reiches im heutigen Madhya Pradesh gemeinsam mit den verwandten westlichen Vakatakas zur Vormacht Zentralindiens aufgestiegen. Ihr Begründer hatte bezeichnenderweise den Namen der Göttin der

Vindhya-Berge, Vindhyashakti, getragen. Unter seinen Nachfolgern, den Königen Pravarasena I., Rudrasena I. und Prithivisena I., die etwa von 275 bis 385 regierten, stiegen die Vakatakas zu einem bedeutenden Machtfaktor in Zentralindien auf, der der Expansion der Guptas in Gebiete südlich des Vindhya-Gebirges im Wege stand. Samudragupta erwähnte sie in seiner Inschrift zwar nicht, doch spricht vieles dafür, daß auch sie zeitweise Opfer seiner Südexpansion wurden. Vermutlich in der Phase der Vorbereitung seines Krieges gegen die Kshatrapa gab dann aber sein Sohn Candragupta seine Tochter dem König Rudrasena II. zur Ehe, um den Rücken für seinen Kampf im Westen frei zu haben. Rudrasena starb jedoch schon nach fünfjähriger Regierung etwa im Jahre 390 n. Chr. Auf Candraguptas Rat hin übernahm daraufhin seine Tochter Prabhavatigupta die Regentschaft für ihre Söhne. Während ihrer etwa zwanzigjährigen Regentschaft gerieten die Vakataka-Reiche zunehmend unter direkten Einfluß der Guptas und gehörten de facto bald zu deren Reichsverband. Zwar wurde die Unabhängigkeit der Vakatakas unter Pravarasena II. (ca. 410 bis 440 n. Chr.), von dem eine große Zahl Inschriften bekannt ist, wiederhergestellt. Doch bis zum Untergang der Guptas bestanden überaus enge kulturelle Beziehungen zu beiden Vakataka-Reichen, die wesentlich zur Ausbreitung der nordindischen Gupta-Kultur nach Zentral- und Südindien beitrugen. So soll der große Sanskrit-Dichter Kalidasa (s. S. 116) zeitweise am Hofe der östlichen Vakatakas gewirkt haben, und die weltberühmten Fresken der aus dem Fels gehauenen buddhistischen Klöster von Ajanta im westlichen Vakataka-Reich zählen zu den großartigsten guptazeitlichen Kunstwerken Indiens.

Candragupta II. vereinigte somit Nordindien von der Gangesmündung bis jenseits des Indus im heutigen Nordpakistan und bis hinab zu den Mündungen der Indus- und Narmada-Flüsse in einem Reichsverband, der durch die Verbindung mit den Vakatakas auch weite Teile Zentralindiens einschloß. Assam, Nepal, Kaschmir und auch Sri Lanka unterhielten weiterhin rege diplomatische Beziehungen mit diesem neuen Großreich Indiens. Das gleiche gilt vermutlich auch für manche Gebiete Südostasiens, wo gerade um 400 n. Chr. eine «zweite Indisierung» einsetzte, in deren Gefolge z. B. in Indonesien die ältesten Sanskrit-Inschriften von ersten Reichsgründungen unter indischem Einfluß künden. Das Reich der Guptas hatte damit seinen Höhepunkt erreicht. Der direkte Zugang zu den Häfen im Osten wie im Westen hatte Wirtschaft und Handel in Nord- und Zentralindien zu einem großen Aufschwung verholfen. Vom Wohlstand und Handel zeugen die große Zahl prächtiger Goldmünzen der Guptas. Die Goldmünzen der Guptas folgten zunächst wie jene der Kushanas dem Gewicht des römischen Denarius von 7,8 Gramm

3. Das klassische Zeitalter der Guptas 115

und hießen entsprechend Dinara. Skandagupta setzte später den Feingehalt des Goldes der Münzen herab, erhöhte aber gleichzeitig das Gesamtgewicht der Münzen entsprechend dem indischen Gewichtssystem auf 9,3 Gramm, so daß der Goldgehalt dieser nun vergrößerten Münzen insgesamt etwa erhalten blieb. In einer Zeit, die noch nicht über die modernen Mittel der Regierungspropaganda verfügte, dürften diese Münzen mit ihren zahlreichen – und nun vergrößerten – Abbildungen der Gupta-Könige in ihren göttergleichen Darstellungen überaus erfolgreich zur Verkündung von Ruhm und Größe dieser Könige beigetragen haben. Zunächst nur für Westindien übernahm Candragupta II. von den Kshatrapas auch die Prägung von Silbermünzen, später wurden sie auch für das ganze Reich eingeführt. Kupfermünzen mit sehr unterschiedlichen Gewichten und Muscheln waren im lokalen Handel im Umlauf. Die Gupta-Zeit stellte auch eine späte Blütezeit der Gilden (*śreṇi*) Nordindiens dar, denen oft auch die Verwaltung ganzer Städte oder bestimmter Stadtteile unterstand. Aus ihren Siegeln sind uns Gilden der Bankiers (*śreṣṭhin*), Händler (*sārthavaha*) und Handwerker (*kulika*) bekannt. Sie mögen die Funktionen von Handels- und Handwerkskammern gehabt haben und traten bisweilen sogar mit gemeinsamen Siegeln auf.

Faxian (Fa-hsien), der erste der drei großen chinesischen Pilger, die Indien auf der Suche nach Wissen, Manuskripten und Reliquien vom 5. bis 7. Jahrhundert n. Chr. aufsuchten, traf dort während der Regierungszeit Candraguptas II. ein. Da er nur am Buddhismus interessiert war, enthält sein Bericht zwar keine Nachrichten über politische Zustände Indiens, wohl aber eine überaus aufschlußreiche, allgemeine Beschreibung Nordindiens unter Candragupta II.: «Das Land südlich von Mathura ist bekannt als das Königreich der Mitte. Das Volk ist reich und glücklich, unbelästigt von jeglicher Kopfsteuer oder staatlichen Beschränkungen. Nur die, die das Land des Königs bebauen, zahlen eine Landsteuer. Sie sind frei zu gehen oder zu bleiben. Der König regiert das Land, ohne die Todesstrafe anzuwenden. Missetäter werden entsprechend der Art ihres Verbrechens leicht oder schwer bestraft. Sogar Hochverrätern wird nur ihre rechte Hand abgeschlagen. Die Diener, Wächter und Gefolgsleute des Königs erhalten Gehalt und Pension. Die Bewohner dieses Landes töten kein lebendes Tier, trinken keinen Wein und essen keine Zwiebeln und Knoblauch. Die einzige Ausnahme hierzu sind die Candalas, die als ‹schlechte Menschen› bekannt sind und abgesondert von den übrigen leben. Wenn sie eine Stadt oder einen Markt betreten, schlagen sie ein Stück Holz, um ihre Anwesenheit zu verkünden, so daß andere von ihrem Kommen erfahren und sie meiden können. Weder Schweine noch Geflügel werden in diesem Land gehalten, und keine lebenden Tiere werden verkauft. Es gibt keine Schlächter und Weinverkäufer in den Märkten. Muscheln werden als Zahlungsmittel im Handel benutzt. Nur die Candala-Fischerleute und Jäger verkaufen Fleisch.»[2]

Die Schilderung Faxians läßt ein Bild des allgemeinen Wohlstandes und Friedens in Indien entstehen. Darüber hinaus enthält seine Schilderung aber auch weitere interessante Einzelheiten. So erhielten nach Faxian alle am königlichen Hofe Tätigen feste Gehälter – wie dies übrigens auch Megasthenes für den Hof der Mauryas überliefert hatte. Die in späteren Jahrhunderten üblich werdende Entlohnung durch Landzuweisung oder Pfründe (wie bestimmte Steuereinnahmen) scheint sich unter den Guptas, als noch genügend Geld im Umlauf war, noch nicht durchgesetzt zu haben. Auffallend ist ebenfalls der Hinweis auf die Freizügigkeit der Bevölkerung unter den Guptas, die im deutlichen Gegensatz zu den Zuständen späterer Jahrhunderte steht, als in Landschenkungsurkunden dem Empfänger oft auch die Dorfbevölkerung übertragen wurde. Faxian ist ferner wohl der erste Ausländer, der Einzelheiten des rigiden Unterdrückungssystems der rituellen Reinheitsvorschriften des Kastensystems schildert. Demnach bestanden bereits um 400 n. Chr. für die verachteten Kastenlosen wie die Candalas manche jener Auswüchse des Kastensystems, die indische Historiker bisweilen als Folge der islamischen Invasion deuten.

Der Ruhm des Zeitalters der Guptas beruht ganz wesentlich auf dem Aufschwung, den die Sanskrit-Dichtung in dieser Zeit höchster kultureller Verfeinerung und staatlichen Glanzes nahm. Candragupta II. selbst soll an seinem Hofe einen Kreis großer Dichter, die «Neun Juwelen», versammelt haben. Als bekanntester unter ihnen gilt Kalidasa, der gleichermaßen als Dramatiker und Epiker Weltruhm erlangte. Zu seinen größten Werken zählen die beiden Epen Kumarasambhava und Raghuvamsha, das lyrische Gedicht Meghaduta und das Drama Shakuntala. Als Shakuntala im späten 18. Jahrhundert in Europa bekannt wurde, löste es eine Welle der Begeisterung aus, die Goethe 1791 in die Worte faßte:

«Will ich die Blumen des frühen, die Früchte des späten Jahres,
Will ich, was reizt und entzückt, will ich was sättigt und nährt,
Will ich den Himmel, die Erde mit einem Namen begreifen,
Nenn ich, Sakontala, Dich, und so ist alles gesagt.»

Trotz der großen Zahl der Werke, die von Kalidasa erhalten blieben, ist nahezu nichts über sein Leben und seine Wirkungsstätte bekannt. Indische Gelehrte sahen in ihm früher einen Zeitgenossen des Königs Vikramaditya von Ujjain, jenem legendären Herrscher, auf den die Vikrama-Ära von 58 v. Chr. zurückgehen soll. Bestimmte Angaben in seinen Werken (etwa zur Astronomie), die hellenistisch-römischen

3. Das klassische Zeitalter der Guptas

Einfluß deutlich erkennen lassen, schließen jedoch eine Datierung vor den ersten Jahrhunderten n. Chr. aus. Für die Annahme, daß Kalidasa in der Tat um 400 n. Chr. bzw. im frühen 5. Jahrhundert am Hofe der Guptas wirkte, sprechen manche Andeutungen in den Werken Kalidasas. Der Titel seines Werkes Vikramorvashiya soll auf Candraguptas Beinamen Vikramaditya, das Kunstepos Kumarasambhava, die «Geburt des Kriegsgottes Kumara», auf Candraguptas Nachfolger Kumaragupta anspielen, und im Raghuvamsha, der die mystische Dynastie des göttlichen Rama verherrlicht, glaubt man eine Apotheose der «Welteroberung» König Samudraguptas zu erkennen. Kalidasa transformierte damit historisches Geschehen in eine mythische Vergangenheit. Dies geschah nicht aus einer Weltverneinung heraus und war keine Flucht aus der Gegenwart, sondern drückt vielmehr eine völlige Bejahung der Guptazeit aus, der Kalidasa durch seine Epen eine höchste, geradezu «göttliche» Weihe zu geben trachtete. Die hinduistischen Großkönige waren damit nicht mehr, wie in dem zyklischen Weltbild vorangegangener Jahrhunderte, die Vollstrecker einer unerbittlichen Gesetzmäßigkeit kosmischer Weltzyklen, sondern stiegen nun zu Vollendern eines in der Gegenwart wiedererstandenen mythisch-goldenen Zeitalters auf.

Literaturgeschichtlich zwar weniger bedeutsam als die großen Werke der Sanskrit-Dichtung, aber von ungleich größerem Einfluß auf die Entwicklung des Hinduismus im Mittelalter sind die Puranen. Diese «Alten (*purāṇa*) Werke» gehen zwar auf ältere Quellen zurück, die wichtigsten von ihnen dürften aber in der Zeit der hinduistischen Renaissance unter den Guptas ihre bleibende Ausformung gefunden haben. Sie stellen Kompendien mythischer Überlieferungen, philosophischer Lehrgespräche und ritueller Vorschriften des Hinduismus dar und enthalten weiterhin historiographisch bedeutsame Genealogien der nord- und zentralindischen Dynastien bis in die frühe Zeit der Guptas. Ihre Bedeutung für die spätere Entwicklung der hinduistischen Sekten beruht insbesondere auf der Sammlung der Mythen der hinduistischen Götter und der Legenden der heiligen Stätten des Hinduismus. Diese Teile der Puranen – ihre Zahl wuchs im Laufe der Jahrhunderte auf 18 «Großpuranen» und 18 «Nebenpuranen» an – erfuhren bis in die Zeit des späten Mittelalters hinein zahlreiche nachträgliche Ergänzungen. Zu den bedeutenden frühen «Sekten-Puranen» gehören das Vishnu-Purana, große Berühmtheit erlangte die «Herrlichkeit der Göttin», das Devimahatmya des Markandeya-Purana, in dem der siegreiche Kampf der Göttin Durga gegen den Büffeldämon Mahisha besungen wird. Den Inkarnationen Vishnus und der Göttin Durga sind überdies viele Werke der klassischen Gupta-Plastik gewidmet.

Auf Candragupta II. folgte sein Sohn Kumaragupta. Während seiner langen Regierungszeit von 415 bis 455 n. Chr. bestand das Reich in seiner Größe ungeschmälert fort. Eroberungen, durch die seine drei großen Vorgänger ihren Ruhm erwarben, sind aus der Zeit Kumaraguptas nicht bekannt. Seine Herrschaft scheint eine Zeit des Friedens gewesen zu sein, in der sich die Kultur der Guptas im Inneren des Reiches ungestört weiterentwickelte und in den Außenprovinzen zunehmend Wurzeln schlagen konnte. Obgleich Kumaragupta wie auch seine Vorgänger auf dem Gupta-Thron ein Verehrer des Gottes Vishnu war (und, seinem Namen entsprechend, auch dem Kriegsgott Kumara-Skanda besonders verbunden war), zeichnet sich gerade seine Zeit durch ein Höchstmaß an religiöser Toleranz aus, die eine der hervorstechenden Eigenarten der klassischen Gupta-Zeit war. Aus Kumaraguptas Zeit existieren Stiftungsinschriften für alle damals bedeutenden Religionen und Sekten, für den Buddhismus, Jinismus und die hinduistischen Götter wie Vishnu, Shiva, Shakti (die Göttin), Skanda-Kartikeya und den Sonnengott Surya. Buddhistischen Klöstern wurden weiterhin Golddinare mit häufig genau festgelegten Auflagen gestiftet, aus den Zinsen der Stiftungen den Lebensunterhalt von Mönchen, Öl für ewige Lichter oder bauliche Erweiterung und Reparaturen im Kloster zu bestreiten. Die buddhistischen Klöster behielten damit, wie schon in den vorangegangenen Jahrhunderten, ihre wirtschaftlich ertragreiche Funktion als Banken bei. Sie blieben damit aber in wirtschaftlicher Abhängigkeit von reichen, städtischen Kreisen, eine Tatsache, die sich in der Zeit des Niedergangs der Städte, die bereits in der Guptazeit einsetzte, für manche Klöster als tödlich erweisen sollte. Auf sicherem Boden standen dagegen Stiftungen an Brahmanen und hinduistische Tempel, die in der Gupta-Zeit zunehmend mit Landbesitz oder den Steuereinnahmen ganzer Dörfer ausgestattet wurden. Gerade aus der Zeit Kumaraguptas ist eine Reihe derartiger Landstiftungen bekannt, die meist auf Kupfertafeln beurkundet wurden. So wurden aus der Zeit von ca. 433 bis 449 fünf Sätze von Kupfertafeln allein in Bengalen gefunden. Alle handeln von der Übertragung von Land an Brahmanen, um deren Lebensunterhalt und die Ausführung bestimmter Opfer zu bestreiten. Eine Inschrift berichtet ferner über die Stiftung von Land, aus dessen Ertrag der Unterhalt eines vishnuitischen Tempels und seiner Opfergaben bestritten werden sollte. Auffallend ist, daß diese Landstiftungen in Bengalen meist in unbebautem Land vollzogen wurden und hinduistische Institutionen damit nicht nur als Wegbereiter der brahmanischen Kultur, sondern offenkundig auch im Sinne einer «inneren Kolonisation» tätig wurden.

Nach einem knappen Jahrhundert stürmischer Expansion fand in der langen Regierungszeit Kumaraguptas auch der Aufbau der Ver-

3. Das klassische Zeitalter der Guptas

waltung in den Reichsprovinzen feste Formen. Sie blieben in den Nachfolgestaaten der Guptas in Nord- und Zentralindien Vorbild für die direkt verwalteten Provinzen der Kerngebiete der jeweiligen Reiche, auch dann, wenn sich dieses Vorbild der Guptas immer wieder lokalen Gegebenheiten anpassen mußte. Die Kerngebiete der Gupta-Herrschaft waren in eine größere Zahl von Provinzen (*bhukti*) eingeteilt, die einem Gouverneur (*uparika*) unterstanden, der stets vom König eingesetzt wurde. Bisweilen trug er sogar den Titel Uparikamaharaja. Die Provinzen waren ihrerseits in Distrikte (*viṣaya*) unterteilt, denen ein Vishayapati vorstand. Je näher ihre Gebiete den Zentren der Gupta-Herrschaft waren, um so eher wurden auch sie vom König in ihren Ämtern bestallt. In den Außenprovinzen wurden sie jedoch meist vom Provinzgouverneur eingesetzt. Größere Provinzen waren offenbar in Vishayas und Vithis eingeteilt, wobei nicht immer ganz klar ist, welche der beiden die höhere Verwaltungseinheit darstellte. Die unterste Verwaltungsebene waren Dörfer und Städte, die sich im Gegensatz zur Maurya-Zeit und den Vorschriften im Arthashastra allgemein einer großen Autonomie erfreuten. Die Verwaltung größerer Städte unterstand bisweilen jedoch auch Ayuktakas, die vom Gouverneur eingesetzt wurden. Ihnen standen Schreiber und Verwalter der städtischen Urkunden (*pustakapāla*) zur Seite, und sie wurden vom Stadtvorsteher (*nagaraśreṣṭhin*), den Vorständen der Handwerker (*kulika*) und den Vorständen verschiedener Gilden beraten. Auf der Ebene des Dorfes lag die Verwaltung in starkem Maße in den Händen des «Bürgermeisters» (*grāmika*), eines Schreibers und der Familienvorstände der Bauern (*kuṭumbin*). Verwaltungsbeamte der Distriktebene traten im Dorf nur bei besonderen Anlässen in Erscheinung. Wichtigste Verwaltungseinheit scheint die Distriktverwaltung gewesen zu sein, die z.B. die bedeutende Funktion des Verkaufs und der Überschreibung von Land wahrnahm, worüber die zahlreichen Stiftungsurkunden ausführlich berichten. Eng mit dieser Aufgabe waren auch die richterlichen Funktionen (*adhikaraṇa*) der Distriktverwaltung verbunden.

Inmitten allgemeinen Wohlstandes, inneren und äußeren Friedens, geriet das Reich am Ende der Regierungszeit Kumaraguptas jedoch durch den Aufstand des Pushyamitra-Stammes in arge Bedrängnis – ein Vorgang, der sich bereits wie voraus geworfene Schatten der inneren Auflösung des Reiches und der Angriffe der Hunnen in den nächsten Jahrzehnten ausnimmt. In einer späteren Inschrift König Skandaguptas heißt es ausdrücklich, daß das «Glück der Dynastie erschüttert» und «verunsichert» worden war. Skandagupta, Sohn und Feldherr Kumaraguptas, wurde vom Feind derart bedrängt, daß er «eine Nacht auf blankem Boden» habe zubringen müssen, bevor es ihm gelang, die Dynastie zu retten und ihr Glück erneut zu festigen.

Die Pushyamitras waren ein südlich der Gangesebene siedelnder Stamm, der «begierig nach Sieg war und dazu ein Heer und alle seine Schätze aufgeboten hatte». Die mehrfache ausdrückliche Erwähnung der Krise, in die die Pushyamitras die Gupta-Dynastie gestürzt hatten, wirft ein grelles Licht auf die Gefahr, die von den Grenzland- und Waldstämmen selbst einem derart mächtigen Reich wie dem der Guptas erwachsen konnte. Ob diese Stämme «unbesiegt», «Diener» oder «Tributgeber» des Reiches waren, sie stellten stets eine potentielle Quelle der Erschütterung der mittelalterlichen Königreiche Indiens dar, die nur selten in der Lage waren, sie dauerhaft zu kontrollieren oder gar zu unterwerfen.

Die erfolgreiche Niederschlagung des Aufstandes der Pushyamitras scheint Skandagupta den Vorwand geboten zu haben, als Retter der Dynastie nach dem Tod seines Vaters die Herrschaft über das Reich mit Gewalt an sich zu reißen und Purugupta, den Kronprinzen und Sohn der Hauptfrau Kumaraguptas, vom Throne zu verdrängen. Aus der Tatsache, daß Skandagupta, von dem Inschriften und datierte Münzen aus den Jahren 455 bis 467 existieren, in später verfaßten Genealogien der Guptas mit Stillschweigen übergangen wurde und er selbst in seinen Inschriften wohl seinen Vater Kumaragupta, nicht aber seine Mutter namentlich nennt, kann geschlossen werden, daß er der Sohn einer Nebenfrau war. Da Skandagupta jedoch nicht nur ein erfolgreicher Feldherr, sondern auch ein fähiger Herrscher war, gelang es ihm, den dynastischen Streit, den seine Thronbesteigung ausgelöst hatte, während seiner gesamten weiteren Regierungszeit zu unterdrücken. Vermutlich wechselte er einige ihm nicht loyale Gouverneure aus, denn in einer Inschrift in Junagadh auf der Halbinsel Kathiawar aus dem Jahr 458 n. Chr. wird ausdrücklich verkündet, daß er «in allen Gegenden Wächter einsetzte».

Skandaguptas Macht war stark genug, eine neue Gefahr abzuwenden, die Indien abermals aus dem Nordwesten und Zentralasien drohte. Es waren die Xiongnu (Hiung-nu), die Hunnen, denen wir bereits als Feinde der Yuezhi in Zentralasien im 2. Jahrhundert v. Chr. begegnet waren. In der Mitte des 4. Jahrhunderts n. Chr. tauchten Stämme der Xiongnu unter dem Namen Chioniten im westlichen Zentralasien auf, fielen zunächst über die östlichen Provinzen des Sassaniden-Reiches her, um dann bald darauf mit ihrem Angriff auf die Alanen und Goten westlich der Wolga die europäische Völkerwanderung auszulösen. Andere Teile der Hunnen blieben in Baktrien zurück, wo sie, durch weitere Nomadenstämme verstärkt, unter dem Hunnenhäuptling Kidara Ende des 4. Jahrhunderts n. Chr. zu einem bedeutenden Machtfaktor aufstiegen. Doch Anfang des 5. Jahrhunderts wurden sie von einer neuen Welle hunnischer Angreifer (Hephtaliten?) nach Süden gedrängt. In der Mitte des 5. Jahr-

3. Das klassische Zeitalter der Guptas

hunderts überschritten sie den Hindukush und tauchten kurz danach im Nordwesten Indiens als Hunnen (*Hūṇa*) auf. Der Zusammenstoß mit dem Gupta-Reich scheint wenige Jahre nach der Thronbesteigung Skandaguptas etwa im Jahre 458 n.Chr. erfolgt zu sein. In der gleichen Inschrift, in der er seinen Sieg über die Pushyamitras verkündete, rühmte sich Skandagupta auch seines Erfolges gegen die «Huna», und in einer anderen Inschrift spricht er ebenfalls von seinen Siegen gegen die «Ausländer» (*mleccha*). Da auch sassanidische Quellen und römische Berichte von keinem Siege der Hunnen in Indien in dieser Zeit zu berichten wissen, scheint es sicher zu sein, daß Skandagupta den ersten Ansturm der Hunnen auf Indien in der Tat erfolgreich abgewehrt hatte. Doch die Kriege gegen die Hunnen trafen den internationalen Handel Nordwestindiens, eine der wesentlichen Einnahmequellen des Reiches, schwer.

Nach dem Tode Skandaguptas etwa im Jahre 467 trat zu den wirtschaftlichen Schwierigkeiten und der Bedrohung aus dem Nordwesten noch ein langjähriger Nachfolgekampf zwischen den Nachfahren Skandaguptas und denen seines Halbbruders Purugupta hinzu. Aus diesen Kämpfen ging Budhagupta, der Sohn Puruguptas, als Sieger hervor. Budhagupta war der letzte bedeutende Gupta-König. In seiner etwa dreißigjährigen Herrschaft (467 bis ca. 497) blieb das Reich in seiner äußeren Ausdehnung zwar weitgehend bestehen, und selbst in den Außengebieten des Reiches unterstanden Provinzen wie etwa Bengalen weiterhin der direkten Kontrolle des Reiches. Dennoch begann unter Budhagupta als Folge des Erbfolgekrieges nach Skandagupta der innere Auflösungsprozeß des Reiches. Auf Budhagupta folgten sein Bruder Narasimha und dessen Sohn und Enkel, die zwischen 500 und etwa 570 als unbedeutende Könige über Teile des früheren Reiches herrschten. Im Osten von Bengalen traten ferner im Jahre 507 ein Vainyagupta und im Westen im Jahre 510 ein Bhanugupta durch eigene Inschriften hervor. Die Beziehung dieser beiden Fürsten zur Gupta-Dynastie ist nicht geklärt, doch ihr gleichzeitiger Aufstieg zu nahezu unabhängigen Königen ist symptomatisch für den Verfall der Macht der zentralen Gupta-Dynastie von Magadha.

Die unmittelbare Folge dieses Niedergangs der Macht der Guptas war eine Erneuerung der Angriffe der Hunnen. Unter ihrem Führer Toramana eroberten sie in den ersten Jahren des 6. Jahrhunderts weite Teile Nordwest- und Westindiens bis Gwalior und Malwa. Im Jahr 510 stießen sie bei Eran im heutigen Madhya Pradesh auf ein Heer unter Bhanugupta, dessen General Goparaja in dieser Schlacht fiel. Münzfunde zeigen, daß Toramana über den Panjab, Kaschmir, Rajasthan und vermutlich sogar über Teile des heutigen Uttar Pradesh herrschte. Etwa um 515 n.Chr. folgte sein Sohn Mihirakula, dessen Hauptstadt Sakala, das heutige Sialkot, gewesen sein soll.

Nordwestindien wurde damit abermals die Provinz eines zentralasiatischen Reiches, das sich unter den Hunnen von Persien bis Khotan in Zentralasien erstreckte. Über die Herrschaft der Hunnen in Indien ist wenig Verläßliches bekannt. Nach einer jainistischen Überlieferung soll sich Toramana diesem Glauben angeschlossen haben, und die wesentlich spätere Rajatarangini-Chronik von Kaschmir berichtet, daß ihn seine Eroberungszüge sogar bis nach Südindien gebracht haben sollen. Nahezu alle Quellen heben übereinstimmend die Grausamkeit der Kriegführung und die Unterdrückungsmaßnahmen der Hunnen gegenüber der einheimischen Bevölkerung hervor. Schilderungen darüber enthalten die Berichte eines chinesischen Botschafters am Hofe der Hunnen von Gandhara (um 520), des griechischen Seefahrers Cosmas mit dem Beinamen Indicopleustes (um 540) und des chinesischen Pilgers Hsiuen-tsang in der Mitte des 7. Jahrhunderts. Die Herrschaft der Hunnen in Indien war jedoch von nur kurzer Dauer. Yashodharman, ein lokaler Fürst von Malwa, gewann in den Abwehrkämpfen gegen die Hunnen die Führung und schlug um 528 n. Chr. Mihirakula, der sich nach Kaschmir zurückziehen mußte, wo er wenige Jahre später starb. Der endgültige Untergang des Hunnenreiches in Indien war jedoch erst eine Folge der vernichtenden Niederlagen, die die Türken und Sassaniden in der Mitte des 6. Jahrhunderts den Hunnen in Zentralasien zufügten.

Die Herrschaft der Hunnen war die kürzeste der zahlreichen «Fremdherrschaften» in Nordwestindien, doch ihre unmittelbaren und mittelbaren Folgen waren um so tiefgreifender. Hatte Skandagupta sie in der Mitte des 5. Jahrhunderts n. Chr. noch abwehren können, so traf ihr zweiter Angriff im frühen 6. Jahrhundert das Gupta-Reich in einer tiefen inneren Krise und setzte die zentrifugalen Kräfte im Reiche frei, die bereits seit Ende des 5. Jahrhunderts nach Unabhängigkeit gestrebt hatten. Der Angriff der Hunnen, obgleich nicht bis ins Kerngebiet des Gupta-Reiches vorgetragen, trug dennoch wesentlich zu dessen Untergang bei. Für die kulturelle Entwicklung Nordindiens war die kurze Zeit der Hunnen noch folgenschwerer. Angriffsziele der Hunnen waren insbesondere die großen Handelsstädte Nordindiens. Obgleich noch kaum systematische Forschungen auf diesem Gebiet vorliegen, scheint der Untergang der klassischen Stadtkultur Nordindiens u. a. eine Folge des Einfalls der Hunnen gewesen zu sein. Besonders hart getroffen wurden auch die reichen buddhistischen Klöster des Nordwestens, die sich von den Folgen der Hunnenangriffe nicht mehr erholen sollten. Das folgenreiche Erbe der kurzen Herrschaft der Hunnen in Nordindien waren die Stämme, die in ihrem Gefolge in Nordindien Einlaß fanden und die dortige Geschichte grundlegend veränderten. Sie vermischten sich im Laufe der nächsten zwei Jahrhunderte mit bisher wenig hinduisierten lokalen Stämmen im heutigen Rajasthan und Nordgujarat und bestimmten als Gurjara und später als Rajputen die Geschichte Nordindiens im Mittelalter. Der Aufstieg dieser Gurjara-Stämme kennzeichnet wie kaum ein anderes Ereignis das Ende der klassischen Periode Nordindiens und den Beginn des frühen nordindischen Mittelalters.

4. Der Aufstieg Südindiens

Der Süden Indiens, also der durch das Vindhya-Gebirge und den Narmada-Fluß von Nordindien getrennte zentrale Dekhan (von *dakṣiṇa* = Süden) und der «eigentliche» Süden, der heute die vier drawidisch sprechenden Bundesstaaten Andhra Pradesh (Telugu), Tamil Nadu (Tamil), Karnataka (Kanaresisch) und Kerala (Malayalam) umfaßt, war zum einen seit vorgeschichtlicher Zeit eng mit Nordindien verbunden. So breiteten sich kulturelle Entwicklungen Nordwestindiens an der Westküste häufig sogar schneller nach Süden aus als durch das in der Frühzeit fast unwegsame Gangestal nach Ostindien. Zum anderen aber gewährte die Weite des südasiatischen Raumes mit seinen mannigfaltigen geographischen und ethnographischen Differenzierungen dem «fernen Süden» immer wieder Phasen einer eigenständigen Entwicklung, die dann nicht selten ihrerseits wieder auf Nordindien Einfluß nahm, wie etwa die von Südindien ausgehende, mittelalterliche Volksreligiosität der Bhaktibewegung.

Den wichtigsten Aspekt der historischen Beziehungen zwischen Nord- und Südindien stellt die Ausbreitung der nordindischen Kultur nach Zentral- und Südindien dar. Diese Entwicklung, die in entlegenen Teilen Indiens bis heute anhält, war im drawidischen Süden bereits in den späten vorchristlichen Jahrhunderten zu spüren. Wissenschaftler sprechen in diesem Zusammenhang oft von «Aryanisierung», «Sanskritisierung» oder «Hinduisierung». Keiner der Ausdrücke vermag aber die tiefgehende Wirkung dieses Prozesses in seiner Vielschichtigkeit voll zu charakterisieren, denn die Ausbreitung geschah z.B. keineswegs nur durch Sanskrit sprechende «Aryas», die den Hinduismus verkündeten. So spielten z.B. gerade in der frühen Phase in den Jahrhunderten um Christi Geburt der Buddhismus und die mit ihm verbundenen Pali- und Prakrit-Sprachen eine bedeutende Rolle, während im Mittelalter die großen regionalen Sprachen selbst immer stärker die Rolle der Sanskritsprache als Übermittler nordindischer Kultur übernahmen. Dennoch kann bei diesem Prozeß die Rolle der Brahmanen und ihrer in kontinuierlicher Familientradition überlieferten Sanskrittexte nicht hoch genug eingeschätzt werden. Dies gilt vor allem dann, wenn wir uns den im wesentlichen unkriegerischen

Verlauf der Ausbreitung der nordindischen Kultur vor Augen halten. Damit soll aber nicht gesagt sein, daß die «Hinduisierung» des Südens völlig friedfertig ablief. Der Hinduismus trug zwar wesentlich zur Eingliederung der Stämme in den äußeren bzw. unteren Bereich der hinduistischen Gesellschaft bei, ist aber in gleichem Maße für deren bis heute anhaltende soziale und wirtschaftliche Ausbeutung verantwortlich, da er sie religiös begründet und sanktioniert. Man wird vermutlich nicht einmal ganz fehlgehen, wenn man annimmt, daß eine der wesentlichsten «Attraktionen» des Hinduismus für aufsteigende Stammesfürsten gerade in dieser Funktion lag. Die aus Nordindien einwandernden Brahmanen brachten neben ihrer Religion nicht nur Kenntnisse der Verwaltung und Wirtschaft mit, sondern schufen durch ihre Lehre vom hinduistischen Königtum die ideologische Grundlage für den Anspruch der Stammesfürsten, nicht mehr «primus inter pares» zu sein, sondern zusammen mit den Brahmanen unangefochten an der Spitze einer sich nun hierarchisch gliedernden Gesellschaft zu stehen. Außerdem definierten und kodifizierten die Brahmanen die «Pflichten» der Stämme. So heißt es z.B. im Mahabharata-Epos, dem neben dem Gesetzbuch des Manu wirksamsten Kompendium brahmanischer Gesellschaftslehre, daß die Stämme die Aufgaben haben, in den Wäldern ein zurückgezogenes Leben zu führen, dem König zu gehorchen, Brunnen zu graben, dem durstigen Reisenden Wasser zu bieten, Betten zur Verfügung zu stellen und den Brahmanen passende Geschenke zu machen. Es war sicherlich eine der wichtigsten Aufgaben der in den Außengebieten im Sinne einer inneren Kolonisation angesiedelten Brahmanen, das Ideal eines «domestizierten» Stammes zu ihrem eigenen und zum Wohl ihres Königs zu verkünden.

Um den Verlauf der südindischen Geschichte, insbesondere ihre frühe und frühmittelalterliche Phase zu verstehen, ist es notwendig, zwei geographische Aspekte hervorzuheben, die die Entwicklung einschneidend prägen. Im einleitenden Abschnitt über die Umwelt wurde bereits auf den Gegensatz zwischen dem nordwestlichen Dekhan-Hochland und dem südöstlichen Tiefland hingewiesen. Dieser Gegensatz wurde im frühen Mittelalter zu einem historisch bedeutsamen Faktor, als die seit dem frühen 7. Jahrhundert n.Chr. entstehenden großen Regionalreiche des Südostens (Pallavas und Colas) und des nordwestlichen Dekhans (Calukyas und Rashtrakutas) um die Vorherrschaft über die großen vom Westen nach Osten verlaufenden Flußtäler kämpften. Besonders heiß umstritten war dabei die fruchtbare große Deltalandschaft der Krishna-Godavari-Flüsse.

Für die frühgeschichtliche Entwicklung des Südens war in noch stärkerem Maße seine Küstenlage und die damit verbundene Nähe zum Meer prägend. Während die archäologisch nachgewiesenen

4. Der Aufstieg Südindiens

Schwerpunkte der vorgeschichtlichen Entwicklung Südindiens im Landesinneren lagen und auch die nordindische Geschichte ihren Ursprung im Landesinneren am Mittellauf der Indus- und Gangesströme genommen hatte, nahm die historische Entwicklung Südindiens von den Küsten her ihren Anfang. Zwei Gründe waren hierbei ausschlaggebend. Der seit Mitte des ersten Jahrtausends v. Chr. auch in Südindien stärkere Formen annehmende Übergang von halbnomadischer Viehzucht zum Reisanbau war mit einer Schwerpunktverlagerung vom Hochland zum Tiefland und mit einer Besiedlung der mittleren und unteren Flußtäler verbunden. Seßhaftwerdung, die Notwendigkeit, Bewässerungsprojekte in Angriff zu nehmen, beginnendes dörfliches Handwerk und Eisenverarbeitung sowie der Zwang zur Verteidigung gegen den noch bis weit ins Mittelalter hinein üblichen Viehraub gehörten zu den Gründen beginnender sozialer Differenzierung und politischer Organisation. Diese Entwicklung spielte sich besonders intensiv in Flußtälern am Rande der Deltagebiete in sogenannten Kerngebieten («nuclear areas») ab, die durch Dschungel und andere unwegsame Gebiete anfänglich noch sehr isoliert waren. Einige von ihnen, die sich besonders schnell entwickelten, sollten in den folgenden Jahrhunderten zu den Stammlanden der aufsteigenden frühen Fürstenstaaten werden.

Der zweite Faktor, der die küstenorientierte Entwicklung Südindiens stark beeinflußte, war der beginnende Seehandel Südindiens mit den Hafenstädten Westindiens und des Vorderen Orients sowie der blühende Handel mit Rom, auf den wir noch ausführlicher zu sprechen kommen werden. Eine große Rolle spielte hierbei, daß Südindien in der Tat von alters her für seine Reichtümer bekannt war. So sollen sogar die «Meerschiffe» Salomos, von denen es in der Bibel heißt, sie «kamen in drei Jahren einmal und brachten Gold, Silber, Elfenbein, Affen und Pfauen», Südindien angelaufen haben. Nach Megasthenes beruhte im späten 4. Jahrhundert v. Chr. der Reichtum der Pandya-Fürsten in Südindien besonders auf Perlen. Und das Arthashastra zählt wertvolle Muscheln, Diamanten, Edelsteine, Perlen und Goldartikel als Handelswaren Südindiens auf. So marginal dieser Handel für Südindien zunächst auch gewesen sein mag, seine Organisation, die Sicherung des Nachschubs aus dem Hinterland und der Gewinn an diesem Handel dürften erheblich zum wirtschaftlichen und auch politischen Aufstieg einiger küstennaher «Kerngebiete» und ihrer Fürsten beigetragen haben. Bezeichnend für die Verbindung der wirtschaftlichen und politischen Entwicklung ist es, daß in der Zeit des römischen Handels die klassischen Geographen, wie etwa Ptolemaeus im 2. Jahrhundert n. Chr., neben den Namen der frühen südindischen Hafenstädte oft auch die Namen der dazugehörigen, im Landesinneren gelegenen Fürstensitze überlieferten.

Wir sind in der glücklichen Lage, einige der geographischen Faktoren, die diese frühe geschichtliche Entwicklung Südindiens tief prägten, auch in den zeitgenössischen literarischen Quellen Südindiens bestätigt zu finden.[1] Die frühe Tamilliteratur der Shangam-Zeit hebt deutlich fünf verschiedene Landschaftstypen (*tiṇai*) hervor, deren immer wiederkehrende Beschreibung sich wie ein roter Faden durch die frühen Gedichte hindurchzieht. Es sind dies die Berglandschaft, die Wald- und Weidelandschaft, ein Steppen- und Wüstengebiet, die Talebenen der großen Flüsse und das Küstengebiet. Diese fünf Landschaften unterschieden sich nicht nur in Flora und Fauna, sondern prägten auch soziales und wirtschaftliches Verhalten ihrer menschlichen Bewohner.

Die höchstgelegene Landschaft war die Berglandschaft (*kuriñci*), in der die Bergstämme wie die Kuruvar im Schutze des dichten Dschungels als Jäger und Sammler hausten. Unterhalb der Berge folgte das Wald- und Weideland (*mullai*), dessen kärglicher, oft mit dornigem Gestrüpp überzogener Boden von den Āyar-Hirten und ihren großen Herden bewohnt wurde. An Getreide wurde in diesem primär pastoralen Gebiet anfangs nur Hirse, später in Übernahme aus den Flußtälern auch bisweilen Reis angebaut. Die Shangamliteratur läßt erkennen, daß die Beziehung zwischen den Jägerstämmen der Berge und den Hirtenstämmen der Hochebene zwiespältig waren. Einerseits bestanden z.B. auf kultischer Ebene enge Beziehungen. So stieg Muruga, der große Gott der Bergbewohner, auch zum Kriegsgott der kriegerischen Stämme der Waldgebiete auf. Andererseits aber war gerade das Verhältnis der Bewohner dieser beiden Gebiete wie in der vedischen Zeit in Nordwestindien von fortwährendem Viehraub geprägt. So scheint auch in Südindien in der Frühphase Krieg geradezu gleichbedeutend mit Viehraub gewesen zu sein, der in der Shangamliteratur besonders ausführlich geschildert wird. Als dritte Landschaft wird eine Steppenregion (*pālai*) genannt, die jedoch keineswegs immer existierte, sondern meist nur infolge von Dürrekatastrophen entstand. Sie war das Rückzugsgebiet für Räuber und wegen der dort hausenden Wegelagerer von Reisenden gefürchtet. Als wichtigste der fünf Landschaften gilt bereits in den ersten Jahrhunderten n. Chr. der Shangamzeit die Flußebene (*marutam*). Natürliche und künstliche Bewässerung in der Form von Kanalisation, Dorfteichen («tanks») und Brunnen sowie der Reisanbau waren die entscheidenden Unterschiede zu allen übrigen Landschaftstypen. Hier wohnten die seßhaften Bauernkasten wie die Vellalas und die Handwerkerkasten. Vor allem hier stoßen wir auf die später systematisch angelegten Brahmanendörfer, deren größte Zahl im Hinterland der Küste an den fruchtbaren Flußläufen unterhalb von 100 m Höhe lagen. Diese Flußlandschaften mit ihren hochentwickelten Formen der Landwirtschaft und

4. Der Aufstieg Südindiens

des Handwerks und der dichten Bevölkerung bildeten die Kerngebiete nahezu aller späteren Königreiche Südindiens. Fünfter und letzter Landschaftstyp ist die Küstenlandschaft (*neytal*). Fischerei, Salzgewinnung und Handel sind die Haupterwerbszweige ihrer Bevölkerung. Ursprünglich bildeten der Austausch von Fisch und Salz gegen Reis und Milchprodukte aus den Flußgebieten die wichtigste Grundlage des lokalen Handels. Seit den frühen Jahrhunderten n. Chr. kam jedoch der bedeutende Überseehandel hinzu. Es ist deshalb nicht verwunderlich, daß die Shangamliteratur und archäologische Funde gerade in den Küstengebieten einen höheren Grad an früher Urbanisierung erkennen lassen als in den Flußlandschaften.

Die Shangamliteratur hat damit für unsere Kenntnis der frühgeschichtlichen Entwicklung Südindiens eine ähnliche Bedeutung wie die spätvedische und frühe buddhistische Literatur für Nordindiens Geschichte. In beiden Fällen gewährt die Literatur Einblicke in die wichtige Phase des Übergangs von einer sich bereits in Auflösung befindenden Stammesgesellschaft in eine Agrargesellschaft und den Beginn früher Staatenbildungen.

In den Flußlandschaften erkennen wir eine bereits weit entwickelte Gesellschaftsform mit dem Beginn einer ausgeprägten Klassenstratifizierung, die sich um so deutlicher am Kastensystem zu orientieren begann, je stärker der Einfluß der brahmanischen Gesellschaftslehre spürbar wurde. Doch selbst die höheren Kasten waren in dieser frühen Zeit noch weitgehend frei von den später gerade in Südindien so rigiden höfischen und städtischen Normen und Konventionen. So enthält die Shangamliteratur zahlreiche Schilderungen des bunten Treibens in den Hauptstädten der frühen Stammeskönigtümer, insbesondere in Madurai, der Hauptstadt der Pandyas.

Für die politische Entwicklung Südindiens wurde der Kontakt mit dem ersten indischen Großreich der Mauryas bedeutsam, das im frühen 3. Jahrhundert v. Chr. bis nach Südindien vorgestoßen war und damit erstmals die Kenntnis einer überregionalen Reichsbildung auch den Stammesfürsten übermittelt hatte. In dieser Hinsicht müssen insbesondere die Kenntnisse über eine bisher unbekannte, großflächige Staatsverwaltung und der Ausbau direkter und über das Land verlaufender Handelsbeziehungen mit Nordindien genannt werden. Nicht weniger bedeutsam waren die in der Maurya-Zeit nun erstmals auch südlich des Vindhya-Gebirges in größerer Zahl auftretenden Anhänger straff organisierter Mönchsreligionen, wie die Jainas und Buddhisten. Aufbau und Organisation ihrer großen Klosteranlagen trugen in den folgenden Jahrhunderten gerade in Zentralindien erheblich zum Aufbau einer für überregionale Staatsbildungen unerläßlichen Infrastruktur bei.

Über die Geschichte Zentral- und Südindiens nach dem Tode Kaiser Ashokas etwa im Jahre 233 v. Chr. und dem bald danach einsetzenden Niedergang des Reiches ist bisher bedauerlich wenig bekannt. Es ist bezeichnend für den in vielen Bereichen der frühen Geschichte noch ungesicherten Stand der indischen Geschichtsschreibung, daß die Datierung der beiden wichtigsten Reiche, die südlich des Vindhya-Gebirges dem Maurya-Reich folgten, noch erheblichen Schwankungen unterworfen ist. Es handelt sich um die Shatavahanas in Zentralindien und das Reich des Königs Kharavela im ostindischen Orissa. Während frühere Forscher annahmen, daß beide Reiche im direkten Zusammenhang mit dem Untergang des Maurya-Reiches etwa um 185 v. Chr. entstanden seien, ist die heutige Forschung immer mehr davon überzeugt, daß sie erst in der Mitte des 1. Jahrhunderts v. Chr. zu bedeutenden Machtfaktoren in Zentral- und Ostindien aufstiegen.

Kharavela, eine der bedeutendsten Herrschergestalten der frühen indischen Geschichte, schildert in einer ausführlichen Inschrift in einer der Höhlen der berühmten jainistischen Klosteranlage von Udayagiri nahe der heutigen Hauptstadt Bhubaneswar seinen Aufstieg zum «obersten Herrn Kalingas» (*Kaliṅga-adhi-pati*). Kharavela gehörte der Cedi-Dynastie an, die möglicherweise aus dem östlichen Madhya Pradesh nach Orissa einwanderte. Er bezeichnet sich in der Inschrift als Maharaja der dritten königlichen Dynastie. Er sah sich offenbar als Nachfolger der Nanda- und Mauryadynastien, die vor ihm über Orissa geherrscht hatten.

Kharavela verkörpert das indische, martialische Ideal eines Weltherrschers (*cakravartin*), das mit dem ausdrücklichen Gebot zur «Eroberung der Weltgegenden» verbunden war. Dies ist um so erstaunlicher, als Kharavela Anhänger des Jainismus war, der Gewaltlosigkeit (*ahiṃsa*) mehr als alle anderen indischen Religionen zum Kernsatz seiner Lehre erhoben hatte. In seiner Inschrift berichtet Kharavela, daß er u.a. im Norden siegend bis über das Kerngebiet des Reiches von Magadha vordrang, woraufhin ein weiter im Nordwesten herrschender griechischer Yavana-König sogar die Flucht ergriff; im Westen stieß er ungehindert bis in das Reich des Shatavahana-Königs Satakarni vor, und im Süden zerschlug er eine Konföderation drawidischer Fürsten. Während wir über Aufbau und Verwaltung seines beachtlichen Reiches wenig wissen, erfahren wir andere aufschlußreiche Einzelheiten seiner Regierung aus der Inschrift. Bereits im ersten Jahr seiner Herrschaft ließ er die Befestigungsanlagen seiner Hauptstadt Kalinganagara reparieren, die von einem Unwetter beschädigt worden waren. Im 5. Regierungsjahr ließ er ein Aquädukt in der Hauptstadt errichten, von dem es in der Inschrift heißt, es sei bereits vor 300 Jahren von einem König der frühen nordindischen Nanda-

4. Der Aufstieg Südindiens

Dynastie errichtet worden, die vor den Mauryas in Nordindien geherrscht und offensichtlich auch Orissa vorübergehend erobert hatte. Von seinem Nordindienfeldzug brachte er dann im 12. Jahr aus Pataliputra auch eine wertvolle Statue Jinas mit, die den bezeichnenden Namen «*Kalinga-Jina*» trug und die der Nanda-König als Beute aus Orissa (Kalinga) fortgeführt habe. All dies spricht für eine beachtliche Kontinuität des religiösen und politischen Bewußtseins einer Region wie Orissa bereits während dieser frühen Zeit. Die zahlreichen Kriegszüge, die Kharavela fast jährlich durchführte, scheinen ihm derart reiche Beute gebracht zu haben, daß er schon im 6. Regierungsjahr alle Steuern und Abgaben für die Städter (*paura*) und die Landbevölkerung (*janapada*) erließ. Interessant ist sicherlich auch die Bemerkung in der Inschrift, daß Kharavela die 64 Künste des Gesanges, Tanzes und der Instrumentalmusik (*tauryatrika*) wieder zuließ, nachdem diese, wie es ausdrücklich heißt, von den Mauryas verboten worden waren. Zeigt dies doch, daß die Dharmamahamatra-«Sittenwächter» selbst im fernen Orissa die Anordnung Kaiser Ashokas im 3. Jahrhundert v. Chr. nachhaltig in die Tat umgesetzt hatten! Kharavelas Reich, das zu seinen Lebzeiten weite Teile Ost- und Zentralindiens umfaßte, scheint nach seinem Tode sehr bald wieder verfallen zu sein. Nur noch von seinem Sohn und einem weiteren Familienangehörigen sind uns kurze, unbedeutende Inschriften überliefert.

Das zentralindische Reich der Shatavahana-Dynastie hatte dagegen einen wesentlich längeren Bestand. Nach den historisch nicht immer sehr zuverlässigen Nachrichten der Purana-Texte sollen ihre Könige sogar 460 Jahre geherrscht haben. Herkunft und Name dieser Dynastie liegen im dunkeln. Ihre Zugehörigkeit zum großen zentralindischen Stamm der Andhras, der bereits im Aitareya-Brahmana-Text von 500 v. Chr. neben anderen nicht-aryanischen Stämmen genannt wurde, gilt jedoch als gesichert, denn der erste König der Dynastie wird in den Puranas ausdrücklich als zum Andhra-Stamm zugehörig bezeichnet. Satakarni I., der wohl identisch mit jenem König ist, der in Kharavelas Inschrift erwähnt wird, ist der erste bedeutende Herrscher dieser Dynastie. Er kämpfte im Nordwesten gegen die Shakas und begann dann seinen Machtbereich von seiner am Oberlauf des Godavari-Flusses gelegenen Hauptstadt Pratishthana flußabwärts nach Südosten bis an die Küste des Golfes von Bengalen auszubreiten. Er wurde damit der erste Herrscher, der diesen Fluß zur Achse eines Reiches machte und sich damit stolz «Herrscher des Südlandes» (*dakṣiṇa-patha-pati*) nannte. Nach Plinius dem Älteren (ca. 23 bis 79 n. Chr.) stellten die hier «Andarae» (Andhra) genannten Shatavahanas in der Mitte des 1. Jahrhunderts n. Chr. mit 30 befestigten Städten, 100000 Fußsoldaten, 30000 Reitern und sogar 1000 Kriegselefanten die stärkste Macht Südindiens dar.

Seit der 2. Hälfte des 1. Jahrhunderts n. Chr. gerieten die Shatavahanas jedoch durch die sich im Westen Indiens ausbreitenden Shakas, die im Nordwesten von den Kushanas besiegt worden waren, in Bedrängnis und verloren sogar vorübergehend ihr Stammland am Oberlauf des Godavari-Flusses an die Shakas. Erst König Gautamiputra konnte nach 125 n. Chr. die alte Größe des Shatavahana-Reiches wiederherstellen. Sein Sohn Vasisthiputra, auch Shri Pulumavi genannt, regierte zur Zeit des römischen Geographen Ptolemaeus (um 140 n. Chr.), der ihn unter dem Namen Siri Polemaios erwähnt. Die vorangegangene, fast hundertjährige Beschränkung der Shatavahanas auf die östlichen Gebiete des Reiches hatte ihre Herrschaft am Unterlauf des Godavari-Flusses gefestigt. Nach Wiedergewinnung der Gebiete an der Westküste beruhte die Macht des Reiches daher gleichmäßig auf beiden Gebieten an der West- und an der Ostküste Indiens. Es erlangte damit eine große Bedeutung für den internationalen Handel, der den Vorderen Orient nun auch mit Südost- und Ostasien zu verbinden begann (siehe Karte 6).

Über die Verwaltung des Reiches der Shatavahanas geben uns ihre Inschriften zwar in den Umrissen ein relativ klares Bild, Einzelheiten dagegen sind auch in ihrem Fall bisher noch wenig bekannt. Das Reich war in *Āhāra*-Distrikte aufgeteilt, die meist von hohen *Amātya*-Beamten verwaltet wurden. Diese Schicht von Beamten scheint die Rolle der Mahamatras des Maurya-Reiches übernommen zu haben. Ob zwischen den Ahara-Bezirken und den Dörfern und Städten noch eine weitere Verwaltungsebene bestand, wie wir dies aus den späten Reichen kennen, wissen wir nicht mit Bestimmtheit. Die Shatavahanas scheinen eine vereinfachte Form der Verwaltung übernommen zu haben, wie wir sie aus der Zeit der Mauryas kennen. Andererseits trugen sie aber in wesentlich stärkerem Maße als die Mauryas lokalen Machtverhältnissen Rechnung, indem sie zunehmend einheimische, lokale Allodialfürsten in die Verwaltung einbezogen, und, was besonders wichtig für die Shatavahana-Zeit ist, sie überließen den Städten und ihren mächtigen Gilden ein hohes Maß an Selbstverwaltung. Deutet die Rolle der Fürsten im Reichsverband bereits eine Entwicklung an, die wir schon bei den Guptas kennengelernt hatten und die später im sogenannten «indischen Feudalismus» eine große Rolle spielen sollte, so erkennen wir in der Selbstverwaltung der Gilden bereits deutlich jene Züge, die uns später in Südindien besonders ausgeprägt entgegentreten werden.

Zwei weitere Eigenarten der Verwaltung des Shatavahana-Reiches müssen hier erwähnt werden. Die späten Shatavahanas scheinen stärker als andere Dynastien kleine Militärgarnisonen über das Land verteilt zu haben, die von der Landbevölkerung unterhalten werden mußten und deren Offiziere (*gaulmika*) auch Verwaltungsaufgaben

4. Der Aufstieg Südindiens

übernahmen. Diese Eigenart veranlaßte einen indischen Historiker sogar, von einem militärischen Charakter der Shatavahana-Verwaltung zu sprechen. Gleichzeitig statteten die Shatavahana-Könige erstmals in einem größeren Maßstab Landstiftungen an Brahmanen und buddhistische Klöster mit Immunitäten (*parihāra*) aus, wie etwa dem Schutz vor dem Betreten durch königliche Beamte und Soldaten. Diese mit Immunitäten versehenen Landstiftungen, die in späteren Jahrhunderten eine der wichtigsten Eigenarten königlicher Politik werden sollten, scheinen unter den Shatavahanas in einem eigenartigen Widerspruch zu der Durchdringung des Landes durch Militärgarnisonen mit Verwaltungsfunktionen gestanden zu haben. Dieser scheinbare Widerspruch könnte ein Zeichen dafür sein, daß die Shatavahanas nach neuen Mitteln suchten, um das weite Hinterland außerhalb der Zentren ihrer Macht unter ihrer Kontrolle zu halten. In Ermangelung einer starken zentralen Bürokratie hatten sie die politische Kontrolle und Verwaltung Angehörigen der Dynastie, hohen höfischen Beamten, die bisweilen sogar militärische Titel wie «Großer Herr des Heeres» (*mahāsenāpati*) trugen, sowie lokalen militärischen Befehlshabern, Allodialfürsten und Gilden der Städte übertragen müssen. Es ist daher nicht ausgeschlossen, daß die Shatavahanas bestrebt waren, dieses System potentiell zentrifugaler Kräfte mit einem Netz loyaler religiöser Institutionen zu durchsetzen. Um Brahmanen und buddhistische Klöster dem Einfluß lokaler Machthaber zu entziehen, wurden sie mit reichem Landbesitz und Immunitäten ausgestattet.

In diesem Zusammenhang ist es ferner bemerkenswert, daß die Shatavahanas, trotz ihrer starken persönlichen Bindung an den Hinduismus, dem Buddhismus in ihrem Reich zu einem großartigen Aufschwung verhalfen. Zahlreiche buddhistische Klosteranlagen, z. B. Sanchi, Karli und Amaravati, erlebten unter ihnen ihre größte Blüte. Bedenkt man ferner die große Rolle, die der Handel im Shatavahana-Reich spielte, sowie die überaus engen Beziehungen, die buddhistische Klosteranlagen zu Handelsgilden unterhielten, so liegt die Vermutung nahe, daß die Shatavahanas den Buddhismus förderten, um auch durch ihn und den überregionalen Handel all jene Kräfte zu stärken, die ihrerseits ein eigenes Interesse an einer großflächigen Integration hatten und damit den partikularistischen Eigeninteressen lokaler Machthaber entgegenwirkten.

Im frühen 3. Jahrhundert n. Chr. begann das Shatavahana-Reich dennoch in einer für die indische Geschichte typischen Weise zu zerfallen. Als die Macht der zentralen Dynastie nachließ, begannen Angehörige der Dynastie und besonders jene lokalen Fürsten, die sich bereits unter den starken Shatavahana-Königen einer beachtlichen Machtfülle erfreut hatten, nach weitgehender Selbständigkeit zu streben, bis das Reich in der Mitte des 3. Jahrhunderts n. Chr. in zahlreiche kleine Nachfolgestaaten zerfiel. Der Norden des Reiches, der sich im frühen 3. Jahrhundert unter einer Seitenlinie der Shatavahanas zu verselbständigen begonnen hatte, geriet im späten 3. Jahrhundert unter die Herrschaft der Vakatakas, die zur stärksten Nachfolgedynastie der Shatavahanas aufstiegen und das gesamte nördliche Zentralindien beherrschten, bis sie dann um 400 n. Chr. die schon erwähnte Heiratsverbindung mit den Guptas Nordindiens eingingen.

Die wichtigste, wenn auch nur kurzlebige Nachfolgedynastie im eigentlichen Andhra, also im Godavari-Krishna-Delta, wurden die Ikshvakus. Der Begründer dieser Dynastie vollzog das große vedische Pferdeopfer, wohl um damit seine gänzliche Unabhängigkeit von seinen früheren Herren, den Shatavahanas, zu erklären. Die Ikshvakus waren ohne Zweifel eifrige Anhänger der Brahmanen und ihrer Lehren, dennoch erfreute sich wie schon unter den Shatavahanas auch unter ihnen der Buddhismus großzügiger Förderung. Aus der Zeit des zweiten Königs der Ikshvakus stammen zahlreiche Stiftungsinschriften, die in den Klosteranlagen von Nagarjunikonda gefunden wurden, von weiblichen Angehörigen der Königsfamilie. Eine Inschrift dieser Zeit gibt Auskunft über die erstaunlich weiten Beziehungen, die dieses Kloster damals unterhielt. So werden Kaschmir, Gandhara und die Yavanas (Griechen?) im Nordwesten Indiens genannt, ferner Kirata im Himalaya (Nepal?), Vanavasi in Westindien und Tosali und Vanga (Orissa und Bengalen), Damila (= Draviden) sowie die Insel Tamrapani (Sri Lanka) und Cina (China). Dieses Beispiel zeigt, in welchem Maße der Buddhismus den frühen lokalen Fürstenstaaten und Königreichen neue und überregionale Dimensionen zu erschließen vermochte. Ende des 3. Jahrhunderts n. Chr. hatten die Ikshvakus den Höhepunkt ihrer Macht überschritten, und Anfang des 4. Jahrhunderts residierte in der Krishna-Godavari-Region ein Provinzgouverneur der Pallavas aus dem südindischen Kanchipuram. Die Geschichte der Ostküste Indiens im 4. Jahrhundert ist ansonsten in ein fast undurchdringliches Dunkel gehüllt. Einen kurzen, aber hellen Lichtstrahl wirft in der Mitte des 4. Jahrhunderts der Eroberungszug Samudraguptas nach Südindien. Wie wir bereits sahen, nennt seine berühmte Allahabad-Inschrift eine große Zahl von selbständigen Fürsten, die er während seines Feldzugs unterwarf und wieder einsetzte. Unter ihnen befanden sich auch ein «Vishnugopa aus Kanchi», dem heutigen Kanchipuram, und ein Hastivarman aus Vengi, vermutlich ein Angehöriger der Shalankayana-Fürsten dieses Gebietes.

Die frühe Geschichte des «fernen Südens» ist die Geschichte der drei Stammesfürstentümer der Colas, Pandyas und Ceras. Neben den Inschriften Kaiser Ashokas aus dem 3. Jahrhundert v. Chr., zahlrei-

4. Der Aufstieg Südindiens

chen kurzen Tamilinschriften des 2. Jahrhunderts v. Chr. (die wie jene Ashokas in Brahmischrift verfaßt sind) sowie der schon genannten Inschrift König Kharavelas aus dem späten 1. Jahrhundert v. Chr. sind die Werke der tamilischen Shangamliteratur der frühen Jahrhunderte n. Chr. die wichtigsten historischen Quellen für diese frühe Zeit. Hinzu kommen archäologische Funde und Berichte klassischer europäischer Autoren über den bedeutenden Handel sowie die teilweise ausführlichen Berichte der ceylonesischen Palichroniken über die Kämpfe der Könige Sri Lankas (Ceylon) gegen die hinduistischen Könige Südindiens. Alles in allem also für diese frühe Zeit eine im Vergleich zu vielen anderen Gebieten Indiens günstige Quellenlage.

Die Shangamliteratur erhielt ihren Namen von den «Akademien» (*sangam*) in Madurai und Umgebung, in denen zahlreiche Dichter unter der Förderung der Pandya-Könige von Madurai ihre Werke verfaßten. Während frühere traditionale Historiker Südindiens die Entstehung dieser Werke in die Zeit zwischen ca. 500 v. Chr. bis 500 n. Chr. datierten, ist man sich heute weitgehend darüber einig, daß die Werke im 1. bis 3. Jahrhundert n. Chr. (mit Schwerpunkt im 2. Jahrhundert n. Chr.) entstanden, wobei die berühmte Tamilgrammatik Tolkappiyam zu Beginn dieser Zeit und das bedeutendste frühe Tamilepos Shilappatikaram sogar erst im 4. oder 5. Jahrhundert verfaßt sein dürften. Trotz beginnender Übernahme nordindischer königlicher Titel wie z. B. «Oberkönig» (*adhirāja*) scheinen Stärke und Legitimität der frühen Könige und Fürsten Südindiens weitgehend noch auf Stammesbindungen und Loyalität des herrschenden Clans beruht zu haben. Diese Loyalität wurde aber allzu oft durch Teilung der Macht unter zahlreichen Angehörigen des königlichen Clans erkauft. Das Cera-Königreich an der Südwestküste scheint geradezu ein großer «Familienbetrieb» gewesen zu sein – eine Herrschaftsform, die übrigens schon Kautalya in seinem Staatslehrbuch als «Familiengemeinschaft» (*kulasaṅgha*) als sehr effizient pries. Die Pandyas und besonders die Colas scheinen dagegen zeitweise bereits über ein stärkeres Königtum verfügt zu haben. Dies gilt vor allem für den Cola-König Karikala, der etwa um 190 n. Chr. über ein größeres Gebiet herrschte, nachdem er eine Konföderation der Cera- und Pandya-Könige und zahlreicher Stammesfürsten in seinen frühen Regierungsjahren geschlagen hatte. Noch nach fast einem Jahrtausend priesen Könige des späteren Großreiches der Colas den König Karikala in ihren Inschriften stolz als ihren ersten historischen Vorfahren. Dabei erwähnen sie die Eroberung und Vergoldung der Tempel Kanchipurams und, was besonders wichtig ist, die Eindeichung des Kaveriflusses. Karikalas neue Politik, die nicht nur auf nominelle Unterwerfung der Nachbarstämme und deren Fürsten, sondern offenbar bereits auch systematisch auf Ausbau und Erweiterung des eigentlichen Kerngebietes der Colas im Kaveridelta abzielte, stieß aber auf Widerstand in der eigenen Bevölkerung. Um eine fluchtartige Auswanderung großer Bevölkerungsteile zu verhindern, sah er sich gezwungen, Zugeständnisse an sie zu machen, um sie zum Bleiben zu veranlassen.

Die Entwicklung der drei frühen südindischen Stammeskönigtümer wurde am Ende der Shangam-Zeit unvermittelt durch die Invasion der Kalabhras unterbrochen. Ihre Herrschaft in Südindien wird von Historikern oft als «Kalabra-Interregnum» bezeichnet, das erst Ende des 6. Jahrhunderts mit dem Aufstieg der Pallavas zur ersten regionalen Großmacht Südindiens beendet wurde. Herkunft und Stammeszugehörigkeit der Kalabhras liegen gänzlich im dunkeln. In der frühmittelalterlichen Tamilliteratur gelten sie als Inbegriff der «bösen Könige» (kaliaraśar), die die gewachsene Ordnung der Stammeskönigtümer an der Küste und in den Flußtälern störten. So wird ihnen vorgeworfen, rechtmäßige Könige vernichtet und sogar Landstiftungen an Brahmanen aufgehoben zu haben. Aufschlußreich dürfte es deshalb sein, daß in der buddhistischen Literatur ein König Accutavikkanta aus der Kalabhra-Dynastie genannt wird, unter dem sich buddhistische Klöster und Literaten besonderer königlicher Gunst erfreuten. Einige seiner eigenen Gedichte wurden ferner noch im 10. Jahrhundert von einem jainistischen Grammatiker zitiert. Vermutlich dürfte es sich daher bei den Kalabhras um einen mächtigen Stamm aus dem Bergland Südindiens handeln, der vorübergehend die prosperierenden Königreiche der Flußlandschaft unterwarf und dessen Fürsten Anhänger des Buddhismus und Jainismus waren. Wir kennen ähnliche Eroberungen des östlichen Küstenlandes durch Bergstämme aus späteren Zeiten. Die Hoysalas, ein Stamm des Wald- und Berglandes von Karnataka, traten zu Ende der Cola-Zeit ebenfalls zunächst als «Wegelagerer und Störenfriede» der etablierten hinduistischen Ordnung auf. Im Gegensatz zu den Kalabhras wandelten sie sich aber, sobald sie an die Macht gelangt waren, zu überzeugten Anhängern des Hinduismus und seiner sozialpolitischen Ordnung.

Bevor wir uns im nächsten Abschnitt der Begründung der großen mittelalterlichen Regionalreiche, die im Süden Indiens mit dem Namen der Pallava- und Cola-Dynastien verbunden sind, zuwenden, sollten wir noch einen Blick auf einen anderen bedeutenden Aspekt der frühen südindischen Geschichte werfen, den schwunghaften Handel mit Rom, der im Zusammenhang mit dem Kushana-Reich bereits erwähnt wurde. Für die Beziehungen zwischen dem Orient und dem Okzident waren die ersten beiden Jahrhunderte n. Chr. wegen der intensiven Handelsbeziehungen zwischen Indien und Rom von größter Bedeutung. Aufbauend auf den frühen griechischen Berichten stellten die erheblich erweiterten Kenntnisse, die in

4. Der Aufstieg Südindiens

diesen Jahrhunderten durch den Indienhandel nach Rom gelangten, die Grundlage für das Wissen des Abendlandes über das ferne Wunderland Indien dar, das nur langsam durch spätere Berichte wie jenen Marco Polos ergänzt wurde. Die europäische Entdeckungsgeschichte am Ausgang des Mittelalters war in ihren Anfängen letztlich eine Wiederentdeckung dieses Wunderlandes. Hegel hat in seiner «Philosophie der Geschichte» diese weltgeschichtliche Rolle des Indienhandels treffend zusammengefaßt: «Indien ist überhaupt als gesuchtes Land ein wesentliches Moment der ganzen Geschichte. Seit den ältesten Zeiten haben alle Völker ihre Wünsche und Gelüste dahin gerichtet, einen Zugang zu den Schätzen dieses Wunderlandes zu finden, die das Köstlichste sind, was es auf Erden gibt – Schätze der Natur, Perlen, Diamanten, Wohlgerüche, Rosenöle, Elefanten, Löwen usw. wie Schätze der Weisheit. Der Weg, welche diese Schätze zu dem Abendlande genommen, ist zu allen Zeiten ein welthistorischer Umstand gewesen, der mit dem Schicksale von Nationen verbunden war.»[2] Für Indien selbst sollte die Begegnung mit dem Westen zunächst eine Episode bleiben. Als der Handel mit Rom im 3. und 4. Jahrhundert versiegte, wandte sich vor allem Südindien zunehmend nach Südostasien, wo die kulturellen Folgen des indischen Einflusses unvergleichlich tiefer und dauerhafter sein sollten als im Westen. Seit dem 8. Jahrhundert traten dann arabische und persische Seefahrer das Erbe Roms im Indischen Ozean an.

Der Handel Indiens mit den Ländern des Mittelmeeres geht weit in vorchristliche Zeit zurück. Doch handelte es sich in der Frühzeit offenbar noch mehr um Einzelunternehmungen wagemutiger Seeleute. Einen ungeahnten Aufschwung nahm der Handel erst in der frühen römischen Kaiserzeit Kaiser Augustus' (30 v. Chr. bis 14 n. Chr.). Drei Gründe waren dafür ausschlaggebend. Bereits zu Beginn des Kaisertums Augustus' wurde Ägypten römische Provinz. Damit gelangte Rom in den Besitz Alexandrias, der großen kosmopolitischen Metropole des östlichen Mittelmeerraums und erhielt durch die ägyptischen Häfen am Roten Meer (vor allem Berenice) direkten Zugang zum Seehandel mit Indien. Nach einem Jahrhundert des Bürgerkrieges erfuhr Rom unter der Pax Augusta einen wirtschaftlichen Aufschwung größten Ausmaßes, der zu einer übersteigerten Nachfrage nach Luxus und den «Schätzen des Orients» unter den Reichen Roms führte. Diese große Nachfrage konnte mit den bisherigen Methoden der gefährlichen und zeitraubenden Küstenseefahrt im Indischen Ozean jedoch kaum befriedigt werden. Dies war erst möglich, als der Seemann Hippalus zu Beginn des 1. Jahrhunderts n. Chr. die Vorzüge der Monsunwinde für die Hochseefahrt erkannte, die es ermöglichten, Südindien von Arabien in etwa 40 Tagen direkt anzulaufen. In den folgenden Jahrzehnten setzte dann ein enormer Aufschwung der Seefahrt und des Handels im Indischen Ozean ein, der seinesgleichen erst wieder in der sprunghaften Entwicklung des Indienhandels nach der Entdeckung des Seeweges durch Vasco da Gama im Jahre 1498 fand. Ein Vergleich der noch zur Zeit Augustus' von Strabo geschriebenen Geographie (zwischen 17 und 23 n. Chr. redigiert) mit dem Mitte desselben Jahrhunderts von einem unbekannten griechischen Kaufmann verfaßten «Periplus des Erythräischen Meeres» läßt bereits eine beachtliche Erweiterung des römischen Handels mit Indien erkennen. Bei Strabo stehen Nordindien und die Häfen zwischen Bombay und der Indusmündung noch eindeutig im Vordergrund des Interesses, von Südindien und der Ostküste Indiens weiß er dagegen nur wenig Konkretes zu berichten. Der Periplus, dessen unbekannter Verfasser sicherlich die Westküste Indiens selbst bereist hatte, berichtet dagegen nur wenige Jahrzehnte später gerade über die Hafenstädte an der Südwestküste Südindiens, der Malabarküste, zuverlässige Einzelheiten und erwähnt erstmals auch Häfen an der Südostküste Indiens. Roms Kenntnisse über den Osten hatten sich bis um 140 n. Chr., als Ptolemaeus seine Geographie schrieb, abermals beträchtlich erweitert, besonders über die gesamte Ostküste Indiens und – wenn auch noch recht schemenhaft – die Küsten Südostasiens, das «Goldland» (*suvarṇabhūmī*) der Inder. Neuere Forschungen zeigen jedoch, daß Indien damals bereits intensiven Handel mit den Ländern Südostasiens trieb.

Wichtigster Hafenort an der Westküste Südindiens war Muziris (das heutige Cranganore bei Cochin) in Kerala im Königreich der Cerobothra (= Ceraputra), das «voll von Schiffen war, die dorthin aus Arabien geschickt waren, und von Griechen». Über den Handel der Römer an der gesamten Malabarküste heißt es dann weiter im Periplus:

«Sie schicken große Schiffe in diese Marktstädte wegen der großen Menge des Pfeffers und des Malabathrums (ein Zimtersatz). Importiert werden hier [an der Südwestküste Indiens] insbesondere große Mengen von Münzen, Topaz, dünner Stoff, nicht viel; gemustertes Leinen, Antimon, Korallen, rohes Glas, Kupfer, Zinn, Blei; Wein, nicht viel, aber gleich viel wie in Barygaza [nördlich von Bombay]; Schwefelarsenik und Rauschgelb; und genug Weizen für die Seeleute, denn dies wird dort von einheimischen Händlern nicht gehandelt. Exportiert wird dort Pfeffer, der in großen Mengen nur in einer Gegend in der Nähe dieser Märkte hergestellt wird, in einem Cottonara genannten Distrikt (Nord- oder Südmalabar?). Außerdem werden exportiert große Mengen feiner Perlen, Elfenbein, Seidenstoff, Nardenöl vom Ganges, Malabathrum aus dem Landesinneren, durchsichtige Steine aller Art, Diamanten, Saphire, Schildpatt; dies von der Insel Chryse (Malaya?) und von den Inseln entlang der [südöstlichen] Küste von Damirika (= Drawida). Sie machen die Reise in einer günstigen Jahreszeit (im Monsun!) und starten von Ägypten etwa im Monat Juli.»[3]

Faßt man diesen Abschnitt des Periplus zusammen, so gewinnt man den Eindruck eines sehr umfangreichen Handels in beiden Richtungen. Des weiteren wird auch klar, daß südindische Häfen als Umschlagplätze für Handelswaren dienten, so für Seide aus China, Öle aus dem Gangestal, die offenbar von indischen Zwischenhändlern um die Südspitze Indiens transportiert wurden, sowie für Edelsteine aus Südostasien. Für den Handel mit der Ostküste Indiens und den Ländern Südostasiens wurde die Coromandel-Küste südlich von Madras jedoch zunehmend bedeutender. Östlich des Kap Comorin (Kanya Kumari) lag das Königreich der Pandyas, an dessen Küste Strafgefangene Perlen fischten, nördlich davon schloß das Gebiet Argaru an, vermutlich das Cola-Reich mit der Hauptstadt Uraiyur. Wichtigste Hafenstädte an der Südostküste Indiens waren Kamara, Poduka und Sopatma, Namen, hinter denen sich die heutigen Orte Karikal, Pondichery und Supatama verbergen (siehe Karte 6). Überaus bemerkenswert ist es, daß sie alle in unmittelbarer Nähe europäischer Niederlassungen der Neuzeit lagen, so Karikal bei Tranquebar, der frühen dänischen Faktorei, Poduka bei Pondichery und Supatama bei Madras, den wichtigsten französischen und britischen Niederlassungen in Südindien!

Nach der Entdeckung einiger Streufunde bei Pondichery grub im Jahre 1945 der britische Archäologe Wheeler drei Kilometer südlich von Pondichery im kleinen Fischerort Arikamedu Reste einer antiken Hafenstadt aus. Die große Zahl römischer Funde macht es sehr wahrscheinlich, daß die Ausgräber das Poduka des Periplus, die «Neustadt» (*Puducceri*) der Tamilen, ausgruben. Ziegelfundamente großer Hallen und Terrassen sowie Reste von Zisternen und Wehrmauern wurden sichtbar. Die Funde von Arikamedu lassen das Bild einer florierenden Hafenstadt erkennen, das deutlich an die Beschreibung von Kaveripatnam in einem Epos der Shangam-Zeit erinnert:

«Die Sonne beschien die offenen Terrassen, die Vorratsschuppen am Hafen und all die Türmchen mit ihren Fenstern wie Rehaugen. An den verschiedenen Stellen von Puhar (Kaveripatnam) lenkte der Anblick der Wohnstätten der Yavanas die Aufmerksamkeit des Beschauers auf sich; ihre Wohlhabenheit ist unverändert. Im Hafen sah man Schiffsleute aus aller Herren Länder, allem Anschein nach aber lebten sie wie in einer großen Gemeinschaft.»[4]

Das hier beschriebene Kaveripatnam, südlich von Pondichery an der Mündung des Kaveri-Flusses gelegen, dürfte mit dem Khaberis-Emporium des Ptolemaeus identisch sein.

Abschließend nun auch im Zusammenhang mit Südindien noch einige Bemerkungen zu den zahlreichen Funden römischer Goldmünzen. Wir hatten bereits erwähnt, daß die zeitgenössischen Kushana-Könige alle römischen Münzen, die über ihre Reichsgrenzen gelangten, einschmolzen und als eigene Münzen umprägten. Dies erklärt die Tatsache, daß der größte Teil der in Indien gefundenen römischen Münzen aus Südindien stammt, wo sie nicht neu geprägt wurden. Doch auch hier kamen sie nicht unverändert in Umlauf. Zahlreiche römische Goldmünzen wurden in Südindien durch einen scharfen Schnitt durch das Gesicht des römischen Kaisers verunstaltet. Doch das stellte weniger einen Akt der «Bilderstürmerei» dar als vielmehr eine Zerstörung des Souveränitätswerts dieser Münzen und ihre Umwandlung in Münzbarren, die durch die Verstümmelung des kaiserlichen Antlitzes nichts von ihrem ursprünglichen Präzisionsgewicht verloren. Der Erwerb dieser Barren feinsten Goldes von genauestem Gewicht scheint die eigentliche Antriebskraft für den Romhandel speziell in Südindien gewesen zu sein, wie dies schon aus der oben zitierten Bemerkung im Periplus hervorgeht, wonach «hier insbesondere große Mengen von Münzen» importiert wurden. Die Bedeutung des Goldes in den Handelsbeziehungen mit Rom geht auch aus einem Text der Shangamliteratur hervor, in dem es heißt:

«Den weißen Gischt durchpflügend kamen die schön gebauten Schiffe der Yavanas mit Gold und kehrten zurück mit Pfeffer und Muziris hallte wider vom Lärm.»[5]

So mag es auch kein Zufall gewesen sein, daß der weitaus größte Teil aller römischen Münzen Südindiens im Hinterland des antiken Muziris, dem heutigen Cranganore bei Cochin, gefunden wurden. Alleine aus der Gegend um Coimbatore am Oberlauf des Kaveri-Flusses, durch die sich die wichtigste Verbindungsstraße zwischen den Handelsorten der Südwest- und der Südostküste zog, sind 11 Münzhortfunde mit mehreren hundert römischen Gold- und Silbermünzen aus dem 1. Jahrhundert n. Chr. bekannt geworden. Waren dies die Ersparnisse der Plantagenbesitzer und «Pfeffersäcke» dieses Gebietes oder gar die vergrabene Beute von Räubern, die einst diese wichtigste Handelsstraße des fernen Südens unsicher machten?

Drittes Kapitel

Die Regionalreiche des frühen Mittelalters

1. Entstehung und Konflikte der Regionalreiche

Bis in die Mitte des ersten Jahrtausends n. Chr. war indische Geschichte vor allem nordindische Geschichte. Auch – und gerade – in der Zeit der großen Reiche des indischen Altertums unter den Mauryas und Guptas lag der Schwerpunkt der historischen und kulturellen Entwicklung im Norden. Sicherlich nicht zu Unrecht sieht man in diesen frühen Großreichen Höhepunkte gesamtindischer Geschichte. Die etwa tausendjährige «Zwischenzeit» vom Untergang der Guptas bis zur Entstehung des Großreiches der Moguln im 16. Jahrhundert, in der die gesamtindische Geschichte in eine Vielzahl regionaler Königreiche zu «zerfallen» schien, wird dagegen meist als eine Zeit des politischen und kulturellen Niedergangs und Verfalls gedeutet. So kann es auch nicht verwundern, daß die Erforschung dieses indischen Mittelalters lange Zeit im Schatten der vorangegangenen klassischen Periode und dem Zeitalter der Muslimherrschaft in Indien stand, die unter den Moguln im 16. und 17. Jahrhundert ihren Höhepunkt erreichte. Frühe Standardwerke zur indischen Geschichte widmeten den hinduistischen Königreichen des frühen Mittelalters bisweilen kaum mehr Raum als dem Indienzug Alexanders und den kurzlebigen indo-griechischen Staaten Nordwestindiens. Erst in den vergangenen Jahrzehnten trat ein deutlicher Wandel ein, der zu einer intensiven Erforschung auch des hinduistischen Mittelalters führte. Neuere Forschungen bestätigen immer mehr, daß gerade das frühe hinduistische Mittelalter als ein Höhepunkt gesamtindischer Geschichte betrachtet werden muß. Denn im Gegensatz zum vorangegangenen Altertum traten nun Zentral- und Südindien als gleichberechtigte Träger der historischen Entwicklung und Partner neben Nordindien. Vermutlich gerade weil Indien in dieser Zeit keine politische Einheit fand, entstand im frühen Mittelalter jene Vielzahl regionaler Kulturen, die die bis heute so faszinierende Vielfalt der indischen Kultur begründete. Wohl keine Periode der indischen Geschichte fand so sehr zur «Einheit durch Vielfalt» wie das frühe indische Mittelalter. Unter dem frühen Mittelalter wird hier die Zeit der hinduistischen Regionalreiche vor der Errichtung des Delhi-Sultanats verstanden.

Das späte Mittelalter ist zwar identisch mit der Zeit des Sultanats von Delhi als der dominierenden Macht der Vor-Mogul-Zeit in Südasien. Gleichzeitig mit dem Delhi-Sultanat bestand aber eine Reihe unabhängiger hinduistischer Königreiche und muslimischer Sultanate, denen am Ende unserer Behandlung des indischen Mittelalters ein gesondertes Kapitel gewidmet ist.

An der Schwelle zum frühen Mittelalter steht die Persönlichkeit König Harshas von Kanauj. Während seiner langen Regierungszeit (606 bis 647 n. Chr.) gelang es ihm noch einmal für eine Generation, einen Nachfolgestaat der Guptas in Nordindien aufzurichten. Die Größe seines Königreiches, das Nordindien vom Panjab bis Nordorissa und vom Himalaya bis zum Narmada-Fluß umfaßte, der Stand der klassischen Bildung an seinem Hofe sowie die großzügige Förderung von Hinduismus und Buddhismus lassen seine Regierungszeit mit Recht als eine Periode der Spätklassik erscheinen. Begünstigt wird dieses Bild durch eine ungewöhnlich gute Quellenlage. Bana, einer der größten Sanskritdichter Indiens, unter dem die kunstvolle Sanskritprosa ihren Höhepunkt erreicht haben dürfte, verfaßte das Harshacarita, in dem er die ruhmvollen Taten (*carita*) seines königlichen Gönners Harsha meisterhaft schilderte. Als historische Quelle für Gesamtindien sind des weiteren die ausführlichen Reiseberichte des chinesischen Pilgers Xuanzang (Hsiuen-tsang) sogar von noch ungleich größerem Wert. Er bereiste Indien von 630 bis 643 und hielt sich davon die letzten acht Jahre fast ausschließlich im Reich Harshas auf, bevor er seinen Rückweg nach China mit zwanzig Pferden antrat, die mit 657 heiligen buddhistischen Texten (von denen er selbst 74 ins Chinesische übersetzte) und 150 buddhistischen Reliquien beladen waren. Banas und Xuanzangs Werke lassen nicht nur Harshas Taten in einem besonders ruhmreichen Licht erscheinen, für Historiker werfen diese Berichte erstmals seit den Inschriften Kaiser Ashokas und zum letzten Mal vor der Zeit der muslimisch-persischen Chroniken ein klares Licht auf eine Herrscherpersönlichkeit Indiens und ihre Zeit.

Die kulturelle Größe und Ausdehnung seines Reiches lassen Harshas Herrschaft zwar in einer unmittelbaren Nachfolgeschaft zu den Guptas erscheinen. Doch dieser Schein trügt. In Harshas Unvermögen, seine Herrschaft über Nordindien hinaus auch nach Zentralindien auszuweiten, erkennen wir bereits deutliche Anzeichen des beginnenden frühen Mittelalters. Wenngleich zwar auch die direkte Herrschaft der Guptas auf Nord- und Teile Zentralindiens beschränkt war, so konnten sie doch ihren *Anspruch* auf Vorherrschaft oder Hegemonie über ganz Indien ohne ernsthaften Widerstand durchsetzen. Auf dem Höhepunkt ihrer Macht gab es für die Guptas keine nennenswerten Rivalen in Indien. Ganz anders dagegen im Falle Harshas.

1. Entstehung und Konflikte der Regionalreiche

Er bestieg den Thron, nachdem sein älterer Bruder einem Komplott des Königs von Bengalen, Shashanka, zum Opfer gefallen war. Obgleich Harsha sogar den König von Kamarupa (Assam) als Verbündeten im Rücken Bengalens gewonnen hatte, gelang es ihm nicht, Shashanka eine entscheidende Niederlage beizufügen. Erst nach dessen Tod um 621 n. Chr. konnte Harsha nach Ostindien vordringen und auch weite Teile der Küste Orissas unterwerfen, die zuvor von Shashanka erobert worden waren. Als sich Harsha dann, dem Beispiel der großen Guptas folgend, anschickte, Gebiete südlich des Vindhya-Gebirges und des Narmada-Flusses in Zentralindien zu erobern, erlitt er etwa im Jahr 630 eine entscheidende Niederlage durch seinen mächtigen Zeitgenossen, den Calukya-König Pulakeshin II. von Badami im westlichen Zentralindien im heutigen Karnataka. Der chinesische Pilger Xuanzang, der sich zu dieser Zeit im Reich Harshas aufhielt, deutet die Niederlage seines großen Gönners vorsichtig an: «Harshavardhana sammelte seine Truppen in den ‹fünf Indien›, rief die besten Führer aller Länder zusammen und stellte sich selber an die Spitze seiner Armee, um dieses Volk (Calukyas) zu unterwerfen, aber er konnte bisher diese Truppen nicht besiegen.»[1] König Pulakeshin verkündet stolz in seiner eigenen berühmten Aihole-Inschrift, daß «Harsha, dessen Lotusfüße bedeckt waren vom Glanz der Juwelen seiner Samanta-Fürsten, die von unermeßlicher Macht waren, durch ihn (Pulakeshin) seine Heiterkeit (wörtlich »*harṣa*«) durch Furcht verlor, als seine Truppe der Kriegselefanten erschlagen worden war.»[2]

Mit dem Sieg Pulakeshins über Harsha wurde dem Vordringen der nordindischen Reiche nach Zentral- und Südindien für über sechs Jahrhunderte bis in die Zeit des Delhi-Sultanats um 1300 ein Riegel vorgeschoben. Nordindiens Anspruch auf Vorherrschaft über Gesamtindien, ein wesentliches Charakteristikum des Altertums, war damit zu einem Ende gekommen. Es entsprach deshalb ganz der Wirklichkeit, daß spätere Calukya-Könige den Sieg ihres Vorgängers Pulakeshins als einen Sieg über den «Herrn des gesamten Nordlandes» (*sakala-uttara-patheśvara*) priesen. Der Dekhan (*dakṣina* = Süden) war damit gleichberechtigt neben den Norden getreten (siehe Karte 9).

König Pulakeshin von Badami war jedoch ebenfalls keineswegs der alleinige «Herr des Südens». In Kanchipuram bei Madras waren die Pallavas Ende des 6. Jahrhunderts n. Chr. zur führenden Macht in dem Gebiet des heutigen Tamil Nadu aufgestiegen. Zwischen den Pallavakönigen Mahendravarman (ca. 610 bis 630) und Narasimhavarman (ca. 630 bis 668) und dem Calukya-König Pulakeshin II. (610 bis 642) und dessen Nachfolgern entbrannte nach der Konsolidierung der Herrschaft über ihre jeweiligen Stammlande ein lange anhaltender, aber letztlich unentschiedener Kampf um die Vorherrschaft über den gesamten Süden. In den Kämpfen behielt zunächst Pulakeshin die

Oberhand, belagerte Kanchipuram und verband sich mit Tributärfürsten der Pallavas wie etwa den Pandyas und Colas im Süden. Nach seinem Sieg über Harsha eroberte Pulakeshin ferner das östliche Krishna-Godavari-Delta und setzte dort in Vengi seinen Bruder als Statthalter ein, der Stammvater der später selbständigen östlichen Calukya-Dynastie wurde. Damit schien für eine kurze Zeit die Oberherrschaft der Calukyas über ganz Zentralindien und sogar eine Hegemonie über den Süden gesichert zu sein. Doch im Jahr 642 griff der Pallavakönig Narasimhavarman überraschend an und drang bis Badami, der Hauptstadt der Calukyas, vor, bei deren vergeblicher Verteidigung Pulakeshin fiel. Für nahezu zwölf Jahre schien damit die große Dynastie der Calukyas vernichtet zu sein. Doch Pulakeshins Sohn Vikramaditya I. stellte die Herrschaft der Calukyas wieder her, ging zum Gegenangriff über und eroberte nun seinerseits Kanchipuram und nahm damit Rache für die erlittene Schmach seiner Dynastie.

So begann im 7. Jahrhundert n. Chr. der Kampf zwischen den jeweils führenden Mächten des westlichen Dekhans und des südöstlichen Tieflandes, der den Verlauf der weiteren politischen Geschichte des Südens entscheidend prägte. Damit traten erstmals die Konturen einer regionalen Schwerpunktsbildung der indischen Geschichte deutlich hervor. Die Dreieckskämpfe zwischen den Königen Harsha, Shashanka von Bengalen und Pulakeshin von Nord-, Ost- und Zentralindien und die Kämpfe Pulakeshins mit den Pallavas im fernen Süden stellen die direkten Vorläufer der heftigen Kämpfe dar, die sich in den folgenden Jahrhunderten zwischen den großen Dynastien dieser Regionen abspielten. Mit der Entstehung dieser regionalen Schwerpunkte und ihrer Königreiche begann das frühe indische Mittelalter. Über diese Schwerpunkte und ihre wechselseitigen Beziehungen sei zunächst ein Überblick gegeben.

Indem Harsha die heilige Stadt Kanauj zur Hauptstadt seines nordindischen Reiches erhoben hatte, verlagerte sich der Schwerpunkt der nordindischen Geschichte vom mittleren Gangestal um Patna (wo die Zentren der frühen Großreiche der Mauryas und Guptas lagen) stromaufwärts in das heilige Zweistromland der Inder zwischen Ganga und Yamuna. Ein Jahrhundert nach Harsha wurde Kanauj für kurze Zeit abermals Hauptstadt eines bedeutenden Reiches. Yashovarman, einer jener mächtigen, kometenhaft aufsteigenden Kriegskönige, an denen auch die indische Geschichte reich ist, eroberte von hier aus weite Teile Nordindiens. Doch sein Reich zerfiel um 740 im Kampf gegen den noch größeren Eroberer, Lalitaditya von Kaschmir, dessen kurzlebiges nordindisches Großreich ebenfalls nach seinem Tode wieder zusammenbrach. Lalitadityas wichtigstes Verdienst war die Abwehr eines Angriffes der Araber, die seit 711/12 den Sind und Teile des Panjabs erobert hatten. Kanauj blieb während der nächsten

Jahrhunderte die heißumkämpfte Kaiserstadt des mittelalterlichen Nordindiens. Von hier aus beherrschten bis ins späte 10. Jahrhundert die mächtigen Gurjara-Pratiharas vorübergehend weite Teile Nordindiens. Die Verlagerung des Zentrums des nordindischen Reiches unter Harsha von Patna nach Kanauj ermöglichte nun erstmals auch Ostindien größere regionale Reichsbildungen. Shashanka hatte den Anfang gemacht. Vom 8. bis 12. Jahrhundert folgten die Palas, unter denen Bihar und Bengalen zeitweise zur Vormacht in Nordindien aufstiegen. Selbst in der Zeit der muslimischen Herrschaft Nordindiens bewahrte Bengalen seine Eigenstellung als selbständiges Sultanat bis in die Zeit der Moguln und erlangte sie bei deren Niedergang zurück, um dann territoriale Basis der frühen britischen Herrschaft über Gesamtindien zu werden.

Der regionale Schwerpunkt im westlichen Dekhan, von dem aus die Calukyas unter Pulakeshin erstmals so machtvoll in die gesamtindische Geschichte eingegriffen hatten, blieb auch nach deren Untergang bestehen. Ihnen folgten in der Mitte des 8. Jahrhunderts die Rashtrakutas von Malkhed und Ende des 10. Jahrhunderts die späten Calukyas von Kalyani. Unter den Rashtrakutas des 9. Jahrhunderts wurde dieser regionale Schwerpunkt in seiner zentralindischen Lage vorübergehend sogar Vormacht Gesamtindiens, eine Stellung, die er für kurze Zeit im 18. Jahrhundert unter den Marathen zurückerlangte. In der Zwischenzeit hatten in diesem regionalen Schwerpunkt die hinduistischen Yadavas im 12. und 13. Jahrhundert und das Bahmani-Sultanat seit der Mitte des 14. Jahrhunderts bis ins frühe 16. Jahrhundert über bedeutende Reiche geherrscht. Am südlichen Rande dieses Kerngebiets lag ferner Vijayanagara, die prächtige Hauptstadt des mächtigen, gleichnamigen hinduistischen «Gegenreichs», das von hier aus von der Mitte des 14. bis ins 16. Jahrhundert das gesamte Südindien beherrschte.

Der südliche regionale Schwerpunkt umfaßt seit dem frühen Mittelalter die drei dynastischen Kerngebiete der Pallavas, Colas und Pandyas in den drei Deltagebieten an der Küste Südostindiens. Von Kanchipuram in ihrem nördlichen Kerngebiet Tondaimandalam herrschten die Pallavas vom 6. Jahrhundert bis ins späte 9. Jahrhundert über Südindien, gefolgt von den Colas von Tanjore im mittleren Kerngebiet Colamandala (= Coromandel) bis in die Mitte des 13. Jahrhunderts, um dann von den Pandyas im südlichsten Kerngebiet Pandyamandalam für zwei Generationen abgelöst zu werden, bevor dann Anfang des 14. Jahrhunderts auch ganz Südindien vorübergehend von den Truppen des Delhi-Sultanats überrannt wurde.

Neben diesen vier wichtigsten regionalen Schwerpunkten der mittelalterlichen Geschichte gab es weitere regionale Schwerpunkte, die zeitweise Bedeutung erlangten. Hier wäre z.B. das südöstliche bergige Hochland von Karnataka zu erwähnen, über das die Gangas seit dem 5. Jahrhundert und später im 12. Jahrhundert die Hoysalas geboten, oder etwa Orissa, das unter den östlichen Gangas und später unter den Suryavamshis vom frühen 12. bis ins 16. Jahrhundert zeitweise die gesamte Küste von Bengalen bis Madras beherrschte, sowie Kaschmir, von dem aus im 8. Jahrhundert König Lalitaditya für kurze Zeit eines der größten nordindischen Reiche begründete. Im Nordosten gelangte Kamarupa, das spätere Assam, zu einer bedeutsamen kulturellen und zeitweise politischen Eigenständigkeit. Doch wurden Indiens Geschicke im frühen Mittelalter im wesentlichen von der Entwicklung innerhalb der vier großen regionalen Schwerpunkte und ihren Beziehungen zueinander bestimmt.

Die zunächst so verwirrend erscheinende Geschichte Indiens von 600 bis 1200 gewinnt an Klarheit, wenn man die Stabilität des regionalgeschichtlichen Faktors der Entwicklung unter dem Gesichtspunkt im Auge behält, daß sich politische Entwicklungen letztlich nur *innerhalb* der Schwerpunkte vollzogen. Ein weiteres, wesentliches Merkmal des frühen hinduistischen Mittelalters ist es ferner, daß es keiner Dynastie einer derartigen Großregion gelang, die Dynastie einer anderen Großregion vernichtend zu schlagen und damit deren Gebiet dauerhaft zu okkupieren. Kämpfe wurden im wesentlichen um die Zwischenregionen geführt, um das Vorfeld zu sichern oder aber um durch Präventivschläge und Beutenahme den Gegner zu schwächen. Es bestand somit ein Gleichgewicht, das letztlich gleichermaßen auf der *Stärke* der jeweiligen «regionalen Großmächte» wie auf der *Schwäche* ihrer Herrschaftsinstrumente beruhte, die es nicht gestatteten, über zeitweise eroberte Gebiete, die außerhalb ihrer eigenen Großregionen lagen, kontinuierlich Macht auszuüben. Dieses Gleichgewicht gewährte den Großregionen trotz aller dynastischen Wechsel eine erhebliche politische Stabilität als Grundlage für die Entwicklung der Regionalkulturen. Andererseits beschwor dieses System nahezu gleich starker regionaler Königreiche aber auch jene Unzahl von periodisch ausbrechenden Mehrfrontenkriegen der Großregionen herauf, die das gesamte indische Mittelalter kennzeichnen. Ihnen müssen wir uns im folgenden zuwenden, um das System der regionalen Schwerpunkte des Mittelalters und ihre Beziehungen zueinander besser verstehen zu können (siehe Karte 9).

Mit besonderer Heftigkeit tobten diese interregionalen Kämpfe im späten 8. Jahrhundert und im 9. Jahrhundert zwischen den Großreichen der nahezu gleichzeitig an die Macht gelangten Dynastien der Gurjara-Pratiharas im Norden, der Palas im Osten und den Rashtrakutas bzw. ihren Nachfolgern, den Calukyas von Kalyani in Zentralindien und den Colas im fernen Süden. Während sich Vatsaraja, der Begründer der Gurjara-Pratihara-Macht Nordindiens, um 783 n. Chr.

1. Entstehung und Konflikte der Regionalreiche

über Rajputana und Teile Nordwestindiens auszubreiten begann, dehnten die frühen Palas unter Gopala und Dharmapala (ca. 770 bis 821) ihre Macht von Bengalen aus das Gangestal aufwärts nach Nordindien aus. Eine militärische Auseinandersetzung zwischen beiden Dynastien war deshalb unausweichlich. Zunächst besiegte der nordindische König Vatsaraja den Pala-König Ostindiens in der Nähe Allahabads. Inzwischen hatten jedoch im westlichen Zentralindien auch die Rashtrakutas ihre Macht konsolidiert und nun auch ihrerseits begonnen, nach Nordindien vorzustoßen. Mit einem großen Heer zog deren dritter König Dhruva (ca. 779 bis 793) in das Gangestal und besiegte den Pratihara-König Vatsaraja und, um seinen Sieg in Nordindien zu vervollständigen, auch König Dharmapala von Bengalen. Nach dem Tode Dhruvas um 793 nutzte Dharmapala die vorübergehende Schwächung des Rashtrakuta-Reiches und eroberte nun seinerseits Kanauj. Während eines großartigen Durbar-Reichstages, auf dem sich, wie es in einer Pala-Inschrift heißt, zahlreiche Fürsten und Könige Nordindiens vor ihm «mit zitternden Kronen verbeugten und ihn mit Lob überschütteten», setzte der siegreiche ostindische König Dharmapala einen Günstling als neuen König von Kanauj ein. Inzwischen hatte aber unter Vatsarajas Sohn Nagabhata das nordindische Pratihara-Reich seine alte Größe wieder zurückgewonnen. Er eroberte Kanauj, vertrieb Dharmapalas Günstling und besiegte wenig später sogar Dharmapala. Dieser Sieg seines nordindischen Rivalen rief nun abermals den neuen Rashtrakuta-König Govinda III. auf den Plan. Nagabhata wurde vernichtend geschlagen und mußte in der Wüste von Rajasthan Zuflucht nehmen, während Dharmapala abermals seinen Günstling in Kanauj inthronisierte. In der folgenden Herrschergeneration der drei Dynastien konnte Dharmapalas Sohn Devapala (ca. 821 bis 860) die führende Rolle Bihars und Bengalens in Nord- und Ostindien wegen der Schwäche der Könige der anderen beiden Großregionen Nord- und Zentralindiens wahren. In der Mitte des 9. Jahrhunderts stiegen jedoch die Gurjara-Pratihara unter den Königen Bhoja (836 bis 885) und Mahendrapala (885 bis 910) zur führenden Macht Nordindiens auf und besiegten mehrfach Palas und Rashtrakutas, nachdem sie Kanauj zu ihrer eigenen königlichen Residenz erhoben hatten.

Ende des 9. Jahrhunderts erstarkte aber das Rashtrakuta-Reich erneut unter Indra III. und erreichte einen letzten Höhepunkt unter König Krishna III. (939 bis 968), dessen Macht in allen Großregionen Indiens zu spüren war. Besonders betroffen wurde die südliche Großregion, in der erst kürzlich die Colas nach ihrem Sieg über die Pallavas die Macht übernommen hatten. In einer Inschrift des Königs Krishna im südindischen Tondaimandalam aus dem Jahr 959 heißt es: «Nachdem er in der Absicht, die Südregion (*dakṣiṇadig*) zu erobern, die Cola-Dynastie entwurzelt hatte, gab er deren Land eigenen Verwandten und machte die mächtigen Oberherrscher der Mandalas, wie die Ceras und Pandyas und andere, zusammen mit Simhala (Sri Lanka), zu Tributärfürsten (*kara-dā*) und errichtete in Rameswaram (Tempelstadt gegenüber von Sri Lanka) eine Siegessäule.»[3] Diese Inschrift ist insofern interessant, weil sie zeigt, daß es entgegen den oben gemachten allgemeinen Ausführungen den Großkönigen der Regionalreiche bisweilen doch gelang, nicht nur die Zwischenregionen zu annektieren, sondern auch Gebiete der besiegten Dynastie zu unterwerfen und zumindest zeitweise der eigenen Verwaltung zu unterstellen.

Damit hätte in der Tat eine Grundlage für die Errichtung eines neuen gesamtindischen Großreiches mit zentralindischem Schwerpunkt geschaffen werden können. Doch anders als im Fall der frühindischen Großreiche hatte im Mittelalter die «Verfestigung» der politischen Macht in den Kerngebieten *aller* Großregionen und in den meisten Zwischenregionen bereits ein derartiges Ausmaß erreicht, daß die Oberherrschaft einer Großregion über eine andere Großregion nur zeitweise und nur mit größten militärischen Anstrengungen aufrechterhalten werden konnte. Diese Aufbietung aller Kräfte hatte aber wiederum eine wirtschaftliche Verarmung und ein durch dauernde Kriegszüge bedingtes Ausbluten des dynastischen Stammlandes zur Folge. Diese Schwächung des Kerngebietes führte fast unweigerlich zu einer Stärkung der Tributärfürsten am Rande der Großregion, bis einer von ihnen die Herrschaft an sich riß und mit vorübergehend frischen Kräften die Herrschaft der von ihm gestürzten Dynastie fortsetzte. Dieses Schicksal sollte das mächtige Rashtrakuta-Reich sehr bald ereilen. Schon im Jahr 973, also nur sechs Jahre nach dem Tod König Krishnas III., des unangefochtenen Herrn Zentral- und Südindiens, wurde der Neffe Krishnas von Taila, einem Tributärfürsten der Rashtrakutas, gestürzt. Nach einem vergeblichen letzten Versuch, den großväterlichen Thron zurückzuerlangen, nahm sich dann im Jahr 982 ein Enkel König Krishnas das Leben durch Fasten. Taila war zur Macht gelangt, da ihn König Krishna zum Gouverneur einer großen und relativ zentral gelegenen Provinz des Reiches ernannt und ihm zudem die Verteidigung des Nordens übertragen hatte, um selber im Süden im Kampf gegen die Colas freie Hand zu haben. Da Taila für sich in Anspruch nahm, ein Nachkomme der frühen Calukyas von Badami zu sein, ist die von ihm gegründete Dynastie nach ihrer neuen Hauptstadt als «Calukyas von Kalyani» bekannt.

Als die Calukyas von Kalyani die Herrschaft über Zentralindien antraten, hatte sich die politische Lage in zwei der übrigen Großregionen grundlegend geändert. Im Norden war das einst mächtige Gurjara-Pratihara-Reich Ende des 10. Jahrhunderts infolge der auf-

1. Entstehung und Konflikte der Regionalreiche

reibenden Kämpfe mit hinduistischen Königen und den Arabern, die seit dem frühen 8. Jahrhundert über den Sind im heutigen Westpakistan herrschten, fast zur Bedeutungslosigkeit herabgesunken. Al-Mas'ūdī, ein Reisender aus Baghdad, der Kanauj im frühen 10. Jahrhundert besucht hatte, berichtete, daß die Pratiharas vier Armeen von der Stärke von je 700000 bis 900000 Mann unterhalten hätten. Die nördliche sei zum Kampf gegen den islamischen Herrscher von Multan (im heutigen Pakistan) und die südliche ausdrücklich gegen die Rashtrakutas bestimmt gewesen, die Al-Mas'ūdī als ihren natürlichen Feind bezeichnete. Die Unterhaltung dieser großen Heere, zu denen Tausende von Pferden, Kamelen und Kriegselefanten gehörten, müssen überaus schwer auf der Bevölkerung gelastet haben. Zwar konnten sich die Gurjara-Pratiharas weiterhin in ihrer kaiserlichen Hauptstadt Kanauj halten, doch die Macht der Außengebiete des Großreichs war gänzlich an frühere Tributärfürsten übergegangen, vor allem an die Rajputen, auf die wir noch zu sprechen kommen werden. Der Zerfall der politischen Einheit Nordindiens wurde kurz darauf endgültig besiegelt durch die Wucht der sich zwischen 1000 und 1027 fast jährlich wiederholenden kriegerischen Beutezüge Mahmuds von Ghazni bis Benares und Gujarat. Nordindien sollte sich von den Folgen dieser Angriffe bis um 1200 nicht mehr erholen, als es endgültig von den ebenfalls aus Afghanistan kommenden Türken erobert wurde.

Gänzlich anders verlief dagegen seit Ende des 10. Jahrhunderts die Entwicklung in Südindien. Etwa gleichzeitig mit dem Sturz der Rashtrakutas durch die Calukyas begann im Süden der Wiederaufstieg der Colas, der Anfang des 11. Jahrhunderts unter den Königen Rajaraja I. und Rajendra I. seinen Höhepunkt erreichte. Unter ihnen verlagerte sich erstmalig der Schwerpunkt der indischen Geschichte von Nord- und Zentralindien nach Südindien. Ihre Regierungszeit ist gekennzeichnet von einer aggressiven Expansionspolitik, die nicht nur auf Kosten der Calukyas ging, sondern zur Eroberung von Sri Lanka führte und Cola-Truppen und Flotten bis zum Ganges und nach Indonesien und Malaya brachte. Der bereits mehr als vier Jahrhunderte währende Kampf um Vengi im Krishna-Godavari-Becken wurde Ende des 11. Jahrhunderts durch Heiratspolitik zugunsten der Colas entschieden, als 1070 ein Angehöriger der östlichen Calukyas von Vengi unter dem Namen Kulottunga den Thron der Colas bestieg. Die Colas blieben die dominierende Macht Südindiens bis ins frühe 13. Jahrhundert, als auch ihr Großreich in eine Reihe kleinerer Nachfolgestaaten zerfiel, aus denen besonders die Pandyas im Süden, die Hoysalas im südwestlichen Hochland und die Kakatiyas im früheren Vengi herausragten. Doch sie alle wurden, wenn auch ein Jahrhundert später als die nordindischen Königreiche, Anfang des

14. Jahrhunderts ein Opfer der überlegenen, mobilen Kriegstechnik der Heere des Delhi-Sultanats.

Nachdem wir uns bisher bemüht haben, vor allem die Beziehungen der regionalen Schwerpunkte zueinander aufzuzeigen, um damit die strukturellen Merkmale der geschichtlichen Entwicklung Gesamtindiens im Mittelalter verständlich zu machen, werden wir uns nun einigen Dynastien dieser regionalen Schwerpunkte näher zuwenden. Dabei können wir nun auf die Darstellung ihrer verwirrenden «Mehrfrontenkriege» so weit verzichten, wie ihre Erwähnung nicht zum Verständnis der inneren Struktur einzelner Reiche notwendig ist.

Der Schwerpunkt der nordindischen Geschichte hatte sich mit Harsha Anfang des 7. Jahrhunderts wieder in das Zweistromland zwischen Ganges und Yamuna zurückverlagert, wo etwa 1500 Jahre zuvor der große Bharata-Krieg zwischen zwei Clanen der frühen Aryas ausgetragen worden sein soll. Damit fiel auch all jenen Stämmen ein besonderes Gewicht zu, die westlich und südwestlich am Rande des fruchtbaren Zweistromlandes siedelten und in den folgenden Jahrhunderten unter dem Namen Rajputen in die Geschichte des Nordens eingriffen. Der bedeutendsten dieser Dynastien begegneten wir bereits unter dem Namen der Gurjara-Pratiharas, die einem Clan der Pratiharas des Stammes der Gurjaras angehörten. Die Herkunft der Rajputen ist bis heute ein umstrittenes Problem. Da sie sich besonders im Kampf gegen die Araber und das Delhi-Sultanat hervortaten und dabei übermäßig auf rituelle Reinheit, Kastengesetze und ihr Rittertum achteten, trat ein indischer Historiker des Unabhängigkeitskampfes vehement für ihre vedisch-aryanische Herkunft ein. Wahrscheinlicher ist jedoch, daß sich unter dem späteren Begriff der Rajputen zahlreiche Stämme vereinigten, die im Gefolge der Hunnen nach Indien gekommen waren, sich im Westen niedergelassen hatten und mit einigen bereits dort ansässigen Stämmen enge Verbindungen eingingen. Orts- und Distriktnamen, wie etwa jene, die nach den Gurjaras benannt sind, lassen den Weg erkennen, den sie vom Panjab nach Rajputana zurückgelegt hatten, bevor sie sich in der Region von Jodhpur und westlich der Aravalli-Berge niederließen. Dort liegt auch der Berg Abu, berühmt durch seine großartigen jainistischen Tempel. Hier soll nach einer späteren Überlieferung im Jahre 747 n. Chr. eine große Feuerzeremonie stattgefunden haben, durch die die Rajputenclane rituell gereinigt und als reine Kshatriyas anerkannt wurden. So führen z.B. die Paramaras in ihren Inschriften sogar ihren Ursprung und den Titel Agnikula («Feuerfamilie») auf ein Feueropfer des göttlichen Heiligen Vasishtha auf dem Berg Abu zurück. Mit dieser Legende suchten sie Anerkennung als «Feuergeschlecht» zu

Gyaraspur, Madhya Pradesh.
Baumnymphe, 9. Jh. n. Chr.

erlangen, um ebenbürtig neben den alten königlichen Sonnen- und Mondgeschlechtern (Surya- und Candravamsha) zu stehen, die ihre Herkunft auf die Götter Rama und Krishna zurückführten.

Der Aufstieg der Rajputen-Stämme in den weiten Gebieten Rajasthans scheint mit einer Erweiterung der landwirtschaftlichen Anbauzone durch künstliche Bewässerung und in einigen Fällen auch mit einer Verdrängung alteingesessener Stämme wie der Sabaras, Pulindas und der Bhils verbunden gewesen zu sein. Eine der wichtigsten Eigenarten des Aufstiegs der Rajputen war eine ständige Teilung der Clane in exogame Untergruppen, wodurch ein kompliziertes System weitverzweigter Heiratsbeziehungen entstand. Dies wiederum führte zu einer zunehmenden Vermischung der Führungsgruppen der Clane und zur Entwicklung einer einheitlichen Kultur der Rajputen, die bis heute Rajasthan von allen anderen Regionen Indiens so deutlich unterscheidet. Die Stärke der Gurjara-Pratiharas beruhte seit Ende des 8. Jahrhunderts ganz wesentlich darauf, daß sie die zahlreichen Stämme und Clane der Rajputen für nahezu zwei Jahrhunderte in den Reichsverband einzugliedern vermochten. In der Zeit des Niedergangs des Reiches, die mit der Plünderung ihrer kaiserlichen Hauptstadt Kanauj durch die Rashtrakutas Anfang des 10. Jahrhunderts begonnen hatte, erklärten zahlreiche Rajputen-Fürsten ihre Unabhängigkeit und gründeten eine Reihe bedeutender Königreiche, die dann die nordindische Geschichte der nächsten zwei Jahrhunderte bestimmten. Am bekanntesten sind unter ihnen die Caulukyas oder Solankis von Kathiawar und Gujarat, die Cahamanas (= Cauhan) im östlichen Rajasthan bei Ajmer und Jodhpur und die Tomaras, die 736 Delhi (Dhillika) gründeten, aber im 12. Jahrhundert von den Cauhans verdrängt wurden. Rajputenherkunft nahmen auch die Candellas von Khajuraho und die Kalacuris von Tripuri im östlichen Madhya Pradesh für sich in Anspruch. Durch kriegerischen Lebensstil und ritterliche Hofhaltung, die von zahlreichen Barden noch über Jahrhunderte in ganz Nordindien und Teilen Zentralindiens in ihren Liedern gepriesen wurden, übten die Rajputen einen großen Einfluß auf die spätmittelalterliche Kultur Nordindiens aus. Selbst im fernen Orissa führen bis heute frühere Rajafamilien ihren Stammbaum auf die Cauhans zurück, deren letzter Herrscher Prithviraja als Führer der verbündeten Rajputenheere 1192 bei der Verteidigung von Delhi gefallen war. Dieser Einfluß – in der wissenschaftlichen Literatur als «Rajputisierung» bezeichnet – erhielt unter den Moguln nochmals einen gewaltigen Aufschwung, als zahlreiche Angehörige der großen Rajputenfamilien in höchste Ämter am kaiserlichen Hof aufstiegen und als Generäle und Provinzgouverneure im ganzen Reich zu hohem Ansehen gelangten. Einer der wichtigsten Beiträge der Rajputen-Dynastien zur mittelalterlichen Kultur Nordindiens liegt auf dem Gebiet der Tempelarchitektur und Plastik. Unter den Gurjara-Pratiharas und ihren Nachfolgedynastien, aus denen vor allem die Candellas als Bauherren der weltberühmten Tempel von Khajuraho herausragen, erreichte der nordindische Tempelstil seine bleibende Ausformung. Rajputenkultur und das frühe nordindische Mittelalter sind in der Tat weitgehend identisch.

Als bedeutendste Dynastie des frühmittelalterlichen Ostindiens gelten die Palas. Ihr erster König, Gopala, entstammte keiner königlichen Familie, sondern wurde nach einer langen Zeit chaotischer Zustände von den Großen des Landes gewählt, um «den Zustand der Fische zu beenden und die Hand des Glücks zu ergreifen», wie es in einer Inschrift seines Sohnes Dharmapala heißt. Das «Gesetz der Fische» (*matsya-nyāya*), demzufolge der Große die Kleinen verschlingt, ist ein bekannter Ausdruck der indischen Staatslehre für Anarchie (*a-rājaka* = könglose Zeit). Macht und Bedeutung des Pala-Reiches gehen auf Gopalas Nachfolger, die großen Könige Dharmapala (ca. 790 bis 821) und Devapala (ca. 821 bis 860), zurück. Beide griffen massiv in die Kämpfe um die Vorherrschaft in Nordindien ein. Unter ihren Nachfolgern fiel das Reich jedoch für über ein Jahrhundert wieder auf den Status einer sekundären Regionalmacht der Gegend

1. Entstehung und Konflikte der Regionalreiche

von Patna zurück, nachdem sie sogar Bengalen vorübergehend verloren hatten. Erst Mahipala (ca. 988 bis 1038) vermochte es, Ruhm und Größe der Dynastie wiederherzustellen, auch wenn er um 1023 vorübergehend einen Rückschlag durch die siegreichen Truppen des Cola-Königs Rajendra I. erfuhr. Seine Nachfolger wurden immer mehr durch die Kämpfe mit den Kalacuris aus dem östlichen Madhya Pradesh geschwächt, deren Oberhoheit sie zeitweise sogar anerkannt zu haben scheinen. Ende des 11. Jahrhunderts ereignete sich ein Aufstand der ländlichen Bevölkerung unter Führung der Kaivartas (Fischer-Kaste), durch den die Palas erneut aus Nordbengalen vertrieben wurden. Nachdem drei Kaivarta-Fürsten über Varendra geherrscht hatten, gelang es König Ramapala, durch Unterstützung früherer Tributärfürsten der Palas die Kaivarta-Fürsten zu vertreiben und nochmals für wenige Jahrzehnte die Größe des Reiches wiederherzustellen. Auf Ramapala folgten nur noch schwache Könige, die den endgültigen Verfall des Reiches nicht mehr aufhalten konnten. Doch auch in ihrem Fall kam der entscheidende Schlag nicht von außen, sondern von einem Tributärfürsten, der bereits unter Ramapala ein starkes Fürstentum im Reichsverband aufgebaut hatte. Es war Vijayasena, der Begründer der Sena-Dynastie. Er besiegte zunächst nacheinander alle Fürsten des Reiches, die sich ebenfalls anschickten, das Erbe der Palas anzutreten, bis er dann in der Mitte des 12. Jahrhunderts auch die geschwächten Palas vernichtend schlug. Unter ihm und seinen Nachfolgern Vallalasena und Lakshmanasena (1179 bis 1205) erlebte Bengalen im Inneren noch einmal eine friedliche Zeit, während die Truppen der Senas nach Nordorissa, Bihar und Assam vorstießen. Gegen Ende des 12. Jahrhunderts traten aber Tributärfürsten erneut als unabhängige Herrscher auf. Während dieser inneren Krise Bengalens fiel dann überraschend Muhammad Bakhtyar Khilji, der zuvor Bihar erobert hatte, in der Hauptstadt Nadiya ein und vertrieb Lakshmanasena nach Ostbengalen, wo er und seine Nachfahren noch einige Jahrzehnte herrschten, ohne jedoch die Festigung der Herrschaft der Khaljis und die Begründung des Sultanats von Bengalen verhindern zu können.

Die Bedeutung der Herrschaft der Palas über Bengalen und Bihar und zeitweise weiterer Teile Nordostindiens liegt vor allem auf kulturellem Gebiet. Nach mehreren Jahrhunderten intensiver hinduistischer «Gegenreformation» in allen Teilen Indiens waren die Palas die einzige größere Dynastie Indiens, unter der sich der Buddhismus auch weiterhin kontinuierlich königlicher Förderung erfreute. Da die Palas über drei Jahrhunderte über Bihar mit den heiligen Stätten des Buddhismus herrschten, wirkte sich ihre Herrschaft für den Buddhismus Indiens und seine Beziehungen zu den Ländern Asiens als überaus segensreich aus. Für die späte Entwicklungsphase des Mahayana-

Buddhismus war es von großer Bedeutung, daß er in Ostindien in der Form des Tantrismus eine enge Verbindung mit den dort besonders mächtigen Muttergottheitskulten einging, die gerade in Bengalen im Kalikult bis in die heutige Zeit besonders lebendig sind. In einer Zeit, in der mystisch-magische Weltanschauungen auch in den Ländern Südostasiens und Zentralasiens (Tibet) zunehmend königliche Förderung erfuhren, spielte die Pala-Dynastie eine wichtige Rolle in den wechselseitigen Beziehungen zwischen Indien und seinen Nachbarländern. Von hervorragender Bedeutung waren hierbei die alte buddhistische Universität von Nalanda, die bis in die Zeit der Palas zu den großen geistigen Zentren der damaligen Welt gehörte, sowie die von Dharmapala neu gegründete Universität von Vikramashila. Während Vikramashila insbesondere von buddhistischen Mönchen aus Tibet aufgesucht wurde, die hier Sanskrittexte ins Tibetische übersetzten, galt Nalanda besonders für die Länder Südostasiens geradezu als das «Mekka» buddhistischer Gelehrsamkeit. Balaputra, der Shailendra-König des Shrivijaya-Reiches von Sumatra, ließ deshalb um 860 n. Chr. für Mönche aus seinem Reich in Nalanda ein Kloster erbauen, für dessen Unterhalt König Devapala in seinem 39. Regierungsjahr fünf Dörfer stiftete. Mit der Ausbreitung des Mahayana-Buddhismus aus Bengalen und Bihar in die Länder Südost- und Zentralasiens ging auch die Ausbreitung der Pala-Kunst einher, deren Einfluß auf die Malerei in Zentralasien (z. B. Thangkas) und Burma sowie auf die plastische Kunst in Südostasien nicht hoch genug eingeschätzt werden kann.

Der Aufstieg Zentral- und Südindiens zu ebenbürtigen Trägern der gesamtindischen Geschichte ist bereits als das wichtigste historische Merkmal des frühen Mittelalters hervorgehoben worden. Der historische Durchbruch hierzu geschah im frühen 7. Jahrhundert, als Harshas Versuch, sein Reich nach Zentralindien auszudehnen, am Widerstand der Calukyas ebenso scheiterte, wie etwas später der Versuch der Calukyas, ihrerseits ihren Einfluß im fernen Süden geltend zu machen, von den Pallavas vereitelt wurde. Die Calukyas begannen ihren Aufstieg als Tributärfürsten der Kadamba-Dynastie, die seit dem 4. Jahrhundert n. Chr. an der Westküste des heutigen Karnataka herrschte. Die eigenständige Geschichte der Calukyas nahm ihren Anfang mit Pulakeshin I., der im frühen 6. Jahrhundert Vatapi (Badami) zur Festung und Hauptstadt ausbaute und durch ein großes Pferdeopfer seine eigene Unabhängigkeit erklärte. In den folgenden Jahrhunderten spielten die Calukyas nicht nur die ihnen oft zugeschriebene kulturelle «Mittlerrolle» zwischen Nord- und Südindien. Sie waren ihrerseits überaus schöpferisch in Architektur, Bildhauerei und Malerei. Es ist wahrscheinlich nicht einmal übertrieben, ihre Künstler zu den größten Schöpfern der mittelalterlichen hinduistischen Ikono-

1. Entstehung und Konflikte der Regionalreiche 153

graphie zu zählen, denn sie setzten in manchen Fällen erstmals hinduistische Mythologie in einem großartigen «Spätgupta-Stil» in Steinskulpturen um. Bedeutungsvollste Wirkungsstätten ihrer Künstler waren im Norden die Höhlentempel von Ellora, aber auch die späten Höhlentempel von Ajanta und Elephanta bei Bombay und besonders ihre Hauptstadt Badami sowie die nahegelegenen Tempel- und Pilgerstädte Aihole und Pattadakal, die zu wahren «Bilderbüchern» frühmittelalterlicher Ikonographie und Architektur ausgebaut wurden. Unübertroffen sind in ihren Details wie Decken- und Pfeilerdekoration die Höhlentempel von Badami, deren Wände übersät sind mit hervorragenden Reliefs der hinduistischen Götterwelt. Sie wurden unter Pulakeshins I. Nachfolgern an einem der malerischsten Orte indischer Kunst oberhalb der Stadt am Aufgang zur Burg aus dem Felsen gehauen. Die Skulpturen von Badami, wie etwa der tanzende Shiva (Nataraja) oder Vishnu-Trivikrama, der in seiner Zwerginkarnation durch drei Schritte den Kosmos von einem Dämon zurückgewinnt, wirkten unmittelbar auf die frühe Kunst der Pallavas im Süden ein. Besonders deutlich sind diese zentralindischen Einflüsse in der Hafenstadt Mahabalipuram südlich von Madras in den Höhlentempeln und den «Rathas» zu spüren, die von den Pallavas nach deren Eroberung Badamis im Jahr 642 fertiggestellt wurden. Doch die Pallavas sollten bald Gelegenheit erhalten, ihre «Schuld» zurückzuzahlen. Nach der Eroberung ihrer Hauptstadt Kanchipuram im Jahr 740 nahm der Calukya-König Vikramaditya II. Pallavakünstler in sein Reich mit, wo sie um die Jahre 746/747 zwei berühmte Tempel im Pallava-Stil errichteten. Diese Tempel wiederum beeinflußten die Kunst unter der Rashtrakuta-Dynastie, die als Nachfolger der Calukyas zur neuen regionalen Großmacht im Dekhan aufstiegen. So läßt der von dem Rashtrakuta-König Krishna I. (ca. 756 bis 773) aus gewachsenem Fels gehauene, monumentale Kailasa-Tempel in Ellora deutlich Spuren indirekten Einflusses der Pallava-Kunst erkennen. Dies ist ein gutes Beispiel für die engen, wechselseitigen kulturellen Beziehungen zwischen den Großregionen im indischen Mittelalter.

Die Pallavas waren die erste Dynastie Südindiens, die es vermochte, ihr eigenes Stammland beträchtlich auszudehnen und von Kanchipuram aus das dynastische Stammland der Colas am Kaverifluß und zumindest zeitweise auch dasjenige der Pandyas um Madurai am Vaigaifluß unter die Kontrolle einer einzigen Dynastie zu bringen und damit das erste Regionalreich der südindischen Geschichte zu begründen. Ihre Herkunft ist immer noch umstritten. Einige Historiker glauben, sie mit den Pahlavas (Parthern) Nordwestindiens in Verbindung bringen zu können. Ihr Name stellt jedoch wohl eher eine nachträgliche Sanskritisierung des tamilischen Pflanzennamens *toṇḍai*

Mahabalipuram, Tamil Nadu. 50 m langes Relief, das als «Herabkunft der Ganga» oder als «Askese des Arjuna» bezeichnet wird, spätes 7. Jh. n. Chr.

(*Sanskrit* = *pallava*) dar, der noch in dem Namen ihres Kerngebiets *Toṇḍaimaṇḍalam* erhalten ist. Für eine fremde Herkunft spricht allerdings die Ursprungslegende der Dynastie, die berichtet, daß die Pallavas aus einer Verbindung eines fremden Prinzen mit einer Naga-Prinzessin hervorgegangen sein sollen. Die Nagas (= Schlange) gelten als Symbol chthonischer Fruchtbarkeit und einheimischer Macht. Ähnliche Gründungslegenden früher hinduistischer Königreiche sind uns aus Südostasien, vor allem aus Funan in Kambodscha, bekannt (siehe unten). Sicher ist aber, daß die Pallavas nicht zu den von alters her bekannten Stämmen des Südens (Colas, Pandyas und Ceras) gehörten. Ihr Aufstieg zur regionalen Großmacht des Südens im späten 6. Jahrhundert hängt offensichtlich mit der Vertreibung der Kalabhras zusammen, die gegen Ende der Shangam-Zeit die Kontinuität der Stammeskönigtümer der Colas und Pandyas unterbrochen hatten. Es ist sogar keineswegs ausgeschlossen, daß dieser vorangegangene Zusammenbruch der alten Ordnung es den Pallavas überhaupt erst ermöglichte, sich als Außenseiter die Führung über die alteingesessenen Stammeskönigtümer des Südens zu erkämpfen.

Nach dem Sieg über die Kalabhras dehnte König Simhavishnu, der Begründer des neuen Pallava-Reiches, seine Herrschaft im Norden bis zum Krishna-Fluß aus. Im Süden stieß er am Kaveri-Fluß bis tief in das Stammland der Colas vor, die daraufhin bis ins 9. Jahrhundert

1. Entstehung und Konflikte der Regionalreiche   155

zu unbedeutenden lokalen Fürsten herabsanken. Unter seinen Nachfolgern Mahendravarman (ca. 600 bis 630) und Narasimhavarman (ca. 630 bis 668) wurden die Pallavas in den Kampf mit den Calukyas verwickelt, über dessen Verlauf bereits berichtet wurde. Mahendravarman gilt als ein überaus vielseitiger Herrscher. Ihm werden ebenso Theaterstücke in Sanskrit zugeschrieben, wie er als Bauherr der ersten hinduistischen Höhlentempel Südindiens gilt. Er soll anfangs ein Anhänger des Jainismus gewesen sein und dann von Appar, einem der frühen Bhakti-Heiligen, zum Shivaismus bekehrt worden sein. Narasimhavarman ist durch seinen zweiten Namen Mahamalla bis heute mit der von ihm begründeten Hafenstadt Mahabalipuram (eine «Verballhornung» des ursprünglichen Namens Mahamallapuram) verbunden. Einige der schönsten Bauten, wie die aus Stein gehauenen fünf Rathas und das große Felsrelief, das die mythologische «Herabkunft der Ganga» darstellt, stammen aus seiner Regierungszeit. Der größte Bauherr der Pallavas war jedoch Narasimhavarman II. (ca. 680 bis 720), dem die beiden grandiosen Shiva-Tempel, der Küstentempel in Mahabalipuram und der Kailasanatha in Kanchipuram zugeschrie-

Mahabalipuram, Tamil Nadu. Küstentempel, frühes 8. Jh. n. Chr.

ben werden. In ihnen fand der frühe südindische Tempelstil mit seinem Tempelturm in der Form einer steilen Stufenpyramide seine großartigste Ausformung. Von hier aus trat die südindische Architektur ihren «Siegeszug» in die Länder Südostasiens, insbesondere nach Java, an, wo wenige Jahrzehnte später die ersten hinduistischen Steintempel in einer dem Pallava-Stil verwandten Bauweise errichtet wurden.

Die Hauptstadt Kanchipuram erlebte unter den Pallavas eine großartige kulturelle Blüte. Wenn auch die Pallavas sich vor allem als Förderer des Hinduismus hervortaten, so konnte doch Kanchipuram unter ihnen seine Stellung als bedeutendster Sitz buddhistischer Gelehrsamkeit in Südindien wahren. Der Bericht des chinesischen Pilgers Xuanzang, der das Pallavareich zur Zeit Narasimhavarmans besuchte, erwähnte über 100 Klöster mit 10000 Mönchen, die alle den Mahayana-Buddhismus studierten. Südlich von Kanchipuram existierte ein besonders großes Kloster, das auch von vielen fremden Mönchen der gelehrten Diskussionen wegen aufgesucht wurde. Xuanzang erwähnt aber auch bereits 80 hinduistische Tempel in Kanchipuram. Weiter im Süden, im Land der Colas («Culya»), scheint der Buddhismus dagegen kaum noch Anhänger gehabt zu haben. Entsprechend hart fällt auch Xuanzangs Urteil aus: «Die Veranlagung der Bevölkerung ist ungestüm, sie sind Anhänger häretischer Lehren. Die Klöster sind verfallen und schmutzig, ebenso die Priester.»

Der Aufstieg der Colas Ende des 9. Jahrhunderts vollzog sich in einer Weise, der wir inzwischen mehrfach begegneten. Nachdem sie über Jahrhunderte hin nahezu aus der Geschichte Südindiens ausgeschieden waren, begannen sie ihre Wiederkehr zunächst als getreue Vasallen der Pallavas. Je geschwächter aber ihre Oberherren durch die anhaltenden Kämpfe gegen die Rashtrakutas wurden, desto selbständiger gebärdeten sie sich in ihrem eigenen, noch ungeschwächten Stammland. Sie übernahmen die Verteidigung des Reiches im Süden gegen die Pandyas, bis dann Aditya um 897 den entscheidenden Schritt wagte und im Kampf gegen den letzten Pallavakönig selbst die Oberherrschaft an sich riß. Ende der alten und Beginn der neuen Dynastie waren in gleicher Weise indisch-heroisch: Die Könige begegneten sich auf dem Schlachtfeld auf ihren Kriegselefanten und Aditya («die Sonne») tötete im Zweikampf den letzten Pallavakönig. Aditya und sein Sohn Parantaka (907 bis 955) festigten in den nächsten Jahrzehnten ihre Herrschaft über weite Teile des Südens, gerieten damit aber in direkten Konflikt mit den Rashtrakutas, in dessen Verlauf das Reich der Colas für mehrere Jahrzehnte wieder auf sein Stammland im Kaveri-Tal zurückgeworfen wurde.

Ende des 10. Jahrhunderts begann dann unter Rajaraja I. (985 bis 1012/14) der Aufstieg des Cola-Reiches zur vorherrschenden Macht

1. Entstehung und Konflikte der Regionalreiche   157

in Süd- und weiten Teilen Zentralindiens. In einer Reihe siegreicher Feldzüge schlug er die Pandyas von Madurai sowie die Ceras an der Westküste und eroberte sogar Sri Lanka, dessen König Mahinda V. im südlichen Bergland der Insel Zuflucht suchen mußte, während die altehrwürdige Hauptstadt Anuradhapura geplündert wurde. Gegen Ende seiner Regierungszeit eroberte Rajaraja auch die dem südindischen Kontinent vorgelagerten Malediven-Inseln. Rajendra I., der bereits 1012 zum Mitregenten ernannt worden war, setzte die aggressive Expansionspolitik seines Vaters unvermindert fort. Zunächst unterwarf er die Staaten des südlichen Zentralindiens, eroberte Vengi und stürmte wenig später die Hauptstadt der neuen zentralindischen Dynastie der Calukyas. 1017 folgte eine Flottenexpedition zu den Andamanen-Inseln, die der Halbinsel von Malaya vorgelagert sind. Anfang der zwanziger Jahre unternahm er dann zwei für die südindische Geschichte einmalige Kriegszüge. In den Jahren 1022/23 stieß das Heer der Colas an der Küste nach Norden durch Kalinga bis Bengalen vor, wo es den Pala-König Mahipala besiegte und, so heißt es in einer Inschrift, die unterworfenen Fürsten Bengalens zwang, heiliges Wasser der Ganga nach Südindien zu tragen. Rajendra ließ daraufhin in seiner neuen Hauptstadt, die den bezeichnenden Namen «die Stadt des Cola, der die Ganga besiegte» (Gaṅgaikoṇḍacōlapuram) trug, mit diesem heiligen Wasser in einem großen See eine «Siegessäule» errichten. Nur drei Jahre später sandte Rajendra dann eine Kriegsflotte nach Sumatra und der Halbinsel Malaya, die dort das mächtige Inselreich von Shrivijaya und all seine Tributärfürsten besiegte.

Es ist viel über die Hintergründe dieser für die südindische Geschichte einmaligen Expansionspolitik der beiden großen Cola-Könige gerätselt worden. Waren es übersteigerte «Welteroberungszüge» (digvijaya), zu denen große hinduistische Könige ihrem Dharma gemäß verpflichtet waren, oder waren es lediglich großangelegte Plünderungszüge (wie amerikanische Historiker vermuten), oder haben wir in der Flottenexpedition den Versuch zu sehen, das Handelsmonopol des südostasiatischen Inselreiches Shrivijaya zu brechen, wie der südindische Historiker K. A. Nilakanta Shastri seit längerem vermutet? Sicherlich ist keiner dieser Gründe gänzlich auszuschließen. Das feierliche Überführen des Gangeswasser in die neue Hauptstadt spricht ebenso für die erste Annahme, wie die langen Listen von erbeutetem Gold und Juwelen, die die beiden Könige und ihre Generäle dem Staatsstempel in Tanjore stifteten, die «Beutetheorie» stützt. Mehrere Gründe deuten allerdings darauf hin, daß der Wille zur Beherrschung des internationalen Handels den frühen «Cola-Expansionismus» im besonderen Maße beeinflußte. So stellt Rajendras Flottenunternehmen keineswegs den ersten sicheren Hinweis auf die Präsenz südindischer Truppen in Südostasien dar, wenn auch sicherlich den spektakulärsten. Aus der Regierungszeit des Pallava-Königs Nandivarman III. (ca. 884 bis 866) kennen wir eine Inschrift eines Militäroffiziers der Pallavas in Takuapa am Isthmus von Siam, der Landenge der Halbinsel von Malaya. In ihr erfahren wir, daß dort der Offizier einen künstlichen See ausheben ließ und ihn unter den Schutz einer südindischen Händlergilde stellte, die in einem Militärlager lebte. Es ist daher keineswegs ausgeschlossen, daß südindische Händlergilden bereits in dieser frühen Zeit mit eigenen Söldnern und mit Hilfe der Pallavas versucht hatten, die Monopolstellung des südostasiatischen Shrivijaya-Reiches zu umgehen und den südindischen Handel mit Festländisch-Südostasien und Ostasien zumindest teilweise über den seit alters her bekannten Isthmus von Siam umzuleiten. Im Hinblick auf die Expansionspolitik der Colas zu Beginn des 11. Jahrhunderts ist die von Rajaraja und Rajendra systematisch betriebene Eroberung der für den internationalen Seehandel wichtigen Küsten besonders auffallend. Es waren dies die Küsten Südwest- und Ostindiens bis hinauf an die Gangesmündung sowie deren vorgelagerte Inseln, die Malediven im Südwesten und Sri Lanka im Südosten und die Andamanen im Golf von Bengalen. Da Shrivijaya als stärkste Handelsmacht Südostasiens die beiden wichtigen Seestraßen von Malakka (zwischen Malaya und Sumatra) und Sunda (zwischen Sumatra und Java) kontrollierte, stand es jedem Versuch einer indischen Großmacht, seinerseits den lukrativen Handel zwischen Indien und dem Fernen Osten in die Hand zu nehmen, im Wege.

Auffallend sind auch die internationalen diplomatischen Aktivitäten dieser Zeit. Ende des 10. Jahrhunderts hatte China durch Botschaften an die «Länder des Südens» sein Interesse an einem verstärkten Handel kundgetan. Als der am unmittelbarsten betroffene Staat reagierte Shrivijaya schnell und umfassend und sandte in den Jahren 1003 bis 1018 sechs Botschaften an den chinesischen Hof. König Rajendra folgte diesem Beispiel und sandte als erster Cola-König in den Jahren 1015 und 1033 ebenfalls Gesandtschaften nach China. Im Jahre 1015 erkannte China das Cola-Reich als einen der großen Tributärstaaten an, aus chinesischer Sicht eine bedeutende Auszeichnung. Die Länder Südostasiens scheinen aber gleichzeitig auch um gute Beziehungen zu den Colas bemüht gewesen zu sein. Etwa im Jahr 1005 ließ der König von Shrivijaya – ähnlich wie im 9. Jahrhundert sein Vorgänger Balaputra in Nalanda – ein buddhistisches Kloster in Nagapattinam, der Hafenstadt der Colas, errichten, für dessen Unterhalt der Cola-König Rajaraja Land stiftete. Unmittelbar nach seinem Regierungsantritt (1014) bestätigte auch König Rajendra die Schenkung an das Kloster, für das dann Shrivijaya in den Jahren 1015 und 1019 abermals wert-

1. Entstehung und Konflikte der Regionalreiche 159

volle Geschenke sandte, deren Empfang Rajendra in Inschriften bestätigte. Kurz nach 1012 schaltete sich auch Kambodscha in die Beziehungen Südostasiens zu Indien ein. König Suryavarman I., der das Reich von Angkor erstmals auch auf die malayische Halbinsel in Richtung Shrivijaya ausdehnte, sandte «zum Schutz des eigenen Königsglücks» (*ātma-lakṣmī*) einen Streitwagen als Geschenk an den König des Cola-Reiches.

Durch die Botschaft des chinesischen Hofes an die Länder des Südens scheint ein Wettstreit um Marktanteile zwischen den drei wichtigsten Reichen Südost- und Südasiens neu entbrannt zu sein. Ob König Suryavarman von Kambodscha dabei «sein eigenes Herrscherglück» von Shrivijaya oder den Colas bedroht sah, wissen wir nicht. Sicher ist jedoch, daß die Könige Kambodschas und Shrivijayas durch ihre Stiftungen und Geschenke um das Wohlwollen der Cola-Könige ebenso warben, wie sich alle drei Mächte um die Gunst des chinesischen Hofes bemühten. Die Inschriften Rajendras lassen erkennen, daß das Verhältnis der Colas zu Kambodscha und Shrivijaya in den Jahren 1014 bis 1019 freundlich war. So muß zwar die Frage nach dem unmittelbaren Anlaß für den überraschenden Angriff der Cola-Flotte auf Shrivijaya im Jahr 1025 bis zum Auffinden neuer historischer Quellen unbeantwortet bleiben. Die eben skizzierten äußeren Umstände zeigen jedoch deutlich, daß das Flottenunternehmen im Jahr 1025 der Höhepunkt eines jahrzehntelangen Ringens um Vormacht im Indischen Ozean war.

Zwar führten die Eroberungen Rajendras am Golf von Bengalen und in Südostasien zu keinen bleibenden Annexionen durch das Cola-Reich, doch ist der Einfluß des Cola-Reiches und südindischer Händler auch im späten 11. Jahrhundert in Südostasien sehr deutlich zu spüren. Im Jahr 1068/69, ein Jahr nachdem Shrivijaya erneut eine Gesandtschaft nach China geschickt hatte, griff eine Flotte der Colas abermals in die Geschicke dieses Inselreiches ein und eroberte (wie es in einer Cola-Inschrift heißt) Teile Malayas «auf Veranlassung des Königs, der um Hilfe gerufen hatte, und übergab das Land an ihn». Offenbar griffen die Colas in Thronwirren in Shrivijaya ein. Diese Hilfeleistung für Shrivijaya führte ironischerweise dazu, daß die Colas in den kommenden Jahren in den chinesischen Annalen als Tributärfürsten von Shrivijaya geführt wurden. Dieses Mißverständnis, möglicherweise von Botschaftern Shrivijayas wissentlich am chinesischen Hof in Umlauf gesetzt, wurde erst im Jahr 1077 geklärt, als der Cola-König Kulottunga I. seinerseits eine Gesandtschaft nach China sandte. Zwei Jahre später stiftete Shrivijaya auf Geheiß dieses Cola-Königs sogar «600000 Gold» (Stücke/Münzen?) für einen taoistischen Tempel in Kanton, eine wahrhaft königliche Summe, die sich wohl nur durch das große Interesse der Colas am China-Handel erklären läßt.

Aus dem Jahr 1088 ist weiterhin aus Sumatra eine allerdings leider sehr stark verwitterte kurze Tamilinschrift einer südindischen Händlergilde bekannt, ein Zeichen direkter Präsenz südindischer Händler in Shrivijaya. Im nächsten Jahr bestätigte dann auch Kulottunga I. auf ausdrückliche Bitten des Königs von Shrivijaya erneut die Stiftungen an das buddhistische Kloster in der südindischen Hafenstadt Nagapattinam, das 1005 für die Händler und Besucher aus Shrivijaya errichtet worden war. Auch Kambodscha nahm seine Beziehungen zum südindischen Reich wieder auf. Der König Angkors, vermutlich Suryavarman II., der Erbauer von Angkor Vat, sandte dem Cola-König Kulottunga einen wertvollen Edelstein, den dieser im Jahr 1114 dem Tempel von Chidambaram stiftete. All diese Nachrichten deuten darauf hin, daß in dieser Zeit der langen Regierung Kulottungas I. (1070 bis 1120) abermals rege diplomatische Beziehungen zwischen den Staaten Süd-, Südost- und Ostasiens herrschten, die es den großen südindischen Händlergilden ermöglichten, ihrem internationalen Handel ungestört nachzugehen. Diesen Händlergilden, die den Höhepunkt ihres asiatischen Handels in der Zeit der mittelalterlichen Regionalreiche erlebten, wollen wir uns abschließend noch kurz zuwenden.

Wie wir bereits sahen, gehen die internationalen Handelsbeziehungen Südindiens bis weit in das Altertum zurück. Während sich unsere Kenntnisse über die Frühzeit nur auf archäologische und wenige literarische Quellen stützen, besitzen wir aus der Zeit des frühen Mittelalters eine größere Anzahl umfangreicher zeitgenössischer Inschriften, die teilweise sogar von den Händlergilden selbst verfaßt wurden und somit erstmals genauere Einblicke in den Handel und den Aufbau dieser Gilden gewähren. Der Handel wurde von örtlichen Händlergruppen (*svadeśi*) und international operierenden Gilden (*nānādeśi*) betrieben. Sie hatten ihre eigenen lokalen Handwerker- und Händlerniederlassungen (*nagaram*), die unter weitgehender Selbstverwaltung standen. Die großen Hafenstädte (*paṭṭana* oder *paṭṭinam*) besaßen zwar auch Selbstverwaltungsorgane der Gilden, unterstanden aber in stärkerem Maß der Aufsicht der Beamten der zentralen Dynastien, die sich allerdings immer wieder mit den lokalen Kräften zu arrangieren hatten. Die in «vielen Ländern» (= *nānādeśi*) operierenden Händlergilden stellten einen bedeutenden Machtfaktor in der südindischen Geschichte seit der Zeit der Pallavas dar. Sie traten nicht nur als Finanziers für lokale Entwicklungsprojekte und Tempelbauten, sondern auch als Geldgeber der Könige auf. Das hohe Maß an Selbstverwaltung in ihren Niederlassungen sowie die starken eigenen Söldnertruppen zum Schutz ihrer Handelswege und Plätze und die grenzüberschreitenden Immunitäten, die ihnen offenbar von allen Staaten Südindiens aus Interesse an der Partizipation an ihrem Handel gewährt wurden, machten diese großen Gilden nahezu zu einem Staat im Staate.

Am mächtigsten unter ihnen waren die Gilden der Ayyavole und Manigramam. Die Ayyavole, benannt nach einer der Hauptstädte (Aihole) des frühen Calukya-Reiches, trieben ihren Handel vom westlichen Zentralindien aus, während die Manigramam die Fernhändler von Tamil Nadu im Südosten waren. Entsprechend verfügten die Ayyavole über Handelsbeziehungen mit dem Vorderen Orient, die Manigramam waren dagegen besonders aktiv im Südostasien-Handel tätig. In der bereits genannten Inschrift von Takuapa in Südthailand aus der Mitte des 9. Jahrhunderts wird diese Gilde ausdrücklich genannt, und auch die Tamilinschrift aus Sumatra aus dem Jahre 1088 wurde von einer Händlergilde aus Tamil Nadu verfaßt. Es wäre jedoch falsch, wenn wir eine strikte Teilung der Einflußsphären zwischen den Gilden des westlichen und des südöstlichen Indiens vermuten würden. So ließ z.B. im 13. Jahrhundert ein Nanadeshi-Händler aus «Malaimandalam», der südwestlichen Malabarküste des heutigen Karnataka, einen Nanadeshi-Vinnagar-Tempel («Vishnu-Tempel derer, die von vielen Ländern kommen») in Pagan, der Hauptstadt des burmanischen Reiches, errichten. Im Handel mit dem Vorderen Orient hatten die Händler der Malabar-Küste des Südwestens einen klaren Vorteil gegenüber jenen der Coromandelküste im Südosten. Dieser Vorteil wurde aber keineswegs nur durch die geographische Lage bestimmt, sondern auch durch ethnische Beziehungen, die die jüdischen und arabischen Händler der Malabarküste zum Vorderen Orient hatten. Handelskorrespondenz und Aufzeichnungen aus dem 10. bis 12. Jahrhundert, die in einem verschlossenen Raum in einer Synagoge in Fustat in Altkairo entdeckt wurden, zeigen, welch enge Handelsbeziehungen jüdische Händler Ägyptens zu ihren Glaubensbrüdern in Südindien unterhielten. Die jüdischen Händler wurden von den Herrschern Südindiens wegen ihrer Fähigkeiten und Beziehungen zum Vorderen Orient sehr geschätzt. Dies geht z.B. aus einer königlichen Kupfertafel-Inschrift hervor, durch die einem jüdischen Händler Josef Rabban («Issuppu Irappan») fürstliche Privilegien und Steuererlaß gewährt sowie ein Händlerstadtteil in Cranganore in Karnataka mit allen Steuereinnahmen übertragen wurden.

Zu diesem überaus interessanten Aspekt der mittelalterlichen Geschichte Südindiens seien abschließend Auszüge aus einer sehr umfangreichen Inschrift der Ayyavole-Händler aus dem Jahre 1055 wiedergegeben. Sie gewährt uns nicht nur einen Einblick in die überaus hohe Selbsteinschätzung der indischen Handelsherren des Mittelalters, sie zeigt, wie übrigens auch andere königliche Inschriften, daß grüblerische Zweifel, die in der Zeit der Upanishaden und Buddhas auf so fruchtbaren Boden gefallen waren, nicht immer zu den hervorstechenden Eigenarten des indischen Mittelalters gehörten:

«Sie sind berühmt in aller Welt, geschmückt von zahlreichen guten Eigenschaften, Beschützer des Gesetzes der heldenhaften Händler, im Besitz von 32 velomas (?), 18 Hafenstädten (*paṭṭana*), 64 Yoga-Stätten und Ashramas in den vier Himmelsrichtungen, geboren, um durch viele Länder zu wandern, haben sie die Erde als ihren Sack, den Betelbeutel als geheime Tasche, den Horizont als ihr Licht, ein scharfes Schwert als hölzernes Messer; sie besuchen die Ceras, Colas, Pandyas, Maleyas, Magadha, die Kosalas (in Bihar), Saurashtra und die Kambodschas (in Nordwestindien), Gauda (Bengalen), Parasa (Persien) und Nepal auf Wegen, die zu Land und Wasser in die Regionen der sechs Kontinente eindringen, mit erstklassigen Elefanten, gut gezüchteten Pferden, mit Saphiren, Mondsteinen, Perlen, Rubinen, Diamanten, Lapislazuli, Topaz, Karfunkeln, Korallen, Smaragden, Kardamom, Gewürznelken, Sandelholz, Kampfer, Moschus, Safran und anderem Parfüm und Gewürzen; sie verkaufen im Großhandel oder verhökern (mit Tragegestellen) über der Schulter, sie vermeiden Verlust durch Steuerabgaben, füllen des Kaisers (*cakravartin*) Schatz mit Gold und Juwelen und seine Rüstkammer mit Waffen, von dem Rest beschenken sie täglich Pandits und Munis, haben weiße Schirme (= königliches Symbol!) als Baldachine, den mächtigen Ozean als Festungsgraben, den (Götterkönig) Indra als Leibwächter, Varuna (Gott der Wasser) als Standartenträger, Kubera (Gott des Reichtums) als ihren Schatzmeister, die neun Planeten als Gürtel, Sonne und Mond als ihre Helfer, die 33 Götter als ihre Zuschauer; 500 Herren der glückverheißenden Ayyavole-Gilde, die besten unter ihnen, von unbeflecktem Ruhm, greifen wie der Elefant an und töten, stehen wie die Kuh und töten, töten wie die Schlange mit Gift und springen wie der Löwe und töten; sie sind weise wie (der Gott) Brihaspati, erfolgreich in Auswegen wie (Vishnu-)Narayana, über den vorbeigegangenen Tod machen sie Scherze, dem ankommenden Tod treten sie entgegen, als Tiger mit einem Kragen verwirren sie, Lehm stecken sie in Brand, aus Sand machen sie Seile, sie fangen den Blitz und zeigen ihn her, Sonne und Mond ziehen sie auf die Erde herab, sie diskutieren über das dritte Auge und die vier Arme Ishvaras (Shiva), das laute Gelächter Brahmas und den Wahn der (Göttin) Bhagavati; falls ein Sack durch den Inhalt, den sie aus den vier Himmelsrichtungen zusammentrugen, platzt oder wenn ein mit Getreide beladener Esel davonläuft, wenn ein Wagen ausgeraubt, ein Goldbarren gestohlen oder eine Steuer umgangen wurde, beim Geschrei des Plünderns, bei einer Versammlung im Zusammenhang mit Kastengebräuchen, wenn ein Handel abgeschlossen wurde – (in all diesen Fällen) machen sie

keine Fehler, sie tragen das Haupt des Diebes als Troddel, binden des
Feindes Hand als ein Abzeichen (an einen Pfahl) und stellen sie zur
Schau, Glücksspiele erlauben sie nicht. Grüße mit gefalteten und an
die Stirn gehobenen Händen die fünfhundert Herren (*svāmī*) der
Ayyavole, die im Besitz aller Titel sind, öffne den Sack und biete
Speisegaben an, oh Händler (*seṭṭi*), stifte den 500 Herren der Ayyavole
eine Trommel in einer Schale und wünsche ihnen viel Glück.»[4]

2. Könige, Fürsten und Priester: Strukturprobleme hinduistischer Reiche

Höhepunkte der frühen indischen Geschichte waren die Großreiche
der Maurya- und der Gupta-Dynastie gewesen, die nahezu den gesamten
südasiatischen Subkontinent beherrschten oder, wie im Falle
der Guptas, durch Tributär- und Freundschaftsbeziehungen mit benachbarten
und entfernten Königreichen ihren Einfluß auch weit
außerhalb ihres Reiches geltend machen konnten. Das Gupta-Reich
zerfiel im 6. Jahrhundert in der Zeit der Einfälle der Hunnen in eine
Reihe teils bedeutender Nachfolgestaaten, von denen jedoch keiner
in der Lage war, das politische Erbe des Großreiches dauerhaft anzutreten.
Für die weitere politische Entwicklung war es aber entscheidend,
daß das Ideal des hinduistischen Maharaja, der für die Aufrechterhaltung
der irdisch-kosmischen Harmonie göttergleich die vier
Weltgegenden siegreich und ordnend durchmißt, in der Gupta-Zeit
seine bleibende Ausprägung gefunden hatte und nach deren Untergang
seinen Siegeszug auch in entlegene Teile Indiens antrat. Getragen
wurde der Siegeszug dieser Idee jedoch weniger von erobernden
Heeren, sondern von Brahmanen, Hofpriestern wie Gelehrten, die
das in Rechtsbüchern kodifizierte und in der Sanskrit-Dichtung und
religiösen Literatur gepriesene Ideal des hinduistischen Maharaja in
Zentral- und Südindien verkündeten, als sie an den Höfen der dortigen
lokalen Fürsten nach dem Zusammenbruch des Gupta-Reiches
ein neues Betätigungsfeld suchten.

Wie im vorangegangenen Kapitel aufgezeigt wurde, sind die folgenden
Jahrhunderte der indischen Geschichte von der Existenz einer
Vielzahl unabhängiger Fürstentümer und Königreiche gekennzeichnet.
Diese große Zahl konkurrierender Machtzentren mußte fast
zwangsläufig zu Auseinandersetzungen und immer wieder neu ausbrechenden
Kämpfen führen. Diese frühmittelalterliche Periode gilt
daher im allgemeinen als eine Zeit des Niedergangs und der politischen
Zerrissenheit Indiens, die mit dem uns inzwischen bekannten
Begriff des *matsya-nyāya*, dem «Gesetz der Fische», gekennzeichnet

wird, wonach der Größere den Kleineren auffrißt. Diese negative Beurteilung des hinduistischen Mittelalters als einer Zeit des Verfalls politischer Macht und kultureller Dekadenz ist jedoch nicht einmal vom Standpunkt der politischen Geschichte her zu rechtfertigen und geht am Wesen dieser wichtigen Periode indischer Geschichte vorbei. Zu sehr haben uns Generationen von Historikern und Orientalisten gelehrt, die Geschichte der Völker Asiens aus dem Blickwinkel der Großreiche zu beurteilen. Der Zerfall eines Großreiches hatte jedoch keineswegs zwangsläufig immer für das gesamte Territorium, das einmal unter der Herrschaft des Großreiches gestanden hatte, einen Niedergang politischer Ordnung und kultureller Werte zur Folge. Der Zerfall eines Großreiches bedeutete letztlich nur für das Kerngebiet Niedergang und Verfall, dem nun plötzlich der Zugriff auf Überschußproduktion, Tributleistungen und Arbeitskraft entfernter Gebiete verwehrt war. Diese negative Entwicklung mußte noch schmerzlicher werden, wenn die Zentren der Altreiche ihrerseits ihren nun mühsam selbst produzierten Überschuß an ein neues, entferntes Reich zur Stärkung und Zierde dessen Kerngebietes abzuführen hatten. Außerhalb des alten Kerngebietes stellte der Zerfall eines Großreiches dagegen oft den Beginn einer eigenständigen politischen Entwicklung dar, die zur Bildung neuer, regionaler Königreiche führen konnte. Diese regionalstaatliche Entwicklung wurde häufig von einer überaus intensiven kulturellen Eigenentwicklung dieser Region begleitet, die zur Herausbildung der bedeutenden und Indien bis heute in einzigartiger Weise charakterisierenden Regionalkulturen führte. Niedergang und Verfall der Großreiche wurden damit häufig «ausgeglichen» durch eine Verbreitung der höfischen Kultur des untergegangenen Großreiches in neuen regionalen Zentren als Kerngebiete neuer politischer und kultureller Entwicklungen. Diese Situation traf für Indien nach dem Untergang des Gupta-Reiches besonders deutlich zu: was Nordindien, insbesondere dem alten Kerngebiet von Magadha im mittleren und östlichen Gangestal, Niedergang und Verfall brachte, stellte für weite Teile Zentral- und Ostindiens den Anfang einer eigenständigen politischen und kulturellen Entwicklung «von unten» dar.

In der ersten Hälfte des 7. Jahrhunderts n. Chr. hatte König Harsha versucht, den Niedergang kaiserlicher Macht aufzuhalten. Auf dem Höhepunkt seiner Macht umfaßte das Reich Nordindien von Malwa im Westen, von den Grenzen Kaschmirs und Nepals im Norden bis Bengalen im Osten und Orissa im Südosten. Außerhalb der eigentlichen Reichsgrenzen waren Kamarupa (Assam) und im Westen Valabhi (Saurashtra) mit dem Reich fest verbündet. Das Kerngebiet des Reiches, das das Gangestal von Kanauj/Kanpur über Allahabad bis östlich von Benares umfaßte, scheint unter direkter und fester Kon-

2. Könige, Fürsten und Priester: Strukturprobleme hinduistischer Reiche

trolle Harshas gestanden zu haben. Aufschluß über die Verwaltung dieses großen Gebietes gibt eine Inschrift aus dem Jahre 632 n.Chr., durch die von Harsha in einer Stiftungsurkunde in Madhuban nördlich von Benares ein Dorf an zwei Brahmanen übertragen wurde.[1] Als Gewährsleute des Stiftungsaktes wurden aufgerufen: die «Großnachbarn» (*mahāsāmanta*), Großkönige (*mahārāja*), königlichen Türwächter (*dauḥsādhika*) und Richter (*pramātāra*), Vizeregenten (*rājasthānīya*), Minister königlichen Geblüts (*kumārāmātya*), Provinzgouverneure (*uparika*), Distriktvorsteher (*viṣayapati*), reguläre und irreguläre Truppen (*bhaṭa-cāṭa*), Diener und benachbarte Dörfler (*jānapada*). Die Stiftung war durch einen Beamten namens Skandagupta vermittelt und durch Ishvaragupta, den Leiter der königlichen Kanzlei (*mahākṣapaṭalika*), ausgeführt worden. Skandagupta trug die Titel Mahasamanta und Maharaja, während der Kanzler nur Samanta und Maharaja war. Das Kerngebiet des Reiches Harshas, das der direkten königlichen Kontrolle unterstand, war demnach für ein mittelalterliches Königreich noch beachtlich groß. Denn etwa 400 km östlich der Reichshauptstadt Kanauj hatte Harsha das Land eines Brahmanen, der nur eine gefälschte Urkunde (*kūṭaśāsana*) vorlegen konnte, einziehen und durch seinen Kanzler den neuen Besitzern übertragen lassen. Diese Ausdehnung des Kerngebietes, das der König damit direkt kontrollierte, und die große Zahl der verbündeten Könige und Fürsten lassen Harshas Reich in der Tat auf den ersten Blick in die Nähe der klassischen Großreiche rücken. Dennoch bestanden sowohl in der Größe des Reiches wie in dessen Struktur gewichtige Unterschiede zu den in stärkerem Maße zentral verwalteten Reichen der Mauryas und der Guptas. So gehörte zwar auch das weiter im Osten gelegene Magadha, das alte Reichszentrum dieser frühen Reiche, weiterhin zu Harshas Reich, doch regierte dort Purnavarman, ein Angehöriger der von Harsha in Kanauj abgelösten Maukhari-Dynastie. Zwar war auch Bengalen nach dem Tod Shashankas, des großen Gegenspielers Harshas in Ostindien, unter Harsha und seinem Verbündeten Bhaskavarman, dem König von Kamarupa (Assam), aufgeteilt worden. Dennoch erfahren wir nichts von einer direkten Herrschaft König Harshas über Bengalen. Dies ist insofern bemerkenswert, als im 5. Jahrhundert n.Chr. Gupta-Könige dort Provinzgouverneure (*uparika*) und sogar Distriktvorstände direkt eingesetzt hatten. Magadha und Bengalen lagen damit außerhalb der direkten Kontrolle König Harshas.

Doch unterscheidet sich Harshas Reich nicht nur durch die damit offenkundige Verkleinerung des von ihm direkt beherrschten Gebiets. Folgenschwerer für sein Reich und für die Entwicklung letztlich aller hinduistischen Königreiche des frühen Mittelalters war ein Vorgang, der auch die königliche Kontrolle über das zentrale Reichsland unmittelbar betraf. Die oben angeführte Liste der Zeugen der Landstiftung König Harshas beginnt nicht, wie man erwarten dürfte, mit den höchsten königlichen Beamten wie Provinzgouverneuren, den Ministern oder den Angehörigen der königlichen Dynastie, sondern mit einem Mahasamanta. Es war die Institution dieser Samantas, die entscheidend zum Wandel der Struktur der frühen klassischen Staaten zu den mittelalterlichen Königreichen beitrug. Der Ausdruck *sāmanta* bedeutete ursprünglich nichts anderes als «Nachbar» und bezeichnete zunächst die *unabhängigen* benachbarten Fürsten und Könige und entsprach damit den «Grenzlandkönigen» (*pratyanta-nṛpati*), die König Samudragupta in seiner Allahabad-Inschrift aufzählte. Seit der Gupta-Zeit wurde der Ausdruck Samanta jedoch immer häufiger auch für die benachbarten *unterworfenen* Fürsten verwandt, bis er dann spätestens seit dem 6. Jahrhundert n. Chr. der eigentliche Titel der Tributärfürsten eines Königreiches wurde.

Im Aufstieg dieser Samantas drückt sich der tiefgreifende Wandel der Struktur mittelalterlicher Reiche aus. Während in den zentral regierten Reichen seit den Mauryas die Verwalter der Provinzen bis mindestens hinab zur Distriktebene «von oben her» eingesetzt wurden, begann in der späten Gupta-Zeit in den Außenbezirken und spätestens seit Harsha auch im Inneren der Aufstieg der zunächst besiegten, aber gegen Tributverpflichtungen wieder eingesetzten Samantas. Da sie in ihren eigenen, dem Reichsverband angeschlossenen Fürstentümern weiterhin nahezu uneingeschränkt ihre alten Machtbefugnisse ausübten, stieg ihr Ansehen trotz ihrer ursprünglichen Stellung als unterworfene Tributärfürsten im Reich schnell, so daß sie sehr bald sogar Ansehen und Stellung der vom König eingesetzten Provinzgouverneure überflügelten. Um diese unterworfenen Fürsten noch stärker an den Hof zu binden, erhielten zahlreiche Samantas hohe Ämter und Würden in der königlichen Verwaltung. So wurde etwa der von Harsha besiegte König von Valabhi aus Westindien nicht nur als ein Mahasamanta des Reiches anerkannt, sondern stieg am Hofe Harshas zum «Obertorwächter» (*mahā-pratihāra*) und obersten Feldherrn (*mahā-daṇḍa-nāyaka*) auf. Dieser Aufstieg der unterworfenen Fürsten in führende Stellungen am königlichen Hofe führte dazu, daß königliche Beamte ihrerseits nun gleiche Rechte und Titel wie die hochangesehenen Samantas beanspruchten – und gewährt erhielten. Es ist letztlich nur folgerichtig, daß in den folgenden Jahrhunderten die an den königlichen Höfen zu Samantas aufgestiegenen Beamten sich mit Titeln alleine nicht mehr zufriedengaben, sondern nun auch ihrerseits die von ihnen verwalteten Bezirke als ihre Pfründe zu betrachten begannen. Damit begann eine «Samantaisierung» der gesamten Reichsverwaltung, die man durchaus als eine indische Variante des Feudalismus bezeichnen kann.

Beschleunigt wurde dieser Prozeß der «Samantaisierung» durch zwei weitere Faktoren. Frühe politische Lehrbücher wie das Arthashastra enthielten noch detaillierte Listen über die genau gestaffelten Gehälter der Beamten und auch Xuanzang erwähnte noch im 7. Jahrhundert n. Chr., daß hohe Beamte durch feste Gehälter entlohnt wurden. Im Mittelalter wurden dagegen höfische Beamte, wohl auch wegen des durch den Rückgang des Fernhandels eintretenden Münzmangels, für ihre Dienste zunehmend durch Zuteilung der Steuereinnahmen bestimmter Dörfer oder bisweilen auch ganzer Distrikte entgolten. Auch wenn wir aus mittelalterlichen Texten wie dem Kathasaritsagara wissen, daß Könige danach trachteten, die Verfügungsgewalt über diese Steuern zu behalten, und die Pfründe der in Ungnade gefallenen höfischen Samantas wieder einzogen und anderen Beamten übertrugen, so kann doch kein Zweifel bestehen, daß diese Entwicklung auch im Kerngebiet der Reiche die «Samantaisierung» erheblich stärkte. Damit wurde das Land, das der direkten Steuerhoheit des Königs unterstand, selbst im eigenen Stammland zunehmend verkleinert.

Ähnliche Entwicklungen sind auch in anderen Gebieten der Erde ein geläufiges Merkmal des Feudalismus. In Indien kam jedoch noch ein weiterer Punkt hinzu. Im Laufe dieser Entwicklung wurde die Einbeziehung von Außenstehenden in den Kreis der Samantas und die Gleichsetzung von Höflingen mit diesen als eine Erhöhung des Ruhmes des Königs empfunden, und es entstand ein neues Ideal des hinduistischen Königtums: Je größer die Zahl gekrönter Könige und mächtiger Fürsten, die als Samantas die königliche Hofhaltung und Reichstage zierten, um so größer der Ruhm eines Großkönigs! Ein fester «Fürstenkreis» (*sāmanta-cakra*) gehörte bald zum unabdingbaren Bestandteil hinduistischen Königtums. Inschriften und panegyrische Texte dieser Zeit schwelgen geradezu in der Beschreibung des Glanzes, der von den Kronen und Juwelen der Samantas ausging, die die jährlichen Reichstage der Großkönige schmückten. Es ist unschwer zu ermessen, daß diese Pflicht zur großköniglichen Hofhaltung wesentlich zur Instabilität der hinduistischen Reiche beitrug, da die «Großnachbarn» (*mahā-sāmanta*) in Zeiten der Schwächung des Großkönigs nach Unabhängigkeit und bisweilen sogar nun ihrerseits nach Oberherrschaft über das *Sāmantacakra* strebten.

Die bisherigen Ausführungen über Strukturprobleme frühmittelalterlicher Königreiche Indiens bezogen sich vor allem auf die «negative», von Fragmentierung politischer Macht gekennzeichnete Entwicklung Nordindiens. Wesentlich anders ist dagegen die gleichzeitige Entwicklung in weiten Teilen Zentral-, Ost- und Südindiens zu beurteilen. Hier entwickelten sich aus einem immer dichter werdenden Netz lokaler Machtzentren «von unten herauf» schrittweise regionale Königreiche. Ähnlich wie über tausend Jahre zuvor (im 8. bis 5. Jahrhundert v. Chr.) im mittleren und östlichen Gangestal spielte sich dieser Entwicklungsprozeß auch im frühen Mittelalter meist in drei Stufen ab. Am Anfang dieser Entwicklung standen der Auf- und Ausbau lokaler hinduistischer Fürstentümer, die meist aus lokalen Stammeshäuptlingstümern hervorgegangen waren. Wenn es bisher auch noch weitgehend unklar ist, unter welchen konkreten politischen und wirtschaftlichen Umständen es Stammeshäuptlingen gelang, zu hinduistischen Fürsten aufzusteigen, so ist doch das Ergebnis dieser Entwicklungsphase in der Nachgupta-Zeit in Zentral- und Südindien klar: Entstehung einer Vielzahl kleiner hinduistischer Fürstentümer, deren politische Macht jedoch noch nicht über das eigene begrenzte Kerngebiet hinausreichte. Das wichtigste Ziel der Herrscher über diese frühen Fürstentümer war zunächst die Konsolidierung und der Ausbau ihrer Macht innerhalb ihres eigenen Stammlandes. Mit der Ausdehnung der politischen Macht über das eigentliche Kerngebiet dieser Fürstentümer hinaus begann dann die zweite Entwicklungsphase, die zur Errichtung kleiner Königtümer führte. In dieser zweiten Phase wurde die Ausdehnung der Anbauzone des Kerngebietes systematisch vorangetrieben, bisweilen auf Kosten benachbarter Stämme, die entweder in das bergige Hinterland verdrängt oder aber als Shudras in das Kastensystem integriert wurden. Das wesentliche Merkmal dieser zweiten Phase ist jedoch die Unterwerfung benachbarter Fürsten. Im Gegensatz zur dritten Phase wurde aber ihr Gebiet noch nicht annektiert. Als Tributärfürsten herrschten sie weiterhin unter weitgehender Autonomie über ihre Stammlande. Diese frühen Königtümer verfügten damit über ein geringfügig erweitertes Kerngebiet, das bereits von einer Zahl unterworfener Samanta-Fürsten umgeben war. Sie erfreuten sich am königlichen Hof zwar großer Hochachtung, spielten aber noch keine bedeutende bzw. institutionalisierte Rolle.

Zu einer Annexion der Gebiete benachbarter Fürsten und Könige sowie deren Unterstellung unter die direkte Herrschaft der zentralen königlichen Dynastie kam es in größerem Maße erst in der dritten Phase, der Zeit der regionalen Großreiche. Wichtigste Voraussetzung für die Begründung und dauerhafte Konsolidierung eines Regionalreiches war die Annexion mindestens eines weiteren kleineren Königreiches der «zweiten Stufe» sowie der im Zwischengebiet noch existierenden Fürstentümer der «ersten Stufe». Ziel war die beträchtliche territoriale Erweiterung des Kerngebietes des Regionalreiches über das eigentliche Stammland hinaus. Denn nur durch den dauerhaften und direkten Zugriff auf die Steuereinnahmen mindestens eines weiteren Königreiches konnten die erheblich gestiegenen Kosten des neuen Regionalreiches getragen werden, die durch das stehende Heer, die großkönigliche Hofhaltung mit ihrer großen Zahl von Priestern und Beamten sowie durch die neuen Reichstempel verursacht wurden. Diese erheblich erweiterten Kerngebiete der Regionalreiche waren von einer Reihe von Königen der «zweiten Stufe» umgeben, die als Mahasamantas in einem meist durch Heiraten besiegelten Tributverhältnis zum Großkönig standen, ihrerseits aber weiterhin die eigenen benachbarten Fürsten der «ersten Stufe» als ihre eigenen Samantas behielten. Für die Geschichte Indiens im Zeitalter der mittelalterlichen Regionalreiche war es entscheidend, daß diese regionalen Großreiche trotz ihrer beachtlichen territorialen Ausdehnung, die sich durchaus mit jener der Reiche des europäischen Mittelalters vergleichen läßt, nicht in der Lage waren, neue Herrschaftsmittel, wie etwa einen auch außerhalb des erweiterten Kerngebietes tätigen zentralen Beamtenapparat zu entwickeln. Damit blieben sie im Gegensatz zu dem Großreich der Mauryas in ihrer Struktur letztlich nur erweiterte Königreiche der frühen, zweiten Entwicklungsphase. Ein gewisser Wandel sollte erst unter dem Einfluß der Militärlehen des Delhi-Sultanats in dem spätmittelalterlichen Großreich von Vijayanagara in Südindien eintreten.

Die strukturellen Probleme, die sich aus dem Aufbau jener mittelalterlichen Königreiche ergaben, die außerhalb der Kerngebiete der frühen Großreiche entstanden, sollen nun eingehender am Beispiel von Orissa erläutert werden (siehe Karte 10). Die frühe Geschichte Orissas bietet ein gutes Beispiel für den Prozeß politischer Entwicklung «von unten», der durch schrittweise territoriale Integration zum Aufbau regionaler Königreiche führte. Zwar hatte Orissa bereits unter den Nandas (4. Jahrhundert v. Chr.) und unter den Mauryas (3. Jahrhundert v. Chr.) eine Provinz eines nordindischen Reiches und unter Kharavela (1. Jahrhundert v. Chr.) sogar das Kerngebiet eines kurzlebigen Großreiches gebildet. Doch in diesen Fällen handelte es sich nicht um Ergebnisse eines eigenständigen politischen Entwicklungsprozesses, sondern um Formen einer aus Magadha und Süd-Kosala «importierten», kurzzeitigen politischen Entwicklung. Eine eigenständige politische Entwicklung, die über die Entstehung lokaler politischer Machtzentren zu regionalen Königreichen führte, setzte erst Jahrhunderte nach dem Untergang des Reiches Kharavelas ein. Einen guten Einblick in die «erste Stufe» der Entwicklung lokaler Fürstentümer in Orissa gewährt uns die Allahabad-Inschrift des Gupta-Königs Samudragupta. Aus ihr erfuhren wir bereits, daß Samudragupta während seines Eroberungszuges nach Südindien in der Mitte des 4. Jahrhunderts n. Chr. in Orissa zahlreiche kleine Fürstenstaaten besiegte. Von ihnen bestanden alleine an der Küste von Kalinga, zwischen der Südgrenze des heutigen Orissa und dem Godavari-Delta, auf einer Entfernung von etwa 300 km vier selbständige

Fürstenstaaten, von denen jedoch noch keiner Anspruch auf eine irgendwie geartete Oberherrschaft erhob.

Der Eroberungszug Samudraguptas scheint in Kalinga jedoch den Beginn der zweiten Phase staatlicher Entwicklung ausgelöst zu haben. Offensichtlich unmittelbar nach dem Rückzug des Gupta-Königs gelang es der Mathara-Dynastie, von ihrem Kerngebiet im nördlichen Godavari-Delta aus ein kleines Königreich aufzubauen, dessen Einfluß sich zeitweise sogar bis zum Mahanadi-Fluß in Zentralorissa ausdehnte. In Zentralorissa begann der Kampf um Vorherrschaft zwischen lokalen Fürstentümern erst im späten 6. Jahrhundert nach dem Untergang des Gupta-Reiches. Im frühen 7. Jahrhundert ging aus diesem Kampf die Dynastie der Shailodbhavas siegreich hervor, die das erste kleine Königreich im südlichen Zentralorissa errichtete. Ihr Aufstieg hatte bereits im 5. Jahrhundert in einer für weite Teile Indiens sehr typischen Weise begonnen. In den Inschriften dieser Dynastie aus dem 7. Jahrhundert erfahren wir, daß Pulindasena, ein «Fürst von Kalinga», des Herrschens müde ward und Gott deshalb bat, an seiner Stelle einen jungen Herrscher einzusetzen.[2] Gott gewährte diese Bitte und ließ aus einem berstenden Felsen einen jungen Mann hervortreten, dem Pulindasena den Namen Shailodbhava gab und zum Begründer einer neuen Dynastie machte. Diese Ursprungslegende weist ebenso wie die Namen Pulindasena und Shailodbhava eindeutig auf eine Stammesherkunft dieser Könige hin. Die Pulindas waren ein seit Kaiser Ashoka bekannter Stamm Zentralindiens. Pulindasena dürfte daher ein Kriegsfürst (*senāpati*) dieses Stammes gewesen sein. Sein Nachfolger, der den bezeichnenden Namen «Berggeborener» (*śaila-udbhava*) trug, verließ als Begründer der Dynastie die Bergregion und ließ sich am Rishikulya-Fluß nieder. Es vergingen jedoch noch mehrere Generationen, bis im 7. Jahrhundert ein Angehöriger dieses Fürstenhauses seine Unabhängigkeit durch den Vollzug eines großen vedischen Pferdeopfers erklären konnte und ein kleineres Königreich errichtete, das seine Macht bereits in das benachbarte Kerngebiet im südlichen Mahanadi-Delta auszudehnen vermochte. Hier liegt ein klarer Beweis für den Aufstieg von Stammesfürsten vor, die auch als hinduistische Könige später nicht zögerten, ihre Herkunft aus den Bergen stolz an den Beginn ihres Aufstieges zu stellen. Auch verehrten sie weiterhin den Mahendragiri, den höchsten Berg in ihrem Ursprungsland, als ihren «Familienberg» (*kula-giri*).

Die weitere politische Entwicklung Orissas ist von einer steten territorialen Erweiterung des Königreiches durch Einbeziehung neuer Kerngebiete gekennzeichnet. Dieser Prozeß vollzog sich in Orissa jedoch weniger von «innen heraus» durch Eroberung benachbarter Fürstentümer. Die territoriale Erweiterung war statt dessen eher die Folge mehrfacher Eroberungen des Königreiches und seines Kernge-

2. Könige, Fürsten und Priester: Strukturprobleme hinduistischer Reiche 171

bietes von außen her durch mächtig gewordene benachbarte Fürsten. Nach ihrem Sieg vereinigten sie ihr eigenes benachbartes Stammland mit dem Altland des Königreiches, das damit wieder beträchtlich erweitert wurde. Wir haben es deshalb hier nicht mit der üblichen Form zentrifugaler Expansion zentraler Dynastien zu tun, sondern eher mit einer zentripetalen Entwicklung, die von der Peripherie her ihren Ausgang nahm und auf die Eroberung des kulturell und wirtschaftlich höher entwickelten Kerngebietes des Reiches abzielte. Im 8. Jahrhundert wurden die Shailodbhavas von der Bhaumakara-Dynastie abgelöst. Diese vereinigten nun ihr eigenes Stammland nördlich des Mahanadi-Deltas mit dem Stammland der Shailodbhavas in Südorissa und dem alten zentralen Kerngebiet südlich des Mahanadi-Deltas, das die Shailodbhavas zuvor erobert hatten. Das Reich der Bhaumas umfaßte damit die drei wichtigen Kerngebiete der Küstenregion Orissas. Im 10. Jahrhundert wurden sie dann von den Somavamshi-Königen aus Westorissa besiegt, die nun ihrerseits zwei neue Kerngebiete in das Reich «einbrachten». Aus Westorissa stammend, dem alten Süd-Kosala am Oberlauf des Mahanadi, hatten die Somavamshis beim schrittweisen Aufbau ihres eigenen Königreiches am mittleren Flußlauf des Mahanadi das wichtige kleine Kerngebiet Khinjali-Mandala der Bhanja-Fürsten unterworfen. Nach der Eroberung der Küstengebiete Orissas umfaßte daher ihr Regionalreich bereits fünf alte dynastische Stammlande, zwei am oberen und mittleren Mahanadi-Fluß und drei an der Küste. Anfang des 12. Jahrhunderts eroberte dann ein Angehöriger der Ganga-Dynastie von seinem südlichen Stammland aus in Kalinga das Orissa-Reich. Damit umfaßte das regionale Großreich von Orissa nicht nur die wichtigsten Kerngebiete des heutigen Orissa, sondern auch die Region von Kalinga im heutigen Andhra Pradesh. Über die weitere politische Geschichte des spätmittelalterlichen Regionalreiches von Orissa wird noch weiter unten ausführlicher zu sprechen sein.

Der Aufbau der Verwaltung in den frühen Fürstentümern und kleinen Königreichen scheint den örtlichen Gegebenheiten entsprechend schrittweise vonstatten gegangen zu sein. So enthalten z.B. die Inschriften der Matharas aus Kalinga (ca. 5. Jahrhundert) noch keine der später üblichen langen Listen königlicher Beamter und lassen nur ansatzweise eine Verwaltung auf Distriktebene (*viṣaya*) erkennen. In dieser frühen Periode des Übergangs von lokalen Fürstentümern zu kleinen Königreichen scheinen die Dörfer noch über ein hohes Maß an Selbstverwaltung verfügt zu haben, da in den Inschriften meist nur die Bauern (*kuṭumbin*) der betroffenen Dörfer als Zeugen bei Landstiftungen genannt werden. Aus dem nördlicher gelegenen zentralen Deltagebiet des Mahanadi-Flusses, das stärker unter dem Einfluß des Gupta-Reiches gestanden hatte, werden in einer Inschrift aus dem

Jahre 600 n. Chr. bereits abhängige «Groß-Samantas», Großkönige (*mahārāja*), Minister königlichen Geblüts (*kumāra-amātya*) und königliche Diener (*parikāra*) genannt. Bezeichnend ist aber, daß auch in dieser Inschrift in Orissa im Vergleich zu der ansonsten ähnlich lautenden Liste der Inschrift König Harshas aus dem Jahre 632 n. Chr. noch keine «Beamte» wie Provinzgouverneure (*uparika*) und Distriktvorsteher (*viṣayapati*) genannt werden. Demnach waren diese frühen kleinen Königreiche der zweiten Entwicklungsphase letztlich nur ein loser Zusammenschluß kleiner Fürstentümer unter der Führung des jeweils stärksten Fürstenhauses. Eine territorial gegliederte und gestaffelte Verwaltungshierarchie dürfte damals selbst im königlichen Kerngebiet von Orissa noch nicht existiert haben.

Deutliche Änderungen traten dagegen unter der Herrschaft der Bhaumakara-Dynastie hervor, die im 8. Jahrhundert das erste kleine regionale Königreich von Orissa errichtete. Ihre Kupfertafelinschriften spiegeln bereits das voll entwickelte Verwaltungssystem frühmittelalterlicher hinduistischer Königreiche wider. An erster Stelle werden wie in der erwähnten Inschrift König Harshas die Mahasamantas und Maharajas genannt, gefolgt von den Prinzen, Ministern, den Provinzgouverneuren und Distriktvorstehern sowie einer großen Zahl weiterer Beamten des Hofes. Interessant ist, daß die Inschriften weiterhin auch eine kürzere Liste der Dorfnotablen jener Distrikte enthalten, in denen die jeweiligen Landstiftungen vollzogen wurden. Dies läßt abermals auf einen Fortbestand der Dorfautonomie auch in der Frühphase der Regionalreiche schließen. Ein weiterer Aspekt läßt die Struktur des Bhaumakara-Reiches in einem bereits erwähnten Sinne als beispielhaft für die frühen Regionalreiche des hinduistischen Mittelalters erscheinen. Das Reich der Bhaumas, deren direkter Herrschaft drei Kerngebiete am Golf von Bengalen unterstanden, war von einer Reihe autonomer Fürstentümer halbkreisförmig umgeben. Als zu dem «Kreis» (*maṇḍala*) des Herrschaftsverbandes der Bhaumas gehörend, trugen sie meist den bezeichnenden Namen Mandala. Zu diesen Mandala-Fürsten des Königreiches zählten die Shulkis, Nandas, Tungas und Bhanjas. Sie alle sind uns aus eigenen Inschriften bekannt, die sie selbständig unter Nennung ihrer Bhauma-Oberherren herausbrachten. Ihre starke Stellung im Reichsverband beruhte auf ihrer Macht und Autorität als einheimische Fürsten ihrer eigenen Stammesverbände. Die Shulkis z. B. waren aus dem Stamm der Shaulikas hervorgegangen, der uns bereits aus früheren Texten und Inschriften zentralindischer Könige bekannt ist. Als ihre Schutzgottheit verehrten sie die tribale «Herrin des Pfahles» (*stambheśvarī*), eine noch heute im Gebiet der früheren Stämme hoch verehrte Pfahlgöttin, errichteten aber gleichzeitig in ihrer Hauptstadt großartige hinduistische Tempel. Diese autochthonen Fürstentümer verkörperten in

2. Könige, Fürsten und Priester: Strukturprobleme hinduistischer Reiche 173

Bhubaneswar, Orissa. Sonnengott Surya, Vaital-Deula-Tempel, spätes 8. Jh. n. Chr.

indischen Königreichen die Allodialgrafschaften des deutschen Mittelalters, die im Gegensatz zu den vom König als Lehen verliehenen Herrschaften «aus wilder Wurzel» gewachsen waren und freies Eigentum darstellten. Wichtig für die Struktur der mittelalterlichen Königreiche ist es weiterhin, daß diese Mandala-Fürsten ihrerseits ihren Herrschaftsbereich in das bergige Hinterland ausdehnten, das meist von noch nicht hinduisierten Stämmen bewohnt wurde. So bezeichneten sich die Fürsten der Shulkis selbst als «Erste Herren des gesamten Gondama-Landes» und die Tunga-Fürsten sogar als «Erste Herren der 18 Gondamas». Gondama ist das Land des Gondstammes, der noch heute das bergige Gebiet zwischen Madhya Pradesh und Orissa bewohnt.

Die beachtliche territoriale Erweiterung der frühmittelalterlichen Königreiche zu den großen Regionalreichen, die zur schrittweisen Erweiterung des zentralen Kerngebietes und Einbeziehung immer neuer tributärer Samanta-Könige in den Außenregionen führte, warf neue strukturelle Probleme auf, die mit den herkömmlichen patrimonialen Herrschaftsmitteln der frühen Königreiche nur unzureichend gelöst werden konnten. Eines der entscheidenden Probleme war dabei die Kontrolle der Samantas der Außenregionen. Um ihr Gebiet völlig zu annektieren, hätte es nicht nur einer wesentlich stärkeren zentralen Dynastie mit einem hochentwickelten Verwaltungsstab, sondern auch einer gewandelten Königsideologie bedurft. Denn, wie bereits erwähnt, erhöhte die große Zahl der unterworfenen «Kleinkönige» Ruhm und Ansehen eines hinduistischen «Großkönigs». Es ist verständlich, daß die in ihrer realen Machtfülle oft kaum beschränkten Samantas der Außenregionen meist danach trachteten, ihre volle Unabhängigkeit wieder zurückzuerlangen oder in Krisenzeiten die Schwäche des Königs zumindest zur Stärkung ihrer eigenen Autonomie und zur Verringerung der jährlichen Tribute auszunützen. Es verwundert deshalb nicht, daß in den zeitgenössischen Texten die Samantas grundsätzlich als potentielle Feinde des Königs angesehen wurden und die von ihnen gestellten Truppen als die schwächsten Kontingente eines königlichen Heeres galten.

Die Geschichte der großen Regionalreiche hing daher in besonderem Maß von der Fähigkeit des Königs ab, die Unabhängigkeitsbestrebungen der Samantas in Schach zu halten und darüber hinaus sogar ein gewisses Maß an Loyalität von ihnen zu erzwingen. In der mittelalterlichen Periode gelang es den Königen meist jedoch nur mit geringem Erfolg, die Kontrolle über ihre Samantas dauerhaft zu institutionalisieren. So ist nur für sehr wenige Fälle inschriftlich bekannt, daß Könige ihre Samantas zwingen konnten, entweder einen ihrer Minister als Gesandten permanent in die Hauptstadt des Königs zu senden oder aber einen Abgesandten des Königs in ihrer Haupt-

2. Könige, Fürsten und Priester: Strukturprobleme hinduistischer Reiche 175

stadt aufzunehmen. Aus dem späten 9. Jahrhundert kennen wir allerdings aus dem Rashtrakuta-Reich Westindiens einen recht originellen Versuch, dieses Problem zu lösen. König Amoghavarsha entsandte Tausende von Tänzerinnen und Kurtisanen als Spione an die Höfe seiner Samantas. Diese Damen mußten zwar von den Samanta-Rajas unterhalten werden, unterstanden aber den Anweisungen der königlichen Gesandten an den Höfen der Samantas, die ihre Informationen dann an ihren König Amoghavarsha weiterzuleiten hatten. Als ein bezeichnendes Beispiel für die zeitweilige Hilflosigkeit eines Maharajas, die Unterstützung seiner Samantas mit königlicher Macht zu erzwingen, gilt das Geschick des Königs Ramapala von Bengalen um 1100 n. Chr. Nachdem sein Bruder und Vorgänger, König Mahipala, das eigene Stammland (*janaka-bhū*) der Palas an den Führer der aufständischen Fischerkaste der Kaivartas verloren hatte, mußte Ramapala sich durch Bittgänge und wertvolle Geschenke die Unterstützung seiner Samantas im Kampf gegen die Kaivartas erkaufen. Das zeitgenössische Werk Ramacaritam schildert eindringlich, wie Ramapala sich auf den beschwerlichen Weg zu den Häuptlingen der Waldstämme (*āṭavika*) begab und die Unterstützung der Samantas mit ihren Elefantentruppen, der Reiterei und den Fußsoldaten nur mit «Geschenken von Land und großem Reichtum» zurückgewinnen konnte, ein für Könige mittelalterlicher Staaten sicherlich nicht einmaliger Vorgang.

In Anbetracht der unsicheren und kaum institutionalisierten Beziehungen zwischen dem Maharaja und den Samantas blieb auch für die Herrscher der mächtigen Regionalreiche die Kontrolle über das zentrale Kerngebiet und dessen wirtschaftliche Stärke wichtigste Voraussetzung für die Durchsetzung ihres Anspruches auf Oberherrschaft über das Gesamtreich. Doch auch im Königsland, das bisweilen den vielsagenden Namen «Genuß des Königs» (*rājabhoga*) trug, traten Veränderungen hervor, die langfristig zu einer Schwächung der königlichen Macht führten. Im Zusammenhang mit der Darstellung der Struktur des Reiches König Harshas wurde bereits auf die steigende Tendenz hingewiesen, königliche Beamte nicht mehr mit Geld, sondern durch die Übertragung von Steuerpfründen zu entlohnen, sowie auf das Bemühen dieser Beamten, eine den Samantas ähnliche Stellung zu erreichen. Dieser Prozeß der «Samantaisierung» auch des Kerngebietes wurde im Verlauf der Entwicklung der Regionalreiche weiter beschleunigt, da mit wachsender Größe des Reiches die Zahl der Königsbeamten zunahm, die im Kerngebiet Pfründe erhielten. Die hieraus resultierende Verkleinerung des direkten Steuerlandes des Königs führte bei gleichzeitiger Erweiterung des äußeren Reichsgebietes zu einer zunehmenden Aushöhlung der Machtbasis der Großkönige.

Dieser Schwächung ihrer Macht versuchten die Könige durch eine Reihe von Maßnahmen zu begegnen. So werden in Urkunden des 12. Jahrhunderts – wenn auch noch sehr vereinzelt – erstmals Verpflichtungen der Provinzgouverneure genannt, dem König eine bestimmte Anzahl von Truppen zu stellen. Zum anderen bemühten sich Könige, die Pfründe und den Landbesitz ihrer Beamten über möglichst viele Provinzen des Reiches zu verteilen, um eine gefährliche Ballung ihres Landbesitzes zu verhindern. So erfahren wir, daß ein König der nordindischen Gahadavala-Dynastie im 12. Jahrhundert seinem Hofbrahmanen und Minister und dessen Sohn die Steuereinnahmen von insgesamt 18 Dörfern überließ, die jedoch über 18 verschiedene Steuerbezirke des Reiches verteilt waren. Andere Maßnahmen der Könige waren Erhöhung der Steuern im eigenen Königsland und das bereits erwähnte Bestreben, das königliche Kerngebiet auf Kosten der Samantas auszuweiten. Beide Maßnahmen bargen aber erhebliche Gefahren für die Herrschaft des Königs in sich. Bewohner der Dörfer entzogen sich dem wachsenden Steuerdruck bisweilen durch Auswanderung, und die Samanta-Rajas leisteten gegen die weitere Ausweitung des Kronlandes Widerstand, der zum Sturz der Dynastie führen konnte.

In dieser Situation prekärer werdender königlicher Macht im Inneren und steigender Macht der Samantas in den Außengebieten des Reiches bedurfte es einer zusätzlichen Absicherung der königlichen Herrschaft. Dies geschah durch eine Stärkung der Legitimation durch Hervorhebung des göttlichen Auftrages und durch den Ausbau einer auf den Herrscher direkt bezogenen neuen Struktur ritueller Souveränität. Die Erfüllung beider Aufgaben fiel in Indien den Brahmanen zu. Dies läßt sich recht deutlich in den überaus zahlreichen Urkunden über Landstiftungen an Brahmanen erkennen. Während in der Gupta-Zeit und den folgenden Jahrhunderten Landschenkungen an Brahmanen vorwiegend in bisher wenig kultivierten Landstrichen gemacht wurden, trat seit dem 10. Jahrhundert ein deutlicher Wandel ein. Landstiftungen an Brahmanen und Tempel wurden nun zunehmend in zweifacher Hinsicht ein Herrschaftsinstrument in den Händen des Königs. Zum einen begannen nun Könige ihren Brahmanen steuerfreie Dörfer in den Gebieten der Samantas zu schenken. Es war dies nahezu die einzige Möglichkeit des Königs, deren lokale Macht zumindest partiell aufzubrechen, da sich die Samantas dem geheiligten Brauch königlicher Landschenkungen an Brahmanen nicht widersetzen konnten. Die Samantas verloren dadurch nicht nur Steuereinnahmen, sondern mußten darüber hinaus in ihrem Gebiet Brahmanen aufnehmen, deren Loyalität zumindest in der Anfangsphase ihrer Ansiedlung dem königlichen Stifter galt. Der Wandel der Landschenkungspolitik fällt in einer weiteren Hinsicht auf. Während früher vor

2. Könige, Fürsten und Priester: Strukturprobleme hinduistischer Reiche 177

allem einzelne Brahmanen oder kleine Gruppen namentlich genannter Brahmanen mit Landbesitz beschenkt wurden, künden die Kupfertafelinschriften seit dem 10. und 11. Jahrhundert plötzlich von Landschenkungen an große Gruppen von Brahmanen. So erhalten um 1093 und 1100 n. Chr. 500 Brahmanen von einem König des nordindischen Gahadavala-Reichs anderthalb Steuerbezirke mit über hundert Dörfern als steuerfreien Besitz. Diese Steuerbezirke lagen in unmittelbarer Nähe von Benares, der heiligen Stadt der Hindus und der zweiten Hauptstadt des Gahadavala-Reiches. Bei dieser Stiftung, wie im Falle ähnlich großer Landschenkungen an Brahmanen, kann es also nur um eine Absicherung der königlichen Herrschaft in der wichtigen Benares-Region gegangen sein. Sie wog für den König offensichtlich höher als der erhebliche Verlust an Steuereinnahmen.

Besonders deutlich wird diese Rolle der Landschenkungen an Brahmanen und Tempel als ein wichtiges Strukturelement der mittelalterlichen Regionalreiche Indiens, wenn sie im Zusammenhang mit den großen Reichstempeln auftreten. Seit dem frühen 11. bis ins 13. Jahrhundert entstehen plötzlich in einigen Regionalreichen monumentale Tempel, deren Größe diejenige früherer Jahrhunderte in einigen Fällen sogar um ein Drei- bis Vierfaches übersteigt. Beispiele sind der Kandariya-Mahadeva-Tempel in Khajuraho (um 1002), der Rajarajeshvara-Tempel in Tanjore (um 1012) und der Udayeshvara-Tempel in Udaipur, der Hauptstadt des nordindischen Paramara-Reiches (ca. 1059 bis 1080). Besonders eindrucksvoll ist die Reihe der Großtempel in Orissa: Der Lingaraja-Tempel in Bhubaneswar (um 1060), der Jagannatha-Tempel in Puri (nach 1135) und der Tempel des Sonnengottes in Konarak (um 1250). Man hat bisher dieses Phänomen nur architekturgeschichtlich zu klären versucht und nach möglichen Vorbildern gesucht. Unberücksichtigt blieb jedoch die Tatsache, daß die Zeit dieser großen Reichstempel vom 11. bis 13. Jahrhundert genau mit der Zeit zusammenfällt, in der die Inschriften eine zunehmende «Samantaisierung» der Reiche erkennen lassen.

Funktion dieser Tempel war es ganz offensichtlich, eine Art Gegengewicht gegen die zentrifugalen Kräfte des Reiches zu schaffen. Um diese Aufgabe erfüllen zu können, wurden die Tempel mit großem Landbesitz ausgestattet, der sowohl in der Nähe der Hauptstadt wie auch in den einzelnen Provinzen und bisweilen sogar in den Gebieten der Samantas lag (siehe Karte 11). Für die Durchführung des königlichen Ritus wurden Hunderte von Brahmanen und Tempeldienern in die Hauptstadt gerufen. Die überaus umfangreichen Stiftungsinschriften am Tempel in Tanjore geben z.B. genaue Auskunft, aus welchen Dörfern des Reiches die namentlich genannten 137 Tempelwächter kamen, und enthalten Anweisungen an die Dörfer, ihre Männer selber mit Reis zu verpflegen. Samanta-Rajas und hohe königliche Beamte wurden zu besonderen rituellen Diensten bei bestimmten Festen verpflichtet. Der persönliche Priester des Königs, der Rajaguru, war gleichzeitig höchster Priester des Tempels und verwaltete dessen Besitz. Wenn auch die Errichtung und Ausstattung der großen Reichstempel den Königen zunächst hohe Kosten verursachten, so amortisierten sie sich bisweilen auch wirtschaftlich sehr bald. So stiftete Rajaraja, der Erbauer des Reichstempels der Colas in Tanjore, bis in sein 29. Regierungsjahr (1014) dem Tempel Schätze im Werte von umgerechnet 502 kg Gold, ein ähnlich hoher Betrag wurde jedoch jährlich in der Form von Getreide aus den gestifteten Tempelländereien nach Tanjore geliefert. Überschüssige Beträge wurden dann, wie wir ebenfalls aus den Inschriften erfahren, gegen einen Zins von 12 Prozent an Dörfer des Kerngebietes für landwirtschaftliche Entwicklungsprojekte verliehen.

Die wirtschaftliche und politisch-legitimatorische Funktion der großen Reichstempel läßt sich aber erst voll ermessen, wenn man weiterhin die wichtige rituelle Rolle des Königs im königlichen Kult dieser Tempel berücksichtigt. Denn häufig trug das Lingam, das phallische Symbol des Gottes Shiva, im Allerheiligsten der Tempel den Namen des Stifterkönigs, wie etwa die Udayeshvara- und Rajarajeshvara-Linga in den von Udayaditya und Rajaraja errichteten Reichstempeln in ihren Hauptstädten. Fresken innerhalb des Tempels und große Skulpturen an den Außenmauern zeigen die Könige in gottgleicher Pose, und die Götter wurden mit Symbolen königlicher Macht ausgestattet. Um die Herrschaft über ihr Reich zusätzlich zu legitimieren, gingen manche Könige noch einen Schritt weiter und übergaben dem Reichsgott feierlich ihr Reich, um zukünftig als dessen irdischer Stellvertreter oder Sohn (*putra*) zu herrschen. In dieser Stellung setzten sie den Reichstempel mit dessen rituellem Verwaltungsstab als Herrschaftsinstrument ein und drohten unbotmäßigen Samanta-Rajas mit dem Zorn des Reichsgottes, falls sie sich gegen die königlichen Befehle auflehnten.

Die systematische Ansiedlung von Brahmanen im gesamten Reich hatte ebenso wie die Errichtung großer Staatstempel das Ziel, ein Netz neuer ritueller und wirtschaftlicher Beziehungen über das Reich zu spannen. Über den Reichsgott direkt auf den König ausgerichtet, diente es als ein Gegengewicht gegen die zentrifugalen Kräfte des Reiches und legitimierte seine Herrschaft über das zentrale Königsland und den Kreis der Samanta-Rajas. Langfristig gesehen – vor allem dann, wenn die Nachfolger abermals neue Großtempel im Kerngebiet der königlichen Macht errichteten und abermals mit Landbesitz reich ausstatteten – vermochte diese Politik jedoch keine Lösung der Probleme der mittelalterlichen Staaten Indiens zu bringen. Die durch sie bedingte Abschöpfung wirtschaftlicher Überschüsse und ihre zumindest teilweise Stillegung in Tempelschätzen und einem großen Stab ritueller Spezialisten entzog dem Reich dringend benötigte Mittel für Heer und Verwaltung. Dies wiederum hatte fast zwangsläufig eine erneute Erhöhung der Steuern im Königsland und der Tributforderungen an die Samanta-Rajas sowie Beutezüge gegen die Nachbarreiche zur Folge. Die Widerstände, die diese Maßnahmen heraufbeschworen, waren dann meist bereits erste Zeichen an der Wand, die den Sturz der Dynastie ankündigten, deren Kerngebiet an königliche Beamte und Brahmanen vergeben war. Die Stärke der neuen, siegreichen Dynastie beruhte dann auf ihrem – noch – unverteilten eigenen Stammland.

3. Götter, Tempel und Dichter: Die Entstehung der Regionalkulturen

Vier Faktoren prägten das frühe indische Mittelalter und bestimmten dessen Bedeutung im Rahmen der gesamtindischen Kultur. Neben dem Aufstieg des Südens und der damit zusammenhängenden Entstehung der indischen Regionalreiche waren dies der Wandel des frühen klassischen «Brahmanismus» zum volkstümlichen Hinduismus, die Herausbildung der Regionalsprachen und die Entwicklung ihrer reichen Literaturen sowie als Folge dieser drei Faktoren die Entstehung der Regionalkulturen, dem bis in die Gegenwart wichtigsten Erbe des Mittelalters. Herausbildung und Wirkung dieser Faktoren beschränkten sich jedoch keineswegs auf die Zeit der hinduistischen Regionalreiche des frühen Mittelalters. Sie wirkten unvermindert und durch den Islam in mancher Hinsicht sogar bereichert in der Zeit des Delhi-Sultanats und des Mogulreiches weiter und erlangten z.B. in den Reichen der Rajputen, Marathen und Sikhs mit ihren spezifischen Regionalkulturen einen neuen Höhepunkt. Der erste und historisch sicherlich wichtigste Faktor, der Aufstieg des Südens und die hinduistischen Regionalreiche, wurde bereits in vorangegangenen Kapiteln erörtert, so daß wir hier mit dem zweiten Faktor, der Entwicklung des Hinduismus im Mittelalter, beginnen können.

Die Geschichte des Hinduismus in der zweiten Hälfte des ersten Jahrtausends n.Chr. ist von zwei scheinbar gegensätzlichen Strömungen bestimmt, aus deren Zusammenwirken und Synthese seit Ende des Jahrtausends der Hinduismus in seiner heutigen Gestalt und Lehre hervorging. Zum einen fanden in dieser Zeit in einer gegen Jainismus und Buddhismus gerichteten Bewegung, die bisweilen als «brahmanische Gegenreformation» bezeichnet wird, die großen philosophischen

Systeme des Hinduismus ihre klassische Ausbildung. Zum anderen entstand, teilweise sogar in bewußter Ablehnung brahmanischer Werkgläubigkeit und philosophischer Spekulationen, die Bhakti, eine inbrünstige Volksreligiosität, die in der völligen Hingabe in die Gottesgnade den Weg zur Erlösung suchte. Von den sechs klassischen philosophischen Systemen (darśana, d. h. «Anschauungsweisen») des Hinduismus erlangten die Karma Mimamsa, eine Erörterung des brahmanischen Werkdienstes und Opferwesens, und der klassische Sankhya, der einen Dualismus von Seele und Materie postuliert, große Bedeutung. Der nachhaltigste Einfluß auf die weitere Geschichte des Hinduismus ging jedoch vom Vedanta aus. Da er auch im Mittelpunkt des Neo-Hinduismus des 19. und 20. Jahrhunderts steht, wird er heute geradezu als die eigentliche Philosophie des Hinduismus angesehen.

Als Begründer der Lehre der «absoluten Zweiheitslosigkeit» (kevala-advaita) gilt Shankara (788 bis 820), der bis heute als eine Inkarnation des Gottes Shiva verehrt wird. Als Sohn eines Nambudiri-Brahmanen im südindischen Malabar geboren, verfaßte er in Benares sein Hauptwerk, den berühmten Kommentar zu den Brahmasutren. Er durchwanderte dann ganz Indien, besiegte Buddhisten in zahlreichen Lehrgesprächen und strebte eine Vereinheitlichung der divergierenden brahmanischen Riten und Regeln über die Lebensordnung an. Eine vermutlich erst später entstandene Überlieferung berichtet, daß er während seiner Wanderungen durch Indien vier Klöster (maṭha) in den vier Himmelsrichtungen des Subkontinents gegründet habe, deren Äbte (śaṅkarācārya) als Gelehrte und Kirchenfürsten heute höchste Autorität im Hinduismus besitzen. Unter ihnen wiederum genießt der Abt des südindischen Klosters von Sringeri, das bei der Gründung des Vijayanagara-Reiches eine bedeutende Rolle spielte, das höchste Ansehen. Die größte Leistung Shankaras beruht in der Schöpfung einer Lehre, die auf einer großartigen Erkenntnistheorie fußt und die philosophischen Systeme seiner Zeit gleichzeitig vereinheitlichend einbezog und zu einem neuen Lehrgebäude transformierte, das der deutsche Indologe Helmut von Glasenapp als «eine der grandiosesten Leistungen des grübelnden Menschengeistes» bezeichnete. Shankara schließt an die Atman-Brahman-Spekulationen der Upanishaden (dem vedānta, d. h. «Veda-Ende») von der Identität der Einzelseele und der Weltseele an. Die Einzelseelen (jīva) verharren im Geburtenkreislauf (saṃsāra) der vielheitlichen Welt, solange sie im Trugbild (māyā) von deren Realität verfangen sind. Dieses Maya-Trugbild resultiert aus dem Nichtwissen (avidyā) von der völligen Einheit von Brahman, Seele und Welt. Die Maya wird deshalb mit einem Tiefschlaf verglichen, in dem die Einzelseelen im Geburtenkreislauf verharren, solange sie nicht ihre eigene, wahre Natur, ihre Identität mit

3. Götter, Tempel und Dichter: Die Entstehung der Regionalkulturen 181

dem Brahman, erkennen. Einzig die Erkenntnis (*jñāna*) von der Alleinheit bewirkt die Erlösung (*mokṣa*) aus dem Kreislauf der Geburten. Indem Shankara somit nicht nur eine philosophische Deutung der Welt, sondern die Überwindung des Trugbildes ihrer Existenz anstrebte, schuf er die geistige Voraussetzung für die Verdrängung des Buddhismus und seiner in mancher Hinsicht verwandten Lehre vom Leiden und dessen Überwindung.

Shankaras religionsgeschichtliche Leistung besteht aber nicht nur in der Propagierung einer höchsten oder absoluten Wahrheit seiner monistischen Advaita-Philosophie, sondern in seiner Anerkennung auch einer «niederen Wahrheit». Seine Lehre schloß den auf «Nochnicht»-Wissen beruhenden Glauben an eine auf den Gesetzen von Ursache und Wirkung beruhende Vielfalt der Welt und einen höchsten Schöpfergott (*īśvara*) mit ein. Shankara teilte damit die Wahrheit in eine höhere und niedere Stufe der Erkenntnis, eine Vorstellung, die in Ansätzen bereits in der Upanishaden-Philosophie bekannt war und im Mahayana-Buddhismus voll entwickelt worden war. Sie gab Shankara als orthodoxem Brahmanen die Möglichkeit, die geheiligte vedische Religion, orthodoxes brahmanisches Ritualwissen und den Glauben an einen höchsten Gott mit den volkstümlichen Traditionen der Vielfalt göttlicher Manifestationen und sozialer Verhaltensweisen zu einem großartigen System zu vereinen und als eine Vorstufe höchster Advaita-Erkenntnis in seine Vedanta-Philosophie einzubauen.

Zur gleichen Zeit, als Shankara die vedisch-brahmanische Orthodoxie in sein monistisches Vedanta-Lehrgebäude integrierte, entwickelte sich als Ergänzung am Rande und sogar außerhalb dieser Orthodoxie die Bhakti-Religiosität, die in ihrer tiefen Wirkung auf den Hinduismus nicht minder bedeutsam war. Bhakti bezeichnet ursprünglich «Liebe» und hingebungsvolle «Demut». Im Gegensatz zum «Weg des (priesterlichen) Werkdienstes» (*karma-mārga*) und dem «Weg des (intellektuellen) Wissens» (*jñāna-mārga*) sucht der *Bhakti-mārga* den Weg der Erlösung in der gläubigen, bis zur Selbstaufgabe gehenden Gottesliebe. Religionshistoriker stimmen darin überein, daß Ansätze dieser Gottesmystik bereits in frühen Schriften, wie etwa der Bhagavadgita, zu erkennen sind, in der Krishna als Wagenlenker dem Arjuna verkündete «wer mich liebt, geht nicht zugrunde, ... richte deinen Sinn auf mich, liebe mich, opfere mir, verehre mich, so wirst du zu mir eingehen» (IX, 31; 34). Als religiöse Volksbewegung nahm die Bhakti jedoch erst im 6. Jahrhundert n. Chr. in Tamil Nadu einen neuen, ursprünglich heterodoxen Anfang, breitete sich dann in den folgenden Jahrhunderten über ganz Südindien aus, um von hier aus den Hinduismus Gesamtindiens zutiefst zu beeinflussen. Verkünder dieser neuen Lehre waren in Südindien dreiundsechzig shivaitische und zwölf vishnuitische Heilige, die als Nayanars und Alwars bekannt sind. Unter den shivaitischen Heiligen genießen bis heute Appar, der Anfang des 7. Jahrhunderts Buddhisten und Jainisten in Lehrgesprächen besiegt und den Pallava-König Mahendravarman zum Shivaismus bekehrt haben soll, große Verehrung, ferner sein Zeitgenosse Sambandar sowie Sundaramurti (8. Jahrhundert) und Manikkavasagar (9. Jahrhundert). Die Werke dieser Heiligen wurden in einer umfangreichen Sammlung zusammengetragen, die als «Heilige Schrift» (Tirumurai) oder «Tamilveda» als das Herzstück der shivaitischen Literatur Südindiens gilt. Das achte Buch dieser Sammlung stellt das besonders bekannte Tiruvasagam des Manikkavasagar dar. Als zwölftes Buch wurde nachträglich das Periya-Purana hinzugefügt, das der Dichter Shekkilar im frühen 12. Jahrhundert auf Geheiß des Cola-Königs Kulottunga II. verfaßt haben soll. Es stellt eine umfangreiche Hagiographie der frühen südindischen shivaitischen Heiligen dar und erfreut sich noch heute in Tamil Nadu großer Beliebtheit.

Das Wesen der Gottesliebe dieser Heiligen wird wie im Falle aller mystischen Strömungen der Weltreligionen am ehesten aus den eigenen Werken dieser Heiligen verständlich. In einer seiner zahlreichen Hymnen, die Manikkavasagar während seines Lebens, das einer ununterbrochenen Wallfahrt zu den heiligen Orten Südindiens gleichkam, dichtete, schildert er unübertroffen seine Liebe zu Shiva:

«Wo Indra, Vishnu und Brahma und auch die anderen alle, selbst die Himmlischen im Himmel auf Shiva warten müssen, ist er herabgestiegen auf uns're arme Erde. Zu mir ist er gekommen, der ich nichts nütze bin, mit große Lieb' mir erwiesen, wie nur eine Mutter tut. Er hat meinen Leib gemacht wie Wachs so zart und weich und allen meinen Taten hat er ein Ende bereitet, ob ich auch bin geboren als Elefant und als Wurm. Dem Honig gleich und der Milch, dem Zuckerrohr gleich kam er als König daher, der kostbare Gaben verleiht und hat mich gnädig genommen als Sklaven in seinen Dienst.»[1]

Bezeichnend für diese frühe Bhakti-Gottesmystik ist die Ablehnung brahmanischer Gelehrsamkeit und des aufwendigen Opferrituals, das unteren Bevölkerungsgruppen ohnehin kaum zugänglich war. Verbunden war damit auch eine Ablehnung oder doch zumindest Geringschätzung der Kastenordnung. So ist es bezeichnend, daß von den dreiundsechzig shivaitischen Bhakti-Heiligen nur eine geringe Anzahl Brahmanen waren. Eine wesentlich größere Zahl entstammte den Kasten der Vaishya-Händler und besonders den Vellala-Bauern. Und selbst eine Frau und Angehörige so niedriger Kasten wie Wäscher, Töpfer, Fischer, Jäger und Palmweinbauern waren unter diesen Heiligen vertreten. Aber auch Fürsten und Könige zählten zu ihnen. Einer der wenigen Brahmanen unter den Nayanars, der berühmte Sundaramurti, heiratete sogar eine Tempeltänzerin und ein Mädchen aus der Vellala-Bauernkaste. In einer der Bhakti eigenen Einfalt wird im Periya-Puranam ausführlich geschildert, wie der Gott Shiva zwi-

3. Götter, Tempel und Dichter: Die Entstehung der Regionalkulturen

schen Sundaramurti und seinen zwei eifersüchtigen Frauen vermitteln mußte, was er dann auch ohne jeden Kasten- und Standesdünkel tat! Es ist daher verständlich, daß sich Brahmanen anfangs schwer taten, sich mit der Bhakti zu befreunden und sie in den Hinduismus zu integrieren. So berichtet das Periya-Purana die aufschlußreiche Geschichte eines Brahmanen, der von einem Cola-König als Priester eines großen Tempels eingesetzt wurde. Als dieser abends nach dem Ansturm der gläubigen Bhaktas nach Hause zurückkehrte, sprach er zu seiner Frau: «Als der Gott sich heute öffentlich zeigte, ging auch ich hin, ihn zu verehren. Weil Leute aus allen Kasten sich drängten, habe ich mich verunreinigt. Daher werde ich mich erst durch ein Bad reinigen. Erst dann kann die Zeremonie beginnen.»[2] Doch im Traum erschien ihm daraufhin Shiva und verkündete, daß alle, die in dieser Stadt geboren werden, seine göttlichen Leibwächter seien. Tags darauf erschienen ihm tatsächlich alle Bewohner der Stadt in göttlich leuchtender Gestalt. Es ist bezeichnend für die offenkundige Zurückhaltung der Brahmanen gegenüber der frühen Bhakti, daß dieser Priester einzig deshalb in den Kreis der heiligen Nayanars einging, weil ihm Shiva erschien und er Reue über sein vorschnelles Urteil zeigte. Doch der anfängliche Widerstand der Brahmanen gegen die frühe Bhakti und die mit ihren volkstümlichen Kulten verbundenen Tempel war keineswegs nur eine Eigenart südindischer Brahmanen. So galten im Mahabharata-Epos Tempelbrahmanen wegen der Gefahr ritueller Verunreinigung durch Pilger aus den untersten Kasten allgemein als «Candala der Brahmanen», genannt nach der niedrigsten Gruppe der Kastenlosen. Die Abneigung der Brahmanen, die an königlichen Höfen oder in reinen Agrahara-Brahmanendörfern ihr wirtschaftlich und rituell risikofreies Leben führten, gegen den Tempeldienst und die Abhängigkeit von den Gaben auch Angehöriger niederer Kasten mag verständlich gewesen sein, ließ sich aber nicht lange aufrechterhalten. Zu mächtig war die neue Bhakti-Religiosität und ihre enge Verknüpfung mit heiligen Orten und den in ihnen schrittweise ausgebauten «öffentlichen» Tempeln. Denn neben der Inbrunst der Bhakti-Liebe, die die alte brahmanische Gelehrsamkeit gleichsam überwältigte, ist gerade die Verbindung dieser Bhakti mit bestimmten heiligen Orten das wesentliche Merkmal dieser neuen Bewegung. Die alten vedischen Götter hatten keine dem Verehrer unmittelbar zugängliche «feste Bleibe», mochten sie sich auch in Naturerscheinungen manifestiert haben und vom Brahmanen an den Opferplatz herbeigerufen worden sein. Die neuen Großgötter der Bhakti waren dagegen nicht nur in ihren fernen Götterstätten anwesend, wie z.B. Shiva auf dem Kailasa oder Vishnu auf der Weltenschlange im Ozean, sondern auch in den ihnen geweihten heiligen Stätten und Tempeln.

Ausschlaggebend für den Siegeszug der neuen Großgötter der Bhakti war deren Eigenart, sich in schier unzählbaren örtlichen Manifestationen ihren Gläubigen zu offenbaren. Oftmals waren es anfangs nur ein Baum, eine Quelle, ein Stein oder die Einsiedelei eines Heiligen, in denen sich der Gott dem Bhakta offenbarte. Die später niedergeschriebenen Ursprungslegenden (*sthala-māhātmya*) zahlreicher großer Tempel legen noch heute Zeugnis ab von dem unmittelbar «örtlichen» Ursprung ihrer Heiligkeit und Größe (*māhātmya*). Im Mittelpunkt des Bhakti-Kultes stehen die Kultstatuen (*arcā*), in die der Gott hinabgestiegen ist (*avatāra*), um sich dem Gläubigen zu offenbaren. Nicht mehr an den großen mythischen Inkarnationen, sondern an den örtlichen Manifestationen der allgegenwärtigen Großgötter in den Kultstatuen der Tempel entzündet sich die Bhakti der Gläubigen. Es ist diese Vorstellung des Arca-Avatara, die den Heiligen Manikkavasagar im Anblick eines Tempels voller Verzücken ausrufen läßt: «Zu mir ist Er gekommen, der ich nichts nütze bin.»

Diese Idee der allgegenwärtigen Manifestationen und Inkarnationen der Großgötter öffnete unwiderruflich die Schleusen für das Eindringen immer neuer lokaler Gottheiten in den weiten Schoß des Hinduismus. Stammesgottheiten und Dorfgötter (*grāma-devatā*), die seit undenklichen Zeiten außerhalb des Hinduismus verehrt worden waren, wurden nun schrittweise mit einer hinduistischen Gottheit identifiziert. Eine wichtige Rolle spielten dabei die Anthropomorphisierung des bis dahin meist gänzlich anikonischen Göttersymbols, die schrittweise Einbeziehung brahmanischer Priester in den Kult und eine «Sanskritisierung» der frühen Namen der Kultstätten. Legenden entstanden, in denen dieser Wandel erklärt und oft mit dem Besuch eines der großen Heiligen aus mythischer Vorzeit oder der Erscheinung des Gottes in unmittelbare Verbindung gebracht wird. Diese Entwicklung zielte darauf ab, die lokalen Kulte mit der gesamtindischen Sanskrittradition zu verbinden und damit auch Anschluß an die regionalen oder gar gesamtindischen Pilgerrouten zu erlangen.

Aus den unzählbaren Beispielen, die den Aufstieg lokaler Heiligtümer zu Tempelstädten von regionaler und in manchen Fällen sogar zu Wallfahrtsstätten von gesamtindischer Bedeutung aufzeigen, soll hier die Tempelstadt Chidambaram im Süden von Madras exemplarisch ausführlicher besprochen werden. Als Zentrum des Nataraja-Kultes, in dem Shiva als «Herr der Tänzer» verehrt wird, machte Chidambaram unter dem Einfluß religionsgeschichtlicher und politischer Kräfte mehrere aufschlußreiche Entwicklungsphasen durch. Das ursprüngliche Heiligtum Chidambarams scheint mit einem Steinkult an einem Teich, dem späteren Tempelsee, verbunden gewesen zu sein. Später wurde der Stein als Shiva-Lingam unter dem Namen

3. Götter, Tempel und Dichter: Die Entstehung der Regionalkulturen 185

Mulasthana («Ursprungsort») verehrt. Große Bedeutung hatte in dieser frühen Phase Chidambarams auch die Kultstätte einer Göttin, deren Schrein den Namen *Per-ampalam* oder «Große Halle» trug. Die nahegelegene Stätte eines Kultes, der mit Besessenheitstänzen der Priester eines Gottes, wie wir sie aus dem Muruga-Kult kennen, verbunden war, war dagegen unter dem Namen «Kleine Halle» bekannt. Der heilige Bezirk all dieser Stätten trug den Tamilnamen Puliyur («Tigerstadt») oder Tillai-Wald. In der Sangam-Literatur des 1. bis 5. Jahrhunderts und den frühen epischen Sanskritwerken wird Chidambaram noch nicht genannt. Die Identifizierung der autochthonen tanzenden Gottheit Chidambarams mit dem Großgott Shiva scheint spätestens im 6. Jahrhundert vollzogen worden zu sein, denn die shivaitischen Heiligen Appar und Sambandar priesen bereits im frühen 7. Jahrhundert den Tanz Shivas in der «Kleinen Halle» von Chidambaram. Der weitere Aufstieg und die damit verbundene Sanskritisierung des Kultes ist aus dem Chidambaramāhātmya, der im frühen 12. Jahrhundert verfaßten Legendensammlung Chidambarams, noch gut zu rekonstruieren. Zunächst ging es um eine Aufwertung des bis dahin noch recht unbedeutenden Lingam-Kultes und die Sanskritisierung des Ortsnamens. Dies wurde durch die Erschaffung einer Legende erzielt, die von einem nordindischen Brahmanen Vyaghrapada berichtet, der auf der Suche nach Shiva nach Chidambaram gelangte und dort in tiefer Bhakti-Glückseligkeit das Mulasthana-Lingam verehrte. Brahmanen mit dem Namen *Vyāghra*pāda, der «*Tiger*füßige», sind seit der spätvedischen Zeit in mehreren Sanskritwerken Nordindiens bekannt. Durch «Erschaffung» eines Ortsheiligen von Chidambaram mit dem Namen Vyaghrapada konnte nachträglich der ursprüngliche Tamilname *Puliyūr* von dem gleichbedeutenden Sanskritnamen *Vyāghrapura* abgeleitet werden. Die «Tigerstadt» hatte damit durch ihren neuen «tigerfüßigen» Ortsheiligen Anschluß an die große Welt der Sanskritepen gefunden.

Als im 10. Jahrhundert dann Shiva als «Herr der Tänzer» von den mächtigen Cola-Königen zur Familien- und Schutzgottheit auserkoren wurde und Chidambaram eine bedeutende Rolle im Reichskult der Colas zu spielen begann, mußte der Tanzkult Shivas in Chidambaram gegenüber den anderen örtlichen Kulten aufgewertet werden. Dies geschah abermals durch die Einführung einer neuen Legende und eine weitere Sanskritisierung der Kultstätten Chidambarams und ihrer Namen. Vyaghrapadas Verehrung des Mulasthana-Lingam wurde nun umgedeutet zu einer bloßen Vorstufe der Verehrung des tanzenden Shivas in Chidambaram, der sich dort in seinem kosmischen Ananda Tandava («Wonnetanz») manifestiert. So entstand eine neue, lange Legende über Shivas Tanz in Chidambaram und die Erhöhung dieses Ortes zum Zentrum seines kosmischen Schöpfungstanzes.

Hierzu bedurfte es aber einer weiteren Namenskorrektur der Kultstätten in Chidambaram. Der gegenüber der «Großen Halle» der Göttin Chidambarams abwertende Name «Kleine Halle» des tanzenden Shiva wurde in einer großartigen Weise umgedeutet und gleichzeitig als Grundlage weitergehender philosophischer Spekulationen über die Heiligkeit Chidambarams benutzt. Der Tamilname *Cidampalam* («Kleine Halle») wurde durch das nahezu homophone Sanskritkompositum *Cid-ambaram* ersetzt, das soviel bedeutet wie «Himmelsraum des Geistes». Aufgrund dieser neuen Namensgebung vollführte Shiva nun seinen kosmischen Tanz für Bhakta-Gläubige und Cola-Könige nicht mehr in einer «Kleinen Halle», sondern in der «Geisthalle», in Chidambaram.

Auf der Grundlage dieser für den Hinduismus typischen Etymologie entstand in der Folgezeit eine Reihe philosophischer Spekulationen. Wichtig ist in diesem Zusammenhang die Identifizierung Chidambarams und seiner «Geisthalle» mit dem Herzen des kosmischen Urwesens und dem geistigen Brahman in dessen Innerstem (*antaḥpura*). Durch die seit vedischer Zeit vertraute kosmomagische Identifizierung des Weltalls, das aus einer Opferung des Urwesens Purusha hervorging, mit dem menschlichen Körper konnte Chidambaram für sich nun in Anspruch nehmen und den Gläubigen verkündigen, daß Shiva seinen Tanz sowohl in Chidambaram als dem Zentrum des Kosmos wie auch im Herzen der gläubigen Bhaktas vollführt. Durch diese Sanskritisierung der Namen und des Kultes Chidambarams wurde nicht nur der ursprünglich autochthone Tanzkult eines lokalen Gottes schrittweise in die gesamtindische Sanskritgelehrsamkeit und Götterwelt des Hinduismus integriert. Durch die philosophische Deutung des Namens wurde auch die in ihren Anfängen heterodoxe Bhakti in den nun vollständig «brahmanisierten» Kult Chidambarams integriert.

In ähnlicher Weise stiegen seit dem frühen indischen Mittelalter die Kultstätten zahlreicher autochthoner lokaler Gottheiten zu bedeutenden regionalen Tempelstädten und Wallfahrtsorten auf. Im Süden wäre vor allem Minakshi hervorzuheben, die «fischäugige» Schutzgöttin der Pandya-Könige in Madurai, oder der vishnuitische Gott Venkateshvara, dessen Tempel auf dem Berg von Tirupati heute das größte Pilgerzentrum Südindiens darstellt. Im Westen Indiens wäre insbesondere Vishnu-Vithoba von Pandharpur südöstlich von Pune zu nennen, der im Mittelalter von einem Hirtengott zur bedeutendsten und von Königen geförderten Gottheit im südlichen Maharashtra aufstieg. Wie der Gott Tirupatis scheint auch Vithoba in der ersten Phase der Hinduisierung mit Shiva identifiziert worden zu sein. Im Hochland von Maharashtra stiegen weiterhin mehrere pastorale Gottheiten wie Khandoba zu wichtigen regionalen Gottheiten

3. Götter, Tempel und Dichter: Die Entstehung der Regionalkulturen

auf, die nicht nur von den Hirtenstämmen, sondern in gleicher Weise von der ansässigen Dorfbevölkerung und von Fürsten verehrt wurden. Im Osten Indiens ist insbesondere Jagannatha zu nennen, der «Herr der Welt» in Puri und Staatsgott des Orissa-Reiches, dessen klobige Holzfigur und teilweise nicht-brahmanische Priesterschaft noch heute Zeugnis von seiner Stammesherkunft ablegen. Das bekannteste Beispiel all dieser Gottheiten im Hinduismus dürfte ohne Zweifel aber Krishna selbst sein, dessen Herkunft u. a. auf einen Gott der Kuhhirten bei Mathura im Süden von Delhi zurückzuführen ist.

Im Gegensatz zu den frühen vedischen Gottheiten kennzeichnet die Götter der Bhakti ihr unmittelbarer Bezug zu einem bestimmten Ort und einem Tempel, in dem sie, wie es in den Texten immer wieder heißt, «leben», «tanzen» oder in den sie «herabgestiegen» sind. Neben dieser Verbundenheit mit einem bestimmten Ort ist den Göttern der Bhakti, insbesondere den typischen regionalen Gottheiten wie Vithoba, Minakshi und Jagannatha, eine deutliche «Territorialität» ihres Wirkungskreises zu eigen. Als Manifestationen oder Inkarnationen einer der allumfassenden, kosmischen Großgötter des Hinduismus gehören sie zwar der all-indischen Götterwelt an, die keine engen geographischen Grenzen kennt. Dennoch beschränkt sich die Macht (*śakti*) und Größe (*māhātmya*) dieser regionalen Götter auf einen bestimmten geographischen Bereich, ihr «Territorium». Wie in einem magnetischen Kraftfeld ist ihre Macht im Mittelpunkt dieses Territoriums, in der Nähe ihrer «Stätte» (*kṣetra*) oder ihres Sitzes (*pīṭha*), am stärksten und für die Gläubigen geradezu physisch spürbar. In den Außenregionen nimmt ihre Macht mit zunehmender Entfernung vom Zentrum ab, bis an der Peripherie bereits die Macht und Anziehungskraft benachbarter Regionalgötter spürbar wird. Jenseits der Grenzen ihres «Territoriums» sind ihre Macht und Größe zwar bekannt, werden aber weder gefürchtet noch verehrt.

Die Versuchung liegt nahe, diese regionalen Gottheiten und ihre Kulte mit den Königen der mittelalterlichen Regionalreiche und der Idee ihres Königtums zu vergleichen. Auch die Könige galten als Verkörperungen der Macht und der kosmischen Funktion bestimmter gesamtindischer Großgötter, und viele dieser Rajas wurden sogar als Weltenherrscher (*cakravartin*) gefeiert. Doch auch ihre tatsächliche Macht war beschränkt auf ein oft sehr begrenztes Territorium, an dessen Peripherie bereits deutlich der Einfluß des benachbarten «Weltherrschers» spürbar war. In beiden Fällen stoßen wir auf die gleiche Art eines «begrenzten Universalismus». Ein derartiger struktureller Vergleich zwischen der Macht hinduistischer Götter und Könige läßt sich durchaus noch weiter fortsetzen. So stoßen wir auf eine deutlich hierarchisch-territoriale Staffelung göttlicher Präsenz. Jedes Dorf hat bis heute seine Dorfgottheit (*grāmadevatā*), deren Einflußbereich an den Grenzen des Dorfes endet. Auf der nächsten Stufe über den Göttern der Dörfer folgen machtvolle «subregionale» Gottheiten, deren Wirkungsbereich bereits ein weit größeres Gebiet umfaßt, das heute etwa mit einem Distrikt zu vergleichen wäre. In früheren Zeiten war dieser oft mit den Herrschaftsgebieten lokaler Fürstenhäuser identisch, deren Schutzgottheiten sie häufig waren. Diese Gottheiten waren stets aus dem Bereich machtvoller autochthoner Gottheiten aufgestiegen, deren Einflußbereich offenbar bereits vor ihrer Hinduisierung ein größeres Gebiet umfaßt hatte. Im Verlaufe der Entwicklung wurde ihr Kult teilweise hinduisiert, sie erhielten hinduistische Tempel und oft auch Sanskritnamen und Mantraformeln. Ihre anikonischen Kultbilder (Steine, Holzpfähle usw.) blieben meist jedoch ebenso unverändert wie ihre nicht-brahmanischen Priester, die der dörflich-tribalen Umgebung der Gottheit entstammten. Brahmanen wurden nur bei besonders wichtigen Riten herangezogen. An der Spitze der Pyramide dieser «territorialen» Gottheiten steht die regionale Gottheit, die seit frühmittelalterlichen Zeiten oft die Familiengottheit (*kuladevatā*) oder Reichsgottheit (*rāṣṭradevatā*) einer königlichen Dynastie war. In manchen Fällen galt sie als der eigentliche Souverän (*sāmrāja*) des Königreiches. Diese großen regionalen Götter Indiens waren in ihrer überwiegenden Zahl durch königliche Förderung aus dem Bereich der gerade genannten «subregionalen Gottheiten» hervorgegangen, und ihr Aufstieg hatte sich oft gemeinsam mit dem Aufstieg eines Königshauses zur Regionalmacht vollzogen. Im Verlaufe dieser Entwicklung wurde ihr Kult äußerlich nahezu vollständig hinduisiert. Dennoch blieben in Ursprungslegenden und Ikonographie auch dieser Regionalgötter stets Spuren ihrer autochthonen Herkunft erhalten. Diese waren Ausdruck der jeweiligen regionalen Eigentümlichkeit, und gerade sie bildeten Jahrhunderte hindurch einen unversiegbaren Quell für Entstehung und Weiterentwicklung einer spezifischen regionalen, kultischen Tradition, die sich um diese Eigenheiten ihrer regionalen Götter rankten. Es gab zahllose Möglichkeiten, die Vielfalt heiliger Stätten auf subregionaler und regionaler Ebene zu integrieren und alle Ebenen bis hinunter zum Dorf miteinander zu verbinden. Wie Großkönige hielten die regionalen Großgötter bei bestimmten Festen Hof, umgeben von den subregionalen Göttern, die ihrerseits die Schutzgottheiten der Samanta-Fürsten der Großkönige waren. Doch auch die subregionalen Götter hielten wie ihre irdischen Schutzherren und Patrone Hof – wenn auch weniger prunkhaft, so doch nicht weniger bedeutsam für die Dorfgötter, die nun (wie die Dorfschulzen an den fürstlichen Hof) geladen waren.

In der Literatur wird oft über die Vergöttlichung der Könige gesprochen. Für das hinduistische Mittelalter ist die gegenläufige Ent-

3. Götter, Tempel und Dichter: Die Entstehung der Regionalkulturen 189

wicklung, die «Verköniglichung» der Götter, mindestens ebenso bezeichnend. Die legitimatorische Funktion dieser Entwicklung liegt auf der Hand. Je «königlicher» der Kult der territorialen Götter, um so legitimer der göttliche Anspruch der Großkönige und ihrer Fürsten auf göttergleiche Herrschaft über das Territorium ihrer Schutzgottheiten, deren irdische Stellvertreter sie waren. Als Religion selbstaufopfernder Hingabe wurde die Bhakti damit eine der wesentlichen ideologischen Grundlagen königlicher Herrschaft im indischen Mittelalter.

Die wichtigste Institution des Hinduismus, die mannigfaltige Formen der Verflechtung heiliger Plätze von den Dorfschreinen bis zu den großen heiligen Städten bewirkte, war und ist bis heute die Wallfahrt. Sie ist mit Recht als einer der wichtigsten Integrationsfaktoren der indischen Kultur bezeichnet worden. Heilige Plätze waren bereits in vedischer Zeit bekannt. Aus dieser frühen Zeit stammt auch die Bezeichnung Tirtha für einen heiligen Platz, die ursprünglich soviel wie «Furt» bedeutete. Mit der Ausbreitung der indo-aryanischen Kultur im folgenden Jahrtausend erweiterte sich zwar die Zahl der bekannten heiligen Plätze, die man weiterhin aber meist nur für bestimmte Riten, wie z.B. das Ahnenopfer in Gaya, aufsuchte. Längere Pilgerfahrten (*tīrtha-yātrā*) zu einer größeren Zahl heiliger Stätten setzten sich erst in den nachchristlichen Jahrhunderten im Zusammenhang mit dem aufkommenden Tempelkult und dem mit ihm verbundenen Glauben an die stete göttliche Anwesenheit in den Kultstatuen (*arcāvatāra*) der Tempel als gleichberechtigter Weg zur Erlösung durch. Späte Teile des Mahabharata und nahezu alle Puranen, vor allem jene, die besonderen Religionsgruppen zuzurechnen sind, enthalten lange Abhandlungen über Pilgerfahrten und beschreiben bisweilen sogar genaue Pilgerrouten.

Die charakteristische Literatur für den mittelalterlichen Tempelkult der Bhaktizeit sind die schon genannten Mahatmya-Texte einzelner Tempel, die als Pilgerführer dienten und von Priestern den Wallfahrern vorgetragen wurden. Es war das Bestreben der Priester aller großen Tempel, «ihrem» Mahatmya Anerkennung als Teil eines der 18 großen gesamtindischen Purana-Werke zu verschaffen, um damit die Zugehörigkeit ihres eigenen Tempels zu den großen Pilgerstätten Indiens zu dokumentieren. Vor allem in Skandapurana fanden sogar bis in das späte Mittelalter hinein lokale Mahatmyas Eingang. Seit Ende des ersten Jahrtausends n.Chr. wurde Indien damit von einem immer dichter werdenden Netz von allgemein anerkannten Pilgerrouten und Pilgerzentren überzogen, die wesentlich dazu beitrugen, das Bewußtsein von der kulturellen Einheit Indiens gegenüber der zunehmenden Regionalisierung aufrechtzuerhalten und zu vertiefen.

Nach den Jahrhunderten der emotionalen, theistischen Erneuerungsbewegung der Bhakti setzte zu Beginn des zweiten Jahrtausends abermals eine Zeit intensiver philosophischer Spekulationen über das Verhältnis von Gott, Seele und Welt ein. Die Philosophie der philosophischen Systeme hatte noch um die grundlegende Frage gerungen, ob der Kosmos von dem unpersönlichen Gesetz des Karma oder einem ewigen Weltenherren beherrscht werde. Betrachtet man die weitere philosophische Entwicklung im Hinduismus, so läßt sich unschwer erkennen, daß dieser Streit zwischen Anhängern einer atheistischen Richtung und des Pantheismus von Shankara eindeutig zugunsten seiner Advaita-Philosophie von der Einheit der Seelen und dem über allen Gesetzen und Einflüssen stehenden ewigen Brahman entschieden wurde. Shankara hatte die Idee des allumfassenden, ewigen Großgottes (*mahādeva*), die das religiöse Grundkonzept der Bhakti darstellte, der Orthodoxie einverleibt und ihr eine neue philosophische Grundlage verliehen. Doch der gläubige Bhakta weigerte sich, wie Shankara in der Welt lediglich ein Trugbild der Maya zu sehen. Für ihn stellte im Gegenteil die Vielheit der Welt die großartige Manifestation der immerwährenden Schöpfung des Großgottes dar. Der Baum, der Stein oder die Statue, in denen sich der Gott dem Bhakta manifestierte, waren höchste Realität. So richteten sich die philosophischen Lehren unter dem Eindruck der Bhakti vor allem gegen den strengen Monismus Shankaras. Hatten die früheren philosophischen Auseinandersetzungen sich noch weitgehend außerhalb bestimmter Sekten abgespielt, so begann nun unter dem Eindruck der verschiedenen Sekten der Bhakti die Zeit der Sektenphilosophie, in der jeweils Shiva, Vishnu oder die Göttin als Großgott und höchster Weltenherrscher gedeutet wurde. Trotz vieler philosophischer Gemeinsamkeiten der Sekten tendierten die Shivaiten jedoch weiterhin eher zur Advaita-Philosophie Shankaras, während die Vishnuiten in stärkerem Maße die Welt als Realität göttlichen Wirkens anerkannten.

Der bedeutendste Vertreter der neuen vishnuitischen Schule war Ramanuja, der um 1100 n. Chr. in Tamil Nadu wirkte. Er verband die Vedanta-Philosophie und die Pancaratra-Lehre, nach der Vishnu der Urgrund der Welt ist, mit dem Bhaktiglauben zu einem neuen Lehrgebäude, das die philosophische Grundlage der Shri Vaishnavas wurde. Ramanuja lehrte den «Qualifizierten Monismus» (*viśiṣṭhādvaita*), nach dem der Gott zwar allumfassend und ewig, aber nicht mehr undifferenziert ist. Die Einzelseelen (*cit*) und das Unbelebte (*acit*) sind seine göttlichen «Qualitäten» (*viśiṣṭha*) und damit ebenso real wie göttlich. Die Einzelseelen sind damit in gleicher Weise mit Gott unabdingbar verbunden wie sie auch von ihm getrennt sind. Die Erlösung ist eine Vereinigung (*sāyujya*) der Einzelseele mit Gott und soll

3. Götter, Tempel und Dichter: Die Entstehung der Regionalkulturen

durch tugendhaftes Leben und die Erlangung des Wissens vom Getrennt- und Einssein mit Gott vorbereitet werden. Erreicht wird die Vereinigung jedoch nur durch Bhakti des Gläubigen und Gnade des Gottes. Ramanuja integrierte damit brahmanisch-priesterliche Werksgerechtigkeit und philosophische Spekulationen mit der ursprünglich heterodoxen Bhakti-Mystik. Er «legalisierte» somit nachträglich eine Entwicklung, die schon vor einigen Generationen begonnen hatte: Die Hinwendung brahmanischer Intellektueller zu der von ihnen einst verachteten volkstümlichen Bhakti. Durch die Wirkung seiner philosophischen Schriften und durch seine langjährige Tätigkeit als oberster Priester von Srirangam, dem damals größten vishnuitischen Tempel Südindiens, gab Ramanuja dieser Entwicklung einen derartigen Auftrieb, daß man ihn als den Begründer des gesamten Neovishnuismus bezeichnen kann. Und es kann kein Zufall sein, daß die Zeit seines Wirkens genau mit dem Beginn jener Periode zusammenfällt, in der in einer bis dahin nicht gekannten Weise Bhakti-Wallfahrtsstätten in Süd- und Zentralindien von Königen und Fürsten zu wahrhaften Tempelstädten ausgebaut wurden. Ramanuja hatte die Bhakti über den Kreis der jeweiligen Sekten hinaus «hoffähig» gemacht.

Die weitere Entwicklung des Vishnuismus ist durch eine zunehmende Krishna-Verehrung gekennzeichnet. Krishna wird nun nicht mehr als Avatara Vishnus, sondern als höchstes Wesen verehrt. Diese Schule nahm im Bhagavata Purana, das vermutlich im 10. oder 11. Jahrhundert als das großartigste aller Puranen entstand, ihren Anfang. Die Krishna-Mystik gipfelte im Gitagovinda des Dichters Jayadeva. Dieses um 1200 in Bengalen oder Orissa verfaßte Gedicht schildert in bewegend erotischer Sprache die Liebe Krishnas zu Radha, seiner Geliebten. Nimbarka und Vallabha, zwei ebenfalls aus Südindien stammende Brahmanen, entwickelten in Mathura und den nahe gelegenen heiligen Stätten Krishnas in Brindaban die Lehre Krishnas und Radhas weiter. Radha wurde nun als Geliebte Krishnas zum eigentlichen Weltprinzip, durch das der Gott wirksam wird. Die Lebenszeit Nimbarkas ist nicht bekannt, Vallabha, der Begründer jener einflußreichen und wegen ihres deutlich erotischen Radha-Krishna-Kultes bekannten Sekte der Vallabhacaryas, lebte von 1479 bis 1531. Sein Zeitgenosse war Caitanya (1485 bis 1533), der bis heute wohl am höchsten verehrte Heilige der Vishnuiten. Als Sohn eines Brahmanen aus Navadvipa in Bengalen galt er seinen Anhängern schon zu Lebzeiten als Inkarnation Krishnas. Die letzten zwei Jahrzehnte verbrachte er fast ununterbrochen in Puri in Orissa, um dort in ekstatischer Verzückung den Gott Jagannatha als den höchsten Krishna zu verehren. In seiner oft stundenlang anhaltenden Trance verfiel er bisweilen in Ohnmacht oder religiöse Raserei. Oft soll er sich als

Radha empfunden und sich im Schmerz über die Trennung von Krishna verzehrt haben. Bei seinem Tode soll er in das Standbild Jagannathas eingegangen sein. Caitanya war jedoch kein Lehrer, sondern überließ es seinen Schülern, seine Lehre aufzuzeichnen und zu einem philosophischen System zu entwickeln. Auf Caitanyas Geheiß hin erhoben seine Schüler Mathura zum Zentrum des Krishna-Kultes. Dies war für die Geschichte des Vishnuismus und damit auch für den gesamten Hinduismus Nordindiens eine wichtige Entscheidung, gewann damit doch Nordindien auf religiösem Gebiet wieder in stärkerem Maße die Führung zurück, die es für mehrere Jahrhunderte an den Süden abgegeben hatte. Während der Regierungszeit des Mogul-Kaisers Aurangzeb ließ der König von Mewar Ende des 17. Jahrhunderts die heilige Statue Krishnas aus Sicherheitsgründen heimlich aus Mathura nach Nathdvara bei Udaipur bringen. Nathdvara ist heute eines der großen und auch reichsten Pilgerzentren Nordindiens, und der Abt des Tempels nimmt die höchste Stellung unter den Vaishnavas ein.

Auch im Shivaismus entfaltete neben der südindischen Bhakti eine Reihe wichtiger Sekten ihre Tätigkeit. Sie alle stimmten darin überein, daß Shiva als der «Große Gott» der Urgrund des Kosmos ist. Sie fanden jedoch zum Teil voneinander abweichende Antworten auf die drängenden Fragen nach den Beziehungen zwischen Shiva, den Einzelseelen und der unbelebten Materie. Sie unterschieden sich oft erheblich in ihren Riten sowohl untereinander wie gegenüber den Vishnuiten. In Nordindien erlangte der Kaschmirische Shivaismus besonderes Ansehen. Von Vasugupta im frühen 9. Jahrhundert begründet, vertritt er einen Advaita-Shivaismus, in dem anders als bei Shankara die Welt nicht als ein Schein, sondern als Objektivation der Gedanken des Gottes gedeutet wird. Dabei wird Shiva mit einem Künstler verglichen, der das Bild der Welt in seinem Geiste entstehen läßt, ohne Farbe und Leinwand zu benötigen. Da es gilt, in diesem Bild Shiva wiederzuerkennen, wird der Kaschmirische Shivaismus auch als «Wiedererkennungslehre» bezeichnet. Auch hier werden direkte mahayana-buddhistische Einflüsse vermutet. Als bedeutendster Lehrer der kaschmirischen Schule gilt Abhinavagupta im 11. Jahrhundert, der auch als Theoretiker der Sanskritdichtung großen Ruhm erlangte. Obgleich der Kaschmirische Shivaismus als große Religionsgemeinschaft im 14. Jahrhundert ausstarb, als das Land von islamischen Truppen erobert wurde, bekennen sich bis heute bedeutende Pandits zu diesem System, das in seiner Geschlossenheit von Advaita-Philosophie, Yoga-Praxis und Gottesverehrung wohl unübertroffen ist.

Im südindischen Shivaismus erlangten in den den Nayanars folgenden Jahrhunderten eine philosophische Schule, der Shaiva-Siddhanta,

3. Götter, Tempel und Dichter: Die Entstehung der Regionalkulturen 193

und eine Sekte, die Lingayats, besondere Wirksamkeit. Der Shaiva-Siddhanta, das «endgültige Lehrsystem der Shivaiten», klang bereits in den Hymnen der Nayanars an, wurde aber erst im 13. und 14. Jahrhundert zu einem philosophischen System ausgebaut, durch das die südindischen Shivaiten aus der Defensive herausfanden, in die sie im 12. Jahrhundert durch die machtvolle Lehre Ramanujas gedrängt worden waren. Ähnlich wie Ramanujas Lehre vereinigt auch der Shaiva-Siddhanta dogmatische Agama-Texte und Bhakti in einem neuen philosophischen Lehrgebäude. Damit hatte nach dem Vishnuismus auch der Shivaismus eine Synthese zwischen der ursprünglichen heterodoxen Bhakti und brahmanischer Gelehrsamkeit gefunden. Dennoch, der Widerspruch zwischen orthodoxem Brahmanismus und Heterodoxie brach gerade im Mittelalter immer wieder auf und fand in neuen religiösen Sekten und Strömungen seinen Ausdruck. Während die christliche Kirche derselben Jahrhunderte Bewegungen wie die Albigenser radikal unterdrückte und auslöschte, vermochte der Hinduismus es meist, diese anfänglich oft sehr radikalen Sekten wieder zu integrieren. Eine der Ausnahmen bildet die Lingayat-Sekte, die als eine radikale, letztlich antibrahmanische Erneuerungsbewegung gegründet wurde und diese Stellung über Jahrhunderte hin behaupten konnte. Der Name Lingayat («Lingaträger») ist auf das kleine Lingam zurückzuführen, das alle Angehörigen als Zeichen ihrer ausschließlichen Shivaverehrung in der Form eines Amuletts stets mit sich tragen. Ihr anderer Name Vira-Shaivas bezeichnet sie als die «heroischen Shivaverehrer». Die Gründung dieser Sekte geht auf Basava zurück, der um 1160 Minister des Kalacuri-Königs von Kalyana im westlichen Zentralindien war. Die Lingayats erkennen zwar die Autorität der Veden, nicht aber die ritualistische Tradition und die gesellschaftlich dominierende Stellung der Brahmanen an. Sie scheinen sogar anfangs das Kastensystem insgesamt abgelehnt, später allerdings teilweise wieder übernommen zu haben, verurteilen Kinderheiraten und gestatten die Wiederverheiratung von Witwen. Da die Lehre ihren gläubigen Anhängern die Ausscheidung aus dem Geburtenkreislauf und Erlösung verhieß, begruben die Lingayats ihre Toten, was ansonsten im Hinduismus nur Asketen und heiligen Männern vorbehalten bleibt. Trotz ihrer in mancher Hinsicht geradezu revolutionären Ablehnung der brahmanischen Sozialordnung blieben die Lingayats in ihrem Lebenswandel überaus konservativ. Sie waren strikte Vegetarier und Anhänger der Ahimsa-Gewaltlosigkeit und lehnten alle Formen sexueller Freiheiten, die in manchen zeitgenössischen Sekten Eingang fanden, strikt ab.

Die Regionalisierung der indischen Kultur des Mittelalters hatte ihren Anfang in dem politischen Strukturwandel genommen, der zur Entstehung großer Regionalreiche führte. Im religiösen Bereich fand diese Entwicklung ihr Pendant in dem tiefgreifenden Wandel des frühen, relativ einheitlichen brahmanischen Hinduismus. Der Wandel begann mit dem Aufkommen volkstümlicher Kulte und gipfelte in der Entstehung und Systematisierung regionaler Sekten und ihrer Lehren. Diese Entwicklung wurde seit Anfang unseres Jahrtausends zunehmend durch das Aufkommen verschiedener regionaler Sprachen und der Entstehung ihrer reichen Literatur beschleunigt. Die Herausbildung der verschiedenen indo-aryanischen Sprachen Nord- und Zentralindiens wird nicht zu Unrecht als das bedeutendste kulturelle Ereignis Indiens in der Zeit zwischen 1000 bis 1300 n.Chr. bezeichnet. Marathi im Westen und die ostindische Gruppe mit Bengali, Assamesisch und Oriya gehören zu den frühesten dieser Sprachen. Ihre Geschichte und ihre Beziehungen zu den mittelindischen Sanskrit-Dialekten Prakrit und Apabhramsha ist sprachgeschichtlich sicherlich nicht weniger interessant als die nahezu gleichzeitige Entwicklung der europäischen Sprachen.

In Indien beeinflußte das Aufkommen der Sekten und der regionalen Kulte die Sprachentwicklung entscheidend. Die Begründer und Heiligen dieser Sekten waren oft nicht nur des Sanskrits nicht mächtig, auch die Brahmanen unter ihnen waren bemüht, ihre neuen Lehren in einer Sprache zu verkünden, die ihren aus allen Kasten zusammengewürfelten Anhängern verständlich war. Hinzu kommt, daß oft gerade die Heiligen dieser Sekten ihre Lehre in einer großartigen religiösen Dichtung verkündeten und damit unmittelbaren Einfluß auf die weitere Entwicklung ihrer eigenen Landessprache nahmen. Ein weiterer Faktor war die immer stärker spürbare Notwendigkeit, die großen Epen und zumal die Puranen der jeweiligen Sekten in Landessprachen zu übersetzen. Im Vishnuismus spielte hierbei das Bhagavata-Purana eine überragende Rolle. Diese Übersetzungen aus dem Sanskrit stellen in vielen Fällen erste literarische Höhepunkte der jeweiligen Landessprache dar. Am bekanntesten ist ohne Zweifel die freie Hindi-Übersetzung des Ramayana durch Tulsidas (1532 bis 1623). In der Mitte des 15. Jahrhunderts hatte Sharala Das in Orissa das Mahabharata übersetzt und damit den Grundstein für den literarischen Aufschwung der Oriya-Sprache im 16. Jahrhundert gelegt.

Zwei weitere Literaturgattungen, die einen tiefen Einfluß auf die Entwicklung der Regionalkulturen ausübten, seien abschließend noch kurz erwähnt. In nahezu allen großen Tempeln und Wallfahrtsorten entstanden neben den schon genannten, in Sanskrit verfaßten Legendensammlungen (*māhātmya*) auch Gedichte und Hymnen in den jeweiligen Landessprachen, die die Größe und Herrlichkeit der Tempel, ihrer Heiligen und Götter besangen. Da sie von den Pilgerführern bis in die entlegensten Orte mitgetragen und dort rezitiert wurden, trugen sie wesentlich zur Entstehung der regionalen Literaturen bei, die sich um die Tempel und deren Götter sowie ihre legendären Stifterkönige rankten. Mit diesen Sammlungen von Tempellegenden waren oft die Chroniken (*rājavaṃśāvali*) lokaler Fürstenhäuser oder regionaler Königshäuser eng verbunden. Nach einem Vorspann über die mythische Vorzeit schildern sie die Ursprungslegenden der Dynastie und die Gründungslegenden der von ihnen errichteten Tempel, um dann Ereignisse aus der Geschichte historischer Könige zu berichten. Diese Verbindung von Mythen und Legenden der Kultheroen mit historisch-legendären Überlieferungen mag heute literaturgeschichtlich und historisch von nur geringem Wert sein, für die Entwicklung einer regionalen Identität spielten sie im Mittelalter eine ebenso bedeutende Rolle wie für die Legitimation regionaler Königsherrschaft.

4. Indiens Einfluß in Südostasien: Ursachen und Wirkungen

Eine der großartigsten und weltgeschichtlich bedeutsamsten Leistungen Indiens stellt die Ausbreitung seiner Kultur in weite Teile Asiens, insbesondere in die Länder Südostasiens, dar. Die Einzigartigkeit dieser kulturellen Leistung beruht vor allem auf der fast ausnahmslos friedfertigen Expansion indischer Kultur. Keine der großen Hochkulturen der Menschheit, auch nicht die klassische griechische, hatte es vermocht, ohne militärische Eroberungen ihren kulturellen Einfluß so weit und so stark jenseits ihrer ethnischen und politischen Grenzen geltend zu machen. Im Rahmen dieser kurzen Geschichte Indiens kann nicht der Versuch unternommen werden, einen geschichtlichen Überblick über die sogenannten «indisierten Staaten» Südostasiens zu geben, die die weltberühmten Tempelstädte wie Pagan in Burma (1044 bis 1289), Angkor in Kambodscha (889 bis 15. Jahrhundert) und den Borobudur auf Java (frühes 9. Jahrhundert) hervorbrachten. Denn trotz der direkten und indirekten indischen Einflüsse, unter denen diese Staaten entstanden, sind sie und ihre Kulturen Teil der Geschichte Südostasiens. Hier sollen daher statt dessen einige Grundprobleme der Ausbreitung der indischen Kultur nach Südostasien erläutert werden.

Im Zusammenhang mit der Erforschung des indischen Einflusses in Südostasien spielt die Frage nach den Vermittlern oder Überbringern der indischen Kultur eine wichtige Rolle, weil sie das Wesen der «Indisierung» Südostasiens direkt betrifft. Anhänger verschiedener Forschungsrichtungen hoben den jeweiligen Anteil indischer Brahmanen und buddhistischer Mönche, erobernder indischer Fürsten oder der Händler Indiens besonders hervor. Man faßt diese unterschiedlichen Forschungsansätze entsprechend den indischen Kasten oft unter den Namen «Brahmanen»-, «Kshatriya»- oder «Vaishya-Theorien» zusammen. Die Anhänger der «Kshatriya-Theorie» sind davon überzeugt, daß zahlreiche Königreiche in Südostasien unter der direkten Herrschaft aus Indien eingewanderter Fürsten gestanden haben. Die Entstehung dieser «Kshatriya-Theorie» hing übrigens eng mit der Unabhängigkeitsbewegung der Inder zusammen. Auf dem Höhepunkt ihres Freiheitskampfes gegen den eigenen kolonialen Status und die «Greater Britain»-Ideologie entdeckten die Inder ihre eigenen «Kolonien» in «Greater India». Im Jahre 1926 wurde in Calcutta die einflußreiche «Greater India Society» gegründet, und wenige Jahre später begann der große Historiker Bengalens R.C. Majumdar mit der Veröffentlichung seiner umfangreichen Reihe «Ancient Indian Colonies in the Far East». Wenngleich aus diesen Kreisen durchaus bedeutende Forschungsbeiträge zum indischen Einfluß in Südostasien hervorgingen, so kann doch kein Zweifel bestehen, daß die «Greater India Society» und ihre gleichlautende Zeitschrift sowie die Reihe über «Ancient Indian Colonies» in den vergangenen Jahrzehnten schon wegen ihrer Titel der Sache Indiens in Südostasien einen nicht unbeträchtlichen Schaden zugefügt haben, da die Südostasiaten die Vorstellung einer Kolonisierung durch Indien strikt ablehnen. Wenn auch indische Orts- und Herrschernamen in Südostasien und auf Indien weisende dynastische Ursprungslegenden längere Zeit dieser Schule Recht zu geben schienen, so hat sich doch ihre «Kshatriya-Theorie» inzwischen als eine reine Spekulation erwiesen. Für einen direkten und kontinuierlichen politischen Einfluß Indiens in Südostasien gibt es zu wenige Beweise, als daß sich auf ihnen ernsthaft eine Theorie über die Indisierung dieser Region aufbauen ließe.

Ernster zu nehmen ist dagegen sicherlich die «Vaishya-Theorie», die in den indischen Händlern die wichtigsten Übermittler der indischen Kultur in Südostasien sieht. In der Tat stellte der Handel die eigentliche Triebkraft für die Entdeckung Südostasiens durch Indien dar, und wir besitzen bedeutende Dokumente aus vorkolonialer Zeit über die Niederlassungen indischer Händler in den Ländern Südostasiens. Gegen die «Vaishya-Theorie» ist der richtige Einwand erhoben worden, daß die Händler diese zivilisatorische Aufgabe kaum alleine vollbracht haben können, da sie meist den unteren Schichten der indischen Gesellschaft angehörten. Wäre der indische Einfluß tatsächlich auf sie zurückgegangen, würden wir in Südostasien auf eine große Zahl von Lehnwörtern aus den gesprochenen indischen Regionalsprachen, insbesondere aus dem Tamil, stoßen. Statt dessen gibt es

4. Indiens Einfluß in Südostasien: Ursachen und Wirkungen

aber bis heute nur eine überaus große Zahl von Sanskrit- und Pali-Lehnwörtern in den Sprachen Südostasiens, die aber nur auf den starken Einfluß von Brahmanen und buddhistischen Mönchen und auf die von ihnen verbreiteten Texte zurückgehen können. Gegen die «Händler-Theorie» der Indisierung wurde ferner darauf hingewiesen, daß die frühen indisierten Fürstentümer und kleinen Königreiche Südostasiens häufig im bergigen Hinterland lagen, nicht jedoch an der Küste, wo wir mit Recht starken Einfluß der indischen Händler vermuten dürfen.

Aus dem Gesagten geht bereits hervor, daß, wie schon bei der Ausbreitung der frühen nordindischen Kultur nach Zentral- und Südindien, auch in Südostasien Brahmanen und buddhistische Mönche eine entscheidende Rolle gespielt haben müssen. Sie waren Kenner und Interpreten der heiligen indischen Schriften, und als Brahmanen sprachen sie die Sanskrit-Sprache, die seit der Mitte des ersten nachchristlichen Jahrtausends zunehmend zur höfischen Sprache und Lingua franca der südostasiatischen Königreiche aufstieg. Brahmanen traten aber keineswegs nur als Priester und religiöse Lehrer auf, denn durch ihre Ausbildung und Sprachkenntnisse hatten sie Zugang zu allen wichtigen Shastra-Lehrbüchern, in denen die verschiedenen Bereiche der indischen Kultur systematisch dargestellt wurden. Besondere Bedeutung für den Staatsaufbau und die kulturelle Entfaltung der frühen indisierten Königreiche hatten insbesondere die Rechtslehrbücher (*dharmaśāstra*) und die verschiedenen Handwerks- und Architekturlehrbücher (*śilpaśāstra*). Wenn die Brahmanen auch in Südostasien als im Umgang mit dem Göttlichen überaus erfahrene Priester sehr geschätzt wurden, so dürfte in der Zeit der frühen staatlichen Entwicklung in Südostasien ihr «Wert» vor allem in ihrem hochqualifizierten Spezialistentum in allen Fragen der hinduistischen Gesellschafts- und Staatslehre gelegen haben. Ihre Fähigkeit, wichtige Bereiche ihrer eigenen indischen Kultur kompendienhaft anbieten zu können, machte sie für die aufstrebenden Fürsten der jungen Staaten Südostasiens zu begehrten «Entwicklungshelfern» und Beratern.

Welche Rolle spielten nun aber die Völker Südostasiens in diesem Prozeß der Indisierung ihrer eigenen Kultur? Waren sie – wie es aus dem bisher Gesagten erscheinen mag – die passiv Empfangenden, während allein die Inder diesen Prozeß aktiv vorantrieben? In der Tat vertraten nicht nur indische Anhänger der «Greater India»-Idee diese Meinung. Auch frühe europäische Erforscher dieser Länder folgten bisweilen dieser Lehrmeinung, möglicherweise sogar, um damit bewußt oder unbewußt ihre eigene koloniale Außenseiterstellung in den nun von ihnen zu entwickelnden Ländern Südostasiens zu rechtfertigen. Die erste vehemente Kritik an dieser einseitigen Interpretation der frühen Entwicklung Südostasiens kam von einem jungen holländischen Wissenschaftler, dem Historiker J. C. van Leur. Er hob nicht nur die seit alters her bekannten und beachtlichen Fähigkeiten sowie den Wagemut indonesischer Seefahrer hervor, sondern betonte vor allem die aktive Rolle der Fürsten Südostasiens in der planmäßigen Übernahme indischer Kultur. In dem 1955 posthum erschienenen Buch über den indonesischen Handel kam er zu der Schlußfolgerung, daß es die javanischen Könige selbst waren, die die brahmanischen Priester Indiens aus wohlverstandenem Eigeninteresse an ihre Höfe beriefen.

Neuere Forschungen der letzten Jahrzehnte haben van Leurs Kritik an den frühen Theorien über die Indisierung Südostasiens weitgehend bestätigt. Indisierung wird heute nicht mehr als der alleinig auslösende Faktor oder gar als der Beginn der kulturellen Entwicklung Südostasiens angesehen, sondern eher als die Folge einer in weiten Teilen Südostasiens bereits vollzogenen eigenständigen Entwicklung. So zeigen z.B. die frühen indonesischen Inschriften, daß bereits vor Beginn des indischen Einflusses die landwirtschaftliche und handwerkliche Entwicklung und der überlokale Handel eine beachtliche Höhe erreicht hatten. Mit dieser frühgeschichtlichen Entwicklung war eine soziale Differenzierung innerhalb der Dörfer verbunden, die dann ihrerseits politische Organisationsformen hervorbrachte, die eine größere Zahl von Dörfern umfaßten. Trotz dieser sozialen und politischen Differenzierung scheinen jedoch traditionelle Stammesgesellschaften weiterhin auf die Einhaltung der Normen ihrer egalitären Institutionen geachtet zu haben. Höhere, über den jeweiligen Clanverband hinausgehende Herrschaftsformen waren diesen frühen Stammesgesellschaften noch unbekannt. Es bedurfte daher nicht nur der Kenntnis höherer Herrschaftsformen und ihrer Institutionen, wie etwa des Aufbaues eines rudimentären Verwaltungsstabes und der Einziehung von Steuern, sondern in ganz besonderem Maße auch einer neuen Form der Legitimation dieser neuen, fremdartigen politischen Macht. Es war eben diese Situation, in der Oberhäupter aufsteigender einheimischer Clane Brahmanen oder buddhistische Priester zur Konsolidierung und Legitimation ihrer neuen Herrschaft einluden. Bei der Vermittlung der Kenntnis über die Existenz der indischen Kultur (und ihrer verfügbaren Spezialisten) spielte der Handel sicherlich eine sehr bedeutende Rolle. Südostasiatische Händler werden diese Kenntnis ebenso aus Indien mitgebracht haben, wie indische Kaufleute sie bereitwillig in Südostasien verbreiteten. Die dann oft durch Vermittlung dieser Händler eingeladenen indischen Priester wurden in Südostasien meist in unmittelbarer Nähe des fürstlichen Sitzes angesiedelt, wo sie in starker Isolierung von der umliegenden dörflichen Bevölkerung die mittelalterlich höfische Kultur Südostasiens entscheidend prägten.

4. Indiens Einfluß in Südostasien: Ursachen und Wirkungen 199

Ein gutes Beispiel für den Aufstieg einer einheimischen Fürstenfamilie überliefern uns die ältesten Sanskritinschriften Indonesiens, die aus der Zeit um 400 n.Chr. aus Ostkalimantan (Borneo) stammen. Auf mehreren, den Megalithen Südostasiens verwandten Steinsäulen wird von einem Fürsten berichtet, der den vom Sanskrit noch gänzlich unbeeinflußten Namen Kudunga trug. Sein Sohn nahm den Sanskritnamen Ashvavarman an und begründete die Dynastie (*vaṃśa*). Dessen Sohn Mulavarman, der Verfasser der Inschriften, ließ dann ein großes Opfer vollziehen und überhäufte die Brahmanen, von denen es in einer Inschrift ausdrücklich heißt, daß sie – vermutlich aus Indien – «hierher gekommen» seien, mit Geschenken. Nachdem er von ihnen die Weihe zum Raja erfahren hatte, unterwarf er benachbarte Fürsten und machte sie zu «Tribut-Gebern» (*kara-dā*). Diese Inschriften geben damit in wenigen Zeilen ein anschauliches Bild vom Aufstieg einer einheimischen Fürstenfamilie und von der Rolle, die indische Priester dabei spielten. Bereits *vor der Ankunft* der Brahmanen hatte demnach der Sohn eines einheimischen Clanhäuptlings eine «Dynastie» gegründet, deren Macht aber noch nicht über den eigenen Clanbereich hinausreichte. Erst in der dritten Generation lud Mulavarman Brahmanen ein, die ein großes Opfer veranstalteten und ihm den Raja-Titel verliehen. Wenn wir auch die Einzelheiten seines weiteren Aufstieges nicht kennen, so dürften sein Ansehen und seine Macht innerhalb seines Clans derart gestiegen sein, daß dieser seinem neuen Raja bei dessen Kriegszügen zur Unterwerfung der Nachbarclane folgte. Und es war sein neuer Status, der seinen Anspruch auf Abgabenerhebung in den Dörfern seines eigenen Clans und Tributzahlungen von den unterworfenen Nachbarfürsten legitimierte. In Südostasien spielten sich damit ähnlich verlaufende Prozesse staatlicher Entwicklung ab wie etwa gleichzeitig in Zentral- und Südindien, ohne daß immer ein direkter Einfluß Indiens vorliegen mußte.

In der Mitte des ersten Jahrtausends n.Chr. entstand in Südostasien eine große Zahl derartiger kleiner und oft nur kurzlebiger Fürstentümer unter dem Einfluß indischer Priester und Verwaltungsexperten. Meist sind sie uns nur aus den Ruinen ihrer sakralen Bauten und in wenigen Fällen auch aus Inschriften bekannt. Die große Zahl der Fürsten und ihr Streben nach Anerkennung nicht nur als Raja-Könige, sondern in einzelnen Fällen auch als Maharaja-Großkönige, führte in den folgenden Jahrhunderten zu einem ständig steigenden Einfluß der indischen Kultur an den Höfen Südostasiens. Im Kampf zwischen den Fürsten untereinander und in dem Bemühen einzelner, zu Großkönigen aufzusteigen und sich als solche zu behaupten, dürfte ein wesentlicher Grund für die in der zweiten Hälfte des ersten Jahrtausends n.Chr. in Südostasien allenthalben einsetzende Bautätigkeit liegen, die in den großen Königreichen von Java und Kambodscha zeitweise geradezu hektische Ausmaße annahm. An der Eigenbeteiligung südostasiatischer Fürsten und Künstler und ihrer schöpferischen Mitwirkung an dem gesamten Prozeß der «Indisierung» Südostasiens kann heute also kein Zweifel mehr bestehen. Diese wichtige Erkenntnis sollte jedoch nicht dazu führen, auch direkten politischen Einfluß Indiens gänzlich auszuschließen, denn auch Söhne indischer Fürsten sowie Brahmanen und buddhistische Mönche suchten ihrerseits ihr Glück in den Ländern Südostasiens.

Die wichtigsten Beispiele direkten indischen Einflusses stammen aus der frühen Geschichte Funans, dem ältesten Königreich Südostasiens, dessen Zentrum im heutigen Kambodscha und dem Mekong-Delta lag. Eine Legende, die uns in chinesischen Quellen überliefert ist und wohl auf eine historische Begebenheit im späten 1. Jahrhundert n. Chr. zurückgeht, berichtet von einem indischen Brahmanen Kaundinya, der sich nach einem göttlichen Traum auf die Seereise nach Funan begab und dort mit einem geheiligten Bogen die Prinzessin des Stammes der Nagas besiegte und mit ihr die erste Dynastie des Funan-Reiches begründete. Auf eine verwandte, dynastische Gründungslegende, die von einem eingewanderten Fürsten und einer Schlangenprinzessin berichtet, waren wir bereits im Zusammenhang mit der südindischen Pallava-Dynastie gestoßen. Diese Legende dürfte deshalb auf Beziehungen des frühen Funan zu Südindien deuten, zumal die Kaundinyas eine in Südindien hochangesehene Brahmanensippe waren. In der Mitte des 4. Jahrhunderts n. Chr. berichtet erneut eine chinesische Quelle von einem indischen Usurpator auf dem Throne Funans, der den Namen Chu Chan-t'an trug. Die Bezeichnung Chu deutet in chinesischen Texten auf eine indische Herkunft, und der Name Chan-t'an wird als die chinesische Transliteration des Titels Candana gedeutet, der von Indo-Skythen Nordindiens getragen wurde. Anfang des 5. Jahrhunderts kam dann abermals ein Kaundinya nach Funan. Von ihm heißt es in den Annalen Chinas: «Chiao Chen-ju war ursprünglich ein Brahmane aus Indien. Eine übernatürliche Stimme befahl ihm: ›Du mußt aufbrechen und in Funan herrschen.‹ Kaundinya war im Herzen erfreut. Er erreichte P'an-p'an. Das Volk von Funan hörte von ihm, und das ganze Königreich erhob sich in Freude. Sie kamen zu ihm und wählten ihn zum König. Er änderte alle Gesetze entsprechend den indischen Vorschriften.»[1] Dieser Bericht über den zweiten Kaundinya ist der sicherste Beleg für die Existenz eines indischen Herrschers in Südostasien und seinen Versuch, die Gesetze des Landes indischen Vorschriften anzugleichen. In der Tat hatte im frühen 5. Jahrhundert n. Chr. eine besonders starke «Welle der Indisierung» auch in anderen Teilen Südostasiens eingesetzt, wie die bereits erwähnten ältesten Sanskrit-Inschriften Indonesiens um 400 n. Chr. zeigten. Doch sollte auch in diesem be-

4. Indiens Einfluß in Südostasien: Ursachen und Wirkungen 201

kanntesten Beispiel direkter «Indisierung» eines Landes Südostasiens durch den zweiten Kaundinya nicht übersehen werden, daß es sich auch in seinem Fall nicht um eine gewaltsame Eroberung durch indische Heere handelte. Kaundinya hatte sich bereits längere Zeit in P'an-p'an am Isthmus der malayischen Halbinsel aufgehalten, der damals unter der Oberherrschaft Funans stand. Erst nachdem er dort zu Ansehen gelangt war, bestieg er in einer Zeit politischer Unruhen in Funan mit offenkundiger Unterstützung höfischer Kreise den Thron.

Bisher war fast ausschließlich von Brahmanen als den frühen Übermittlern der indischen Kultur nach Südostasien die Rede. Der Buddhismus und buddhistische Mönche spielten jedoch eine nicht minder bedeutende Rolle. Zwei Eigenarten des Buddhismus trugen sehr zu seiner frühen Ausbreitung in die Länder Asiens bei. Zum einen wohnt dem Buddhismus im Gegensatz zu allen anderen Religionen des alten Indiens eine starke missionarische Kraft inne, die ebenso in der Persönlichkeit des Buddha wie in seiner Lehre und der Organisation des Mönchsordens begründet ist. Diese Eigenart des Buddhismus wurde tatkräftig von großen indischen Herrschern wie Ashoka gefördert, der Botschafter der Lehre Buddhas bis in den Vorderen Orient, nach Sri Lanka und auch nach Burma sandte. Weiterhin spielte das Fehlen der Kastenschranken und der strengen rituellen Reinheitsvorschriften des Hinduismus eine wesentliche Rolle bei der Ausbreitung des Buddhismus. Während hinduistische Gesetze Reisen über das Meer mit dem Kastenausschluß bedrohten, waren buddhistische Mönche von keinen derartigen Restriktionen behindert.

Diese Freiheit gab den Mönchen nicht nur die Möglichkeit, selber ferne Länder aufzusuchen, sondern auch enge Kontakte mit ihren Glaubensbrüdern aus diesen Ländern zu pflegen, wenn diese Indien und die heiligen Stätten des Buddhismus aufsuchten. So sollen in den chinesischen Quellen für die Zeit vom 5. bis 8. Jahrhundert n. Chr. 162 Besuche chinesischer Mönche in Indien nachweisbar sein. Eine vielfach größere Zahl dürfte jedoch gereist sein, ohne in die offizielle Literatur eingegangen zu sein. So entstand seit den frühen nachchristlichen Jahrhunderten ein für die damalige Welt beachtlicher internationaler Austausch buddhistischer Gelehrter. Lag in den frühen Jahrhunderten das Zentrum buddhistischer Gelehrsamkeit in der berühmten Universität von Taxila bei Peshawar im Nordwesten Indiens, so verlagerte sich seit dem 5. Jahrhundert n. Chr. der Schwerpunkt allmählich nach Osten, als in der Nähe der heiligen Stätten bei Bodh Gaya die buddhistische Universität von Nalanda gegründet wurde. Nalanda erlangte als Zentrum der mahayana-buddhistischen Lehre gerade für die Länder Südostasiens eine überaus große Bedeutung, da es den Mönchen dieser Länder ermöglichte, jahrelang in der Nähe der Wirkungsstätten des Buddha die heilige Lehre zu studieren und Texte für die Heimreise zu kopieren. Der Andrang ausländischer Studenten an diese Universität muß derart stark gewesen sein, daß der König Balaputra von Shrivijaya auf Sumatra für Mönche aus seinem Reich um 860 n. Chr. sogar ein eigenes Kloster in Nalanda errichten ließ, für dessen Unterhalt der König Devapala von Bengalen mehrere Dörfer stiftete.

Seit dem 7. Jahrhundert n. Chr. hatte Sumatra seinerseits ebenfalls einen derart hohen Ruf buddhistischer Gelehrsamkeit erworben, daß chinesische Mönche auf ihrem Weg nach Indien dort Station machten und selbst bedeutende indische Gelehrte für Jahre nach Sumatra zogen. So unterbrach im Jahre 671 n. Chr. der chinesische Mönch I-tsing seine Reise nach Nalanda für sechs Monate in Shrivijaya, dem heutigen Palembang auf Sumatra, um dort Sanskrit zu studieren. Nach einem nahezu vierzehnjährigen Aufenthalt in Indien kehrte er für vier ganze Jahre nach Shrivijaya zurück, um dort seine mitgebrachten buddhistischen Texte ins Chinesische zu übersetzen. Um diese Arbeit zu beschleunigen, reiste er 689 für einige Monate nach China und warb weitere Gehilfen für seine Arbeit in Sumatra an, mit denen er dann dort sein Werk bis 695 fortsetzte. Nach seiner Rückkehr nach China empfahl er ausdrücklich seinen Ordensbrüdern, Reisen in das Land des Buddha zum Zwecke eines vorbereitenden Studiums in Shrivijaya zu unterbrechen, wo tausend Mönche den gleichen religiösen Lehren und Vorschriften folgten wie in Indien. Seinen Rat befolgten in den folgenden Jahrhunderten zahlreiche weitere chinesische Mönche. Besonders erstaunlich ist es weiterhin, daß selbst so große buddhistische Gelehrte Indiens wie Dharmapala aus Nalanda Ende des 7. Jahrhunderts nach Suvarnadvipa (Java und Sumatra) gezogen sein sollen. Anfang des 8. Jahrhunderts hielt sich dann der südindische Mönch Vajrabodhi auf seiner Reise nach China fünf Monate in Shrivijaya auf. Ihm und seinem Schüler Amoghavajra, mit dem er sich in Indonesien traf, wird die Begründung des Tantrismus in China zugeschrieben. Und selbst Atisha, der spätere große Reformator des tibetanischen Buddhismus, soll zu Beginn des 11. Jahrhunderts zwölf Jahre studierend in Suvarnadvipa zugebracht haben. All diese Beispiele sind beredte Zeugen für den hohen Stand buddhistischer Gelehrsamkeit in Sumatra und Java. Dieser hohe Bildungsstand und die meisterhaften Fähigkeiten javanischer Künstler bildeten die Voraussetzung für die Erschaffung des Borobudurs in der ersten Hälfte des 9. Jahrhunderts, der bis heute ebenso ein steingewordenes Kompendium buddhistischen Wissens wie das Meisterwerk indo-javanischer Kunst darstellt.

Lange Jahre wurde zwischen indischen Wissenschaftlern ein hehrer Kampf geführt, welcher indischen Region die Lorbeeren für den

4. Indiens Einfluß in Südostasien: Ursachen und Wirkungen 203

größten Anteil bei der Ausbreitung der indischen Kultur nach Südostasien gebühre. Heute ist man sich allgemein darin einig, daß der größte Einfluß (insbesondere in den frühen nachchristlichen Jahrhunderten) Südindien, und im besonderen Tamil Nadu, zugesprochen werden kann. Doch lassen sich in den folgenden Jahrhunderten mehrfach deutliche Verlagerungen der Ausstrahlungszentren wie auch deren gleichzeitiges Wirken feststellen. Südindischer Einfluß ist insbesondere in den Schriften der frühen Inschriften Südostasiens nachzuweisen, die auf das Vorbild der Pallava-Schrift zurückzuführen sind. Auch die ältesten buddhistischen Skulpturen Südostasiens, wie die berühmten bronzenen Buddhafiguren aus Sulawesi und Zentralvietnam, gehören der späten Schule von Amaravati in Südindien im 3. bis 5. Jahrhundert n.Chr. an. Doch auch frühe hinduistische Steinskulpturen aus Westjava oder vom Isthmus der malayischen Halbinsel weisen auf südindische Vorbilder der Pallava-Künstler des 7. bis 8. Jahrhunderts hin. Südindischer Einfluß ist ferner besonders deutlich in der Architektur Südostasiens bemerkbar, deren Beziehung – vor allem auf Java und in Kambodscha – zu den Tempeln der Pallavas und der frühen Colas unverkennbar ist.

Seit dem 5. und 6. Jahrhundert machte sich dann auch in Südostasien der Einfluß der nordindischen Guptaschule stärker bemerkbar. Zentrum dieser Schule war Sarnath bei Benares, wo der Buddha einst seine erste Predigt gehalten hatte. Hier entstanden die großartigen Werke der klassischen buddhistischen Kunst, deren Einfluß in Südburma und Zentralthailand in der Kunst der Mon-Reiche und in Funan besonders spürbar war. Die buddhistische Kunst der Shailendras auf Java im 8. und 9. Jahrhundert, den Erbauern des monumentalen Borobudur und zahlreicher weiterer berühmter buddhistischer Tempel in Zentraljava, wurde stark von der sogenannten Spätgupta-Kunst des westlichen Zentralindiens geprägt, die uns aus den Höhlentempeln von Ellora und Ajanta bekannt ist. So heißt es in einer Inschrift des Plaosan-Tempels in Zentraljava sogar ausdrücklich, daß dieser um 800 errichtete Tempel «durch die stets aus Gujarat (*gurjaradeśa*) gekommenen buddhistischen Gläubigen» erbaut wurde. Die Skulpturen dieses Tempels weisen in der Tat besonders deutliche stilistische Übereinstimmungen mit den späten buddhistischen Höhlen in Ajanta und Ellora auf.

In den folgenden Jahrhunderten wurde der indische Einfluß in Südostasien immer stärker von der buddhistischen Universität von Nalanda und der Kunst der Pala-Dynastie bestimmt, die seit dem späten 8. Jahrhundert bis ins 12. Jahrhundert in Ostindien herrschte und als letzte große indische Dynastie dem Buddhismus königliche Förderung gewährte. Der Einfluß der mahayana-buddhistischen Schule Bengalens war so stark, daß ein Mönch aus «*Gauḍi*» (Bengalen) sogar

Rajaguru des Shailendra-Königs wurde und als solcher im Jahre 782 eine buddhistische Manjushri-Statue in einem königlichen Tempel weihte. Der Einfluß Bengalens und Ostbihars ist in diesen Jahrhunderten besonders deutlich in den Werken der südostasiatischen Bildhauer und Maler zu verfolgen. Der ostindische, ikonenhafte Bildtyp der Götterdarstellungen mit einer zentralen Götterfigur und den sie umgebenden Begleitfiguren beeinflußte gleichermaßen Bildhauerei in Indonesien wie die Freskenmalerei in den Tempeln von Pagan.

Zur gleichen Zeit etwa, als Bengalen und Bihar unter der Pala-Dynastie eine hervorragende Rolle als Ausstrahlungszentren des Mahayana-Buddhismus und des Tantrismus nach Südostasien und Zentralasien spielten, trat Südindien unter der mächtigen Cola-Dynastie abermals in enge Beziehungen zu Südostasien. Unter ihnen trat in besonderem Maße der Handel in den Mittelpunkt der Beziehungen Südindiens mit Südostasien, der im 11. Jahrhundert sogar zu kriegerischen Auseinandersetzungen der Colas mit dem großen Seehandelsreich Shrivijaya von Sumatra führte. Doch der intensive Handel brachte auch die Kultur des Cola-Reiches nach Südostasien. So existieren z.B. an der Nordküste von Sumatra in der Nähe der alten Hafenstadt Dilli bei Medan große Buddha-Skulpturen in einem lokalen Cola-Stil. In der Nähe der berühmten Tempel von Padang Lawas in Zentralsumatra wurde weiterhin eine kleine, aber ausgezeichnete Bronzeskulptur eines vierarmigen Lokanathas und einer Tara in reinem Cola-Stil gefunden, die sich heute im Museum in Jakarta befindet. Daß diese Skulptur aus dem Jahre 1039 n.Chr. jedoch nicht aus Südindien eingeführt wurde, sondern von einem einheimischen Künstler Sumatras hergestellt wurde, geht aus einer kurzen Inschrift hervor, die neben Sanskrit auch altmalayische Wörter enthält. Die kulturellen Beziehungen zwischen Südostasien und Südindien unter den Colas waren jedoch keineswegs nur einseitig. Wenn auch bisher kaum hinreichend untersucht, so läßt sich doch vermuten, daß der mit monumentalen Reichstempeln verbundene Herrscherkult der Colas im 11. Jahrhundert unmittelbar von Angkor beeinflußt wurde. Auch der im Zusammenhang mit dem großen Tempel von Gangaikondacholapuram errichtete große Stausee könnte sein Vorbild in den berühmten Baray-Seen von Angkor gehabt haben.

Im frühen 13. Jahrhundert geriet Pagan in Burma nochmals unter einen starken und direkten Einfluß Bengalens und der Kunstschule von Nalanda. Nach der Zerstörung dieses Klosters und der Eroberung Bengalens durch die muslimischen Truppen etwa im Jahre 1202 n.Chr. scheint eine große Zahl buddhistischer Mönche und Künstler nach Tibet und in das Reich von Pagan geflohen zu sein. Auf ihren Einfluß dürften vor allem die großartigen Fresken in den Tempeln

4. Indiens Einfluß in Südostasien: Ursachen und Wirkungen

von Minnanthu, einem östlichen Ortsteil von Pagan, zurückzuführen sein.

Aufgrund der Eroberung Nordindiens durch türkische Truppen und der Errichtung des Delhi-Sultanats wurde Südostasien von den heiligen Stätten des Buddhismus abgeschnitten. Damit endeten die über ein Jahrtausend währenden intensiven und direkten Kontakte zwischen Südostasien und Nordindien. Fast gleichzeitig war ein weiteres Ereignis eingetreten, das ebenfalls die Beziehungen zwischen Süd- und Südostasien tiefgreifend formen sollte und langfristig zu einer Schwächung des direkten Einflusses Indiens in Südostasien beitrug. Im Jahre 1190 kehrte der buddhistische Mönch Capata nach zehnjährigem Aufenthalt aus Sri Lanka nach Pagan zurück und begründete dort eine theravada-buddhistische Schule, die den strengen Regeln des ceylonesischen Mahavihara-Klosters folgte. Sein Wirken in Pagan führte sehr bald zu einer Spaltung des burmesischen Ordens, der im 11. Jahrhundert von Shin Arahan, einem Anhänger der südindischen Schule des Buddhismus von Kanchipuram, begründet worden war. Damit begann um 1200 der Siegeszug des ceylonesischen Theravada-Buddhismus in Südostasien, der seit dem 13. und 14. Jahrhundert die Religion der Völker Burmas, Thailands, Laos' und Kambodschas wurde. Vor allem für das kambodschanische Volk scheint die Annahme des Theravada-Buddhismus gleichbedeutend mit einem Ablegen der Last des höfischen Mahayana-Buddhismus gewesen zu sein, in dessen Namen ihm der König Jayavarman VII. (1181 bis 1218) die Errichtung einer Unzahl monumentaler höfischer Tempelbauten in Angkor Thom (z.B. Bayon) aufgebürdet hatte.

Doch auch in Indonesien, wo der tantristische Buddhismus, durchsetzt von starken shivaitischen Zügen, die herrschende Religion an den Höfen von Sumatra bis Bali blieb, ging der direkte indische Einfluß im 13. Jahrhundert stark zurück. In mancher Hinsicht wohl auch durch den abrupten Abbruch der direkten Beziehungen zu Nordindien um 1200 bedingt, setzten sich in dem folgenden Jahrhundert javanische Elemente in der Kunst derart kraftvoll durch, daß man nur noch sehr bedingt von einer indo-javanischen Kunst sprechen kann. Der Kanon der indischen Kunst galt letztlich nur noch für die zentralen Statuen der Tempel, die den vergöttlichten Königen nach ihrem Tode errichtet wurden. Die Außenmauern der Tempel sind dagegen von Reliefs im reinen javanischen Stil, dem sogenannten Wayang-Stil, überzogen. Großartige Beispiele dieser flachen, dem javanischen Schattenspiel nachempfundenen Reliefs finden wir vor allem in Ostjava, z.B. am Candi Jago (13. Jahrhundert) und in Panantaran (14. Jahrhundert). Es ist dieser spätmittelalterliche javanische Stil, der bis heute in der Kunst Balis weiterlebt. Eine ähnliche «Indigenisierung» läßt sich seit dem 14. Jahrhundert auch in der Kunst der theravada-buddhistischen Länder festländisch Südostasiens beobachten. Themen blieben zwar auch dort weiterhin buddhistische Motive oder Szenen aus der hinduistischen Mythologie, die Stile sind nun aber unverkennbar burmanisch, thailändisch oder javanisch-balinesisch. Nachdem muslimische Truppen um 1200 n.Chr. Nordindien erobert hatten, trat in den folgenden Jahrhunderten auch in Südostasien der Islam als eine mächtige Kraft auf. Er breitete sich zunächst in den Handelsorten entlang der Gewürzhandelsstraße aus, die Indien über die Straße von Malakka mit den Molukken im Osten verband. Erste Hinweise auf das Eindringen des Islam finden wir Ende des 13. Jahrhunderts in Nordsumatra (Atjeh) und Anfang des 14. Jahrhunderts in Malaya. Im 15. Jahrhundert begann sich dann der Islam auch von den Hafenorten in das Landesinnere von Malaya und Indonesien auszubreiten, wo sich nun auch einheimische Herrscher zu dem neuen Glauben bekannten. Während der Islam anfangs nach der Errichtung des Delhi-Sultanats den direkten Kontakt Indiens mit Südostasien erheblich beeinträchtigt hatte, übernahm seit Ende des 13. Jahrhunderts Indien dann selbst eine wichtige Mittlerrolle in der Ausbreitung des Islam nach Südostasien. Die ältesten Grabsteine muslimischer Herrscher und Händler in Südostasien weisen auf unverkennbare westindische Einflüsse aus Gujarat hin, dessen Hafenstädte im Gewürzhandel zwischen Vorderem Orient und den Gewürzinseln Indonesiens eine besondere Rolle spielten. Doch auch die muslimischen Händler der südöstlichen Coromandel-Küste Indiens, deren große Händlergilden bereits in den vorangegangenen Jahrhunderten in Südostasien besonders aktiv gewesen waren, machten weiterhin ihren Einfluß im Osten geltend. Im Jahre 1445 unternahmen muslimisch-tamilische Händler in Malakka, der damals wichtigsten Handelsmetropole Südostasiens, sogar einen Staatsstreich und erhoben einen ihnen genehmen Herrscher zum Sultan dieses Stadtstaates. Dadurch wurde die Stellung der südindischen Händler in dieser Handelsmetropole zunächst erheblich gestärkt. Doch schon nach wenigen Jahrzehnten eroberte im Jahr 1511 Albuquerque mit 19 Schiffen und 800 portugiesischen Soldaten Malakka. Damit begann gleichzeitig wie für Indien auch für Südostasien das Zeitalter europäischen Einflusses, der schließlich zur Vorherrschaft europäischer Mächte in Süd- und Südostasien führte. Für Indien bedeutete die Vorherrschaft der europäischen Handelsgesellschaften nur vorübergehend das Ende einer anderthalb Jahrtausende währenden Periode enger und überaus fruchtbarer Beziehungen zu den Ländern Südostasiens. Mit der Ausbreitung der britischen Herrschaft von Indien aus nach Burma und auf die malayische Halbinsel begann seit Ende des 19. Jahrhunderts eine neue Phase indischer Präsenz in Südostasien, als Tausende Inder ihren Kolonialherren folgten.

Viertes Kapitel

Religionsgemeinschaften und Militärstaaten im Spätmittelalter

1. Die islamische Eroberung Nordindiens und das Delhi-Sultanat

Das Jahr 1206 stellt einen der großen historischen Wendepunkte in der Geschichte Asiens dar. Nach jahrelangen Kämpfen vereinigte Temudschin in diesem Jahr die mongolischen Stämme und begann unter dem Namen Tschingis Khan seinen in der Weltgeschichte einmaligen Siegeszug durch Asien. Im selben Jahr erklärte auch Qutb-uddin Aibak seine Unabhängigkeit von dem türkischen Sultanat in Afghanistan, das kurz zuvor Nordindien erobert hatte, und begründete das Sultanat von Delhi. Während in den folgenden Jahrzehnten der eurasische Kontinent von Osteuropa und dem Vorderen Orient bis nach China unter die Herrschaft mongolischer Stämme geriet, stieg das Sultanat von Delhi unter seinen zentralasiatisch-türkischen Herrschern zur Vormacht auf dem südasiatischen Kontinent auf. Für die weitere indische Geschichte hatte die Errichtung des Delhi-Sultanats unmittelbare und tief einschneidende Folgen. Den Jahrhunderten einer relativ abgeschirmten Entwicklung des frühen Mittelalters folgte nun eine Periode tiefgreifender Beeinflussung Gesamtindiens durch politische und kulturelle Kräfte Zentralasiens und des Vorderen Orients, die in ihrer Wirkung nur mit dem europäischen Einfluß seit dem 18. Jahrhundert verglichen werden kann. Entscheidend für Indien war es, daß die Träger dieser im 13. Jahrhundert aus dem Nordwesten über Indien hereinbrechenden Bewegung im Gegensatz zu früheren Eroberern einer kämpferischen Hochreligion, dem Islam, angehörten. Die Ausbreitung islamischer Macht und Religion führte zu bislang nicht gekannten kulturellen und sozialen und in der Neuzeit auch zu politischen Spannungen in Südasien. Die Kultur Indiens gewann jedoch durch die unmittelbare Begegnung mit dem Islam auch eine neue geistige und räumliche Dimension, die sie (wie einst durch die Ausbreitung des Buddhismus mit den Ländern des Ostens) nun mit den Ländern des Vorderen Orients verband. Und wie einst die hellenistischen Länder des Orients vermittelten nun im Mittelalter die islamischen Länder Aspekte der Kultur Indiens in das Abendland. Am bekanntesten ist diese Mittlerrolle des Vorderen Orients zwischen Indien und dem Abendland im Zusammenhang mit unserem Zahlensystem: Die sogenannten «arabischen» Ziffern gehen auf indische Vorbilder zurück, gelangten aber durch die Araber nach Europa.

Die frühe Geschichte islamischer Staatenbildung auf südasiatischem Boden hatte bereits fast fünf Jahrhunderte vor der Begründung des Delhi-Sultanats in einem ebenfalls weltgeschichtlich bedeutsamen Moment begonnen. Im Jahre 711, als arabische Truppen nach Gibraltar übersetzten und mit der Eroberung Spaniens begannen, setzte etwa 8000 km östlich von Gibraltar ein anderes arabisches Heer zur Eroberung des Sind im heutigen Pakistan an. Der Krieg hatte mit einer üblichen Piraterie einer Hafenstadt im Deltagebiet des Indus gegen ein Schiff begonnen, das der König von Sri Lanka mit muslimischen Waisenkindern an den Gouverneur des Iraq gesandt hatte. Als sich der Raja des Sind weigerte, die Piraten zu bestrafen, folgten zunächst zwei vergebliche Versuche des Gouverneurs, seinerseits nun den Raja des Sind zu bestrafen. Erst bei einem dritten Angriff besiegte er ihn mit massiver militärischer Unterstützung des Kalifen und eroberte dabei den südlichen Sind. Muhammad Ibn Qasim, der Eroberer des Sind und Schwiegersohn des Gouverneurs des Iraq, soll im Verlauf des weiteren Krieges über Multan sogar bis Kaschmir vorgestoßen sein. Nach seiner Rückberufung und Hinrichtung durch den neuen Kalifen setzten seine Nachfolger die Eroberungspolitik zunächst ungebrochen fort. Am erfolgreichsten waren in den Jahren nach 725 Feldzüge durch den Kutch auf die Halbinsel Kathiawar und nach Nord-Gujarat und Süd-Rajasthan. Es sah zunächst ganz so aus, als ob auch weite Teile Nordindiens unter dem Ansturm der Araber das gleiche Schicksal erleiden würden wie zuvor die großen Reiche des Vorderen Orients.

Doch die Expansion der Araber in Indien fand überraschenderweise ein baldiges Ende, denn im 8. Jahrhundert waren die hinduistischen Staaten Nord- und Westindiens den Arabern militärisch durchaus gewachsen, ja bisweilen sogar überlegen. Dies gilt für die Calukyas von Badami und etwa ab 750 für ihre Nachfolger, die mächtigen Rashtrakutas, die die Ausdehnung der Araber in West- und Zentralindien verhinderten (zeitweise aber auch als ihre Verbündeten auftraten), und besonders für die Gurjara-Pratiharas, die die eigentliche Last der Verteidigung Nordindiens trugen. Nach Aussage des arabischen Historikers Masʿūdī, der um 915 Indien besuchte, sollen sie stets ein Heer von achthunderttausend Mann zur Verteidigung gegen die Araber im Westen unter Waffen gehalten haben. Mag diese Zahl auch übertrieben sein, so spricht aus ihr doch die Hochachtung der Araber vor der Macht der Gurjaras. Sulayman, ein anderer Historiker, zählte den König der Rashtrakutas neben dem Kalifen, den

1. Die islamische Eroberung Nordindiens und das Delhi-Sultanat 209

Kaisern von China und «Rum» (Byzanz) zu den vier mächtigsten Herrschern der Welt. Der Sind und Panjab blieben zunächst unter direkter Kontrolle der Kalifen, die die Provinzgouverneure ein- und absetzten. Ihre direkte Kontrolle endete erst, als 871 arabische Fürsten in Mansura im Sind und in Multan im Panjab unabhängige Dynastien begründeten. In diesen Jahrhunderten früher islamischer Herrschaft im Industal scheinen sich Formen eines erträglichen Zusammenlebens zwischen den verschiedenen Religionsgemeinschaften und Bevölkerungsgruppen herausgebildet zu haben. Hindus waren längst als ein «Volk der Schrift» anerkannt worden, das gegen Zahlung der *Jizya*-Steuer weiterhin ihrem Glauben nachgehen konnte. Die muslimischen Herrscher von Multan sollen den berühmten Tempel des Sonnengottes in Multan sogar als ein Faustpfand gehütet haben, um den Gurjara-Pratiharas für den Fall eines Angriffes auf ihr Reich mit dessen Zerstörung drohen zu können.

Im Jahr 1000 n. Chr. trat ein plötzlicher Wandel ein, der ein Ende dieses sich anbahnenden friedlichen Zusammenlebens islamischer und hinduistischer Staaten in Nordwestindien bedeutete und die Voraussetzungen für die Eroberung Indiens durch das Delhi-Sultanat ab etwa 1200 schuf. In den Jahren 1000 bis 1027 verwüstete Sultan Mahmud von Ghazni in siebzehn verheerenden Feldzügen Nordindien von Saurashtra bis Kanauj. Mahmuds Vater, ein türkischer Sklave aus Zentralasien, hatte während des Niedergangs des zentralasiatischen Reiches der Samaniden in Ghazni südlich von Kabul ein unabhängiges Königreich gegründet. Als Mahmud im Jahre 998 siebenundzwanzigjährig den Thron bestieg, trat er die Herrschaft über ein Reich an, das bereits vom Indus bis nach Zentralpersien reichte. Mahmuds Kriegszüge nach Indien begannen stets zu Jahresende in der Trockenzeit und endeten meist vor Beginn des nächsten Monsuns, um beim Rückmarsch mit Heer und reicher Kriegsbeute die zahlreichen Flüsse im Panjab sicher überqueren zu können. Wie bereits unter seinem Vater bekam auch unter Mahmud die Dynastie der Hindu-Shahi, deren Königreich sich beiderseits des Hindukush-Gebirges zwischen Afghanistan und Pakistan erstreckte, als erste hinduistische Dynastie die Macht der Ghaznaviden zu spüren. Etwa 25 Jahre lang widersetzten sich Könige dieser Dynastie über drei Generationen hin mit wechselnder Unterstützung hinduistischer Könige Nordindiens ihrer Unterwerfung bis zu ihrer völligen Auslöschung. Vernichtet wurden ebenfalls die Reste des einst mächtigen Gurjara-Pratihara-Reiches von Kanauj, das nach dem Untergang der Hindu-Shahis schutzlos den Angriffen Mahmuds ausgeliefert war. Weiterhin wurden weiter im Osten die Candellas von Khajuraho und im Süden von Agra die Rajputen von Gwalior besiegt und ausgeplündert. Das gleiche Schicksal widerfuhr auch Mahmuds Glaubensgenossen, dem

König von Multan im heutigen Pakistan, der seinen Eroberungszügen im Wege stand. Als besonders bedrückend für die Hindus waren jedoch die Eroberung und völlige Vernichtung ihrer heiligen Städte Nordindiens wie Thaneswar, Mathura und Kanauj, in denen Hunderte von Tempeln zerstört und unendliche Tempelschätze erbeutet wurden. Höhepunkt dieser planmäßigen Zerstörungen und Plünderungen hinduistischer Städte und Tempel war der Angriff auf den großartigen shivaitischen Tempel von Somnath an der Südküste der Halbinsel von Kathiawar im heutigen Gujarat. In einer überaus wagemutigen Expedition durch die Wüste von Sind griff Mahmud im Januar 1025 diesen heiligsten Tempel Nordwestindiens an, bei dessen vergeblicher Verteidigung nach den Berichten zeitgenössischer Chronisten 50000 Hindus ihr Leben ließen. Nachdem Mahmud eigenhändig das Shiva-Lingam zerschlagen hatte, trat er mit Schätzen im Werte von 20 Millionen Golddirhams den gefährlichen Rückzug durch die Wüste an, den nur ein Teil seiner Truppe lebend überstand. Für die Zerstörung des Somnath-Tempels wurden Mahmud hohe Titel und Ehren durch den Kalifen zuteil. Mahmud von Ghazni verkörpert für die Hindus, was einst Attila und Tschingis Khan für Europa bedeuteten, und selbst muslimische Geschichtsschreiber tun sich bis heute schwer, seinen fanatischen Kampfes- und Zerstörungswillen zu erklären. Dies besonders deshalb, weil Mahmud trotz der ihm zu Gebote stehenden Macht und Fähigkeiten gar nicht erst den Versuch unternahm, ein indisches Reich aufzubauen, womit sein Kampf und die Zerstörungen in diesem Land zu erklären wären. Auch die übliche Deutung, er habe Indien als Schatz- und Zeughaus benutzt, um sein zentralasiatisches Reich weiter aufzubauen, trifft nur bedingt zu, da er sich um die nördlichen und westlichen Provinzen seines Reiches meist nur kümmerte, wenn dort Aufstände oder Einfälle drohten. Richtig ist dagegen sicherlich, daß er mit den Schätzen Indiens seine Hauptstadt Ghazni zu einer der prächtigsten Städte der damaligen Welt ausbaute. An seinem Hof versammelte er zahlreiche bedeutende Gelehrte und Dichter, unter ihnen Firdausi, den Verfasser des berühmten Shahnameh, und Albiruni, einen der großen Gelehrten seiner Zeit und Verfasser der umfangreichsten Abhandlung über Indien, die vor den Europäern von einem Ausländer geschrieben worden ist. Zum Verständnis Mahmuds muß allerdings auch erwähnt werden, daß er mit der gleichen Rigorosität, mit der er die «Ungläubigen» Indiens heimsuchte, islamische Häretiker verfolgte. So griff er zweimal Multan an, dessen Herrscher Daud der Sekte der Isma'iliten angehörte. Beim zweiten Mal ließ er sogar eine große Zahl dieser Muslims töten, da sie die Zusage, sich wieder dem orthodoxen Islam zuzuwenden, nicht eingehalten hatten.

1. Die islamische Eroberung Nordindiens und das Delhi-Sultanat 211

Wie immer man zu der Person Mahmud von Ghaznis steht, unzweifelhaft gehört er zu den Menschen, die Indiens Geschichte am nachhaltigsten beeinflußten, dies sogar ohne selbst indischer Herrscher geworden zu sein. Seine militärischen Erfolge waren aber nicht alleine seinen Fähigkeiten zuzuschreiben, sondern auch der historischen Lage, in der sich Nordindien Ende des 10. Jahrhunderts befand. Die sich über zwei Jahrhunderte (8. bis 10. Jahrhundert) hinziehenden Dreieckskämpfe zwischen den hinduistischen Großreichen Nord-, Ost- und Zentralindiens hatten letztlich alle hinduistischen Regionalreiche tief geschwächt, besonders aber zum Niedergang des Gurjara-Reiches seit Mitte des 10. Jahrhunderts geführt. Und eine neue Führungsmacht war um 1000 n. Chr., als Mahmud angriff, in Nordindien noch nicht wieder aufgestiegen. Im Süden dagegen stand das Cola-Reich auf dem Höhepunkt seiner Macht, ohne daß es jedoch von den bedrohlichen Kämpfen im fernen Nordwestindien je Kenntnis genommen zu haben schien.

Die Niederlage der hinduistischen Reiche Nordindiens mag aber auch tiefere Ursachen gehabt haben. Der schon genannte Alberuni schrieb um 1030 als hervorragender Kenner und großer Bewunderer Indiens im ersten Kapitel seines Werkes über «die Eigenarten ihres nationalen Charakters: Die Hindus glauben, daß es kein anderes Land außer dem ihren gibt, keine Nation wie die ihre ist, keine Könige wie die ihren sind, keine Religion wie die ihre und keine Wissenschaft wie die ihre ist. In ihrem Wesen sind sie knauserig im Mitteilen dessen, was sie wissen, und sie ergreifen die größtmöglichen Vorsichtsmaßnahmen, um ihr Wissen Menschen anderer Kasten ihrer eigenen Nation und natürlich noch mehr Fremden vorzuenthalten. Wenn sie gereist wären und sich mit anderen Nationen vermischt hätten, würden sie bald ihre geistige Haltung ändern, denn ihre Vorfahren waren nicht so engstirnig wie die gegenwärtige Generation.»[1] Auch Ende des 12. Jahrhunderts, als unter den Nachfolgern der Ghazmaviden abermals von Afghanistan eine unmittelbare Gefahr für die nordindischen Hindu-Staaten ausging, hatte sich die Lage nicht grundlegend geändert. Auf dem Boden des ehemaligen Gurjara-Pratihara-Reiches hatten sich zwar eine Reihe bedeutender Rajputen-Reiche formiert, deren durch Clan- und Heiratsverbindungen versippt und verschwägerte Herrscher aber argwöhnisch darauf achteten, daß keiner der ihren zu mächtig wurde. Der Wagemut der Rajputenkrieger war sprichwörtlich, und im Einzelkampf brauchten sie sicherlich keinen Vergleich mit den besten ihrer zentralasiatischen Gegner zu scheuen. Doch in ihrem ritterlichen Ehrenkodex und Kampfstil unterlagen sie den massiven Reiterangriffen und den oft meisterhaft angewandten Mitteln der Kriegslist ihrer zentralasiatischen Gegner. Während die indischen Kavalleristen meist freie Männer und

Einzelkämpfer waren, deren Einsätze nur schwer zu koordinieren waren, bestand die Kavallerie der Eroberer meist aus speziell ausgebildeten Sklaven, die von Jugend auf trainiert und gedrillt worden waren. Ihre gefährliche Taktik bestand darin, als geschlossene Truppe rasch heranzupreschen, dann plötzlich kurz vor der feindlichen Linie herumzuwenden und nach rückwärts – ungestört durch die Köpfe ihrer Pferde – den Gegner mit einem Hagel von Pfeilen zu überschütten und sich dann ebenso schnell wieder außer Schußweite der Gegner zu bringen.

Von ausschlaggebender Bedeutung für die Niederlage der Hindus dürfte weiterhin die rigorose Fragmentierung der hinduistischen Gesellschaft durch harte Kasten- und Klassengegensätze gewesen sein. Einen tatsächlichen Befreiungs- oder gar einen Volkskrieg gegen Fremdherrscher zu führen, war dieser hinduistischen Gesellschaft – vor allem in ihren dörflichen Schichten – letztlich ebenso fremd wie ein Religionskrieg. Kriegsführung war Standes- und besonders Kastenangelegenheit. Die Rekrutierung der Truppen beruhte gerade bei den Rajputen auf Clanbindungen und persönlicher Gefolgschaft. Den wild zusammengewürfelten und doch wieder kastenmäßig getrennten, zusätzlichen Söldnertruppen sowie den oft nur zwangsweise gestellten Heeren der Tributärfürsten fehlte der notwendige innere Zusammenhalt.

Ganz anders war dagegen der Kampfesmut, der die zentralasiatischen Truppen gleichberechtigter islamischer Soldaten beseelt haben mußte, wenn sie, in Hunderten von Kilometern anstrengenden Marsches zusammengeschweißt, endlich ihrem Ziel, dem Kampf gegen Ungläubige und um Beute, nahe waren. Den hinduistischen Söldnern winkte im Kampf gegen zentralasiatische Eindringlinge dagegen kaum Beute. Ihrem Verteidigungskampf fehlte damit dieser eigentliche Anreiz aller vornationalen Kriege. Eine weitere Folge sozialer Gegebenheiten trug ebenfalls wesentlich zur Überlegenheit der zentralasiatisch-islamischen Truppen bei. Während das «Kriegshandwerk» in der hinduistischen Gesellschaft wie jedes andere Handwerk bestimmten Kasten vorbehalten blieb, stand in der egalitären islamischen Gesellschaft der Kriegsdienst jedem frei, und dies besonders im «Heiligen Krieg» gegen die «Ungläubigen». Im Koran heißt es dazu: «Allah hat die, welche mit Gut und Blut streiten, im Rang über die, welche (daheim) sitzen, erhöht. Allen hat Allah das Gute versprochen, aber den Eifernden hat er vor den (daheim) sitzenden hohen Lohn verheißen.» (IV, 97)

Eine entscheidende Voraussetzung für die Siege islamischer Truppen war die nahezu uneingeschränkte Mobilität in der Gruppe der militärischen Führer, aus denen die erfolgreichsten immer wieder auch zu politischen Herrschern aufstiegen. Während in den großen

1. Die islamische Eroberung Nordindiens und das Delhi-Sultanat 213

Schlachten die hinduistischen Heere meist von ihren traditionellen Herrschern, den Königen und Prinzen, geführt wurden, standen ihnen als Gegner Truppenführer gegenüber, die nicht durch ererbtes Recht, sondern erst durch ihre unter Beweis gestellte «Kriegskunst» aufgestiegen waren und sich nur durch ständige militärische Erfolge halten konnten. Besonders deutlich wird der Aufstieg neuer und das Ablösen bzw. Auslöschen alter, oft im Hofleben korrumpierter Führungseliten im Islam im Zusammenhang mit der Rolle der Sklaven. Die frühe Geschichte des Islam in Indien ist weitgehend eine Geschichte aufgestiegener Sklaven oder deren Söhne. Dies gilt ebenso für die Ghaznaviden um 1000 n.Chr. wie auch für die Ghuriden im späten 12. Jahrhundert, besonders aber für die ersten Sultane von Delhi, deren Dynastie unter dem Namen «Sklavendynastie» bekannt ist. Meist auf den zentralasiatischen Sklavenmärkten gekauft, stiegen die Fähigsten dieser Sklaven durch bedingungslosen Gehorsam gegen ihre Herren, militärischen Wagemut und frei von allen weiteren sozialen Bindungen schnell in Führungspositionen auf, um dann in Einzelfällen durch Ermordung ihres Herren die Macht an sich zu reißen. Der immobilen hinduistischen Kastengesellschaft standen damit Eroberer gegenüber, deren militärische und politische Führungseliten einem ständigen Erneuerungsprozeß unterworfen waren.

Dem Kampf um Indien gingen im 12. Jahrhundert wie zwei Jahrhunderte zuvor unter Mahmud von Ghazni politische Umwälzungen in Afghanistan und Zentralasien voran, die im Jahre 1151 zunächst zur völligen Vernichtung der prachtvollen Hauptstadt Ghazni mit all ihren von Mahmud errichteten Palästen und sogar Moscheen führte. Aus diesem Kampf gingen die Fürsten von Ghur aus Westafghanistan siegreich hervor. Im Jahre 1173 eroberten sie Ghazni endgültig, und nur zwei Jahre später besetzte ihr Führer Muhammad Ghuri bereits Multan und schlug 1186 den letzten Nachfahren Mahmuds, der sich nach Lahore zurückgezogen hatte. Damit war Muhammad in wenigen Jahren Herr des gesamten Panjabs geworden, den er nun als Ausgangsbasis für weitere Eroberungen im Osten ausbaute. Denn im Gegensatz zu Mahmud von Ghazni hatte er das Ziel, Indien seinem Reich einzuverleiben. Sein erster Kriegszug gegen hinduistische Reiche endete im Jahr 1178 allerdings mit einer schweren Niederlage durch den Calukya-König von Gujarat. In den Jahren 1191 und 1192 kam es dann, nach vorangegangenen kleineren Kämpfen mit Rajputenfürsten, in den zwei Schlachten von Tarain im Nordwesten Delhis zur entscheidenden Auseinandersetzung mit den hinduistischen Reichen Nordindiens. Das Gebiet von Tarain war das Einfallstor zur weiteren Eroberung des fruchtbaren Zweistromlandes Nordindiens, wo auch schon in legendärer Frühzeit auf dem Kurukshetra die Truppen der Kauravas und Pandavas aufeinandergestoßen sein sollen und wo später im 16. und 18. Jahrhundert in den drei Schlachten bei Panipat die Herrscher Nordindiens von Eroberern aus dem Nordwesten – den Moguln und Afghanen – geschlagen wurden. Die erste Schlacht von Tarain im Jahre 1191, in der ein Aufgebot nahezu aller Hindufürsten des Nordens unter Führung König Prithvirajas von Delhi den Eindringlingen entgegentrat, verlor Muhammad von Ghur. Doch bereits im nächsten Jahr siegte das überraschend zurückgekehrte afghanisch-türkische Heer am gleichen Ort dank der überlegenen Macht seiner 10000 berittenen Bogenschützen. Prithviraja fiel zusammen mit zahlreichen Fürsten und einer Unzahl von Soldaten.

Dieser zweiten Schlacht von Tarain im Jahr 1192 folgte innerhalb weniger Jahre die Eroberung des gesamten Nordindiens. Bereits im folgenden Jahr wurde die mächtige Dynastie der Gahadavalas geschlagen und Kanauj und Benares erobert. Bald darauf fielen mit den Festungen von Gwalior, Ajmer und Anhilwara (der Hauptstadt von Gujarat) auch die Hochburgen der Rajputenmacht in Westindien. Diese Siege waren wesentlich das Werk des Generals Qutb-ud-din Aibak, eines turkistanischen Sklaven. Ihn setzte Muhammad Ghuri als Stellvertreter in Indien ein, als er vorübergehend nach Afghanistan und Zentralasien zurückkehren mußte. Die Eroberung Ostindiens ist dagegen das Werk eines fähigen türkischen Glücksritters, Muhammad Bakhtyar Khalji, der innerhalb weniger Jahre zum General aufstieg. Er eroberte in den letzten Jahren des 12. Jahrhunderts Bihar, wo er in Nalanda die letzten großen buddhistischen Klosteranlagen Indiens zerstörte, und besiegte etwa im Jahre 1202 König Lakshmana Sena von Bengalen. Der Angriff war derart überraschend, daß Lakshmana von ihm in seinem Palast beim Mittagsmahl überrascht worden sein soll. Bengalen entwickelte sich in den folgenden Jahrhunderten zu einem immer wieder nach Unabhängigkeit strebenden Schwerpunkt muslimischer Macht in Indien. Innerhalb von zehn Jahren war damit Nordindien von den Grenzen des Panjab bis nach Bengalen von den türkisch-afghanischen Heeren der Ghuriden erobert worden. Ausgenommen blieben allerdings die Grenzgebiete wie Kaschmir und auch Assam, wo Bakhtyar seinen Eroberungsversuch mit einer vernichtenden Niederlage bezahlen mußte.

Die Dynastie der Ghuriden brach jedoch ähnlich schnell zusammen, wie sie aufgestiegen war. 1205 erlitt sie eine schwere Niederlage durch das zentralasiatische Chwarezm-Reich, und 1206 wurde Muhammad am Indus ermordet. Die Herrschaft der Türken über Nordindien war damit plötzlich in einem hohen Maße gefährdet, denn in den vergangenen Jahren hatte auch der organisierte Widerstand hinduistischer Fürsten wieder zugenommen, und so bedeutende Festungen wie Gwalior und Ranthambhor waren wieder in die Hände der Hindus gefallen. In diesem Augenblick tat Qutb-ud-din Aibak den

1. Die islamische Eroberung Nordindiens und das Delhi-Sultanat 215

entscheidenden Schritt zur Begründung des Sultanats von Delhi. Nachdem ihn kurz zuvor Muhammad Ghuri zu seinem Statthalter in Indien eingesetzt hatte, erklärte er nun nach dem Tode seines Herren die Unabhängigkeit von den Ghuriden, ohne sich allerdings sofort auch formell zum Sultan zu erklären. Während Nordindien bisher nur ein Teil des afghanisch-zentralasiatischen Reiches der Ghuriden gewesen war, begann nun die Geschichte einer unabhängigen muslimischen Großreichsbildung auf indischem Boden.

Nach Aibaks Tod im Jahre 1210 folgte sein fähiger Schwiegersohn Iltutmish als Sultan auf den Thron von Delhi. Er setzte das Werk Aibaks, die Expansion und Konsolidierung der türkischen Herrschaft in Nordindien, mit unverminderter militärischer Stärke und politischem Geschick fort. Harte Kämpfe entbrannten immer wieder im Westen mit den anderen großen «Sklaven-Generälen» aus der Generation Aibaks, die zunächst noch über weite Teile des heutigen Pakistans herrschten. Nur teilweise erfolgreich war er im Kampf gegen die wiedererstarkenden Rajputen. Zwar gelang es ihm, die gewaltigen Festungen Gwalior und Ranthambhor wieder zu nehmen, doch widerstanden ihm die Guhilots von Nagda bei Udaipur und die Cauhans von Bundi nördlich von Udaipur. Kurz vor seinem Tode im Jahre 1236 unterwarf er die nach Unabhängigkeit strebenden Heerführer in Bengalen, nachdem er in den vorangegangenen Jahren bereits in Bihar aufständische Anhänger des 1206 ermordeten General Bakhtyar gezwungen hatte, seine Hoheit anzuerkennen, und einen Gegensultan in Lakhnau vernichtet hatte. Zur Konsolidierung seiner Herrschaft über rivalisierende muslimische Führer trug wesentlich seine feierliche Anerkennung und Investitur zum Sultan von Indien durch einen hohen Gesandten des Abbasiden-Kalifen von Bagdad im Jahr 1229 bei.

In die Regierungszeit von Iltutmish fällt das erste Eindringen mongolischer Heere nach Indien. Auf der Verfolgung des Sohnes des von ihm besiegten mächtigen zentralasiatischen Chwarezm-Shah drang Tschingis Khan 1221 bis an den Indus vor. Daß Delhi und Nordindien damals vor verheerenden Brandschatzungen der Mongolen bewahrt blieben, lag vor allem an dem Geschick des Sultan Iltutmish, sich nicht in den Kampf Tschingis Khans gegen den Chwarezm-Shah verwickeln zu lassen, obgleich er diesem andererseits als Glaubensbruder und einst mächtigstem Herrscher der damaligen muslimischen Welt zur Hilfestellung gegen die «heidnischen» Mongolen verpflichtet gewesen wäre. Die von Tschingis Khan nach seinem Rückzug im Panjab zurückgelassenen Truppen stellten jedoch während des gesamten 13. Jahrhunderts eine zusätzliche, ständige Bedrohung des Sultanats von Delhi dar. Es kann sicherlich als eine der großen militärischen Leistungen der frühen Sultane von Delhi angesehen werden,

Indien vor den Folgen eines möglichen «Mongolensturmes» bewahrt zu haben. Ihre eigene Kriegsführung, beruhend auf einer überaus beweglichen Kavallerie, war derjenigen der Mongolen in weit stärkerem Maße gewachsen als die der hinduistischen Rajas mit ihren großen, aber schwerfälligen Heeresmassen.

Die eigentliche historische Leistung der beiden ersten Sultane von Delhi, Aibak und Iltutmish, liegt jedoch in der Wiederherstellung eines ganz Nordindien umfassenden Staates, wie er seit Harshas Tod in der Mitte des 7. Jahrhunderts nicht mehr bestanden hatte. Und nicht vergessen werden sollte, daß Aibak und Iltutmish die eigentlichen Begründer Delhis waren, das unter ihnen von einer kleinen Rajputenstadt zur Hauptstadt ihres aufstrebenden indischen Sultanats ausgebaut wurde. Die sieben auf dem weiten Areal des heutigen Delhi nacheinander errichteten Hauptstädte und Zitadellen – am bekanntesten sind unter ihnen das von dem Mogul-Kaiser Shah Jahan im 17. Jahrhundert erbaute Alt-Delhi und das Rote Fort – verkörpern mehr als irgendeine andere Stätte Indiens Tradition und Größe eines zeitweise Gesamtindien umfassenden Reiches, eine Tradition, die heute in der von den Engländern errichteten «achten Stadt», New Delhi, fortbesteht. Aibak und Iltutmish sind auch die Schöpfer der frühen indo-muslimischen Architektur, die zusammen mit der späteren Architektur der Lodi-Sultane und der Moguln zu den großartigen Schöpfungen indischer Baukunst zählt. Zu den frühen Werken aus der Gründungszeit Delhis gehören neben dem bekannten Wahrzeichen Delhis, dem Qutb Minar, die Quwwat-ul-Islam («Macht des Islam»)-Moschee mit einer großartigen Schmuckwand und das Grab des Iltutmish, mit dem die Reihe monumentaler Gräber indo-islamischer Herrscher begann.

In den auf Iltutmishs Tod folgenden 30 Jahren brach zwischen Militärführern, Provinzgouverneuren, den Nachfahren von Iltutmish und den mächtigen Sklaven am Hofe ein nahezu ununterbrochener Kampf um die Macht im Sultanat aus. Unter den Nachfolgern Iltutmishs ist besonders seine Tochter Raziyyat bemerkenswert, die drei Jahre als Sultanin in Delhi herrschte. Die zeitgenössische Chronik Tabaqat-i-Nasari beschreibt sie als weise Herrscherin und sogar als fähige Militärführerin. «Sie war mit allen bewundernswerten Eigenschaften ausgestattet, die einen König zieren. Aber welchen Wert hatten all diese Fähigkeiten, da es ihr doch ihr Schicksal versagt hatte, als Mann geboren zu werden?» Sie wurde von den Mächtigen am Hof abgesetzt und bei einem Versuch, zusammen mit einem der Höflinge den Thron zurückzuerlangen, getötet. In den folgenden Kämpfen traten die «Vierzig», eine Gruppe mächtiger und überaus einflußreicher, meist türkischer Sklaven des Sultans Iltutmish, immer stärker in den Vordergrund, bis dann im Jahr 1266 einer der ihren

1. Die islamische Eroberung Nordindiens und das Delhi-Sultanat 217

nach dem Tode aller männlichen Nachfahren des Iltutmish die Macht an sich riß und als Sultan Balban den Thron bestieg. Seine erste Tat bestand darin, alle seine früheren Kampf- und Standesgenossen aufspüren und ermorden zu lassen, um seine eigene Position unangreifbar zu machen. Balban, der sich schon in den Jahren zuvor durch die grausame, aber wirkungsvolle Niederschlagung aufständischer Rajputenstämme hervorgetan hatte, die die Umgebung der Hauptstadt jahrelang verunsichert hatten, stellte durch eine bisher nicht gekannte Härte der Kriegsführung und persönlichen Rechtsprechung die höchst gefährdete Einheit des Reiches wieder her. Im Kampf um die Sicherung des Reiches errang er zwei beachtliche Erfolge. Im Jahre 1270 begann er mit einer systematischen Verteidigungspolitik des Nordwestens gegen die Mongolen, denen dann 1279 sein Sohn Muhammad eine schwere Niederlage beifügte. In den folgenden drei Jahren bekämpfte er in Bengalen einen aufständischen türkischen Offizier, der sich zum Sultan erklärt hatte. Nach dessen Besiegung und der grausamen Hinschlachtung seiner gesamten Familie herrschten in Bengalen Angehörige Balbans bis zum Jahre 1338, als Bengalen abermals seine Unabhängigkeit vom Delhi-Sultanat erklärte.

Aus den Nachfolgekämpfen, die dem Tode Balbans im Jahre 1287 folgten, ging vier Jahre später Jalal-ud-din, ein Angehöriger des türkischen Khalji-Stammes, siegreich hervor. Unter der von ihm begründeten, kurzlebigen Khalji-Dynastie (1290 bis 1320) erreichte das Delhi-Sultanat den Höhepunkt seiner Macht. Bedeutendster Herrscher der Khaljis war Ala-ud-din, der 1296 seinen Schwiegervater (und Onkel) Jalal-ud-din hinterhältig bei einem großen Empfang, den der Sultan zu seinen Ehren gab, ermorden ließ. Die wichtigsten Ereignisse seiner Regierungszeit stellen die Eroberung Zentral- und Südindiens und die erneute Abwehr der Mongolengefahr dar. Nicht minder bedeutend, ja geradezu eine Voraussetzung für diese Erfolge, waren seine «innenpolitischen» Maßnahmen, die auf den Ausbau einer umfassenden zentralen Verwaltung abzielten und die uns im folgenden noch ausführlicher beschäftigen werden. Sie stellten eine Antwort auf die ständige Bedrohung durch die Mongolengefahr dar, die zu einer Konzentration der Staatsgewalt im Sultanat in Delhi führte.

Im ersten Jahrhundert seiner Geschichte war das Delhi-Sultanat ein nordindisches Reich, wobei sich selbst der Panjab für Jahrzehnte unter der Herrschaft der Mongolen und Bengalen nahezu kontinuierlich im Aufstand befand. Die plötzliche Expansion des Sultanats unter Ala-ud-din um 1300 lief innerhalb weniger Jahre in ähnlich atemberaubender Geschwindigkeit ab wie die Eroberung Nordindiens unter Aibak. Ala-ud-dins Ehrgeiz war es, als «zweiter Alexander» (*Sikandar-i-Sani*) in die Geschichte einzugehen. Diesen Titel ließ er auch in seine

Münzen prägen und im öffentlichen Gebet ausrufen. Bereits im Jahr vor der Thronbesteigung hatte er den Yadava-König in seiner als uneinnehmbar geltenden Festung Devagiri («Götterberg») belagert und besiegt. 1298, ein Jahr nach dem gewaltsamen Beginn seiner Herrschaft, eroberte er Gujarat. 1301 und 1303 folgten die heiß umkämpften Rajputenfestungen Ranthambhor und Chitor, und 1305 gewann er mit Mandu und Chanderi in Malwa das gesamte Gebiet nördlich des Narmada-Flusses. Im Jahre 1307 griff er abermals Devagiri an, dessen König die jährlichen Tributzahlungen, zu denen er sich 1296 verpflichten hatte müssen, nicht mehr nach Delhi gesandt hatte. Der Yadava-König wurde als Gefangener nach Delhi geschickt, dann aber von Sultan Ala-ud-din abermals gegen Tributzahlung als Raja von Devagiri eingesetzt.

Zwei Jahre später begann die Eroberung Südindiens, «um Elefanten und Schätze von den Prinzen des Südens zu gewinnen», wie es in der Tarikh-i-Firoz-Shahi-Chronik heißt. Der Krieg begann mit einem Feldzug gegen Warangal, die Hauptstadt der Kakatiyas im heutigen Andhra Pradesh, die im Jahre 1304 bereits einen Angriff erfolgreich abgewehrt hatten. Unter dem General Malik Kafur, einem konvertierten hinduistischen Sklaven aus Gujarat, waren die Truppen des Sultans im Jahre 1309/10 jedoch erfolgreich. Nach einmonatiger Belagerung mußte sich der Kakatiya-König ergeben, wurde aber wie zuvor der Yadava-König gegen Tributzahlung in seiner Herrschaft belassen. Malik soll von diesem Feldzug unermeßliche Schätze auf über tausend Kamelen nach Delhi gebracht haben, unter ihnen vermutlich auch den weltberühmten Koh-i-Nur-Diamant. Noch im selben Jahr brach Malik Kafur von Delhi zu seinem in der Geschichte Indiens einmaligen Eroberungszug des fernen Südens auf. Von Devagiri aus fiel er mit Unterstützung des Yadava-Königs in einem beispiellosen Eilmarsch über Dvarasamudra her, die Hauptstadt der Hoysala-Dynastie im heutigen Karnataka. Ihr König Ballala III., der sich gerade im Kriege mit den Pandyas in Tamil Nadu befand, konnte nach seiner überstürzten Rückkehr in seine eroberte Hauptstadt nur noch dem Beispiel der Yadava- und Kakatiya-Könige folgen und seine Unterwerfung unter das Delhi-Sultanat gegen jährliche Tributleistungen erkaufen. Malik Kafur zog bald nach Tamil Nadu weiter, das den Muslims seit langem als reiches Ma'bar-Land bekannt war. Wenn ihm auch die Pandya-Könige in einer an Guerilla-Taktik erinnernden Kriegsführung harten Widerstand entgegensetzten, so konnte Malik Kafur doch ihre Hauptstadt Madurai niederbrennen und mehrere der großen Tempelstädte wie Srirangam brandschatzen und ausrauben. Abermals kehrte er mit reicher Kriegsbeute, 612 Elefanten und großen Schätzen, nach nur elf Monaten nach Delhi zurück.

1. Die islamische Eroberung Nordindiens und das Delhi-Sultanat

Fast gleichzeitig mit diesen systematischen Eroberungs- und Beutezügen in Südindien fanden die mit großer Härte geführten Abwehrkämpfe gegen die Mongolen im Nordwesten statt. In den Jahren 1296 und 1297 hatten die Mongolen bereits die üblichen Beutezüge in Nordwestindien unternommen. Im Jahr 1299 fiel aber Qutlugh Khvaja, ein Nachfahre Tschingis Khans, mit einem Heer von 200 000 Mann mit der offenkundigen Absicht in Indien ein, das Delhi-Sultanat zu unterwerfen. Doch der Angriff endete mit einem überragenden Sieg des Sultans. Vier Jahre später, nachdem Ala-ud-din gerade von Chitor zurückgekehrt war und sich ein anderes Heer noch in Andhra Pradesh befand, fielen die Mongolen abermals mit einer Kavallerie von etwa 30 000 Mann in Nordindien ein, plünderten sogar die Straßen Delhis, vermochten aber nicht, Ala-ud-dins befestigtes Heerlager bei Delhi zu stürmen. Der überraschende Abzug der Mongolen nach zwei Monaten wurde als eines der Wunder der damaligen Zeit angesehen. Weitere Angriffe der Mongolen in den Jahren 1305 und 1306 wurden mit gleichem Erfolg abgewehrt. Auch für diese Kämpfe unter Ala-ud-din gilt das gleiche wie für jene der frühen Sultane von Delhi. In seiner geschickten Kriegsführung und seinen maßlosen Vergeltungsaktionen gegen Gefangene war der Sultan den Mongolen wahrlich ebenbürtig. Gefangene Mongolen wurden zu Tausenden vor den Augen des Hofstaates in Delhi von Elefanten zu Tode getrampelt, und aus ihren Schädeln wurde in echter Mongolentradition eine Pyramide vor einem Stadttor Delhis errichtet.

Ala-ud-dins Erfolge als mächtigster Kriegsherr der indischen Geschichte beruhten wesentlich auf seinen einschneidenden Reformen, die er zum Aufbau einer zentralen Verwaltung, zur Kontrolle des offenen Landes auch jenseits der unmittelbaren Umgebung von Delhi und zur Stärkung der wirtschaftlichen Grundlagen der Reichsverwaltung eingeleitet hatte. Da diese Maßnahmen und ihre Ausführung auch von erheblicher Bedeutung für die bereits behandelten Strukturprobleme der hinduistischen Königreiche sind, soll etwas näher auf sie eingegangen werden. Unter Ala-ud-dins Vorgängern hatte die Macht des Sultanats letztlich ausschließlich auf der Herrschaft über Delhi und dessen Umland, auf der Schlagkraft des Heeres und der Kontrolle weniger Städte und Festungen im Lande beruht. Die Finanzierung der Ausgaben des Hofes und des Heeres geschah wesentlich aus der reichen Beute der Kriegszüge, den regelmäßigen Abgaben der Märkte Delhis, den unregelmäßig bezahlten Bodensteuern aus der Umgebung von Delhi und den ebenso unregelmäßig eingehenden Tributleistungen unterworfener Fürsten. In dieser Frühzeit des Delhi-Sultanats lebten die Muslime fast ausschließlich in den großen Städten, in denen wegen der Kastendiskriminierung im Hinduismus oft ganze Handwerkerkasten geschlossen zum Islam übergetreten waren. Die wenigen Muslime auf dem Lande wohnten meist in kleinen befestigten Städten (*qasbah*). Das offene Land und damit auch die Kontrolle über die gerade für die Städte lebenswichtige Agrarproduktion blieb daher weiterhin in den Händen der traditionellen hinduistischen Dorfältesten. Sie hatten den Sultanen als Mittelsmänner zu dienen. In dem selbstherrlichen Lebenswandel und dem direkten oder auch nur passiven Widerstand der meist hinduistischen Mittelsmänner gegen Anordnungen seines Hofes sah Sultan Ala-ud-din das Hauptübel der Reichsverwaltung und in dessen Beseitigung eine Voraussetzung für eine weitere Expansion des Reiches. In einem Gespräch mit einem Schriftgelehrten beklagte der Sultan in treffender Weise diese Schwierigkeiten, die bezeichnend für die Struktur letztlich aller mittelalterlichen Königreiche Indiens, einerlei ob hinduistisch oder muslimisch, waren: «Ich (Ala-ud-din) habe entdeckt, daß die Khats und die Mukaddims (Steuereinnehmer und Dorfvorsteher) wertvolle Pferde reiten, kostbare Kleider tragen, mit persischen Bögen schießen, sich gegenseitig bekriegen und auf Jagd gehen. Aber von den allgemeinen Abgaben (*kharaj*), der ‹Ungläubigensteuer› (*jizya*), Haussteuer (*karî*) und der Weidesteuer (*carî*) führen sie keinen Jital ab. Sie erheben statt dessen noch zusätzliche Steuern von den Dörfern, veranstalten Feste, trinken Wein, und viele von ihnen zahlen selber überhaupt keine Steuern, weder freiwillig noch nach Aufforderung. Auch erweisen sie meinen Beamten keine Hochachtung. Dies erregte meinen Ärger und ich sagte mir: ‹Du hast den Ehrgeiz fremde Länder zu erobern, aber du hast Hunderte von Zusammenschlüssen von Ländern unter deiner Herrschaft, in denen deiner Hoheit nicht der nötige Gehorsam entgegen gebracht wird. Wie willst du dann andere Länder unterwerfen?»[2] Realistisch scheint es ferner zu sein, wenn sich Ala-ud-din darüber beschwerte, daß seinen Befehlen außerhalb von Delhi nur in einem Umkreis von etwa hundertfünfzig Kilometern Gehorsam entgegengebracht werde. Außerhalb dieses Gebietes mit einem Durchmesser von etwa dreihundert Kilometern konnte der Sultan seine Befehle nur mit militärischer Gewalt oder zumindest mit deren Androhung durchsetzen. Als ein spezifisches Grundübel des Sultanats schildern alle zeitgenössischen Berichte ferner die andauernden Verschwörungen am Hofe und in der Hauptstadt. Eine wesentliche Ursache dieses Übels lag, nach Aussage Ala-ud-dins, in den Festen und Zechereien der Höflinge und Offiziere.

Nachdem es in den frühen Jahren seiner Herrschaft zu mehreren Revolten muslimischer Höflinge und Offiziere in Delhi und zu Aufständen der Hindus auf dem Lande gekommen war, beschloß Ala-ud-din, den Widerstand auf breiter Front zu brechen und gleichzeitig durch einschneidende wirtschaftliche Maßnahmen den Aufbau eines großen stehenden Heeres zu finanzieren sowie die Versorgung der

1. Die islamische Eroberung Nordindiens und das Delhi-Sultanat 221

Hauptstadt mit Nahrungsmitteln sicherzustellen. Um Aufstände und Rebellionen der muslimischen Höflinge und Offiziere zu verhindern, ließ er als erste Maßnahme deren Besitz konfiszieren. Alle Formen des Landbesitzes bzw. die Rechte auf Steuererhebung wurden für ungültig erklärt und die Steuern direkt dem staatlichen Finanzamt zugeführt. Die Folge war, daß nun «jedermann mit dem Erwerb seines Lebensunterhaltes derart beschäftigt war, daß der Name Rebellion nicht mehr genannt wurde». Weiterhin wurden der Verkauf und Genuß von Wein und Bier verboten und die privaten Zusammenkünfte der Großen des Reiches, die oft in Zechereien und Konspiration ausarteten, strikt untersagt. Um die Einhaltung dieser Maßnahmen zu gewährleisten, ließ er das Spionagesystem erheblich ausbauen. Sodann forderte Ala-ud-din «weise Männer seines Hofes» auf, Vorschriften zu erarbeiten, «um die Hindus zu unterdrücken und sie jener Reichtümer und des Besitzes zu berauben, die Unzufriedenheit und Aufruhr begünstigen». Er ließ das Land neu vermessen und verfügte für alle «Stände» eine einheitliche Steuer, die die Hälfte der stehenden Ernte umfaßte, sowie eine Weidesteuer. Er legte aber gleichzeitig fest, daß keine weiteren Steuern und Abgaben von den Ärmsten gefordert werden dürften. Die Methode der Einziehung der Steuern von den hinduistischen Mittelsmännern war erbarmungslos. «Steuerbeamte (des Sultans) pflegten zwanzig Khats, Mukaddims oder Chaudaris (Mittelsmänner und lokale Steuererheber) mit einem Strick um die Nacken zusammenzubinden und die Zahlung mit Schlägen zu erzwingen. Kein Hindu konnte sein Haupt aufrecht tragen, und in ihren Häusern sah man keine Anzeichen mehr von Gold oder Silber», heißt es in der Tarikh-i-Firoz Shahi.

Der Kampf gegen die Mongolen erforderte eine Vergrößerung des stehenden Heeres. Um eine Erhöhung der Truppenzahl bei gleichbleibenden Gesamtausgaben zu ermöglichen, wurde eine Verringerung des Soldes beschlossen. Der Verlust, der hiermit für die einzelnen Soldaten, die wichtigste Stütze des Sultanats, eintrat, sollte durch eine Herabsetzung und genaue Festlegung der Preise aller lebensnotwendigen Waren ausgeglichen werden. Um dieses Ziel zu erreichen, erließ Sultan Ala-ud-din eine Reihe einschneidender Verordnungen:

1. Genaue Festlegung der Preise für bestimmte Nahrungsmittel.
2. Einsetzung eines hohen Offiziers als Oberaufseher der Märkte in Delhi, der zusammen mit den ihm unterstellten Spionen die Einhaltung der Preise zu überwachen hatte.
3. Anlegung großer Getreidevorräte in Delhi, die hauptsächlich mit den Abgaben der Dörfer im Staatsland (*khalsa*) des Doab zwischen Ganges und Yamuna gefüllt wurden, da sie ihre Abgaben nicht mehr in Geld, sondern in Naturalien zu entrichten hatten.

4. Strikte staatliche Kontrolle des Getreidehandels und des Transportwesens. Transportarbeiter wurden gezwungen, sich mit ihren Familien in Dörfern entlang der Yamuna anzusiedeln, um den reibungslosen Transport des Getreides nach Delhi sicherzustellen.
5. Verbot für Bauern und Händler, ihrerseits Vorräte anzulegen, um einen «schwarzen Markt» auszuschließen.
6. Eintreiben der Abgaben und Aufkauf weiteren Getreides zu festen Preisen bereits auf den Feldern, um somit das Anlegen privater Vorräte zu verhindern.
7. Tägliche Berichterstattung an den Sultan über den Handel auf den Märkten Delhis und das Einhalten der Preise. Die Berichterstattung hatte getrennt durch den Oberaufseher der Märkte und durch Spione zu erfolgen. Bei abweichenden Angaben zog der Sultan neue Erkundigungen ein.

Die entsprechenden Abschnitte der Tarikh-i-Firoz Shahi, in denen der Autor Barani in der Mitte des 14. Jahrhunderts diese Anordnungen des Sultans Ala-ud-din und deren Ausführung detailliert schildert, gehören zu den aufschlußreichsten und wohl auch spannendsten Dokumenten der vormodernen Verwaltungsgeschichte Indiens. Berichten sie doch von dem einzigen bekannten, fast modern anmutenden Versuch eines mittelalterlichen Herrschers Indiens, eine zentrale Verwaltung aufzubauen und mit dirigistischen Maßnahmen in den Wirtschaftsprozeß nachhaltig einzugreifen. Vergleichbare Vorschriften kennen wir in Indien nur aus dem über tausend Jahre älteren politischen Lehrbuch Arthashastra. Und in der Tat hat man stellenweise den Eindruck, in dieser Chronik des 14. Jahrhunderts die Anwendung des altindischen Staatslehrbuches vor sich zu haben. Ein Einfluß hinduistischen Shastrawissens auf die Politik Ala-ud-dins ist überdies keineswegs ausgeschlossen. Auffallend ist in diesem Zusammenhang besonders, daß in gleicher Weise wie schon der Verfasser des Arthashastra das Interesse des Staates als höchste Norm königlichen Handelns postulierte, auch Sultan Ala-ud-din sich in einem Gespräch mit einem hohen Schriftgelehrten ausdrücklich weigerte, islamisch-religiöse Gesetze als höchste Norm seines Handelns anzuerkennen: «Wenn ich auch nie Wissenschaft oder Das Buch studierte, so bin ich doch Muslim von muslimischem Geschlecht. Um Aufstände zu verhindern, in denen Tausende von Menschen umkommen, erlasse ich solche Befehle, die ich zum Wohle des Staates und zum Nutzen des Volkes erachte. Menschen sind unbedacht und respektlos und mißachten meine Befehle. Ich bin deshalb gezwungen, streng zu sein, um sie zum Gehorsam zu zwingen. Ich weiß nicht, ob dies den islamischen Gesetzen entspricht oder nicht. Was immer ich für den Staat oder in einem Ausnahmezustand für gut erachte, befehle ich.»

1. Die islamische Eroberung Nordindiens und das Delhi-Sultanat 223

Überaus aufschlußreich ist ferner ein Vergleich mit der berühmten Rajatarangini-Chronik von Kaschmir. Sie zeigt, wie stark Ala-ud-dins politische Maßnahmen durchaus mit indischen Traditionen im Einklang stehen und keineswegs nur mit vorderorientalischen oder zentralasiatischen Einflüssen zu erklären sind. In dieser im 12. Jahrhundert von dem Brahmanen Kalhana verfaßten Chronik wird dem großen König von Kaschmir, Lalitaditya, u.a. folgende politische Maxime in den Mund gelegt: «Wer in diesem Land Macht auszuüben wünscht, muß stets auf der Hut vor interner Zwietracht sein. Jene, die dort in den schwer zugänglichen Bergen hausen, sollten bestraft werden, auch wenn sie sich keines Vergehens schuldig machen. Denn schwer sind sie in ihren Festungen zu besiegen, wenn sie erst einmal Reichtum erworben haben. Alle Sorgfalt sollte darauf verwandt werden, daß den Dörflern weder mehr Lebensmittel bleiben, als sie in einem Jahr zum Verzehr benötigen, noch Ochsen, als sie zur Bestellung der Felder brauchen. Denn sollten sie mehr Reichtum besitzen, würden sie in einem einzigen Jahr gefährliche Anführer (ḍamara) werden, stark genug, um die Befehle des Königs zu mißachten.»[3] Eine deutlichere Übereinstimmung zwischen einem hinduistischen Text und muslimischer Politik ist in der Tat kaum denkbar, denn auch Ala-ud-din soll aus gleichen Überlegungen heraus angeordnet haben: «Die Hindus werden niemals unterwürfig und gehorsam sein, solange sie nicht zur Armut herabgedrückt werden. Deshalb habe ich befohlen, daß ihnen nur von Jahr zu Jahr genügend Getreide, Milch und Joghurt belassen bleiben soll, daß es ihnen aber nicht gestattet ist, Vorräte und Reichtümer zu erwerben.» (Tarikh-i-Firoz Shahi)

Ala-ud-din gehört trotz seiner unbestreitbaren Verdienste um die Abwehr der Mongolengefahr zu den umstrittensten Herrschern Indiens. Ähnlich wie der Mogulkaiser Aurangzeb wird er vor allem von hinduistischen Historikern wegen seiner maßlosen Unterdrückung der Hindus heftig kritisiert. Doch dabei wird übersehen, daß sich seine Absicht, potentielle Putschisten durch wirtschaftliche Schwächung zu entmachten, in gleicher Weise gegen muslimische Höflinge und Militärführer wie gegen hinduistische Großgrundbesitzer, Dorfnotabeln und Steuereintreiber richtete. Wenn wir überdies den Angaben des Chronisten Barani trauen können, so blieben die ärmeren Schichten der hinduistischen Landbevölkerung von diesen Maßnahmen sogar bewußt verschont. Auch der Vorwurf, der Sultan habe mit 50 Prozent der stehenden Ernte weit höhere Abgaben als die vorangegangenen hinduistischen Fürsten und Könige erhoben, trifft nur bedingt zu. Denn zusätzlich zu dem einst im Lehrbuch des Manu vorgeschriebenen «Sechstel», das dem König zustand, wurden im Mittelalter eine Unmenge zusätzlicher Abgaben von Königen, Fürsten und verschiedenen Mittelsmännern bis hinab zu den Dorfgrößen erhoben. Diese zusätzlichen Abgaben wurden von Ala-ud-din jedoch ausdrücklich untersagt. Die Agrar- und Wirtschaftspolitik Ala-ud-dins zielte damit letztlich auf eine Zusammenfassung aller Abgaben ab und deren direkte, staatlich kontrollierte Einziehung unter bewußter Ausschaltung der ländlichen Aristokratie und Großgrundbesitzer.

Wie weit den Maßnahmen Ala-ud-dins Erfolg beschieden war, läßt sich nur schwer ermessen. Immerhin lobte noch Jahrzehnte später der Chronist Barani, daß die ausreichende Versorgung der Hauptstadt Delhi mit Getreide zu den großen Wundern der damaligen Zeit gehöre. Doch bereits zu Ala-ud-dins Lebzeiten wurden seine strengen Vorschriften umgangen. So liest sich Baranis ausführlicher Bericht über heimliche Alkoholherstellung und dessen Verkauf in Delhi wie ein Bericht aus den Tagen der Prohibition in Chicago. Und die Händler auf den Märkten in Delhi sollen versucht haben, die Festpreise der Lebensmittel durch heimliche Änderung der Gewichte und Maße zu unterlaufen. Sicherlich dürften die Vorschriften und ihre Ausführung nur die weitere Umgebung von Delhi und Teile des östlich gelegenen «Zweistromlandes» zwischen Ganga und Yamuna betroffen haben, also ein Gebiet, das nicht größer war als eben jener schon genannte Bereich von etwa 300 km Durchmesser, in dem Ala-ud-dins Befehle befolgt wurden. Zu stark waren außerhalb der königlichen Kerngebiete Macht und Dynamik lokaler Faktoren in Indien, einerlei ob in muslimischen Sultanaten oder hinduistischen Königreichen.

Ala-ud-din starb im Jahre 1316. Ihm folgten zwei Söhne und ein konvertierter hinduistischer Kastenloser unter dem Namen Khusru Khan in schneller Abfolge auf den Thron des Sultans. Keiner von ihnen starb eines natürlichen Todes. Im Jahre 1320 erhoben die Großen am Hofe Ghiyas-ud-din Tughluq zum Sultan. Sein Vater hatte als türkischer Sklave am Hofe Sultan Balbans gedient, und seine Mutter war eine Inderin aus der Jat-Kaste. Er wurde der Begründer der Tughluq-Dynastie des Delhi-Sultanats. In seine Regierungszeit fallen abermalige Feldzüge gegen Warangal, das die Unabhängigkeit wieder zurückerlangt hatte, sowie gegen Bengalen. Auch er starb eines grausamen Todes. Auf seinen Wunsch hin errichtete ihm sein Sohn nach seiner Rückkehr aus Bengalen eine prächtige Empfangshalle. Sie wurde jedoch auf Veranlassung des Sohnes entsprechend «präpariert» und stürzte ein, den Sultan unter sich begrabend. Auch hier meint man, Ratschläge altindischer Lehrbücher in leicht abgewandelter Form befolgt zu sehen, die zur Beseitigung eines Gegners z.B. die Errichtung eines prächtigen Pavillons aus leicht brennbarem Lackpapier empfehlen.

Muhammad bin Tughluq machte den Makel des Vatermordes durch ein Übermaß an Geschenken an die Höflinge wett und

1. Die islamische Eroberung Nordindiens und das Delhi-Sultanat 225

herrschte über die erstaunlich lange Zeit von 26 Jahren bis 1351. Seine Regierungszeit schien zunächst in Fortsetzung der Expansionspolitik Ala-ud-dins den Höhepunkt königlicher Machtentfaltung der gesamten indischen Geschichte einzuleiten, endete dann in einem Fiasko und dem endgültigen Zerfall des Sultanats als gesamtindischer Macht. Hatte sich Ala-ud-din noch mit der Unterwerfung der Könige des Südens zufriedengegeben, so strebte Muhammad bin Tughluq nun die völlige Annexion ihrer Reiche an. Bereits als Kronprinz hatte er Warangal unterworfen und wohl auch das Reich der Pandyas im Süden, deren Hauptstadt Madurai Malik Kafur bereits im Jahre 1311 zerstört hatte. Kurz nach seinem Regierungsantritt fiel das Reich von Kampili in der Nähe des späteren Vijayanagara und damit auch die nördlichen Gebiete des Hoysala-Reiches.

Um das nun nahezu Gesamtindien umfassende Reich besser verwalten zu können, entschloß sich Muhammad zu einem wagemutigen Schritt: der Verlegung der Hauptstadt des Sultanats nach Daulatabad, der alten Hauptstadt Devagiri der Yadavas in Zentralindien. «Dieser Ort nahm eine zentrale Lage ein: Delhi, Gujarat, Lakhnau, Satgaon und Sunargaon (West- und Ostbengalen), Tilang (Warangal), Ma'bar (Madurai), Dvarasamudra (Hoysala-Hauptstadt) und Kampili waren nahezu gleich weit entfernt von dort. Ohne irgendeine Beratung einzuholen und gründlich die Vor- und Nachteile zu bedenken, brachte er (Muhammad) den Untergang über Delhi, diese Stadt, die über 170 oder 180 Jahre in Wohlstand geblüht und mit Baghdad und Kairo gewetteifert hatte.»[4] Dieser Bericht des Chronisten Barani sowie seine Schilderung der erzwungenen Umsiedlung großer Teile der Bevölkerung und ihres unsagbaren Leidens während des langen Marsches finden volle Bestätigung in der Beschreibung Ibn Battutas, der sich zur Zeit Muhammads in Indien aufhielt. Der an sich sinnvolle Plan der Verlagerung der Hauptstadt nach Zentralindien scheiterte jedoch nicht nur gänzlich, sondern leitete auch den Zerfall des Reiches ein. Wie später unter Kaiser Aurangzeb, der das Mogul-Reich bis südlich von Madras ausgedehnt hatte und sich in seinen letzten 26 Regierungsjahren ausschließlich im Dekhan aufhielt, verlor auch Muhammad bin Tughluq durch den Umzug nach Daulatabad die Kontrolle über den Norden, ohne aber gleichzeitig seine Stellung im Süden wesentlich festigen zu können. Die Rückkehr des Hofes nach Delhi schon nach wenigen Jahren wurde daher als ein Zeichen der Schwäche verstanden und leitete innerhalb weniger Jahre den schrittweisen Abfall des Südens und Ostens ein. Bereits 1334 erklärte der Gouverneur von Madurai seine Unabhängigkeit als Sultan von Ma'bar, 1338 folgte die Ausrufung eines selbständigen Sultanats von Bengalen, 1346 die Gründung des Reiches von Vijayanagara und 1347 des Bahmaniden-Sultanates in Zentralindien. Damit traten nur wenige Jahrzehnte nach der Erweiterung des Delhi-Sultanats zu einem gesamtindischen Reich – in nahezu identischer Weise wie vier Jahrhunderte später nach dem Tode Aurangzebs – die alten regionalen Schwerpunkte der indischen Geschichte wieder hervor. Der Süden, Zentralindien und der Osten hatten ihre Unabhängigkeit wieder zurückerlangt.

Dem Vorbild Ala-ud-dins folgend, hatte sich auch Muhammad bin Tughluq bemüht, die Politik territorialer Expansion durch neue wirtschaftliche und administrative Maßnahmen zu stützen. So versuchte er, die zentrale Reichsverwaltung, wie sie seine Vorgänger in Delhi und im Zweistromland von Ganga und Yamuna aufgebaut hatten, auf alle Provinzen des Reiches auszudehnen. Um genügend Geld für diese neue Steuerpolitik in Umlauf zu bringen und wohl auch weil seine Vorgänger bereits die erreichbaren Schätze der hinduistischen Tempel und Paläste weitgehend leergeplündert hatten, entsann er sich eines in Indien gänzlich neuen Mittels und ließ Kupfermünzen im Werte der Silbermünzen prägen. Da die Kontrolle der Herstellung dieser neuen Währung aber unterblieb und sich nach zeitgenössischen Berichten «jedes Haus in eine Münzstätte verwandelte», endete auch diese Neuerung Muhammads schon nach drei Jahren in einem Fiasko. Um vom Versagen seiner Politik abzulenken, bereitete er zwei große Kriegszüge gegen Persien und Zentralasien vor, die jedoch abgeblasen wurden bzw. bereits in den Vorbergen des Himalaya endeten. Nach dem Scheitern seiner großen Pläne artete seine Herrschaft in einen blutigen Terror aus, über den Ibn Battuta einen detaillierten Bericht hinterließ. Aber auch hier muß angemerkt werden, daß sich zwar die wirtschaftliche Unterdrückung und Ausbeutung vor allem gegen die hinduistische Landbevölkerung richtete, daß die Opfer seines Terrors aber weitgehend Muslime, bisweilen sogar Geistliche, waren.

Auf Muhammad bin Tughluq folgte im Jahre 1351 sein Vetter Firoz Shah als letzter bedeutender Sultan von Delhi. Er fand sich mit der Lage auf dem Dekhan ab und unterließ jeden Versuch, die verlorenen Gebiete dem Reich wieder einzuverleiben. 1353/54 und 1359 unternahm er dagegen zwei, wenn auch vergebliche, Feldzüge, um die Unabhängigkeit Bengalens zu brechen. Ein vorübergehender Erfolg war ihm dagegen auf dem Rückmarsch von Bengalen bei seinem überraschenden Überfall auf Orissa gegönnt. In einer Katastrophe hätte dagegen im Jahr 1362 nahezu ein Feldzug nach Gujarat und in den Sind geendet. Sechs Monate lang erreichte keine Nachricht über den Sultan die Hauptstadt, und jedermann nahm an, daß er in der Wüste umgekommen sei. Delhi wurde in dieser Zeit von dem getreuen Khan Jahan gehalten, einem konvertierten Hindu aus Telingana. Firoz Shah gilt als großer Bauherr von Moscheen, Forts und

1. Die islamische Eroberung Nordindiens und das Delhi-Sultanat 227

Kanälen. Bekannt ist insbesondere die nach ihm benannte neue Hauptstadt Firozabad, deren mehrstöckige Zitadelle bis heute noch als Kotla Firoz Shah zwischen Alt- und Neu-Delhi erhalten ist. Dort ließ er auch zwei Säulen Kaiser Ashokas aufstellen, die er aus der Provinz nach Delhi bringen ließ. Die Versuche, deren Inschriften zu entziffern, schlugen jedoch trotz Mithilfe von Brahmanen fehl. Von den Reformen Firoz Shahs sind vor allem die Abschaffung der Folter sowie die Einführung der Jizya-Kopfsteuer auch für Brahmanen bemerkenswert, die unter früheren Sultanen von dieser Abgabe verschont geblieben waren. Bemerkenswert ist auch der Versuch, aus den Provinzen nach Delhi geschickte Sklaven in großem Maßstab zum Islam zu bekehren und weitere Konvertiten im Umkreis von Delhi mit Geschenken zu belohnen. Offensichtlich war Firoz bemüht, im Raume von Delhi die Zahl ihm ergebener Muslime zu erhöhen.

Die für einen Sultan ungewöhnlich lange Regierungszeit Firoz Shahs von 37 Jahren beendete zwar die Periode der Vorherrschaft des Sultanats über Gesamtindien endgültig, bewirkte aber vorübergehend eine deutliche Konsolidierung der Herrschaft in Nordindien. Doch bereits in den Nachfolgekämpfen zweier Verwandter verfiel nach Firoz' Tod im Jahre 1388 dann auch das nordindische Reich überraschend schnell. Über drei Jahre hin herrschten sie in zwei der Zitadellen von Groß-Delhi und lieferten sich klägliche Scharmützel, während gleichzeitig nahezu alle Gouverneure des Reiches erfolgreich nach der de-facto-Unabhängigkeit ihrer Provinzen strebten.

Der Todesstoß erfolgte im Jahre 1398, als Timur in der Tradition des großen Tschingis Khan nach der Unterwerfung Zentralasiens und des Vorderen Orients (Persien 1387, Bagdad 1393) in Indien eindrang und Delhi eroberte. Die schwachen Nachfolger Firoz Shahs waren zu einem ernsthaften Widerstand nicht mehr fähig. Der Eroberung Delhis folgte eine dreitägige Orgie des Mordens und Plünderns, in der die gesamte hinduistische Bevölkerung buchstäblich niedergemetzelt oder versklavt wurde. Die Zerstörung Delhis muß derart furchtbar gewesen sein, daß selbst Timur, einer der grausamsten Eroberer der Menschheitsgeschichte, in seiner Autobiographie die Verantwortung für dieses Blutbad strikt ablehnte und die Taten der unkontrollierbaren Mordlust seiner türkischen Soldaten zuschrieb. Delhi blieb nach dem Abzug Timurs für Jahre eine nahezu unbewohnbare Stadt.

Für das Sultanat waren die Folgen des Angriffes von Timur katastrophal. Fünfzehn Jahre lang hatte das Sultanat praktisch aufgehört zu bestehen. Gujarat, Malwa und Jaunpur bei Benares wurden gänzlich selbständig, während der Westen mit Lahore, Multan und dem Sind unter den Nachfolgern Timurs blieb. Ab 1414 folgten in Delhi nacheinander vier letztlich unbedeutende Sultane, die eine Dynastie unter dem Namen der Sayyiden bildeten. Ihr Machtbereich blieb jedoch auf das Gebiet vom Panjab bis in den Doab beschränkt, ohne daß es ihnen gelang, auch nur in diesem Gebiet eine wirkungsvolle Verwaltung aufzubauen. Die Situation verbesserte sich erst unter Sultan Buhlul Khan, der dem afghanischen Stamm der Lodis angehörte und im Jahre 1451 in Delhi die Dynastie der Lodis begründete. Er vermochte immerhin, das wichtige Sultanat von Jaunpur im Osten zurückzuerobern. Unter seinen Nachfolgern Sikandar und Ibrahim, die auch Bihar und Gwalior wieder unterwarfen, stieg das Sultanat erneut zur Vormacht von Nordindien auf. Um der heiß umkämpften Rajputenfestung Gwalior näher zu sein, baute Sikandar Agra zu seiner Residenz aus, das fünfzig Jahre später unter den frühen Moguln zu einer der prächtigsten Städte des Ostens aufstieg. Sikandara, der Ort, in dem vor den Toren Agras das Grabmonument Akbars steht, ist nach Sikandar Lodi benannt. Der Name der Lodis ist bis heute insbesondere mit den Lodi-Gärten, einem der beliebten Ausflugsziele in Delhi, verbunden. Hier stoßen wir auf die letzten Monumente der Delhi-Sultane, gekennzeichnet durch eine gedrungene, fast schwerfällige Strenge monumentaler Steinarchitektur. Nicht weit von den Lodi-Gärten entfernt liegt das Grab Humayuns, des zweiten Mogul-Herrschers in Indien. Die kommende Größe der Moguln ankündigend, ist dieses Grabmal von einem neuen, persisch beeinflußten, imperialen Stil geprägt. Es wurde in den ersten Regierungsjahren Akbars errichtet, unter dem das Reich der «Großmoguln» auf den Ruinen des Delhi-Sultanats zu einem neuen Höhepunkt indischer Geschichte aufstieg.

Das Unvermögen des Delhi-Sultanats, trotz seiner überlegenen Militärmacht ein gesamtindisches Reich nicht nur zu erobern, sondern es auch einer einheitlichen Verwaltung zu unterwerfen, hat vielfältige Ursachen. Die unterschiedlichen Versuche gerade der Khalji- und Tughluq-Sultane warfen offensichtlich ähnliche Probleme auf, wie wir sie schon im Zusammenhang mit den hinduistischen Regionalreichen kennenlernten. Die herkömmlichen, persönlich-patrimonialen Herrschaftsmittel reichten nicht aus, um die zentrale Verwaltung des Kerngebietes dauerhaft auch auf die Provinzen des Reiches auszudehnen. In der Peripherie waren und blieben die lokalen Machtfaktoren stärker, auch dann, wenn der Sultan einen unbotmäßigen Raja gegen einen Amir oder Malik austauschte.

Neu und damit entscheidend für die vorübergehenden Erfolge einzelner Sultane war dagegen die Tatsache, daß sie ihre Herrschaft auf eine Elite stützten, ja sie in gewisser Weise mit ihr teilten, die ihnen in Glauben und gemeinsamer, außerindischer Herkunft verbunden war. Der Aufbau einer derartigen Fremdherrschaft – wie sie besonders der Türke Balban versuchte – konnte bei entsprechender militärischer Überlegenheit zeitweise durchaus erfolgreich sein. Er mußte langfristig aber scheitern, wenn es den Sultanen nicht gleichzeitig gelang, auch die Wirtschaft – insbesondere den agrarischen Sektor, der gänzlich in den Händen hinduistischer Mittelsmänner und Bauern lag – zu kontrollieren. Sultan Ala-ud-din glaubte, dieses Problem durch Ausschaltung der Mittelsmänner und durch den direkten staatlichen Einzug der Abgaben lösen zu können. Diese gewaltsame Methode konnte aber wiederum nur im Kerngebiet des Reiches Erfolg haben, wo eine kontinuierliche militärische Präsenz gewährleistet war, um Steuerverweigerung und Aufstände bereits im Keime ersticken zu können. In den Provinzen war hierzu die militärische Macht des Sultans zu schwach. Eine entsprechende Stärkung der Militärmacht wäre in den Provinzen durchaus möglich gewesen, hätte dann aber wieder die Gefahr heraufbeschworen, die derart gestärkten Provinzgouverneure zu einer unmittelbaren Gefahr für die Oberherrschaft des Sultans werden zu lassen – was in der Tat oft genug geschah. Muhammad bin Tughluqs Versuch, das Problem der zu großen Entfernung des Zentrums zu den Provinzen durch Verlegung der Hauptstadt nach Daulatabad zu lösen, um dadurch eine bessere Kontrolle der Provinzgouverneure zu erreichen, war deshalb durchaus sinnvoll. Doch die mehrfachen Angriffe seiner Vorgänger hatten inzwischen das Gebiet um Daulatabad derart geschwächt, daß es schwerlich in der Lage war, den großen Hofstaat und das Heer eines gesamtindischen Reiches zu ernähren.

Ein anderes, kritisches Problem der Ausübung der Herrschaft lag in der Art der Entlohnung der Militärs und Großen am Hofe. Die Vergabe von Militärlehen bot für Eroberer stets den Vorteil, auf diese Weise durch Aufteilung der Beute die mißtrauischen Kampfgenossen schnell zufriedenstellen zu können und gleichzeitig ein Mindestmaß an Kontrolle über das eroberte und verteilte Land zu erhalten. Sobald aber schwachen Sultanen die Erblichkeit der Lehen abgenötigt worden war, stieg die Gefahr der Rebellion dieser «Warlords» und neuen Landesfürsten. Ala-ud-din zog daher alle Lehen ein und entlohnte seine Militärs durch feste Gehälter. Um die Auszehrung der Staatskasse zu verhindern, erhöhte Muhammad bin Tughluq daraufhin drastisch die Abgaben innerhalb seines eigenen Kerngebietes und ließ neues «Falschgeld» prägen. Beide Maßnahmen endeten in Aufständen und wirtschaftlichem Ruin. So kehrte Firoz Shah in dem inzwischen wieder auf Nordindien reduzierten Sultanat zu der altbewährten Methode der Jagir-Vergabe zurück. Die Herrschaftsform des Delhi-Sultanats kann durchaus als eine Art von «Überlagerungsfeudalismus» einer fremden Militärelite bezeichnet werden. Die Ursache ihres Scheiterns in der kurzen Zeit ihrer gesamtindischen Herrschaft lag vor allem in der Unfähigkeit dieser fremden Militärelite, bei der

Ausdehnung des Reiches die lokale Aristokratie und einheimische Aufsteiger (Hindus oder muslimische Konvertiten) dauerhaft zu kooptieren, um damit die Basis der Herrschaft auch in entlegenen Provinzen zu erweitern. Erst Akbar sollte die zur freien Ausbeutung vergebenen Lehen wieder einziehen und durch ein meisterhaft ausgewogenes System, das feste Gehälter mit genau erfaßten Lehen verband, eine neue Grundlage für den Aufbau des Mogulreiches legen.

Als ein weiterer Grund für das Scheitern des Delhi-Sultanats wird häufig die rigorose, Hindu-feindliche Politik seiner Sultane angegeben. Sicherlich trugen die gegensätzlichen Religionen und manche Exzesse der Eroberer dazu bei, ihre Integration in die indische Gesellschaft zu erschweren bzw. zu verhindern. Schwerwiegender als die Unvereinbarkeit der Religionen dürfte aber das tiefe Mißtrauen der türkischen und afghanischen Eroberer gegen die Inder gewesen sein, einerlei ob konvertierte Muslime oder Hindus. Auch nachdem sie seit Generationen in dem von ihnen beherrschten Land gelebt hatten, fühlten sie sich selbst als Fremde und blickten verächtlich auf «die Inder» herab. Besonders schwerwiegend war in diesem Zusammenhang der immer wieder unternommene Versuch, die einheimische Aristokratie, auch dann wenn sie Muslime waren, von der Teilhabe an der Macht auszuschließen. Fragen der Religion scheinen in dieser Hinsicht nur eine untergeordnete Rolle gespielt zu haben. Auch in dieser Hinsicht blieb es der weitsichtigen Politik Akbars vorbehalten, durch systematische Einbeziehung hinduistischer Fürsten in den Reichsadel die türkisch-afghanische Herrschaft der Sultane von Delhi innerhalb weniger Jahrzehnte in eine wahrhaft indische zu verwandeln.

2. Die Staaten Zentral- und Südindiens im Zeitalter des Delhi-Sultanats

Die Geschichte Indiens von der Eroberung Nordindiens durch Muhammad Ghuri im Jahre 1192 bis zum Sieg des Moguls Baber im Jahre 1526 wird mit der Geschichte des Delhi-Sultanats gleichgesetzt. Die Ausführungen des vorangegangenen Kapitels zeigen jedoch, daß das Sultanat von Delhi während des überwiegenden Teiles seiner Geschichte lediglich das mächtigste Reich Nordindiens war. Und selbst in der Zeit seiner größten Machtentfaltung unter den Sultanen Alaud-din und Muhammad bin Tughluq existierten weiterhin unabhängige hinduistische und muslimische Königreiche, während unmittelbar nach dem Rückzug Muhammad bin Tughluqs aus seiner vorübergehenden neuen Hauptstadt Daulatabad in Zentralindien starke neue Reiche in Zentral- und Südindien entstanden. Am Rande und

2. Die Staaten Zentral- und Südindiens im Zeitalter des Delhi-Sultanats 231

außerhalb des sich zwischen dem Panjab und Bengalen erstreckenden Kerngebietes des Sultanats von Delhi hielten sich nicht nur alte hinduistische Königreiche, sondern es entstanden auch selbständige Sultanate sowie neue hinduistische Reiche. Die wichtigsten dieser drei Kategorien von Staaten, die außerhalb des Delhi-Sultanats existierten, waren das hinduistische Königreich von Orissa im östlichen Indien, das alle Stürme bis 1568 überstand, sowie das Bahmaniden-Sultanat in Zentralindien und das hinduistische Reich von Vijayanagara in Südindien, die beide als Folge eben jenes Sturmes entstanden, der Zentral- und Südindien im frühen 14. Jahrhundert überzogen hatte.

Es ist bezeichnend für die Vergeblichkeit des Bemühens indischer Herrscher, durch die Verlegung der Hauptstadt in den Dekhan bei gleichzeitiger Beherrschung Nordindiens auch Zentral- und Südindien besser kontrollieren zu können, daß bald nach dem Rückzug Muhammad bin Tughluqs aus Daulatabad nach Delhi in eben dieser Stadt das erste Zeichen zum Niedergang des Sultanats von Delhi gesetzt wurde. Hasan Kangu, ein türkischer oder afghanischer Offizier (*amir*) unbekannter Herkunft, der an einer Truppenrevolte in Gujarat beteiligt war und den Titel Zafar Khan trug, eroberte 1345 Daulatabad und erklärte sich dort zum Sultan. Zwei Jahre später verlegte er seine Residenz weiter in den Süden nach Gulbarga, das in der Mitte eines fruchtbaren Beckens in der zentralindischen Hochebene, nicht weit von der einstigen Hauptstadt der früheren Rashtrakuta-Dynastie, zu einer großartigen Hauptstadt ausgebaut wurde. Er wurde Begründer des Bahmani-Sultanats, das für nahezu zwei Jahrhunderte zur Vormacht Zentralindiens aufstieg. Wichtigste Aufgabe Zafar Khans, der als Bahman Shah in die Geschichte einging, war es, versprengte Truppen des Delhi-Sultanats zu besiegen oder zum Überlaufen zu bewegen und sich gegen hinduistische Fürsten durchzusetzen, die wie er selbst in der Anarchie auf dem Dekhan ihre Zeit gekommen sahen. Stärkste Gegner unter ihnen waren die Nayakas von Warangal sowie die Gajapatis von Orissa im Osten und die Rayas von Vijayanagara im Süden, die nahezu gleichzeitig ein mächtiges neues Reich gegründet hatten.

Da die Sultane von Delhi es aufgegeben hatten, Zentralindien zurückzuerobern, spielten sich die erbitterten Kämpfe um die Vormacht in Zentralindien zwischen diesen hinduistischen Reichen und dem Bahmani-Sultanat ab. Wenn wir den zeitgenössischen Chronisten trauen können, standen die Sultane Zentralindiens den Sultanen Delhis an Grausamkeit in Kriegsführung und persönlicher Rechtsprechung nicht nach. Unter dem zweiten Sultan, Muhammad Shah (1358 bis 1373), nahmen die Kämpfe derart an Härte zu, daß man zu der gegenseitigen Übereinkunft kam, das Leben der Kriegsgefangenen und der Zivilbevölkerung zu schonen. Immerhin sollen bis dahin nach Aussage der Chronisten allein die Armeen des Sultans eine halbe Million Menschen getötet haben. Die Kämpfe, die bisweilen mit wechselnden Allianzen geführt wurden, erreichten über Jahrzehnte hinweg letztlich nur die Bewahrung des heiß umkämpften Status quo. Um 1400 gelang es den Königen von Vijayanagara sogar, eine Ausweitung der Macht der Bahmani-Sultane nach Norden durch eine Allianz mit den Sultanen von Malwa und Gujarat zu verhindern. Im Jahre 1425 unterwarf der Bahmani-Sultan Ahmad Shah allerdings Warangal und dehnte damit sein Reich bis an den Golf von Bengalen aus. Aber schon wenige Jahre später erwuchsen den Bahmani-Sultanen in den in Orissa an die Macht gelangten Königen der Suryavamsha-Dynastie weit gefährlichere Gegner, die nicht unwesentlich zum späteren Verfall des Sultanats beitrugen.

Ahmad Shah verlegte Anfang des 15. Jahrhunderts aus klimatischen Gründen die Hauptstadt von Gulbarga in das nahezu 1000 Meter hoch gelegene Bidar, das an Prächtigkeit bald die alte Hauptstadt übertraf. Bedeutendste Persönlichkeit dieser Bidar-Periode ist Mahmud Gawan, der ab 1461 mehreren Sultanen als Ministerpräsident und General diente. Er eroberte u. a. die Hafenstadt Goa zurück, die ein früherer Sultan an Vijayanagara verloren hatte. Bemerkenswert waren insbesondere seine administrativen Reformen, durch die er die Zahl der der Krone direkt unterstellten Steuerbezirke beträchtlich erweiterte und die Vergabe von Posten bis auf die lokale Ebene hinab kontrollierte. Seine beachtlichen Reformen waren zunächst sehr erfolgreich, überlebten aber nicht seinen Tod im Jahre 1481, als er einer Intrige zum Opfer fiel und von Sultan Mahmud Shah III. hingerichtet wurde. Als der Sultan seinen Irrtum einsah, soll er sich dem Wein hingegeben haben, dem er schon ein knappes Jahr später selbst zum Opfer fiel. In die Zeit Mahmud Gawans fiel der Besuch des russischen Reisenden Athanasius Nikitin, der sich zwischen 1470 und 1474 vier Jahre im Sultanat aufhielt. Sein Bericht gehört zu den wichtigsten früher europäischer Reisender. Erschütternd ist vor allem seine Schilderung der großen Armut der ländlichen Bevölkerung gegenüber dem unglaublichen Reichtum des Adels.

Nach dem Tod Mahmud Gawans brachen am Hof von Bidar heftige Kämpfe zwischen der Gruppe einheimischer muslimischer Generäle und Höflinge und der Gruppe der «Fremden» aus, meist Araber, Türken und Perser. Die Folge dieser Kämpfe war der gänzliche Verfall der Autorität und Macht des letzten Sultans, Mahmud Shah (1482 bis 1518). Nacheinander erklärten die Gouverneure der vier Reichsprovinzen ihre Selbständigkeit und gründeten eigene Sultanate: Bijapur, Ahmadnagar und Berar 1490, Bidar 1492 und Golkonda 1512. In der alten Hauptstadt lebten zunächst noch die inzwischen bedeutungslosen Bahmani-Sultane bis 1527, die von den eigentlichen

2. Die Staaten Zentral- und Südindiens im Zeitalter des Delhi-Sultanats 233

Herren Bidars, den Barid Shahis, über Jahrzehnte als Legitimation und als Druckmittel gegen die übrigen vier Sultane eingesetzt wurden. Bidar wurde Anfang des 17. Jahrhunderts von Bijapur annektiert, nachdem Ende des 16. Jahrhunderts bereits Berar von Bijapur erobert worden war. So ragen unter den ursprünglich fünf Nachfolgesultanaten der Bahmaniden Bijapur, Ahmadnagar und Golkonda als bedeutende Zentren muslimischer Macht in Zentralindien hervor. Bijapur verlor 1510 die wichtige Hafenstadt Goa an die Portugiesen. Der Versuch, gemeinsam mit Ahmadnagar und dem südindischen hinduistischen König von Calicut im Jahre 1570 Goa in einer zehnmonatigen Belagerung zurückzugewinnen, schlug fehl. Erfolgreicher war dagegen der gemeinsame Kampf der zentralindischen Sultanate gegen das südindische Reich von Vijayanagara, das im Jahre 1565 vernichtend geschlagen wurde. Im 17. Jahrhundert wurden jedoch nach jahrzehntelangen Kämpfen alle zentralindischen Sultanate von den Moguln annektiert. Bereits 1596 verlor Ahmadnagar seine nördliche Provinz Berar an Akbars Sohn Murad, um dann 1637 von Shah Jahan gänzlich unterworfen zu werden. Bijapur und Golkonda unterlagen erst in den Jahren 1686 und 1687 dem Expansionswillen Aurangzebs, unter dem das Reich der Moguln seinen territorialen Höhepunkt erreichte. Der Aufstieg des Bahmaniden-Sultanats im frühen 14. Jahrhundert ist damit in gleicher Weise mit dem Niedergang des Delhi-Sultanats verbunden wie der Untergang der zentralindischen Sultanate mit dem Aufstieg der Moguln zur neuen indischen Großmacht zusammenfällt.

Die Rolle dieser von Delhi unabhängigen zentralindischen Sultanate in der indischen Geschichte gehört ebenso wie jene des Delhi-Sultanats zu den kontroversen Fragen der indischen Geschichtsschreibung. Frühe europäische Historiker weisen ebenso wie noch heute hinduistische Historiker auf die destruktive Rolle dieser Sultanate hin, die sie buchstäblich auf den Ruinen einst blühender hinduistischer Königreiche spielten. Muslimische Historiker heben dagegen die hohe Kultur an den Höfen der zentralindischen Sultanate hervor, die zur Ausbildung bedeutender eigener Kunstschulen besonders in der Malerei führte und eine enge Verbindung indischer und persischer Kultur ermöglichte. Für den russischen Reisenden Nikitin stellte daher Bidar im 15. Jahrhundert die großartigste und blühendste Stadt Indiens dar. Sicherlich trug ferner die Existenz selbständiger Sultanate in der Zeit des Delhi-Sultanats erheblich zur Entwicklung und weiteren Ausprägung der regionalen Kulturen Indiens bei.

In diesem Zusammenhang müssen auch die Sultanate von Bengalen (1338 bis 1576), Malwa (1401 bis 1531), Gujarat (1403 bis 1572/73) und Kaschmir (1346 bis 1568) genannt werden. Eine Reihe dieser Sultanate trug das seine zur weiteren Entwicklung der regionalen

Landessprachen bei. Die Sultane von Bijapur erkannten z.B. Marathi als Geschäftssprache an, und im 15. Jahrhundert entstand in der Zeit des Sultanats von Bengalen die bedeutende Bengali-Übersetzung des Ramayana durch Krittibas. Um 1500 ließ der muslimische Gouverneur von Chittagong sogar seinen Hofdichter Kavindra Parameshvara eine freie Übersetzung des Mahabharata ins Bengali anfertigen.

Die mächtigsten hinduistischen Reiche im Zeitalter des Delhi-Sultanats waren das Reich der Gajapatis («Herren der Elefanten») von Orissa und der Könige von Vijayanagara («Stadt des Sieges»). Die Gajapatis beherrschten seit dem 12. Jahrhundert die ostindische Küste von der Gangesmündung bis zum Godavari-Fluß und im 15. Jahrhundert zeitweise sogar bis in die Gegend von Tiruchirapalli weit im Süden von Madras. Das Reich der Rayas (= *rājā*) von Vijayanagara umfaßte seit Ende des 14. Jahrhunderts das gesamte Südindien südlich der Tungabhadra-Krishna-Flüsse. Die Existenz beider Staaten trug bis in die Gegenwart zu einer erheblich größeren Kontinuität hinduistischer Institutionen im Osten und Süden Indiens bei, als sie in weiten Teilen des Nordens und Westens Indiens existieren, die seit Beginn des 13. Jahrhunderts unter den Einfluß des Sultanats von Delhi gerieten.

Die Geschichte des regionalen Großreiches von Orissa begann unter König Anantavarman Codaganga im frühen 12. Jahrhundert. Als Angehöriger der Dynastie der östlichen Gangas von Kalinganagara im heutigen Andhra Pradesh nützte er die Schwäche der späten Somavamsha-Könige von Zentralorissa aus und eroberte um 1112 n.Chr. das fruchtbare Deltagebiet des Mahanadi-Flusses. Etwa zehn Jahre später, nach dem Tod Ramapalas, des letzten großen Pala-Königs von Bengalen, dehnte er seinen Herrschaftsbereich im Norden bis an die Gangesmündung aus und stieß im Süden bis an den Godavari-Strom vor. Wenn König Anantavarman auch im Westen eine Niederlage gegen den Kalacuri-König Ratnadeva hinnehmen mußte, der sich in einer Inschrift rühmte, «König Codaganga, den Herrn von Kalinga» besiegt zu haben, so gelang ihm doch die erstaunliche Leistung, ein Küstenreich von einer Länge von 800 km aufzubauen. Anantavarman krönte das Lebenswerk seiner langen Regierung von fast 70 Jahren durch den Bau des monumentalen Jagannatha-Tempels in Puri.

Anfang des 13. Jahrhunderts kam es zu ersten militärischen Auseinandersetzungen der Gangas mit den neuen muslimischen Herrschern Bengalens, die es jedoch nicht vermochten, dauerhaft Gebiete Orissas zu erobern. Voller Stolz pries daher König Anangabhima III. (1216 bis 1239) in einer Inschrift seinen brahmanischen General Vishnu: «Was soll ich mehr über seinen Heldenmut sprechen? Er alleine focht gegen den muslimischen König und tötete mit den Pfeilen seines Bogens zahllose fähige Krieger. Sogar die Götter pflegten sich im Himmel zu versammeln, um in den Genuß zu gelangen, ihn mit ihren schlaf- und bewegungslosen Augen zu sehen.»[1] König Narasimha I. (1238 bis 1264), der Erbauer des berühmten Sonnentempels von Konarak, war einer der wenigen hinduistischen Herrscher seiner Zeit, der aus der Defensive heraustrat und seinerseits zum Angriff gegen die überlegenen Armeen der muslimischen Herrscher Nordindiens antrat.

Als nach dem Tode des Sultans Iltutmish der Gouverneur Bengalens eine größere Autonomie anstrebte und seine Herrschaft über die angrenzenden Gebiete auszudehnen begann, griffen im Jahre 1243 die Truppen Orissas seine Hauptstadt Lakhnau in Zentralbengalen an. Ein Jahr später errangen sie einen weiteren Sieg in Bengalen. Rühmend hob daher König Narasimhas Enkel in einer Inschrift diesen Sieg seines Großvaters hervor, nach dem sich «die Ganga über eine weite Entfernung von dem schwarzen Augenpuder verdunkelte, das von den Tränen der weinenden Yavanis (muslimische Frauen) von Radha und Varendra (West- und Nordbengalen) fortgewaschen worden war».[2]

Es dürfte zumindest teilweise dieser offensiven Politik Narasimhas in Bengalen zuzuschreiben sein, daß Zentralorissa weitere hundert Jahre von Angriffen muslimischer Truppen verschont blieb. Erst im Jahre 1361 n.Chr. überfiel der Sultan von Delhi, Firoz Shah, auf dem Rückmarsch von Bengalen überraschend Orissa, «um den Rai Gajpat (= Raja Gajapati) zu vernichten, Ungläubige zu töten, ihre Tempel zu zerstören, Elefanten zu jagen und einen Anblick ihres bezaubernden Landes zu erlangen», wie es in der zeitgenössischen Chronik Tarikh-i-Firoz Shahi heißt. In Eilmärschen stieß der Sultan durch das bergige Nordorissa, wo er die Bhanja-Hauptstadt Khiching zerstörte, bis nach Cuttack vor. Der überraschte Gajapati Bhanudeva floh, wurde aber unter der Versicherung, künftig Tribut zu leisten, in seiner Herrschaft belassen. Danach brach Firoz Shah auf, um den Jagannatha-Tempel Puris zu zerstören. «Dies war der Tempel der Götzenverehrer dieses Landes und das Heiligtum der Ungläubigen des Fernen Ostens. Es war der berühmteste ihrer Tempel. ... Alle Ungläubigen, die in diesem Land leben, verehren diese Gottheit. Allah, der der einzige wahre Gott ist und keine andere Erscheinung hat, gab dem König des Islams die Stärke, diesen alten Tempel an der östlichen Seeküste zu zerstören.»[3] Von einer tatsächlichen Zerstörung des Tempels berichten allerdings keine anderen Quellen. Der Sieg Firoz Shahs über den König von Orissa hatte jedoch keine unmittelbaren Folgen. Die Tributleistungen an den Sultan von Delhi scheinen bald eingestellt worden zu sein, und Orissa blieb im Gegensatz zu weiten Gebieten Nordindiens weiterhin ein unabhängiges, hinduistisches Königreich. Dennoch begann mit dem überfallartigen Angriff Firoz Shahs der Niedergang der einst mächtigen Ganga-Dynastie von Orissa. Im Jahr 1434/35 bemächtigte sich nach dem Tod des kinderlosen Königs Bhanudeva IV. Kapilendra, der Sohn eines Offiziers (*nāyaka*), des Gajapati-Thrones und begründete die Suryavamsha-Dynastie. Mehrere Jahre hatte Kapilendra gegen die Anhänger der gestürzten Gangas zu kämpfen. Seinen Widersachern drohte er in Inschriften an den großen Tempeln Orissas mit Verbannung und Beschlagnahmung ihres Eigentums, während er gleichzeitig den Erlaß von der drückenden Salzsteuer verkündete, um die Bevölkerung für sich zu gewinnen. Nach Überwindung dieser anfänglichen Schwierigkeiten stieg Kapilendra zum mächtigsten hinduistischen Herrscher seiner Zeit auf, unter dem das Orissa-Reich seinen Höhepunkt erreichte. Seine Truppen drangen im Norden siegreich bis nach Zentralbengalen und im fernen Süden bis an den Kaveri-Fluß vor.

Die dauerhafte Verteidigung dieses Reiches, das sich damit zeitweilig 1600 km am Golf von Bengalen erstreckte, überstieg jedoch die Kräfte Orissas. In den Nachfolgekämpfen der Söhne Kapilendras, aus denen Purushottama (1467 bis 1497) siegreich hervorging, verlor Orissa seine Besitzungen im fernen Süden an das Bahmani-Sultanat und das Reich von Vijayanagara. Nachdem König Purushottama in zwei großen Feldzügen gegen Bahmani und Vijayanagara immerhin das bedeutende Krishna-Godavari-Delta wieder zurückerobern konnte, erlebte Orissa nochmals für wenige Jahrzehnte eine Periode politischer und kultureller Größe. Unter dem dritten Herrscher der Suryavamsha-Dynastie, König Prataparudra, erwuchsen dem Reich fast gleichzeitig drei mächtige Gegner. Im Norden gründete Hussain Shah (1493 bis 1519) eine neue Dynastie, unter der Bengalen seine frühere militärische Stärke zurückerlangte. Im Jahre 1509 bestieg Krishnadeva Raya als bedeutendster Herrscher Vijayanagaras mit dem erklärten Ziel den Thron, das südliche Krishna-Delta den Gajapatis zu entreißen. Bald darauf erklärte auch Golkonda seine Unabhängigkeit vom Bahmani-Sultanat und entwickelte sich für das Orissa-Reich zu einer unmittelbareren Gefahr als das Sultanat der fernen Bahmaniden. Diesen drei mächtigen Gegnern war Orissa nicht mehr gewachsen. Als dann noch Intrigen und Mord am Hofe überhand nahmen und sich Fürsten der tributären Garhjat-Staaten im bergigen Hinterland mit den Feinden des Reiches verbanden, anstatt es gegen sie zu schützen, war es nur noch eine Frage der Zeit, bis auch Orissa von den Heeren der Sultanate Nord- und Zentralindiens endgültig erobert werden würde. Im Jahre 1568 drangen die Truppen des afghanischen Sultans von Bengalen ähnlich überraschend schnell nach Zentralorissa vor wie zweihundert Jahre zuvor das Heer Firoz Shahs. Cuttack fiel abermals nahezu kampflos, und kurz darauf zog der berüchtigte General Kalapahar nach Puri, entweihte den Tempel und zerstörte die inzwischen versteckten Götterstatuen, die er mit Hilfe eines Hindus aufgefunden hatte. Damit hätte vermutlich das Gajapati-Königtum

2. Die Staaten Zentral- und Südindiens im Zeitalter des Delhi-Sultanats

und wohl auch der Jagannatha-Kult ein abruptes Ende gefunden. Doch wenige Jahrzehnte später gelang es Ramacandra, einem lokalen Fürsten aus der Nähe Puris, den Jagannatha-Kult zu erneuern und mit Hilfe Kaiser Akbars, der einen loyalen hinduistischen Fürstenstaat gegen das sich im Süden ausbreitende Sultanat von Golkonda wünschte, ein lokales Fürstentum als Nachfolgestaat der mächtigen Gajapatis zu begründen. Seine Nachfolger führen noch heute als Rajas von Puri ein Schattendasein ihrer früheren Größe.

Eine der interessantesten Eigenarten der spätmittelalterlichen Geschichte Orissas ist die enge Verbindung der Gajapati-Könige mit dem vishnuitischen Jagannatha-Kult von Puri. Der Ursprung dieser nahezu lebensgroßen, grob behauenen Holzfiguren liegt im dunkeln, geht aber mit Sicherheit auf einen der frühen Stammeskulte Orissas zurück. In das Rampenlicht der Geschichte trat der Kult unter König Anantavarman Codaganga, der ab 1135 den heutigen monumentalen Tempel in Puri errichtete. Anantavarman, der wie seine Vorgänger selber strenger Shivait war, errichtete den größten Tempel seines Reiches für den Gott von Puri, offensichtlich um die Loyalität der erst kürzlich unterworfenen Bevölkerung Zentralorissas zu gewinnen. Die Erbauung dieses Tempels, in genau der gleichen Höhe wie der Reichstempel der Colas in Tanjore, durch König Anantavarman, der durch verwandtschaftliche Beziehungen selbst den Colas nahestand («Cola-ganga»), scheint aber auch eine rituelle Unabhängigkeitserklärung des Reichsgründers Orissas von den verfeindeten, mächtigen Verwandten auf dem Thron des Südens gewesen zu sein. Im Jahr 1230 erkannte dann König Anangabhima III. Jagannatha als Reichsgott und obersten Herren (*sāmrāja*) des Reiches an, als dessen Sohn (*putra*) und Militärführer (*rāuta*) er zu herrschen beanspruchte. Einige seiner Nachfolger gingen sogar noch einen Schritt weiter und datierten in ihren Inschriften ihre eigenen Regierungsjahre als Jahre der Herrschaft Jagannathas. Kapilendra, der Begründer der Suryavamsha-Dynastie, bedurfte als Usurpator des Gajapati-Thrones offensichtlich einer zusätzlichen Legitimation. Diese Legitimation scheint er durch die mächtigen Priester Puris erhalten zu haben, denen er reiche Schenkungen machte. So heißt es in der von den Priestern verfaßten Tempelchronik Puris, daß der Staatsgott Jagannatha König Kapilendra selbst zum König bestimmt habe. Ferner drohte Kapilendra in zahlreichen Inschriften seinen Widersachern, daß Widerstand gegen seine eigenen königlichen Befehle Verrat (*droha*) am Staatsgott Jagannatha sei. Es ist schwer zu beurteilen, inwiefern diese bewußte Ritualpolitik der Gajapatis, die unter Kapilendra ihren Höhepunkt fand, zum Erfolg der Gajapatis beigetragen hat, sich dreieinhalb Jahrhunderte länger als die übrigen Herrscher Nordindiens den muslimischen Heeren zu widersetzen. Soweit die Quellen darüber Auskunft geben, scheint es sicher zu sein, daß die Gajapatis ihren Staatsgott als Herrschaftsinstrument vor allem gegen Widersacher im eigenen Reich und gegen hinduistische Herrscher des Südens einsetzten. Indirekt mag der Erfolg dieser Kämpfe über mehrere Jahrhunderte hin allerdings auch zur Festigung ihrer Stellung gegen die militärisch überlegenen muslimischen Herrscher beigetragen haben.

Fragen wir uns nach weiteren Gründen, die die erstaunliche Dauerhaftigkeit des Königreiches von Orissa erklären, so dürften strukturelle Probleme, die in einem der vorangegangenen Kapitel bereits besprochen wurden, eine wesentliche Rolle gespielt haben. Den Gangas gelang es in der dritten Phase der regionalen Großreichsbildung, das gesamte Küstengebiet von Nordorissa bis Südkalinga auf eine Entfernung von etwa 400 km ihrer *direkten* Herrschaft und Steuerhoheit zu unterstellen und damit das alte Kerngebiet der früheren Orissa-Reiche beträchtlich zu erweitern. In diesem Küstengebiet, der Kornkammer des Reiches, scheinen keine Angehörigen früherer königlicher Dynastien mehr geduldet worden zu sein, zumindest vermelden die Inschriften nichts mehr von ihnen. Bezeichnend ist es in diesem Zusammenhang, daß der Ausdruck Mandala, der in früheren Jahrhunderten in Orissa häufig für Fürstentümer einheimischer und weitgehend autonom regierender Fürsten stand, seit den Gangas ausschließlich im Sinne einer Provinz, die einem *Mandalika* oder «Mandala-Herren» (*maṇḍaleśvara*) unterstand, verwandt wurde. Im bergigen und meist unfruchtbaren und schwer zugänglichen Hinterland wurden systematisch kleine Fürstentümer begründet. Sie trugen den bezeichnenden Namen Garhjat («burggeboren» = *gaḍa-jāta*), da ihnen mittels ihrer befestigten Hauptstädte die Befriedung der Stämme dieser Gebiete und die örtliche Verteidigung der Reichsgrenzen oblag. Diese Garhjat-Fürsten gehörten meist den einheimischen Stämmen an, doch wurden in einigen Fällen auch Angehörige der königlichen Dynastie dort als «Markgrafen» eingesetzt.

Eine weitere, wichtige strukturelle Neuerung setzte unter den Gangas von Orissa ein und nahm in gewisser Weise bereits die Militarisierung der Verwaltung im späteren südindischen Vijayanagara-Reich voraus. So enthält z.B. eine Inschrift aus dem Jahre 1230 n. Chr. aus Südorissa erstmals eine längere Liste von lokalen Militärführern (*nāyaka*), die im Ganjam-Distrikt und Kalinga auch Verwaltungsaufgaben ausübten. Aus dem Kreis dieser Militärführer ging später, wie wir bereits sahen, Kapilendra, der Begründer der Suryavamsha, hervor. Wenn auch der Nayaka-Titel in früheren Zeiten nicht unbekannt war, so ist doch das plötzliche, massive Auftreten dieser Militärführer im Jahre 1230 bezeichnend für die beginnende Militarisierung der Verwaltung hinduistischer Staaten im Spätmittelalter. Da diese Nayakas auch mit Militärlehen ausgestattet waren (in

2. Die Staaten Zentral- und Südindiens im Zeitalter des Delhi-Sultanats 239

der Inschrift werden stets die Herkunftsorte der Nayakas genannt, was sonst gänzlich unüblich war), bewegte sich hier in Orissa die Entwicklung, wie später in Vijayanagara, in die Nähe eines Militärfeudalismus. Ein Einfluß des Delhi-Sultanats, das erst wenige Jahrzehnte zuvor begründet worden war, und des Systems seiner Militärlehen ist sehr wahrscheinlich und läßt erkennen, wie erstaunlich schnell hinduistische Staaten auf Herausforderung von außen zu reagieren vermochten.

Anders als das spätmittelalterliche Reich der Gajapatis von Orissa, das aus einer kontinuierlichen, mehrere Jahrhunderte währenden politischen Entwicklung der ostindischen Region hervorging, ist die Gründung des Reiches von Vijayanagara in den Jahren 1336/1346 eine direkte Folge des von außen kommenden Versuches der Delhi-Sultane, Südindien der muslimischen Herrschaft ihres nordindischen Sultanats zu unterwerfen. Das Reich wurde von mehreren Brüdern, deren bedeutendste Harihara und Bukka waren, begründet. Nach ihrem Vater Sangama wird die erste Dynastie Vijayanagaras Sangama-Dynastie genannt. Über die Herkunft dieser Brüder herrscht unter den Historikern Südindiens ein heftiger Streit. Einer Schule zufolge (meist aus Andhra Pradesh und Tamil Nadu) flohen die Brüder aus Andhra Pradesh, als Warangal von den Truppen Delhis gestürmt wurde, in das hinduistische Reich Kampili in der Nähe des späteren Vijayanagara. Dort gerieten sie 1327 in Gefangenschaft, als auch Kampili erobert wurde, wurden nach Delhi verschleppt und zum Islam bekehrt. Als dann Aufstände in Zentralindien ausbrachen, sandte sie der Sultan um 1331 nach Kampili. Dort gerieten sie jedoch unter den Einfluß des Mönches Vidyaranya, der sie zur Rückkehr zum Hinduismus bewegte. Harihara und Bukka stellten sich daraufhin an die Spitze der Aufständischen Zentralindiens und begründeten an einem strategisch günstigen Platz am Tungabhadra-Fluß die Stadt Vijayanagara, wo Harihara im Jahre 1336 gekrönt wurde. Nach weiteren Siegen über hinduistische Fürsten und das im Kampf gegen die Sultanate von Delhi und Madurai geschwächte Hoysala-Reich beging Harihara mit seinen Brüdern 1346 eine große Siegesfeier im Kloster von Sringeri, dem wichtigsten Sitz der Shankaracarya-Äbte Indiens. Damit hatten die Könige von Vijayanagara auch die religiöse Weihe als führende hinduistische Macht des Südens erhalten.

Eine andere Schule von Historikern aus Karnataka vertritt dagegen vehement die Auffassung, daß Harihara und Bukka aus Karnataka stammten und von dem Hoysala-König Ballala III. als «Markgrafen» zur Verteidigung der Nordgrenze eingesetzt worden waren und Harihara erst nach dem Tode Ballalas III. und seines Sohnes Ballala IV. im Jahre 1346 den nun vakanten Thron bestiegen habe. Bis vor kurzem fand die wahrlich dramatische Geschichte vom Aufstieg der angeblich zwangsweise vorübergehend zum Islam bekehrten Brüder aus dem fernen Andhra Pradesh allgemeine Anerkennung, während die an sich plausiblere Geschichte vom Aufstieg einheimischer Fürsten in der Zeit des Untergangs der alten Dynastie als regionalistisches Wunschtraumdenken abgetan wurde. Neuere Forschungen, vor allem die Entdeckung neuer Inschriften, machen es heute jedoch sehr wahrscheinlich, daß die Gründer Vijayanagaras in der Tat als Lokalfürsten der Hoysala aufstiegen. Mehrere Inschriften zeigen, daß sie bereits etwa ein Jahrzehnt vor ihrer angeblichen Flucht nach Kampili bzw. Rückkehr aus Delhi in dieser Region als lokale Fürsten herrschten, und eine Inschrift aus dem Jahre 1320 berichtet ferner von der Gründung der Stadt Vijayavirupaksha Hoshapattana auf dem Boden des späteren Vijayanagara durch den Hoysala-König Ballala III. Nach dem Tod Ballalas IV. im Jahre 1345 scheint sogar die Witwe Ballalas III. an der großen Siegesfeier Hariharas im Jahre 1346 selber teilgenommen zu haben, und noch in einer Inschrift des Jahres 1349 wird erst die Witwe des Hoysala-Königs und dann der regierende König Harihara genannt.

Beide Theorien über den Ursprung der ersten Dynastie von Vijayanagara schließen sich keineswegs so grundsätzlich aus, wie es zunächst scheinen mag. So stimmen sie darin überein, daß es ganz wesentlich das Verdienst des einflußreichen Mönches Vidyaranya war, den reibungslosen Übergang von der alten, im Widerstand gegen die Truppen des Sultanats aufgeriebenen Dynastie zu dem «Aufsteiger» Harihara ermöglicht und legitimiert zu haben. Weniger bekannt ist dagegen die Rolle, die Vidyaranya, der vor seiner Weihe zum Sannyasin den Namen Madhava trug, im Hinduismus selbst spielte. Zusammen mit seinem Bruder Sayana begann er nach der tiefen Erschütterung, die der plötzliche Einbruch des Islam in Zentral- und Südindien verursacht hatte, eine bewußte hinduistische Religions- und Kulturpolitik zu betreiben. Ihr beider Ziel war es, der vedischen Lehre und den brahmanischen Gesetzeswerken durch ausführliche Kommentare wieder neue Geltung zu schaffen. Das bekannteste Werk dieser Brüder ist Sayanas Kommentar zum Rigveda, der bis heute geradezu kanonische Geltung besitzt. Madhava-Vidyaranya stellte dagegen eine Propagierung des Werkes und Lebens des großen Advaita-Philosophen Shankara in den Mittelpunkt seines Wirkens, in dem er den ersten großen Einiger des Hinduismus sah. Um die bedrohte Existenz des Hinduismus im 14. Jahrhundert in alle Teilen Indiens zu stärken, scheint Vidyaranya sogar die Geschichte von der Wanderung Shankaras durch alle Teile Indiens geschaffen oder doch zumindest stark ausgebaut zu haben. Das gleiche gilt vermutlich auch für die «Erhebung» seines eigenen Klosters in Sringeri zum Gründungskloster Shankaras und die Einführung der angeblich auf Shan-

2. Die Staaten Zentral- und Südindiens im Zeitalter des Delhi-Sultanats 241

kara zurückgehenden Institution der Shankaracaryas in den vier großen Klöstern Indiens. Im Laufe der kommenden Jahrhunderte wurden diese Klöster und ihre Shankaracarya-Äbte in der Tat eine wichtige normative Institution im Hinduismus. Für das neue Reich von Vijayanagara, das als Vorkämpfer für die Erhaltung des Hinduismus auftrat, war es besonders wichtig, daß Vidyaranya mit seinem eigenen Kloster in Sringeri das Reich von Vijayanagara in den Mittelpunkt dieser hinduistischen Erneuerungsbewegung stellte. Da Sringeri als geistiges Zentrum des Reiches in der Nähe der alten Hauptstadt der gefallenen Dynastie der Hoysala lag, erhielten die Gründer von Vijayanagara die Legitimation, rechtmäßige Nachfolger und neue Führer zu sein.

Hatte Harihara I. das Reich begründet, so gilt sein jüngerer Bruder Bukka I., der ihm 1357 auf den Thron folgte, als der eigentliche Begründer der Größe des Reiches. Im Süden besiegte und tötete er König Rajanarayana Sambuvaraya, den wenige Jahre zuvor noch sein Bruder Harihara in Tondaimandalam, dem alten Kerngebiet der Pallavas, gegen den Sultan von Madurai wieder eingesetzt hatte. Bald darauf kam es dann mit dem Sultan Muhammad Shah Bahmani zum Kampf um das Raichur-Zweistromland zwischen den Flüssen Tungabhadra und Krishna. Im Friedensschluß um 1365 konnte König Bukka I. das für Vijayanagara lebenswichtige Vorland seiner am Tungabhadra-Ufer gelegenen Hauptstadt erwerben. Der Krishna-Fluß wurde als Grenze zwischen beiden Staaten anerkannt, einige südlicher gelegene Steuerbezirke sollten jedoch gemeinsam verwaltet werden. Im Jahr 1370 wurde dann der Krieg mit dem Sultan von Madurai beendet, der in zwei Schlachten besiegt und getötet wurde. Mit der Eroberung von Madurai endete die kurze Geschichte dieses südlichsten Sultanats auf indischem Boden.

Bis zu seinem Tod im Jahr 1377 hatten damit Bukka und sein älterer Bruder Harihara innerhalb weniger Jahrzehnte das größte hinduistische Regionalreich der südindischen Geschichte errichtet. Unter ihren Nachfolgern Harihara II. (1377 bis 1404) und Deva Raya I. (1406 bis 1424) blieb die Macht Vijayanagaras unangefochten. In mehreren, wenn auch unter schweren Verlusten errungenen Siegen gegen die Bahmaniden behaupteten sie ihre Herrschaft über das lebenswichtige Zweistromland nördlich der Hauptstadt. Unter Harihara II. nahm ferner der Kampf gegen die hinduistischen Reddi-Fürsten von Kondavidu an der Ostküste von Andhra Pradesh und die Velama-Dynastie von Warangal im Nordosten von Haiderabad heftige Formen an, da beide Fürstenhäuser versuchten, die weitere östliche Ausdehnung Vijayanagaras auf ihre Kosten aufzuhalten. Diese Ausdehnung der Herrschaft Vijayanagaras an die Küste von Andhra Pradesh mußte zwangsläufig auch zu einer Auseinandersetzung mit dem anderen großen hinduistischen Königreich dieser Zeit, dem Reich der Gajapatis von Orissa, führen. Ein erster Zusammenstoß der Heere unter dem Gajapati Bhanudeva IV. und Deva Raya I. scheint noch mit einer friedlichen Einigung zwischen den beiden hinduistischen Königen geendet zu haben. Doch schon wenige Jahre nach dem Regierungsantritt Deva Rayas II. (1426 bis 1446) kam es zu anhaltenden kriegerischen Auseinandersetzungen mit dem Gajapati. Damit war ein Kampf um die Beherrschung Südostindiens ausgebrochen, der nahezu ein Jahrhundert erhebliche Kräfte beider hinduistischer Königreiche binden und damit wesentlich zu ihrer Schwächung und, im Falle Orissas, auch zum Untergang beitragen sollte. Die Stellung Vijayanagaras im Raum des Krishna-Godavari-Deltas erhielt einen weiteren Rückschlag unter dem schwachen König Malikarjuna (1446 bis 1464), dessen Regierungszeit mit der Herrschaft des großen Gajapati-Königs Kapilendra zusammenfällt. In den Jahren um 1450 eroberte Kapilendra Rajahmundry und Kondavidu, wo er seinen Sohn Hamvira als Gouverneur einsetzte, der dann 1463 siegreich weiter in den Süden bis nach Tiruchirapalli am Kaveri-Fluß vorstieß.

Obgleich Kapilendra wenige Jahre später diese Truppen aus dem fernen Süden wieder abzog und nach seinem Tode im Jahr 1467 Orissa sogar das Godavari-Krishna-Gebiet verlor, begann in diesen Jahren der Niedergang der Sangama-Dynastie Vijayanagaras. Unter ihrem letzten König Virupaksha II. (1464 bis 1485) verfiel das Reich in den Kämpfen rivalisierender Fürsten und Provinzgouverneure. Der Untergang des Reiches konnte jedoch durch den Saluva-Fürsten Narasimha, den Sohn des Burggrafen von Chandragiri im östlichen Andhra Pradesh, verhindert werden, der zunächst unter Anerkennung König Virupakshas die Einheit des Reiches wiederherstellte. Im Jahre 1485 vertrieb er dann jedoch Virupaksha, ließ sich selber zum König von Vijayanagara krönen und gründete somit dessen zweite Dynastie, die der Saluvas. Da seine beiden Söhne noch Kinder waren, ernannte er kurz vor seinem Tod Tuluva Narasa, einen hohen Nayaka-Offizier des Reiches, zum Regenten. Narasa trat von seiner Regentschaft jedoch nicht zurück und stieg schnell zum eigentlichen Herrscher des Reiches auf. Beide Prinzen wurden ermordet, und im Jahre 1505 ernannte sich Narasas Sohn, Narasimha, zum König des Reiches. Seine kurze Regierungszeit war ebenso wie die Regentschaft seines Vaters von einer nicht endenden Reihe von Aufständen der Großen des Reiches gegen die Usurpatoren gekennzeichnet. Vijayanagara überlebte die Krise nur dank der inneren Schwächung seiner mächtigsten Gegner: Zwischen 1490 und 1512 zerfiel das Bahmani-Sultanat in fünf unabhängige Sultanate, und auch die Heere der Gajapatis von Orissa verloren Anfang des 16. Jahrhunderts ihre gefürchtete Schlagkraft.

2. Die Staaten Zentral- und Südindiens im Zeitalter des Delhi-Sultanats 243

Vijayanagara, Karnataka. Virupaksha-Tempel, von Krishnadeva Raya im frühen 16. Jh. n. Chr. erweitert

Die Größe dieser dritten Dynastie des Reiches, der Tuluvas, begann mit Narasimhas Bruder, Krishnadeva Raya (1509 bis 1529), unter dem das Reich seinen politischen und kulturellen Höhepunkt erreichte. Im Jahre seines Regierungsantritts griff Mahmud Shah, der Sultan von Bahmani, Vijayanagara mit allen verfügbaren Truppen des Sultanats an. Krishnadeva errang jedoch einen glänzenden Sieg über die Truppen der verbündeten Sultanate Zentralindiens. In einem geschickten Schachzug setzte Krishnadeva jedoch den verwundeten Bahmani-Sultan wieder ein. Dies brachte ihm nicht nur den für einen Hindu-König eigenartigen Titel ein, «Meister der Begründung des Yavana-Reiches (= Sultanats)» (*yavana-rājya-sthāpana-acārya*) zu sein. Krishnadeva erreichte dadurch, die Zwietracht zwischen den nach völliger Unabhängigkeit vom Bahmani-Sultanat strebenden Nachfolge-Sultanaten Zentralindiens am Leben zu erhalten. In den folgenden Jahren (1513 bis 1518) begann Krishnadeva einen systematischen Krieg um die Besitzungen der Gajapatis im Küstengebiet des heutigen Andhra Pradesh, in dessen Verlauf er nach einigen nicht ganz gesicherten Überlieferungen sogar bis nach Cuttack, der Hauptstadt der Gajapatis, vorgestoßen sein soll. In einem Friedensschluß gab der Gajapati dem König Krishnadeva seine Tochter zur Frau und erhielt dafür das gesamte Krishna-Godavari-Delta zurück. Krishnadeva war jedoch nicht nur ein großer Feldherr und Administrator. Sein Ruhm in Südindien ist bis heute weit mehr mit seiner überaus intensiven Bautätigkeit verbunden. Nahezu alle größeren Tempelanlagen des Südens (wie z.B. Chidambaram) haben große Neubauten – meist große Hallen und die typischen südindischen Tortürme (*gopura*) – aufzuweisen, die in der Regierungszeit Krishnadeva Rayas errichtet wurden. Unter ihm nahm ferner die Telugu-Literatur einen großen Aufschwung. Als Förderer zahlreicher Dichter und Gelehrter erhielt er den ruhmreichen Titel «Andhra-Bhoja», genannt nach dem König der Paramaras des 11. Jahrhunderts, der als großer Gönner der Dichter seiner Zeit galt.

Die weitere Geschichte des Reiches nach Krishnadeva Raya bis zu der verheerenden Eroberung der Stadt Vijayanagara im Jahre 1565 war von einem immer härter werdenden Kampf gegen die erstarkenden zentralindischen Sultanate und von einer nicht mehr endenden Reihe von Palastintrigen und Kämpfen um den Thron bestimmt. Die herausragende Herrschergestalt dieser Zeit war Rama Raya, der Schwiegersohn Krishnadeva Rayas. Als selbsternannter Regent minderjähriger Angehöriger des Königshauses überschattete sein Ehrgeiz, selber den Thron zu besteigen, die Regierung der letzten gekrönten, aber schwachen Herrscher Vijayanagaras, Acyutadeva Raya (1529 bis 1542) und Sadashiva (1543 bis 1565). In die Kämpfe der verschiedenen Parteien am Hofe wurden mehrfach die Sultane Zentralindiens, insbesondere von Bijapur, verwickelt. In den frühen Regierungsjahren Sadashivas kam es erstmals auch zu ernsthaften kriegerischen Auseinandersetzungen mit den Portugiesen, die seit 1510 Goa zum Mittelpunkt ihres sich an den Küsten ausbreitenden Handelsreiches ausbauten. Äußerer Anlaß für den Ausbruch der Kampfhandlungen bei Goa und St. Thome (Madras) waren Zerstörungen hinduistischer Tempel durch die Portugiesen. Es kam jedoch zu einem Friedensvertrag, der Vijayanagara weiterhin das Monopol im wichtigen Pferdehandel mit Goa zugestand.

Der kaum zwei Jahrzehnte später erfolgende Untergang Vijayanagaras ist nicht nur auf die kontinuierlichen Kämpfe der Könige gegen unbotmäßige Fürsten zurückzuführen, sondern auch auf den steigenden Einfluß der zentralindischen Sultane auf das Geschehen am Hofe von Vijayanagara. Dies hatte zwei Ursachen. Zum einen nahm unter Rama Rayas Herrschaft nicht nur die Zahl der muslimischen Söldner sprunghaft zu, erstmals wurden nun auch Muslims in hohe Stellungen in der Armee und sogar in der Verwaltung zugelassen. Dies verschaffte den Sultanen genaue Kenntnisse über alle Vorgänge am Hofe von Vijayanagara. Schlimmer aber war noch das Ausmaß, in dem Vijayanagara sich nun seinerseits in die dauernden Kämpfe zwischen den zentralindischen Sultanen einmischte und dabei oft für den einen

2. Die Staaten Zentral- und Südindiens im Zeitalter des Delhi-Sultanats 245

oder anderen Sultan Partei ergriff. Es dauerte einige Jahre, bis die Sultane erkannten, in welchem Maß ihre eigenen Kämpfe und Niederlagen Folgen der Intrigen Vijayanagaras waren. Der Entschluß der Sultane, sich nach Jahrzehnten heftiger Kämpfe gegen Vijayanagara zu vereinen, soll nach Aussage des muslimischen Geschichtsschreibers Ferishta auch von den blutigen Ausschreitungen der Heere Vijayanagaras gegen die Bevölkerung der Sultanate und der Zerstörung großer Moscheen beeinflußt worden sein. Ende 1564 versammelten sich die Heere der Sultanate in der Nähe der Festung Talikota am Krishna-Fluß. Rama Raya scheint sich über die Schicksalhaftigkeit der Auseinandersetzung im klaren gewesen zu sein, denn er bot alle verfügbaren Kräfte des Reiches auf. In der entscheidenden Schlacht im Januar 1565 wurden die Heere Vijayanagaras jedoch nach anfänglichen Erfolgen vernichtend geschlagen. Entscheidend für den Ausgang der Schlacht war es, daß auf dem Höhepunkt des Kampfes plötzlich zwei muslimische Generäle, die im Dienste Vijayanagaras standen, zusammen mit ihren Truppen auf die Seite der Sultane überwechselten. Rama Raya wurde gefangen und sofort enthauptet. In der folgenden Panik sollen etwa 100000 hinduistische Soldaten getötet worden sein. Tirumala, der Bruder Rama Rayas, floh daraufhin mit 1500 Elefanten, beladen mit den Schätzen des Reiches, in den Süden, während Vijayanagara schutzlos in die Hände der muslimischen Truppen fiel und geplündert und zerstört wurde – wohl ein Racheakt für die Zerstörung der alten Bahmani-Hauptstadt Gulbarga durch Krishnadeva im Jahr 1520. Wenn wir zeitgenössischen Berichten trauen können, gibt es nur wenige Beispiele einer derart überraschenden Eroberung und erbarmungslosen Zerstörung einer blühenden Reichshauptstadt, die sogar die Schrecken der Plünderung Delhis durch Timur übertroffen haben dürfte. Wenn auch Tirumala und seine Nachkommen als vierte oder Aravidu-Dynastie weiterhin über Teile des Reiches im Süden herrschten, so stellt die Eroberung Vijayanagaras im Jahre 1565 das Ende dieses letzten hinduistischen Großreiches des Südens dar. Nur drei Jahre später fiel auch das Reich der Gajapatis. Damit war die Epoche der spätmittelalterlichen hinduistischen Regionalreiche beendet. Nachdem Kaiser Akbar bereits im Jahre 1556 den Thron bestiegen hatte, fand in den folgenden anderthalb Jahrhunderten unter den Moguln die islamische Staatsbildung auf südasiatischem Boden ihren Höhepunkt.

Die Bedeutung Vijayanagaras für die Geschichtsschreibung liegt vor allem in unserer Kenntnis der gesellschaftlichen Struktur und politischen Organisation dieses hinduistischen Reiches. Denn erstmals in der Geschichte hinduistischer Staaten existieren umfangreiche und voneinander unabhängige, zeitgenössische Quellen, die nicht nur ein genaueres Bild über den Verlauf der historischen Entwicklung des

Reiches vermitteln, sondern auch detaillierte Angaben über dessen Organisation und strukturelle Probleme enthalten. Neben den zahlreichen Inschriften und Werken traditioneller hinduistischer Geschichtsschreibung, wie dem Acyutarayabhyudaya über König Acyutadeva Raya, besitzen wir die Werke der muslimischen Chronisten, die eingehend die Kämpfe der Sultanate Zentralindiens mit Vijayanagara schildern, sowie die ausführlichen Berichte europäischer Reisender, die Vijayanagara bald nach der Eroberung Goas (1510) aufsuchten. Im Gegensatz zu den meisten hinduistischen Quellen gehen diese muslimischen Chroniken und besonders die Reisebeschreibungen ausführlich auf Fragen der sozialen und politischen Organisation des von ihnen bewunderten Reiches von Vijayanagara ein. Vor allem die Beschreibungen europäischer Reisender lassen eine straffe Organisation dieses Staates erkennen und erwecken den Eindruck eines sehr effizienten «Militärfeudalismus». Besonders aufschlußreich ist hierfür eine Passage aus dem Bericht Domingo Paes', der Vijayanagara etwa um 1522 besuchte. Seiner Bedeutung wegen sei er ausführlich zitiert:

«Der König hält stets eine Million Soldaten unter Waffen, in denen 35000 bewaffnete Kavalleristen einbegriffen sind. All diese Soldaten stehen in seinem Sold, und er hält die Truppen stets versammelt und bereit, sie jederzeit in jede Richtung einzusetzen, falls dies notwendig ist. Als ich in der Stadt Bisnaga (= Vijayanagara) war, sah ich, wie der König ein Heer gegen eine Stadt an der Küste entsandte. Er schickte fünfzig Militärführer mit 150000 Soldaten, unter ihnen viele Kavalleristen. Er besitzt zahlreiche Kriegselefanten, und wenn der König den drei benachbarten Königen die Stärke seiner Macht gegen einen seiner Feinde beweisen will, wirft er, so heißt es, sogar zwei Millionen Soldaten ins Feld. Sollte jemand fragen, welche Einnahmen der König besitzt und wie groß seine Schätze sind, die es ihm ermöglichen, so viele Truppen unter Sold zu halten – denn er hat (zudem) zahlreiche und mächtige Fürsten in seinem Königreich, die zum größeren Teil ihrerseits selbst Steuern erheben –, so antworte ich folgendermaßen: Die Militärführer, die er über seine Truppen einsetzt, stellen den Adel des Königreiches dar. Sie sind Fürsten und halten diese Hauptstadt, die Städte und Dörfer des Reiches. Es gibt unter ihnen Militärführer, die Einnahmen von einer Million oder anderthalb Millionen *pardaos* erhalten [1 *pardao* war damals etwa 4½ englische Schillinge oder ein flämischer Dollar], andere wiederum einhundert, zweihundert, dreihundert oder fünfhunderttausend *pardaos*. Und da jeder von ihnen eigene Steuern erhebt, bestimmt der König die Zahl der Soldaten, die sie zu Fuß, zu Pferde und mit Elefanten unterhalten müssen. Diese Truppen stehen allzeit zum Einsatz bereit, wann und wohin sie auch immer gerufen werden mögen. In dieser Weise hat er (der König von Vijayanagara) stets eine Million Krieger einsatzbereit. Neben der Stellung dieser Truppen hat jeder Militärführer seine jährlichen Zahlungen an den König zu entrichten. Überdies besitzt der König seine eigenen bezahlten Truppen, die in seinem Sold stehen. In seinen Stallungen hat er immer 800 Elefanten und 500 Pferde, die seiner Person direkt zugeteilt sind. Für die Unterhaltung dieser Elefanten und Pferde verwendet er die Abgaben, die er aus Bisnaga erhält.»[4]

2. Die Staaten Zentral- und Südindiens im Zeitalter des Delhi-Sultanats 247

Im Mittelpunkt aller Diskussionen über die Reichsverwaltung Vijayanagaras stehen die Nayakas, die uns als Verwalter von Militärdistrikten und Offiziere bereits im frühen 13. Jahrhundert im Königreich von Orissa begegnet waren und die Paes als «Militärführer» (*captains* in der Übersetzung von Fleet) bezeichnete. Als besondere Eigenart dieses Offizierstandes gilt mit Recht ihr Amara-Grundsteueraufkommen, das ihnen von den Königen Vijayanagaras mit der Verpflichtung zugeteilt wurde, eine bestimmte Zahl von Soldaten für das königliche Heer zu stellen. Es ist damit dem System der Grundsteuer verwandt, die der Militäradel zur selben Zeit im Delhi-Sultanat und die *Mansabdare* später im Reich der Moguln zu erheben hatten. Während die Militärführer der früheren hinduistischen Königreiche meist aus dem Königshof hervorgegangen oder aus dem Kreis lokaler Fürsten des Reiches aufgestiegen waren, stellten die *Amaranayakas* in der Struktur dieses späthinduistischen Reiches ein neues Element dar, da viele von ihnen in den Distrikten des Reiches «von oben» her eingesetzt wurden und weiterhin dem König direkt unterstanden. Sie stellten das eigentliche Bindeglied zwischen dem Zentrum und den Provinzen des Reiches dar. Die Angehörigen dieses neuen «Reichsadels» hatten jedoch als Gegenleistung für die Übertragung eines Anteils an der Grundsteuer nicht nur in eigener Verantwortung Truppen zu stellen. Sie übernahmen in den ihnen zugewiesenen Gebieten auch Verwaltungsaufgaben und Gerichtshoheit und erreichten oft, daß die ihnen zugewiesenen Gebiete zum Erbgut wurden.

Es ist daher nicht verwunderlich, daß dieses Herrschaftssystem, auf dem die Macht Vijayanagaras basierte, bisweilen als Feudalismus bzw. Militärfeudalismus bezeichnet wird. Selbst jene indischen Historiker, die vehement die Existenz eines indischen Feudalismus bestreiten, sehen in dem Amaranayaka-System von Vijayanagara Ansätze eines Feudalismus. Unlängst ist jedoch dieser Interpretation von dem amerikanischen Historiker B. Stein heftig widersprochen worden. Er weist darauf hin, daß auch in Vijayanagara die für den abendländischen Feudalismus so wichtige Vasallität, beruhend auf Treueeid und Vasallenpflicht, fehlten. Unbewiesen sei ferner die Vorstellung, die Nayakas von Vijayanagara hätten Teile der von ihnen erhobenen Steuern regelmäßig an die Könige von Vijayanagara abführen müssen. (In der Tat enthält keine der zahlreichen Inschriften Vijayanagaras Hinweise, die diese Annahme rechtfertigen.) Einzig die portugiesischen Besucher hätten hierüber berichtet. Auf sie sei daher die Vorstellung von der Existenz eines Feudalismus in Vijayanagara zurückzuführen, da sie bemüht gewesen seien, die Herrschaftsstruktur Vijayanagaras in einer ihren europäischen Lesern vertrauten Terminologie zu beschreiben. Die Stärke der Struktur des Reiches von Vijayanagara habe nach Stein statt dessen auf der Fähigkeit ihrer Könige beruht, zumindest einen Teil der lokalen Fürsten des Reiches in zeitweise loyale Nayakas des Reiches zu verwandeln und gleichzeitig Teile des Reiches zusätzlich systematisch mit Telugu-Nayakas zu durchsetzen. Die beachtliche militärische Stärke des Reiches, sich gegen die hinduistischen Könige und Fürsten des Südens und Ostens überaus erfolgreich durchzusetzen und den muslimischen Sultanen Zentralindiens als gleichwertiger und bisweilen überlegener Gegner entgegenzutreten, beruhe auf der Stärke ihrer Heere. Diese wiederum gründe wesentlich auf dem Einsatz neuer Feuerwaffen und einer schlagkräftigen Kavallerie, die Vijayanagara muslimischen und europäischen Söldnern und dem Handel mit Arabien und später den Portugiesen in Goa verdankte.

Ähnlich wie im Fall der Gajapatis von Orissa ist eine weitere Ursache für den Erfolg Vijayanagaras in der systematischen Religionspolitik ihrer Könige, sich mit allen religiösen Sekten des Reiches und ihren Führern zu verbinden und sie durch reiche Stiftungen für den Kampf der Dynastie gegen die muslimischen Sultanate im Norden und rebellierende hinduistische Fürsten zu gewinnen. Ein gutes Beispiel für diese planvolle Stiftungspolitik bietet eine Inschrift König Krishnadeva Rayas, in der Tempelstiftungen aufgezählt werden, die er im Jahre seiner Krönung (1509) und auch sein Vater in den vorangegangenen Jahren vollzogen hatten. Ein Blick auf die Landkarte Südindiens zeigt, daß alle 14 genannten Tempel entweder an der gefährdeten Nordgrenze und in den mit Gajapatis von Orissa umkämpften Gebieten des Ostens (z. B. Srisailam) sowie in dem wenige Jahrzehnte zuvor von Orissa vorübergehend eroberten und seither von Aufständen heimgesuchten Kerngebiet von Tamil Nadu zwischen den Tempelstädten Tirupati und Rameswaram lagen (siehe Karte 11). Wenn diese Stiftungen auch kaum die militärische Stärke des Reiches unmittelbar erhöht haben dürften, so zielten sie doch sicherlich darauf ab, die Loyalität der Brahmanen und der Bevölkerung dieser gefährdeten Gebiete zu gewinnen.

Eine weitere Maßnahme läßt die Absicht der Könige von Vijayanagara, religiöse Institutionen in den Dienst ihrer Politik zu stellen, noch deutlicher erkennen. In einem den frühen hinduistischen Königreichen unbekannten Ausmaß setzten die Könige von Vijayanagara systematisch Telugu-Brahmanen als Burggrafen (*durga daṇḍanāyaka*) im gesamten Reichsgebiet ein. Zusätzlich zu der Loyalität, die die übrigen Telugu-Militärführer ihren Telugu-Königen von Vijayanagara entgegenbrachten, beruhte die besondere Loyalität dieser brahmanischen Burggrafen aus dem Telugu-Stammland der Vijayanagara-Könige auf den traditionellen, symbiotischen Beziehungen zwischen hinduistischen Rajas und Brahmanen. Als Stützpunkte königlicher Macht vereinigten diese von Brahmanen befehligten Burgen des

2. Die Staaten Zentral- und Südindiens im Zeitalter des Delhi-Sultanats 249

letzten hinduistischen Großreiches noch einmal in einzigartiger Weise politisch-militärische Macht mit rituell-religiöser Souveränität als tragende Pfeiler hinduistischen Königtums. Die Entwicklung der Reiche von Orissa und Vijayanagara zeigt, daß in den noch verbliebenen hinduistischen Königreichen des späten Mittelalters als Antwort auf die muslimische Bedrohung eine spürbare Militarisierung der Verwaltung und eine stärkere Betonung der religiösen Legitimation des Herrschers als irdischer Stellvertreter Gottes zu beobachten ist.

Fünftes Kapitel
Aufstieg und Zerfall des Mogulreiches

1. Die Großmoguln und ihre Widersacher

Die staatliche Einigung Indiens in der frühen Neuzeit durch die Moguldynastie, die eine ungewöhnliche Reihe fähiger Herrscher hervorbrachte, ist einer Konstellation verschiedener Umstände zu verdanken, die sich bereits in der abenteuerlichen Karriere des Reichsgründers Baber deutlich erkennen läßt. Babers bezeichnendste Eigenschaft war die Geistesgegenwart in des Wortes umfassendster Bedeutung. Das Schicksal, das ihm keine Ruhe gönnte, zwang ihn dazu, seine vielseitige Begabung zu nutzen. Die aus dem zentralasiatischen Norden heranstürmenden Usbeken verjagten ihn aus Samarkand. Mit persischer Unterstützung gelang es ihm vorübergehend, seine Heimat zurückzuerobern. Die Anlehnung an die Perser blieb für ihn und seine Nachfahren bestimmend. Seine Herkunft aus einem Randgebiet zwischen dem persischen Reich und den Reitervölkern der Steppe bewirkte, daß er gleichermaßen von der persischen Kultur und dem kriegerischen Geist seiner barbarischen Gegner beeindruckt wurde. Er schrieb persische Gedichte und lernte von den Usbeken eine Strategie, die ihm später bei der Eroberung Indiens zugute kommen sollte. Die Macht der Usbeken verlegte ihm und seinen Nachfahren den Weg zurück in die Heimat. So brach er nach Osten auf, unterwarf Afghanistan und unternahm von dort aus mehrere Vorstöße nach Indien, bis er schließlich zu seinem großen Eroberungsfeldzug auszog, mit dem er das Mogulreich begründete.

Das Mogulreich gehörte zu den drei großen «Schießpulverreichen», die man besser Feldartilleriestaaten nennen sollte, die anderen beiden waren das Osmanische Reich und das Reich der Safawiden in Persien. Kanonen hatte es auch schon früher gegeben. In Indien hatte sie das Delhi-Sultanat zur Verteidigung gegen die Mongolen benutzt. Aber die bewegliche Feldartillerie, die auf dem Schlachtfeld eingesetzt werden konnte, war eine neue Entwicklung. Ihr Einsatz war schlachtentscheidend, weil es mit ihrer Hilfe möglich war, zahlenmäßig weit überlegene Kavallerieheere zu besiegen. Der osmanische Sultan Selim I., der Grausame, demonstrierte das, als er die Mamluken niederwarf und Syrien und Ägypten eroberte. Die Mamluken hielten die neue

In dem im Bild eingefügten persischen Text berichtet Baber, er habe sich plötzlich allein zwischen den Feinden befunden. Das Schwert eines Gegners habe seine Pfeile getroffen; er habe sein Pferd gezügelt und sei einige Schritte zurückgewichen. (Babur Nama, spätes 16. Jh.)

1. Die Großmoguln und ihre Widersacher

Waffe im wahrsten Sinne des Wortes für «unritterlich», doch das machte Selim nichts aus. Wer im Kampf mit ihm überleben wollte, mußte sich auch dieser Waffe bedienen. Dies tat der Gründer des Safawidenreichs, Shah Ismail, der Selim gewachsen war. Die neue Waffe verbreitete sich mit atemberaubender Geschwindigkeit innerhalb von zwei Jahrzehnten. Indien reihte sich nur mit geringem zeitlichen Abstand in die Reihe der Feldartilleriestaaten ein.

Babers große Leistung war es, den Einsatz dieser neuen Waffengattung wirkungsvoll mit der zentral-asiatischen Kavalleriestrategie zu verbinden, die er in den Kämpfen seiner Jugend zu beherrschen gelernt hatte. Diese Leistung ist um so erstaunlicher, als er nur wenige Jahre brauchte, um mit den neuen Waffen vertraut zu werden und sie so vorbildlich in seine Strategie einzufügen, daß er viele Feldherren späterer Generationen in den Schatten stellte, die es nicht vermochten, die ungestüme Kavallerie und die schwer bewegliche Artillerie zu koordinieren. Als Baber 1519 die Festung Bajaur an der Nordwestgrenze Indiens belagerte, amüsierte der ungewohnte Anblick der Gewehre mit dem Luntenschloß, so berichtete er in seinen Lebenserinnerungen, die Verteidiger der Festung, doch das Lachen verging ihnen bald, als Babers Schützen etliche von ihnen abschossen und sie es darauf nicht mehr wagten, über die Zinnen der Festung zu schauen.

Wenige Jahre später stellte Baber sich auf dem alten indischen Schlachtfeld von Panipat dem zehnfach überlegenen Heer des Sultans von Delhi, Ibrahim Lodi, entgegen. Er hatte die Artilleriestellung in den Tagen zuvor sorgfältig ausbauen lassen. Hinter rasch aufgeworfenen Schutzwällen standen die leichten Feldgeschütze, deren Lafetten mit Lederriemen verbunden waren, um die gegnerische Kavallerie daran zu hindern, die Stellung im Sturm zu nehmen. Die Schützen mit den Luntenschloßgewehren taten ein übriges, um die Stellung zu halten. Das Heer des Sultans mit seinen tausend Elefanten, Reiterscharen und seinem Fußvolk wurde von dieser befestigten Stellung aufgefangen, während Babers reitende Bogenschützen nach usbekischer Manier an beiden Flanken vorstießen und dem Feind in den Rücken fielen. Zwischen Kugelhagel und schwirrenden Pfeilen geriet das Heer des Sultans in solche Verwirrung, daß es in wenigen Stunden besiegt war. Der Sultan und die meisten seiner Krieger blieben auf dem Schlachtfeld. Wenig später wiederholte Baber diesen meisterlichen Einsatz seiner Streitkräfte in der Schlacht gegen den Führer der Rajputen, den Rana Sanga von Mewar. Diesmal täuschte Baber sogar eine größere Stärke seiner Artillerie vor, indem er etliche hölzerne Attrappen anfertigen ließ, die er zwischen die echten Kanonen stellte, und dann brachte er es sogar noch fertig, die Artillerie samt Attrappen während der Schlacht nach vorn zu ziehen.

Den Siegen auf dem Schlachtfeld folgte die Bezwingung der Festungen, in die sich die Feinde zurückgezogen hatten. Aber Baber scheute keine Mühe und keine Kosten, um seine Wunderwaffe, die Artillerie, weiter auszubauen. Als er nach Osten zog, um im Bunde mit dem Gouverneur von Bengalen die afghanischen Rebellen in Bihar zu schlagen, ließ Baber seine Geschütze auf Schiffen den Ganges hinunter transportieren und erhob Sondersteuern, um diese kostspielige Waffengattung zu unterstützen, da er inzwischen schon die erbeuteten Schätze des Sultans von Delhi verausgabt hatte.

Babers Siegeszug durch Nordindien war nicht ohne Schattenseiten. Seine Generäle, die eigenständige Führer ihrer Truppen waren, wollten mit ihrer Beute heimkehren, während Baber fest dazu entschlossen war, hier das Erbe seines Ahnherrn Timur anzutreten. Timur, so meinte Baber, hatte Indien erobert, und daher gehörte es rechtmäßig ihm. Er handelte auch danach und betrachtete von vornherein die Inder als seine Untertanen, die es zu schützen galt. Marodeure aus den eigenen Reihen bestrafte er rücksichtslos. Aber Timur war seinerzeit nach einem kurzen Eroberungszug heimgekehrt, die Generäle erwarteten von Baber, daß er das auch tun werde. Er behandelte sie mit diplomatischer Klugheit, konsultierte sie vor jeder Schlacht und ließ die, die nicht weiter mitmachen wollten, reich beschenkt ziehen. So erreichte er durch Takt, was er durch Befehle nicht erzwingen konnte. Viele blieben an seiner Seite und zogen mit ihm von Sieg zu Sieg.

Babers Sohn Humayun, den er sehr liebte, war schon als Jüngling mit ihm in die Schlacht von Panipat gezogen und dann nach Afghanistan entsandt worden, um dort die Stellung zu halten. Sein Glück wollte es, daß er, gerade als sein Vater erkrankte, nach Delhi zurückeilte. Dort wurde er selbst todkrank, aber sein Vater flehte zu Gott, ihn selbst sterben zu lassen und dafür den Sohn zu retten. So geschah es, und Humayun folgte seinem Vater auf den Thron. Diese Thronfolge war keineswegs selbstverständlich und wäre fast durch eine Intrige vereitelt worden, weil ein mächtiger Minister zunächst einen anderen Prätendenten förderte. Nach Mogulsitte waren alle Prinzen von Geblüt erbberechtigt, und es wurden später oft erbitterte Kämpfe unter den Prätendenten ausgetragen, bei denen sich der Fähigste, der Rücksichtsloseste oder der gerade vom Schicksal Begünstigte durchsetzte. Humayun gehörte zumindest beim Tode seines Vaters zu den Letzteren, doch bald verließ ihn sein Glück. Nach einigen erfolgreichen Eroberungszügen, die jedoch keine dauerhafte Machtbasis begründeten, wurde er von dem Afghanen Sher Shah um Thron und Land gebracht und irrte wie einst sein von den Usbeken vertriebener Vater als Flüchtling umher. Auf diesen Irrfahrten wurde ihm im Sind im Jahre 1542 der Sohn Akbar geboren, den er dann bei seinem Bru-

1. Die Großmoguln und ihre Widersacher 255

Babers Nashornjagd war ein beliebtes Motiv.
Es wurde von verschiedenen Illustratoren seiner Autobiographie dargestellt.
(Babur Nama, spätes 16. Jh.)

der und Rivalen in Afghanistan zurückließ, während er selbst in Persien Zuflucht suchte und dort viele Jahre im Exil verbrachte. Erst als Sher Shahs Reich unter seinen Nachfolgern zerbrach, konnte Humayun es wagen, sein Erbe zurückzufordern. Mit persischer Hilfe gelang es ihm, Indien noch einmal zu erobern. Doch war ihm nur noch eine kurze Herrschaftszeit vergönnt, bis er durch einen Unfall umkam. Er stürzte von der Treppe seiner Bibliothek zu Tode.

In der kurzen Zeit seiner Herrschaft hatte Humayun aufbauend auf dem vorzüglichen System der von Sher Shah eingerichteten Staatsverwaltung einen interessanten Versuch zur Systematisierung der Aufgaben des Beamtenapparats unternommen. Er nahm sich die vier Elemente Feuer, Wasser, Erde und Luft zum Vorbild und ordnete dem ersten das Heer, dem zweiten die Bewässerung, dem dritten Landwirtschaft und Grundsteuer und dem vierten Religion und Gelehrsamkeit zu. Diese geradezu elementare Arbeitsteilung war nicht von langer Dauer, Akbars Neuordnung der Verwaltung des Reiches ging weit über diese ersten Ansätze hinaus, aber die Tendenz, die Funktionen des Staatsapparats nach allgemeinen Prinzipien zu ordnen, machte sich schon hier bemerkbar.

Akbar war erst 13 Jahre alt, als sein Vater starb. Während der Jahre, die Humayun im persischen Exil verbrachte, war er in Afghanistan in der Gesellschaft rauher Krieger aufgewachsen und hatte nie Lesen und Schreiben gelernt. Er blieb sein Leben lang ein Analphabet und unterschied sich so von seinen hochgebildeten Vorfahren Baber und Humayun, doch er überragte sie noch an Geistesgaben. Sein erstaunliches Gedächtnis ermöglichte es ihm, unzählige Informationen aufzunehmen und miteinander zu kombinieren. Die Tatsache, daß er nicht lesen konnte, bewahrte ihn davor, die vorgegebenen Formen scholastischer Weisheit aufzunehmen, und ließ ihn ständig das Gespräch und die Diskussion mit allen Menschen suchen, die ihm neue Gedanken vortrugen. So entwickelte er die Fähigkeit, Theorie und Praxis auf ganz ungewöhnliche Weise miteinander zu verbinden.

In seinen jungen Jahren mußte Akbar zunächst die Herrschaft, die er schon besaß, in harter Auseinandersetzung mit den Hofcliquen zurückerwerben. Im ersten Jahr seiner Regierung wurde er von dem Hindu-Usurpator Hemu herausgefordert, der sich Raja Vikramaditya nannte und es fast geschafft hätte, der Mogulherrschaft ein Ende zu setzten. Hemu war Premierminister unter einem Nachfolger Sher Shahs gewesen und hatte viele Schlachten für seinen Herrn gewonnen. Er war also ein sehr gefährlicher Herausforderer. In der Entscheidungsschlacht fiel Hemu, von einem Pfeil getroffen, zu Boden, und Akbars General ermutigte den jungen Großmogul dazu, den Kopf Hemus eigenhändig abzuschlagen. In den folgenden Jahren konsolidierte er sein Reich nicht nur durch erfolgreiche Kriegszüge, sondern auch durch kluge politische Maßnahmen. Er heiratete die Tochter des Rajputenfürsten von Amber und besiegte wenige Jahre später den letzten großen Rajputenfürsten, der ihm noch Widerstand zu leisten wagte. Damit hatte er sich praktisch zum Führer der Rajputen gemacht, von denen ihm viele getreulich dienten, zumal er sie nicht dazu zwang, ihren Hindu-Glauben aufzugeben und zum Islam überzutreten. Die Abschaffung der Kopfsteuer (*jizya*), die islamische Herrscher stets von den Ungläubigen gefordert hatten, tat ein übriges, um Akbar bei seinen Hindu-Untertanen beliebt zu machen.

Mit der Unterwerfung von Gujarat im Jahre 1574 und von Bengalen zwei Jahre später hatte Akbar schließlich im Alter von 34 Jahren ein riesiges Reich in seiner Macht. Der Traum aller Großmogul, die ferne Heimat zurückzuerobern und siegreich in Samarkand einzuziehen, aus dem die Usbeken Baber vertrieben hatten, war auch Akbar nicht fremd, aber sein Zeitgenosse, der Usbekenherrscher Abdullah, war ihm in vieler Hinsicht ebenbürtig, und Akbar war klug genug, sein indisches Reich nicht für ein zentralasiatisches Abenteuer aufs Spiel zu setzen. Statt dessen verstand er es meisterhaft, Usbeken und Perser gegeneinander auszuspielen, die sich ständig befehdeten und jeweils versuchten, Akbar für sich zu gewinnen.

Abdullah wollte sich Persien mit Akbar teilen, und der Shah von Persien machte das verlockende Angebot, gemeinsam mit Akbar die Usbeken zu vertreiben und so die Heimat der Großmogul zurückzuerobern. Akbar hielt die Kontakte mit beiden aufrecht, ließ sich zu keiner raschen Tat hinreißen und sorgte für ein Gleichgewicht der Mächte. Auf diese Weise war es ihm möglich, in einem günstigen Moment den Persern Kandahar wieder zu entreißen, das er zu Anfang seiner Herrschaft aufgeben mußte. Damit wurde der Helmand-Fluß die Grenze seines Reiches, während die Perser den Indus als Grenze ihres Reiches betrachteten und stets darum bemüht blieben, die Schlüsselstellung in Kandahar wiederzugewinnen, von der dieses Grenzgebiet beherrscht wurde. Zu Akbars Lebzeiten gelang den Persern das nicht, für ihn war eine starke Position in Afghanistan und Baluchistan wichtiger, als weitere Vorstöße nach Nordwesten, zu denen sich erst seine Nachfolger hinreißen ließen, denen Kandahar dann wieder verlorenging.

Die kluge Zurückhaltung auf dem Gebiet der Außenpolitik ermöglichte es Akbar, sich auf der Höhe seines Lebens der inneren Ordnung seines gewaltigen Reiches zu widmen, das sich vom Helmand-Fluß im Westen bis nach Orissa im Osten, von Kaschmir im Norden bis Gujarat im Süden erstreckte. Er festigte die materielle und die ideelle Basis der Mogulherrschaft so hervorragend, daß seine Nachfolger noch lange von seinen Leistungen zehren konnten, was sie freilich auch dazu verführte, diese Basis als gegeben hinzunehmen und sie dann durch unkluge Handlungen zu zerstören. In vielerlei Hinsicht spielte Akbar eine ähnliche Rolle wie sein älterer Zeitgenosse, der osmanische Sultan Suleiman Kanuni (der Gesetzgeber). Auch Akbar sah sich als Gesetzgeber und nicht einfach als Vollstrecker islamischer Vorschriften. Er betonte zudem das dynastische Charisma der Großmoguln und seine eigene geistige und geistliche Führerschaft. Das trug zur Einigung seines riesigen Reichs bei, das mit den zeitgenössischen absolutistischen Staaten Europas verglichen werden kann. Einige Historiker haben das Mogulreich als patrimonial-bürokratischen Staat bezeichnet. Doch war die Struktur dieses Reichs komplexer als ein patrimonialer Staat, der wie der erweiterte Haushalt des Herrschers verwaltet wird. Auch die Bezeichnung «bürokratisch» ist ungenau. Das Reich wurde von einer Militärelite beherrscht, die in mancher Hinsicht in der Tradition des Militärfeudalismus der früheren islamischen Staaten stand, doch nun ein imperiales Corps versetzbarer Beamter war. Die eigentlichen «Bürokraten» waren aber die zivilen Angestellten dieser Militärmachthaber. Das Militär betonte, daß der Säbel und nicht die Feder sein Handwerkszeug sei. Die meisten zivilen Angestellten waren Hindus, die unter der Mogulherrschaft lieber zur Feder als zum Säbel griffen.

Das Mogulreich war, wie alle großen Landmächte Asiens, ein Agrarstaat, dessen Haupteinnahmequelle die Grundsteuer war. Die Intensität der Zentralherrschaft in einem solchen Reich hing unmittelbar von der Möglichkeit ab, diese Steuer genau zu berechnen und in Geld einzuziehen, und dies wiederum setzte die Zirkulation einer stabilen Währung voraus. Sher Shah hatte die wesentlichen Voraussetzungen hierfür geschaffen. Er führte eine Steuerveranlagung aufgrund einer Landvermessung (*zabt*) ein, setzte eine neue Silbermünze in Umlauf und legte den jährlichen Steuersatz aufgrund der jeweiligen Preise fest. Die Entscheidung über den Steuersatz anhand der Preisinformationen war von so großer Wichtigkeit, daß sie nur der Herrscher selbst treffen konnte. Auch Akbar blieb es nicht erspart, jedes Jahr diese Entscheidung zu treffen, selbst wenn er gerade auf einem fernen Schlachtfeld weilte. Mit der Ausdehnung des Reiches wurde es immer schwieriger, die regionalen Preisunterschiede zu berücksichtigen. Es kam hinzu, daß weite Gebiete an Beamte und Offiziere als Lehen (*jagir*) vergeben waren. Die Einkünfte aus dem Lehen dienten der Gehaltszahlung und der Deckung der Kosten für die Aufrechterhaltung der den Offizieren unterstellten Heereskontingente. Selbstverständlich waren die Inhaber solcher Lehen nicht daran interessiert, die Zentralregierung über den Stand der Steuereinnahmen genau zu informieren.

Akbar löste alle diese Probleme mit einer durchgreifenden Reform des Steuerveranlagungssystems und der Vergabe von Lehen. Er zog zunächst einmal alle Lehen ein, bezahlte Beamte und Offiziere aus der Staatskasse, ließ das Land neu vermessen und die Bezirkssteuerschreiber über einen Zeitraum von zehn Jahren Preis- und Steuerdaten sorgfältig erfassen. Danach ließ er den Steuersatz aufgrund der Zehnjahresdurchschnittswerte der betreffenden Bezirke fortschreiben. Er war damit den regionalen Unterschieden gerecht geworden und brauchte auch nicht mehr Jahr für Jahr eine willkürliche Entscheidung über den Steuersatz zu treffen. Er vergab jetzt auch wieder Lehen, deren Steuerertrag aber nun aufgrund der vorhandenen Daten genau berechnet werden konnte. Zugleich klassifizierte er alle zivilen und militärischen Ämter nach einem Zahlensystem (*mansab*), das die Gehaltsgruppe (*zat*) und die Größe des zu unterhaltenden Kavalleriekontingents (*sawar*) bezeichnete. Das System erlaubte den jeweiligen Dienstaufgaben angepaßte Variationen (z. B. hohes Gehalt und geringes oder gar kein Kavalleriekontingent bei zivilen Hofbeamten), geregelte Erhöhung der Einkünfte bei Beförderungen und eine genaue Zuordnung der Lehen. Es wurde auf diese Weise auch systematisiert, was bereits zuvor politische Praxis war – die häufige Versetzung von Lehensträgern, um das Entstehen einer Hausmacht zu verhindern. Das System funktionierte sozusagen automatisch, die Bürokratie regelte die Einzelheiten, und der Herrscher konnte sich auf die wesentlichen Entscheidungen bei wichtigen Beförderungen und Versetzungen beschränken.

Akbar ernannte jeden Mansabdar persönlich, denn diese Offiziere waren Teilhaber seines Reichs, die für ihn den militärischen Arbeitsmarkt unter Kontrolle hielten. Es gab in Indien damals etwa vier Millionen Soldaten, und es war für die Machterhaltung der Großmoguln erforderlich, die Mehrzahl in ihre Dienste zu nehmen, damit sie nicht ihren Gegnern zur Verfügung standen. Der Mansabdar war für die Soldaten, die er einstellte, verantwortlich, z. B. für 7000 Kavalleristen, wenn er den höchsten Rang innehatte. Am Ende der Regierungszeit Akbars standen etwa 400 000 Kavalleristen in den Diensten seiner Offiziere. Ein Kavallerist kostete 240 Rupien pro Jahr (Lohn, Pflege des Pferds etc.), das ergab allein für die Kavallerie einen Jahresetat von 960 Millionen Rupien. Elefantenkorps und Artillerie verursachten ebenfalls hohe Ausgaben. Für die indischen Bauern war diese Militärmacht eine schwere Bürde.

Die Mogulprinzen hatten zumeist alle höchsten Ränge inne, doch die Hierarchie der Mansabdars entsprach nicht der der Dienstgrade einer europäischen Armee. Der Gouverneur einer Provinz und der Kommandant einer Festung in dieser Provinz konnten mitunter denselben Rang haben. Im Kriegsfall entschied der Großmogul, wer die

Truppen der Provinz führte. Akbars System der Ränge und Privilegien trug dazu bei, Kriegsherren in Höflinge zu verwandeln, die sich in die imperiale Ordnung fügten. Die Militärsklaverei, die unter anderen islamischen Herrschern eine große Rolle spielte, gab es im Mogulreich nicht. Da es geradezu ein Überangebot an Soldaten gab, war sie überflüssig. Der Reichtum des Großmoguls zog sogar Krieger aus Zentralasien an, die miteinander wetteiferten, ihm zu dienen.

Die Artillerie, die von zentraler Bedeutung für die Großmoguln war, wurde niemals den Mansabdars anvertraut; sie blieb stets unter der direkten Kontrolle des Herrschers. Akbar war an der Verbesserung von Kanonen und Musketen interessiert und fragte die Jesuiten, die an seinen Hof kamen, nach allen technischen Einzelheiten. Er soll selbst eine Lafette entworfen haben, die eine höhere Beweglichkeit der Kanonen auf dem Schlachtfeld ermöglichte. Er sorgte auch für den Einsatz von Musketen mit größerer Reichweite und Zielgenauigkeit. Sie übertrafen darin sogar die europäischen Waffen seiner Zeit. Indische Musketiere waren Scharfschützen, die auf einzelne Gegner zielten, und keine modernen Infanteristen, die gemeinsam ihre Salven auf die feindlichen Truppen feuerten.

Es gibt Debatten unter den Historikern über den Vorrang von Artillerie oder Kavallerie im Mogulreich. Haben die Großmoguln ein «Schießpulverreich» errichtet oder beherrschten sie einen Kavalleriestaat nach Art ihrer Vorgänger? Das Mogulreich war zwar ein Kavalleriestaat, der durch das Mansab-System effizienter wurde als je zuvor, doch die zentrale Macht des Großmoguls basierte auf der Feldartillerie. In seinem Feldlager wurde sie als Symbol seiner Macht zur Schau gestellt. Das Feldlager war übrigens eine der wichtigsten Institutionen der Mogulherrschaft. Der Großmogul verbrachte in der Regel ein Drittel seiner Zeit fern der Hauptstadt im Lager, das er häufig verlegte, um Freund und Feind vor Ort seine Macht zu zeigen. Das sichtbarste Zeichen dieser Macht waren die teuren Kanonen, die nur er sich leisten konnte. Die Herstellung billiger Kanonen aus Gußeisen war damals in Indien noch nicht möglich. Die Kanonen der Großmoguln waren aus Bronze oder Messing. Ihr Lauf wurde sehr genau gefräst; sie verfehlten selten ihr Ziel. Gegen Pferde und Elefanten eingesetzt, waren sie eine furchtbare Waffe. Bei allem militärischen Geschick waren die Großmogul aber nicht unbesiegbar. Das von Akbar so sorgfältig konstruierte Mansab-System wurde von seinen Nachfolgern verwässert, und das trug zum Niedergang des Reichs bei.

Der große Vorzug des Systems, daß es sich mühelos fortschreiben ließ, erwies sich im Laufe der Zeit als sein gefährlichster Nachteil. Der Silberstrom, der von Amerika über Europa nach Indien floß, veränderte das Preisniveau, und Kriegszüge und die Einbeziehung neuer Territorien und ihrer Eliten in das Lehns- und Ämterwesen führten zu einer Aufblähung der Hierarchie. Dennoch wurde Akbars System fortgeschrieben und allenfalls durch recht willkürliche Korrekturen (z.B. Reduktion der zu unterhaltenden Kontingente) den jeweiligen Gegebenheiten angepaßt. Solche Korrekturen mußten entweder eine Schwächung der militärischen Leistungsfähigkeit oder eine Überbelastung der Agrarbasis oder schließlich gar beides bedeuten. Zu Akbars Lebzeiten machten sich diese Probleme noch nicht bemerkbar, und das System zeigte sich von seiner besten Seite. Es gab seiner Herrschaft eine gesunde Grundlage bei verhältnismäßig erträglicher Belastung der Steuerzahler.

Akbars Beitrag zur Festigung der ideellen Basis der Mogulherrschaft war ebenfalls bewundernswert, wenn auch nicht unumstritten. Er verband eine Politik religiöser Toleranz mit einem Herrscherkult, der das Mogul-Charisma institutionalisieren sollte. Sein Ideal war das des «gerechten Herrschers», das sowohl in der Gestalt des Mahdi bei den Muslims als auch in der des legendären Königs Rama bei den Hindus seinen Ausdruck gefunden hatte. Im Sinne eines echten «Absolutismus» versuchte er, dieses Ideal durch eine besondere Art des «Gottesgnadentums» zu legitimieren.

Akbars «Gottesgnadentum» wurde von seinen orthodoxen Glaubensgenossen mit Befremden aufgenommen, während seine Hindu-Untertanen mehr Verständnis dafür aufbringen mochten. Die rituelle Souveränität der indischen Könige beruhte auf der Identifikation mit einem Gott, die der indischen Idee von der Immanenz und Transzendenz des Göttlichen entsprach. Der Dualismus des muslimischen Denkens, der der Allmacht Gottes die Unterwerfung (Islam) des Menschen gegenüberstellte, war mit dieser Idee nicht vereinbar. Nur die Mystik der Sufis bot hier einen Ansatzpunkt. Akbars Verkündung eines Gottesglaubens (Din-i-Illahi) und seine Betonung der Grußformel Allahu Akbar (Gott ist groß), die auch als Anspielung auf seinen Namen verstanden werden konnte, sein Dekret, mit dem er sich als Herrscher die letzte Entscheidung in Glaubensdingen zumaß, waren dazu angetan, den Widerstand der Orthodoxie hervorzurufen. Er wendete sich auch offen gegen die orthodoxen Schriftgelehrten, in denen er Vertreter einer mittelalterlichen Denkweise sah, denen er als «aufgeklärter Absolutist» entgegentreten mußte. Sein kühner Versuch, einen neuen, toleranten Gottesglauben zu begründen, wurde mit ihm zu Grabe getragen. Aber das «Gottesgnadentum» des dynastischen Charismas der Großmoguln blieb bestehen. Ein Widerschein von Akbars Glanz fiel noch nach Jahrhunderten selbst auf die elendesten seiner Nachfahren.

Akbars Lebensabend wurde überschattet von der Rebellion seines Sohnes Salim, der später unter dem Namen Jahangir den Thron be-

Grabmal des Itimad ud-Daula,
Schwiegervater und Premierminister des Großmoguls Jahangir

stieg. Die Tatsache, daß das Erbrecht der Dynastie keinen Thronfolger vorsah und daß Akbar ein Reich geschaffen hatte, das den Gedanken an eine Teilung geradezu als Sakrileg erscheinen lassen mußte, bedingte, daß der Kampf um die Nachfolge schon zu Lebzeiten des alternden Herrschers anbrach. Der dynastische Darwinismus, der sich auf diese Weise etablierte, wirkte jedoch systemstabilisierend. Es kam selten jemand an die Macht, nur weil er gerade an der Reihe war. Die Nachfolgekämpfe erwiesen sich für die Prinzen von Geblüt als lebensgefährlich, aber nicht für ihre Gefolgschaft, denn der Sieger handelte im eigenen Interesse, wenn er reumütige Gefolgsleute der Unterlegenen alsbald in Gnaden aufnahm, um seine Herrschaft zu sichern. So vollzog sich auch der Übergang von Akbar zu Jahangir ohne einen schwerwiegenden Umbruch in der staatstragenden Elite. Ein wichtiges Element kam jedoch unter Jahangir hinzu. Seine schöne und ehrgeizige Frau Nur Jahan, die aus Persien stammte und ihrem Vater das Amt des Premierministers verschaffte, brachte die persische Hofkultur in Indien zu einer Hochblüte.

Die Großmoguln hatten schon seit den Zeiten Babers eine besondere Neigung für die persische Kultur gezeigt. Die französische Kultur übte einen ähnlichen Einfluß in Europa aus wie die persische zu jener Zeit in Indien. Die islamischen Staaten des indischen Hochlandes, die zudem noch durch die schiitische Konfession Gemeinsam-

1. Die Großmoguln und ihre Widersacher

keiten mit Persien hatten, standen ebenfalls unter diesem Einfluß. Der Shah von Persien nutzte dies und spielte ein geschicktes diplomatisches Spiel, indem er einerseits Jahangir mit freundlichen Botschaften überschüttete und sich andererseits zum Fürsprecher der Sultane des indischen Hochlandes machte, schließlich aber vor allem an seinen eigenen Vorteil dachte und Jahangir Kandahar wegnahm, das Akbar mit großem Geschick den Persern entrissen hatte. Shah Abbas wartete, bis der geeignete Augenblick gekommen war, und eroberte Kandahar, als Shah Jahans Rebellion die Macht des Großmoguls lähmte wie seinerzeit, als Jahangir selbst gegen seinen Vater Akbar rebelliert hatte. Shah Jahan war schon zu Lebzeiten seines Vaters der Feldherr des Mogulreichs. Sein Ehrenname, der «Herrscher der Welt» bedeutet, war ihm von Jahangir verliehen worden, als er das Sultanat von Ahmadnagar, den nördlichsten der Muslim-Staaten des Hochlandes, eroberte. Kriegstüchtiger als sein Vater, maßte er sich bald an, die Herrschaft selbst zu übernehmen, wurde aber mehrfach geschlagen und war schließlich auf die Hilfe des Sultans von Golkonda und die Unterstützung des Shahs von Persien angewiesen, dem er wohl Kandahar überließ, damit er in Indien den Kampf um den Thron gewinnen konnte.

Mit Shah Jahan kam im Jahre 1627 wieder ein wirklich großer Mogul an die Macht, der aus dem gleichen Holz geschnitzt war wie Baber und Akbar. Das Reich erlebte unter ihm seine höchste Blüte, da er nicht nur ein großer Feldherr, sondern auch ein großer Bauherr und ein Förderer der schönen Künste war. Das Rote Fort in Delhi und das Grabmal seiner geliebten Frau Mumtaz, Taj Mahal, zeugen heute noch von der bezaubernden Synthese persisch-indischer Hofkultur, die wie einst die Kultur des Gupta-Reiches zum Vorbild für alle anderen großen und kleinen Fürsten Indiens wurde.

Shah Jahan begnügte sich nicht damit, die Mogulherrschaft in Indien zu mehren und zu wahren, sondern er wollte endlich den alten Traum seiner Vorfahren verwirklichen, das Stammland zurückzuerobern. Er war nicht nur ein großer Feldherr, sondern auch ein geschickter Diplomat, und es gelang ihm, die Perser genauso in Sicherheit zu wiegen, wie es diesen gelungen war, seinen Vater zu überlisten. So nahm er ihnen Kandahar wieder weg, verstand es dabei noch, gute Beziehungen zu ihnen aufrechtzuerhalten und schließlich mit ihrer Flankendeckung den Zug nach Nordwesten zu wagen. Prinz Aurangzeb eroberte auf diesem Zug die ferne Stadt Balkh, mußte sich aber schließlich nach diesem Pyrrhussieg zurückziehen und war im folgenden Jahr nicht darauf vorbereitet, Kandahar zurückzugewinnen, das die Perser inzwischen erobert hatten. Nach langer vergeblicher Belagerung mußte er das Feld räumen. Kandahar war für immer verloren, und Samarkand blieb unerreichbar. Diese bittere Lektion blieb für Aurangzeb das ganze Leben richtungweisend. Als er nach bewährtem Vorbild noch zu Lebzeiten seines Vaters die Macht an sich riß und den Thron bestieg, wendete er seine Aufmerksamkeit dem Süden zu. Vor dem Einsatz im Norden war er als junger Mann Vizekönig des Hochlandes gewesen. Dort sah er seine Chance und versuchte, das zu erreichen, was vor ihm Muhammad Tughluq angestrebt hatte – die Herrschaft über den Norden und Süden Indiens in seiner Hand zu vereinen.

Aurangzeb ist das Gegenbild Akbars, dessen Werk er zugleich erfüllte und zerstörte. In den fünf Jahrzehnten seiner Herrschaft (1658 bis 1707) dehnte sich das Mogulreich so sehr aus, daß es geradezu unbeherrschbar wurde. Er eroberte die Sultanate des Hochlandes, die aus dem Bahmani-Sultanat hervorgegangen waren. Trotz ständiger Streitigkeiten untereinander hatten diese Sultanate noch 1565 genug Solidarität gezeigt, um gemeinsam in der Schlacht bei Talikota dem Heer von Vijayanagara die entscheidende Niederlage zu bereiten. Ein Jahrhundert später waren sie nicht mehr in der Lage, Aurangzeb die Stirn zu bieten.

Aurangzeb bemühte sich nach seinen Siegen im Süden darum, führende Gefolgsleute der geschlagenen Feinde in die staatstragende Elite des Mogulreiches aufzunehmen. Ein Vergleich der Besetzung der höheren Ränge der imperialen Hierarchie in den ersten zwei Jahrzehnten von Aurangzebs Herrschaft mit der der letzten drei Jahrzehnte zeigt einen tiefgreifenden Strukturwandel. In der ersten Periode gab es 191 Amtsträger der Rangstufen (*mansab*) von 2000 bis 7000, davon kamen nur 32 aus dem Hochland und 110 entstammten Familien, deren Mitglieder schon zuvor im Dienst des Großmoguls gestanden hatten. In der zweiten Periode erhöhte sich die Gesamtzahl auf 270, davon 95 vom Hochland und nur 129, deren Vorfahren bereits im Dienst gestanden hatten. Noch krasser war der Wandel auf der höchsten Ebene (7000er), denn von diesen Großen des Reiches gab es in der ersten Periode nur sechs, darunter einen vom Hochland, in der zweiten Periode waren es 14, davon neun aus dem Hochland. Zudem war die neue von Aurangzeb geschaffene Hierarchie des Hochlandes kopflastig. Während im Norden das Verhältnis der Ränge von 2000 und darüber zu denen von 5000 und darüber ca. 8:1 war, war es im Hochland 3:1.

In seinem Eifer, die neu eroberten Gebiete in Akbars System zu integrieren, hatte Aurangzeb dieses pervertiert. Es kam hinzu, daß die neuen Gebiete ein geringeres Grundsteueraufkommen hatten als die fruchtbaren Ebenen des Nordens, so daß die enorme Erweiterung und Kopflastigkeit der Hierarchie durch keine entsprechenden Einkünfte gedeckt war. Das bedeutete, daß die Überdehnung der Machtbasis auch Rückwirkungen auf die Mogulherrschaft im Norden ha-

1. Die Großmoguln und ihre Widersacher

ben mußte. Die großen Entfernungen taten ein übriges, um die Beherrschbarkeit des überdehnten Reiches zu erschweren. Aurangzeb machte es daher genau wie Muhammad Tughluq. Er verlegte seine Hauptstadt von Delhi tausend Kilometer nach Süden in den Nordwesten des Hochlandes. Sein Aurangabad ist nur eine kurze Strecke von Muhammad Tughluqs Daulatabad entfernt. Im Vertrauen darauf, daß die Machtbasis im Norden nicht zu erschüttern sei, blieb er im Süden, um seinen gefährlichsten Feinden, den Marathen, die Stirn zu bieten.

Die Marathen hatten gerade zu der Zeit, als Aurangzeb die Sultanate des Hochlandes bedrohte, einen Führer gefunden, der in seiner Geistesgegenwart und Kühnheit an Baber erinnert: Shivaji. Der bewegliche Reiter und Bogenschütze Baber wäre für Shivaji ein ebenbürtiger Gegner gewesen, während der große Heerführer Aurangzeb, der es gewohnt war, riesige Armeen zu befehligen, der Kavallerie-Guerillataktik Shivajis ratlos gegenüberstand. Die Mogulstreitmacht war seit den Tagen Babers sehr angewachsen, Elefanten und gewaltige Artillerieeinheiten, große Kavalleriekontingente und ein riesiger Troß zogen ins Feld. Nachschubprobleme wurden besonders auf langen Eroberungszügen immer bedeutsamer. Leichte Reiter, die sich nicht fassen ließen, aber durch blitzschnelle Angriffe die schwerfällige Kriegsmaschinerie in Unordnung brachten und ihr den Nachschub abschnitten, waren eine große Gefahr für die Unternehmungen Aurangzebs auf dem Hochland. Shivaji verließ sich aber nicht nur auf seine flinken Reiterscharen, er baute im westlichen Hochland, das sich mit seinen Bergen, die steile Hänge und flache Gipfel haben, besonders dafür eignete, ein Netz unbezwingbarer Festungen auf. Von dort aus konnte er Ausfälle in alle Richtungen unternehmen. Selbst als er den Haupthafen des Mogulreiches, Surat in Gujarat, angriff und brandschatzte, konnte er ungestraft entkommen.

Shivajis Vater Shahji Bhonsle war Offizier im Dienste vieler Herren. Zunächst diente er dem Sultan von Ahmadnagar, vorübergehend auch dem Großmogul, dann wieder Ahmadnagar und schließlich dem Sultan von Bijapur. Sein Lehen in Pune blieb ihm erhalten, und dort wuchs Shivaji auf. Pune lag sozusagen zwischen den Fronten, gleich weit entfernt von Ahmadnagar, das vom Großmogul eingenommen worden war, und von Bijapur, dessen Sultan erst einige Jahrzehnte später von Aurangzeb besiegt wurde. Deshalb war es Shivaji möglich, in diesem Grenzland die Mogulmacht und die Macht des Sultans von Bijapur gleichermaßen auszuschalten und sich eine Basis für seinen Kavallerie-Raubstaat zu erringen. Erst der Angriff auf Surat (1664) alarmierte Delhi, und eine große Streitmacht wurde entsandt, um ihn zu unterwerfen. Dieser Macht mußte er sich beugen. Ein Diktatfrieden wurde ihm aufgezwungen, er mußte einen großen Teil seiner Festungen räumen und sich verpflichten, Aurangzeb seine Aufwartung zu machen, der ihm einen niedrigen Rang (500) in der imperialen Hierarchie verlieh und hoffte, ihn auf diese Weise gezähmt zu haben. Shivaji entkam, in einem Korb versteckt, aus Delhi, floh zurück nach Pune und konsolidierte dort seine Herrschaft. Da er größere Raubzüge zunächst nicht wagen durfte, baute er ein rigoroses Grundsteuersystem aus. Die Bauern mußten die Hälfte der Ernte abliefern, und diese wurde von staatlichen Lagerhaltern vereinnahmt und verkauft. Zugleich wurde die Landwirtschaft durch staatliche Agrarkredite gefördert. Auf dieser Basis konnte er bald seine Unternehmungen wieder ausdehnen und sich schließlich 1674 feierlich nach altem Hindu-Ritual zum König (Chhatrapati = Schirmherr) krönen lassen. Der Widerstand gegen Aurangzeb war für ihn zugleich ein religiöses Anliegen, er hoffte, den Hindus wieder zur Unabhängigkeit zu verhelfen, und betrachtete die Mogulherrschaft als islamische Fremdherrschaft, die es zu überwinden galt.

Aurangzeb, der sich von der toleranten Politik seiner Vorfahren abgewandt, die Kopfsteuer (*jizya*) für Hindus wieder eingeführt und sich als islamischer Herrscher profiliert hatte, trug unmittelbar zu dieser Polarisierung bei, obwohl er in der politischen Praxis weiterhin mit den Hindus zusammenarbeitete und seinen Glauben nicht mit Feuer und Schwert verbreitete. Shivaji wiederum wurde durch seinen militanten Hinduismus nicht daran gehindert, sich mit dem Sultan von Golkonda zu verbünden und nach Südindien vorzudringen, um dort ein Lehen seines Vaters in Tanjore zu beanspruchen. Als Shivaji 1680 starb, blieb sein Werk unvollendet. Sicher hätte er seine Macht auf Kosten Golkondas und Bijapurs ausgeweitet. Doch es blieb Aurangzeb vorbehalten, diese Sultanate zu erobern.

In dem Jahr, in dem Shivaji starb, wurde Aurangzeb von seinem eigenen Sohn Akbar herausgefordert und dazu gezwungen, den großen Eroberungszug in den Süden anzutreten. Akbar war entsandt worden, den Widerstand aufständischer Rajputen zu brechen, hatte dann aber gemeinsame Sache mit den Hindus gemacht und war zu Shivajis Sohn und Nachfolger Sambhaji geflohen. Als selbsternannter Großmogul wollte Akbar von Rajputen und Marathen unterstützt nach Delhi ziehen, den intoleranten Vater absetzen und zu der Politik des großen Ahnherrn, dessen Namen er trug, zurückkehren. Doch dieser Traum war bald ausgeträumt. Aurangzeb schlug nicht nur seinen Sohn in die Flucht und ließ Sambhaji auf grausame Weise töten, er eroberte zugleich auch die Sultanate von Golkonda und Bijapur und verbrachte die letzten Jahrzehnte seines Lebens in Aurangabad. Sambhajis Sohn, Shahu, wurde am Mogulhof erzogen. Später sollten jedoch gerade unter der Ägide dieses milden und diplomatischen

Shahu, der als Geisel und Höfling im Schatten des Großmoguls aufgewachsen war, Männer aufsteigen, die dem Mogulreich den Todesstoß versetzten.

Aurangzeb starb 1707 im Alter von 89 Jahren. Sein Grab steht an der Straße nach Aurangabad unter freiem Himmel. Im Gegensatz zu seinen prunkliebenden Vorfahren verschmähte er ein Mausoleum. Spartanisch wie im Leben wollte er auch im Tode sein. Doch der Luxus der ständigen Kriegszüge, den er sich geleistet hatte, kam dem Land teurer zu stehen als der Prunk der früheren Großmoguln.

In dem Jahrhundert vom Beginn der Herrschaft Akbars bis zum Beginn von Aurangzebs Herrschaft hatte Indien eine Zeit des Friedens und des Wohlstandes erlebt. Der Handel blühte, Städte entwickelten sich als Markt- und Verwaltungszentren. Die Landwirtschaft war vergleichsweise erträglich belastet und produzierte genug, um Hofstaat, Heer und Verwaltungsapparat zu erhalten. Freilich blieb die Beziehung von Land und Stadt eine Einbahnstraße. Der Mehrwert wurde abgeschöpft. Die höfische Kultur wurde bis hin zu den Amtsträgern der untersten Verwaltungsebene nachgeahmt. Die Urbanisierung wurde von einer echten Urbanität begleitet. Urdu, ursprünglich die lingua franca im Heerlager des Herrschers, entwickelte sich zu einer höchst flexiblen Kultursprache, die je nach Bedarf dem Persisch der weltlichen Bildungsschicht, dem Arabisch der islamischen Schriftgelehrten oder dem Hindi des einfachen Volkes Aufnahme gewährte. Musik, Dichtung und bildende Künste standen in hoher Blüte. Ausbrüche der Unzufriedenheit mit dem Regime blieben in Grenzen. Die Mogulherrscher hatten es verstanden, die lokalen und regionalen Machtverhältnisse in ihr System einzubauen. Lehnsträger früherer Regime, Stammeshäuptlinge und Dorfoberhäupter, ja sogar kleine Könige und Fürsten wurden insgesamt als Grundherren (*Zamindar*) anerkannt. Ihre Rechte wurden nicht angetastet, solange sie ihre Abgaben an den Staat entrichteten.

Unter Aurangzebs Herrschaft wurden die Abgaben immer drückender, und daher kam es zu Aufständen der Grundherren, die sich nicht selten an die Spitze ihrer Bauern stellten, um den Amtsträgern des Staates entgegenzutreten. Zunächst waren das sporadische und isolierte Ereignisse, im Laufe der Zeit ergab sich eine weiter ausgreifende Solidarisierung. Gemeinsame Abstammung wie bei den Jats in der Region um Delhi, die Glaubensgemeinschaft wie bei den Sikhs des Panjab oder landsmannschaftliche Bindungen wie bei den Marathen boten sich als Grundlage einer solchen Solidarisierung an. Die Aufstände gegen die Zentralgewalt wurden durch die weite Verbreitung von Handfeuerwaffen erleichtert. Nachdem Baber diese neuen Waffen in Indien eingeführt hatte, fanden sie eine rasche Verbreitung. Schon Sher Shah soll 25000 Luntengewehrschützen (*toofangchis*) in seinen Diensten gehabt haben. Während das Gießen von Kanonen eine kostspielige Sache war und nur von Spezialisten beherrscht wurde, lernten bald auch die Dorfschmiede, einfache Handfeuerwaffen herzustellen. Die Großmoguln ließen ein Verbot ergehen, das die lokale Produktion von Handfeuerwaffen unterbinden sollte, denn sie fürchteten mit Recht, daß diese dem Widerstand gegen die Staatsgewalt dienen würden. Je stärker der Druck auf die Agrarbasis des Mogulreiches wurde, um so eher griffen die Unzufriedenen zur Flinte und rotteten sich zusammen. Horden bewaffneter Bauern wurden ebenso zur Bedrohung der Mogulmacht wie die leichte Kavallerie der Marathen. Die Zentralgewalt mit ihrem riesigen, aber schwerfälligen Militärapparat war dieser Herausforderung auf die Dauer nicht gewachsen. Aurangzebs harte Hand hatte den Widerstand sowohl hervorgerufen als auch unterdrückt. Sein Nachfolger hätte ein zweiter Akbar sein müssen, um dieses Erbe bewältigen zu können. Aber jener Akbar, der mit diesem Versprechen angetreten war und dann entfloh, war im persischen Exil schon lange vor dem Vater gestorben, und Aurangzebs ältester Sohn Muazzam, der mit 63 Jahren den Thron bestieg und sich Bahadur Shah nannte, war in den fünf Jahren seiner Herrschaft, in denen er auch noch wie üblich gegen seine Brüder kämpfen mußte, nicht in der Lage, die drohende Auflösung des Reiches zu verhindern. Zwar versuchte er sich mit Rajputen und Marathen zu arrangieren und setzte Shahu als Raja von Satara ein, aber er konnte damit den Widerstand gegen die Mogulherrschaft nicht überwinden, sondern gab ihm noch mehr Auftrieb.

Shahu engagierte einen fähigen Majordomus (*Peshwa*), den Chitpavan-Brahmanen Balaji Vishwanath, der es verstand, die zerstrittenen Marathen zu einen und dem Staat eine solide Basis zu geben. Balajis Sohn Baji Rao folgte ihm im Alter von 19 Jahren in diesem Amt und hatte es von 1720 bis 1740 inne. Er erwies sich bald als ein kühner Krieger und Feldherr vom Range Babers oder Shivajis. Nachdem er zunächst den eigentlichen Feldmarschall der Marathen, den Senapati, aus dem Felde geschlagen hatte, war er der unumschränkte Oberbefehlshaber der Marathen. Shahu und seine Nachfolger, die Rajas von Satara, traten hinter der Dynastie der Peshwas zurück, die wie die Shogune in Japan die eigentliche Macht ausübten. Baji Rao stürmte mit seinem Reiterheer bis nach Delhi, das er im Handstreich nahm, um es kurz darauf wieder zu verlassen. Schon zeigte sich, daß die Marathen zwar im Stande waren, das Mogulreich zu zerstören, aber es nicht übernehmen oder ersetzen konnten.

Baji Rao war nicht nur kühn, sondern auch klug und berechnend. Er ließ sich nie von anderen das Gesetz des Handelns aufzwingen. Auch die Einnahme Delhis war von ihm nur als Machtdemonstration gedacht, er zog sich genauso rasch und planvoll zurück, wie er ge-

1. Die Großmoguln und ihre Widersacher

Gwalior war im 18. Jahrhundert die nördlichste Bastion der Marathen. Die Festung war zuvor im Besitz der Rajputen und der Großmoguln. Das Schloß wurde um 1500 von dem Tomara-Rajputen Man Singh erbaut.

kommen war, und festigte dann seine Position in Nord- und Westindien südlich von Delhi. Das ermöglichte später seinen Truppenführern, den Scindias, Holkars und Gaekwars, sich nach seinem Tode als Maharajas von Gwalior, Indore und Baroda zu etablieren.

Ein ganz besonderes Spannungsverhältnis, das sich von unerbittlichem Haß zur gegenseitigen Achtung entwickelte, verband Baji Rao mit dem bedeutendsten Mogulfeldherrn und Politiker seiner Zeit, dem Reichskanzler (*Wezir*) Nizam-ul-Mulk, der zeitweilig der größte Rebell und zeitweilig der eigentliche Erhalter des Mogulreiches war. Baji Rao manövrierte Nizam-ul-Mulk mehrfach in Schachmatt-Situationen hinein und ließ ihn dann unter Bedingungen, die er diktierte, ziehen. Bei den entsprechenden Verhandlungen lernten sich der junge Peshwa und der alte Kanzler kennen und respektieren. Baji Rao folgte Shahus Rat, der am Mogulhof aufgewachsen war, und betrachtete den Nizam als wichtige Figur auf dem Schachbrett der indischen Politik. Der Nizam sah Baji Rao im gleichen Licht. Gemeinsam hätten sie vermutlich verhindern können, daß der Perser

Nadir Shah 1739 Delhi einnahm und dann mit dem Pfauenthron und allen Schätzen der Moguldynastie in seine Heimat zurückkehrte. Baji Raos und Nizam-ul-Mulks Konfrontation machte Nadir Shahs Invasion erst möglich, denn wäre der Nizam nicht mit den besten Mogultruppen nach Süden gezogen, um Baji Rao zu schlagen, so hätte Nadir Shah vielleicht seine Expedition gar nicht gewagt. Baji Rao erwies sich in dieser Situation als der eigentliche Sieger. Damit er den Nizam aus der Falle, die er ihm gestellt hatte, entkommen ließ, mußte dieser ihm im Namen des Großmoguls die Herrschaft über die Regionen südlich von Delhi zugestehen. Was nach diesen Konzessionen an Baji Rao und der Demütigung durch Nadir Shah von der Moguldynastie noch übrig blieb, war nicht mehr der Rede wert.

Wenige Jahre später gab Nizam-ul-Mulk selbst das Signal zur Auflösung des Reiches, als er Delhi verließ, sich endgültig in Haiderabad etablierte und dort eine eigene Dynastie begründete. Seine Nachfahren, die Nizams von Haiderabad, wurden bald die wichtigsten Bundesgenossen der Briten in Indien und retteten so ihre Herrschaft bis ins 20. Jahrhundert. Die Peshwas dagegen leisteten den Briten Widerstand und wurden von ihnen eliminiert.

2. Indische Landmacht und europäische Seemacht

Als Baber seine ersten Vorstöße nach Indien unternahm, wo seine Dynastie eine gewaltige Landmacht erwerben sollte, beherrschte bereits die portugiesische Seemacht den Indischen Ozean. Die Großmoguln beschränkten sich auf die Landmacht und dachten nie daran, eine Marine aufzubauen, die ihrem politischen Gewicht in Indien entsprochen hätte. Selbst die Pilgerschiffe des Großmoguls waren auf ihrer Fahrt nach Arabien auf den Schutz der Portugiesen angewiesen. Die maritime Gleichgültigkeit der Großmoguln stand in bemerkenswertem Gegensatz zu den Bemühungen der Herrscher Ägyptens, die mehrfach Flotten in den Indischen Ozean entsandten, um die Macht der Portugiesen zu brechen.

Dieser Kontrast hatte seinen Grund darin, daß die islamischen Herrscher Ägyptens seit der Herausforderung durch die christlichen Kreuzfahrer eine bewußt protektionistische Handelspolitik betrieben hatten und schließlich ein Staatsmonopol errichteten, das ihre Haupteinnahmequelle war, während die Landmacht der indischen Herrscher nicht auf der Kontrolle des Handels, sondern auf der Besteuerung der Landwirtschaft beruhte. Für den Einzug der Grundsteuer war der Zufluß von Edelmetallen wichtig, und dieser hing vom Handel mit dem Ausland ab, weil Indien keine eigenen Silberbergwerke

2. Indische Landmacht und europäische Seemacht 271

hatte und Gold nur in geringen Mengen zur Verfügung stand. Die Großmoguln waren daher daran interessiert, daß dieser Handel florierte, aber es konnte ihnen gleichgültig sein, wer ihn betrieb. Ein Vorgehen gegen europäische Seemächte wäre nur dann erforderlich gewesen, wenn diese den Edelmetallstrom abgeschnitten hätten. Aber sie taten ja gerade das Gegenteil und ließen ihn sogar noch mehr anschwellen. Grund zur Klage hatten nur lokale Machthaber an den Küsten Indiens, die selbst Handelsinteressen hatten, die von den Seemächten bedroht wurden. Bei solchen Machthabern fanden auch die ägyptischen Flottenexpeditionen Anklang und Unterstützung. Außer dem Seesieg von 1508, bei dem Ägypter und Gujaraten zusammenwirkten und den Portugiesen eine völlige Niederlage bereiteten, waren diese Unternehmungen nicht von Erfolg gekrönt. Über ein Jahrhundert blieben die Portugiesen Herren des Indischen Ozeans und sandten viele kostbare Schiffsladungen nach Lissabon.

Die portugiesische Machtergreifung im Indischen Ozean zu Beginn des 16. Jahrhunderts vollzog sich mit erstaunlicher Geschwindigkeit. Jetzt kam den Portugiesen zugute, daß sie bereits im 15. Jahrhundert eine große Aktivität an der Westküste Afrikas entfaltet, neue Quellen für Gewürze und Gold aufgetan und viele tüchtige Seefahrer herangebildet hatten. Nach Pest und Not im eigenen Lande hatten sie ihr Glück zur See gesucht. Das bedeutete freilich auch, daß sie eine sehr schmale Basis hatten und ihr kleines Heimatland sich bald wie ein bescheidenes Anhängsel ihres Seereiches ausnahm. Sie hingen auf diese Weise ganz und gar von der Gunst äußerer Umstände ab.

Die Wende vom 15. zum 16. Jahrhundert war eine Zeit besonders günstiger Umstände für die Portugiesen. Ihrer Entdeckung des Seeweges um das Kap der Guten Hoffnung ging eine Krise des Mittelmeerhandels unmittelbar voraus. Die Präsenz des aufstrebenden Osmanischen Reiches im Osten des Mittelmeeres und die Preisinflation in Ägypten, wo die Mamluken dem Ende ihrer Herrschaft entgegentrieben und ihr Staatsaußenhandelsmonopol maßlos strapazierten, brachten das stolze Venedig an den Rand des Ruins. In dieser Situation war selbst bei hohen Verlusten auf einem riskanten neuen Seeweg eine Umgehung des etablierten ägyptisch-venezianischen Orienthandelsmonopols ein äußerst profitables Unternehmen.

Schon die ersten Schiffsladungen, die Vasco da Gama aus Indien nach Lissabon zurückbrachte, warfen einen enormen Profit ab. Auch die Portugiesen organisierten diesen Handel nach bewährtem ägyptisch-venezianischen Vorbild als Staatsmonopol, und der König, der zuvor durch das afrikanische Gold zu Reichtum und Ansehen gekommen war, konnte nun aus dem indischen Pfeffer noch wesentlich mehr Gewinn ziehen. Vergleicht man die wichtigsten Posten des portugiesischen Staatshaushalts des Jahres 1506 mit denen des Jahres

1518, so zeigt sich ein bedeutender Strukturwandel der Einnahmen. Das afrikanische Gold brachte in beiden Jahren den gleichen Betrag ein (120000 cruzados), aber die Einnahmen aus dem Gewürzhandelsmonopol stiegen von 135000 auf 300000 cruzados. Dieser Strukturwandel ging offenbar Hand in Hand mit einem allgemeinen wirtschaftlichen Aufschwung, denn die Einnahmen aus Steuern stiegen in derselben Zeit von 173000 auf 245000 cruzados und die Zolleinnahmen des Hafens Lissabon von 24000 auf 40000 cruzados. Aber das Gewürzhandelsmonopol stellte alle anderen Einnahmequellen in den Schatten. Portugal konnte es sich daher leisten, in der ersten Hälfte des 16. Jahrhunderts pro Jahr durchschnittlich etwa 50000 cruzados nach Indien zu senden. Im Mittelmeerhandel mußten die Europäer das Zehnfache dieses Betrages aufwenden, um etwa die gleiche Menge von Gewürzen zu erhalten.

Bei einer so günstigen Handelsspanne war es den Portugiesen möglich, etwa den gleichen Betrag für die Befestigung und Verteidigung ihrer Stellungen in Indien auszugeben wie für den Ankauf von Pfeffer. Von Goa und Diu aus beherrschten sie bald die ganze Westküste Indiens. In Hormuz kontrollierten sie den Handel des persischen Golfs und in Malakka den Zugang zum Fernosthandel.

Die Kontrolle des Handels mit Waffengewalt fiel den Portugiesen leicht, denn sie trafen im Indischen Ozean auf ein florierendes Freihandelssystem, das völlig ungeschützt war, da sich außer gelegentlichen Piraten, die aber auch nicht schwer bewaffnet waren, kein Seefahrer mit dem Kriegshandwerk beschäftigt hatte. Auch die Machthaber in den Hafenstädten hatten nie versucht, den Handel mit Waffengewalt zu beeinflussen, weil die Seefahrer jederzeit andere Häfen anlaufen konnten. Bei aller Flexibilität war das Freihandelssystem aber doch sehr verwundbar. Der Handel, der da betrieben wurde, beschränkte sich längst nicht mehr auf kostbare Luxusgüter, die man zur Not entbehren konnte. Gewiß spielten Gold und Elfenbein, teure Gewürze und feine Textilien nach wie vor eine bedeutende Rolle. Aber es hatte sich bereits eine Arbeitsteilung entwickelt, die bis zur Abhängigkeit mancher Häfen von der Nahrungsmittelversorgung über große Entfernungen ging. So staunten die Portugiesen darüber, daß Malindi in Ostafrika und Hormuz im Persischen Golf von Gujarat aus mit Reis und anderem Getreide versorgt wurden. Da kein staatliches Monopol und keine allzu hohe Belastung durch Zölle die Preisstruktur dieses Freihandelssystems verzerrten, waren die Waren dort wesentlich billiger als im Mittelmeer, wo die Ägypter und die Venezianer den Zwischenhandel fest im Griff hatten. Die Portugiesen projizierten nun diese mediterrane Praxis in den Indischen Ozean. Dabei hatten sie einen guten Blick für die strategisch wichtigen Punkte, von denen aus sich das weitgespannte asiatische Freihandelsnetz beherrschen ließ. Ihre befestigten Stützpunkte dienten zugleich als Zollstationen, in denen die Seefahrer die portugiesischen Geleitbriefe (cartazes) erwerben mußten, die sie davor bewahrten, von den portugiesischen Schiffen überfallen und ausgeraubt zu werden.

Der weltreisende Apotheker Tomé Pires, der später Portugals erster Botschafter in China werden sollte, hatte schon 1512 in seiner «Suma Oriental» bemerkt, daß der, der Malakka besetzt, seine Hand an der Kehle Venedigs habe. In ihrer Glanzzeit im frühen 16. Jahrhundert gelang den Portugiesen dieser Würgegriff recht gut, wenn sie auch nicht vermochten, durch eine völlige Blockade den Handel Venedigs auszuschalten. Die fortschreitende Teuerung der Gewürze im Mittelmeerhandel, die durch die portugiesische Intervention im Indischen Ozean verschärft wurde, gab dem portugiesischen Geschäft Auftrieb. Schließlich hatten die Portugiesen nicht das uneigennützige Ziel, Europa billig mit Gewürzen zu versorgen, und sie richteten sich in ihrer Preisgestaltung nach dem venezianischen Vorbild. Ihr System beruhte darauf, daß sie ihren Vertragspartnern in Indien niedrige Festpreise aufzwangen und die Gewürze in Europa zu hohen Festpreisen verkauften.

Im Rahmen dieses Systems gab der portugiesische Staat später auch privaten Investoren die Möglichkeit, Gewürzladungen in Indien billig zu erwerben und zu einem hohen Festpreis in Lissabon an die staatliche Monopolverwaltung zu verkaufen. Verluste auf dem nach wie vor unsicheren Seeweg mußte dann der betreffende Kaufmann tragen. Diese Entwicklung fand aber erst in der zweiten Hälfte des 16. Jahrhunderts statt, als sich der Mittelmeerhandel bereits wieder erholt hatte und Venedig noch einmal für einige Jahrzehnte seine führende Stellung zurückgewann. Zugleich stiegen die Zolleinnahmen der portugiesischen Häfen im Indischen Ozean an, und das portugiesische System wandelte sich dementsprechend. War es zuvor das Gewürzmonopol gewesen, das dem portugiesischen Staat großen Gewinn einbrachte, so war es nun mehr und mehr die Seewegelagerei. Der Staat sicherte sich die Einnahmen aus diesem Gewerbe, indem er die Ämter der Hafenkommandanten zu hohen Preisen verkaufte, und diese durften sich dann beim Erwerb der Zölle schadlos halten. Die Verpachtung des Seeweges und der Verkauf der Ämter der Hafenkommandanten entsprachen beide der Tendenz, den Staat vom Unternehmer, der er in der Blütezeit der Expansion gewesen war, zum Rentier werden zu lassen, der von seinem früheren Einsatz zehrte. Diese Tendenz verstärkte sich noch, als Portugal 1580 von Spanien annektiert wurde. Philipp II. setzte seinen Erbanspruch auf Portugal gewaltsam durch und hielt sich zunächst einige Jahre in Lissabon auf. Von hier aus hätte er seine Weltmachtpläne vielleicht besser verfolgen und dem portugiesischen Seereich neue Impulse geben können. Aber er wandte der Küste bald wieder den Rücken und konsolidierte von Madrid aus die spanische Zentralmacht, trieb dabei aber auch den Staat, der seinem Ehrgeiz keine genügende Grundlage bot, in den Bankrott. Das von seinen portugiesischen Vorgängern ererbte Gewürzmonopol kam ihm bei seiner ständigen Finanznot wie gerufen, und er versuchte, ein möglichst hohes Renteneinkommen herauszuschlagen, indem er zahlungskräftige Pächter sowohl für den Import als auch für den Re-Export unter Vertrag nahm. Die deutschen Fugger und Welser kamen auf diese Weise mit ihm ins Geschäft. Am liebsten wäre es ihm wohl gewesen, wenn jemand ihm das ganze Monopol abgekauft und ihm Jahr für Jahr die von ihm geforderte Summe überwiesen hätte, die mehr als das Doppelte des Importpreises betrug. Aber schon bald nach Philipps II. Bankrott und Tod wurde das Gewürzmonopol praktisch wertlos, weil die Kosten der Einfuhr kaum noch gedeckt werden konnten und bereits wieder Schiffe aus dem Mittelmeer Lissabon zu günstigen Bedingungen mit Gewürzen belieferten. Doch war zu jener Zeit die portugiesische Seewegelagerei im Indischen Ozean noch ein sehr einträgliches Geschäft. Aber diese neue Arbeitsteilung, bei der die Handelsnationen des Mittelmeers noch einmal Erfolge zu verzeichnen hatten, während die Portugiesen im Indischen Ozean Zölle kassierten, war nur von kurzer Dauer. Denn zu Beginn des 17. Jahrhunderts drangen die Niederländer mit ebenso dramatischer Geschwindigkeit im Indischen Ozean vor wie die Portugiesen zu Beginn des 16. Jahrhunderts.

Für die indischen Landmächte blieb die portugiesische Präsenz im Indischen Ozean politisch unbedeutend. Die Interventionen der Seemacht in die Auseinandersetzungen der indischen Herrscher blieben geringfügig. Der Fall des Sultans von Gujarat, der sich, nachdem er von dem Großmogul Humayun geschlagen und seines Landes beraubt worden war, mit den Portugiesen verbündete, um es zurückzuerobern, blieb eine seltene Ausnahme. Als Akbar Gujarat 1574 wieder eroberte und endgültig dem Mogulreich einverleibte, gab es keine portugiesische Intervention mehr. Die Portugiesen mußten es sogar hinnehmen, daß Akbar sie aus einer Handelsstation in Bengalen (Hugli) vertrieb. Weiter ging aber auch er nicht, obwohl er in seiner Korrespondenz mit dem Shah von Persien, der an Akbars Treue gegenüber dem Islam zweifelte, ein gemeinsames Vorgehen gegen die «ungläubigen» Portugiesen anregte.

Als Händler waren die Portugiesen den indischen Mächten willkommen, obwohl sie deren monopolistische Strategie nicht gern sahen. Das Auftreten anderer europäischer Seemächte wurde daher begrüßt, da man sie gegen die Portugiesen ausspielen konnte. Im übrigen nahm man die Seemächte nicht sehr ernst. Ihr Interventions-

2. Indische Landmacht und europäische Seemacht 275

potential, das konnte man aus einem Jahrhundert der Erfahrungen mit den Portugiesen entnehmen, war minimal. Eine militärische Invasion Indiens durch die fremden Seefahrer war nicht zu befürchten, solange diese auf den Monsun angewiesen waren, der nur für kurze Zeit des Jahres bereitwillig Schiffe über den Ozean trieb, ihnen sonst aber seine Unterstützung versagte. Der Nachschub wurde auf diese Weise zum Problem, und erst als die Fremden später an Ort und Stelle indische Söldner anwarben, die sie mit dem Geld bezahlten, das ihre Schiffe mitbrachten, wuchs ihr Interventionspotential sehr rasch. Die Portugiesen beschränkten sich jedoch noch auf Niederlassungen an der Küste und ließen sich in Indien nicht zu Expeditionen von der Art hinreißen, wie sie ihr unglücklicher König Sebastian im Jahre 1578 gegen den Sultan von Marokko unternahm. Nach Sebastians Tod und Niederlage auf dem Schlachtfeld von Kasr-el-Kebir war wohl auch der Mut der Portugiesen gebrochen, die zu jener Zeit ihre Zukunft verloren und nur noch an dem festhielten, was ihr vergangenes Glück ihnen beschert hatte. Zur gleichen Zeit brachen die Niederlande, in denen 1579 die Union der Sieben Provinzen gegründet wurde, in ihre Zukunft auf. Mitten im Freiheitskampf gegen die spanische Fremdherrschaft wagten sie zu Beginn des 17. Jahrhunderts eine Invasion des Indischen Ozeans, die alles, was die Portugiesen zuvor unternommen hatten, weit in den Schatten stellte. Mehrere günstige Voraussetzungen ermöglichten dieses erstaunliche Unternehmen. Aufgrund eines guten Bildungsstandards und einer beachtlichen Pflege der Wissenschaften konnten die Holländer die nautischen Kenntnisse der Portugiesen systematisch aufnehmen und weiterentwickeln. Der umfangreiche Ostseehandel bot bereits eine breite Basis für weitere maritime Unternehmungen. Dank dieser Handelsverbindungen gab es auch keinen Mangel an Schiffsbauholz, der sich im Mittelmeer zu jener Zeit sehr empfindlich bemerkbar machte.

In den Niederlanden wurden Schiffe geradezu im Fließbandverfahren gebaut. Der Standardschiffstyp, die «fluyt», war preiswert und stabil, sie war nicht sehr schnell, aber bot reichlich Laderaum. Investitionen in die Schiffahrt waren geradezu populär. Anteile an Schiffen konnten selbst von bescheidenen Bürgern in Bruchteilen erworben werden, kam es zum Schiffbruch, dann war das Risiko auf diese Weise verteilt. Die 1602 gegründete niederländische Ostindiengesellschaft konnte aufgrund dieser guten Voraussetzungen sofort eine enorme Aktivität entfalten. Diese Aktivität war nicht vom Staat getragen, sondern war eine echte Bürgerinitiative. Das Monopol, das diese Gesellschaft sich sicherte, bezog sich allein auf den Seeweg und auch dabei nur auf die Gewürze, nicht aber auf den Verkauf, der in Form einer freien Versteigerung in Amsterdam stattfand. Die zwei

Jahre zuvor in London gegründete englische Ostindiengesellschaft versteigerte ihre Importe ebenfalls. Selbstverständlich konnten diese Monopolgesellschaften das Angebot dosieren und damit auf die Preisgestaltung Einfluß nehmen, aber da sie am Umsatz interessiert waren, betrieben sie keine allzu restriktive Handelspolitik. Die Methode der Versteigerung ermöglichte eine flexiblere Anpassung an die Bedingungen des Marktes. Auch die Nachfrage nach neuen Waren konnte auf diese Weise erkundet werden. Als die niederländische Ostindiengesellschaft herausfand, daß indische Textilien in Amsterdam guten Absatz fanden, reagierte sie sofort darauf, und bald überstiegen die Textilimporte die Gewürzimporte. Solche Flexibilität hatte das portugiesische System mit seinem staatlichen Gewürzverkaufsmonopol nicht aufzuweisen. Das portugiesische System war ganz und gar restriktiv, während das der Niederländer und Briten marktorientiert und expansiv war.

Die Niederländer, deren großer Jurist Hugo Grotius gleich zu Beginn der neuen expansiven Epoche des Asienhandels mit seinem Buch «Mare Liberum» die Freizügigkeit gefordert hatte, die die Portugiesen der Handelsschiffahrt des Indischen Ozeans genommen hatten, waren freilich, wenn es um ihre eigenen Interessen ging, ebenso rücksichtslos. Die Gewürzinseln Indonesiens wurden von ihnen mit harter Hand vereinnahmt und alle Konkurrenten mit Waffengewalt vertrieben. In Indien dagegen ließen sie keine territorialen Ambitionen erkennen. Das lag unter anderem auch an der Art der Waren, die sie dort einkauften, denn das waren nicht mehr in erster Linie Gewürze, sondern Textilien. Zunächst kauften sie die bunten indischen Baumwolltuche nur, um damit in anderen Ländern Asiens Handel zu treiben und auf diese Weise das Geld für die Gewürzladungen zu verdienen. Bald aber verkauften sie diese Textilien auch mit großem Gewinn in Europa.

Der Textilhandel war von vornherein nicht durch eine Monopolstellung abgesichert, sondern entfaltete sich nach den Regeln des freien Marktes. Im Gegensatz zum Gewürzhandelsmonopol, das dazu einlud, es durch eine Beherrschung der Produktionsgebiete zu vervollkommnen, erforderte der freie Handel mit einem gewerblichen Produkt wie den indischen Textilien ganz andere Methoden. Territoriale Macht war hierfür von geringem Nutzen, statt dessen kam es darauf an, Produzenten und Mittelsmänner durch Vorschüsse und Absprachen an sich zu binden und die Organisation des Einkaufs auszubauen. Die Faktoreien, wie die Niederlassungen der Ostindiengesellschaft genannt wurden, erlebten einen bedeutsamen Strukturwandel im Zuge der Anpassung an diese Gegebenheiten. Waren sie zunächst nur Sammelplätze für Güter, die mit dem nächsten Schiff abgesandt werden sollten, so beeinflußten sie nach und nach den

2. Indische Landmacht und europäische Seemacht 277

Produktionsprozeß immer mehr, indem sie spezifische Aufträge erteilten, Muster versandten, Kapital investierten und ihre Handelsbeziehungen bis tief ins Innere des Landes ausdehnten. Die Niederländer, die insbesondere an der indischen Ostküste viele Faktoreien unterhielten, waren bald nicht nur an der Küste, sondern auch am Hofe des Sultans von Golkonda vertreten. Die Briten folgten dem niederländischen Beispiel, und da ihnen der Zugang zu den indonesischen Gewürzinseln verwehrt war, konzentrierten sie sich auf Indien und stiegen in den Textilhandel ein, in dem sie bald beachtliche Erfolge erzielten, wenn auch ihre Aktivitäten im 17. Jahrhundert noch weit hinter denen der Niederländer zurückblieben.

Die Invasion des Indischen Ozeans durch die großen westeuropäischen Ostindiengesellschaften bewirkte eine Revolution des internationalen Handels, die die Portugiesen nicht erreichen konnten. Im Mittelmeerraum änderten sich die Handelsströme völlig. Der levantinische Handel, der sich in den letzten Jahrzehnten des 16. Jahrhunderts noch einmal belebt hatte, so daß Anfang des 17. Jahrhunderts sogar Gewürzladungen aus dem Mittelmeer nach Lissabon gesandt wurden, erlebte einen Rückschlag. Bald wurden selbst die Häfen der Levante vom Westen her mit den Gütern versorgt, die sie zuvor dorthin gesandt hatten. Venedig verlor seine internationale Bedeutung und lebte nur noch als italienischer Regionalhafen fort.

Für den Seehandel Asiens war die westeuropäische Intervention zunächst weniger einschneidend als für den Handel des Mittelmeerraums. Es gab große indische Kaufleute und Schiffseigner, die Jahr für Jahr weit mehr Schiffe nach Arabien und in den persischen Golf oder nach Südostasien entsandten, als die europäischen Ostindiengesellschaften insgesamt im Indischen Ozean hatten. Die Niederländer beteiligten sich übrigens auch an diesem lukrativen asiatischen Seehandel. Waren sie schon in Europa die größten Seespediteure, so bewährten sie sich bald auch in Asien in diesem Geschäft. Die Kaufleute Asiens vertrauten ihre Ware, wenn sie nicht selbst Schiffseigner waren, gern den europäischen Schiffen an, da diese bewaffnet und deshalb gegen die überall lauernden Piraten besser geschützt waren als die meist unterbewaffneten asiatischen Handelsschiffe.

Neben den Schiffen der Ostindiengesellschaften tauchten nach und nach immer mehr europäische Privatunternehmer in den asiatischen Gewässern auf – Piraten, Abenteurer und Kauffahrer, die Unterschiede waren dabei selten genau zu definieren. Die Briten zeigten auf diesem Gebiet eine besondere Unternehmungslust, und es bildete sich im Laufe der Zeit eine seltsame Symbiose zwischen der englischen Ostindiengesellschaft und diesen sogenannten «country traders» heraus. Die Ostindiengesellschaft beschränkte sich auf den interkontinentalen Handel, und die «country traders» entfalteten in den asiatischen Gewässern eine rege Tätigkeit, wobei sie nicht selten von den Angestellten der Ostindiengesellschaft in den Faktoreien unterstützt wurden und somit von dem weitgespannten Netz der Gesellschaft profitierten, ohne sich an den Kosten für seine Unterhaltung beteiligen zu müssen. Aufgrund dieser Vorteile waren sie der Gesellschaft im asiatischen Seehandel überlegen, und diese tat gut daran, sich auf die interkontinentale Route zu spezialisieren.

Diese Spezialisierung wurde durch ein besonderes Strukturmerkmal der englischen Ostindiengesellschaft gefördert. Während die niederländische Gesellschaft eigene Schiffe hatte, die zudem weit billiger hergestellt wurden als die englischen Schiffe, war man in London nach anfänglichen Versuchen mit eigenen Schiffen und einer eigenen Werft bald dazu übergegangen, Schiffe privater Eigner zu mieten. Das hatte den Vorteil, daß bei Fluktuationen des Asienhandels das Risiko der Erhaltung ungenutzter Schiffe von diesen privaten Eignern getragen wurde. Diese wiederum bemühten sich, im Geschäft zu bleiben, indem sie der Gesellschaft besonders gute und schnelle Schiffe zur Verfügung stellten, für die sie verhältnismäßig hohe Frachtraten fordern konnten. Der Einsatz dieser teuren Schiffe war nur auf der interkontinentalen Route sinnvoll, während sie im «country trade» fehl am Platze waren. Allenfalls wenn ein solches Schiff die Saison für die Heimreise verpaßt hatte, mochte man es in Asien einsetzen, um den Verlust wenigstens zum Teil auszugleichen.

Die Kapitäne dieser teuren, wohlgerüsteten und schnellen Schiffe waren wohl die bestbezahlten leitenden Angestellten jener Zeit. Ferner hatten sie das Privileg, einen gewissen Teil der Warenladung auf eigene Rechnung zu erwerben und zu verkaufen. Nicht selten hatten sie selbst einen Anteil an dem Schiff, das ihnen anvertraut war. Das bedeutete, daß diese Karriere für tüchtige Leute sehr attraktiv war. So bildete sich eine nautische Elite heran, die für die Seemachtstellung der Briten von großer Bedeutung war. Die differenzierte Arbeitsteilung, die das britische System kennzeichnete, machte es wesentlich flexibler und effizienter als die schwerfällige Organisation der Niederländer. Das führte dazu, daß schließlich sogar kapitalkräftige Leute in Amsterdam lieber Aktien der englischen Ostindiengesellschaft kauften.

Diese Entwicklung vollzog sich, als das Mogulreich in Indien noch auf der Höhe seiner Macht war und die europäischen Seefahrer von Delhi aus gesehen nach wie vor als unbedeutende Randfiguren erschienen. Erste Anzeichen dafür, daß diese Randfiguren mehr Beachtung verdienten, gab es bereits gegen Ende des 17. Jahrhunderts, als die Briten sich erkühnten, einen Seekrieg gegen den Großmogul zu führen, und für einige Zeit den Golf von Bengalen blockierten. Der rege Handel Bengalens mit Südostasien wurde dadurch empfindlich getroffen. Auch Schiffe, die hohen Beamten und Angehörigen

2. Indische Landmacht und europäische Seemacht 279

der Familie des Großmoguls gehörten, wurden von den Briten gekapert. Diese Kreise zogen sich dann fast schlagartig aus diesem Geschäft zurück, und es ist zu vermuten, daß sie später ihre Handelsunternehmungen allenfalls der niederländischen Gesellschaft oder den europäischen «country traders» anvertrauten. Für die englische Ostindiengesellschaft war jedoch dieser Seekrieg gegen den Großmogul von 1686 bis 1688 kein Erfolg, sondern eher ein Rückschlag. In Bengalen gaben sie die Faktorei in Hugli auf und ließen sich in einigen Dörfern weiter flußabwärts nieder, aus denen später die große Metropole Kalkutta entstehen sollte. Zu jener Zeit aber war diese große Zukunft noch nicht vorauszusehen, und die neue Siedlung erschien als ein recht unwirtlicher und ungesunder Ort, wo die Briten auf verlorenem Posten standen. Bombay und Madras blieben zunächst noch die wichtigsten Stützpunkte der Briten in Indien, und Bengalen spielte eine untergeordnete Rolle. Noch war die Macht des Großmoguls ungebrochen, und niemand konnte voraussehen, daß die Briten sich wenige Jahrzehnte später die ganze Provinz Bengalen aneignen sollten.

Auch die Drohung einer anderen Macht, die im 18. Jahrhundert eine bedeutende Rolle in der Gestaltung des Schicksals Indiens spielen sollte, erschien im 17. Jahrhundert nur wie eine winzige Wolke am Horizont, die bald wieder vom Winde verweht wurde. Im Jahre 1664 war auf Betreiben des Ministers Colbert eine französische Ostindiengesellschaft gegründet worden, an deren Gedeihen Ludwig XIV. großes Interesse zeigte. Colbert nahm sich die föderative Organisation der niederländischen Gesellschaft zum Vorbild. Diese Struktur war für die zunächst allein auf staatlicher Initiative beruhende französische Gesellschaft völlig ungeeignet. Es fehlte zudem an Privatkapital für diese Neugründung, und Colbert setzte die hohen Amtsträger des Reiches unter Druck, etwas in dieses Unternehmen zu investieren.

Der erste bedeutende französische Vorstoß in den Indischen Ozean wurde so recht im Stil des Sonnenkönigs inszeniert. Der Vizekönig De la Haye erschien mit einer Flotte von neun Schiffen an der Küste Indiens. Das Ziel einer imposanten Machtdemonstration wurde aber nicht erreicht, statt dessen stand den Franzosen eine demütigende Niederlage bevor. Als De La Haye Indien erreichte, war bereits der dritte Seekrieg zwischen England und den Niederlanden ausgebrochen, in dem England und Frankreich Bundesgenossen waren. De La Haye glaubte daher, auf die Unterstützung der Briten hoffen zu können. Aber der Gouverneur von Madras wies ihn mit den Worten ab, daß er mit den Kriegen seines Königs nichts zu tun habe, sondern allein den Direktoren seiner Gesellschaft verantwortlich sei. Der kühne Franzose wagte dann den Alleingang, ließ sich auf einen Krieg zu

Lande ein, wurde schließlich von den Niederländern vernichtend geschlagen und als Gefangener auf einem ihrer Schiffe nach Europa zurückgesandt. Danach wurde es zunächst einmal still um die französische Ostindiengesellschaft, und es ist nur dem beharrlichen Wirken eines bedeutenden Mannes, François Martin, zu verdanken, daß diese Gesellschaft überhaupt in Indien Fuß fassen konnte und schließlich in Pondicheri einen dauerhaften Stützpunkt hatte. Martin war 1668 in Indien eingetroffen und hat es bis zu seinem Tode im Jahre 1706 nicht mehr verlassen. Auf seinen Erfahrungen und Beobachtungen konnten die späteren Statthalter Frankreichs in Indien aufbauen und ehrgeizige Pläne schmieden, die in den Ambitionen des Gouverneurs Dupleix, des Admirals La Bourdonnais und des Generals De Bussy in der ersten Hälfte des 18. Jahrhunderts ihren Ausdruck fanden.

Die kommerziellen Erfolge der französischen Ostindiengesellschaft blieben weit hinter den Großmachtsvisionen dieser bedeutenden Männer zurück. Colberts Sohn und Nachfolger, der Marquis von Seignelay, hatte die Gesellschaft 1685 neu begründet und ihr eine Verfassung gegeben, die ihrem Charakter entsprach. Das Direktorium bestand in erster Linie aus hohen Beamten in Paris, die für ihre Kapitalanlage eine jährliche Dividende von 10 Prozent bekamen. Der Handelsverkehr wurde mit bürokratischer Präzision abgewickelt. Die Gesellschaft besaß zwölf Schiffe, von denen jährlich vier aus Indien zurückkamen. In Friedenszeiten war auf diese Weise ein guter Gewinn zu erzielen, wenn die Gesellschaft sich auch aufgrund des doktrinären Merkantilismus der Regierung den lukrativen Textilhandel entgehen lassen mußte und nur solche Waren einführen durfte, die nicht in Frankreich produziert werden konnten. Die häufigen Unterbrechungen des Handels durch die europäischen Kriege führten die Gesellschaft jedoch schließlich an den Rand des Ruins. Erst als das Finanzgenie John Law die bisher getrennt operierenden West- und Ostindiengesellschaften 1719 zur «Compagnie des Indes» zusammenfaßte und damit den Asienhandel mit dem Transatlantikhandel verband, fand Frankreich den Anschluß an die Entwicklung des internationalen Handels, der bisher von England und den Niederlanden beherrscht wurde.

Während die ersten zwei Jahrzehnte des 18. Jahrhunderts in Europa von einer Vielzahl von Kriegen – spanischer Erbfolgekrieg, Nordischer Krieg, Türkenkrieg – geprägt wurden, waren die folgenden zwei Jahrzehnte weitgehend eine Zeit des Friedens, in der insbesondere England unter dem Premierminister Robert Walpole und Frankreich unter dem Regime des Kardinals Fleury Stabilität und Wohlstand genossen und ihre Positionen in Indien ungestört weiter ausbauen konnten. Zur gleichen Zeit löste sich die große indische Landmacht des Mogulreichs unaufhaltsam auf. Wie bereits erwähnt, waren die Jahre von 1720 bis 1740 die Zeit des großen Peshwa Baji Rao, unter dessen Führung die Marathen bis nach Delhi vordrangen. Sein Zeitgenosse in Bengalen war der fähige Gouverneur Murshid Quli Khan, der de facto ein unabhängiger Herrscher war und sich eine neue Hauptstadt, Murshidabad, baute. Murshid war ein zum Islam übergetretener Brahmane, der unter den Großmoguln rasch Karriere gemacht hatte. Er fügte Bihar und Orissa seinem Herrschaftsbereich hinzu und errichtete eine effiziente zentralisierte Verwaltung. Es mag paradox erscheinen, aber man kann wohl sagen, daß dieser energische und umsichtige Herrscher den Grundstein der britischen Macht in Indien legte, denn ohne seine Vorarbeit hätten die Briten, als sie Bengalen einnahmen, wenig Nutzen aus dieser Provinz ziehen können. Das von Murshid gestaltete Bengalen erwies sich jedoch als ein gutes Fundament für die Errichtung der britischen Herrschaft in Indien.

Zu Murshids Lebzeiten blieben die Briten freilich noch Randfiguren, die von seiner Gnade abhängig waren. Das Dekret des Großmoguls, der der englischen Ostindiengesellschaft 1717 weitgehende Handelsprivilegien und Münzrechte in Bengalen zugesagt hatte, galt bei Murshid nichts, und sie konnten nur etwas erreichen, wenn sie sich der Fürsprache des reichen Fatehchand, genannt Jagat Sheth, anvertrauten. Eigentlich stand der Jagat Sheth den Briten im Wege, denn er war es, der ihnen den freien Zugang zur Münzanstalt blockierte, in der sie das importierte Silber in Rupien prägen lassen konnten, wie es der Großmogul zugesichert hatte. Der Jagat Sheth zog großen Gewinn daraus, daß er das Münzrecht praktisch monopolisierte, als Aufkäufer der Silberrupien auftrat, die nur im Prägejahr ihren vollen Nennwert hatten, und an den auch die Briten das importierte Silber zu Preisen verkaufen mußten, die er diktierte. Doch die Briten waren diplomatisch genug, sich mit ihm zu arrangieren und mit ihm und nicht gegen ihn zu arbeiten. Auf diese Weise spielten sie eine ständig bedeutender werdende Rolle im Handel Bengalens im Rahmen der bestehenden Machtverhältnisse.

Ganz anders entwickelte sich die Position der Briten im Westen Indiens. Dort fehlte es in der einstmals so reichen Provinz Gujarat, die ein Zentrum des internationalen Handels war und in der der Haupthafen des Mogulreiches, Surat, lag, an einem Herrscher vom Range Murshid Quli Khans. Die chaotischen Verhältnisse des sich auflösenden Mogulreiches machten sich hier am deutlichsten bemerkbar. Surat verlor in wenigen Jahrzehnten seine einstige Bedeutung, und viele der Kaufleute dieser stolzen Hafenstadt flüchteten schließlich nach Bombay, das zu jener Zeit gar keine guten Verbindungen zum Hinterland hatte, aber zumindest gewährten die Briten dort den Kaufleuten Schutz vor Mogul und Maratha zugleich.

Das tragische Schicksal des letzten großen Kaufmanns von Surat, Muhammad Ali, kontrastiert deutlich mit dem seines Zeitgenossen, des Jagat Sheth. Muhammad Ali hatte bereits von seinem Großvater ein wahres Handelsimperium übernommen. Dutzende von Schiffen brachten seine Warenladungen bis in die Häfen des Roten Meeres. Der Gouverneur von Bombay war neidisch auf seine Aktivitäten, mit denen er den Briten Konkurrenz machte. Um sich gegen die wachsende Unsicherheit zu wappnen, baute Muhammad Ali vor den Toren Surats einen befestigten Privathafen aus, der dem Mogul-Hafenkommandanten ein Dorn im Auge war. Aber der Hafenkommandant war von ihm finanziell abhängig und mußte ihn gewähren lassen. Doch schließlich kam es zum Bruch, und der große Kaufmann, der wie ein Fürst gelebt hatte, starb einen elenden Tod im Gefängnis des Hafenkommandanten.

Ein Jahr nach Muhammad Alis Tod blockierten die Briten den Hafen von Surat und kehrten sich nicht daran, daß ihnen dafür die Privilegien, die ihnen der Großmogul gewährt hatte, entzogen werden sollten. Im nächsten Jahr, 1735, folgten die Sidis, die die bescheidene Kriegsmarine des Großmoguls an der Westküste befehligten, dem britischen Beispiel, blockierten aber nicht nur den Hafen, sondern entführten schließlich die ganze Handelsflotte Surats, die gerade zur Fahrt ins Rote Meer aufbrechen wollte. Die Sidis wollten sich auf diese Weise angeblich dafür schadlos halten, daß sie ihren Sold vom Großmogul nicht erhalten hatten. So raubten sie die Flotte, die ihrem Schutz anvertraut war.

Die chaotischen Zustände im niedergehenden Mogulreich machten die Kaufmannschaft zum Freiwild für Beamte und Briganten. Das große Handelsnetz, das die indischen Kaufleute aufgebaut hatten, wurde rasch zerrissen. Der kleine Händler, der mit seiner Ware von Ort zu Ort reist und hier dieses und dort jenes ankauft und verkauft, kann auch in Zeiten politischer Unsicherheit seinen Geschäften nachgehen und die Gefahrenherde meiden. Der etablierte Großkaufmann, der große Warenladungen versendet, seine Agenten in vielen Ländern hat, Preisinformationen sammelt, umfangreiche Kreditgeschäfte abwickelt, manche Produkte im voraus bestellt oder in Auftrag gibt, ist auf die Stabilität des politischen Systems angewiesen. Er kann eine Brandschatzung oder selbst eine Zerstörung der Stadt, in der er lebt, überwinden und seine Verluste wieder wettmachen, wenn die allgemeine Stabilität erhalten bleibt und das Handelsnetz fortbesteht.

Shivajis Überfall auf Surat im Jahre 1664 blieb daher nur eine Episode, die man bald wieder vergessen konnte. Die Stadt wurde wieder reich, der Schiffsverkehr nahm zu und erreichte zu Beginn des 18. Jahrhunderts einen Höhepunkt. In den zehn Jahren von 1720 bis 1729 liefen pro Jahr etwa 50 Schiffe den Hafen an, von denen 33 indischen Kaufleuten gehörten. Davon kamen im Durchschnitt 9 vom Roten Meer, 7 von der Malabarküste und 5 von Bengalen. Nach den Ereignissen der Jahre nach 1733, die zuvor beschrieben worden sind, ging der Schiffsverkehr nahezu um die Hälfte zurück. In den fünf Jahren von 1734 bis 1738 legten im Durchschnitt nur noch 28 Schiffe im Hafen an, von denen 18 indischen Kaufleuten gehörten. Davon kamen jeweils 6 vom Roten Meer, eines von der Malabarküste und 3 von Bengalen. Die Reduktion des Handels betraf mehr oder weniger alle Routen, die Verbindung zur Malabarküste scheint jedoch besonders gelitten zu haben. Der Rückgang des Handels war ein Symptom des Verfalls der politischen Ordnung. Der einzelne indische Kaufherr, der daraus die Konsequenz zog, sich zu bewaffnen und seine Hafenanlagen zu befestigen, wie Muhammad Ali es getan hatte, konnte sich diesem Verfall nicht entziehen, ja er zog sich dadurch gerade den Zorn jener zu, vor deren Zugriff er sein Hab und Gut bewahren wollte. Nur die europäischen Handelsgesellschaften, die mit schwer bewaffneten Schiffen und gut befestigten Stützpunkten ausgestattet waren, konnten sich in dieser Situation bewähren. Sie hatten außerdem die Möglichkeit, das Schwergewicht ihrer Handelstätigkeit jeweils dorthin zu verlegen, wo die Umstände gerade günstig waren. So kam es zu einer Intensivierung der britischen Handelsbeziehungen zu Bengalen, die im 17. Jahrhundert noch eine untergeordnete Rolle gespielt hatten, aber im 18. Jahrhundert bald alle anderen Aktivitäten der Briten in den Schatten stellen sollten.

Der große Aufschwung des Handels mit Bengalen begann im zweiten Jahrzehnt des Jahrhunderts. In den ersten Jahren dieses Jahrzehnts sandten die Briten jährlich etwa 150000 Pfund Sterling nach Bengalen und in den letzten Jahren 250000 Pfund Sterling. Insgesamt flossen so in zehn Jahren rund 2 Millionen Pfund Sterling in diese Region. Der Silberstrom verursachte dennoch zunächst keine Preisinflation, weil Beamte und Großkaufleute, die meist nicht aus Bengalen stammten, riesige Summen aus dieser Provinz in andere Teile des Landes transferierten. Es kam hinzu, daß bei steigender Monetisierung und der damit einhergehenden Einziehung der Grundsteuer in Geld die Umlaufgeschwindigkeit des Geldes nicht wuchs, sondern sich eher verlangsamte. Durch den Verfall der Zentralgewalt in Delhi wurde es für den Großmogul immer schwieriger, die Steuern Bengalens zu beanspruchen. Die Briten sollten nachher von dem Silber profitieren, das sie nach Bengalen hineingepumpt hatten, als sie es in der zweiten Hälfte des 18. Jahrhunderts wieder herauspreßten.

Die Intensivierung der Handelsbeziehungen hatte auch zur Folge, daß die Briten Faktoreien im Inneren der Provinz ausbauten und durch die Gewährung von Vorschüssen in den Produktionsprozeß eingriffen. Sie brachten sogar Weber und Färber als Experten aus

England mit, die den Indern beibringen sollten, wie sie die Textilien so herstellen konnten, daß sie den europäischen Ansprüchen genügten. Dem Diktat der Mode zufolge mußte das Angebot ständig variiert werden, und die indischen Weber hatten sich darauf einzustellen. Doch in den Produktionsprozeß selbst wurde kaum investiert, die Weber blieben arm, den Gewinn machten die Mittelsmänner. Aber auch diese versuchten die Briten nach und nach auszuschalten, indem sie ihre eigenen Agenten als Aufkäufer direkt zu den Webern schickten. In den Jahren nach 1720 wurde weißes Baumwolltuch als Halbfertigfabrikat nach London exportiert, wo es von der neuen Industrie der Textildruckereien verwendet wurde. Dieses Tuch mußte in Indien sorgfältig gebleicht werden, denn sonst konnte es nicht bedruckt werden, und ganze Stoffballen waren dann für diesen Zweck wertlos. Selbst als die Marathen ganze Landstriche in Bengalen verwüsteten, gelang es der Ostindiengesellschaft immer wieder, Ersatz für ausgefallene Produktionsgebiete zu finden. Viele britische Soldaten, die die Gesellschaft rekrutierte, waren Weber von Beruf und konnten in Indien als technische Experten eingesetzt werden, wenn sie nicht gerade ihr neues Waffenhandwerk ausüben mußten. Die britische Durchdringung Bengalens wurde dadurch erleichtert, daß die Baumwolltuche mit importiertem Silber bezahlt wurden, das die Monetisierung der Grundsteuer förderte. Die indischen Herrscher begrüßten daher die Entwicklung des Außenhandels der Ostindiengesellschaft.

Die Herrscher von Bengalen betrachteten die Aktivitäten der Briten mit gemischten Gefühlen. Der Silberstrom war ihnen höchst willkommen, aber die befestigten Faktoreien und die immer stärkere Einmischung der Fremden im Binnenhandel erfüllte sie mit Mißtrauen. Selbst ein so starker Herrscher wie Alivardi Khan, der von 1740 bis 1756 in Bengalen ein strenges Regiment führte, fürchtete den Einfluß der Briten in Bengalen. Aber solange er lebte, konnten sie den Rahmen der bestehenden politischen Ordnung nicht sprengen. Erst als sein schwächerer und ungestümer Nachfolger gegen die Briten vorgehen wollte, damit ihre Organisation nicht zum Staat in seinem Staate würde, kam es zum Gegenschlag, und dieser Staat im Staate übernahm schließlich den Staat. Die Seemacht wurde zur Landmacht.

3. Der Kampf um die Vormacht in Indien

Der Zerfall des Mogulreiches im 18. Jahrhundert führte eine Regionalisierung der Macht herbei, die in der indischen Geschichte eher die Regel als eine Ausnahme war. Aus der Rückschau nach Fremdherrschaft und Freiheitskampf ist das 18. Jahrhundert zumeist als eine

3. Der Kampf um die Vormacht in Indien

Zeit nationaler Dekadenz betrachtet worden, in der ein Chaos herrschte, dessen notwendige Folge der Verlust der Freiheit war. Dabei geschah im 18. Jahrhundert nur das, was sich in ähnlicher Weise auch nach dem Zerfall des Gupta-Reiches vollzogen hatte. In den wichtigsten regionalen Schwerpunkten traten Machthaber hervor, die ihre Herrschaft in enger Anlehnung an den politischen Stil der Dynastie des zerfallenen Reiches konsolidierten. Der Nawab (Gouverneur) von Bengalen kündigte dem Reich zuerst die Gefolgschaft, der Nawab von Oudh in der mittleren Gangesebene tat bald darauf das gleiche, der Reichskanzler Nizam-ul-Mulk verließ Delhi und gründete eine eigene Dynastie in Haiderabad. Die Marathen eroberten das ganze westliche Hochland bis an den Rand der Gangesebene. Der Süden verblieb mehreren kleineren Herrschern, Nachfahren von Statthaltern des Reiches von Vijayanagara, die niemals unter die Herrschaft der Großmogeln gekommen waren.

In der ersten Hälfte des 18. Jahrhunderts sah es so aus, als ob diese Aufteilung von einiger Dauer sei. Die Europäer an der maritimen Peripherie schienen noch keine Gefahr zu sein. Sie hatten weder größere Territorien inne, noch verfügten sie über Truppeneinheiten, die sie zu Lande zum ernst zu nehmenden Gegner gemacht hätten. Weit bedrohlicher waren die wiederholten Invasionen des Afghanen Ahmad Shah, der wie einst Baber in kühnen Eroberungszügen in Indien einfiel, sich aber immer wieder zurückzog. Das eigentliche Problem dieser Zeit war jedoch, daß das Mogulreich zwar nur noch ein Schatten seiner selbst war, aber dieser Schatten noch ein Jahrhundert über Indien lag. Die Dynastie bestand fort, Delhi blieb ein Orientierungspunkt für alle, die den Ehrgeiz hatten, den Großmogul zu manipulieren oder sich an seine Stelle zu setzen. Baji Rao soll gesagt haben, wenn man einen Baum fällen will, muß man den Stamm abhacken, dann fallen die Äste einem von selber zu. Der Stamm wurde aber nicht abgehackt, sondern ausgehöhlt. Die Spannung zwischen der Regionalisierung der Macht und der Gestalt der Vormacht, die noch immer allen vor Augen stand, kennzeichnete das Jahrhundert. Die europäischen Randfiguren, von denen noch niemand ahnen konnte, daß sie sich bald im Ringen um die Vormacht hervortun sollten, zeigten zum ersten Mal in den Jahren des britisch-französischen Seekriegs von 1744 bis 1747 Anzeichen eines Interventionspotentials, das in wenigen Jahren beachtlich anwuchs. Von 1744 bis 1763 befanden sich England und Frankreich in einem ständigen Kampf um die Vormacht in der westlichen Welt. In Europa wurde dieser Kampf in einigen Friedensjahren von 1748 bis 1755 vorübergehend suspendiert, aber in Amerika und Asien dauerten die Auseinandersetzungen zwischen den beiden Rivalen zwei Jahrzehnte lang nahezu ununterbrochen an. Bei den neuen regionalen Machtkonstellationen in Indien ergaben sich daher in diesen entscheidenden Jahren viele Situationen, in denen sich Briten und Franzosen als Partner der streitenden Parteien anboten und so immer tiefer in die inneren Angelegenheiten des Landes hineingezogen wurden.

Der französische Gouverneur Dupleix, der 1742 sein Amt in Pondicheri antrat, nachdem er vorher bereits zwei Jahrzehnte in der Faktorei Chandernagar in Bengalen gedient hatte, war ein kluger Diplomat, der es verstand, die verschiedenen Mächte und Interessen gegeneinander auszuspielen. Seine eigenen Machtmittel waren gering, aber er wußte sie geschickt zu nutzen. Er kam als erster auf die Idee, indische Söldner unter dem Kommando französischer Offiziere zu Infanteristen heranzubilden, die dem europäischen Reglement folgten und damit dem undisziplinierten und schlecht gerüsteten Fußvolk der indischen Heere überlegen waren. Diese Infanterie war eine tödliche Gefahr für die indische Kavallerie, die von den mit der Regelmäßigkeit einer Maschine schießenden Füsilieren niedergemäht wurde. So wie einst Babers Einsatz von Feldartillerie und Musketen den Großmoguln zu überraschenden Siegen verhalf, erwies sich die europäisch trainierte Infanterie als neue Wunderwaffe in Indien. Die Überlegenheit dieser Waffengattung lag allein in der Organisation und im Drill, die Waffen selbst waren in Indien bekannt und standen allen indischen Mächten ebenso zur Verfügung wie den Europäern. Aus diesem Grund wurde der neuen Methode der Kriegführung in Indien zunächst auch nicht die Beachtung geschenkt, die sie verdient hätte. Die Kavalleriementalität der militärischen Elite Indiens ließ sie auf alles Fußvolk herabschauen. Ein Gegner, der nicht zu Pferde war, wurde nicht als ebenbürtig betrachtet, und man glaubte, über ihn hinwegsehen zu dürfen. Die Tatsache, daß die europäische Macht in Indien vermeintlich so bescheiden zu Fuß daherkam, ermöglichte geradezu eine Unterwanderung der bestehenden Machtverhältnisse.

Indem sie sich auf die Infanterie konzentrierten, machten die Europäer in Indien aus der Not eine Tugend. Die Unterhaltung von Kavallerieeinheiten war dort schon immer eine teure Angelegenheit, und die sparsamen Direktoren der Ostindiengesellschaften in London, Paris und Amsterdam, die ohnehin kostspielige kriegerische Verwicklungen verurteilten, hätten kein Geld für den Aufbau einer schlagkräftigen Kavallerie bewilligt. Fußvolk war aber in Indien billig zu haben und dazu noch tapfer und gelehrig, wenn es richtig eingesetzt wurde. In den indischen Heeren spielte es nur dieselbe Rolle wie die Bauern im Schachspiel, es schützte die wertvolleren Truppenteile, behinderte aber auch nicht selten deren Bewegungen.

Der mit dem Gewehr ausgerüstete Infanterist (*toofangchi*) war bereits seit dem 16. Jahrhundert in den indischen Heeren vertreten. Der ebenfalls mit einem Gewehr bewaffnete Bauer hatte ihn nachgeahmt.

Beide schossen wohl auf dieselbe individualistische Weise und ließen sich nicht in einen modernen Truppenverband einordnen. Selbst in Europa war schließlich die Schlachtordnung mit einem disziplinierten Einsatz der Infanterie erst neueren Datums. Es war daher eine besondere Leistung des Gouverneurs Dupleix, diese organisatorische Neuerung in Indien einzuführen. Sie wurde bald auch von den Briten übernommen, und die Ostindiengesellschaften bauten auf diese Weise eigene indische Truppen auf, mit denen sie gegeneinander zu Felde ziehen oder auch ihre jeweiligen indischen Bundesgenossen unterstützen konnten. Zu Beginn des englisch-französischen Konflikts, der von Europa nach Indien hineingetragen wurde, war Dupleix übrigens gar nicht darauf aus, Krieg zu führen, sondern bot den Briten sogar an, im gegenseitigen Einvernehmen den Krieg aus Indien herauszuhalten. Die Briten in Indien waren nicht abgeneigt, auf diesen Vorschlag einzugehen, wiesen aber darauf hin, daß solche Vereinbarungen keinen Einfluß auf die königlichen Truppen haben würden, die nach Indien entsandt wurden. Das Übergreifen des Konflikts erwies sich als unvermeidlich, und Dupleix engagierte sich dann mit solchem Eifer, daß es zunächst so scheinen mochte, als ob die Franzosen die Oberhand gewonnen hätten.

Mit Hilfe der Flotte des französischen Admirals La Bourdonnais, der im Indischen Ozean auf eigene Faust eine kleine Seemacht aufgebaut hatte und eher ein Freibeuter als ein regulärer Offizier war, gelang es Dupleix, den Briten Madras wegzunehmen. Doch La Bourdonnais hätte den Briten die Stadt gern gegen ein hohes Lösegeld zurückgegeben, während Dupleix darauf beharrte, daß es in französischer Hand bleiben müsse. La Bourdonnais kehrte Indien und Dupleix darauf grollend den Rücken, und wenige Jahre später wurde durch den Frieden von Aachen (1748) Madras den Briten zurückerstattet. Dupleix und seine britischen Kontrahenten behielten aber genug Truppen in Indien, um weiterhin das Kriegshandwerk zu betreiben, das sie inzwischen erlernt hatten. Sie wurden nun auch geradezu dazu eingeladen, sich an den Konflikten, die in Indien aufbrachen, zu beteiligen.

In dem Jahr des Friedensschlusses von Aachen starb der alte Nizam-ul-Mulk, der seinen jungen Gegner, den Peshwa Baji Rao, noch um acht Jahre überlebt und sein Regime in Haiderabad gefestigt hatte. Im echten Mogulstil brach nun ein Nachfolgekampf unter seinen Söhnen aus. Parallel dazu stritten sich auch die Nachfahren des Nawab von Arcot, der als Mogulgouverneur des äußersten Südens dem Nizam-ul-Mulk unterstanden hatte, um ihr Erbe. Briten und Franzosen gesellten sich hinzu, und so standen sich zwei Dreibünde gegenüber, die in den folgenden Jahren mit wechselndem Kriegsglück ihre Kräfte maßen. Schließlich kam in Haiderabad der Bundesgenosse der Franzosen an die Macht, in Arcot aber, das das unmittelbare Hinterland von Madras beherrschte, konnte sich der Favorit der Briten durchsetzen und sich zudem weitgehend vom Einfluß Haiderabads befreien.

In diesem Zusammenhang spielte es eine bedeutende Rolle, daß 1751 eine kleine britische Truppeneinheit unter Führung eines jungen Schreibers der Ostindiengesellschaft Arcot einnahm und lange Zeit gegen einen zahlenmäßig weit überlegenen Gegner verteidigte. Der junge Schreiber, Robert Clive, wurde dadurch mit einem Schlage berühmt. Dupleix glaubte indessen, den Sieg der französischen Partei in Haiderabad als großen Erfolg verbuchen zu können und sah sich schon selbst in der Position eines mächtigen Vasallen des Nizams von Haiderabad, an dessen Hofe der französische General De Bussy geradezu zum Königsmacher wurde und 1751 nach dem Tode des ersten französischen Favoriten einen weiteren einsetzte. De Bussy wehrte im Jahr darauf auch noch erfolgreich einen Angriff der Marathen auf das Reich seines Schützlings ab und erhielt zum Lohn vier Regierungsbezirke an der Ostküste zum Lehen; aus diesen Einkünften konnte er seine Truppen bezahlen.

De Bussy und sein Meister Dupleix schienen auf dem besten Wege zu sein, Frankreich ein erhebliches politisches Gewicht in Indien zu verschaffen. Doch in Paris sah man das anders. Der Handel der Ostindiengesellschaft war im Zuge der kriegerischen Unternehmungen fast völlig zum Erliegen gekommen und nahm auch nach dem Frieden von Aachen keinen Aufschwung. Das Direktorium entschloß sich endlich zu drastischen Maßnahmen; Dupleix wurde seines Amtes enthoben und ein Direktor nach Indien entsandt, der die französischen Errungenschaften liquidierte und mit den Briten eine Übereinkunft traf, die sehr zu deren Gunsten war. Man konnte damals noch nicht voraussehen, daß der Siebenjährige Krieg und damit eine neue Konfrontation mit den Briten in Indien nahe bevorstand. Aus der Sicht des Jahres 1754 schien die Maßnahme der französischen Ostindiengesellschaft berechtigt. Die Kriegshelden wurden zu Sündenböcken. La Bourdonnais kam ins Gefängnis, und Dupleix starb in Frankreich als armer Mann. Nur De Bussy blieb in Indien, aber seinen weiteren Unternehmungen war durch die erzwungene Rückgabe seines Lehens die Basis entzogen.

Im selben Jahr wie Dupleix verließ auch Clive Indien, aber nicht weil er abberufen worden war, sondern weil er mit dem in Indien erworbenen Ruhm und Vermögen in die Politik seines Heimatlandes einsteigen wollte. Gerade 29 Jahre alt, glaubte er eine große Zukunft vor sich zu haben. Er errang denn auch einen Sitz im Parlament, der ihm aber gleich darauf durch eine Wahlanfechtung wieder verlorenging. Da er den größten Teil seines Vermögens im Wahlkampf eingesetzt hatte, kehrte er nach Indien zurück, besorgte sich aber zuvor ein königliches Offizierspatent. So traf er als Oberstleutnant ohne Truppe in Madras ein, kam dort aber wie gerufen, weil gerade die Nachrichten von den Angriffen des neuen Herrschers von Bengalen auf die britischen Faktoreien eintrafen.

Siraj-ud-Daula, der 1756 der Nachfolger seines Großonkels Alivardi Khan geworden war, wollte die Befestigungen der Faktoreien schleifen lassen, da sie ohne Genehmigung der Regierung, wenn auch bisher mit stillschweigender Duldung, errichtet worden waren. Die Faktorei in Kalkutta geriet in arge Bedrängnis. Clive und die von Madras entsandten Truppen kamen gerade noch zur rechten Zeit. Seine militärischen Unternehmungen waren zunächst nicht von großem Erfolg gekrönt. Auch hatte er nicht geringe Schwierigkeiten, sich sowohl gegenüber den Amtsträgern der Ostindiengesellschaft in Kalkutta als auch gegenüber den königlichen Offizieren und Truppen durchzusetzen, die ihn und sein Kontingent, das aus Söldnern der Ostindiengesellschaft bestand, begleiteten. Schließlich gelang es ihm jedoch, sich als Befehlshaber zu etablieren und Siraj-ud-Daula als Verhandlungspartner gegenüberzutreten. Nachdem er die britischen Faktoreien befreit und nebenbei auch noch den Franzosen den Stützpunkt Chandernagar weggenommen hatte, war sein Auftrag erfüllt, und er hätte nach Madras zurückkehren müssen. Statt dessen mißachtete er bewußt seine Instruktionen und zog nach Norden, um Siraj-ud-Daula herauszufordern, mit dessen Kriegsminister, Mir Jaffar, er bereits Intrigen gesponnen hatte. Mir Jaffar hatte Clive versprochen, auf dem Schlachtfeld mit seinen Truppenkontingenten zu ihm überzulaufen, wenn er ihm dafür helfen würde, an Siraj-ud-Daulas Stelle die Herrschaft über Bengalen zu übernehmen. Das Spiel war riskant. Clive stand auf dem Schlachtfeld von Plassey mit nur etwa 3000 Mann einem sehr viel größeren Heer gegenüber. Ob Mir Jaffar Wort halten würde, wenn das Kriegsglück Clive nicht begünstigte, war ungewiß. Clive zauderte, und erst als einer seiner Offiziere bei einem überraschenden Vorstoß sogleich Erfolg hatte, begann die Schlacht. Mir Jaffar lief über, Siraj-ud-Daula floh und wurde von Mir Jaffars Leuten gefangen und getötet. Clive ließ sich von Mir Jaffar mit einem reichen Lehen und fürstlichen Geschenken belohnen und von den britischen Amtsträgern in Kalkutta zum Gouverneur der Ostindiengesellschaft in Bengalen wählen.

Am Hof des Großmoguls wurde die neue Machtkonstellation in Bengalen sofort zur Kenntnis genommen. Man glaubte dort, sich mit den Briten vielleicht besser arrangieren zu können als mit den bisher allzu unabhängigen Nawabs von Bengalen. In diesem Sinne erhielt Clive bereits 1758 das Angebot, die Diwani, d.h. die zivile Verwaltung und Steuereinziehungsrechte, der Provinz Bengalen im Auftrag des Großmoguls zu übernehmen. Clive war nicht abgeneigt, dieses Angebot anzunehmen, und der junge Warren Hastings, der zu dieser Zeit der Agent der Ostindiengesellschaft in Murshidabad war, riet ebenfalls dazu, diesen Schritt zu wagen. Aber Clive zögerte noch; der Übergang von kurzfristiger Plünderung zu langfristiger Ausbeutung erforderte eine entsprechende Organisation, und die Ostindiengesellschaft schien ihm dafür denkbar ungeeignet.

Er wollte, daß England diesen Auftrag direkt übernahm und den Grundstein für ein neues Imperium im Osten legte, da bereits abzusehen war, daß die Kolonien in Amerika kein dauerhaftes Fundament für ein britisches Weltreich sein dürften. Das schrieb er an den Außenminister Pitt, der ihm im Prinzip zustimmte, aber befürchtete, daß die Steuern Bengalens die Privilegien des Parlaments zerstören könnten, wenn sie es der Krone ermöglichten, sich von der parlamentarischen Kontrolle des Staatshaushalts zu emanzipieren. Außerdem wäre ein Eingriff in die verbrieften Rechte der Ostindiengesellschaft erforderlich gewesen. Wenn also jemand die Diwani von Bengalen übernehmen sollte, so müßte es wohl oder übel die Ostindiengesellschaft sein. Pitt hatte Zweifel daran, ob nach Clives bevorstehender Heimkehr irgend jemand in der Lage sei, diese Aufgabe wahrzunehmen, und Clive konnte diese Zweifel nicht zerstreuen. Über die imperiale Absicht war man sich einig, nur die Durchführung des kühnen Plans schien vorerst noch ungesichert. Clive verließ Indien im Jahre 1760, ohne daß eine Entscheidung in dieser Angelegenheit getroffen wurde. Die Ereignisse der nächsten Jahre sollten dazu beitragen, daß Clive 1765 zurückkehrte und die Ostindiengesellschaft die Diwani von Bengalen übernahm.

Der Siebenjährige Krieg, der zu einer weltweiten Konfrontation von Briten und Franzosen von den Wäldern Kanadas bis zur Ostküste Indiens führte, war in Indien eigentlich nur ein dreijähriger Krieg. Durch die Entscheidung von 1754 hatten sich die Franzosen selbst um die Position gebracht, die Dupleix und De Bussy errungen hatten. Jetzt machten sie einen weiteren Fehler; statt De Bussy mit dem Oberbefehl zu betrauen, entsandten sie den hochfahrenden General Lally nach Indien, der nie zuvor dort gewesen war und einen Fehler nach dem anderen machte. De Bussy, der gerade die britischen Faktoreien an der nördlichen Ostküste eroberte, wurde von ihm nach Süden beordert. Die französische Kriegsmarine gewährte Lally nicht genügend Unterstützung, seine Belagerung von Madras blieb erfolglos, und im Januar 1760 wurde er von den britischen Truppen in der Schlacht von Wandiwash vernichtend geschlagen und De Bussy gefangengenommen. Lally wurde in Frankreich wiederum zum Sündenbock gemacht und hingerichtet. Der Traum von einem großen «Inde française» war ausgeträumt.

3. Der Kampf um die Vormacht in Indien

Bei aller Bedeutung, die diese Ereignisse für das zukünftige politische Schicksal Indiens haben sollten, waren sie doch aus der Sicht der indischen Zeitgenossen immer noch marginal. Die Schlacht von Plassey war im Vergleich mit den indischen Schlachten jener Zeit ein kleines Scharmützel, die Schlacht von Wandiwash wurde lediglich zwischen Briten und Franzosen ausgetragen, indische Interessen waren nicht im Spiel. Die Macht der Marathen war auf ihrem Höhepunkt angelangt. Der Peshwa Balaji Baji Rao, der seit 1740 in Pune regierte, war kein Feldherr wie sein Vorgänger Baji Rao, sondern widmete sich mit Erfolg der Verwaltung seines großen Reiches, während sein Bruder Raghunath das Marathenheer in Nordindien führte und mehrfach den Afghanen Ahmad Shah vertrieb. Der Afghane kam jedoch immer wieder, und 1761 sandte der Peshwa schließlich ein riesiges Heer nach Norden, das Ahmad Shah auf dem traditionellen Schlachtfeld von Panipat stellen sollte. Den Oberbefehl führte diesmal ein anderer Verwandter des Peshwa, Sadashiv Rao, der sich jedoch zu einem zermürbenden Stellungskrieg verleiten ließ und allzusehr auf die schwere Artillerie vertraute, die sich die Marathen inzwischen zugelegt hatten. Ahmad Shah setzte in der entscheidenden Schlacht leichte Kanonen ein, die auf dem Rücken von Kamelen befestigt waren, und bereitete den Marathen eine vernichtende Niederlage, zog sich dann aber wieder aus Indien zurück. Balaji Baji Rao, den die Nachricht von dieser Niederlage hart traf, starb noch im gleichen Jahr.

Der paradoxe Aspekt dieser großen Entscheidungsschlacht von 1761 ist, daß sie zunächst gar nichts entschied. Im nachhinein erscheint es klar, daß sich hier die beiden bedeutendsten Anwärter auf die Vormacht in Indien, Afghanen und Marathen, gegenseitig neutralisierten und die Briten, die gerade ihre französischen Rivalen aus dem Felde geschlagen hatten, die eigentlichen Nutznießer der Entscheidungsschlacht von Panipat waren. Doch zu jener Zeit gab es noch einen unmittelbareren Nutznießer: Shuja-ud-Daula, den Herrscher von Oudh. Er war nominell immer noch Gouverneur (*Nawab*) der großen nordindischen Provinz des Mogulreiches und hatte sich sogar zum Reichskanzler (*Wezir*) aufgeschwungen und den jungen Großmogul Shah Alam unter seine Fittiche genommen. Nun schien ihm die Gelegenheit günstig, seinen Einfluß über ganz Nordindien auszudehnen.

Ein Hilferuf des Nawabs von Bengalen kam ihm gelegen. Die Briten hatten dort nach der Abreise Clives ein Regime rücksichtsloser Plünderung und Korruption errichtet, den Nawab Mir Jaffar schließlich durch dessen reicheren Verwandten Mir Kasim ersetzt, der, nachdem auch er nahezu völlig ausgeraubt worden war, zu Shuja-ud-Daula floh und ihn zum gemeinsamen Kampf gegen die

Briten einlud. Bei Baksar im Südwesten Bihars standen dann 1764 die vereinten Heere Shujas, Mir Kasims und des Großmoguls dem Söldnerheer der Ostindiengesellschaft unter dem Befehl von Hector Munro gegenüber. Munro gewann die Schlacht, Shuja wurde bald darauf bis in seine Hauptstadt Lakhnau verfolgt und von den Briten gefangengenommen. Er sollte in den nächsten Jahren zum wichtigsten Handlanger der britischen Interessen in Indien werden. Die Schlacht von Baksar hatte entschieden, was in Panipat unentschieden geblieben war. Clive kam im nächsten Jahr nach Bengalen zurück und ließ der Ostindiengesellschaft vom geschlagenen Großmogul die Diwani von Bengalen übertragen. Shuja-ud-Daula wurde in seinen Besitzungen in Oudh bestätigt, mußte aber dulden, daß dem Großmogul ein Gebiet um Allahabad als Domäne zugeordnet wurde. Der Großmogul wurde praktisch zum Pensionär der Briten.

Clive mußte sich nun darum bemühen, die Ostindiengesellschaft zu einem Instrument zu machen, das der neuen Aufgabe gewachsen war. Darin hatte er in den zwei Jahren, die er noch in Bengalen verblieb, nur beschränkten Erfolg. Zwar gelang es ihm, eine Meuterei der Offiziere zu unterdrücken, die übermütig geworden waren und eine höhere Besoldung forderten, aber seine Bemühungen, die Angestellten der Gesellschaft zu einer Privatgesellschaft zusammenzufassen, die den Inlandhandel Bengalens monopolisieren und damit den Angestellten zu regelmäßigen Einkünften verhelfen sollte, die sie sich bisher durch ungeregelte Korruption verschafften, blieben vergeblich. Seine Leitidee war, daß eine systematische Ausbeutung kollektive Disziplin erforderte, die durch individuelle Korruption unterminiert wurde. Es hätte nicht viel gefehlt, und die Briten hätten in der Tat ihre Chancen wieder verspielt. Nur weil kein ernsthafterer Herausforderer auftrat, konnten sie sich Mittelmäßigkeit und Mißwirtschaft leisten. Als Organisation blieb schließlich die Ostindiengesellschaft doch auf die Dauer den indischen Herrschaftsstrukturen überlegen, die allzusehr auf die jeweilige Herrscherpersönlichkeit bezogen waren. Clive verließ 1767 Indien zum dritten und letzten Mal, aber sein Werk blieb bestehen.

Der brillante junge Peshwa Madhav Rao, ein Kriegsheld wie sein Vorfahr Baji Rao, sprach in jener Zeit von einem Ring, den die Briten um Indien gelegt hatten, um es von allen Seiten unter Druck zu setzen. Die Randfiguren waren zwar noch nicht zur Zentralgestalt geworden, aber ihre konzentrische Bedeutung war hervorgetreten. Doch niemand schickte sich an, den Ring zu sprengen, auch Madhav Rao nicht, der in der kurzen Zeit, die ihm vergönnt war, die Macht der Peshwas noch einmal konsolidierte. Er hatte sich zuerst gegen seinen Onkel Raghunath durchsetzen müssen, der nach dem Tode Balaji Baji Raos die Regentschaft führte, selbst gern Peshwa gewor-

3. Der Kampf um die Vormacht in Indien

den wäre und in diesem Sinn mit den Briten Intrigen spann. Madhav Raos Stütze in diesen Auseinandersetzungen war sein kluger Minister Nana Phadnavis, der auch später der große Gegenspieler Raghunaths blieb. Statt seine Aufmerksamkeit auf die Briten zu konzentrieren, mußte sich Madhav Rao gegen einen neuen gefährlichen Gegner wenden, der im Süden überraschend zu großer Macht aufgestiegen war: Haider Ali von Mysore.

Haider war ein General im Dienste der Maharajas von Mysore, hatte 1761 als Usurpator die Macht ergriffen und mit seinen schnellen Kavallerietruppen bald ganz Südindien unsicher gemacht. Dieser Emporkömmling war der erste indische Herrscher, der die Bereitschaft zeigte, von den Europäern zu lernen und sie mit ihren eigenen Methoden zu schlagen. Er stellte eine Reihe französischer Offiziere ein, baute eine starke, moderne Infanterie auf, vermied es aber seinerseits, bei seinen Auseinandersetzungen mit den Briten mit seiner Kavallerie vor die Flinten der Infanterie zu geraten. Auch in der inneren Verwaltung führte er ein straffes Regiment, er zog alle Dienstlehen ein und bezahlte seine Offiziere aus der Staatskasse, die Kavalleristen waren nicht wie üblich dazu gezwungen, ihre eigenen Pferde zu halten, sondern bekamen sie gestellt. Haider sorgte sogar für die Versorgung der Verwundeten und richtete ein Sanitätskorps ein. Im Bündnis mit den Marathen wäre Haider zu einer ernsten Gefahr für den Fortbestand der britischen Besitzungen in Indien geworden. Aber die Marathen waren seine bedeutendsten Gegner. Madhav Rao gewann 1767 eine entscheidende Schlacht gegen ihn. Im selben Jahr mußte sich Haider auch den Briten stellen, die im Bunde mit dem Nizam von Haiderabad gegen ihn vorgingen. Der Nizam ließ die Briten aber im entscheidenden Moment im Stich, und Haider führte von 1767 bis 1769 einen erbitterten Krieg gegen sie, erschien schließlich vor Madras und zwang den Briten einen Diktatfrieden und einen Bündnisvertrag auf, der sehr zu seinen Gunsten war.

Es schien so, als hätten die Briten endlich ihren Meister gefunden. Um 1770 war ihre Position in Indien keineswegs glänzend. In Kalkutta und Madras waren korrupte Cliquen dabei, sich Geld in die Tasche zu scheffeln. In Madras ging man sogar so weit, den Gouverneur Lord Pigot, der dem Treiben Einhalt gebieten wollte, ins Gefängnis zu werfen, wo er 1776 starb. Unter diesen Umständen wäre es noch immer möglich gewesen, den Ring, den die Briten um Indien gelegt hatten, zu sprengen. In dieser kritischen Situation kam eine günstige Konstellation den Briten zugute. Der letzte große Peshwa, Madhav Rao I., starb im Jahre 1772, und sein nimmermüder Rivale Raghunath, der sich wiederum um die Nachfolge bemühte, verbündete sich mit den Briten. Seine Intrigen spalteten das Lager der Marathen so gründlich, daß sie ihren Anspruch auf die Vormacht in

Indien einbüßten. Die Briten aber erhielten in dieser Zeit eine neue Führung. Warren Hastings wurde 1771 Gouverneur von Bengalen und drei Jahre später Generalgouverneur. Er wurde der eigentliche Architekt des weit ausgreifenden Gebäudes der britischen Herrschaft in Indien. Von dem nur sieben Jahre älteren Clive, dessen Anschauungen er teilte, unterschied er sich in vielen Dingen. Er war kein Kriegsheld, er kannte auch nicht die Ambitionen eines Mannes, der einmal einen Sitz im Parlament, ein andermal ein königliches Offizierspatent für sich gewinnt. Geduldig und erfolgreich hatte er alle Stufen der Karriere eines Angestellten der Ostindiengesellschaft erklommen. Als junger Schreiber hatte er 1750 in Kalkutta angefangen, 1756 war er Leiter der Faktorei in Kasimbazar und geriet dort in die Gefangenschaft des Nawabs. Wieder befreit war er 1757 Resident am Hofe des neuen Nawabs in Murshidabad und kehrte schließlich 1764 nach England zurück. Fünf Jahre später wurde er als Mitglied des Rats des Gouverneurs von Madras wieder nach Indien entsandt und bewährte sich dort als Lagerhalter der Ostindiengesellschaft. Sprach- und Landeskenntnisse, diplomatische Erfahrung und kommerzielle Fähigkeiten empfahlen ihn für den Gouverneursposten, den er im Alter von 39 Jahren antrat, doch niemand hätte voraussagen können, daß er in den kommenden vierzehn Jahren seines Wirkens das Ringen um die Vormacht in Indien zugunsten der Gesellschaft, deren leitender Angestellter er war, entscheiden sollte.

Die Aufgaben, die Hastings bei seinem Amtsantritt erwarteten, waren erdrückend. Ein Jahr zuvor hatte die große Hungersnot von 1770 einen großen Teil der Bevölkerung Bengalens dahingerafft, und in dieser Situation sollte er den Auftrag des Direktoriums der Ostindiengesellschaft erfüllen, die Funktionen des Diwans voll zu übernehmen. Bisher hatte sich der Gouverneur von Bengalen damit begnügt, diese Aufgabe an einen indischen Stellvertreter (*Naib Diwan*) zu delegieren, der nach wie vor in Murshidabad saß und mit seinem einheimischen Verwaltungsstab, so gut es ging, die Steuern einzog. Die jungen britischen Aufseher, die dem britischen Residenten in Murshidabad unterstanden und den indischen Bezirksbeamten auf die Finger schauen sollten, hatten wenig ausrichten können und sich allenfalls auch noch an der allgemeinen Korruption beteiligt. Hastings ließ die Staatskasse von Murshidabad nach Kalkutta bringen. Die Grundsteuerverwaltung konnte er freilich auch nicht sehr rasch reformieren.

Neben den Aufgaben der internen Konsolidierung der britischen Macht in Bengalen war es von vornherein auch die Außenpolitik, die Hastings beschäftigte. Der Nawab von Oudh führte wechselweise mit den Marathen und den Rohillas, einem afghanischen Clan, der sich in Nordindien festgesetzt hatte, erbitterte Kämpfe, an denen sich die

Warren Hastings (1732–1818), Ölbild von Joshua Reynolds, ca. 1768/69

Briten beteiligten. Es kam hinzu, daß es den Marathen im selben Jahr, in dem Hastings sein Amt antrat, gelungen war, den Großmogul aus Allahabad, wo er unter britischer Kontrolle stand, nach Delhi zu locken, wo sie ihm angeblich seine alte Machtvollkommenheit wieder verleihen wollten. Der Großmogul als Instrument der Marathen konnte den Briten gefährlich werden. Hastings stellte die Zahlungen an ihn ein und setzte auf den Nawab von Oudh, mit dem er einen Bündnisvertrag schloß und dem er es ermöglichte, Rohilkand, das Gebiet der Rohillas, seinem Staat einzuverleiben. Als Shuja-ud-Daula 1775 starb, wurde sein Nachfolger Asaf-ud-Daula freilich von den Briten genötigt, das Gebiet um Benares an sie abzutreten. So mußte Oudh den Zuwachs im Westen durch einen Verlust im Osten bezahlen.

Die britische Landmacht in Indien dehnte sich aus. Hastings mischte sich skrupellos in die inneren Angelegenheiten der Nachbarn ein, wofür er später von Edmund Burke im Parlament angeprangert wurde. Ohne Zweifel waren Hastings Methoden mit der politischen

Ethik der Parlamentarier nicht vereinbar, aber so sehr man das auch bedauern mochte, zog man daraus doch nicht die Konsequenz, die britische Herrschaft in Indien aufzugeben. Dadurch wurde Hastings letztlich wieder gerechtfertigt, und die Krokodilstränen derer, die seine Taten beklagten, trockneten rasch.

In den ersten Jahren seiner Amtszeit war Hastings in seiner Handlungsfähigkeit durch die vier Mitglieder seines Rats sehr beeinträchtigt, die direkt aus London kamen, alles besser wußten und ihn ständig überstimmten. Erst als 1780 Philip Francis, das brillanteste und arroganteste Mitglied des Rats, nach England zurückkehrte, konnte Hastings wieder aufatmen. Francis hatte niemanden darüber im Zweifel gelassen, daß er sich für den Posten des Generalgouverneurs für weit besser geeignet hielt als Hastings, und hatte eine systematische Obstruktionspolitik betrieben. Dennoch gelang es Hastings, seinen Weg zu gehen, der ihn zu großen Erfolgen führte. Seine Interventionsbereitschaft betraf nicht nur die unmittelbare nordindische Nachbarschaft. Er schaltete sich auch in die Auseinandersetzungen im Westen Indiens ein, wo sich der Gouverneur von Bombay in problematische Intrigen mit Raghunath eingelassen hatte, die von Nana Phadnavis, der es verstand, den Bund der Marathenfürsten zusammenzuhalten, erfolgreich bekämpft wurden. Im Jahre 1779 kam es zur entscheidenden Schlacht, Raghunath und die Truppen des Gouverneurs von Bombay wurden von der Marathenkonföderation in die Enge getrieben, noch ehe ein Entsatzheer, das von Bengalen aus quer durch Indien entsandt worden war, die Situation retten konnte. Hastings beschloß darauf, den bedeutendsten militärischen Führer der Marathenkonföderation, Maharaja Mahadaji Rao Scindia, empfindlich zu treffen, indem er ihm durch ein rasch entsandtes Truppenkontingent seine Festung und Hauptstadt Gwalior wegnehmen ließ. Mahadaji Rao kehrte daraufhin sofort dorthin zurück, wurde 1781 von den Briten geschlagen und war dann bereit, einen Bündnisvertrag mit Hastings abzuschließen, in dem er seinen Meister gefunden hatte. Schließlich gelang es den Briten, mit den Marathen 1782 den Frieden von Salbei abzuschließen, dessen Zustandekommen den gemeinsamen Bemühungen von Hastings und Mahadaji Rao zu verdanken war, der damit zur Schlüsselfigur der Ereignisse der nächsten Jahre wurde. Solange Hastings in Indien blieb, unternahm Mahadaji Rao nichts gegen die Briten, erst nach dessen Heimkehr sollte er für einige Jahre eine Führungsrolle erringen, die die kühnsten Träume der Marathen übertraf. Der Frieden von Salbei, mit dem die Briten die Besitzungen im Westen Indiens zurückgaben, die ihnen Raghunath zugeschanzt hatte, dafür aber auch Ruhe an dieser Front erwarten konnten, muß im Zusammenhang mit dem Konflikt mit Haider Ali im Süden gesehen werden. Nach dem Diktatfrieden von 1769 und dem den Briten aufgezwungenen Bündnisvertrag hatte sich Haider erneut gerüstet, um sein Ziel zu erreichen, die Briten aus Indien zu vertreiben. Als einziger Herrscher in Indien betrachtete er die Briten nicht als einen der Faktoren im Kampf um die Vormacht, sondern als die Bedrohung aller indischen Interessen und hatte geschworen, nichts unversucht zu lassen, sie zu vertreiben. Es kam ihm daher gelegen, daß 1778 noch einmal ein Krieg zwischen England und Frankreich ausbrach und sich zugleich auch Briten und Marathen gegenüberstanden. Er zog den Briten nun in Südindien mit einem Heer entgegen, das weit größer war als alle, die er bis jetzt gegen sie ins Feld geführt hatte. Selbst Hector Munro, der Sieger von Baksar, und Eyre Coote, der Sieger von Wandiwash, die Hastings gegen ihn einsetzte, konnten ihn nicht schlagen. In dieser kritischen Situation waren die Briten dringend daran interessiert, durch den Frieden von Salbei den Rücken frei zu bekommen.

Der Friedensvertrag enthielt den frommen Wunsch, daß Haider alle Territorien, die er den Briten und ihrem Verbündeten, dem Nawab von Arcot, abgenommen hatte, zurückgeben sollte, aber für Haider war der Krieg noch nicht beendet. Der französische Admiral Suffren hatte sich der britischen Seemacht überlegen erwiesen. Französische Truppen, die Haider unterstützen sollten, waren in Südindien gelandet. Haider starb zwar 1782, aber sein ebenso kühner und fähiger Sohn Tipu Sultan führte den Krieg weiter. Mysores Macht wuchs ununterbrochen, und der gefährlichste Feind der Briten schien unbezähmbar. Hastings war wütend, als er erfuhr, daß es Tipu gelungen war, dem Gouverneur von Madras 1784 den Frieden von Mangalore aufzuzwingen, der ebenso wie Haiders Diktatfrieden von 1769 den Briten äußerst ungünstige Bedingungen auferlegte. Madras hatte Tipu einen Trumpf in die Hände gespielt, obwohl die globale Situation bereits wieder die Briten begünstigte. Die französischen Truppen unter der Leitung des alten De Bussy, der noch einmal mit Suffren in das Land seiner großen Erfolge zurückgekehrt war, hatten 1783 Tipu die weitere Unterstützung verweigert, als sie die Nachricht vom Friedensschluß in Europa erreichte. Auch jetzt wieder waren den Franzosen in Indien die Ereignisse in Europa zuvorgekommen, und Tipu, der auf die französische Karte gesetzt hatte, wurde enttäuscht. Als Warren Hastings 1785 Indien verließ, um sich in London den Vorwürfen zu stellen, die im Parlament gegen ihn erhoben worden waren, blieb die Lage in Indien ungewiß. Tipus Widerstand war nicht gebrochen, und Mahadaji Rao, der nach Hastings Weggang glaubte, die Briten in die Schranken weisen zu können, stieg gerade jetzt in den letzten Jahren seines Lebens zu ungeahntem Ruhme auf. Das Schicksal der britischen Vormacht in Indien stand wieder einmal auf des Messers Schneide. Eine Kombination von Mahadaji und Tipu hätte der britischen Macht ein Ende bereiten können. Aber dazu kam es nicht. Mahadajis Hauptinteresse war die Konsolidierung seiner Macht in Nordindien. Er hatte 1771 Delhi eingenommen und den Großmogul dort wieder installiert. Bis 1782 hielten ihn die Wirren in Maharashtra und Auseinandersetzungen mit den Briten in Atem. Der Frieden von Salbei, der für die Briten Entlastung im Norden und Westen brachte, so daß sie sich ganz auf den Kampf mit Tipu konzentrieren konnten, bedeutete auch für Mahadaji eine Rückendekkung, und er konnte sich seinen Aufgaben als Reichsverweser des Mogulreiches widmen, ein Amt, das ihm der ohnmächtige Großmogul 1785 übertragen hatte. In dieser Eigenschaft erkühnte er sich sogar nach Hastings Heimkehr, den Briten wieder den Tribut abzufordern, den sie dem Großmogul schuldeten. Geld brauchte er dringend, denn weder er noch der Großmogul hatten die Mittel, um angemessene Streitkräfte zu unterhalten. Nordindien war zu jener Zeit ein wahrer Hexenkessel miteinander rivalisierender Kräfte. Sikhs, Jats, Rajputen und Rohillas verfolgten ihre Sonderinteressen teils mit- und teils gegeneinander. Der Großmogul hatte allenfalls noch in seiner Hauptstadt etwas zu sagen. Ein zeitgenössischer Spottvers lautete: Das Reich von Shah Alam reicht von Delhi bis Palam (Palam ist heute der Flughafen New Delhis). Aber auch in diesem bescheidenen Machtbereich war er nicht sicher. Die Rohillas plünderten 1788 Delhi und blendeten den Großmogul. Mahadaji, der gerade gegen die Rajputen kämpfte, kam zu spät, um seinem Schützling zu helfen. Es nützte auch nicht mehr viel, daß er im Jahr darauf die Rohillas besiegte und ihr grausamer Führer Ghulam Qadir dabei den Tod fand. Mahadajis Macht war gebrochen; als er 1795 starb, gab es in Indien niemanden mehr, der die Vormacht bewahren oder auch nur anstreben konnte.

In Südindien hatte Tipu inzwischen seine Position ausgebaut und war und blieb der einzige ernstzunehmende Gegner, den die Briten in Indien hatten. Nach einem Krieg gegen den Nizam und den Peshwa, bei dem er sowohl Haiderabad als auch den Marathen einige Gebiete entrissen hatte, mußte er Unruhen an der Westküste unterdrücken. Zugleich bereitete er sich unermüdlich auf den nächsten Waffengang mit den Briten vor. Trotz vergangener Enttäuschungen setzte er weiter auf die französische Karte und sandte Botschafter nach Paris, die freilich dort zu einer höchst ungünstigen Zeit eintrafen, da die Revolution unmittelbar bevorstand.

Lord Cornwallis, der neue britische Generalgouverneur, der in Amerika nicht vom Kriegsglück begünstigt worden war, konzentrierte sich in Indien sofort auf den Kampf mit Tipu Sultan. Es gelang ihm, ein Bündnis mit dem Peshwa und dem Nizam zu schließen, die unlängst von Tipu geschlagen worden waren. Die Alliierten besiegten Tipu 1792 und zwangen ihm einen Friedensvertrag auf, in dem er sich zu hohen Reparationszahlungen verpflichtete und Haiderabad und den Marathen die Gebiete zurückgab, die er ihnen genommen hatte. Die Briten erhielten ebenfalls einige Bezirke südlich von Madras und an der Westküste. Damit war nun auch der Grundstein für die britische Territorialherrschaft in Südindien gelegt. Cornwallis hätte weitere Konzessionen erreichen können oder gar Tipus Reich ganz und gar aufteilen können, aber er wollte Tipu als Gegengewicht gegen den Peshwa und den Nizam im Spiel behalten. Tipu wollte sich jedoch mit dieser beschränkten Rolle nicht begnügen, zahlte innerhalb kürzester Zeit die Reparationen und löste damit seine Söhne wieder aus, die die Briten als Geiseln behalten hatten. Um dieses Ziel zu erreichen, mußte er die Steuern erhöhen, Lehen einziehen und die Bauern möglichst direkt mit einer den Produktionsverhältnissen und der Qualität des Bodens entsprechenden Grundsteuer belasten. Er schuf damit die Voraussetzungen für das spätere britische Grundsteuersystem in Südindien.

Tipu wollte aber nicht nur die Lasten des letzten Krieges abtragen, sondern sich sofort auf den nächsten vorbereiten. Daher nahm er auch wieder Kontakt mit Frankreich auf und versuchte, das neue Regime für eine Intervention in Indien zu interessieren. Er ließ sogar einen Jakobinerklub in seiner Hauptstadt einrichten und sich von dessen Mitgliedern als «Citoyen Tipu» anreden, eine für einen indischen Herrscher wohl doch recht ungewöhnliche Sitte. Zu Tipus Unglück verhinderte ein weiterer Umsturz in Frankreich die Entsendung von Hilfstruppen, statt dessen zwang Napoleons Vorstoß nach Ägypten und die Kenntnis von Tipus Plänen die Briten in Indien zum raschen Handeln.

Der neue Generalgouverneur Lord Wellesley rüstete sofort zum Krieg gegen Tipu, und sein Bruder Arthur, der spätere Herzog von Wellington, inszenierte hier sozusagen eine Generalprobe für Waterloo, als er als Kommandant der Truppen des auch diesmal mit den Briten verbündeten Nizam ins Feld zog. Tipu wurde vernichtend geschlagen und fiel 1799 bei der Verteidigung seiner Hauptstadt Seringapatam. Die Briten annektierten die Bezirke Nord- und Süd-Kanara, Wynad, Coimbatore und Dharapuram und setzten in dem nun territorial sehr reduzierten Mysore die alte Hindu-Dynastie wieder ein, der Haider Ali die Macht entrissen hatte. Das Ringen um die Vormacht in Indien war nun eindeutig zugunsten der Briten entschieden.

Die Beamten beeinflußten die Politik Wellesleys von Anfang an. Er war einer Meinung mit den Expansionisten unter ihnen, die ihre eigenen Karrieren durch militärische Erfolge zu fördern hofften. Viele der neuen Beamten der Ostindiengesellschaft waren Offiziere und keine kaufmännischen Angestellten. Ihnen ging es um Eroberungen und nicht um kommerziellen Gewinn. Wellesley setzte bedenkenlos große Beträge, die ihm von London zur Finanzierung des Handels überwiesen worden waren, dafür ein, seine militärischen Unternehmungen voranzutreiben. Das brachte die Direktoren der Gesellschaft gegen ihn auf; diese wollten ihn abberufen, aber er hatte mächtige Freunde in der Regierung, die ihn schützten. Die Militarisierung der Ostindiengesellschaft machte unter seiner Ägide große Fortschritte. Der Erwerb von Territorien interessierte ihn weit mehr als der von Handelswaren. Dieser britische Napoleon in Indien machte eifrig Gebrauch von der imaginären Bedrohung Indiens durch den französischen Napoleon, der ja immerhin bis nach Ägypten vorgestoßen war. Wellesley selbst nahm die französische Gefahr nicht ernst, malte sie aber gern an die Wand, wenn es darum ging, seine Strategie zu rechtfertigen. Es blieb nur noch ein Gegner, der Peshwa Baji Rao II., der Sohn Raghunaths. Die Briten isolierten ihn in den folgenden Jahren, indem sie die Maharajas von Gwalior, Indore und Baroda auf ihre Seite brachten und ihnen den Fortbestand ihrer Fürstentümer zusicherten. Damit war das Schicksal des Peshwa besiegelt, und seiner Herrschaft war bald ein Ende gesetzt.

Die Konturen Britisch-Indiens standen so zu Beginn des 19. Jahrhunderts bereits im wesentlichen fest. Die Küsten und die fruchtbarsten Gebiete des Inlands waren in britischer Hand. Die Fürsten, die sich mit den Briten verbündet hatten, blieben mit interner Autonomie, aber ohne außenpolitische Handlungsfreiheit in diesem Britisch-Indien eingeschlossen wie die reglosen Insekten im Bernstein. Prekär war die britische Herrschaft nur noch im äußersten Norden Indiens. Dort konsolidierten die Sikhs, die schon den Großmoguln immer wieder die Stirn geboten hatten, in dem Machtvakuum, das nach dem Tode Mahadaji Scindias entstand, ihre Position und errichteten dann unter Maharaja Ranjit Singh im frühen 19. Jahrhundert einen Staat, der sich mit dem Tipu Sultans vergleichen läßt. Im Unterschied zu Tipu Sultan vermied Ranjit Singh jedoch die direkte Konfrontation mit den Briten. Er nahm europäische Offiziere in seinen Dienst und versuchte, seine Streitkräfte zu modernisieren, wie Tipu und Mahadaji Scindia es bereits vor ihm getan hatten. Seine schlagkräftigste Truppe blieb aber nach wie vor die Sikh-Kavallerie, deren Einsatz sich jedoch nur schlecht mit Infanterie und Artillerie koordinieren ließ. Unter seinen schwachen Nachfolgern zerfiel der Sikh-Staat und wurde schließlich auch von den Briten annektiert. Das Muster der Unterwerfung der Marathen wiederholte sich auch im Panjab. Einzelne Sikhfürsten am Rande des Staates, die sich mit den Briten verbündeten, blieben ungeschoren und retteten ihre freilich sehr beschränkte Autonomie, aber das Zentrum des fruchtbaren Fünfstromlandes ließen sich die Briten nicht entgehen. Es wurde die Kornkammer Britisch-Indiens und das Gebiet, aus dem später die Mehrzahl der Rekruten der britisch-indischen Armee stammen sollte.

Die Frage nach den Ursachen der britischen Territorialherrschaft in Indien, die sich in wenigen Jahrzehnten von einigen Brückenköpfen aus bis weit ins Innere des Landes erstreckte, hat Generationen von Historikern beschäftigt. Die Briten zogen es meist vor, jenen Glauben zu schenken, die behaupteten, das Reich sei ihnen in den Schoß gefallen, daß sie es sozusagen «in a fit of absentmindedness» erworben hätten. Es gab aber auch kriegerische Stimmen, die meinten, Indien sei mit dem Schwert erobert worden und könne auch nur mit dem Schwert gehalten werden. Beide Sichtweisen haben eine gewisse Berechtigung. Die Eroberung Indiens ist nie sehr stark in das Bewußtsein der britischen Öffentlichkeit gedrungen. Es war kein nationaler Einsatz gefordert, um das große Reich zu erringen. Die Schlachten, die die Briten in Indien schlugen, waren mit wenigen Ausnahmen keine bedeutsamen Ereignisse. Sie wurden zudem mit indischen Truppen geschlagen, die dem britischen Steuerzahler nicht auf der Tasche lagen. Waffengewalt spielte sowohl bei der Eroberung Indiens als auch bei der Erhaltung der britischen Fremdherrschaft eine entscheidende Rolle, aber es war eine wohldosierte und sparsam verwendete Gewalt. Die Eroberung unter der Ägide einer Handelsgesellschaft erforderte von vornherein eine sorgsame Bewirtschaftung der Gewalt. Das hatte zur Folge, daß sich die Briten selten zu unüberlegten Abenteuern hinreißen ließen, sondern jeden Einsatz berechnen mußten. Aus eigener Anschauung wußten die Briten in Indien, wie die zeitgenössischen Herrscher dort ihre kriegerischen Unternehmungen finanzierten, nämlich entweder durch Raubzüge oder durch das Grundsteueraufkommen, am besten aber durch beides. Bei diesem Anschauungsunterricht erwiesen sie sich als gelehrige Schüler. Der Lernprozeß blieb dabei nicht auf einzelne Kriegshelden und Herrschergestalten beschränkt, sondern wurde von einer Organisation erfahren, die ein kollektives Gedächtnis hatte, sich flexibel auf neue Bedingungen einstellte und alle sich ihr bietenden Vorteile zu nutzen wußte. Die Einbindung in eine Organisation bedingte es auch, daß die Errungenschaften besonders kluger und weitblickender oder auch kühner und skrupelloser einzelner nicht isoliert blieben und mit ihrem Abgang wieder verlorengingen, sondern selbst von mittelmäßigen Mitarbeitern und Nachfolgern bewahrt und weiterentwickelt wurden. Die Organisation bot ferner, vor allem in der Phase der rapiden Ausdehnung ihrer Aktivitäten, ihren Mitarbeitern vielseitige Berufserfahrung und rasche Beförderung, die nicht nur von Patronage, sondern im wachsenden Maße von der Bewährung im Einsatz abhing. Verantwortliche Posten wurden nicht selten mit ehrgeizigen jungen Männern besetzt. Der Aufstieg vom Handelsgehilfen zum Lord, den Clive seinen Kollegen demonstriert hatte, war zwar nur wenigen vergönnt, aber wie der berühmte «Marschallstab im Tornister» eine Zielvorstellung, die als solche nicht exklusiv war. Die beste Organisation und die ehrgeizigsten jungen Männer hätten nicht viel erreicht, wenn es keine günstigen Voraussetzungen für ihr Wirken gegeben hätte. Diese bestanden vor allem darin, daß die Ostindiengesellschaft sich mehr und mehr auf den Handel mit Textilien aus Bengalen konzentrierte und diese mit barer Münze bezahlte. Der Handel mit einem hochspezialisierten gewerblichen Produkt erforderte ein intensives Eindringen in den Binnenhandel und damit auch den Erwerb von Landeskenntnissen. Die Einfuhr von Edelmetall ermöglichte zugleich die Monetisierung Bengalens und erleichterte die Einziehung der Grundsteuer. Dies wiederum machte die lokalen Machthaber geneigt, die Briten gewähren zu lassen. Welch ungeheure Summen diese Machthaber an sich brachten, blieb den Briten nicht verborgen, die schon von Berufs wegen immer den Rechenstift zur Hand hatten. Die Konstellation, daß ausgerechnet ein schwacher Herrscher, der gerade erst an die Macht gekommen war, ein Exempel statuieren wollte, indem er gegen die Briten vorging und dabei den kürzeren zog, brachte dann die entscheidende Wende und ermöglichte es den Briten schließlich, mit dem Steueraufkommen Bengalens sowohl ihren Handel als auch die weiteren Eroberungen in Indien zu finanzieren. Die meisten Herrscher Indiens waren in jener Zeit in ständiger Finanznot, weil ihre militärischen Unternehmungen zu aufwendig waren und in keinem Verhältnis zu den erreichbaren Zielen standen. Das gilt in ähnlicher Weise für die europäischen Herrscher des 18. Jahrhunderts. Auch in Europa wuchs Englands Macht, weil es verstand, Kriege zu finanzieren, das eigene Engagement jeweils in Grenzen zu halten und die anderen Mächte gegeneinander auszuspielen. Die Briten in Indien taten dasselbe, aber sie annektierten darüber hinaus ein Territorium nach dem anderen, während sie sich in Europa mit der «balance of power» begnügten. In Europa gab es ein «Konzert der Mächte», in Indien aber nur Solisten, die von den Briten nacheinander vereinnahmt wurden. Die Ostindiengesellschaft hatte dabei nur den Rechtstitel eines Diwan von Bengalen. Da man sich in Indien dergleichen gern personifiziert vorstellt, wurde diese juristische Person «Company Bahadur» genannt. Dieser ehrenwerte Held (Bahadur) trat das Erbe des Mogulreiches an.

Sechstes Kapitel
Die Epoche der Kolonialherrschaft

1. Company Bahadur: Händler und Herrscher

Der Erwerb eines großen Reiches durch eine Handelsgesellschaft kam schon den Zeitgenossen merkwürdig vor, nicht zuletzt denen, die unmittelbar daran beteiligt waren. In den königlichen Urkunden, die die Privilegien der Gesellschaft bestätigten, hatte die Krone sich das Recht vorbehalten, eventuelle Eroberungen zu vereinnahmen, aber das Parlament wachte eifersüchtig darüber, daß die Krone nicht über die Besitzungen der Gesellschaft verfügte. Alle zwanzig Jahre wurde vom Parlament über die Erneuerung der Privilegien beschlossen. Die Stimmen mehrten sich, die für die Abschaffung dieser Privilegien plädierten. Das Handelsmonopol erschien anachronistisch, und für die Ausübung der Territorialherrschaft war eine Gesellschaft von Händlern offensichtlich nicht geschaffen.

Der anonyme Autor der «Considerations upon the East India Trade» hatte bereits 1701 die Auflösung der Gesellschaft und die Freigabe des Indienhandels gefordert und vorgeschlagen, daß die Faktoreien vom Staat übernommen und durch Zolleinnahmen finanziert werden sollten. Clives Appell an Pitt, Bengalen unverzüglich zum Grundstein eines britischen Imperiums zu machen, war noch attraktiver, jetzt winkten nicht nur Zolleinnahmen, sondern ein großes Grundsteueraufkommen. Aber man scheute das vielfältige Risiko, das sich auf diese Weise ergeben hätte. Die Furcht, daß der plötzliche Zuwachs das politische System Englands korrumpieren könne, war nicht unberechtigt. Ferner mochte man sich fragen, ob nicht bald Verteidigungskosten anfallen würden, die die zu erwartenden Einnahmen übersteigen könnten. Eroberung mit beschränkter Haftung war diesen Risiken vorzuziehen. Das Parlament begnügte sich damit, der Ostindiengesellschaft einen Tribut von 400000 Pfund Sterling pro Jahr abzufordern und sonst alles beim alten zu belassen.

Selbst als die Gesellschaft später ihr Handelsmonopol verlor, blieb ihr das Herrschaftsmonopol erhalten. Ihr einziges Geschäft war dann nur noch, Indien zu regieren und sich dafür gut bezahlen zu lassen. Dieser Übergang von Handel zum reinen Dienstleistungsbetrieb hätte eigentlich schon in den letzten Jahrzehnten des 18. Jahrhunderts nahegelegen. Die privaten Händler unterliefen das Monopol der Gesellschaft ohnehin mit wachsendem Erfolg, waren aber durchaus daran interessiert, die Gesellschaft zur Erhaltung der Infrastruktur ihrer Unternehmungen fortbestehen zu lassen. Sie sicherten sich in zunehmendem Maße Direktorenposten der Gesellschaft, um ihren Einfluß geltend zu machen. Nicht wenige von ihnen waren frühere Angestellte der Gesellschaft, die in Indien neben ihren offiziellen Obliegenheiten private Agenturen betrieben hatten. Ihren Interessen standen jedoch die der Schiffseigner im Direktorium entgegen, die seit der Intensivierung des Teegeschäfts der Gesellschaft noch schnellere und bessere Schiffe zur Verfügung stellten. Die Schiffseigner hatten sich so sehr auf die Schiffsvermietung spezialisiert, daß sie sich nicht leicht auf das Privathandelsgeschäft umstellen konnten. Sie waren daher äußerst konservativ und pochten auf die Privilegien der Gesellschaft. An sich wäre ihnen mit einer Umwandlung des Handelsmonopols in ein Frachtmonopol gedient gewesen. Aber eine solche Absurdität konnte sich die Nation der Seefahrer nicht leisten. Daher mußte das Handelsmonopol zum Schutz des Frachtmonopols erhalten bleiben. Die Privathändler wurden mit der Konzession abgefunden, daß sie eine bestimmte Quote des Frachtraums auf den Schiffen der Gesellschaft beanspruchen durften. Diese Durchlöcherung des Handelsmonopols war eigentlich auch absurd, aber sie hielt sich in den Grenzen der vertretbaren Absurditäten, von denen es im britischen System jener Zeit nicht wenige gab.

Außer den Interessen der Schiffseigner gab es aber auch noch einen weiteren Grund dafür, den Übergang vom Handelsmonopol zum Herrschaftsmonopol hinauszuschieben. In den letzten Jahrzehnten des 18. Jahrhunderts wäre das reine Herrschaftsmonopol kein lukratives Geschäft gewesen. Die kriegerischen Verwicklungen im letzten Stadium des Ringens um die Vormacht in Indien waren kostspielig. Die Gesellschaft schob einen hohen Schuldenberg vor sich her, der freilich dadurch noch anwuchs, daß die Direktoren auch dann noch Dividenden bewilligten, wenn die Bilanz das nicht gerechtfertigt erscheinen ließ. Das konnte man ihnen nicht verwehren, denn sonst hätten sie dem Staat das Baby im ungünstigsten Moment in den Schoß gelegt.

Die Versuche des Parlaments, durch regulierende Gesetzgebung einzugreifen und eine staatliche Aufsicht zu etablieren, ohne die Privilegien der Gesellschaft anzutasten, sind in diesem Sinne zu verstehen. Die Gesellschaft sollte als Puffer erhalten bleiben, der das einheimische politische System davor schützte, unmittelbar von den Ereignissen in Indien betroffen zu werden. Um diese Funktion zu erfüllen, mußte die Führungsstruktur innerhalb der Gesellschaft verbessert und eine Kontrolle ihrer politischen Entscheidungen gewährleistet sein. Das erste Gesetz, das 1773 verabschiedet wurde, schuf daher die Position eines Generalgouverneurs, ordnete ihm aber zugleich einen Rat zu, dessen Mitglieder von London entsandt wurden und ihn in seinen politischen Entscheidungen überstimmen konnten. Die Folgen dieses Gesetzes mußte Warren Hastings tragen. Seine Erfahrungen genügten, um seinen designierten Nachfolger, Lord Cornwallis, darauf bestehen zu lassen, daß ihm dergleichen nicht zugemutet werde. Das zweite Gesetz, das nach mehreren Entwürfen 1784 verabschiedet wurde, sah deshalb einen autokratischen Generalgouverneur vor, der in Indien allein das Sagen hatte. Dafür stand ihm in London ein politischer Aufsichtsrat gegenüber, dessen Präsident gewissermaßen der Vorläufer des späteren Staatssekretärs für Indien war. Aus Mitgliedern des Aufsichtsrats und drei Direktoren der Ostindiengesellschaft wurde ein geheimer Rat gebildet, der das eigentliche Entscheidungsgremium wurde, das dem Generalgouverneur politische Richtlinien gab. Die drei Direktoren der Gesellschaft, die diesem Gremium angehörten, waren selbst gegenüber den anderen Direktoren zur Geheimhaltung verpflichtet. Auf diese Weise bildete sich eine Kommandostruktur heraus, die der zuvor beschriebenen politischen Konstellation entsprach. Der Generalgouverneur hatte in Indien weitgehend freie Hand, zumal die Kommunikation zwischen London und Kalkutta damals noch beträchtliche Zeit erforderte. Das Aufsichtsorgan in London steckte den Rahmen ab, der den Entscheidungen des Generalgouverneurs gesetzt war, und vermittelte zwischen dem autokratischen System in Indien und dem politischen System Englands. Mit Fragen des Handels war dieses Aufsichtsorgan nicht befaßt. Die Verfassungsstruktur, die auf diese Weise verankert worden war, erwies sich als stabil genug, um die Verwandlung der Ostindiengesellschaft von einem Handelsmonopolkonzern in einen Regierungsdienstleistungsbetrieb zu ermöglichen. Das Handelsmonopol konnte aufgehoben werden, ohne daß die Organisation zusammenbrach. Die Konstruktion, die einem politischen Kompromiß in einer sehr prekären Situation ihren Ursprung verdankte, erwies sich als dauerhafter, als man es hätte erwarten können. Erst der indische Aufstand von 1857 sollte dieses seltsame Gehäuse so sehr erschüttern, daß es fluchtartig verlassen werden mußte. Doch als das geschah, war die Übernahme des indischen Reiches durch den selbstbewußten viktorianischen Staat nicht mehr problematisch.

Als der erste Generalgouverneur Warren Hastings sein Amt antrat, war die Handelsgesellschaft für die Aufgaben der Herrschaft in Indien kaum gerüstet. Wie Hastings selbst waren die Angestellten der Gesellschaft in erster Linie in kommerziellen Dingen erfahren und hatten keine Ahnung von der Grundsteuerverwaltung, die nun zu einer bedeutenden Einnahmequelle werden sollte. Dennoch erwies sich die Organisation der Gesellschaft mit ihrer Ämterhierarchie, Karrierestruktur, Versetzbarkeit der Amtsträger und anderen Merkmalen, die eine moderne Bürokratie auszeichnen, als Ansatzpunkt für die Entwicklung einer Staatsverwaltung. Die unerfahrenen Briten waren freilich zunächst völlig auf die Kooperation der indischen Beamten des früheren Regimes angewiesen und konnten leicht von diesen manipuliert werden. Andererseits bemühten sich die Briten jener Zeit weit mehr als später um intensive Sprach- und Landeskenntnisse und kannten noch nicht die herablassende Arroganz späterer Generationen, die sich als überlegene Kulturbringer fühlten und meinten, sie müßten Indien aus dumpfer Barbarei und finsterstem Aberglauben ans Licht führen. Hastings förderte die Anfänge der Indologie und begrüßte die Gründung der «Asiatic Society», die der Richter William Jones 1784 mit einigen Gleichgesinnten in Kalkutta etablierte. Jones wählte bewußt das Wort «Asiatic» statt des geläufigen «Oriental», weil der Hinweis auf den Orient die Blickrichtung aus dem Westen voraussetzt, die Betonung Asiens aber die Eigenständigkeit der Kultur deutlich machte, um deren Verständnis man sich bemühte. Diese Geisteshaltung ermöglichte eine Einfühlung, die die Bewältigung der ungewöhnlichen Aufgaben, vor die sich die Briten in Indien damals gestellt sahen, erleichterte.

Auf dem Gebiet der Grundsteuerverwaltung zeigten sich die Briten freilich weniger einfühlsam und versuchten selbst nach der grausamen Hungersnot von 1770, die ein Drittel der Bevölkerung Bengalens hinwegraffte, soviel wie möglich aus der unglücklichen Provinz herauszupressen. Hastings griff auf eine Methode zurück, die auch vom früheren Regime angewandt wurde, er ließ die Steuereinziehungsrechte versteigern, um eine optimale Einnahme bei minimalem Verwaltungsaufwand zu erzielen. Dieses System brach aber bald zusammen, und die Ergebnisse einer Untersuchungskommission, die Hastings einsetzte, um der Steuerfrage auf den Grund zu gehen, ließen auf sich warten. Inzwischen konzipierte sein Widersacher Philip Francis einen theoretischen Entwurf, der die weitere Entwicklung wesentlich beeinflussen sollte.

Philip Francis war in seinem wirtschaftspolitischen Denken in jeder Hinsicht auf der Höhe seiner Zeit und verband freihändlerische, merkantilistische und physiokratische Lehrsätze, um einen Weg zu zeigen, auf dem Bengalen zu Wohlstand gelangen und damit auch in die Lage versetzt würde, seinen fremden Herrschern ohne besondere Belastung Tribut zu zollen. Innerhalb Bengalens sollte freier Handel eingeführt werden, und die Gesellschaft sollte die Waren gegen Barzahlung im freien Wettbewerb kaufen, statt wie bisher mit Vorschüssen und Verträgen zu arbeiten, die eine Abhängigkeit der Produzenten begründeten. Der Export Bengalens sollte nur aus solchen Fertigwaren und nicht aus Edelmetallen bestehen. Die Besteuerung müsse sich an den Bedürfnissen des Staates und nicht an der Grenze der Belastbarkeit des Steuerzahlers orientieren. Die Grundsteuer solle die einzige Steuer sein; da sie über die Agrarpreise alle Verbraucher betreffe, werde sie so von der ganzen Gesellschaft getragen. Andere Steuern erübrigten sich daher, insbesondere die Belastung des Handels durch Zölle, die die Freizügigkeit beeinträchtigen. Die Grundsteuerveranlagung sei ein für alle Mal festzulegen. Das Grundeigentum, das diese Steuer zu erbringen habe, sollte erblich und veräußerbar sein. Auf den letzten Punkt kam es Francis besonders an, doch diese permanente Veranlagung von Grundherren und die Sicherung ihrer Eigentumsrechte war nur im Gesamtzusammenhang seiner Forderungen sinnvoll.

Warren Hastings schenkte dem kühnen Entwurf seines Gegenspielers, der Indien bereits 1780 wieder verließ, keine Beachtung und begnügte sich zunächst mit einer jährlichen Veranlagung der Grundherren, ohne deren Rechte zu sichern. Statt dessen bemühte er sich jedoch darum, der Rechtsprechung in Bengalen ein neues Fundament zu geben. Als Diwan war die Gesellschaft nämlich auch für die zivile Gerichtsbarkeit in Bengalen zuständig. Hastings hatte bald bemerkt, daß diese Gerichtsbarkeit unter dem früheren Regime kaum über die Städte Patna, Murshidabad und Dacca hinausreichte. In wenigen Jahren errichtete er 18 neue Gerichtshöfe und versuchte, ihre Prozeßordnung und Berufungsinstanzen zu regeln. Diese Form der Gerichtsbarkeit (*Diwani Adalat*) war schon unter islamischer Herrschaft ein Bereich des säkularen Gewohnheitsrechts, der besonderen Richtern und nicht dem Kadi unterstand, der nur den Koran als Richtschnur gelten lassen konnte. Der Diwan war die höchste Berufungsinstanz. Hastings fühlte sich in dieser Hinsicht überfordert und trug dem Vorsitzenden des obersten Gerichtshofs in Kalkutta, Eliah Impey, dieses Amt an. Impey nahm es an und erarbeitete eine Prozeßordnung für diese Gerichtshöfe, die mit ihrer Regelung der Vorladung, der Schriftlichkeit des Verfahrens und der Urteilsbegründung völlig neue Prinzipien einführte. So begann der Siegeszug der britisch inspirierten Justiz bis in den letzten Winkel Indiens. Die Verbreitung der Rechtsprechung war dabei keineswegs eine uneigennützige Maßnahme, denn die Gerichtsgebühren brachten zusätzliche Einnahmen für den Fiskus. Impey, der auf diesem Gebiet Pionierarbeit leistete, setzte sich freilich zunächst einmal der Kritik aus, daß er mit dem neuen Amt einen Posten im Dienste der Gesellschaft angenommen habe, der er andererseits als Richter des obersten Gerichtshofs von Kalkutta als unabhängige Instanz gegenüberstehen sollte. Außerdem wies man auf die Problematik hin, die sich daraus ergab, daß Impey in seinem einen Amt seine Autorität von der britischen Krone, in seinem anderen aber vom Großmogul ableitete. Doch diese Rolle des

Dieners zweier Herren spielte ja nicht nur Impey, sondern die Briten überhaupt in jener Zeit in Indien. Impeys Nachfolger im Amt des Vorsitzenden des obersten Gerichtshof in Kalkutta, William Jones, ging in seinen Bemühungen um das indische Recht über die Fragen der Prozeßordnung hinaus und beschäftigte sich mit den Rechtsinhalten, die er durch Übersetzung und Kodifizierung dem Richter an die Hand geben wollte, der nun in vielen Fällen ein unerfahrener junger Angestellter der Ostindiengesellschaft war, der nach eigenem Gutdünken Recht sprechen mußte. Der Respekt vor der indischen Tradition führte jedoch zu einer Mißachtung ihrer eigentlichen Funktion. Die Tradition hatte sich bisher als lebendig und flexibel erwiesen, weil ihre Vermittler jeweils den Kontext beachteten, in dem ihr Urteil sich bewähren sollte. Die Kunst der Vermittlung bestand gerade darin, überkommene Regeln mit der jeweiligen Erfahrung in Einklang zu bringen. Die Kodifizierung als Traditionskonserve schloß diese Form der Vermittlung aus. Doch dieser Gesichtspunkt sollte zunächst gar nicht im Mittelpunkt der Kritik an William Jones stehen: Die Utilitarier der nächsten Generation verspotteten ihn, weil er nach ihrer Meinung nur eine Sammlung inkonsistenter und unwissenschaftlicher Rechtssprüche hervorgebracht habe, statt den Indern die Segnungen des fortschrittlichen britischen Rechts zukommen zu lassen. Die Verachtung der indischen Tradition, nicht die kritische Einstellung zur Art und Weise ihrer Konservierung, charakterisierte die nächste Generation der britischen Rechtsgelehrten.

Lord Cornwallis, der zweite Generalgouverneur, war nicht wie Hastings in Indien aufgestiegen, sondern kam in jeder Hinsicht als Außenseiter in sein neues Amt. Er unterstützte William Jones, dessen Gelehrsamkeit ihn beeindruckte, von dessen Anliegen er aber wenig verstand. Kriegszüge nach Südindien beanspruchten seine Aufmerksamkeit mehr als die Probleme der Verwaltung und Rechtsprechung in Bengalen. Aufgrund seiner größeren Vollmachten und seines politischen Gewichts konnte er jedoch zwei Maßnahmen durchsetzen, die für die weitere Entwicklung der britischen Herrschaft in Indien von Bedeutung waren. Er verwandelte die Angestellten der Gesellschaft, die bisher nur minimale Gehälter erhielten, weil man voraussetzte, daß sie ihre Position ohnehin nutzten, um einträgliche Nebenverdienste zu haben, in ein hochdotiertes Beamtenkorps, von dem Unbestechlichkeit erwartet werden konnte. Mit diesen Beamten besetzte er alle wichtigen Verwaltungsstellen und schloß indische Beamte von allen verantwortlichen Posten aus. Die Distanz zwischen Herrschern und Beherrschten wurde auf diese Weise institutionalisiert. Die zweite Grundsatzentscheidung war die Einführung des bereits von Philip Francis geforderten «Permanent Settlement», der für

1. Company Bahadur: Händler und Herrscher

alle Zeit festgeschriebenen Steuerveranlagung der großen Grundherren Bengalens, denen zugleich erbliche und veräußerbare Eigentumsrechte verbrieft wurden. Als diese Regelung 1793 eingeführt wurde, war sie für die Briten durchaus vorteilhaft. Die Veranlagung war hoch, der Besitz der Grundherren konnte sofort zwangsversteigert werden, wenn sie die Steuern nicht pünktlich zahlten. Geregelte Einnahmen waren gerade zu dieser Zeit der kriegerischen Verwicklungen sehr wichtig. Bald bereute man freilich, daß man die Grundsteuer nicht mehr erhöhen konnte, vor allem nachdem man im Süden Tipus System der rigorosen Veranlagung der einzelnen Bauern übernommen hatte, das dieser gerade in den letzten Jahren der Auseinandersetzungen mit den Briten noch besonders ausgebaut hatte.

In Bengalen blieb nur der Ausweg, über Zölle und andere Abgaben den wachsenden Handel zu besteuern, eine Methode, die nun gerade im Widerspruch zu dem ursprünglichen Plan von Philip Francis stand. Bengalen wurde zur Ader gelassen, um sowohl den Tribut nach London zu überweisen als auch die Eroberung der anderen Teile Indiens zu finanzieren. Die Provinzen (Presidencies) Madras und Bombay waren zu jener Zeit noch auf Zuschüsse aus Bengalen angewiesen.

Unter dem dynamischen Generalgouverneur Lord Wellesley wurden die wichtigsten Eroberungsfeldzüge erfolgreich abgeschlossen. Doch die Ereignisse in Europa trafen die Ostindiengesellschaft empfindlich. Die Kontinentalsperre beeinträchtigte das britische Re-Exportgeschäft. Zugleich machte sich ein bedeutsamer Strukturwandel bemerkbar. Die Ausfuhr von Textilien aus Bengalen ging in den ersten Jahren des 19. Jahrhunderts rasch zurück. Damit wurden auch viele bengalische Weber arbeitslos und mußten versuchen, in der Landwirtschaft unterzukommen. Die industrielle Revolution in England bewirkte, daß maschinengewebte Tuche die handgewebten verdrängten. Wurden 1800 noch Textilien im Wert von 1,4 Millionen Pfund exportiert, waren es 1809 nur noch 0,3 Millionen Pfund. Dagegen stiegen die Einfuhren britischer Produkte nach Bengalen. Ihr Wert betrug 1800 nur 6 Millionen Pfund, 1809 aber 18 Millionen Pfund. Unter diesen Umständen war eine Aufrechterhaltung des Handelsmonopols der Ostindiengesellschaft sinnlos. Es wurde 1813 abgeschafft, von nun an war die Ostindiengesellschaft nur noch eine Handelsfirma unter vielen anderen. Im Grunde interessierte sie der Handel auch nur noch, insoweit er dazu diente, den Tribut von Indien nach London zu transferieren. Aber selbst in dieser Beziehung waren längst internationale Finanztransaktionen wichtiger geworden als der direkte Indienhandel. Indische Steuergelder oder Einkünfte aus dem Opiummonopol wurden in China eingesetzt, um Tee zu kaufen. Private Händler brachten Rohbaumwolle von Indien nach China, zahlten dort den Erlös in die Kasse der Ostindiengesellschaft in Kanton ein und ließen sich Anweisungen auf Kalkutta oder London ausstellen. Die Gesellschaft hatte daher keine Schwierigkeiten, den Tribut auf die eine oder andere Weise nach London zu transferieren.

In Indien waren die Jahre nach 1813 die große Zeit der «Agency Houses», die unter dem Schutz und Schirm der Ostindiengesellschaft herangewachsen waren und zunächst so bescheidene Aufgaben wahrgenommen hatten wie etwa die Versorgung der Briten mit europäischen Konsumgütern oder den gewinnbringenden Einsatz von Ersparnissen der Angestellten der Ostindiengesellschaft im «country trade». Nach der Freigabe des Indienhandels stiegen die «Agency Houses» in wachsendem Maße in das Indigogeschäft ein. Durch Vorschüsse finanzierten sie die Produktion und sorgten dafür, daß sie ihren Bedarf ausreichend und zu geringen Preisen decken konnten. Da es noch kein entwickeltes Bankwesen in Indien gab, fungierten die «Agency Houses» auch als ihre eigenen Hausbanken. Ihre Kapitaldecke war jedoch recht knapp bemessen, und die Indigofabriken, in die ein Teil des Kapitals investiert war, ließen sich gerade in Krisenzeiten schlecht verkaufen. Das Indigogeschäft war zudem aufgrund starker Preisschwankungen besonders krisenanfällig, und die «Agency Houses» waren sehr von ihren Geschäftspartnern in London abhängig. Im Ernstfalle war diesen jedoch ihr eigener Vorteil wichtiger als das Schicksal der Firma in Indien. In den Jahren nach 1830 kam es daher zu einer Reihe spektakulärer Bankrotte, und die alten «Agency Houses» verschwanden. Diese Entwicklung traf mit einem anderen wichtigen Ereignis zusammen: Das Parlament beschloß 1833, daß die Ostindiengesellschaft sämtliche Handelsgeschäfte einstellen müsse und nur noch ihre Herrschaftsfunktion ausüben solle. Daher war die Gesellschaft genötigt, auch eine Reihe von Unternehmungen wie Indigofabriken, Seidenaufbereitungsanlagen usw. abzustoßen. Diese Konstellation nutzte ein kluger indischer Unternehmer aus: Dwarkanath Tagore, der Großvater Rabindranath Tagores. Mit einem britischen Partner, der wenig Kapital, dafür aber Geschäftsverbindungen mitbrachte, gründete er die Firma Carr, Tagore & Co. Er selbst lieh dieser Firma eine Million Rupien, zum größten Teil in Form von Hypotheken auf seinen umfangreichen Ländereien. Zugleich nutzte er die Produktionskapazität dieser Ländereien für den Indigoanbau oder die Aufzucht von Seidenraupen. Der Ostindiengesellschaft kaufte er zu einem Preis, den er diktierte, die entsprechenden Aufbereitungsanlagen ab. Carr, Tagore & Co. wurde zum Prototyp der späteren «Managing Agencies».

Wenn es darum ging, ein neues Unternehmen zu gründen – eine Bergwerksgesellschaft oder eine Dampfschiffahrtsgesellschaft –, wurde zu diesem Zweck eine neue Firma gegründet, und Tagore ließ seine

1. Company Bahadur: Händler und Herrscher 311

Firma damit beauftragen, das Management zu übernehmen. Finanzielle Manipulationen waren dann ein Leichtes: Die Kohle aus dem Bergwerk wurde den Dampfschiffen, die man im Griff hatte, teurer verkauft als auf dem freien Markt. Auch im Bankwesen machte Tagore einen wesentlichen Fortschritt, indem er die Geschäftsleute in Kalkutta dazu brachte, gemeinsam die Union Bank zu gründen. Diese Bank sollte nicht die Hausbank irgendeiner Firma sein, sondern allen dienen. Die Spekulationsgeschäfte der Firmen sollten vom Kreditgeschäft der Bank getrennt sein. In diesem Sinne funktionierte die Bank eine geraume Zeit, wenn auch Tagore sich nicht scheute, gehörigen Einfluß auf die Transaktionen der Bank auszuüben. Die nächste Wirtschaftskrise 1846/47 raffte freilich sowohl die Union Bank als auch Carr, Tagore & Co. dahin. Tagore, der 1845 in London starb, sollte dieses Ende nicht mehr erleben. Nach ihm stieg kein bengalischer Unternehmer in Britisch-Indien zu den Höhen empor, die er erklommen hatte.

Die besonderen Umstände, die den Aufstieg eines solchen Unternehmers begünstigten, waren weder vor 1830 noch nach 1847 gegeben. Vor 1830 hatten die Ostindiengesellschaft und die «Agency Houses» das Feld beherrscht, nach 1847 begann eine neue Epoche, in der sich andere Entwicklungen vollzogen, die dem indischen Unternehmer weniger zugänglich waren. Die Jahre von 1830 bis 1847 waren durch eine rapide Expansion des Exports von Agrarprodukten, insbesondere Indigo und Rohbaumwolle, gekennzeichnet. Dieser Export wurde noch dadurch erleichtert und gefördert, daß die Ostindiengesellschaft, als sie selbst keinen Handel mehr treiben durfte, ihren Tribut nach London transferierte, indem sie den Exporteuren bei Verladung der Waren in Indien Vorschüsse auf den Erlös in London auszahlte, die erst nach Verkauf der Ware an die Gesellschaft zurückgezahlt wurden. Damit betätigte sich die Gesellschaft praktisch als Handelsbank, die Exportkredite gewährte. Nach 1847 stagnierten die indischen Exporte, kurz darauf begannen die britischen Investitionen in die indischen Eisenbahnen, und Silber floß wieder einmal in reichlicherem Maße nach Indien. Für den britischen Kapitalanleger waren fünf Prozent garantierte Rendite bereits sehr attraktiv. In Indien, wo der Zinssatz stets weit höher war, konnte man kaum jemanden finden, der sein Kapital zu diesem Zinssatz zur Verfügung gestellt hätte. Der Kauf von Landbesitz, Handelsspekulationen oder Geldverleih waren wesentlich lukrativer. Die Bereiche, in denen britisches und indisches Kapital investiert wurden, hoben sich von nun an deutlich voneinander ab.

Während sich dieser wirtschaftliche Strukturwandel vollzog, waren die Briten immer tiefer in Indien eingedrungen und hatten die Grundsteuerveranlagung der verschiedenen Provinzen vorangetrieben. Das «Permanent Settlement» blieb auf Bengalen beschränkt, in den anderen Provinzen behielt man sich eine periodische Revision der Steuerveranlagung vor. Zumeist folgten die Briten in der Methode der Veranlagung ihren jeweiligen unmittelbaren Vorgängern. Im Süden hatten Tipu und die Marathen eine recht rigorose Veranlagung eingeführt, die die Mittelsmänner soweit wie möglich ausschaltete. Im Norden übernahm man die Veranlagung von Grundherren oder Dorfgemeinschaften. In einem aber unterschieden sich die Briten von ihren Vorgängern – sie organisierten die Steuereintreibung wesentlich effizienter. Die Mogulsteuerverwaltung unterschied deutlich zwischen dem veranlagten Steuerbetrag (*jama*) und den eigentlichen Steuereinnahmen (*hasil*), und es bestand kein Zweifel, daß diese Beträge voneinander abwichen. Die Briten betrachteten es als Zeichen für eine ungenaue Veranlagung, wenn die veranlagten Beträge nicht auch vereinnahmt werden konnten. Über Stundung und Nachlaß in Notzeiten mochte man mit sich reden lassen, aber in normalen Jahren wurde die Steuer auf Heller und Pfennig eingetrieben. Ricardos Grundrententheorie, die den britischen Steuerbeamten geläufig war, bestärkte sie darin, die Steuer rigoros einzutreiben. Ricardo hatte postuliert, daß die Grundrente das völlig unverdiente Einkommen ist, das dem Grundherren aus der Knappheit des Bodens erwächst, und daß der Staat daher berechtigt ist, diesen Zuwachs eventuell bis zur vollen Höhe als Steuer zu beanspruchen, da er von Rechts wegen der Gesellschaft und nicht dem durch den Zufall begünstigten einzelnen gehöre. Ricardo behauptete ferner, daß die Grundrente nicht die Preise beeinflusse, sondern im Gegenteil von diesen bestimmt werde. Diese Behauptungen standen im krassen Gegensatz zu denen, die Francis aufgestellt hatte, als er das «Permanent Settlement» forderte. Er hatte gesagt, daß der Staat die Besteuerung auf die Grundsteuer beschränken solle, weil auf diese Weise über die Agrarpreise ohnehin alle Verbraucher besteuert werden. Diese Theorie entsprach der indischen Wirklichkeit weit mehr als die Ricardos, der voraussetzte, daß der Bauer ein freier Unternehmer ist, der eine marktgerechte Pacht zahlt. In Indien waren die Bauern aber keine Unternehmer, sie bearbeiteten den Boden, der ihnen zur Verfügung stand, und trugen die Pacht oder Steuerlast, die man ihnen auferlegte, solange sie sich und ihre Familie erhalten konnten. Aber Francis war längst vergessen, und die Lehren Ricardos beherrschten das Feld auch dort, wo die Beamten der Ostindiengesellschaft ausgebildet wurden, im Haileybury College, wo Malthus lehrte, der an der Entstehung der Grundrententheorie mitgewirkt hatte.

Die wissenschaftlich begründete Überheblichkeit, mit der sich die neuen Herrscher anheischig machten, Indien nach ihren Vorstellungen zu ordnen, mischte sich mit einem christlichen Sendungsbewußtsein, das einer enormen Selbstgerechtigkeit Vorschub leistete. Ein typischer Vertreter dieser neuen Richtung war Lord Macaulay, der 1835 als Justizminister nach Indien entsandt wurde. Im Gegensatz zu dem gelehrten William Jones, der wenige Jahrzehnte zuvor Respekt vor der indischen Tradition gelehrt hatte, strafte Macaulay diese Tradition, von der er nichts verstand und auch nichts verstehen wollte, mit Verachtung. Die ganze Literatur des Orients sei nicht soviel wert wie das, was in den Büchern stehe, die in einem einzigen Regal einer europäischen Bibliothek zu finden seien. Den Indern aber empfahl er eine Bildung, die sie zu englischen «gentlemen» machen solle. Mit diesen Empfehlungen griff er entscheidend in einen Streit ein, der damals in Kalkutta die Geister bewegte. «Anglizisten» und «Orientalisten» standen sich unversöhnlich gegenüber; die einen waren der Meinung, man müsse die westliche Bildung fördern und die englische Sprache zur Unterrichts- und Verwaltungssprache machen, die anderen wollten die traditionelle Bildung und die orientalischen Sprachen fördern. Dabei ging es nicht nur um Prinzipien, sondern auch um die Verwendung der freilich recht bescheidenen Geldmittel, die «Company Bahadur» für das indische Bildungswesen verausgabte. Prominente Inder, unter ihnen auch der in religiösen Dingen sehr konservative Sanskritgelehrte Raja Radhakanta Deb, unterstützten die «Anglizisten», aber nicht etwa, weil sie Macaulays Ansichten teilten, sondern weil sie einsahen, daß eine neue indische Bildungsschicht nur dann eine Chance hatte, unter den neuen Herrschern Ämter und Einfluß zu gewinnen, wenn sie deren Sprache beherrschte. Insbesondere die Hindus waren bereit, diese Anpassung zu vollziehen. Unter der Mogulherrschaft hatten sie die persische Hof- und Verwaltungssprache gemeistert, jetzt erlernten sie ebenso rasch die Sprache der neuen Herren. Die ersten Anklänge des indischen Nationalismus wurden denn auch in englischer Sprache in dem Hindu-College in Kalkutta artikuliert, das zur Wiege der neuen Bildungsschicht wurde. Hier vermittelte der enthusiastische junge De Rozio – halb Europäer, halb Inder – seinen Schülern in poetischen Worten die Vision einer großen indischen Nation. Seine junge Gefolgschaft, die man später die Derozianer nannte, setzte sich über alle Tabus der indischen Gesellschaft hinweg und erregte auf diese Weise Anstoß. Die meisten Derozianer spielten jedoch im späteren Leben eine bedeutende Rolle im Geistesleben Kalkuttas. Ihr radikaler Mentor aber wurde frühzeitig entlassen, weil er dem Direktorium des Hindu-College nicht mehr tragbar erschien.

Die westliche Bildung fand bald weitere Verbreitung, als in Kalkutta und Madras die staatlichen Presidency Colleges und in Bombay das staatliche Elphinstone College errichtet wurden. Die christlichen Missionare, insbesondere die schottischen Presbyterianer, gründeten bald darauf ihre eigenen Colleges. So entstand das Scottish Churches College in Kalkutta und das Wilson College in Bombay. Die Absolventen dieser Colleges fanden gute Posten im Verwaltungsdienst, aber auch als Richter und Rechtsanwälte und als Lehrer und Professoren. Der höhere Verwaltungsdienst blieb allerdings nach wie vor den Briten vorbehalten, die nun ihrerseits mehr für die Bildung der Beamten der Ostindiengesellschaft taten als im 18. Jahrhundert. Den Handel lernte man am besten im Geschäft, das Herrschen erforderte eine gewisse formale Bildung. Lord Wellesley hatte zu diesem Zweck das Fort William College in Kalkutta errichtet, war damit aber auf den Widerstand der Direktoren der Ostindiengesellschaft gestoßen. Die Rekrutierung von Beamten erfolgte nämlich nach wie vor nicht auf dem Wege der freien Bewerbung und Auswahl, sondern durch Patronage. Jeder Direktor der Gesellschaft hatte das Recht, eine gewisse Anzahl von Kandidaten zu präsentieren, er durfte dafür allerdings kein Geld annehmen. Meistens protegierte er ohnehin ärmere Familienangehörige, mit anderen Worten, es herrschte ein wohlregulierter Nepotismus. Der Korpsgeist der Beamtenschaft ergab sich nicht zuletzt daraus, daß sie einem überschaubaren Kreis von Familien aus dem Mittelstand entstammte. Dieses Patronagesystem wäre empfindlich gestört worden, wenn Kandidaten in Indien noch eliminiert werden konnten, falls sie das Studium am Fort William College nicht erfolgreich abschlossen. Dieses College durfte daher keine Prüfungen abhalten und wurde bald zur reinen Sprachschule, in der die Neuankömmlinge sich auf ihren weiteren Einsatz im Lande vorbereiten konnten. Statt dessen errichtete die Ostindiengesellschaft das Haileybury College in England, in dem die Kandidaten einen regelrechten Lehrgang absolvierten, in dem außer Sprachen auch andere Fächer berücksichtigt wurden. Dort lehrte auch ein Mann wie Malthus, dessen Wirtschaftslehren einen bedeutsamen Einfluß auf die Elite der Verwaltungsbeamten hatte. Wenn sich ein Kandidat in Haileybury nicht bewährte, hatte der Direktor, der ihn vorgeschlagen hatte, die Möglichkeit, einen Ersatzmann zu präsentieren. So wurde ein Kompromiß geschlossen, der Patronage und Auslese miteinander verband. Als im Jahre 1826, zwanzig Jahre nach Gründung des Haileybury College, die rasche Ausweitung der Territorialverwaltung die Einstellung von mehr Beamten erforderte, als Haileybury liefern konnte, wurden auch zusätzliche Kandidaten, die an anderen Colleges studiert hatten, durch einen in London errichteten Prüfungsausschuß examiniert. Damit war der erste Schritt zur freien Bewerbung getan, und 1853 gab die Ostindiengesellschaft dem wachsenden Druck nach, nahm keine weiteren Kandidaten mehr im Haileybury College auf und führte allgemein zugängliche Aufnahmeprüfungen für den Verwaltungsdienst ein. Der Zufall wollte es, daß die letzten Absolventen

1. Company Bahadur: Händler und Herrscher 315

das Haileybury College kurz vor der Auflösung der Ostindiengesellschaft und der Übernahme Indiens durch die britische Krone verließen. «Company Bahadur» verlor sein Mandat im großen Aufstand von 1857, der der britischen Herrschaft in Indien beinahe ein Ende gesetzt hätte. Radikale Nationalisten haben diesen Aufstand später als den indischen Unabhängigkeitskrieg gefeiert, für die Briten war und blieb er die «Mutiny», die Meuterei der indischen Söldner, mit deren Hilfe sie Indien erobert und die sich dann gegen sie gekehrt hatten. Der Aufstand war jedoch weder ein nationaler Unabhängigkeitskrieg noch eine reine Meuterei unzufriedener Söldner. Er erfaßte weite Gebiete Indiens und verschiedene Kreise der Bevölkerung. Die neue Bildungsschicht blieb ihm fern, ja sie war sich in ihrer Furcht vor den Aufständischen mit den Briten einig. Die chaotischen Zustände zur Zeit des Ringens um die Vormacht in Indien waren noch in lebendiger Erinnerung, und niemand, der nicht mit der Waffe, sondern nur mit der Feder umzugehen verstand, sehnte sie wieder herbei. Außer den meuternden Söldnern waren es vor allem Grundherren, die ihre Rechte verloren hatten, Bauern, die eine harte Steuerveranlagung zur Verzweiflung getrieben hatte, und Würdenträger des früheren Regimes, die unter den neuen Herrschern ihre Privilegien verloren hatten. Der greise Großmogul in Delhi und der Nachkomme des letzten Peshwa, den die Briten gezwungen hatten, sich fern seiner Heimat im nordindischen Kanpur niederzulassen, wurden zu Führergestalten, um die sich die Aufständischen sammelten. Die Aufständischen waren nicht ziellose Meuterer, sie hatten einen politischen Willen, aber dieser war restaurativ. Eine Restauration hatte aber unter den gegebenen Umständen keine rechte Substanz. Die Führungsschwäche und mangelnde Koordination, die zum Zusammenbruch des Aufstandes beitrug, war im Grunde nur eine Reflektion dieser Tatsache. Für eine geraume Zeit beherrschten die Aufständischen dennoch das Feld. Die äußerst schwerfällige Reaktion der Briten auf den Aufstand, die Unfähigkeit einiger ihrer Generäle und die Langsamkeit der Truppenbewegungen gaben den Aufständischen reichlich Gelegenheit, ihre Position zu verteidigen. Letztlich hatten die Briten aber doch den längeren Atem und überstanden diese große Herausforderung, die um so gefährlicher war, als sie es hier mit Leuten zu tun hatten, die sie selbst im Kriegshandwerk ausgebildet hatten. Aber auch unter den aufständischen Bauern gab es gefährliche Gegner, zum Beispiel die kriegerischen Jats in der Umgebung von Delhi, die neben der Landwirtschaft die Viehzucht betrieben und als berittene Hirten, wie die «cowboys» Amerikas, schnell und schlagkräftig waren. Diesen Jats war die britische Steuerveranlagung zur unerträglichen Belastung geworden, weil man ihr Weideland wie Ackerland veranlagt hatte. In anderen Gebieten waren es Führer der turbulenten Rajputen und Gujars, die sich dem Aufstand anschlossen, insbesondere in unfruchtbaren und schwerer zugänglichen Gegenden, die die britische Verwaltung erst spät erfaßt hatte und in denen der Verlust der politischen Autonomie noch in lebendiger Erinnerung war. Auch unter den indischen Fürsten fanden die Briten einige entschiedene Gegner. Die Rani von Jhansi wurde durch einen heldenhaften Einsatz zu einer indischen Johanna von Orleans. Als junge Witwe wollte sie für einen adoptierten Sohn die Erbfolge ihres Fürstentums sichern. Die Briten weigerten sich, diese Erbfolge anzuerkennen, und wollten das Fürstentum wie ein heimgefallenes Lehen behandeln. Dadurch trieben sie die junge Fürstin zum erbitterten Widerstand. Ihr Denkmal zeigt sie zu Pferde, den Säbel schwingend, den kleinen Adoptivsohn hinter sich im Sattel – ein Symbol der Opferbereitschaft und des Familiensinns der indischen Frau und des Kampfes gegen die Fremdherrschaft.

Die Tendenz der Briten, die indischen Fürstentümer unter dem einen oder dem anderen Vorwand zu annektieren, trug wesentlich zum Ausbruch des Aufstands bei. Zur Zeit des Ringens um die Vormacht in Indien war es ein Gebot der Klugheit, Bündnisverträge mit den Fürsten zu schließen und sie auf diese Weise zu neutralisieren. Nachdem die Vormacht errungen worden war, erschienen den Briten diese einstigen Bundesgenossen und ihre Territorien wie störende Fossilien in Britisch-Indien. Starb eine Dynastie aus, griff man daher rasch zu und zog das Fürstentum ein, aber auch innere Mißstände ergaben einen guten Grund zum Einschreiten. Der bedeutendste Fall war der des Nawab von Oudh, dessen Staat 1856 wegen Mißwirtschaft annektiert wurde. Aufgrund seiner zentralen Lage und seines großen Territoriums spielte Oudh eine besondere Rolle. Zudem stammten viele Söldner der britisch-indischen Armee aus Oudh. Dieser Staatsstreich der allzu selbstsicheren Briten hatte daher schwerwiegende Folgen.

Die verschiedenen Unzufriedenheiten hätten noch keine Solidarität erzeugt, die Fürsten und Söldner, Grundherren und Bauern zum Kampf gegen die Briten veranlaßte, wenn nicht die Meuterei in der Armee das Signal zum Aufstand gegeben hätte. Der äußere Anlaß war die Verteilung neuer Patronen, die mit tierischem Fett geschmiert waren, das die religiösen Reinheitsvorschriften der Soldaten verletzte. Es zirkulierten Gerüchte, daß die Briten die Reinheitsvorschriften mit Absicht verletzen wollten, um die Soldaten zwangsweise zum Christentum zu bekehren. Das Vertrauensverhältnis zwischen den indischen Soldaten und ihren britischen Offizieren war ohnehin nicht mehr so intakt wie in früheren Zeiten. Die Generation, die das Ringen um die Vormacht in Indien miterlebt hatte, war längst abgelöst.

1. Company Bahadur: Händler und Herrscher

Je mehr die britisch-indische Armee zur regulären Truppe wurde, desto größer wurde die Distanz zwischen Offizieren und Mannschaft. Die Offiziere, die im 19. Jahrhundert den Dienst in Indien suchten, waren nicht mehr Männer von der Art Clives, sondern Berufssoldaten, die an eine geordnete Karriere dachten. Die indischen Söldner betrachteten sie wie ihre Diener, für die schon ihr Wunsch ein Befehl war. Die Soldaten wiederum waren selbstbewußt und kriegserfahren. Sie hatten gerade den Sikhstaat in Panjab den Briten unterworfen. In dieser Situation war ein gewisses Taktgefühl erforderlich, um kritische Situationen zu meistern. Das Ereignis, das zum Ausbruch des Aufstandes führte, ist dagegen ein Musterbeispiel für den Mangel an Taktgefühl und für das Fehlen eines Einfühlungsvermögens bei den britischen Offizieren.

Der britische Oberst, der die Truppen, die in Meerut, in der Nähe von Delhi, stationiert waren, befehligte, wollte den Gerüchten über die neuen Patronen öffentlich entgegentreten und ein Exempel statuieren. Er ließ 90 Soldaten antreten, hielt ihnen eine Rede und befahl dann, die Patronen auszuteilen, mit dem Erfolg, daß alle bis auf fünf Mann die Annahme verweigerten. Darauf leitete er ein Kriegsgerichtsverfahren wegen Befehlsverweigerung ein. Nach britischer Praxis erfolgte die Verurteilung durch Gleichgestellte – eine Praxis, die die Inder nicht billigten, weil sie den Gleichgestellten kein unabhängiges Urteil zutrauten, sondern annahmen, daß diese sich in der Urteilsfindung an den Erwartungen der Vorgesetzten orientieren würden. In der Tat wurden die Befehlsverweigerer zu langjährigen Zuchthausstrafen verurteilt, und der Oberst ließ die gesamte Truppe antreten, um diese zusehen zu lassen, wie die Verurteilten in Ketten gelegt wurden. Am nächsten Tag brach der Aufstand aus, die Aufständischen zogen sofort von Meerut nach Delhi, ohne daß von britischer Seite auch nur der Versuch unternommen wurde, sie daran zu hindern. Auch schickten die Briten keine Truppen nach Delhi, um den greisen Großmogul zu schützen, der sich nur widerwillig den Aufständischen zur Verfügung stellte. Die Briten waren wie gelähmt, sie hatten nie mit einem solchen Aufstand gerechnet, und es gab daher auch keine Pläne, was in einem solchen Fall zu tun sei. Obwohl die Rebellen führerlos waren und der Großmogul schließlich nur einen alten Artilleriefeldwebel zum Oberbefehlshaber ernennen konnte, gelang es ihnen, Delhi von Mai bis September 1857 zu halten, Lakhnau einzuschließen und die Belagerung bis zum November 1857 aufrechtzuerhalten. In Kanpur baten die Briten ausgerechnet Nana Saheb, den Nachkommen des letzten Peshwa, um Hilfe und vertrauten ihm ihre Kasse an. Doch kurz darauf schloß sich Nana Saheb auch den Aufständischen an und vertrieb die Briten. Als sie versuchten, sich mit Booten auf den Ganges zu retten, wurden diese in Brand geschossen und versenkt. In Benares ließ der britische Kommandeur vorsorglich seine indischen Soldaten entwaffnen und trieb sie daher erst recht den Aufständischen in die Arme. Zeitweilig erschien es, als ob ganz Nordindien den Briten bereits verlorengegangen sei. Erst die Aufstellung irregulärer Sikh-Truppen, die unter britischer Führung gegen die Aufständischen vorgingen, die ja erst wenige Jahre zuvor im britischen Dienst den Sikh-Staat erobert hatten, brachte die entscheidende Wende.

Nach der Rückeroberung Delhis und Lakhnaus verschob sich der Schauplatz der Kämpfe etwas weiter nach Süden. Nana Sahebs Truppen und die Rani von Jhansi nahmen Gwalior ein und verteidigten es bis zum Juni 1858 gegen eine britische Übermacht. Beim letzten Kampf um Gwalior fand auch die Rani den Tod.

Die erbitterten Kämpfe, die sich über ein Jahr hingezogen hatten, hinterließen tiefe Wunden. Das liberale Sendungsbewußtsein, mit dem die Briten im 19. Jahrhundert angetreten waren, um einem dankbaren Indien die Segnungen der Zivilisation zu bringen, blieb auf der Strecke. Indien hatte sich als undankbar und feindselig erwiesen. Gewiß, die neue Bildungsschicht war loyal geblieben und war geradezu ängstlich hinter den Schutzwall der britischen Macht in Deckung gegangen. Das wiederum dankte man ihr nicht, sondern man neigte eher dazu, sie zu verachten und statt dessen einen übertriebenen Respekt für die Schicht der alten Feudalherren zu zeigen, von denen einige den Briten so entschieden entgegenzutreten wagten. In Zukunft wollte man nichts tun, um diese «natural leaders of the people» herauszufordern. Die Mehrzahl der Fürsten und Grundherren, die während des Aufstandes keinen Finger gerührt hatten, profitierte auf diese Weise von den wenigen, die alles aufs Spiel setzten. Eine neue einflußreiche Gruppe der britischen Beamtenschaft, die «aristokratische Schule», bestimmte die politischen Entscheidungen der nächsten Jahrzehnte. Indien, diese Lehre zog man aus dem Aufstand, war konservativ und sollte daher auch konservativ regiert werden.

Der Aufstand bedeutete aber nicht nur einen Wandel in der Geisteshaltung, er hatte auch einschneidende materielle Folgen. Die Staatskasse war leer, die Ostindiengesellschaft am Ende ihrer Weisheit. Solange die Direktoren den Tribut Indiens in Empfang nehmen konnten, bestand kein Grund zur Unzufriedenheit. Jetzt aber hätten sie beträchtliche Aufwendungen machen müssen, um das Unternehmen zu sanieren. Der Eingriff des Staates bedeutete eine Erlösung, und die Ostindiengesellschaft gab im Alter von 256 Jahren ihren Geist auf, der schon längst nicht mehr dem Zeitgeist entsprach. Die Befürchtungen, daß die direkte Übernahme der Herrschaft in Indien das politische System der Briten allzusehr belasten könne, waren im 18. Jahrhundert berechtigt gewesen, der viktorianische Staat dagegen war stabil genug, um diese Aufgabe zu übernehmen. Die Krone war jetzt eine verfassungsmäßige Institution, deren begrenzte Funktionen von einem Parlament bestimmt wurden, das durch ein reformiertes Wahlrecht eine breitere soziale Basis hatte als das Parlament des 18. Jahrhunderts.

Das britische Wirtschaftswachstum ließ zudem die Beziehung der beiden Länder zueinander in einem anderen Licht erscheinen. Während Pitt ein Jahrhundert zuvor befürchten mochte, daß der indische Tribut, falls er nicht dadurch neutralisiert wurde, daß er in die Tasche einer Vielzahl von Aktionären wanderte, im britischen Staatshaushalt allzu sehr ins Gewicht fallen dürfte, konnte die britische Regierung jetzt einen jährlichen Tribut von 36 Millionen Pfund ohne weiteres vereinnahmen. Die Bevölkerung Englands hatte sich vom Beginn bis zur Mitte des 19. Jahrhunderts nahezu verdoppelt. Aber nicht nur die Bevölkerung, sondern auch das Volkseinkommen war angewachsen. Der jährliche Tribut Indiens entsprach nur etwa 5 Prozent des Volkseinkommens. Der Betrag, den die Briten jährlich aufbringen mußten, um die Zinsen für ihre Staatsschuld zu bezahlen, war ebenfalls von dieser Größenordnung. Kurzum, der indische Tribut war nicht unbeträchtlich, aber er hielt sich in den Grenzen der Beträge, mit denen man umzugehen wußte. Zu dem Zeitpunkt der Übernahme Indiens durch die britische Krone sah es mit dem Tribut freilich schlecht aus. Die Niederwerfung des Aufstandes hatte Kriegskosten verursacht, die der Summe des jährlichen Tributs entsprachen. Doch in der Zukunft, so konnte man hoffen, würde Indien wieder eine gute Rendite erbringen. Der Eisenbahnbau, der unter der Ägide der Ostindiengesellschaft von privaten Firmen in Angriff genommen wurde, ging zügig voran. Diese Eisenbahnen waren dazu bestimmt, Rohprodukte aus dem Landesinneren in die Häfen zu bringen und britischen Industrieprodukten einen größeren Markt zu erschließen. Das liberale Sendungsbewußtsein der Briten mochte durch den Aufstand gelitten haben, die Hoffnung auf den materiellen Nutzen, den man aus Indien ziehen konnte, blieb ungebrochen; auch nach der Ablösung der Ostindiengesellschaft blieben die Briten Händler und Herrscher.

2. Das britisch-indische Imperium

Mit der Übernahme der britischen Herrschaft in Indien kam das große Land unter den direkten Einfluß der viktorianischen Monarchie. Königin Viktoria interessierte sich persönlich so sehr für ihr indisches Reich, daß sie Hindi lernte, den Indologen Max Müller zu Vorträgen bei Hofe einlud und den Titel einer Kaiserin von Indien, den sie sich 1876 zulegte, sehr ernst nahm. Der Abglanz dieser wohletablierten Monarchie erhöhte auch das Prestige der Generalgouverneure, die sich nun Vizekönig nennen durften, aber nach wie vor im Fünfjahreszyklus abgelöst wurden. Dieser Turnus entsprach dem regelmäßigen Pulsschlag des britischen Parlamentarismus. Zwar gab es eine stillschweigende Übereinkunft, Indien aus der Parteipolitik herauszuhalten, aber das bedeutete nicht, daß der Vizekönig aus der parteilichen Personalpolitik ausgeklammert wurde. Es gab schließlich immer jemanden, dessen Verdienste oder Unterstützung es zu belohnen galt. Politiker von Kabinettsrang wurden selten dazu ausersehen, nach Indien entsandt zu werden. In den Jahrzehnten, in denen Großbritannien auf der Höhe seiner imperialen Macht war, spielte die Besetzung dieses Amtes ohnehin eine untergeordnete Rolle. Lediglich außenpolitische Abenteuer mit fatalen Konsequenzen wie Lord Lyttons afghanischer Krieg konnten auch im britischen Wahlkampf Wellen schlagen und zu bedeutsamen Wachablösungen führen, wie die Abberufung Lyttons und die Entsendung des großen Liberalen Lord Ripon im Jahre 1881 zeigten.

In der inneren Verwaltung des britisch-indischen Reiches spielte die Ablösung eines Vizekönigs durch einen anderen selten eine bemerkenswerte Rolle. Die kurze Amtszeit erlaubte es dem Vizekönig kaum, den Sachverstand zu erwerben, der ihm ein wirksames Eingreifen ermöglicht hätte. Der eingespielte Beamtenapparat bereitete alle Entscheidungen soweit vor, daß dem Vizekönig allenfalls noch ein Vetorecht verblieb. Im Grunde konnte er jedoch nur im Bunde mit seiner Bürokratie handeln, da es ihm sonst an politischem Gewicht fehlte. Der Staatssekretär für Indien in London hatte als Kabinettsminister mit dem Rückhalt der Mehrheit im Parlament ein weit größeres politisches Gewicht aufzuweisen, doch im Unterschied zu allen anderen Ministern war er in dem bedeutsamen Nachteil, daß seine Untergebenen in weiter Ferne waren und er sie nur mittelbar über den Vizekönig erreichen konnte. Das Zusammenspiel und die gelegentlichen Konflikte zwischen Staatssekretär und Vizekönig waren daher recht kompliziert, und da sie der Natur der Sache nach ausführlich dokumentiert sind, haben sie in der Geschichtsschreibung oft mehr Beachtung gefunden, als ihnen gebührt. Das Parlament beschäftigte sich nur in seltenen Fällen mit Indien, und wenn dies geschah, waren meist die Bänke nur spärlich besetzt. Es mag paradox erscheinen, aber seit die Krone die Ostindiengesellschaft abgelöst hatte, nahm das Interesse des Parlaments an Indien ab und nicht zu, denn es entfielen nun auch die Debatten, die bei der jeweiligen Erneuerung der Charter der Ostindiengesellschaft im Parlament stattgefunden hatten. Da zudem das Budget des Indienministeriums vom

2. Das britisch-indische Imperium 321

indischen Steuerzahler getragen wurde, gaben selbst die jährlichen Haushaltsdebatten im britischen Parlament keinen Anlaß dazu, Indien auf die Tagesordnung zu setzen. Diese Konstellation bedeutete, daß die Bürokratie in Indien weitgehend freie Hand hatte. Seit 1861 gab es auch in Indien neben der Exekutive eine Legislative. Neben einigen wenigen indischen Honoratioren waren die vom Vizekönig ernannten Abgeordneten zumeist höhere Regierungsbeamte. Die Exekutive konnte sich hier selbst Gesetze geben, die den Erfordernissen der Verwaltung entsprachen. Freilich gab es ebenfalls seit 1861 unabhängige Oberlandesgerichte (High Courts) in Bombay, Madras und Kalkutta, die oft genug diese Gesetze durch ein unbequemes Urteil ad absurdum führten, so daß die Bürokraten ihre Hausarbeit noch einmal machen mußten. Die Richter, die nach englischer Sitte lieber mit bewährten Präzedenzfällen arbeiteten, standen dem gesetzgeberischen Eifer ohnehin skeptisch gegenüber. Aber die Bürokraten ließen sich nicht entmutigen und schufen ein imposantes Gebäude britisch-indischer Gesetzgebung, die nicht selten in Umfang und Präzision den in England geltenden Gesetzen überlegen war und später in andere Kolonien exportiert wurde. An erster Stelle standen die großen Gesetzgebungswerke, die das bereits geltende Recht kodifizierten und auf den neuesten Stand brachten, so etwa die Zivilprozeßordnung (Civil Procedure Code), das Gesetz über die Beweisaufnahme (Evidence Act) oder zur Eigentumsübertragung (Transfer of Property Act). Diese Gesetze waren kaum kontrovers und wurden von juristischen Expertenkommissionen geschrieben. Erregte Debatten gab es dagegen über Pächterschutzgesetze und Gesetze zum Schutz verschuldeter Bauern, weil hier gegen die von den Briten selbst stets verteidigte Vertragsfreiheit verstoßen wurde, die als eine der Segnungen der britischen Herrschaft in Indien betrachtet wurde. Da in der Legislative keine Parteien vertreten waren, gab letztlich die Meinung der höchsten Beamten den Ausschlag, und die Meinungsbildung dieser Beamten hing entscheidend davon ab, in welcher Provinzialverwaltungstradition sie standen. Die Zentralregierung hatte kein eigenes Beamtenkorps. Jeder Beamte begann seine Karriere in einer bestimmten Provinz, der er zugeordnet blieb, auch wenn er im Laufe der Jahre mehrfach Positionen auf verschiedenen Rangstufen in der Zentralregierung bekleidete und schließlich als Krönung seiner Laufbahn Gouverneur einer anderen Provinz werden mochte. Prägend blieb für ihn jedoch die Erfahrung, die er als junger Distriktbeamter in der Provinz gemacht hatte, der er ursprünglich zugeordnet war. Die Arbeit der Zentralregierung bestand daher aus einer ständigen Vermittlung zwischen den verschiedensten Provinzialismen, wobei alle hohen Beamten dieser Regierung außer dem Vizekönig diese Provinzialismen verkörperten.

Die Unterschiede in der Verwaltungstradition der britisch-indischen Provinzen ergaben sich aus einem komplizierten Zusammenwirken einheimischer regionaler Differenzen, zeitlicher Abstände im kolonialen Durchdringungsprozeß Indiens und geistiger Strömungen, die zur einen oder anderen Zeit gerade vorherrschend waren. Bengalen war geprägt durch «Diwani» und «Permanent Settlement» und die frühe Verbreitung der britischen Gerichtsbarkeit. Wer dort als Distriktbeamter gearbeitet hatte, war kaum mit Grundsteuerfragen in Berührung gekommen, statt dessen hatte er sich als «magistrate» bewähren müssen. Er neigte dazu, auf die Gerichtshöfe zu vertrauen und die Eingriffe der Exekutive auf ein liberales Mindestmaß zu beschränken. Wer dagegen in Nordindien von der Pike auf gedient hatte, war sicher als «settlement officer» durch das Land gezogen, hatte Grundherrn und Pächtern als strenger Schiedsrichter gegenübergestanden und hielt daher viel von der ausgleichenden Gerechtigkeit der Exekutive und wenig von den Gerichtshöfen, die von gerissenen Advokaten im Interesse des zahlungskräftigen Klienten manipuliert wurden.

Die «Agra Division», wie die britischen Verwaltungsbeamten das Gebiet nannten, das der Nawab von Oudh 1803 an die Ostindiengesellschaft abtreten mußte, wurde durch die Kolonialherrschaft übel mitgenommen. Berichte reisender britischer Ärzte, die im Dienste der Gesellschaft standen, zeigen, daß dies ein fruchtbares Gebiet mit großem Waldbestand war, durch den das ökologische Gleichgewicht erhalten blieb. Doch die Briten entwaldeten diese Region in kurzer Zeit, zum einen aus Sicherheitsgründen, um Briganten Deckung und Unterschlupf zu entziehen, zum anderen, um Holzkohle für zahllose Ziegeleien zu gewinnen, die Backsteine produzierten. Außerdem förderten sie den Anbau von Nutzfrüchten. In Verbindung mit hohen Grundsteuerbelastungen führte dies zu einer raschen Verschlechterung der Bodenqualität. Wo einst eine fruchtbare Landschaft gewesen war, entstand durch den Raubbau ein für Dürrekatastrophen anfälliges Gebiet, das bereits um 1840 das Agrarregime, das die Briten hier eingeführt hatten, nicht mehr tragen konnte.

Im Panjab schließlich, der noch nicht lange unter britischer Herrschaft stand und in dem die Gesetze Britisch-Indiens zunächst gar nicht galten (non-regulation province), war alles dem Ermessen der Exekutive überlassen. Wer dort seine Lehrzeit verbrachte, schätzte die rasche Entscheidung, gegen die keine Berufung eingelegt werden konnte, er hielt daher auch nicht viel von Gewaltenteilung und Instanzenweg und meinte, daß Herrschaft sich an Ort und Stelle manifestieren müsse und sich nicht hinter anonymen Institutionen verbergen dürfe.

Die großen Provinzen des Südens, Madras und Bombay, hatten wiederum sehr verschiedene Traditionen. Die Gewaltenteilung war dort akzeptiert, die Gerichtshöfe hatten eine starke Stellung, zugleich war die Grundsteuerverwaltung durch das Ryotwari-System, in dem der einzelne Bauer erfaßt wurde, sehr intensiv. Die Madras Presidency hatte freilich auch große Gebiete im Norden, in denen das «Permanent Settlement» galt, und die Distrikte dieser Provinz waren meist so groß, daß der Distriktbeamte sich darauf beschränken mußte, wie ein kleiner Gouverneur die Zügel der Macht, so gut es eben ging, in den Händen zu halten und die Einzelheiten seinem einheimischen Verwaltungsstab und den mehr oder weniger autonomen Dorfoberhäuptern zu überlassen. Die Tradition dieser Provinz war daher eine seltsame Mischung von konservativer Machterhaltung und liberalem «Laissez faire».

In der Bombay Presidency hatten die Briten das Erbe des strengen Regiments der Marathen angetreten und dies zu einer Zeit, als utilitaristische Effizienz hoch im Kurs stand. Wer dort diente, glaubte an eine geradezu wissenschaftliche Genauigkeit in allen Verwaltungsfragen. Bombay trennte schon frühzeitig die reinen Vermessungsarbeiten von der Steuerveranlagung und erzielte auf der Weltausstellung Preise für die topographische Präzision der Landvermessungskarten. Die Steuerveranlagung hatte man in Bombay so akkurat vorgenommen, daß einer der Beteiligten sie mit einem Uhrwerk verglich. Kein Wunder, daß man hier niemals Steuernachlaß gab, sondern allenfalls über eine Stundung mit sich reden ließ. Ein Nachlaß hätte das Eingeständnis einer ungenauen Veranlagung bedeutet, und in Bombay war der Irrtum durch ausgeklügelte Berechnungen des Durchschnitts von guten und schlechten Erntejahren ausgeschlossen. Die Rationalität der Bürokratie triumphierte über die Willkür des Monsuns. Die Bauern aber sahen sich auf diese Weise einer doppelten Willkür ausgesetzt, die sie geduldig ertrugen, während die Beamten sich Eigenlob spendeten.

Das provinzielle Eigenlob war auf diese Weise sehr differenziert, was der eine für gut hielt, erachtete der andere als überflüssig oder gar als unerwünscht. Die Kontroversen, die heute in den gewaltigen Aktenbergen verborgen sind, die die britisch-indische Bürokratie erzeugt hat, wurden zur Zeit, als sie aktuell waren, mit aller Schärfe ausgetragen. Welche Entscheidungen schließlich getroffen wurden, hing davon ab, wer gerade den wichtigsten Platz innehatte. Die Provinzregierung mochte eine Maßnahme befürworten, der Fachreferent in der Zentralregierung gehörte eventuell einer anderen Richtung an und legte sich quer, das zuständige Mitglied des Exekutivrats des Vizekönigs hatte wiederum eine andere Meinung, und der Vizekönig verwies die Sache zurück an die Provinzregierung. Wollte es der

Zufall, so war dort inzwischen eine Umbesetzung erfolgt, und man behauptete das Gegenteil. Es konnte aber auch geschehen, daß der Vorgang, wenn er die Zentralregierung nach längerer Frist wieder erreichte, dort auf eine neue Mannschaft traf, die andere Ansichten hatte. Solange keine indischen «pressure groups» ernstgenommen zu werden brauchten, spielte sich dieser Prozeß allein in den Regierungssekretariaten ab. Dort saßen meist Beamte, denen es Freude machte, gewichtige Meinungen zu Papier zu bringen. Der «Sekretariatstyp» hatte jedoch letztlich weniger Gewicht als der «Distriktstyp», der Beamte also, der lieber sein eigener Herr draußen in einem Distrikt als ein Rädchen im Getriebe des Sekretariats war. Diese «Distriktstypen» hatten im Laufe der Zeit jedoch immer mehr unter dem Papierkrieg zu leiden, mit dem sie von den Sekretariaten überzogen wurden. Statt über Land zu reiten und dort nach dem Rechten zu sehen, wurde der Distriktbeamte immer mehr an den Schreibtisch gefesselt, wo er Rundschreiben beantworten, Statistiken zusammenstellen und Gesetzesvorlagen begutachten mußte, die im Vorbereitungsstadium meist allen Distriktbeamten zur Stellungnahme übermittelt wurden. Diesen Aufgaben konnte sich der Distriktbeamte nicht entziehen, denn das Informationssystem des Imperiums hing davon ab, daß ein ständiger Informationsfluß zwischen Distrikten und Zentrale aufrechterhalten wurde. Die Meinung der Distriktbeamten wurde denn auch in der Zentrale sehr ernst genommen. Die Kollegialität und der Korpsgeist des Verwaltungsdienstes bewirkten, daß Kritik freimütig geäußert wurde und Argumente Beachtung fanden. Dies mag erklären, warum ein verhältnismäßig kleiner Beamtenapparat es vermochte, ein riesiges Reich zu beherrschen, es erklärt zugleich, warum sich dieses Elitekorps so schwer dazu bereit fand, Inder zu kooptieren, die immer stärker auf ihr von Königin Viktoria proklamiertes Recht pochten, in den Verwaltungsdienst aufgenommen zu werden. Der Korpsgeist der Kolonialherren beruhte auf einer bewußten Distanz gegenüber den Beherrschten und freimütiger Kameradschaft im eigenen Kreise, der zudem durch das gemeinsame Milieu der Erziehung und der kulturbedingten Wertvorstellung geprägt war. Man hielt die Inder nicht etwa für unfähig, im Gegenteil, man fand die Behendigkeit, mit der sie die Sprache und das Gedankengut der Briten meisterten, geradezu beängstigend und nahm daher zu dem Argument Zuflucht, daß intellektuelle Brillanz nicht immer mit der Charakterstärke verbunden sei, die den Verwaltungsbeamten auszeichnen müsse. Auf ihre Charakterstärke bildeten sich die Briten viel ein und hielten sie für die tragende Kraft des Imperiums. Traute man den Indern dieselbe Charakterstärke zu, so stellte man damit das britische Imperium in Frage. Ohne das Vertrauen auf diese Charakterstärke war es aber auch nicht möglich, Kollegialität und Korpsgeist zu wahren. Daher traf die indische Forderung nach freiem Zugang zum Verwaltungsdienst auf einen tief verwurzelten Widerstand. Bis zum Ersten Weltkrieg fanden nur wenige Inder diesen Zugang, erst als sich Dekolonisierungstendenzen abzeichneten und der Verwaltungsdienst für junge Briten sowohl politisch als auch finanziell weniger attraktiv wurde, kam es zu einer rasch fortschreitenden «Indisierung».

Mit der Politik des eigenen Landes hatten die britischen Verwaltungsbeamten in Indien wenig im Sinn. Sie waren blutjung, wenn sie nach Indien kamen, und wuchsen dort rasch in Posten mit großer Verantwortung hinein, die ihnen das Gefühl gaben, Platos vielzitierten Philosophenkönigen gleich zu sein. Mit 50 oder 55 Jahren traten sie dann bereits in den Ruhestand und zogen sich in ihr Heimatland zurück. Nur ganz wenige von ihnen nahmen dort aktiven Anteil am politischen Leben, die Zahl der Parlamentarier, die aus ihren Reihen hervorgegangen sind, ist sehr gering. Lord Curzon sprach diesen Beamten aus dem Herzen, als er sagte, man solle das Imperium einzäunen und an dem Zaun ein Schild anbringen: «Parlamentariern ist der Zutritt verboten.» Die Philosophenkönige fühlten sich durch die Parlamentarier mißverstanden und belästigt und betrachteten sie als Ignoranten, die gar nicht wissen konnten, wovon sie redeten. Machten sich die Parlamentarier auf, um die Sachkenntnis an Ort und Stelle in Indien zu erwerben, so wurden sie abschätzig als «cold weather politicians» bezeichnet, die Indien in der angenehmsten Jahreszeit bereisten und dann zu Hause als Experten auftraten. So gab es denn eigentlich niemanden, über den sich die britischen Beamten in Indien nicht haushoch erhaben fühlten, und dieses Gefühl der Erhabenheit gab ihnen den Mut, ein Weltreich zu regieren.

Erhabene Gefühle allein waren freilich im Notfall nicht genug, und das Imperium stützte sich daher auf eine große Armee, die der indische Steuerzahler bezahlen durfte. Durch die Erfahrung des Aufstandes von 1857 gewarnt, achtete man darauf, daß genügend britische Truppen in Indien stationiert waren, und diese waren sehr teuer. In den letzten Jahrzehnten des 19. Jahrhunderts hatte die britisch-indische Armee eine Truppenstärke von rund 140000 Indern und 70000 Briten, die Aufwendungen für die letzteren waren jedoch höher als die für die doppelte Zahl der Inder. Auch die Offiziere der indischen Regimenter waren Briten und bekamen Gehälter, die doppelt oder bei den höheren Dienstgraden sogar dreimal so hoch waren wie die entsprechenden Gehälter in der Heimat. Auch nach der Pensionierung lagen diese britischen Soldaten und Offiziere dem indischen Steuerzahler auf der Tasche. Die Pensionen hatten einen beträchtlichen Anteil an den «Home Charges», dem Tribut, den Indien Jahr für Jahr nach London überweisen mußte.

Die expansive Politik der Blütezeit des Imperialismus – Afghanischer Krieg 1878/80, Annexion Oberbirmas 1885, Unternehmungen gegen die Grenzstämme im Nordwesten 1896 bis 1898 – führte zu einem steten Anstieg der Militärausgaben Britisch-Indiens. Sie stiegen in den letzten Jahrzehnten des 19. Jahrhunderts von ca. 200 auf 300 Millionen Rupies pro Jahr und damit von etwa einem Viertel auf ein Drittel der gesamten Staatsausgaben. Die Kolonialherren konnten sich diese Ausgaben leisten, weil sich inzwischen auch die Staatseinnahmen wandelten und mehrten. Als die Krone 1858 Indien übernahm, bestanden diese Einnahmen noch zur Hälfte aus der Grundsteuer, zu einem weiteren Fünftel aus den Einkünften aus dem Opiummonopol und einem Zehntel aus der Salzsteuer. Um die Jahrhundertwende betrug die Grundsteuer nur noch ca. ein Viertel der Staatseinnahmen, Opium spielte kaum noch eine Rolle, die Salzsteuer war gesenkt worden, dafür brachten Zölle und Verbrauchssteuern nun wesentlich mehr ein. Die Militärausgaben ließen sich daher tragen und schienen für ein großes Reich nicht unangemessen, entsprachen sie doch etwa den Ausgaben der wichtigeren europäischen Länder. Doch diese Länder hatten ein weit größeres Wirtschaftswachstum zu verzeichnen, und die Militärausgaben kamen ihren eigenen Staatsbürgern zugute, während die Militärausgaben Indiens nur zum geringen Teil als Sold in indische Hände kamen.

Mit der Auswahl der indischen Söldner war man nach der «Mutiny» recht vorsichtig geworden. Die Volksgruppen, aus denen die meuternde Armee bestanden hatte – Brahmanen und Muslims aus der nördlichen Gangesebene –, wurden künftig gemieden. Die Sikhs, die den Briten geholfen hatten, den Aufstand niederzuwerfen, wurden favorisiert, ebenso die Muslims des Panjab; kurz vor dem Ersten Weltkrieg machten diese beiden Volksgruppen zusammen mehr als ein Drittel des indischen Söldnerheeres aus. Die Briten erfanden zur Rechtfertigung dieser einseitigen Bevorzugung der Panjabis die Theorie von den «martial races», die angeblich von Natur aus besser zum Kriegshandwerk geeignet sind. Diese britische Vorliebe für die Panjabis hatte langfristige politische, soziale und wirtschaftliche Konsequenzen. Während die Kolonialherren die anderen Inder höchstens zur Steuerzahlung heranzogen und wenigen von ihnen Arbeit und Brot gaben, bedeutete diese Konzentration auf den Panjab eine breite elementare Bildungsinvestition und einen steten Strom von Überweisungen ersparten Soldes in die ländlichen Gebiete dieser Provinz, aus denen die meisten Soldaten stammten.

Neben Verwaltungsdienst und Armee war die Eisenbahn eines der bedeutendsten Strukturelemente des britisch-indischen Imperiums. Sie wurde zum größten Teil mit britischem Kapital erbaut, diente nicht in erster Linie einer planvollen Erschließung des Inneren des

Landes, sondern der Verbindung der Hauptproduktionszentren der Agrarexportprodukte mit den großen Hafenstädten sowie auch strategischen Zwecken. Im 19. Jahrhundert eilte die Expansion des Streckennetzes der Entwicklung des Frachtvolumens noch weit voraus. Nationalistische Kritiker bezweifelten deshalb damals mit gewissem Recht den Nutzen dieses Eisenbahnimperialismus, der Indiens Verschuldung stark erhöhte und nicht in dem Maße zur Entwicklung des Landes beitrug, wie es etwa vergleichbare Ausgaben für Bewässerungsmaßnahmen getan hätten. Um die Jahrhundertwende hatten die britisch-indischen Eisenbahnen bereits ein Streckennetz von rund 40000 km, transportierten pro Jahr 46 Millionen Tonnen Fracht und ca. 200 Millionen Passagiere und beschäftigten ca. 400000 Angestellte und Arbeiter. Im Jahre 1914 transportierten sie auf dem bis dahin nicht wesentlich ausgedehnten Streckennetz 87 Millionen Tonnen Fracht und 458 Millionen Passagiere. Zugleich waren die Einnahmen von 315 Millionen Rupies um die Jahrhundertwende auf 542 Millionen Rupies im Jahre 1914 gestiegen. Die Kritik am Eisenbahnbau verstummte.

Die Eisenbahn war der größte Arbeitgeber in Indien und übertraf in dieser Hinsicht die Armee bei weitem. Doch ebenso wie die Offiziersposten in der Armee den Briten vorbehalten blieben, waren auch alle leitenden Funktionen bei der Eisenbahn in ihren Händen. In subalternen Positionen wurden zudem vorzugsweise Anglo-Inder beschäftigt, die von britischen Vätern und indischen Müttern abstammten, in der indischen Gesellschaft Außenseiter blieben und in der Eisenbahn sozusagen ihren «kastenspezifischen» Berufszweig fanden, ein Privileg, das sie zäh verteidigten. Im Jahre 1928 beschäftigten die britisch-indischen Eisenbahnen rund 800000 Personen, nur etwa 10 Prozent von diesen bezogen Gehälter von 250 Rupies und darüber, und davon waren mehr als ein Drittel Anglo-Inder und etwa ein Viertel Briten. Wie im Verwaltungsdienst und in der Armee fanden es die Inder also auch bei der Eisenbahn nicht leicht, in höhere Positionen aufzusteigen.

Allein das im britisch-indischen Imperium rasch expandierende Rechtswesen bot der wachsenden indischen Bildungsschicht Möglichkeiten, zu Ruhm und Ansehen zu kommen. Der freie Beruf des Rechtsanwalts stand jedem offen, aber auch der Aufstieg bis zum Richter an einem Oberlandesgericht (High Court) war für Inder schon im 19. Jahrhundert gegeben. Wem diese Karriere nicht zusagte, der fand als Lehrer oder Professor im ebenfalls rasch expandierenden höheren Bildungssystem eine zwar bescheidenere, aber immerhin angesehene Position. Anwälte und Professoren waren es denn auch, die zuerst die politischen Aspirationen der Inder artikulierten. Sie verlangten zunächst noch nicht Selbstbestimmung, sondern nur Mitbestimmung in dem durch das Imperium gesetzten Rahmen. Der mit wenigen, vom Vizekönig ernannten, indischen Honoratioren besetzte Legislativrat war für die Ausübung dieses Mitbestimmungsrechts denkbar ungeeignet. Der im Jahre 1885 gegründete Nationalkongreß setzte sich daher für eine Reform und Erweiterung dieses Gremiums ein. Diese Reform wurde 1892 vollzogen, danach wurde es für einige Zeit still um den Nationalkongreß. Seine bedeutendsten Führer zogen in den erweiterten Legislativrat ein und versuchten, dort das von ihnen angestrebte Mitbestimmungsrecht auszuüben. Doch die Möglichkeiten solcher Mitbestimmung waren sehr gering, sie beschränkte sich auf kritische Stellungnahmen zum Haushalt und zu Gesetzesvorlagen. Die Macht, den Haushalt zurückzuweisen oder ein Gesetz nicht zu verabschieden, hatten die indischen Abgeordneten nicht. Sie forderten daher bald weitere Reformen und schöpften Hoffnung, als 1906 die britischen Liberalen die Wahlen gewannen und mit John Morley als Staatssekretär für Indien ein Garant für eine angemessene Entwicklung der britisch-indischen Verfassung ins Kabinett einzog. Doch kurz vor diesem liberalen Wahlsieg hatte die von dem konservativen Vizekönig Lord Curzon vollzogene Teilung Bengalens eine heftige Reaktion bei den indischen Nationalisten hervorgerufen, die es den «gemäßigten» unter ihnen erschwerte, ihren Reformkurs zu verfolgen, während die «Extremisten» den Kampf gegen die Briten forderten und junge Terroristen zu Pistole und Bombe griffen. Die Meinungsverschiedenheiten von «Gemäßigten» und «Extremisten» waren aber nicht erst durch die Teilung Bengalens entstanden, sondern hatten tiefere Gründe. Die «Gemäßigten» glaubten an einen graduellen Fortschritt von der Mitbestimmung zur Selbstbestimmung im imperialen politischen Rahmen. Indien war noch keine Nation, sondern sollte erst eine werden, so meinten sie, und diese Nationsbildung konnte sich nur innerhalb der gegebenen politischen Ordnung vollziehen. Für die «Extremisten» war Indien eine Nation mit einer großen Tradition, die unter der Fremdherrschaft in eine lähmende Abhängigkeit geraten war, die es zu überwinden galt, um die Selbstbestimmung wiederzugewinnen. Jede Reform, die einen weiteren Fortschritt in der Zusammenarbeit von Herrschern und Beherrschten bedeutete, mußte diese Abhängigkeit verstärken und das Erwachen der Nation verhindern.

Die britischen Bürokraten in Indien teilten weder die eine noch die andere Anschauung, für sie war Indien keine Nation, sondern ein Tummelplatz verschiedenster Volksgruppen. Selbstbestimmung konnte für sie in diesem Zusammenhang nur Chaos bedeuten, und auch Mitbestimmung konnte nur insoweit gebilligt werden, als sie die Herrschaftsfunktionen nicht beeinträchtigte, sondern allenfalls den Informationsfluß förderte. Der «Durbar», die große Audienz, in der

der Großmogul Bittsteller empfing, den Argumenten seiner Minister Gehör schenkte, Entscheidungen verkünden ließ und seine Herrschaft gleichsam sichtbar machte, war für die Kolonialherren ein nachahmenswertes Vorbild. Wenn schon eine Verfassungsreform unvermeidlich war, so sollte sie möglichst in diese Richtung gehen. Eine parlamentarische Volksvertretung, der sich schließlich gar die Exekutive unterwerfen sollte, war mit der Aufrechterhaltung der Fremdherrschaft unvereinbar. Statt dessen kam es darauf an, authentische Vertreter der verschiedensten Volksgruppen und Interessen wählen zu lassen. Separate Wählerschaften waren die logische Konsequenz dieser Bestrebungen. Die Muslims, die sich vor einer parlamentarischen Majorisierung durch die Hindus fürchteten, waren leicht davon zu überzeugen, daß solche separaten Wählerschaften für sie von größter Bedeutung seien. Solange an eine parlamentarische Regierungsverantwortung nicht gedacht war, sondern es lediglich darum ging, einen repräsentativen «Durbar» zu bilden, spielte es freilich keine besondere Rolle, wie die Wählerschaften konstruiert waren. John Morley enttäuschte seine indischen Verehrer, indem er in allen wesentlichen Punkten den Vorschlägen der Bürokratie folgte und schließlich unmißverständlich klar machte, daß er gar nicht daran denke, den Parlamentarismus in Indien einzuführen.

Die Verfassungsreform von 1909 war für die indischen Nationalisten, die große Hoffnungen in sie gesetzt hatten, eine tiefe Enttäuschung. Die Enttäuschung wuchs, als die Bürokraten im Rahmen der Ausführungsbestimmungen, die ihnen einen großen Ermessensspielraum ließen, den Zugang zu ihrem «Durbar» sorgfältig kontrollierten. So mancher Nationalist aus der Bildungsschicht konnte keinen Sitz erringen, weil die Wählerschaft so zurechtgestutzt worden war, daß sie den konservativen Grundherren den Vorzug gab, die den Briten genehm waren. Die Bürokraten hatten ihr Ziel erreicht, mit diesem «Durbar» hätten sie lange Zeit in Frieden leben können. Mit der Aufhebung der Teilung Bengalens im Jahre 1911 und der Verlegung der britisch-indischen Hauptstadt von dem turbulenten Kalkutta in das ferne Delhi war ein übriges getan worden, um die politische Ruhe wiederherzustellen. Die «Extremisten» waren ausgeschaltet, Bal Gangadhar Tilak, ihr bedeutendster Führer, saß im Zuchthaus in Mandalay, und Aurobindo Ghose, der Prophet der jungen Terroristen, war 1910 nach Pondicheri geflohen, wo er der Politik entsagte und sich ganz seinem religiösen Wirken widmete. Das Imperium schien fester gegründet zu sein als je zuvor.

Der Erste Weltkrieg erschütterte das Imperium und zerstörte seine Fundamente. Zunächst erschien das den Zeitgenossen freilich durchaus nicht so. Indien zeigte sich loyal, Fürsten und Grundherren spendeten Geld für den Krieg, eine Million indischer Soldaten stand zum

Bal Gangadhar Tilak (1856–1920), Führer der «Extremisten» im Nationalkongreß

großen Teil an fernen Fronten, die Nationalisten hielten sich zurück, wußten sie doch, daß das Kriegsrecht ihren Aktivitäten enge Grenzen zog. Solange der Krieg andauerte und das Kriegsglück die Briten nicht verließ, schien alles in bester Ordnung zu sein. Doch war abzusehen, daß das Kriegsende Probleme mit sich bringen würde, denen man rechtzeitig begegnen müsse. Ob man es sich eingestehen mochte oder nicht, Indien war im Krieg zu einem wichtigen Partner Großbritanniens geworden. Wenn man diesem Partner auch immer noch die Selbstbestimmung verwehrte, war doch ein wesentlicher Fortschritt auf dem Gebiet der Mitbestimmung erforderlich. Indische Abgeordnete des Legislativrats legten schon während des Krieges Vorschläge zu einer neuen Verfassungsreform vor. Der Nationalkongreß und die 1906 gegründete Muslim-Liga schlossen 1916 einen Pakt, an dessen Zustandekommen Tilak als Führer des Kongresses und Mohammed Ali Jinnah als Sprecher der Liga wesentlich beteiligt waren. Gemeinsame Forderungen nach einer Erweiterung des Legislativrats und der Provinziallandtage auf der Basis separater Wählerschaften wurden von Kongreß und Liga mit Nachdruck präsentiert. Tilak war vom «Extremisten» zum Konstitutionalisten geworden, weil er die entscheidende Wende im politischen Schicksal Indiens spürte. Jinnah betrachtete sich als Vermittler zwischen Muslims und Hindus und setzte sich in diesem Sinne für ein gemeinsames Vorgehen von Liga und Kongreß ein.

Die Briten sahen sich durch diese Entwicklung unter Zugzwang gesetzt. Das Kriegskabinett in London mußte Farbe bekennen und

2. Das britisch-indische Imperium

eine Erklärung abgeben, die die Richtung des Verfassungsfortschritts nach dem Kriege andeutete. Edwin Montagu, der junge Staatssekretär für Indien, der gerade sein Amt angetreten hatte, setzte sich dafür ein, daß diese Erklärung eine großzügige Perspektive aufzeigte, und er hätte gern die Selbstbestimmung als Ziel der britisch-indischen Verfassungsreformen erwähnt. Doch sein Gegenspieler im Kriegskabinett, der konservative Lord Curzon, ersetzte das Wort «self-government» durch «responsible government». Die Wortwahl hatte eine wichtige Konsequenz. Die «Verantwortlichkeit», die hier angesprochen war, hatte die verfassungsrechtliche Bedeutung, daß die Exekutive im Sinne der britischen parlamentarischen Demokratie von der Legislative abhängig war, während die Exekutive bisher in Indien unabsetzbar war und einer Legislative gegenüberstand, die keine wirkliche Macht hatte. Wenn bei der nächsten Verfassungsreform der Legislative Macht verliehen wurde, so ließ sich absehen, daß eine Situation entstehen würde, wie sie einst Lord Durham in Kanada charakterisiert hatte: Das Regieren wird unmöglich, wenn die Legislative der Exekutive Mittel und Zustimmung verweigert, sie aber auch nicht absetzen kann. Der Verfassungsfortschritt in Indien schien also zu fordern, daß man den Indern eine Beteiligung an der Exekutive ermöglichte, statt ihren Einfluß auf die Legislative zu vermehren, der sie letztlich in die Versuchung führen mußte, die Exekutive zu lähmen. Nun war man freilich auch nicht gesonnen, allzuviel Exekutivgewalt in indische Hände zu legen, und so entstand ein eigentümliches Zwittergebilde, die sogenannte «Dyarchie», bei der ernannte britische Beamte und gewählte indische Minister gemeinsam Regierungen bildeten. Die entscheidenden Ministerien (Innenministerium, Finanzministerium) blieben in britischen Händen, während die Inder sich um Erziehung, kommunale Selbstverwaltung und dergleichen bemühen durften. Womöglich sollten sie auch noch zusätzliche Steuern erheben, um diese Aktivitäten zu finanzieren. Dieser Einladung zum politischen Selbstmord folgten sie natürlich nicht, an Frustration fehlte es ihnen in ihrer «dyarchischen» Zwickmühle ohnehin nicht. Ihre «Verantwortlichkeit» gegenüber ihrem Landtag war problematisch, denn dort gab es keine parlamentarischen Parteien, auf die sich die Minister stützen konnten, sondern nur verschiedene Gruppierungen, die sich selten auf einen Nenner bringen ließen. Selbst die separaten Wählerschaften für Muslime waren beibehalten worden, obwohl sie im Widerspruch zum System des «responsible government» standen, denn sie verhinderten natürlich eine Interessenaggregation, wie sie das parlamentarische Parteienwesen erfordert. Man war sich dieses Widerspruchs bewußt, wollte aber die Muslime nicht durch den Entzug der separaten Wählerschaften irritieren, die sie als ein Privileg betrachteten. Zudem konnte man auf den Pakt von Kongreß und Liga verweisen, der auf der Grundlage separater Wählerschaften beruhte. Der Hinweis auf diesen Pakt war jedoch unangebracht, denn zur Zeit, als dieser Pakt geschlossen wurde, erwartete man in Indien nur eine Erweiterung der Legislative und nicht die Einführung des «responsible government».

Die Kombination von «Dyarchie» mit separaten Wählerschaften bedeutete eine entscheidende Weichenstellung in der politischen Entwicklung Indiens. Die Einführung eines unvollkommenen Parlamentarismus zwang die Inder dazu, in der Erlangung des vollkommenen Parlamentarismus das Ziel ihrer Forderungen zu sehen. Alternativen von der Art des föderalistischen Systems der Schweiz oder der amerikanischen Präsidialdemokratie, die noch während des Ersten Weltkriegs in Indien diskutiert wurden, traten in den Hintergrund. Die parlamentarische Demokratie forderte politische Integration, die separaten Wählerschaften verhinderten sie. Die Teilung Indiens in zwei separate Integrationssysteme war damit vorprogrammiert.

Die Struktur des britisch-indischen Imperiums und die Bedingtheit des Verfassungsreformprozesses durch die eigene politische Erfahrung der Briten, die durch das parlamentarische System geprägt war, brachte eine hybride Gestalt hervor. Montagu betrachtete die Reform, die er mit solchem Eifer betrieben hatte, als eine Übergangslösung, wobei ihm die Dynamik des Übergangs wichtiger war als die endgültige Lösung der sich daraus ergebenden politischen Probleme. Er konnte nicht ahnen, wie groß diese Probleme sein sollten.

Als der Premierminister Lloyd George nach dem Ersten Weltkrieg die berühmten Worte vom «steel frame» der britisch-indischen Verwaltung sprach, tat er das nicht aus selbstbewußtem Stolz, sondern aus der Sorge um die Erhaltung dieses ehrwürdigen Gerüsts. Er wollte mit seiner Rede junge Briten für den Einsatz in Indien anwerben, denn um deren Interesse an einer solchen Karriere war es schlecht bestellt. Das Imperium hatte seine Attraktion verloren. Die Dekolonisierung zeichnete sich bereits ab, und die Chance, an diesem Prozeß mitzuwirken, erweckte keine Begeisterung.

3. Entwicklung und Unterentwicklung

Indiens wirtschaftliche Entwicklung oder Unterentwicklung unter britischer Kolonialherrschaft ist seit über einem Jahrhundert ein Gegenstand lebhafter Kontroversen. Im Jahre 1876 hielt Dadabhai Naoroji in Bombay einen Vortrag über die Armut Indiens, in dem er seine später immer wieder zitierte Theorie vom «Drain of Wealth» vorstellte: Er rechnete seinen Zuhörern vor, daß Indien in den Jahren

3. Entwicklung und Unterentwicklung 333

von 1835 bis 1872 Güter im Wert von insgesamt 1120 Millionen Pfund Sterling exportiert habe, addiere man einen bescheidenen Gewinn von 15 Prozent hinzu, so käme man auf eine Summe von 1288 Millionen Pfund. Ferner habe Indien in dieser Zeit eine Staatsschuld von 50 Millionen Pfund und Kredite für den Eisenbahnbau in Höhe von 100 Millionen Pfund aufgenommen, füge man diese Summen dem Exporterlös hinzu, so ergäbe sich ein Betrag von rund 1440 Millionen Pfund. Der Wert der im gleichen Zeitraum importierten Güter betrug jedoch nur 943 Millionen Pfund, die Differenz von rund 500 Millionen Pfund sei Indien offensichtlich verlorengegangen.

Andere indische Kritiker ergänzten Naorojis Argumente durch die Forderung nach Schutzzöllen und nach einer aktiven Entwicklungspolitik der britisch-indischen Regierung. Sie beriefen sich auf Friedrich List und betonten, daß die Politik des «laissez faire» die bereits entwickelte britische Wirtschaft begünstige und Nachzügler wie Indien auf die Dauer ins Hintertreffen geraten ließe. Mahadev Govind Ranade, der bedeutendste Kritiker der britischen Herrschaft im 19. Jahrhundert, war bereit, den Briten selbst den «Drain of Wealth» zu verzeihen, wenn die britisch-indische Regierung dafür nur den Aufgaben, die ihr als dem größten Kapitalisten in Indien zukamen, gerecht geworden wäre.

Die Briten dachten natürlich gar nicht daran, solchen Erwartungen zu entsprechen. Ihre liberalen Wirtschaftslehren gaben ihnen ein perfektes Alibi für eine strikte Abstinenz auf diesem Gebiet. Das Wirken des freien Marktes war die einzige Vorbedingung für die wirtschaftliche Entwicklung, der Staat tat gut daran, sich auf eine Ordnungspolitik zu beschränken, die dieses freie Wirken sicherte. In diesem Sinne führten die Briten ihr gläubigerfreundliches Recht in Indien ein und vertrauten darauf, daß die marktwirtschaftliche Durchdringung Indiens allen Beteiligten zum Nutzen gereichen werde. Der Nutzen blieb jedoch den Theorien zum Trotz recht einseitig, die Briten erhielten als Händler und Herrscher den Löwenanteil, und die Inder hatten das Nachsehen. Mit dem Fortschritt der industriellen Revolution in England wurde Indien zum Absatzmarkt für Industrieerzeugnisse und zum Lieferanten billiger agrarischer Rohprodukte. Diese Rohprodukte waren um so billiger, als sie zumeist in der kleinbäuerlichen Landwirtschaft erzeugt wurden. Der kleine Bauer aber, der durch die Grundsteuerforderungen und die Verschuldung beim Geldleiher zur Vermarktung gezwungen war, mußte zu billigsten Preisen liefern und konnte sich das nur deshalb leisten, weil er zumeist keine Lohnkosten hatte, sondern die Arbeitskraft seiner Familie bis zum Äußersten nutzte. Die vom Monsun abhängige Landwirtschaft Indiens war schon immer eine kleinbäuerliche Wirtschaft. Indische Grundherren waren keine Unternehmer, sie schöpften einen gewissen Teil des Mehrwerts ab und übten obrigkeitliche Funktionen aus. Diese Funktionen entfielen unter britischer Herrschaft, und wo es aufgrund der spezifischen Grundsteuerveranlagung auch unter britischer Herrschaft weiterhin Grundherren gab, wurden diese reine Rentiers. Die unternehmerischen Funktionen wurden statt dessen von den Geldleihern und Händlern wahrgenommen, die die Produzenten durch Schuldknechtschaft in Abhängigkeit hielten, ihnen die Preise diktierten und oft auch befehlen konnten, was sie anzubauen hatten. Viele dieser Geldleiher und Händler waren aber selbst nur kleine Leute, die ihrerseits von Kreditgebern abhängig waren. Das Netz dieses Agrarkreditkapitalismus erstreckte sich auf diese Weise von den Zentren des Weltmarkts über die großen indischen Hafenstädte, die kleinen Kreisstädte und Marktflecken bis ins Dorf. Am indischen Ende dieses Netzes kam es aber an keinem seiner Knotenpunkte zu einer Kapitalakkumulation, die entweder zur Verbesserung der Produktionsbedingungen in der Landwirtschaft oder aber zur Abschöpfung von Kapital aus der Landwirtschaft und Investitionen in der Industrie geführt hätte. Die großen Gewinne blieben in den Händen der ausländischen Exporteure, die indische Handelsspanne kam einer ganzen Reihe von Mittelsmännern zugute, die ihre Ersparnisse in Landbesitz investierten oder für importierte Konsumgüter ausgaben.

Das indische Ende des Handels- und Kreditnetzes war ausgedehnt und feinmaschig, weil es den Kontakt mit der kleinbäuerlichen Landwirtschaft halten mußte. Die Verwaltung unzähliger kleiner Abhängigkeitsverhältnisse erforderte einen beträchtlichen Personalaufwand. Das britische Recht förderte keineswegs die Emanzipation von solchen Abhängigkeitsverhältnissen. War der Schuldner nicht gefügig, dann konnte ihn der Gläubiger jederzeit vor den nächsten Gerichtshof zitieren lassen. Erschien der Schuldner dort nicht, so konnte der Richter dem Gläubiger auch in der Abwesenheit des Schuldners aufgrund der vorliegenden Verträge ein Urteil ausstellen, das er als Druckmittel verwenden konnte.

Ordnungspolitik und Rechtssystem führten auf diese Weise nicht zur Entfaltung eines freien Marktes und zur Blüte eines bürgerlichen Kapitalismus in Indien, sondern zur Verfestigung eines Abhängigkeits- und Ausbeutungssystems. Es kam hinzu, daß der eigentliche Motor des Wirtschaftswachstums, der differenzierte überregionale Binnenmarkt, nur sehr langsam zum Zuge kam. Die Außenhandelsorientierung überwog. Der binnenwirtschaftliche Güteraustausch blieb zunächst noch in engen lokalen Grenzen. Die einzige Ausnahme bildete die Entwicklung einer modernen einheimischen Baumwolltextilindustrie, der es selbst ohne Schutzzoll und Starthilfe gelang, sich gegen die britische Konkurrenz zu behaupten. Im 19. Jahrhun-

3. Entwicklung und Unterentwicklung

dert blieb freilich auch diese Industrie noch in einem sehr bescheidenen Rahmen. Die Importsubstitution war noch nicht so weit fortgeschritten, daß die britische Textilindustrie ernste Befürchtungen um ihren indischen Absatzmarkt hegen mußte.

Der indische Außenhandel wurde nahezu völlig von den Briten beherrscht, die allein über die nötige Organisation und Marktkenntnis verfügten. Die Entwicklung des Handels mit indischer Rohbaumwolle nach dem amerikanischen Bürgerkrieg ist ein typisches Beispiel für die britische Überlegenheit auf diesem Gebiet. Als der Bürgerkrieg vorübergehend die amerikanischen Baumwollexporte drosselte, expandierten die indischen Exporte aufgrund der überraschenden neuen Nachfrage. Die Bauern des Hochlandes bauten Baumwolle an, indische Händler sandten sie von Bombay aus nach England und bedienten sich dabei eines einfachen Systems. Die Baumwollsendung wurde an Firmen in England adressiert, und der indische Exporteur bekam schon bei der Verschiffung in Bombay einen Vorschuß auf den Verkaufserlös. Gewinn oder Verlust wurden nach dem Verkauf in England verrechnet. Der Handel blühte auf diese Weise, und viele indische Handelsfirmen profitierten davon. Nach dem Bürgerkrieg kam es jedoch zu einem scharfen Wettbewerb, in dem nur noch große Firmen bestehen konnten. Der Handel mit Rohbaumwolle konzentrierte sich bald in wenigen Händen; indische Mittelsmänner wurden ausgeschaltet, die großen britischen Exporteure kauften die Rohbaumwolle in den Produktionsgebieten auf, ließen sie gleich dort in Ballen pressen, so daß sie in Bombay unmittelbar von der Bahn aufs Schiff verladen werden konnten. Durch diese Rationalisierung waren die großen Firmen in der Lage, selbst bei hartem Wettbewerb Gewinne zu erwirtschaften.

Diese von der Nachfrage auf dem Weltmarkt bestimmte Organisationsstruktur prägte auch das System der britischen Managing Agencies in Indien. Ein Managing Agent war zunächst nur eine Firma, die damit beauftragt wurde, ein Unternehmen zu betreiben, und dafür eine Umsatzprovision bekam. Eine solche Managing Agency verfügte über Ortskenntnis sowie technisches und kaufmännisches Personal. War sie erfolgreich, dann wurden ihr bald noch mehr Unternehmen anvertraut, und schließlich ging sie selbst dazu über, neue Firmen zu gründen, um auf diese Weise Kapital aufzunehmen. Mit geringfügiger Eigenbeteiligung konnte sie diese Neugründungen beherrschen. Die Firmen bestanden schließlich oft nur aus einem Briefkopf und einer Schar von Aktionären. Vertikale und horizontale Verbindungen erstreckten sich in alle Richtungen: Teeplantagen, Jutefabriken für das Packmaterial, Dampfschiffe für den Transport, Kohlebergwerke für die Fabriken und Dampfschiffe etc. Gewinn und Verlust konnten nach Belieben von einem Betrieb auf den anderen übertragen werden. Wollte man Aktien mit Profit verkaufen, so staffierte man die betreffende Firma gut aus. Der Aktienverkauf brachte dann oft mehr ein als die Umsatzprovision. Das System mag zunächst einen gewissen Beitrag zur wirtschaftlichen Erschließung des Landes geleistet haben, doch je weiter es sich in dem beschriebenen Sinne entwickelte, desto parasitärer und restriktiver wurde es. Die Managing Agencies saßen wie Spinnen in dem Netz, dessen Fäden bei ihnen zusammenliefen. Sie waren nicht daran interessiert, Investitionen zu fördern, um das indische Wirtschaftspotential zu erschließen, sondern konzentrierten sich auf die Beherrschung der außenhandelsorientierten Verbindungen konventioneller Art. Indische Unternehmer, an denen kein Mangel herrschte, hatten in diesem System keinen Platz. Vor allem nicht in Bengalen und den anderen Ostprovinzen Indiens, die in ganz besonderem Maße von schottischen Unternehmern beherrscht wurden. Die große Handelskammer des Ostens, die Bengal Chamber of Commerce, blieb selbst noch im unabhängigen Indien eine Hochburg der Schotten.

Die Wirtschaftsimperien der Managing Agencies bestanden aus einer Reihe von Enklaven, die kaum Wachstumsimpulse auf ihr Umland ausübten. Eine differenzierte Industrialisierung Indiens war unter diesen Umständen nicht zu erwarten. Für die Fabriken, die in Indien errichtet wurden, importierte man alle Maschinen und meist auch die Ingenieure. Selbst der Ausbau der Eisenbahnen gab keinen Anstoß zur Industrialisierung. Karl Marx hatte 1853 vorausgesagt, daß die Briten mit der Einführung der Eisenbahn in Indien zwangsläufig die nächsten Schritte zur Industrialisierung des Landes unternehmen mußten. Diese Voraussage bewahrheitete sich nicht. Von der Lokomotive bis zu den Eisenbahnschienen und Brückenkonstruktionen wurde alles aus England eingeführt. Das von dem indischen Industriellen Jamshed Tata 1907 gegründete Stahlwerk kam nur im Ersten Weltkrieg richtig zum Zuge, als die Importe ausfielen und der Krieg die Nachfrage nach Stahl und Eisen steigerte.

Die retardierte Industrialisierung Indiens ist nach wie vor Gegenstand heftiger Debatten. Von britischer Seite wurde gern behauptet, in Indien habe es eben an Unternehmern gefehlt, das indische Kapital sei risikoscheu gewesen, außer dem erforderlichen Kapital habe es auch an der entsprechenden Arbeiterschaft gefehlt, und überhaupt hätten die indischen Wertvorstellungen dem industriellen Fortschritt im Wege gestanden.

Von indischer Seite wurde versucht zu beweisen, daß die Kolonialherren durch bewußte Diskriminierung den industriellen Fortschritt Indiens verhindert hätten. Ein freies Indien, so meint man, hätte sich im gleichen Maße wie Japan entwickelt. Das läßt sich natürlich nicht beweisen und auch für eine aktive Diskriminierung gibt es wenig

3. Entwicklung und Unterentwicklung

Anhaltspunkte, es sei denn, man setzt informelle Absprachen oder eine kollektive Abneigung bei den Briten voraus. Andererseits sind durch die wirtschaftshistorische Forschung auch die zuvor genannten britischen Behauptungen entkräftet worden. An einer angemessenen Erklärung der retardierenden Effekte, die die Industrialisierung Indiens behinderten, fehlt es noch. Der berechtigte Hinweis auf das Technologiedefizit und die Interdependenz verschiedener Industriezweige, die die gegenseitige Zulieferung zum Problem werden ließ, bezeichnet nur ein Symptom, aber nicht die Ursache der Krankheit, an der die indische Industrie litt.

Alexander Gerschenkron hat gezeigt, daß bei der Industrialisierung Kontinentaleuropas Investitionsbanken und staatliche Förderung eine wesentliche Rolle gespielt haben, während im Ursprungsland der industriellen Revolution, in England, die Eigenfinanzierung und die Börse das Investitionskapital verfügbar machten und die Banken sich auf das Handelskreditwesen konzentrierten, der Staat sich aber auf die Ordnungspolitik beschränken konnte. Wenn man versucht, dieses Erklärungsschema auf Indien anzuwenden, so kommt man zu dem Schluß, daß dort wie in Kontinentaleuropa Investitionsbanken und staatliche Initiative vonnöten gewesen wären, um den industriellen Fortschritt zu übertragen. Statt dessen gab es in Indien nach britischem Muster nur Handelsbanken und einen Staat, der sich auf die Ordnungspolitik beschränkte und zunächst auf Schutzzölle und andere steuerliche Maßnahmen zur Förderung der Industrie verzichten mußte, weil London dies untersagte. Die Managing Agencies versuchten auf die zuvor beschriebene Weise gewisse Funktionen der fehlenden Investitionsbanken zu übernehmen, aber sie taten dies nur in engen Grenzen und für ganz bestimmte Industriezweige. Es kam hinzu, daß das indische Kapital in dem zuvor erwähnten System der agrarischen Abhängigkeitsverhältnisse Anlagemöglichkeiten mit höherer Rendite fand, als sie bei langfristigen Industrieinvestitionen zu erwarten gewesen wären. Das gläubigerfreundliche britische Recht bot zudem auf diesem Gebiet weit mehr Sicherheit, als es einheimische Rechtssysteme zuvor geboten hatten. Diese Ruralisierung des Kapitals wirkte ebenfalls einer Industrialisierung entgegen; so wurde das Kapital freilich weder in der Landwirtschaft noch in der Industrie produktionsfördernd eingesetzt. Der Einsatz des indischen Kapitals wurde darüber hinaus in einer entscheidenden Epoche des späten 19. Jahrhunderts durch das Schicksal der Währung beeinflußt. Die Briten hatten die Silberrupie des Mogulreichs übernommen. Seit 1835 war sie das einzige legale Zahlungsmittel in Britisch-Indien. Ihren wirtschaftstheoretischen Grundsätzen entsprechend behinderten die Briten den freien Strom des Silbers nicht. Die Münzanstalten standen jedem offen, der dort Silber zu Münzen prägen lassen wollte.

Die Gebühr, die dafür entrichtet werden mußte, sollte nur die reinen Betriebskosten der Münzanstalt decken und nicht als währungspolitisches Instrument eingesetzt werden. Wie alle Herrscher zuvor sahen die Briten es gern, wenn viel Silber ins Land strömte, da auf diese Weise die Erhebung der Grundsteuer erleichtert wurde. Die Umlaufgeschwindigkeit der Silberwährung war und blieb gering, weil die Münzen im Jahresrhythmus den Weg aufs Land und zurück in die Staatskasse oder die Kontore der Händler finden mußten. Die Steigerung der amerikanischen Silberproduktion führte nach 1876 zu einem Verfall des Wechselkurses der Silberrupie. Der Kurs wäre sicher noch mehr verfallen, wenn Indien nicht einen großen Teil dieser Produktion und dazu noch die durch die Demonetisierung des Silbers in Europa freiwerdenden Bestände absorbiert hätte. Die Inflation, die Indien auf diese Weise importierte, bewirkte einen stetigen Anstieg der Agrarpreise zu einer Zeit, als die Weltagrarpreise stürzten. So kam es zu der paradoxen Entwicklung, daß Indien selbst in Zeiten großer Hungersnot noch Weizen exportierte, der in Indien einen recht hohen Silberpreis erzielte, welcher einem sehr niedrigen Goldpreis entsprach, so daß der indische Weizen der billigste auf dem Weltmarkt war. Man könnte also sagen, daß Indien in dieser Zeit den Preis des Silbers auf dem Weltmarkt durch Stützungskäufe aufrechterhielt und sich dies leisten konnte, weil es zugleich Agrarprodukte zu Schleuderpreisen anbot. Den Briten konnte dieses erstaunliche Wirken des freien Marktes nur recht sein. London war ein Zentrum des Weltsilberhandels, und England war an billigen Getreideimporten stets interessiert, um die Löhne der Arbeiter niedrig halten zu können. Alle Pläne, die Münzanstalten in Indien für die Prägung von Silberrupien zu schließen und die indische Währung auf den Goldstandard umzustellen, fanden daher zunächst kein Gehör. Nur als es der britisch-indischen Regierung völlig unmöglich wurde, aus ihren Steuereinnahmen in Silber die «Home Charges» in Gold zu entrichten, warf man 1893 Grundsätze und langfristige Interessen über Bord, schloß die Münzanstalten und versetzte der indischen Wirtschaft einen kräftigen Deflationsschock.

Für das indische Kapital bedeutete die Währungsentwicklung von 1876 bis 1893 eine Verstärkung der Tendenz zur kurzfristigen Anlage im Handel oder zur Investition in die agrarischen Abhängigkeitsverhältnisse. Für gewöhnlich sind Gläubiger an einer stabilen Währung interessiert, es sei denn, sie können ihre Zinsforderungen dem Inflationsverlauf anpassen. Das war beim Agrarkredit möglich, weil die Zinssätze ohnehin nur symbolischen Wert hatten und der Gläubiger sich dadurch schadlos hielt, daß er durch die Nutzung der Abhängigkeitsverhältnisse soviel wie möglich an sich brachte. Langfristige Kredite für den Eisenbahnbau wurden statt dessen auf dem ausländischen

3. Entwicklung und Unterentwicklung 339

Kapitalmarkt aufgenommen, der aufgrund des Goldstandards einen stabilen Kurs und niedrige Zinsen aufzuweisen hatte. Für Indien waren diese Zinsen freilich doch nicht so niedrig, wie sie erscheinen mochten, denn der fallende Kurs der Rupie bedeutete, daß von Jahr zu Jahr höhere Summen erforderlich waren, um die Zinsen in Gold zu bezahlen. Gold- und Silberkapitalisten gingen zwangsläufig verschiedene Wege, und der Weg, der sich für den indischen Silberkapitalismus empfahl, war nicht der der langfristigen und produktiven Investitionen, sondern der kurzfristigen Spekulation oder der Ausbeutung von Abhängigkeitsverhältnissen.

Nach der Schließung der Münzanstalten im Jahre 1893 erhielt die indische Währung eine neue Grundlage, den Golddevisenstandard. Die Umstellung auf einen Goldstandard mit zirkulierender Goldwährung wäre daran gescheitert, daß nicht genug Gold zur Verfügung stand, und an Papiergeld war man in Indien noch nicht gewöhnt. Statt dessen blieb die Silberrupie weiterhin im Umlauf und wurde durch planmäßige Verknappung auf einen Wechselkurs gebracht, den die Regierung für vertretbar hielt. Zur Deckung dieser Währung wurde in London eine Goldreserve angelegt. Es gab zunächst kein Gesetz, das den Staatssekretär für Indien dazu verpflichtete, einen bestimmten Wechselkurs aufrechtzuerhalten. Er konnte also nach freiem Ermessen intervenieren oder den Wechselkurs schwanken lassen. Der Manipulation waren Tor und Tür geöffnet; das, was man zuvor grundsätzlich ablehnte, tat man nun mit Fleiß, ohne sich aber auf irgendeine definitive Währungspolitik festlegen zu müssen.

Das Mittel, das dem Staatssekretär zur Verfügung stand, um den Wechselkurs zu gestalten, war der Verkauf von auf die Staatskasse in Indien ausgestellten Wechseln in London (Council Drafts) oder der Verkauf von Wechseln, die in London einzulösen waren (Reverse Council Drafts). Für gewöhnlich verkaufte er nur Council Drafts, denn sie ermöglichten den Transfer der «Home Charges» nach London und wurden von Kaufleuten erworben, die Rechnungen in Indien zu begleichen hatten. Reverse Council Drafts wurden nur dann angeboten, wenn es galt, durch Stützungskäufe den Kurs der Rupie auf der angestrebten Höhe zu halten. Die Manövriermasse war natürlich in beiden Fällen begrenzt, aber sie war beträchtlich genug, um eine aktive Währungspolitik zu betreiben. Die Grenzen der Währungspolitik wurden nicht nur durch die Währungsreserve, die dem Staatssekretär zur Verfügung stand, und durch den britisch-indischen Staatshaushalt bestimmt, sondern auch durch die Interessengegensätze derer, die von einem niedrigen Wechselkurs profitierten, und jener, die einem hohen Wechselkurs den Vorzug gaben. Exporteure indischer Waren mußten natürlich an einem niedrigen Wechselkurs interessiert sein, sie betrachteten ihn geradezu als Export-Bonus, der die Wettbewerbsfähigkeit auf dem Weltmarkt begünstigte. Da die «Home Charges» nur dann reibungslos transferiert werden konnten, wenn Indien einen Exportüberschuß erzielte, waren auch die britisch-indische Regierung und der Staatssekretär darauf bedacht, daß die Währungspolitik diesem Zweck diente. Andererseits waren die Briten als Gläubiger Indiens an einem stabilen, nicht fallenden, sondern allenfalls steigenden Wechselkurs interessiert. Solange die Schulden in Gold gemacht und bezahlt wurden, während die Silberrupie ein Eigenleben führte, war der Wechselkurs in dieser Hinsicht unwesentlich. Mit dem neuen Golddevisenstandard der Rupie änderte sich das. Britische und indische Währung standen nun eng verbunden auf dem Boden des Goldstandards. Die enge Verbindung wurde sogar beibehalten, als England unter dem Druck der Weltwirtschaftskrise vom Goldstandard abging. Der Gläubiger hielt den Schuldner fest im Griff der von ihm beherrschten Währungspolitik. Das langfristige Interesse der Gläubiger war identisch mit dem kurzfristigen der Exporteure britischer Waren, die natürlich einen hohen Verkaufserlös in Indien erzielen wollten und bei einer fallenden Rupie Wechselkursverluste beim Transfer dieses Erlöses erlitten. Insgesamt waren die Briten also an einem hohen Wechselkurs interessiert, solange Indien nur genügend Exportüberschuß erwirtschaftete, um die «Home Charge» zu bezahlen. Auf indischer Seite war man für einen niedrigen Wechselkurs und betrachtete jede Bemühung des Staatssekretärs, den Kurs zu stützen, mit Mißtrauen, zumal jede Stützungsaktion nicht nur eine Verringerung des «Export-Bonus» bedeutete, sondern letztlich nur mit deflationären Maßnahmen bewirkt werden konnte, die Handel und Kredit in die Enge trieben.

Bis zum Ersten Weltkrieg gelang es dem Staatssekretär, die Währung auf einem mittleren Kurs stabil zu halten, ohne die Interessengegensätze heraufzubeschwören. Der Krieg brachte jedoch unerwartete Ereignisse mit sich. Das Silber stieg plötzlich wieder im Wert, zugleich erlebte Indiens Wirtschaft einen Wachstumssprung durch Kriegsgewinn. Ungeheure Mengen von Silber wurden importiert, um den wachsenden Bedarf an Geldzirkulation in Indien zu befriedigen. Diese Importe trieben den Preis des Silbers weiter in die Höhe, und bald drohte die Gefahr, daß der Metallwert der Rupie ihren Nennwert überstieg. Wäre dieser Punkt überschritten worden, so wären alle im Umlauf befindlichen Münzen gehortet, geschmolzen und als Metalle verkauft worden. Der Staatssekretär mußte daher den Kurs der Rupie steigen lassen. Als er sich während der Nachkriegsflaute dann bemühte, einen Kurssturz der Rupie durch den Verkauf von Reverse Council Drafts abzufangen, zog er sich den Zorn der indischen Geschäftsleute zu. Seine Reserven reichten freilich auch nicht

3. Entwicklung und Unterentwicklung 341

lange dazu aus, um den unvermeidlichen Kursverfall zu bremsen. Erst nach einigen Jahren erholte sich der Wechselkurs wieder und wurde schließlich 1927 durch Gesetzgebung festgeschrieben. Der Staatssekretär war nun verpflichtet, einen Kurs von 1 s 6 d aufrechtzuerhalten, während die indischen Geschäftsleute und mit ihnen der Nationalkongreß einen Kurs von 1 s 4 d forderten.

Für den Einsatz des indischen Kapitals wirkte sich der neue Golddevisenstandard zunächst günstig aus. Der Gegensatz von Gold- und Silberkapitalismus wurde aufgehoben, langfristige Anlagen erschienen attraktiver. Dann folgte die Reduktion der Importe durch den Ersten Weltkrieg, die geradezu zur Importsubstitution einlud. Auch die Agrarpreise stiegen unter dem Einfluß des Krieges rapide an. Die Kaufkraft nahm zu. Indien verzeichnete in den ersten Jahrzehnten dieses Jahrhunderts ein Wirtschaftswachstum, das in diesem Maße weder vorher noch nachher erreicht wurde. Das Prokopfeinkommen nahm beträchtlich zu – freilich um welchen Preis: Hungersnöte am Ende des 19. Jahrhunderts und in ihrem Gefolge auch Epidemien bremsten das Bevölkerungswachstum, das von der Jahrhundertwende bis nach dem Ersten Weltkrieg stagnierte. In den Jahrzehnten vor der Jahrhundertwende war es langsam aber stetig gestiegen, und in den Jahren nach 1921 stieg es wiederum zunächst allmählich und dann immer schneller an.

Die Nachkriegsflaute bedeutete daher in mehrfacher Hinsicht das Ende eines bemerkenswerten Wachstumssprungs. Unmittelbar nach dem Krieg erreichten die Maschinenimporte einen bisher unvorstellbaren Höhepunkt. Die indische Industrie war durch die Erfahrung der Kriegsjahre auf einer Woge des Optimismus emporgetragen worden und hatte außer einem Nachholbedarf an Investitionsgütern geradezu einen Investitionsübermut, der aber durch die rasch hereinbrechende Flaute bald gedämpft wurde. Die Stimmung schlug um, Bitterkeit breitete sich aus, die Nationalisten erhielten unerwarteten Zulauf. Die verzweifelten Währungsmanipulationen des Staatssekretärs taten ein übriges, um Mißtrauen zu erwecken. Die sogenannte «fiscal autonomy», die Indien in der Verfassungsreform von 1920 gewährt worden war und die nun auch die Erhebung von Schutzzöllen zuließ, schien durch die Hintertür der Währungspolitik bereits wieder ad absurdum geführt zu werden. Die Wirtschaft stagnierte, die Bevölkerung stieg an, der Wachstumstraum war ausgeträumt.

In den Jahren von 1924 bis 1928 erholte sich die indische Wirtschaft vorübergehend. Die Briten zeigten sich zudem in wachsendem Maße bereit, die indische Industrie durch eine Schutzzollpolitik zu unterstützen, denn inzwischen waren nicht mehr sie, sondern Japaner und Deutsche auf dem indischen Markt auf dem Vormarsch. Diese Entwicklung wurde durch die Weltwirtschaftskrise noch beschleunigt. Die Reduktion des Welthandels beeinflußte die für den Binnenmarkt produzierende indische Industrie ähnlich positiv wie die Reduktion der Importe zur Zeit des Ersten Weltkrieges. Der starke Verfall der Agrarpreise, die um die Hälfte sanken und damit auf den Stand von 1900 zurückgingen, beeinträchtigte freilich zugleich auch die Kaufkraft der ländlichen Bevölkerung. Damit war dem industriellen Wachstum eine Grenze gesetzt, an die es in absehbarer Zeit stoßen mußte. Der Preisverfall traf nicht nur die für den Export bestimmten Nutzfrüchte, sondern auch Reis und Weizen, die zu dieser Zeit im Außenhandel keine bedeutende Rolle spielten. Das zuvor beschriebene Handels- und Kreditnetz signalisierte den Weltmarktpreissturz bis ins letzte indische Dorf. Die Geldleiher forderten ihre Schulden ein. Die Kreditkontraktion hatte eine deflationäre Wirkung, die den Preisverfall förderte und eine Erholung hinauszögerte.

Ein fallender Wechselkurs hätte ähnlich wie in den Jahren nach 1876 die indischen Agrarpreise gegen die stürzenden Weltmarktpreise abgeschirmt. Indische Wirtschaftswissenschaftler forderten daher, daß der Wechselkurs freigegeben und die Verbindung mit dem Pfund aufgekündigt werden solle, so wie die Briten ja auch selbst Abschied vom Goldstandard genommen hatten. Doch den Briten kam bei ihrem Festhalten am hohen Wechselkurs ein bemerkenswerter Umstand zu Hilfe. Die Kreditkontraktion preßte einen Strom gehorteten Goldes aus Indien heraus. Der Golddevisenstandard wurde, wenn man es so nennen darf, durch einen Goldexportstandard ersetzt. Die Goldausfuhr ermöglichte es Indien, selbst in den Jahren der Krise einen Exportüberschuß zu erzielen, während die Handelsbilanz anderenfalls ein Defizit aufgewiesen hätte und die «Home Charges» nicht hätten bezahlt werden können.

Der Strom des Goldes sprudelte wie ein Springbrunnen aus Indien hervor. Allein in den sechs Monaten von Oktober 1931 bis März 1932 wurde Gold im Wert von 570 Millionen Rupies exportiert, wenige Jahre später waren es insgesamt 3 Milliarden. Man sprach zu Recht von «distress gold», vom Notgold also, das ohne Not nicht hergegeben worden wäre. Die indischen Bauern legten schon immer ihre Ersparnisse in den goldenen Ohrringen und Halsketten ihrer Frauen an und trennten sich von diesem Guthaben nur sehr schwer. Das Handels- und Kreditnetz wurde jetzt sozusagen in den Rückwärtsgang geschaltet und förderte diese Guthaben zutage und außer Landes. Aus volkswirtschaftlicher Sicht wäre diese Auflösung unproduktiver Goldhorte sicher zu begrüßen gewesen, wenn der Erlös investiert und damit das Wirtschaftswachstum angeregt worden wäre. Aber diese Wirkung trat nicht ein. Eher wurde auf diese Weise eine Umschichtung der Abhängigkeitsverhältnisse finanziert.

3. Entwicklung und Unterentwicklung

An die Stelle der üblichen Schuldknechtschaft des Hypothekenschuldners trat der direkte Verkauf des Landes und die unmittelbare Knechtschaft des ungeschützten Pächters oder Teilpächters. Der ländliche Geldleiher, der wie alle Besitzenden jener Zeit die Flucht in die Sachwerte antrat, ließ sich die Gelegenheit nicht entgehen, gutes Land, dessen Wert er genau kannte, an sich zu bringen. Die Pächterschutzgesetze, die die Briten so konstruiert hatten, daß sie die Oberschicht der Pächter unkündbar machten, die Unterpächter aber ungeschützt ließen, kamen den Geldleihern jetzt zugute. Ein unkündbarer Pachtbesitztitel war in jedem Sinne des Wortes Gold wert. Wer es sich leisten konnte, griff jetzt zu. Die Schichtung der ländlichen Gesellschaft Indiens wurde in diesen Krisenjahren für eine geraume Zeit bestimmt.

Die Wandlung der agrarischen Abhängigkeitsverhältnisse unter dem Einfluß der Krise bedeutete freilich nur eine neue Verteilung der alten Rollen. Die Fesseln der Knechtschaft wurden fester geschmiedet. Der freie Bauer als produktiver Unternehmer blieb nach wie vor eine Seltenheit. Die Pächterschutzgesetze, die die Briten nicht im Hinblick auf eine echte Bodenreform, sondern zur Festigung der Basis der Kolonialherrschaft unter politischen Gesichtspunkten eingeführt hatten, kamen einer ländlichen Oberschicht zugute, die sich unter dem Eindruck der Krise von den Briten abwandte und gemeinsame Sache mit den Nationalisten machte. Der indische Nationalkongreß fuhr die Ernte ein, die die Briten gesät hatten, und nahm damit ein Erbe an, das sich als schwere Hypothek erweisen sollte.

Die Nachwirkungen der Krise wurden in Indien erst im Zweiten Weltkrieg überwunden. Genau wie der Erste Weltkrieg brachte auch der zweite Indien einen bedeutenden Kriegsgewinn, aber der Wachstumssprung, der im Ersten Weltkrieg erfolgt war, blieb diesmal aus. Der Kriegsgewinn war zum größten Teil einem Preisanstieg, nicht aber einer Produktionssteigerung und -differenzierung zu verdanken. Die Differenzierung wurde durch den Krieg sogar weiter verzögert. Eine indische Textilmaschinenfabrik, die kurz vor Kriegsbeginn entstanden war, wurde von der Regierung requiriert und für andere Zwecke eingesetzt. Nur in der Stahlproduktion und in der chemischen Industrie wurden einige Fortschritte erzielt. Die kriegsbedingte Planung hatte schließlich nicht die langfristige Entwicklung der indischen Wirtschaft zum Ziel, sondern diente allein dem Zweck, mit Hilfe der indischen Produktionskapazität den Krieg durchzustehen. Gerade deshalb wurden jedoch die indischen Unternehmer planungsbewußt und veröffentlichten 1944 einen Fünfzehnjahresplan, der in vieler Hinsicht die späteren Fünfjahrespläne der Republik Indien vorwegnahm. Von sozialistischen Kritikern wurde dieser sogenannte «Bombay Plan» als faschistisch bezeichnet, weil er vorsah, daß die wesentlichen Investitionen, die viel Kapital erforderten, aber zunächst wenig Rendite versprachen, vom Staat vorgenommen werden sollten, während die privaten Unternehmer sich die Bereiche vorbehielten, in denen bei geringerem Einsatz größere Gewinne zu erwarten waren. Die «gemischte Wirtschaft», die sich später in Indien entwikkelte, wurde hier schon angedeutet. Bei dem chronischen Mangel an staatlicher Initiative zur Förderung der Industrialisierung Indiens waren die Forderungen der Autoren des «Bombay Plans» jedoch durchaus berechtigt. Zudem konnte man mit einer entsprechenden Besteuerung unangemessene Gewinne der privaten Unternehmer abschöpfen und den staatlichen Maßnahmen zugute kommen lassen. An einer solchen Besteuerung sollte es freilich in Indien später immer wieder mangeln, weil sich der Staat lieber durch die politisch bequemeren indirekten Steuern oder durch das Ankurbeln der Notenpresse versorgte.

Im Zweiten Weltkrieg standen diese Probleme noch nicht zur Debatte, der Krieg war für Indien eine Zeit des Zwangssparens, und die Mittel für den Nachkriegsaufbau der indischen Industrie wurden zunächst einmal als Sterlingguthaben in der Bank von England akkumuliert. Indien wurde durch den Krieg vom Schuldner zum Gläubiger der Kolonialherren, die diesen Umschwung unwillig zur Kenntnis nahmen. Churchill nörgelte bei Kabinettssitzungen immer wieder, er werde Gegenforderungen anmelden, weil ihm der Kriegsgewinn Indiens zu hoch erschien. Der Staatssekretär für Indien, Leopold Amery, hielt ihm darauf entgegen, es sei unklug, einem Taxifahrer während der Fahrt zu erklären, man werde am Ende der Reise nicht den vollen Fahrpreis bezahlen. Churchill sah das wohl ein, der Taxifahrer wurde bei guter Laune gehalten und der Fahrpreis schließlich auch bezahlt. Wenige Jahre nach dem Krieg entließ dann der britische Schuldner den indischen Gläubiger in die Unabhängigkeit. Die Umkehrung der Schuldverhältnisse mag nicht unbeträchtlich dazu beigetragen haben, daß diese politische Entscheidung den Briten leichter fiel.

Ein weiterer Grund bewog die Briten dazu, schnell zu handeln. Großbritannien stand am Rande des Staatsbankrotts und wurde von seinen größten Gläubigern, den Amerikanern, in die Zange genommen. Die britische Regierung handelte daher mit der indischen Interimsregierung ein Moratorium aus, das noch kurz vor der Entlassung Indiens in die Unabhängigkeit unterzeichnet wurde. Indien verzichtete damit auf den raschen Zugriff auf die Reserven in der Bank von England und mußte sich seinerseits bei Weltbank und Weltwährungsfonds verschulden. Als Gläubiger war Indien nicht daran interessiert, seinen Schuldner in den Bankrott zu treiben. Die Einwilligung in das Moratorium hatte noch einen günstigen Nebeneffekt für Indien. Die britische Wirtschaft hätte gern vertragliche Zusagen über den Fortbestand ihrer Privilegien im unabhängigen Indien gehabt. Die britische Regierung sah sich jedoch außerstande, neben dem Moratorium auch noch einen solchen Vertrag durchzusetzen.

Außer den besagten Guthaben in der Bank von England waren am Ende der langen britischen Herrschaft in Indien kaum positive Posten in der Bilanz der wirtschaftlichen Entwicklung zu verzeichnen. Landwirtschaft und Industrie waren gleichermaßen unterentwickelt. Das einzige deutlich hervortretende Wachstum war das der Bevölkerung. Die Unterentwicklung war systembedingt und in diesem Sinne von den Kolonialherren bewirkt, wenn auch nicht beabsichtigt. Die Beamten des Verwaltungsdienstes hatten sogar das subjektive Gefühl, daß sie sich unermüdlich für das Wohl ihrer Untertanen einsetzten. Viel von diesem subjektiven Pathos hat Eingang in die Geschichtsschreibung gefunden, und es ist schwer, sich ihm zu entziehen. Eine objektive Widerlegung ist ebenfalls schwer, weil sie zur Voraussetzung haben müßte, daß man Indiens Entwicklung ohne Fremdherrschaft hätte beobachten können. Der Hinweis auf Japan ist nicht sehr hilfreich, denn zwischen Indien und Japan gibt es so viele Strukturunterschiede, daß ein Vergleich sich nicht lohnt. Eher scheint ein Vergleich der Entwicklung Indiens vor und nach dem Ende der britischen Herrschaft gerechtfertigt zu sein. Gewiß läßt Indiens Wirtschaft auch heute noch viel zu wünschen übrig, aber in Anbetracht des Bevölkerungswachstums ist doch in drei Jahrzehnten ein weitaus größerer Fortschritt erreicht worden als in den drei Jahrzehnten vor 1947. Nun könnte man freilich behaupten, dieser Fortschritt sei eben nur aufgrund der Voraussetzungen möglich gewesen, die in der Zeit vor 1947 geschaffen worden seien. Aber die Schilderung dieser Zeit hat wohl zur Genüge gezeigt, daß von der Schaffung von Voraussetzungen nicht die Rede sein kann, sondern eher von Versäumnissen, Verzögerungen und Strukturmängeln, die später behoben werden mußten und von denen manche sich als schwieriges Erbe erwiesen haben, das es noch zu überwinden gilt. Sieht man einmal von den unmittelbaren wirtschaftlichen Voraussetzungen des späteren Fortschritts ab, um die es in der Tat schlecht bestellt war, so könnte man natürlich die institutionellen Voraussetzungen hervorheben, die unter britischer Herrschaft geschaffen wurden: Politische Einigung, qualifizierter Verwaltungsdienst, Rechts- und Bildungssystem, Gesundheitswesen. Diese Bereiche sind ohne Zweifel von großer Bedeutung. In der neueren Forschung ist zu Recht die Rolle des Dienstleistungssektors in der industriellen Revolution Englands hervorgehoben und dabei besonders die Schulbildung und das Rechtswesen erwähnt worden. Die weite Verbreitung der Kenntnisse des Lesens und

Schreibens und die Flexibilität des englischen Rechts, die den Erfordernissen des wirtschaftlichen Wandels entsprach, förderten die Industrialisierung. Doch die Voraussetzungen, die die Kolonialherren auf diesen Gebieten in Indien schufen, waren problematisch. Die politische Einigung war, obwohl sie durch die Teilung Indiens gemindert wurde, vielleicht noch die positivste Errungenschaft. Der Verwaltungsdienst war wichtig, insofern er zur Aufrechterhaltung dieser Einheit beitrug, im übrigen war er für die Aufgaben der wirtschaftlichen Entwicklung wenig geeignet. Das englische Recht, die Gerichtshöfe und Rechtsanwälte spielten in Indien eine große Rolle, aber die Rolle war nicht nur positiv, wie bereits zuvor gezeigt worden ist. Das Bildungssystem blieb auf eine einseitige Form der höheren Bildung beschränkt. Die indische Bildungsschicht wurde in erster Linie auf Verwaltungs- und Lehrberufe vorbereitet, an technischer Ausbildung und Volksschulerziehung mangelte es, und Lesen und Schreiben konnten 1947 noch immer verhältnismäßig wenige Inder. Das Gesundheitswesen hatte wohl dazu beigetragen, daß die größeren Epidemien eingedämmt wurden und damit auch das Bevölkerungswachstum stieg, aber die medizinische Versorgung dieser wachsenden Bevölkerung war gering. Die verhältnismäßig wenigen nach britischen Regeln qualifizierten Ärzte blieben in den Städten und gingen nicht aufs Land, zumal der Arzt nach wie vor Privatunternehmer blieb.

Der wichtigste Beitrag, den die Briten als Voraussetzung für die weitere Entwicklung Indiens lieferten, war immaterieller Art: die Vermittlung eines modernen demokratischen und leistungsorientierten Wertsystems, an dem sie gerade von den Kritikern ihrer Herrschaft in Indien gemessen wurden. Dadabhai Naoroji nannte denn auch sein großes Buch, in dem er mit der britischen Kolonialherrschaft abrechnete: «Poverty and UnBritish Rule in India». Die Unterentwicklung, die die Kolonialherren Indien angedeihen ließen, bezeichnete er bewußt als Zeichen einer «unbritischen» Herrschaft und hielt den Briten die Maßstäbe entgegen, die sie in ihrem eigenen Land gesetzt hatten. Die koloniale Herausforderung, die darin bestand, daß die Briten den Indern ein Vorbild gaben, sie zugleich aber daran hinderten, ihnen nachzueifern, war eine Triebfeder der späteren politischen und wirtschaftlichen Entwicklung Indiens. Diese Herausforderung prägte die wirtschaftlichen Zielvorstellungen ebenso wie den politischen Freiheitskampf.

Siebtes Kapitel

Der Freiheitskampf und
die Teilung Indiens

1. Der indische Freiheitskampf

Die koloniale Herausforderung erzeugte den indischen Nationalismus, der sich schon im frühen 19. Jahrhundert zu Wort meldete. In der neuen Bildungsschicht gab es kritische Köpfe, die die Fremdherrschaft als vergängliches Phänomen betrachteten. Schon 1849 pries Gopal Deshmukh die amerikanische Demokratie und prophezeite, daß die Inder den amerikanischen Rebellen nacheifern und die Briten vertreiben würden. Solche Veröffentlichungen, für die man in späteren Zeiten dem Autor sicher wegen Anstiftung zum Aufruhr den Prozeß gemacht hätte, wurden von den Briten damals noch kaum beachtet. Auch die politischen Vereinigungen, die sich in Bombay, Madras und Kalkutta vor der im Jahre 1853 fälligen Erneuerung der Charta der Ostindiengesellschaft bildeten und Petitionen verfaßten, in denen um die Gewährung demokratischer Rechte, die Senkung der Grundsteuer und Abhilfe in vielen anderen Dingen gebeten wurde, erregten wenig Aufmerksamkeit. Der Aufstand von 1857 erschütterte dann die Kolonialherren und die indische Bildungsschicht zugleich, die Nationalisten verstummten, und die Briten wurden vorsichtig und konservativ.

Auf einem anderen Gebiet entwickelte sich jedoch das nationale Gedankengut weiter: Religiöse Reformbewegungen erfaßten die Bildungsschicht. Die Auseinandersetzung mit christlichen Missionaren beunruhigte die Hindus. Das Spektrum der Antworten auf diese Herausforderung reichte von der defensiv-orthodoxen Reaktion bis zur kühnsten Neuerung. Insbesondere Vereinigungen wie der Brahmo Samaj in Bengalen und der Arya Samaj im Norden und Westen Indiens verbanden neue Interpretationen des Hinduismus mit einem geradezu missionarischen Eifer. Christliche Ideen und Organisationsformen wurden mit der Rückbesinnung auf die Grundlagen der altindischen Religion und Philosophie verbunden. Im Arya Samaj sprach man geradezu von einer vedischen Kirche und gründete ein «Anglo-Vedic College», in dem eine Synthese westlicher Bildung und der Rückbesinnung auf die Veden, die ältesten Zeugnisse der Religion, angestrebt wurde. Universalistische und nationalistische Tendenzen waren in diesen neo-hinduistischen Bewegungen miteinander verquickt. Einige ihrer Vertreter betonten den Universalismus, die Gleichheit aller Religionen, andere wandten sich betont dem von ihnen re-interpretierten Hinduismus zu und machten ihn zugleich zum Fundament einer nationalen Solidarität, die in die Vergangenheit zurückprojiziert wurde. Dieser Solidaritätstraditionalismus wurde zu einem wesentlichen Element des indischen Nationalismus. Da er an den Hinduismus anknüpfte, konnte er freilich die indischen Muslime nicht in diese Solidarität einbeziehen.

Die Muslime reagierten immer empfindlicher auf diese Ideen und mißtrauten schließlich auch den universalistischen Tendenzen des Neo-Hinduismus. Selbst der wohlmeinende Hinweis auf die Gleichheit aller Religionen wurde für sie zur Bedrohung ihrer islamischen Identität. Es kam hinzu, daß nicht nur der Solidaritätstraditionalismus der Elite suspekt war, sondern populärere Solidarisierungsbewegungen eindeutig gegen die Muslime gerichtet waren. Das galt insbesondere für die Kuhschutzbewegung, die im späten 19. Jahrhundert weite Gebiete Nordindiens erfaßte und die Hindus, denen die Kuh heilig ist, mit den Muslimen konfrontierte, die vor allem an hohen islamischen Festtagen Kühe schlachteten. Daneben waren die Muslime Nordindiens auch durch die Kampagne der Hindus beunruhigt, die die Einführung der Volkssprache Hindi in der traditionellen Devanagarischrift als Gerichts- und Amtssprache verlangten, während die Muslime an Persisch und Urdu festhielten.

Die Muslimminderheit Nordindiens war eine überwiegend städtische Schicht, die in allen unteren Verwaltungsstellen eine dominante Position hatte. Im Gegensatz zu der fast ausnahmslos kleinbäuerlichen Muslimbevölkerung Bengalens, die noch gar nicht politisch in Erscheinung trat, waren diese nordindischen Muslime sehr wohl in der Lage, ihre Interessen zu artikulieren. Sie fürchteten einen sozialen Abstieg, fühlten sich von der politisch erwachenden Hindumehrheit bedrängt und daher zur Anlehnung an die Kolonialherren gezwungen, die nach dem alten Grundsatz des «Divide et impera» diese Entwicklung nur willkommen heißen konnten.

Die liberalen Nationalisten entfalteten inzwischen in den Jahren nach 1870 eine rege Tätigkeit. Die Zahl der vom Studium in England zurückgekehrten Mitglieder der Bildungsschicht hatte beträchtlich zugenommen. Für diese welterfahrene junge Generation war der Aufstand von 1857 nur noch eine vage Kindheitserinnerung, der Kontrast zwischen dem politischen Leben in England und in Indien aber eine lebendige Erfahrung. Die alten politischen Organisationen, die den Aufstand von 1857 überwintert hatten und von einigen alten Honoratioren betreut wurden, traten nun in den Hintergrund und wurden von neuen aktiven Organisationen abgelöst. Führend waren vor allem die 1870 gegründete Poona Sarvajanik Sabha und die 1876 in Kalkutta gegründete Indian Association. Der junge Richter Mahadev Govind Ranade, der 1871 von Bombay nach Pune versetzt wurde, war der bedeutendste Kopf der Sarvajanik Sabha. Surendranath Banerjea gab in der Indian Association den Ton an und bereiste ganz Indien im Rahmen einer Kampagne für eine stärkere Repräsentation der Inder im Verwaltungsdienst. Banerjea war einer der ersten Inder, der Aufnahme in diesen Dienst gefunden hatte, war aber schon bald wegen eines geringfügigen Fehlers wieder entlassen worden. Die Herabsetzung des Höchstalters für die Aufnahmeprüfung von 21 auf 19 Jahre machte es Indern nahezu unmöglich, die Aufnahmeprüfung in London zu bestehen, es sei denn, sie wurden von ihren Eltern schon als Kinder in England zur Schule gesandt.

Der konservative Vizekönig Lord Lytton förderte die Zusammenarbeit der indischen Nationalisten entscheidend, er sollte darin später nur noch von Lord Curzon übertroffen werden: Lyttons Pressegesetz von 1878, mit dem die in indischen Sprachen erscheinenden Zeitungen einer geradezu prohibitiven Zensur unterworfen wurden, rief nicht nur den vereinten Protest der indischen Nationalisten hervor, sondern wurde auch im britischen Parlament von den Liberalen unter der Führung Gladstones scharf verurteilt. Von diesem Zeitpunkt an glaubten die indischen Nationalisten, in den britischen Liberalen verläßliche Bundesgenossen zu haben, eine Hoffnung, die später enttäuscht wurde, aber zunächst für einige Jahrzehnte die politische Strategie bestimmte.

Die Entsendung des liberalen Vizekönigs Lord Ripon gab den Nationalliberalen weiteren Auftrieb. Verbindungen wurden geknüpft und eine umfassende nationale politische Organisation geplant. Diese trat dann 1885 als Indischer Nationalkongreß ins Leben und hielt ihre erste Sitzung in Bombay ab. Die zweite Sitzung fand 1886 in Kalkutta statt und wurde von der Indian Association organisiert, die gern schon die erste Sitzung veranstaltet hätte. Bombay war Kalkutta nur durch einen Zufall zuvorgekommen. In den kommenden Jahren herrschte ein edler Wettstreit zwischen den Städten Indiens, die es sich zur Ehre anrechneten, den Nationalkongreß einladen zu dürfen. Außer der jährlichen Honoratiorenversammlung hatte der Nationalkongreß zunächst kaum irgendwelche anderen Aktivitäten aufzuweisen. Mehr war auch nicht beabsichtigt, die jeweils einladende Stadt übernahm die anfallenden organisatorischen Aufgaben, und eine informelle Führungsgruppe gab die politischen Richtlinien. Lange Zeit war der politische Boß Bombays, der Parse Pherozeshah Mehta, der führende Mann im Kongreß. Er war der Meinung, daß der Kongreß sich als Parallelorganisation der britischen liberalen Partei betrachten solle und nur auf diese Weise erfolgreich sein könne. Daher stand er

Swami Vivekananda (1863–1902), religiöser Reformer und Gründer der Ramakrishna-Mission, Ölbild von Chintamani Kar

den Nationalrevolutionären ablehnend gegenüber, die auf keine britische Partei vertrauten und den Kampf gegen die Fremdherrschaft forderten.

Die Nationalrevolutionäre beriefen sich auf einen radikalen Neo-Hinduismus und setzten das religiöse Ideal der Selbstverwirklichung mit dem nationalen Freiheitskampf gleich. Sie glaubten nicht an die Nationsbildung als Entwicklungsprozeß, sondern an das Erwachen der Nation aus dem Alptraum der Fremdherrschaft. Die Vedantaphilosophie, die die Befangenheit der Seele in der Illusion der individuellen Existenz und die Befreiung von dieser Illusion als Erlösung zum Gegenstand hat, bot sich als Ideologie an, die dem radikalen Nationalismus eine geistige Grundlage verleihen konnte. Problematisch war dabei nur, daß die Vedantaphilosophie die meditative Einkehr und damit die Abkehr vom Tatendrang der Welt als Weg zur Erlösung empfahl, während die Nationalrevolutionäre eine Lehre brauchten, die den aktiven Einsatz und den Opfermut rechtfertigte. Dieses Problem wurde gelöst, indem man die Idee des Karmayoga hervorhob, die Idee der Selbstverwirklichung in der opfermutigen Tat, auf die man sich nichts zugute hielt. Vivekananda war der Prophet dieser neuen Lehre. Sein neuer, weltbewältigender Hinduismus machte auch in Europa und Amerika einen großen Eindruck, wo man bisher nur von der Weltentsagung der indischen Weisen gehört hatte.

Als Vivekananda 1897 nach vierjährigem Aufenthalt im Westen als berühmter Mann nach Indien zurückkehrte, gab dieser Ruhm dem indischen Nationalismus weiteren Auftrieb. Denn der Ruhm, den Vivekananda erworben hatte, beruhte nicht darauf, daß er nach den Maßstäben des Westens erfolgreich war wie viele vor ihm, die an britischen Universitäten glänzten, sondern daß er als religiöser Lehrer des Hinduismus einen Siegeszug vollendet hatte, während man zuvor von den Kolonialherren meist nur überhebliche Kritik am Hinduismus gehört hatte, der ihnen als heidnischer Aberglaube galt, in dem die Inder verharrten. Selbst liberale Nationalisten wie der bedeutende Kongreßpolitiker Gopal Krishna Gokhale oder auch noch die sozialistisch inspirierten Nationalisten der nächsten Generation wie Jawarharlal Nehru bewunderten Vivekananda und fanden seine Lehre ermutigend.

Vedantaphilosophie und Karmayoga sprachen natürlich in erster Linie die gebildete Elite an, die nach einer neuen Orientierung suchte und im entliehenen britischen Liberalismus allein keine genügende Grundlage für den nationalen Einsatz fand. Die Alleinheitslehre der Vedantaphilosophie war zudem für die Elite auch dadurch besonders attraktiv, daß sie ihr die Rechtfertigung dafür lieferte, im Namen der stummen Millionen zu sprechen. Doch diese ideologische Identifikation mit den Massen war natürlich auf die Dauer nicht genug, und die Nationalisten versuchten, volkstümliche Symbole für die Solidarität zu finden, um die es ihnen ging. In Bengalen waren es der Kult der Göttin Kali, aber auch die ekstatische Mystik der Vaishnava-Heiligen, die im Volk tief verwurzelt waren und eine Symbolsprache boten, mit der der Nationalismus emotional mit der Religion in Verbindung gebracht werden konnte. In der Hymne der bengalischen Nationalrevolutionäre, «Bande Mataram» (Beuge Dich vor der Mutter) wurden Muttergöttin und Heimatland zu einer Einheit verschmolzen. In Maharashtra organisierte Bal Gangadhar Tilak Feste zu Ehren des volkstümlichen Gottes Ganpati und des großen Helden Shivaji, dessen Kampf gegen den Großmogul als Analogie zum Freiheitskampf gegen die Briten gesehen wurde. In Nordindien war es die bereits erwähnte Kuhschutzbewegung, die einen Solidarisierungseffekt für weite Kreise der Bevölkerung hatte. Im dravidischen Süden blieb der Nationalismus dagegen zunächst noch weitgehend auf eine liberale Elite beschränkt. In der riesigen Provinz Madras war die britische Herrschaft weniger intensiv als im Norden, die lokale Diktatur der Dorfoberhäupter, auf die sich die Briten stützten, unterschied sich kaum von früheren Herrschaftsformen. Es gab nur wenige und dazu noch sehr weit voneinander entfernte städtische Knotenpunkte, die als Kommunikationszentren dienen konnten. Die sprachliche Vielfalt (Kannada, Malayalam, Tamil, Telugu), die Existenz der großen Fürstenstaaten (Haiderabad, Mysore, Travancore) sowie die kulturelle Distanz zwischen den Brahmanen und dem Rest der Bevölkerung wirkten jeglicher Kommunikation und Solidarisierung entgegen. Der Nationalismus fand zunächst nur in der kleinen brahmanischen Bildungsschicht Resonanz. Im Bewußtsein ihrer Isolation waren die Brahmanen des Südens aber sehr «gemäßigt» und jedem Radikalismus abhold. Die liberale Kongreßführung fand in ihnen verläßliche Bundesgenossen gegen die extremistischen Tendenzen, die sich bei der jüngeren Generation der anderen Provinzen immer stärker bemerkbar machten.

Die Teilung Bengalens, die Lord Curzon 1905 angeblich aus rein administrativen Gründen durchführte, rief einen Sturm des Protests hervor, der den Nationalrevolutionären wie gerufen kam. Die Art und Weise der Teilung legte den Verdacht nahe, daß sie als gezielter Schlag gegen die bengalische Bildungsschicht geplant war. Das bengalische Sprachgebiet wurde aufgespalten. Die neue Provinz Ost-Bengalen war eine Muslim-Provinz und wurde von Curzon auch in diesem Sinne gepriesen. Die neue West-Provinz schloß weiterhin Bihar und Orissa ein, in dieser Provinz waren die Bengalen aber in der Minderheit. Als die Aufteilung 1911 nach Jahren der Unruhe rückgängig gemacht wurde, zeigte sich, daß den administrativen Gesichtspunkten auch in anderer Weise Genüge getan werden konnte: Bengalen wurde wieder vereinigt und statt dessen Bihar und Orissa in einer neuen Provinz zusammengefaßt. Hätte bereits Curzon diese Lösung gewählt, so wäre den Briten viel Ärger erspart geblieben, vor allem wäre wohl der Terrorismus nicht so sehr emporgekommen, mit dem die jungen Bengalen ihren ohnmächtigen Haß zum Ausdruck brachten, der wiederum durch die Gegenmaßnahmen der Regierung noch gesteigert wurde.

Der Nationalkongreß kam durch die Teilung Bengalens in arge Verlegenheit. Gopal Krishna Gokhale, der Kongreßpräsident des Jahres 1905, hatte kurz vor der Kongreßsitzung mit führenden liberalen Politikern in London konferiert, die ihn aufforderten, unmittelbar nach der bevorstehenden Regierungsbildung der Liberalen nach London zurückzukehren, um den neuen Staatssekretär für Indien zu beraten. Gokhale erhoffte einen bedeutenden Verfassungsfortschritt für Indien, mußte aber befürchten, daß der Kongreß durch die Ereignisse in Bengalen radikalisiert oder gar gespalten würde. Damit wären der Kongreß und Gokhale als sein Präsident als Gesprächspartner für die

1. Der indische Freiheitskampf

*Gopal Krishna Gokhale (1866–1915),
Führer der Gemäßigten im Nationalkongreß*

Reformdiskussion in Frage gestellt worden. Es gelang Gokhale auf der Kongreßsitzung in Benares im Dezember 1905, einen mittleren Kurs zu steuern und sich auf diese Weise ein klares Mandat des Kongresses für die weiteren Verhandlungen in London zu sichern, zu denen er bereits Anfang 1906 wieder in London eintraf.

Das Jahr 1906 verschärfte die Spannungen in Indien und erhöhte den Optimismus Gokhales und der «Gemäßigten» im Hinblick auf den Reformwillen des liberalen Staatssekretärs John Morley. Der Kongreß von 1906, der zudem auch noch in Kalkutta stattfinden sollte, wurde wiederum zu einer entscheidenden Kraftprobe für die «Gemäßigten». Sie erreichten es, den Kongreß noch einmal über die Runden zu bringen, indem sie den greisen Dadabhai Naoroji aus London herbeizitierten und zum Präsidenten dieses Kongresses machten. Naoroji war schon in den Jahren um 1850 in Bombay politisch aktiv gewesen, war 1892 als erster Inder als liberaler Kandidat für den Wahlkreis Finsbury ins britische Parlament gewählt worden und war nun im hohen Alter nahezu schon ein Nationalheiliger, der auch dem extremsten jungen Nationalrevolutionär Respekt einflößte. Noch einmal wurde die Spaltung des Kongresses vermieden, aber im nächsten Jahr fand sie dann doch statt.

Die Gegensätze wurden unüberbrückbar, selbst eine rasche Verlegung des Kongresses von Nagpur, in dem sich Tilaks Gefolgschaft allzu sehr regte, nach Surat, wo Pherozshah Mehta den Kongreß bei den «gemäßigten» Kaufleuten Gujarats in sicheren Händen wähnte, konnte den Bruch nicht mehr verhindern. Die «Extremisten» kamen auch nach Surat, der Streit um Präsidentschaft und Tagesordnung brach sofort aus, es kam zur Saalschlacht, und schließlich tagte man separat: Die Spaltung war vollzogen. Tilak und Aurobindo waren die Führer der neuen «extremistischen» Fraktion, doch Tilak wurde 1908 verhaftet und zu sechs Jahren Zuchthaus verurteilt, und Aurobindo mußte fliehen. Die «Extremisten» befanden sich in der politischen Wüste, während Mehta den Kongreß mit einem neuen Statut zu einer strafter organisierten Partei der «Gemäßigten» machte. Ihm war es letztlich gar nicht unlieb, daß es auf diese Weise zu einer Klärung der Fronten gekommen war, und solange er und Gokhale lebten, bewahrte der Kongreß seine neue, eindeutig «gemäßigte» Identität. Doch beide starben im Jahre 1915 und ermöglichten es damit Tilak, der 1914 aus der Haft entlassen worden war, in den letzten Jahren seines Lebens die Führung des Kongresses zu übernehmen. Tilak überlebte seinen älteren Widersacher Mehta und seinen jüngeren Gegenspieler Gokhale nur um fünf Jahre. Aber in dieser Zeit vollzogen sich bedeutende Weichenstellungen.

Im Bunde mit Tilak trat eine ungewöhnliche Gestalt auf die politische Bühne Indiens: Annie Besant. Frau Besant war eine irische Sozialistin, die sich der Theosophie zugewandt, sich in Madras niedergelassen hatte und dort geradezu ein weiblicher Vivekananda für die Brahmanen Südindiens wurde. Ihre nationalrevolutionäre Haltung, ihre tiefe Sympathie für den Hinduismus gewannen ihr und der Theosophie viele Anhänger in der Bildungsschicht, und als sie nach irischem Vorbild eine Home Rule League für Indien ins Leben rief, verbreitete sich diese Bewegung wie ein Lauffeuer und stellte den Nationalkongreß rasch in den Schatten. Tilak gründete seine eigene Home Rule League im Westen Indiens, und selbst Mohammed Ali Jinnah, der sich als ein Muslim-Gokhale betrachtete, wurde in dieser Bewegung aktiv.

Die indischen Muslime, die dem türkischen Kalifen vielleicht noch mehr Beachtung schenkten als die Muslime anderer Länder, waren tief davon betroffen, daß die Briten im Krieg gegen den Kalifen standen, und gerieten in einen Loyalitätskonflikt. Als Minderheit hatten sie sich in den Jahren vor dem Krieg an die Kolonialherren angelehnt, und diese hatten das in ihrem eigenen Interesse begrüßt. Jetzt fühlten die Muslime sich verraten und suchten den Kontakt mit den Nationalisten. Jinnahs Radikalisierung reflektierte diese Situation. Er suchte und fand in Tilak einen geeigneten Gesprächspartner. Der Kongreß-

1. Der indische Freiheitskampf 355

Muslim-Liga-Pakt, den sie 1916 schlossen, sollte die Grundlage einer neuen politischen Zusammenarbeit von Hindus und Muslimen sein. Doch diese Grundlage wurde, wie schon zuvor erwähnt, durch die Erklärung Montagus vom Sommer 1917 bereits wieder in Frage gestellt.

Der im Rahmen des Paktes ausgehandelte Proporz der Mandate bezog sich auf Landtage, die in erweiterter Form die bisherigen Funktionen der Kritik an der Exekutive wahrnehmen würden. Die Einbeziehung der indischen Politiker in die Exekutive, im Sinne eines «responsible government», mußte dazu führen, daß diese auf Mehrheiten in den Landtagen angewiesen waren. Der Proporzpakt hatte dieses Problem nicht berücksichtigt, er sah vor, daß die Muslime in der Mehrzahl der Provinzen, in denen sie in der Minderheit waren, mehr Sitze bekommen sollten, als ihnen anteilmäßig zustanden, dafür verzichteten sie darauf, die absolute Mehrheit in den Provinzen Panjab und Bengalen zu beanspruchen, wo sie ihnen aufgrund ihres Anteils an der Bevölkerung gebührte. Jinnah war vor allem ein Vertreter der Muslime in der Diaspora; der Proporz, den er ausgehandelt hatte, begünstigte die Muslimminderheitsprovinzen. Die Rechnung dafür sollte von den Muslimmehrheitsprovinzen bezahlt werden, die freilich erst nach der Erklärung Montagus ahnen konnten, was das für sie bedeutete. Die Briten griffen später ein und verhalfen im Zuge der Verfassungsreform den Muslimmehrheitsprovinzen zu ihrem Recht, für die anderen Provinzen hielten sie sich weitgehend an den Proporzpakt, der für die Hindus damit natürlich seinen Sinn verlor, weil er ihnen nun zum Nachteil wurde.

Die Kombination von «responsible government» mit separaten Wählerschaften für Muslime und die einseitige Korrektur des Proporzpaktes bildeten den politischen Sprengstoff, der drei Jahrzehnte später Indien auseinandersprengte. Das verfassungspolitische Stückwerk, das sich daraus ergab, daß die Reformen in verschiedene Richtungen gingen und Widersprüche aufgrund der politischen Besitzstandswahrung nicht ausgeräumt werden konnten, wurde zur Ursache der späteren Zerstückelung Indiens.

Zunächst traten die Verfassungsfragen jedoch in den Hintergrund, weil eine rasche Radikalisierung der nationalen Bewegung die allgemeine Aufmerksamkeit beanspruchte. Frau Besant wurde 1917 verhaftet, gemäßigte und radikale Nationalisten waren gleichermaßen betroffen. Der Nationalkongreß von 1917, zu dessen Präsidentin man die inzwischen wieder entlassene Frau Besant demonstrativ wählte, war die letzte große Darstellung nationaler Solidarität, die alle politischen Gruppen und Richtungen umfaßte. Bald darauf gingen gemäßigte und radikale Nationalisten verschiedene Wege, da die einen entschlossen waren, die neuen Verfassungsreformen zu akzeptieren, die anderen sie jedoch als halbherzig verurteilten und gleich einen weiteren Schritt verlangten. Die gemäßigten Nationalisten gründeten eine liberale Partei (National Liberal Federation), weil ihre Bewunderung für den britischen Liberalismus trotz mancher Enttäuschungen immer noch ungebrochen war. Der Nationalkongreß unter der Führung Tilaks und des Bengalen C. R. Das verfolgte dagegen einen Oppositionskurs, aufgrund des noch herrschenden Kriegsrechts ließen aber auch sie sich nicht zu raschen Taten hinreißen.

Das nahende Kriegsende ließ bei den Briten Sorgen aufkommen, wie sie ohne Kriegsrecht Herr der Lage in Indien bleiben könnten, und sie bereiteten daher Gesetze vor, mit denen das Kriegsrecht in die Friedenszeit hinübergerettet werden konnte. Die Gesetzentwürfe, benannt nach dem Richter Rowlatt, der sie verfaßt hatte, riefen einen Sturm der Entrüstung in Indien hervor. Im Volksmund wurden sie rasch auf eine kurze Formel gebracht: «Keine Gerichtsverhandlung, kein Anwalt, keine Berufung». Die Inder fühlten sich durch diese Gesetzentwürfe zutiefst betroffen, ihre Loyalität im Krieg sollte also nun auf diese Weise belohnt werden. Im allgemeinen Zorn geriet fast in Vergessenheit, daß es sich um reine Ermächtigungsgesetze handelte, die der Regierung in einem Notstand die Möglichkeit gaben, summarisch zu verfahren. In der Praxis wurde auf diese Gesetze nach ihrer Verabschiedung niemals zurückgegriffen. Die Reaktion der Inder hatte den Briten gezeigt, daß sie damit zuviel Staub aufgewirbelt hatten. Die bestehenden Gesetze genügten ohnehin, um gegen Rebellen vorzugehen. Aus der Rückschau konnten die Briten wohl erkennen, daß die ganze Angelegenheit eine unnötige Provokation war, die Kräfte hervorrief, mit denen sie nicht gerechnet hatten.

Der Protest gegen die Rowlatt-Gesetze bewirkte den raschen Aufstieg Gandhis zum Führer des Nationalkongresses. Gandhi war 1869 in einem kleinen Fürstenstaat Gujarats als Sohn eines Ministers geboren worden. Er wurde zum Studium nach England gesandt. Als junger Rechtsanwalt nach Indien zurückgekehrt, hatte er dort wenig Erfolg und war froh, als ihn ein Kaufmann in Vertretung seiner Interessen nach Südafrika entsandte. Als einziger indischer Anwalt wurde er dort geradezu wider Willen zum politischen Führer der indischen Minderheit. Im Kampf gegen diskriminierende Gesetze, die er mit seinen Anhängern systematisch und demonstrativ brach, entwickelte er seine Methode des passiven Widerstands, den er wegen seines im Grunde gar nicht passiven Einsatzes Satyagraha (Festhalten an der Wahrheit) nannte. Der Vorwurf, daß dieses Festhalten an der Wahrheit zur Rechthaberei werden könne, traf ihn nicht; solange der Einsatz gewaltfrei bleibe, sei genug Gelegenheit für die Kontrahenten gegeben, sich gegenseitig zu überzeugen, meinte er. Gandhi machte selbst auf seinen großen südafrikanischen Widersacher General Smuts

1. Der indische Freiheitskampf

Eindruck, und als er 1915 schließlich nach Indien zurückkehrte, war er als politischer Führer der indischen Minderheit in Südafrika bei den Nationalisten allgemein geachtet.

Gandhi war zur Zeit seiner Rückkehr bereits 46 Jahre alt. Er war also kein Novize, dennoch folgte er gehorsam dem Rat seines Mentors Gokhale und bereiste ein Jahr lang Indien, um sich zu informieren, ohne zu irgendeinem politischen Problem Stellung zu nehmen. Gokhale hatte 1905 die Servants of India Society gegründet, deren Mitglieder als eine Art weltlicher Orden ihr Leben ausschließlich dem Dienst der Nation widmeten. Gandhis Reisejahr war als Vorbereitung für die Aufnahme in die Servants of India Society gedacht; aber Gokhale starb, und damit verlor Gandhi seinen großen Fürsprecher. Die Mitglieder der Gesellschaft mißtrauten Gandhi, den sie nicht zu Unrecht für radikaler hielten, als sie es selbst waren.

In den nächsten Jahren widmete sich Gandhi dann einigen lokalen Kampagnen, in denen er beachtliche Erfolge erzielte. Die Indigobauern im Distrikt Champaran, Bihar, die von britischen Pflanzern bedrängt wurden, die Bauern des Distrikts Kheda in Gujarat, die unter einer hohen Grundsteuerveranlagung litten, die Textilarbeiter in Ahmadabad, die für bessere Löhne und Arbeitsbedingungen streikten, sie alle fanden in Gandhi einen hervorragenden Organisator und geschickten Anwalt ihrer Interessen. Zugleich gewann Gandhi dabei Mitarbeiter, die in späteren Jahren eine bedeutende Rolle im Freiheitskampf spielen sollten, Rajendra Prasad in Bihar und Vallabhbhai Patel in Gujarat.

Im letzten Kriegsjahr 1918 unternahm Gandhi noch den bemerkenswerten Versuch, Rekruten für die britisch-indische Armee zu werben. Noch war er ein Loyalist und erwartete, daß Indiens Loyalität nach dem Krieg angemessen belohnt würde. Doch bei dieser Werbekampagne mußte er erfahren, daß er dort, wo er zuvor Anklang gefunden hatte, als es um die Grundsteuer ging, vor verschlossene Türen kam. Die Lehre, daß man die Leute nicht führen kann, wenn sie es nicht wollen, blieb ihm in steter Erinnerung.

Als die Rowlatt-Gesetze die Inder in eine Stimmung ohnmächtigen Zorns versetzten, suchten sie nach einem Führer, der ihren Protest zu artikulieren verstand. Gandhis in Südafrika erprobte Methode des Satyagraha schien dazu geeignet zu sein, diesem Protest Ausdruck zu verleihen. Die wirtschaftlichen Auswirkungen des Kriegsendes kamen hinzu, um weite Kreise der Bevölkerung zu beunruhigen. Vor allem im Panjab, in dem die große Mehrzahl der demobilisierten Soldaten wieder in das bürgerliche oder vielmehr bäuerliche Leben eingegliedert werden mußte, war die Atmosphäre brisant und die Regierung nervös. Gandhi wurde die Einreise in die Provinz verboten, er wurde aus dem Zug geholt und nach Bombay zurückgeschickt. Doch damit wurde nicht etwa die Ruhe wiederhergestellt, sondern die Situation noch explosiver. Wenige Tage später ließ ein britischer General im Jallianwala Bagh, einem von Mauern umschlossenen Platz in Amritsar, eine dort versammelte unbewaffnete Menschenmenge solange beschießen, bis Hunderte tot auf der Strecke blieben. In anderen Orten der Provinz wurden sogar Flugzeuge und Maschinengewehre gegen die Bevölkerung eingesetzt.

Diese krasse Reaktion der Kolonialherren signalisierte, daß die Tage ihrer Herrschaft in Indien gezählt waren. Der General, der das Massaker von Jallianwala Bagh angerichtet hatte, glaubte, er müsse ein Exempel statuieren. Das war ihm auch gelungen, doch in einem ganz anderen Sinne, als er es sich gedacht hatte. Die britische Herrschaft in Indien konnte nicht mit Waffengewalt erhalten werden, sondern beruhte auf der Zusammenarbeit mit den Indern, die dieser Herrschaft auf die eine oder andere Weise dienten. Gandhi hatte dies bereits 1909 in seinem Manifest «Hind Swaraj» betont. Das Massaker forderte dazu heraus, den Briten durch eine Kampagne der Nichtzusammenarbeit diese Tatsache vor Augen zu führen. Doch diese Reaktion trat mit einiger Verzögerung ein, die Einzelheiten der Vorgänge im Panjab waren zunächst noch nicht bekannt. Untersuchungskommissionen wurden eingesetzt – sowohl von britischer Seite als auch vom Nationalkongreß.

Die Sitzung des Kongresses, die Ende 1919 unter dem Vorsitz von Motilal Nehru, dem Vater Jawaharlals, in Amritsar stattfand, war sogar so «gemäßigt», daß man sich fragen mochte, warum man sich ein Jahr zuvor von den Liberalen getrennt hatte. Von Gandhi und Jinnah gemeinsam unterstützt, wurde eine Resolution verabschiedet, mit der dem Staatssekretär Montagu der Dank für seine Bemühungen um die Verfassungsreform ausgesprochen wurde, die gerade vom britischen Parlament beschlossen worden war. Die rasche Radikalisierung Gandhis im Laufe der nächsten Monate hätte damals noch niemand voraussagen können, auch er selbst nicht.

Zwei Strömungen konvergierten in den nächsten Monaten, die diese Radikalisierung bewirkten: Ein starker Aufschwung der Khilafat-Bewegung der indischen Muslime und die Reaktion der Nationalisten auf die offizielle britische Stellungnahme zu den Greueltaten im Panjab. Gandhi war im Herbst 1919 noch darum bemüht, beide Probleme auseinanderzuhalten. Er stand damals bereits in engem Kontakt mit dem Khilafatkomitee in Bombay und versuchte, den Hindus die Sorgen der Muslime um den besiegten türkischen Kalifen nahezubringen, da er hier eine Chance sah, eine nationale Solidarität zu schaffen, die über die Grenzen der Religionsgemeinschaften hinausging. Gerade deshalb wollte er aber diese Frage nicht mit dem Panjabproblem verquicken, weil dann der Eindruck entste-

1. Der indische Freiheitskampf 359

hen konnte, daß Hindus und Muslime nur zu diesem Zweck solidarisiert werden sollten. Auch im Kreise der Khilafatisten gehörte Gandhi 1919 noch zu den Befürwortern eines gemäßigten Kurses. Seine Partner waren zunächst die muslimischen Händler Bombays, die für radikale Pläne wie etwa den Boykott britischer Waren, mit denen sie handelten, wenig übrig hatten. Doch 1920 wurde die Führung in der Khilafat-Bewegung von den nordindischen Ulema (Schriftgelehrten) und Journalisten übernommen, unter ihnen die Gebrüder Mohammed und Shaukat Ali sowie der gelehrte Maulana Abul Kalam Azad, der in den Kriegsjahren von den Briten gefangengehalten worden war. Azad hatte bereits selbst früher einmal die Nichtzusammenarbeit mit den Briten empfohlen. Als er im Januar 1920 zum ersten Mal mit Gandhi zusammentraf, fanden sie rasch eine gemeinsame Grundlage für ihr weiteres politisches Zusammenwirken. In den nächsten Monaten wandte sich Gandhi mehr und mehr den aktiveren nordindischen Muslimen zu und von seinen früheren Partnern in Bombay ab.

Im Mai 1920 ergab sich dann eine überraschende Koinzidenz verschiedener politisch bedeutsamer Ereignisse. Der Bericht der vom Nationalkongreß eingesetzten Untersuchungskommission über die Panjab-Greueltaten wurde veröffentlicht, kurz darauf dann auch der Bericht der offiziellen, von den Briten eingesetzten Untersuchungskommissionen. Gandhi hatte wesentliche Teile des Kongreßberichts verfaßt und für eine sehr korrekte Berichterstattung gesorgt, unbeweisbare Behauptungen wurden von ihm eliminiert. Der Bericht stach daher noch deutlicher von dem britischen Bericht ab, der zwar einige der Greueltaten verurteilte, aber versuchte, die Entscheidungen der Verantwortlichen zu entschuldigen oder gar zu beschönigen. Zur selben Zeit wurden auch Bedingungen des Friedensvertrages von Sèvres bekannt, die dem Kalifen auferlegt wurden. Ob Gandhi es wollte oder nicht, Khilafat und Panjab-Probleme wurden auf diese Weise verquickt und zwangen zu einem radikaleren Kurs. Das Programm einer Kampagne der Nichtzusammenarbeit zeichnete sich bereits deutlich ab: Boykott britischer Waren, der Schulen, Universitäten und Gerichtshöfe, Verzicht auf die von den Briten verliehenen Orden, Auszeichnungen und Ehrentitel. Fast beiläufig erwähnte Gandhi im Juni 1920 auch den Boykott der gerade bevorstehenden ersten Wahlen unter der neuen Verfassung. Dieser Boykott sollte dann zur entscheidenden Weichenstellung für die weitere Entwicklung des Freiheitskampfes werden.

Im Unterschied zu den Khilafatisten waren die Mitglieder des Nationalkongresses zunächst nicht von Gandhis Programm begeistert und verlangten, daß ein Sonderkongreß in Kalkutta im September 1920 abgehalten werde, der zu dieser Frage Stellung nehmen sollte.

Tilak, der gezögert hatte, eindeutig Stellung zu nehmen, starb wenige Wochen vor diesem Kongreß. Als Gandhi davon erfuhr, sagte er: «Mein stärkstes Bollwerk ist dahin.» Tilak war kein Gefolgsmann Gandhis und in vieler Hinsicht sein Rivale, doch nahm Gandhi wohl an, daß Tilak ihn unterstützt hätte, sobald er genötigt war, Farbe zu bekennen.

Gandhi fuhr mit gemischten Gefühlen nach Kalkutta, er war nicht sicher, ob sein Programm eine Mehrheit finden würde. Überraschend fand jedoch insbesondere der Boykott der bevorstehenden Wahlen auf diesem Sonderkongreß sogar die Zustimmung sehr vieler Politiker, die bereits ihre Kandidatur angemeldet hatten. Sie mochten sich ausrechnen, daß ihre Chancen nicht besonders gut waren und der Boykott ihnen ein Alibi verschaffen würde. Die Erweiterung des Kreises der Wahlberechtigten im Rahmen der Verfassungsreform bedeutete, daß Wähler hinzugekommen waren, zu denen die Kongreßkandidaten bisher kaum Beziehungen hatten, außerdem mußten sie überall gegen die Liberalen antreten, zu denen etliche angesehene Honoratioren gehörten, die zumindest in den bereits früher wahlberechtigten Kreisen der Gebildeten und Besitzenden mit Unterstützung rechnen konnten. In dieser Situation war es besser, in die Offensive zu gehen, als sich in die Defensive drängen zu lassen. Die überraschende Unterstützung, die ihm zuteil wurde, ließ Gandhi seine übliche Zurückhaltung gegenüber wohltönenden, aber nichtssagenden Propagandaformeln vergessen. Als er darauf hingewiesen wurde, daß sein Programm sich nur auf spezielle Probleme beziehe, aber kein grundsätzliches Bekenntnis zum «Swaraj» (wörtlich: Selbstregierung, im erweiterten Sinne: Autonomie, Freiheit) enthielte, nahm er diesen Begriff in seine Programmresolution auf und ließ sich dazu hinreißen, «Swaraj in einem Jahr» zu versprechen. Trotz dieser Hochstimmung wurde das Programm nur mit knapper Mehrheit angenommen.

Zwischen dem Sonderkongreß im September und dem regulären Kongreß im Dezember 1920 hatte Gandhi nur eine kurze Frist, um seine Führungsposition zu konsolidieren. Er nutzte die Zeit gut. Mit den Khilafat-Agitatoren reiste er kreuz und quer durchs Land, um vor allem die Jugend für den Boykott der von ihm nun als «satanisch» verschrieenen Schulen und Colleges, die unter britischer Ägide errichtet worden waren, zu gewinnen. Er trieb aber nicht nur die Agitation voran, sondern entwarf auch ein neues Statut des Nationalkongresses, das einen ständigen Arbeitsausschuß, eine Neugliederung der Landesverbände des Kongresses in Sprachprovinzen und eine stärkere Repräsentation der ländlichen Bevölkerung vorsah. Diese «Verfassungsreform» war als Antwort auf die britische Verfassungsreform gedacht, die der Kongreß boykottierte.

1. Der indische Freiheitskampf

Weit wirksamer als alle anderen Boykotte war der Boykott der Wahlen für die Konsolidierung der Position Gandhis. Die Wähler hatten sich zwar dem Boykott nicht überall in dem erwarteten Maße angeschlossen, aber die Kongreßpolitiker, auch jene, die auf dem Sonderkongreß überstimmt worden waren, hatten sich an den Beschluß gehalten. Die Liberalen hatten die Landtagsmandate und Ministersessel errungen und saßen nun als lebendiger Vorwurf dort, wo die Kongreßpolitiker auch gern gesessen hätten. Aber nun gab es kein Zurück, auf dem Kongreß in Nagpur stand man nahezu geschlossen hinter Gandhi.

Das Boykottprogramm verlor im Laufe des Jahres 1921 rasch den Reiz der Neuheit, und hätten die Briten nicht den Einfall gehabt, ausgerechnet in diesem Jahr den Kronprinzen auf eine Indienreise zu senden, die sich als neuer Katalysator für Boykottdemonstrationen erwies, wäre die Kampagne vielleicht noch früher eingeschlafen. Die britisch-indische Regierung verfolgte eine bemerkenswerte Taktik, die man mit dem alten Rezept «Abwarten und Tee trinken» vergleichen könnte. Gandhi erwartete immer wieder seine Verhaftung, aber die Briten taten ihm nicht den Gefallen, zuzuschlagen und damit der Kampagne neuen Auftrieb zu geben. Erst als er selbst die Kampagne einstellte, weil in einem Dorf in Nordindien die erregte Menge Polizisten verbrannt hatte, ein Signal, das den Umschlag der Kampagne in einen gewalttätigen Aufstand anzudeuten schien, griff die Regierung zu und verhaftete ihn.

Gandhi verzichtete in dem Prozeß, der ihm gemacht wurde, auf jede Verteidigung. Statt dessen nahm er die Gelegenheit wahr, seine Wandlung vom Loyalisten zum Rebell beispielhaft zu erklären. Als man ihm dasselbe Strafmaß zumaß wie seinerzeit Tilak, war er stolz darauf. Er befand sich in guter Gesellschaft. Während Tilak volle sechs Jahre absitzen mußte, wurde Gandhi jedoch aus Gesundheitsgründen schon nach zwei Jahren wieder entlassen. Seine Zeitgenossen glaubten damals, er sei bereits in die Geschichte eingegangen und habe keine politische Zukunft mehr. Als Gandhi 1924 aus dem Gefängnis kam, hatte nicht nur der Kongreß jeden agitatorischen Schwung verloren, auch die Khilafat-Bewegung war durch die Ereignisse in der Türkei überholt worden. Spannungen zwischen Hindus und Muslimen machten sich in Indien bemerkbar, das politische Bündnis war rasch vergessen. Jetzt rächte es sich, daß Gandhi alles auf eine Karte gesetzt hatte, die nicht der Trumpf war, für die er sie hielt. Jinnah, der sich frühzeitig von der Khilafat-Bewegung distanziert hatte und Gandhis Einsatz für verfehlt hielt, wandte sich ganz der Muslim-Liga zu und vom Kongreß, dem er jahrzehntelang angehört hatte, ab. Die Rivalität zwischen Kongreß und Liga, Gandhi und Jinnah, sollte später eine entscheidende Rolle in der indischen Politik spielen.

In den Jahren nach dem Abbruch der Nichtzusammenarbeitskampagne wandte sich der Kongreß wieder der konstitutionellen Arena zu. Motilal Nehru und C. R. Das gründeten innerhalb des Kongresses eine «Swaraj Partei», die sich erfolgreich an den nächsten Wahlen beteiligte und viele der liberalen Honoratioren aus dem Sattel hob. In Bengalen wurde der alte Nationalheld Surendranath Banerjea von einem unbekannten jungen Arzt, B. C. Roy, geschlagen, der später Ministerpräsident Bengalens werden sollte. Eine junge Generation von Politikern, von denen viele während der Nichtzusammenarbeitskampagne ihr Studium oder ihren Beruf aufgegeben hatten, machte sich jetzt bemerkbar. Gandhi war nicht nur ein großer Agitator und Organisator, er verstand es auch, Geld zu sammeln. Da er selbst einer Händlerkaste entstammte, hatte er bessere Beziehungen zu seinen Kastengenossen als die brahmanischen Intellektuellen, die zuvor im Kongreß den Ton angegeben hatten. Der «Tilak Swaraj Fund», für den Gandhi während der Nichtzusammenarbeitskampagne Spenden eintrieb, war auf 10 Millionen Rupies bemessen. Er diente zur Unterhaltung der vielen Volontäre, die das bürgerliche Leben verlassen und sich ganz dem Kongreß gewidmet hatten. Bombay stand bei der Finanzierung des Freiheitskampfes an der Spitze, aber auch die in ganz Nordindien verbreiteten Marwaris investierten in den Nationalismus. Der führende Kopf der Marwaris, G. D. Birla, war jahrzehntelang ein Freund und Berater Gandhis und unterstützte sogar mit reichlichen Mitteln Gandhis Organisation der Handspinner, obwohl er selbst Textilfabriken besaß. Birla wußte, daß er die Konkurrenz der Handspinner nicht zu fürchten brauchte. Das Spinnen war schließlich eher von symbolischer als von praktischer Bedeutung. Gandhi betrieb es und machte es seinen Gefolgsleuten zur Pflicht, um den Boykott britischer Textilien mit einer positiven Aktion der Selbsthilfe zu ergänzen. Sogar der Mitgliedsbeitrag des Nationalkongresses mußte zu jener Zeit statt in Geld mit einer bestimmten Menge selbstgesponnenen Garns bezahlt werden. Von der Selbsthilfe wurde das Spinnen aber bald zum Selbstzweck und für viele zur gedankenlosen Routine. Auch das grobe handgesponnene Tuch, in das sich Gandhi und seine Gefolgsleute hüllten und das zunächst einen Bekennermut anzeigte, wurde bald zu einer Art Uniform der Kongreßmitglieder.

In der jüngeren Generation regte sich bei aller Hochachtung vor Gandhi doch bald auch Kritik an seinen Ideen und Methoden. Jawaharlal Nehru und Subhas Chandra Bose waren die Mentoren dieses kritischen Nachwuchses. Sozialistische Programme, ein ideologisch fundierter Anti-Imperialismus, Hoffnungen auf eine gleichzeitige politische und sozioökonomische Emanzipation Indiens bewegten die jungen Politiker. Nehru, der sich nach dem Studium in England sehr früh an der Seite seines Vaters Motilal dem Freiheitskampf anschloß,

1. Der indische Freiheitskampf 363

besuchte 1927 den Kongreß der unterdrückten Nationen in Brüssel und kam mit radikalen Ideen nach Indien zurück. Er gehörte nun der internationalen Liga gegen den Imperialismus an und gründete zusammen mit Bose und anderen Gleichgesinnten die indische Unabhängigkeitsliga, die die Forderung nach der raschen Erlangung der völligen Unabhängigkeit stellte und den Kongreß dafür zu gewinnen suchte, sich dieser Forderung anzuschließen. Bose, der damals noch eng mit Nehru zusammenarbeitete, hatte in Bengalen die Nachfolge des 1925 verstorbenen C. R. Das angetreten und vertrat einen radikalen Kurs nach Art der früheren Nationalrevolutionäre Bengalens, die dem Terrorismus nahestanden und von Gandhis gewaltfreien Methoden nichts hielten. Gandhi, der ein gutes Gespür für politische Strömungen hatte, versuchte der radikalen Opposition innerhalb des Kongresses den Wind aus den Segeln zu nehmen. In diesem Sinne sorgte er dafür, daß Jawaharlal Nehru 1929 zum Kongreßpräsidenten gewählt wurde, um ihn so in die Verantwortung zu nehmen und zugleich der jungen Generation das Entgegenkommen der alten Garde zu beweisen.

Der Kongreß von 1929 hatte eine bedeutsame Entscheidung zu fällen. Die Forderung, daß Indien der Dominionstatus gewährt werden solle, für den eine überparteiliche Kommission unter Vorsitz von Motilal Nehru bereits einen Verfassungsentwurf ausgearbeitet hatte, war nicht erfüllt worden. Die Erklärung, die der Vizekönig Lord Irwin nach eingehenden Konsultationen mit der britischen Regierung hierzu abgegeben hatte, war unbefriedigend geblieben. Wieder einmal wurde Indien mit vagen Zukunftsversprechungen vertröstet. Selbst diese waren noch so kleinlich redigiert worden, daß Lord Irwin weniger sagen durfte, als er ursprünglich erhofft hatte. Unter diesen Umständen blieb dem Kongreß nichts anderes übrig, als eine neue Kampagne der nationalen Agitation zu beginnen. Wieder richteten sich alle Augen auf Gandhi, der persönlich die Resolution einbrachte, die die völlige Unabhängigkeit Indiens forderte, eine Resolution, die er noch auf dem Kongreß des Vorjahres abgelehnt hatte, um Lord Irwin eine Chance zu geben.

Der Kongreß gab Gandhi eine Blankovollmacht für die Gestaltung der neuen Widerstandskampagne. Einige Zeit verstrich, ohne daß Gandhi einen Plan verkündete. Er hatte aus den Fehlern der früheren Nichtzusammenarbeitskampagne gelernt und wollte sie diesmal vermeiden. Die Vielzahl der Boykotte hatte damals zu einer Verzettelung der Kräfte geführt, und letztendlich war die Kampagne in Gewalttätigkeit abgeglitten. Schließlich hatte Gandhi den genialen Einfall, das Salzmonopol der Regierung zum Angriffsziel seiner neuen Kampagne zu machen. Die Salzsteuer drückte die breite Masse der Bevölkerung, und das Salzmonopolgesetz ließ sich sehr einfach und demonstrativ brechen. Schon wer am Meeresstrand ein Salzkörnchen auflas, verstieß gegen das Gesetz, und Gandhi tat das geradezu feierlich, nachdem er zuvor mit einer Schar ausgewählter und disziplinierter Gefolgsleute einen langen Marsch zur Küste zurücklegte, über den in den Zeitungen ausführlich berichtet wurde. Die Dramaturgie der symbolischen Revolution war von Gandhi sorgfältig geplant worden. Nachdem er das erste Salzkorn aufgelesen hatte, taten es ihm Tausende im Lande nach, und wo kein Meeresstrand erreichbar war, genügte auch das Salzsieden auf dem Marktplatz, um sich in der beabsichtigten Weise strafbar zu machen. Die Gefängnisse füllten sich bis zum Bersten. Die Resonanz, die Gandhis Kampagne fand, überraschte alle politischen Beobachter.

Gandhi hatte aber nicht nur die Kampagne gut geplant, so daß sie klare Fronten schuf und keine indischen Interessenkonflikte heraufbeschwor, er hatte ein übriges getan und ein Elfpunkteprogramm aufgestellt, das er als «Substanz der Unabhängigkeit» bezeichnete. Diese elf Punkte betrafen nicht etwa politische Grundsatzfragen, sondern sehr konkrete Forderungen, die weite Kreise in Indien interessierten. Neben der Abschaffung der Salzsteuer war auch die Ermäßigung der Grundsteuer um 50 Prozent, die Abwertung der Rupie auf 1 s 4 d, ein Schutzzoll für Textilien und anderes mehr gefordert. Jeder konnte in diesem Katalog etwas finden, das ihm zum Vorteil gereichen würde.

Als Gandhi seine Kampagne im April 1930 begann, hatten die Auswirkungen der Weltwirtschaftskrise Indien noch nicht erreicht. Doch als die Kampagne in vollem Gange war, fiel der Weizenpreis, und Grundherren und Pächter in den Weizenanbaugebieten Nordindiens gerieten in Konflikt, weil die Grundherren, die selbst von Gläubigern bedrängt wurden, erbarmungslos die Pacht forderten, die die Bauern nach dem Preissturz nicht bezahlen konnten. Jawaharlal Nehru und andere radikale Kongreßmitglieder Nordindiens waren dafür, daß der Kongreß sich für die Bauern einsetzen und eine Pachtverweigerungskampagne unterstützen solle. Gandhi und die alte Garde waren dafür nicht zu begeistern, sie wollten einen indischen Klassenkampf vermeiden und nicht die Grundherren den Briten in die Arme treiben. Nehru dagegen stellte Berechnungen an, die die Grundzüge der späteren Bodenreform vorwegnahmen, und empfahl dem Kongreß, der verhältnismäßig kleinen Zahl der großen Grundherren ruhig den Kampf anzusagen; wenn diese sich auf die Seite der Briten schlügen, meinte er, wäre das sogar zu begrüßen. Früher oder später, so dachte er wohl, werde man doch gegen sie vorgehen müssen, und dann war es einfacher, wenn man sie als Volksfeind bezeichnen könne und ihnen keinen Dank für die Unterstützung des Freiheitskampfes schulde. Über den Winter 1930/31 verschärfte sich die

1. Der indische Freiheitskampf 365

Situation, und Lord Irwin, der den bisherigen Verlauf der Kampagne mit Gleichmut betrachtet hatte, fürchtete einen Bauernaufstand. Gandhi, der vom Gefängnis aus die Lage sorgfältig beobachtete, zeigte sich kompromißbereit. Er suchte nach einer Möglichkeit, um einen ehrenvollen Abschluß der Kampagne zu finden, ehe diese wie ein Jahrzehnt zuvor in Gewalttätigkeit ausartete. Inzwischen hatte eine erste Konferenz am Runden Tisch in London stattgefunden, die auf Betreiben Irwins einberufen worden war, um über die nächste Verfassungsreform zu beraten. Der Runde Tisch sollte den Indern die Beteiligung an dem Reformwerk ermöglichen und dem Eindruck entgegenwirken, daß die Briten wieder einmal über den Kopf der Inder hinweg eine Reform diktieren wollten. Der Boykott der Konferenz durch den Kongreß hatte Irwins Plan ad absurdum geführt, und er war sehr darauf bedacht, daß der Kongreß zumindest auf der für 1931 vorgesehenen zweiten Konferenz vertreten sein würde. Liberale Politiker, die sich an der ersten Konferenz beteiligt hatten, kamen optimistisch nach Indien zurück. Sogar die Vertreter der indischen Fürstenstaaten hatten sich in London von ihrer besten Seite gezeigt und den Plan eines Bundesstaates begrüßt. Gandhi, der sich für die britisch-indischen Verfassungsreformen gar nicht interessierte, weil er den Kongreß für das eigentliche Forum der politischen Willensbildung in Indien hielt, wurde schließlich dazu gebracht, seine Teilnahme an der zweiten Konferenz am Runden Tisch zuzusagen.

Irwin und Gandhi schlossen einen Pakt, der Irwin viel und Gandhi wenig einbrachte. Die Kampagne wurde suspendiert. Irwin entließ die meisten Gefangenen und gestattete das Salzsieden für den Hausgebrauch, darüber hinaus machte er keine wesentlichen Zugeständnisse. Insbesondere das Land von Bauern, das bei Steuerverweigerung konfisziert und versteigert worden war, blieb verloren. Doch für Gandhi waren weniger die Bedingungen des Pakts als der Pakt an sich von Bedeutung, weil er dem Vizekönig als Gleichberechtigter gegenübertrat. Churchill sah es genauso, drückte es aber anders aus, als er von dem «halbnackten rebellischen Fakir» sprach, der sich erkühnen dürfte, mit dem Repräsentanten der britischen Krone einen Pakt zu schließen.

Jawaharlal Nehru dagegen reagierte auf den Pakt mit ohnmächtigem Zorn und meinte, daß es wohl nicht dazu gekommen wäre, wenn sein Vater Motilal noch gelebt hätte, der kurz zuvor gestorben war. Für ihn war dieser Pakt ein Verrat an der Sache der militanten Freiheitskämpfer, vor allem auch der Bauern, die durch die Weltwirtschaftskrise dem Kongreß in die Arme getrieben worden waren und Kampfgeist und Opfermut bewiesen hatten. Der Pakt kam zu einem Zeitpunkt, als die Bauernbewegung in vollem Gange war. Die Suspendierung der Kampagne bedeutete, daß der Kongreß sich von denen, die weiterkämpften, distanzieren mußte. Gandhis Teilnahme an der Konferenz am Runden Tisch lohnte dieses Opfer nicht. Er ließ sich als einziger Vertreter des Kongresses dorthin entsenden, denn es war seine Absicht, dort nur die Forderungen der Nation vorzutragen und sich in keine weiteren Debatten einzulassen. Doch statt dessen wurde er in London sofort in höchst komplizierte Verhandlungen hineingezogen, die die Struktur des geplanten Bundesstaates und die Minderheiten betrafen. Hier wäre ein Stab von Experten erforderlich gewesen, den Gandhi nicht mitgenommen hatte, weil er sich auf diese Debatten gar nicht einlassen wollte. Nun mußte er sich im Alleingang mit diesen Fragen beschäftigen und wurde in der Mühle dieser Konferenz nahezu zerrieben. Gandhi hatte die Reise nach London mit ganz anderen Hoffnungen angetreten, die er nicht erwähnen durfte. Er dachte an einen Pakt mit Premierminister Macdonald und betrachtete den Pakt mit dem Vizekönig als Auftakt zu diesem weit wesentlicheren Abkommen. Es gibt keinen ausdrücklichen Hinweis auf diese Erwartung, aber Gandhis Schachzug, sich vom Kongreß als alleiniger Beauftragter nach London entsenden zu lassen, war nur unter dieser Voraussetzung sinnvoll. Vermutlich wäre Gandhi gegenüber Macdonald zu bedeutsamen Zugeständnissen bereit gewesen, etwa in bezug auf den Verbleib britischer Truppen in Indien, solange der Premierminister nur Indien im Prinzip die Unabhängigkeit versprochen hätte. Ganz unbegründet waren solche Hoffnungen nicht, denn die Briten hatten ja 1930 dem Irak die formelle Unabhängigkeit gewährt. Aber als Gandhi in London ankam, war die Labour-Regierung gerade gestürzt worden, weil sie die Folgen der Wirtschaftskrise nicht bewältigen konnte. Macdonald war nun Premier einer «nationalen Regierung», einer großen Koalition also, in der er zur Geisel der Konservativen Partei wurde. Als Gandhi endlich ein Gespräch mit ihm führen konnte, zeigte sich Macdonald ratlos und einsilbig. Gandhi schrieb später, er sei ihm wie eine Sphinx vorgekommen. Selbst auf Fragen nach der indischen Währungspolitik konnte Macdonald ihm nur sagen, daß er davon nichts verstehe. Diese Antwort war ehrlich, denn Macdonald war auf diesem Gebiet völlig unbedarft, was Gandhi freilich nicht wissen konnte. Nach dem Pakt mit Irwin war die Begegnung mit Macdonald eine böse Enttäuschung für Gandhi, sie ließ auch dieses Abkommen im nachhinein als wertlos erscheinen.

Irwin, dessen Amtszeit als Vizekönig inzwischen abgelaufen war, hielt sich in London zurück. Seine Kollegen in der konservativen Partei machten ihm den Pakt zum Vorwurf, aber er konnte mit Recht darauf hinweisen, daß er einen Bauernaufstand in Indien verhindert habe. Hatte er auch Gandhis Dilemma am Runden Tisch vorausgesehen? Wohl nicht, denn der Beschluß des Kongresses, nur

1. Der indische Freiheitskampf 367

Gandhi nach London zu senden, war ohne den Einfluß Irwins zustande gekommen. Auf lange Sicht gesehen konnte Irwin einen Erfolg verbuchen, der damals noch nicht erkennbar war: Gandhis Teilnahme an den Verhandlungen in London band den Kongreß in die weitere Verfassungsentwicklung ein, ob man es wollte oder nicht. Fürsten und Unberührbare boten dieser Konferenz Anlaß zu heftigen Auseinandersetzungen. Die Fürstenstaaten sollten in einen Bundesstaat so eingefügt werden, daß die Interessen der Fürsten gewahrt blieben. Die Briten hofften, auf diese Weise zugleich ein konservatives Gegengewicht zum Nationalkongreß zu schaffen. Den Unberührbaren aber wollte man separate Wählerschaften gewähren wie seinerzeit den Muslimen. Gandhi wandte sich ganz besonders gegen diesen Plan, unterzeichnete aber dennoch ein Dokument, mit dem sich die indischen Politiker verpflichteten, in diesen Fragen einen Schiedsspruch des britischen Premierministers zu akzeptieren.

Gandhi kehrte aus London enttäuscht und frustriert zurück und nahm die Kampagne des «bürgerlichen Ungehorsams» (Civil Disobedience) wieder auf. In Nordindien bedeutete dies eine Fortsetzung der Pachtverweigerung. Die Weizenanbaugebiete, in denen zuvor die größte Aktivität zu verzeichnen war, die dann aber durch den Gandhi-Irwin-Pakt behindert wurde, hielten sich diesmal zurück. Inzwischen war aber auch der Reispreis gestürzt, und die Reisanbaugebiete, vor allem Ost-Uttar Pradesh und Bihar, standen nun im Mittelpunkt der im Herbst 1931 wiederaufgenommenen Kampagne. In Bihar war die Stimmung besonders gereizt, dort hatten viele Grundherren den Umstand, daß ihre Pächter mit den Pachtzahlungen in Rückstand waren, dazu genutzt, ihnen den Status der Unkündbarkeit zu nehmen und sie zu ungeschützten Pächtern zu machen, mit denen sie umspringen konnten, wie es ihnen gefiel. Die Erhaltung des Rechtsstatus der Unkündbarkeit, den viele Pächter aufgrund des Pächterschutzgesetzes erworben hatten, war nämlich von der regelmäßigen Zahlung der Pacht abhängig, und dazu waren die von der Krise bedrängten Bauern nicht fähig. Bihar wurde daher zur Szene einer besonders radikalen Bauernbewegung, in der Sozialisten und Kommunisten Unterstützung für ihre Ziele fanden. Auch im südindischen Andhra standen sich, ähnlich wie in Bihar, große Grundherren und Pächter gegenüber, nur waren hier die Pächter wirtschaftlich stärker und konnten ihre Interessen besser verteidigen. Die Bauernbewegung war daher hier weniger radikal, aber kurzfristig effektiver als in Bihar.

Gandhi, der diesen indischen Klassenkampf nach wie vor nicht gern sah, weil er die nationale Solidarität beeinträchtigte, war zu dieser Zeit mit einem anderen Problem beschäftigt. Er war bald nach seiner Ankunft in Indien wieder im Gefängnis gelandet, und dort erreichte ihn der Schiedsspruch (communal award) des Premierministers, der unter anderem den Unberührbaren nun doch separate Wählerschaften zugestand. Der Schiedsspruch schloß allerdings nicht aus, daß sich die Betroffenen in dem gegebenen Rahmen über Modifizierungen einigen konnten.

Gandhi kündigte an, daß er bis zum Tode fasten werde, um die Einrichtung dieser separaten Wählerschaften zu verhindern. Gandhis Fasten machte überall im Lande großen Eindruck. Tempel, die ihnen zuvor verschlossen waren, wurden den Unberührbaren geöffnet. Brunnen, zu denen man ihnen zuvor den Zugang verwehrt hatte, durften ihnen nun Wasser spenden. Unter dem Druck der öffentlichen Meinung konnte der Führer der Unberührbaren, Dr. Ambedkar, nicht umhin, Gandhi im Gefängnis aufzusuchen und dort einen Kompromiß auszuhandeln.

Der Gandhi-Ambedkar-Pakt sah vor, daß die Unberührbaren auf separate Wählerschaften verzichteten, dafür aber durch eine großzügige Bereitstellung für sie reservierter Mandate entschädigt wurden, die freilich nur von solchen Kandidaten der Unberührbaren errungen werden konnten, die bei der allgemeinen Wählerschaft Anklang fanden. Dieser Pakt war von entscheidender Bedeutung. Er behinderte die Bildung von Unberührbaren-Parteien, zwang dafür aber den Kongreß dazu, sich den Unberührbaren zuzuwenden und geeignete Kandidaten für die reservierten Sitze aus seinen Reihen aufzustellen. Zugleich band der Pakt den Kongreß an den Schiedsspruch des Premierministers, weil er ja auf diesem Schiedsspruch beruhte und ihn lediglich modifizierte. Damit war der Kongreß aber auch an die weitere britisch-indische Verfassungsentwicklung gebunden. Der Prozeß, der mit Gandhis Teilnahme an der Konferenz am Runden Tisch seinen Anfang genommen hatte, wurde durch diesen Pakt besiegelt. Die Rückkehr des Kongresses in die konstitutionelle Arena war damit bereits vorgezeichnet.

Gandhi beendete die Kampagne des «bürgerlichen Ungehorsams» im Frühjahr 1933, im nächsten Jahr beteiligte sich der Kongreß bereits erfolgreich an den Wahlen zum britisch-indischen Zentralparlament. Der linke Flügel des Kongresses gründete die Congress Socialist Party, die Nehru als ihren Mentor betrachtete, der ihr jedoch selbst nicht beitrat. Gandhi machte ihn 1936 wieder zum Kongreßpräsidenten, und er mußte in dieser Eigenschaft den Kongreß in den Wahlkampf führen, obwohl er die 1935 verabschiedete Verfassungsreform, aufgrund derer diese Wahlen abgehalten wurden, ablehnte. Vor allem die bundesstaatliche Struktur und der konservative Block der Fürsten behagte ihm und dem linken Flügel des Kongresses nicht. Die Fürsten waren aber weit davon entfernt, einen Block zu bilden. Diejenigen mit großen Territorien (Kaschmir, Haiderabad,

Mysore) sahen auf alle anderen herab und hielten sich für so unentbehrlich und über jede Gefahr der Mediatisierung erhaben, daß sie für solidarische Aktionen kein Interesse zeigten. Die größte politische Aktivität entfalteten die mittleren Fürsten (Patiala, Bikaner, Bhopal, Alwar etc.), die jedoch zum Teil miteinander rivalisierten und durch Dünkel und Eitelkeit an einer kontinuierlichen Zusammenarbeit gehindert wurden. Als sie schließlich merkten, daß es den Briten mit dem Zustandekommen des Bundesstaates nicht allzu ernst war und die Fürsten, die sich dem Bund anschlossen, eventuell zur Kasse gebeten würden, um einen Beitrag zum Bundeshaushalt zu leisten, versagten sie ihre Zustimmung. Da der Bundesstaat aber nur ins Leben gerufen werden sollte, wenn mindestens die Hälfte der Fürsten ihm beitraten, blieb dieser Teil der neuen Verfassung auf dem Papier, und nur der Teil, der die Neuordnung der Provinzialverfassungen zum Gegenstand hatte, trat in Kraft.

Der Kongreß gewann in den meisten der britisch-indischen Provinzen die Mehrheit der Landtagsmandate. Die reicheren Bauern und Pächter, die jetzt zum ersten Mal das Wahlrecht erhielten, unterstützten ihn. Wären diese Bauern nicht von der Weltwirtschaftskrise getroffen worden, die sie rebellisch machte, dann wäre wohl die Rechnung der Briten aufgegangen, die mit Pächterschutzgesetzen gerade die Schicht, der sie nun das Wahlrecht gaben, in ihrem Besitzstand bestätigt hatten und daher auf ihre Dankbarkeit hoffen konnten. Nach dem Wahlerfolg konnte sich der Kongreß nicht der Aufgabe entziehen, in den Provinzen, in denen er die Mehrheit hatte, auch die Regierungen zu bilden, die nun völlig aus indischen Ministern bestanden, welche in dem durch die Verfassung gegebenen Rahmen (provincial autonomy) nach eigenem Ermessen schalten und walten konnten. Es gab da allerdings noch einen peinlichen Notstandsparagraphen, der es dem britischen Provinzgouverneur erlaubte, die Regierung in die Wüste zu schicken und die Provinz wieder selbst zu regieren, wenn nach seinem Erachten sonst unregierbar geworden wäre.

Im Kongreß gab es heftige Kontroversen über die Regierungsbildung. Nehru und der linke Flügel waren prinzipiell dagegen, aber auch die, die für die Regierungsbildung eintraten, befürchteten, daß die Gouverneure schon im allerersten Konfliktfall den Notstandsparagraphen nutzen und dem Kongreß die Zügel wieder aus der Hand nehmen würden. Gandhi verlangte daher von den Gouverneuren eine Erklärung, daß sie auf die Anwendung des Notstandsparagraphen verzichten würden. Eine solche Erklärung war natürlich gar nicht möglich, sie wäre verfassungswidrig gewesen. Aber als der Gouverneur von Madras dem Kongreßführer seiner Provinz, C. Rajagopalachari, in einem Privatgespräch versicherte, daß er ihm freie Hand lassen werde, wurde dies anstelle der geforderten Erklärung akzeptiert, und der Kongreß schritt zur Regierungsbildung.

Rajagopalachari war ganz besonders an einer Regierungsbildung interessiert. Nach der vorigen Verfassungsreform war in Madras eine Nicht-Brahmanen-Partei an die Macht gekommen, die sich stolz Gerechtigkeitspartei (Justice Party) nannte und fast ein Jahrzehnt die politische Bühne beherrschte, dann aber auseinanderfiel, weil die «nichtbrahmanische» Solidarität auf die Dauer kein Ersatz für ein politisches Programm sein konnte. Der Kongreß hatte diese Situation genutzt, die Isolation der früheren brahmanischen Führerschaft durch Kontakte zu verschiedensten Bevölkerungsgruppen, insbesondere auch den Bauern, überwunden und auf diese Weise auch hier einen großen Wahlsieg errungen. Da der Kongreß aber zunächst die Regierungsbildung verweigerte, war eine Minderheitsregierung gebildet worden, die aus den Politikern der geschlagenen Justice Party bestand. Es schien so, als wolle der Kongreß seinen Sieg verschenken, und das hätte die Wählerschaft enttäuscht. Rajagopalacharis Einvernehmen mit dem Gouverneur kam gerade noch zur rechten Zeit. In Nordindien bestand eine ähnlich prekäre Situation, denn auch dort hatten die vom Kongreß besiegten Grundherren eine Minderheitsregierung gebildet, die es so schnell wie möglich abzulösen galt, um die Erwartungen der Bauern, die für den Kongreß gestimmt hatten, zu erfüllen.

Um die Regierungsbildung als taktische Maßnahme im Freiheitskampf einzuordnen, faßte der Kongreß einen merkwürdigen und folgenschweren Beschluß. Die Minister mußten ihre Ämter im Kongreß aufgeben. Sie wurden sozusagen in die Kabinette entsandt, um dort die Agitation mit anderen Mitteln weiterzuführen. Zu diesem Zweck wurden sie auch einem zentralen Oberkommando unterstellt, das aus Maulana Azad, Vallabhbhai Patel und Rajendra Prasad bestand. Da die provinziellen Führungskräfte die Ministersessel besetzten, wurden sie in den Ämtern des Provinzkongreßvorsitzenden und seiner Stellvertreter durch Leute ersetzt, die entweder gern selbst Minister geworden wären oder aber grundsätzlich gegen die Regierungsbildung waren. Wie dem auch sei, die Situation war für Konflikte zwischen «ministeriellen» und «organisatorischen» Flügeln des Kongresses geradezu geschaffen.

Diese Konfliktsituation kam Subhas Chandra Bose zugute, der als Nachfolger Nehrus Kongreßpräsident wurde, gegen Gandhis Willen auch ein weiteres Mal für dieses Amt kandidierte und mit den Stimmen der Unzufriedenen aller Provinzen wiedergewählt wurde. Das war freilich keine stabile politische Basis für ihn, und als Gandhi verlauten ließ, er betrachte Boses Sieg als eine persönliche Niederlage, trat der Arbeitsausschuß zurück. Bose trat schließlich auch zurück,

1. Der indische Freiheitskampf

wohl in der Hoffnung, seinen Wahlsieg demonstrativ wiederholen zu können. Aber dazu kam es nicht, Rajendra Prasad löste ihn als Kongreßpräsidenten ab.

Bald darauf setzte der Ausbruch des Zweiten Weltkrieges dieser Phase der politischen Aktivität des Nationalkongresses ein Ende. Aus Protest gegen die einseitige Kriegserklärung des Vizekönigs, der nicht mal den Anschein einer Konsultation mit den indischen Politikern gewahrt hatte, sondern die britische Kriegserklärung ohne weiteres nachvollzogen hatte, traten die Kongreßregierungen zurück. In Bengalen und im Panjab, wo regionale Muslimparteien die Regierungen gebildet hatten, blieben diese auch während des Krieges im Amt. In den «Kongreßprovinzen» übernahmen die britischen Gouverneure die Regierungsgeschäfte.

Die zwei Jahre, in denen der Kongreß in den Provinzen das Sagen hatte, waren rasch vergangen. Die Revision der Pächterschutzgesetze, die eine weitere Sicherung der Unkündbarkeit und eine Ermäßigung der Pacht bringen sollte, konnte nur zum Teil abgeschlossen werden. Nichtsdestoweniger etablierte sich der Kongreß als Bauernpartei, und der Rücktritt zu Kriegsbeginn ersparte dem Kongreß vielleicht manche Ernüchterung und interne Konflikte, während er sich nach dem Ende des Krieges auf die früheren Errungenschaften berufen und sein Mandat erneuern konnte. In anderer Hinsicht bedeutete der Rücktritt aber auch die Aufgabe einer politischen Schlüsselstellung in kritischer Zeit. Die Erneuerung der Agitation während des Krieges war nahezu unmöglich. Gandhi begann eine Kampagne des «individuellen Satyagraha», die darin bestand, daß ein Kongreßpolitiker nach dem anderen Reden gegen den Krieg hielt und sich dafür einsperren ließ: eine schwache Geste, die nur dazu dienen sollte, Flagge zu zeigen.

Der Vizekönig, Lord Linlithgow, ein getreuer Statthalter Churchills, ließ sich von dergleichen nicht beeindrucken und war davon überzeugt, daß während des Krieges keine weiteren Konzessionen erforderlich seien und es einzig und allein darauf ankäme, die Stellung zu halten. Das rasche Vordringen der Japaner in Südostasien und die Erwartungen der amerikanischen Bundesgenossen zwangen jedoch das britische Kriegskabinett dazu, eine Erklärung abzugeben, die Zukunftsperspektiven aufzeigte und Zugeständnisse machte, um Indien als aktiven Partner für den unmittelbaren Kriegseinsatz zu gewinnen. Als Linlithgow den Entwurf dieser Erklärung sah, bot er seinen Rücktritt an. Churchill stand vor einem peinlichen Dilemma, als sich plötzlich ein überraschender Ausweg anbot. Sir Stafford Cripps erschien im rechten Augenblick als deus ex machina und erbot sich, nach Indien zu fliegen und an Ort und Stelle im Namen des Kriegskabinetts, in das er gerade eingetreten war, über eine politische Lösung zu verhandeln. Cripps war als erfolgreicher britischer Botschafter aus Moskau zurückgekehrt und stand in dem Ruf, die Sowjetunion zum Bundesgenossen Großbritanniens gemacht zu haben. Ein zusätzlicher Erfolg in Indien hätte ihn unter Umständen zum aussichtsreichen Rivalen Churchills um die Führungsposition in London werden lassen. Churchill konnte ihm kaum einen weiteren Triumph wünschen, mußte aber zunächst einmal dafür dankbar sein, daß Cripps' Reiseplan ihm den Rücktritt Linlithgows ersparte und zugleich Roosevelt befriedigte, der sich dafür einsetzte, daß Indien die eigene Freiheit als Kriegsziel vor Augen sah. Cripps unternahm die Reise voller Zuversicht. Er war mit Nehru befreundet und hatte mit ihm und Politikern der Labour Party im Juni 1938 in England einen Plan geschmiedet, der sein jetziges Verhandlungsziel vorausnahm. Im Dezember 1939 war er selbst in Indien gewesen und hatte dort seine Sympathien und politischen Absichten deutlich gemacht. Er hoffte insgeheim, in Zusammenarbeit mit dem Kongreß den konservativen Vizekönig aus dem Sattel zu heben oder ihm doch zumindest die Bedingungen zu diktieren, nach denen er in Zukunft anzutreten hatte. In dieser Hinsicht hatte er aber buchstäblich die Rechnung ohne den Wirt gemacht. Obwohl sich Cripps gegenüber Linlithgow korrekt verhielt und ihn über seine Verhandlungen informierte, merkte der Vizekönig natürlich, was gespielt wurde, sperrte sich dagegen und schaltete schließlich Churchill ein, der seinem Statthalter im entscheidenden Moment Beistand leistete. Cripps hatte Nehru und die Kongreßführung fast dazu gebracht, in eine nationale Regierung einzutreten, die wie das britische Kabinett arbeiten sollte, während der Vizekönig nur noch die Rolle eines konstitutionellen Staatsoberhauptes spielte. Da eine entsprechende Verfassungsänderung während des Krieges nicht zu erwarten war, hing jedoch alles davon ab, daß der Vizekönig diese ihm zugemessene Rolle übernahm und durch Konvention ersetzte, was die Verfassung nicht enthielt. In dieser Situation kam aber eben alles auf den Mann an, der dieses Amt gerade innehatte. Er hätte das entscheidende Wort sprechen müssen, aber er schwieg und berichtete statt dessen nach London, daß Cripps seine verfassungsmäßigen Rechte und Pflichten antasten wolle. Damit war das «Cripps-Angebot» torpediert; in einem letzten entscheidenden Gespräch mit Nehru und Azad konnte Cripps keine befriedigenden Auskünfte mehr geben, und die Gesprächspartner merkten, daß er zwar viel versprechen, aber nichts garantieren konnte. Cripps wiederum glaubte, der Kongreß hätte sich ruhig auf das Experiment einlassen sollen; einmal im Amt hätten Nehru und seine Kollegen allein schon durch eine Rücktrittsandrohung den Vizekönig zur Einhaltung der neuen Spielregeln zwingen können. Aber Linlithgow, der im Amt war und dessen Rücktrittsdrohung bereits vorlag, konnte verhindern, daß die Gegenseite überhaupt zum Zuge

1. Der indische Freiheitskampf

kam. Cripps kehrte enttäuscht zurück und äußerte sich verbittert über die Kleingläubigkeit der Kongreßführung. Churchill und Linlithgow aber waren erleichtert, es konnte ihnen nur recht sein, daß Cripps scheiterte, seine Reise aber zum Alibi für die britische Indienpolitik wurde.

In dieser kritischen Situation konnte der Kongreß nicht untätig bleiben, sondern mußte erneut ein Zeichen setzen. Eine Resolution wurde verabschiedet, die die Briten aufforderte, Indien zu verlassen («Quit India»), solange es noch Zeit dazu sei. Gandhi sollte diese Resolution mit einer neuen Kampagne unterstreichen. Aber noch ehe er einen Vorschlag machen konnte, wurde die gesamte Kongreßführung verhaftet. Der Vizekönig hatte sogar den Plan, die verhafteten Führer nach Afrika zu deportieren, um sie für den Rest des Krieges aus dem Verkehr zu ziehen. Erst als ihn mehrere Gouverneure ermahnten, daß dieser Plan ein Armutszeugnis für die britische Herrschaft in Indien bedeute und mehr Probleme schaffe als löse, sah er davon ab.

Die Verhaftung der Führungsgruppe raubte dem Kongreß jedoch nicht die Initiative, im Gegenteil, die militanten jüngeren Nationalisten, die den mäßigenden Einfluß Gandhis nur unwillig ertrugen, sahen jetzt ihre Stunde gekommen. Im August 1942 brach eine Revolte aus, die weite Gebiete Indiens erschütterte. Polizeireviere wurden gestürmt, Eisenbahnschienen gesprengt, Telegraphenleitungen zerschnitten, Kongreßfahnen auf Regierungsgebäuden aufgepflanzt. Manche Distrikte befanden sich ganz in der Hand der Aufständischen. Besonders in Bihar, das durch die Radikalisierung der entrechteten Bauern einen fruchtbaren Boden für die Revolte bot, waren sich die Briten vielerorts ihrer Herrschaft nicht mehr sicher. Doch die «August-Revolution» blieb, wie schon ihr Name sagt, mehr oder weniger auf einen Monat beschränkt. Danach besserte sich auch bald das Kriegsglück der Briten. Die japanische Offensive kam zum Stocken.

Das Jahr 1943 war ein kritisches Jahr für die britisch-indische Regierung, weil sie sich um die Verteilung von Getreide kümmern mußte, eine Aufgabe, auf die sie schlecht vorbereitet war. Ein «Food Department» war im Dezember 1942 eingerichtet worden, nachdem der Vormarsch der Japaner zu Preistreibereien geführt hatte, die die Regierung nicht in den Griff bekam. Es gab an sich keinen Mangel an Getreide, weil alle Kriegsjahre gute Erntejahre waren, aber der Markt wurde von Händlern beherrscht, die Getreide in Erwartung höherer Preise horteten und damit zur Preissteigerung beitrugen. Die Regierung konnte nur Herr der Lage werden, wenn sie selbst Getreide aufkaufte und in den Städten Lebensmittelkarten austeilte, um den Einfluß der Kriegsinflation auf die Getreidepreise zu zügeln. Britisch-Indien wurde im Laufe des Krieges zum Interventionsstaat, aber ehe das erforderliche Instrumentarium zur Verfügung stand, wurde Bengalen bereits zum Opfer einer schrecklichen Hungersnot, die allein durch spekulative Hortung verursacht wurde. Über eine Million Menschen starben unmittelbar infolge der Hungersnot, andere später aufgrund von Unterernährung und der sich rasch ausbreitenden Seuchen. In den früheren Kongreßprovinzen herrschten die britischen Regierungsbeamten, aber in Bengalen gab es noch eine «autonome» Provinzregierung, die den Getreidehändlern nicht zu nahe treten wollte. Der neue Vizekönig Lord Wavell ließ schließlich in Bengalen Getreide durch die Armee verteilen, doch bis das geschah, hatte die Hungersnot bereits ihre Opfer gefordert, von denen viele angesichts der Reissäcke starben, deren Inhalt sie sich nicht mehr kaufen konnten, die sie aber auch nicht zu stehlen wagten, weil sie wußten, daß das Kolonialregime mit eiserner Faust Recht und Ordnung aufrechterhalten würde, auch wenn es sonst nichts tat.

Subhas Chandra Bose, der nach einer dramatischen Flucht nach Deutschland, wo er bei Hitler auf wenig Gegenliebe stieß, per U-Boot nach Japan verfrachtet wurde und von dort aus eine «Indian National Army» aus Kriegsgefangenen der britisch-indischen Armee ins Feld führte, war ein rasch verglühender Meteor am Himmel des indischen Nationalismus. Noch heute erstrahlt der Widerschein dieses stürmischen Glanzes, aber es blieb Bose versagt, Einfluß auf die weitere Entwicklung Indiens zu nehmen. Er starb noch vor Kriegsende bei einem Flugzeugabsturz über Taiwan.

Vom Kriegsglück begünstigt, brauchten die Briten in den letzten Kriegsjahren den Nationalisten keine Zugeständnisse zu machen. Als Gandhi im Gefängnis wieder einmal fastete, um sich gegen den britischen Vorwurf zu wenden, er habe die «August-Revolution» geplant, stellte man ungerührt schon das Holz für den Scheiterhaufen bereit, auf dem er, falls er sich wirklich zu Tode fastete, nach indischer Sitte hätte verbrannt werden müssen. Doch dazu kam es nicht. Im Mai 1944 wurde Gandhi schließlich aus Gesundheitsgründen aus dem Gefängnis entlassen. Seine Gespräche mit Jinnah, die er in diesem Jahr führte, verliefen ergebnislos. Der Freiheitskampf stand in den letzten Jahren der britischen Herrschaft in Indien im Schatten der mit wachsender Ungeduld gestellten Forderung nach der Teilung Indiens. Nicht mehr Gandhi, sondern Jinnah beherrschte die politische Bühne.

Die Briten sahen dem Kriegsende mit Bangen entgegen, die Unruhen nach dem ersten Weltkrieg waren noch in lebendiger Erinnerung. Die Rückkehr der welterfahrenen indischen Soldaten, die demobilisiert werden mußten, die wirtschaftlichen Probleme, die einer Lösung harrten, stellten die britisch-indische Regierung vor eine erdrückende Aufgabe. «Quit India» hatte Gandhi den Briten 1942 zugerufen. «Divide and rule» war lange Zeit ihre Devise gewesen, jetzt hatten sie offensichtlich keinen anderen Ausweg mehr, als diese Devise zu ändern: «Divide and quit».

2. Die Teilung Indiens

Mohammed Ali Jinnah, der wie Shakespeares «Kaufmann von Venedig» unerbittlich sein Recht verlangte, fand seinen Meister nicht in einem klugen Richter, der ihm das «Pfund Fleisch» zugestand, falls er es so aus seinem Opfer schnitte, daß kein Tropfen Blut dabei fließe. Blut floß in Strömen bei der Teilung Indiens. Millionen von Flüchtlingen zogen von einem Land ins andere. Der Staat Pakistan, den Jinnah nicht selbst aus Britisch-Indien herausschnitt, sondern von den scheidenden Briten abtrennen ließ, erwies sich als sehr labile Konstruktion, ein Herd innerer und äußerer Unruhe in der gesamten Region. Die Briten, die sich viel auf ihre politische Einigung Indiens zugute gehalten hatten, zerstörten diese Einheit. Wie konnte es dazu kommen?

Die Teilung Indiens und die Gründung Pakistans ist sehr viel mehr als jeder vergleichbare Vorgang in der Geschichte das Werk eines Mannes. Man hat daher die Erklärung für den Gang der Ereignisse immer wieder in der politischen Karriere Mohammed Ali Jinnahs gesucht und sich gefragt, bis zu welchem Zeitpunkt Jinnah noch kompromißbereit war. Man hat auch nach Schuldigen gefahndet, die Jinnah an diesem oder jenem entscheidenden Punkt seiner Karriere enttäuscht und auf den Weg gedrängt haben, der schließlich nach Pakistan führte. Alle diese widerstreitenden Meinungen haben eines gemeinsam, sie sind sehr stark auf die Person Jinnahs fixiert und werden der Rolle, die er in dem sich ständig wandelnden Kontext der indischen Politik spielte, nicht gerecht.

Jinnah war kein fanatischer Muslim und kein Führer der Massen, er war ein «gemäßigter», säkularistisch eingestellter indischer Nationalist, der zunächst genau wie Gandhi in Gokhale sein großes Vorbild sah. Er war vor allem ein brillanter Anwalt, der es verstand, die Angelegenheiten seines Mandanten überzeugend zu vertreten. In der Politik war dieser Mandant die Muslimminderheit in Indien. Schon als junger Abgeordneter im britisch-indischen Zentralparlament hatte er 1913 eine Gesetzesvorlage zum islamischen Erb- und Stiftungsrecht eingebracht. Die Verabschiedung des Gesetzes machte ihn bei allen Muslime, die etwas zu vererben hatten oder in Form religiöser Stiftungen sozusagen als Fideikommiß sichern wollten, sehr populär. Der politische Einsatz in dem von den Briten gesetzten konstitutionellen Rahmen bestimmte seine Karriere.

Dem Kongreß stand er zunächst näher als der Muslim-Liga, in die er nur eintrat, als man ihm versicherte, daß seine Mitgliedschaft auf keinen Fall seine Kongreßmitgliedschaft beeinträchtigen werde. Seine große Stunde als «Botschafter der Einheit von Hindus und Muslimen» kam 1916, als er mit Tilak den bereits erwähnten Pakt schloß. Die neue Richtung der britisch-indischen Verfassungsreformen, die dem «responsible government» in den Provinzen den Vorzug vor einer Weiterentwicklung der Mitbestimmung auf zentraler Ebene gab, bedeutete für Jinnah einen Rückschlag. Er war selbst ein Mann der Muslim-Diaspora, sein Feld war die Interessenvertretung im Zentralparlament. Zu den Muslimmehrheitsprovinzen und ihrer von provinziellen Besonderheiten geprägten Politik hatte er keine Beziehungen. Die Khilafat-Bewegung der orthodoxen Muslime stieß ihn ab; die weitere Entwicklung des Khilafat-Problems zeigte, daß sein politisches Urteil in dieser Hinsicht treffend war. Doch das konnte für ihn nur ein schwacher Trost sein, denn er blieb politisch isoliert, und seine Versuche, die alte Muslim-Liga wieder zu beleben, waren auch nicht von Erfolg gekrönt. Eine Konstellation wie 1916, in der Jinnah als Bindeglied zwischen Kongreß und Liga wirken konnte, wollte sich nicht wieder einstellen.

Nach seiner Teilnahme an der Konferenz am Runden Tisch in London blieb Jinnah schließlich mehrere Jahre in England und praktizierte dort als Anwalt. Fast schien es so, als sei seine politische Karriere beendet und er werde seinen Lebensabend in England verbringen, da schuf die Verfassungsreform von 1935 eine Situation, die einen Neubeginn verhieß. Politische Freunde, darunter auch Churchill, ermutigten Jinnah, nach Indien zurückzukehren. Die Erweiterung des Kreises der Wahlberechtigten unter Beibehaltung der separaten Wählerschaften für Muslime gab Anlaß zu berechtigten Hoffnungen. Wenn den Muslimen in ihren separaten Wählerschaften nichts anderes übrig blieb, als Kandidaten der Muslim-Liga zu wählen, so dürfte die Liga eine bedeutende politische Position in Indien haben. In den Muslimmehrheitsprovinzen könnte sie Regierungen bilden und in den Minderheitsprovinzen das Zünglein an der Waage sein, das bei den vermutlich unumgänglichen Koalitionsbildungen den Ausschlag geben würde.

Jinnah kehrte 1936 nach Indien zurück. Die Zeit für die Vorbereitung einer erfolgversprechenden Wahlkampagne der Muslim-Liga, die zudem über keine Organisation verfügte, war viel zu kurz. Jinnah erhoffte sich wohl einigen Erfolg davon, daß er ein Wahlprogramm vorlegte, das dem des Kongresses entsprach. Die Rechnung war einfach: Wenn die Liga sich im Programm nicht vom Kongreß unterschied, dann kam ihr die Wahlkampagne des Kongresses zugute, und der Muslimwähler konnte sozusagen völlig problemlos und automa-

2. Die Teilung Indiens 377

tisch seine Stimme der Liga geben. Doch die Rechnung stimmte nicht. Die weder durch einen aktiven Wahlkampf noch durch ein eigenes Programm profilierte Liga verlor die Wahlen in jeder Hinsicht. In den Muslimmehrheitsprovinzen kamen Regionalparteien an die Macht und in den anderen Provinzen der Kongreß.

Jinnahs Erwartung, daß die von den Briten geschaffene Verfassungskonstruktion und die vom Kongreß verursachte politische Mobilisierung so zusammenwirken würden, daß ihm die Muslimmandate geradezu in den Schoß fielen, war enttäuscht worden. Selbstverständlich sahen sich weder die Parteien der Muslimmehrheitsprovinzen noch der Kongreß dazu genötigt, Jinnah im nachhinein entgegenzukommen und der geschlagenen Liga Koalitionen und Ministerposten anzubieten. Wäre nun wenigstens der Bundesstaat zustande gekommen, dann hätte Jinnah vermutlich auf dieser Ebene eine konstruktive Rolle spielen können, so blieb ihm nun nur die Opposition um der Opposition willen, zumal sein Programm sich nicht von dem des Kongresses unterschied.

Diese unglückliche Konstellation zwang Jinnah geradezu in die Rolle des Geistes, der stets verneint. Er wuchs in diese Rolle so sehr hinein, daß man später meinen konnte, sie sei ihm auf den Leib geschrieben. Das ergab sich jedoch erst durch die Kombination der Konstellation von 1937 mit den Konsequenzen des Kriegsausbruches. Wären die Kongreßregierungen nicht Ende 1939 zurückgetreten, so hätte Jinnah unter den durch den Krieg veränderten Bedingungen die Zusammenarbeit mit dem Kongreß gesucht, doch da der Kongreß sich selbst entmachtete, ließ Jinnah den Rücktritt der Minister durch die Muslim-Liga als «Tag der Erlösung» feiern. Bald darauf verabschiedete die Liga auf ihrer Sitzung in Lahore die berühmte «Pakistan-Resolution», in der zwar noch nicht von Pakistan die Rede war, aber die Forderung nach der Errichtung eines autonomen Muslim-Staates erhoben wurde, der kurz und bündig mit dem Namen «Pakistan» bezeichnet wurde.

Weder die Forderung noch der Name waren neu, neu war es nur, daß Jinnah sich mit ihnen identifizierte. Die Forderung nach einem autonomen Muslim-Staat im Nordwesten Indiens war schon 1930 auf einer Sitzung der Liga von dem Dichter Mohammad Iqbal erhoben worden, der der Präsident dieser Sitzung war. Der Name Pakistan war bald darauf von Rahmat Ali erfunden worden, der damals in England studierte. Das Wort Pakistan ist ein Akronym, das sich aus den Anfangsbuchstaben der Provinzen Panjab, Afghanistan (in diesem Kontext aber nur die Gebiete der Pathanen der damaligen North West Frontier Province), Kaschmir, Sind und dem Ende des Namens der Provinz Baluchistan zusammensetzt. Rahmat Alis Pakistan schloß das spätere Ost-Pakistan nicht ein, dafür hatte er den Namen Bangistan geprägt. Dem Staat des Nizams von Haiderabad sollte unter der Bezeichnung Osmanistan ebenfalls eine zukünftige Autonomie gesichert werden. Jinnah tat das alles als einen Studentenulk ab, als er damals in England danach gefragt wurde. Doch nun machte er sich diese Pläne zu eigen und begründete sie zudem noch mit seiner «Zwei-Nationen-Theorie», derzufolge die Hindus und Muslime Indiens in jeder Hinsicht verschiedene Nationen seien, weil sie in Sprache, Kultur und Religion keine Gemeinsamkeiten hätten.

Trotz dieser eindeutigen Stellungnahme war Jinnah später immer noch bereit, mit dem Kongreß ins Gespräch zu kommen, wenn es ihm die politische Situation geboten erscheinen ließ. Das Herannahen der Japaner, das unter Umständen die politischen Gegebenheiten in Indien von Grund auf verändern konnte, wurde von ihm sorgfältig beobachtet. Bei den Verhandlungen mit Cripps verhielt er sich sehr diplomatisch, wartete ab, welche Entscheidung der Kongreß treffen würde, und als der Kongreß das Angebot ausschlug, tat er es auch. Der Vizekönig Lord Linlithgow, der die Entsendung des Kabinettsministers Cripps ohnehin nicht gern sah und nichts dazu tat, um dessen Mission zum Erfolg zu verhelfen, neigte dazu, Jinnah zu favorisieren. Aber Jinnah erwies sich durchaus nicht als willfähriger Kollaborateur. Er setzte es sogar durch, daß die Ministerpräsidenten der Muslimmehrheitsprovinzen, die ohne seine Zustimmung vom Vizekönig zu Mitgliedern eines nationalen Kriegsrates ernannt worden waren, von diesen Posten sofort wieder zurücktraten. Durch geschicktes Manövrieren erreichte er es, auf diese Weise in den Kriegsjahren seine Machtposition auszubauen.

In Gesprächen mit Gandhi im Herbst 1944 trat Jinnah bereits sehr anspruchsvoll auf. Gandhi war bereit, im Namen des Kongresses einer Teilung Indiens insoweit zuzustimmen, als zunächst ein Föderationsvertrag zwischen den vorgesehenen autonomen Staaten geschlossen werden solle, durch den ein Zusammenhalt in einigen wesentlichen Bereichen gesichert würde. Jinnah dagegen bestand darauf, daß zuerst geteilt und dann erst ein Vertrag geschlossen werden solle. Nach dem Abbruch dieser fruchtlosen Gespräche war es klar, daß von indischer Seite keine Lösung des Problems zu erwarten war. Wäre nun auf britischer Seite eine bewußte Politik der Machtübergabe nach Kriegsende mit dem Ziel der Erhaltung der Einheit Indiens betrieben worden und hätte man rechtzeitig einen Vizekönig ernannt, der die nötigen Vollmachten und das diplomatische Geschick besessen hätte, diese Politik zu verwirklichen, dann hätte auch zu diesem Zeitpunkt noch die Möglichkeit bestanden, die Teilung zu vermeiden. Die Muslim-Liga verfügte immer noch nicht über eine schlagkräftige Organisation oder ein besonders agitatorisches Potential. Jinnah war kein Mann, der auf die Straße ging, es sei denn zu einem Spaziergang im eleganten Maßanzug. Seine Barrikade war das Veto am Verhandlungstisch, und da kam es entscheidend darauf an, wer sein Gesprächspartner war.

An eine zukunftsweisende britische Initiative und einen mit allen Vollmachten ausgestatteten Vizekönig, der Jinnah gewachsen gewesen wäre, war aber in der entscheidenden Zeit, in der das Kriegsende bereits abzusehen war, nicht zu denken. Churchill hatte nie einen Zweifel daran gelassen, daß er gar nicht an eine Machtübergabe in Indien denke, daher war es ihm auch egal, wer Vizekönig wurde, denn der sollte ja nur weisungsgemäß die Stellung halten. Um ein Problem, das sich durch eine anstehende Wachablösung im Oberkommando der britisch-indischen Armee ergab, zu lösen, schlug Churchill schließlich den General, der ausscheiden mußte und für den gerade kein anderer angemessener Posten gefunden werden konnte, für das Amt des Vizekönigs vor. Lord Wavell, der sich auf so unerwartete Weise befördert fand, tat sein Bestes, um diesem Amt in überaus kritischer Zeit gerecht zu werden, und litt sehr darunter, daß Churchill kein Verständnis für seine Sorgen und Nöte hatte. Gerade aufgrund seiner militärischen Erfahrung wußte Wavell um die Probleme der Demobilisierung, die auf ihn zukamen, und daß allein eine politische Lösung dem drohenden Chaos Einhalt gebieten konnte.

Im März 1945 flog Wavell nach London, um der britischen Regierung dieses Problem zu erläutern und um die Vollmacht zu erhalten, die Verhandlungen über die Bildung einer nationalen Interimsregierung in Indien zu eröffnen. Der Indienausschuß des Kabinetts beschäftigte sich mit dieser Frage. Der einflußreiche Finanzminister John Anderson, der als früherer Gouverneur von Bengalen über Indienerfahrung verfügte, befürwortete eine politische Initiative, doch seine Vorschläge standen im Gegensatz zu denen Wavells. Wavell wollte freie Hand bei der Bildung eines neuen nationalen Exekutivrats im Rahmen der bestehenden Verfassung haben; Anderson war der Meinung, daß eine Regierungserklärung erforderlich sei, die den Rahmen der Verhandlungen deutlich absteckte. Er fürchtete, daß Wavell die Konsequenzen seines Vorschlages nicht ganz überschaue und bei den Verhandlungen bald in Bedrängnis kommen werde – eine Voraussage, die sich nur allzubald als zutreffend erwies. Wavell beharrte auf seinem Standpunkt und setzte sich damit durch. Churchill blieb bis zuletzt grundsätzlich ablehnend, aber an dem Tage, an dem er den Rücktritt seiner Regierung verkündete, machte er die entscheidende Kehrtwendung, begrüßte plötzlich Wavells Initiative und ließ ihn mit den erbetenen Vollmachten nach Indien zurückkehren.

Im Juli 1945 versammelte Wavell die führenden Vertreter des Kongresses und der Liga in Simla. An der Spitze der Kongreßdelegation stand der damalige Kongreßpräsident Maulana Azad, eine Tatsache, die es Jinnah nicht gerade erleichterte, seinen Alleinvertretungsanspruch für die Muslime anzumelden, den weder der Kongreß noch Wavell akzeptieren konnten, wenn auch aus verschiedenen Gründen. Sicher hätte der Kongreß gegen die Einbeziehung der Liga als einer Partei unter anderen nichts einzuwenden gehabt und sich vielleicht auch damit abgefunden, wenn kein Kongreß-Muslim von Wavell zum Minister ernannt worden wäre. Aber eine Anerkennung des von Jinnah demonstrativ vorgetragenen Anspruchs, alle Muslimminister der Interimsregierung zu benennen, war für den Kongreß unmöglich. Wavell wiederum war daran interessiert, einen Vertreter des Panjab in sein Interimskabinett aufzunehmen. Die Muslime des Panjab waren eines der tragenden Elemente der britisch-indischen Armee, und Wavell maß dem Panjab daher eine besondere Bedeutung bei. Nach dem Scheitern der Simla-Konferenz stellte er nun selbst eine Kabinettsliste auf, die neben Vertretern des Kongresses (darunter kein Muslim) und der Liga einen Muslim aus dem Panjab enthielt. Der Indienausschuß des britischen Kabinetts hatte Wavell autorisiert, Jinnah diese Liste zu zeigen, aber zugleich verfügt, seine Initiative nicht weiter zu verfolgen, wenn Jinnah dieser Liste die Zustimmung verweigerte. Jinnah sah die Liste und sagte nein, der Kongreß bekam sie danach überhaupt nicht mehr zu sehen. Die indische Öffentlichkeit erfuhr nicht, was geschehen war. Für sie blieb nur der Eindruck, daß Jinnah mit seinem Veto den Vizekönig schachmatt gesetzt und dieser sich ohnmächtig damit abgefunden und so zur Stärkung der Position Jinnahs beigetragen hatte. Die Entwicklung hätte anders verlaufen können, wenn Wavell auf den Muslim aus dem Panjab verzichtet und damit den Alleinvertretungsanspruch der Liga praktisch bestätigt, wenn auch nicht offiziell anerkannt hätte, denn schließlich hatte er und nicht Jinnah die Liste aufgestellt. Unter diesen Umständen wäre es Jinnah nahezu unmöglich gewesen, das Angebot abzulehnen, und er hätte sich dann in einer schwierigen Lage befunden, denn die Pakistanfrage war völlig ungeklärt. Wavell hatte keine Stellungnahme abgegeben, und Jinnah selbst war noch nicht bereit, die Karten auf den Tisch zu legen. Die Forderung als solche war bekannt, aber bisher konnte sich jeder darunter vorstellen, was er wollte, denn über die genauen Grenzen Pakistans wurde geschwiegen. Sobald sie definiert wurden, mußten viele Muslime in den Diasporagebieten, die Jinnah bisher unterstützt hatten, enttäuscht werden.

Für Jinnah war es riskant genug gewesen, sich auf die Teilnahme an der Simla-Konferenz einzulassen. Die Gelegenheit, die Wavell ihm nun gab, sein Vetorecht wirksam in Szene zu setzen, kam ihm wie gerufen. Der kühne Alleinvertretungsanspruch, der der Realität vorauseilte, setzte sich an den Wahlurnen in ein erstaunlich gutes Resul-

2. Die Teilung Indiens

tat für die Liga um. Das, was Jinnah erwartet hatte, als er zehn Jahre zuvor nach Indien zurückgekehrt war, trat nun erst ein. Die separaten Wählerschaften wirkten sich in vollem Umfang zugunsten der Liga aus. In London war noch vor diesen Wahlen ein dramatischer Wandel eingetreten. Die Labour Party hatte Churchill besiegt. Der neue Premierminister war Clement Attlee, der schon 1928 Mitglied einer Kommission gewesen war, die die damalige indische Verfassungsreform vorzubereiten hatte. Als stellvertretender Premierminister des Kriegskabinetts war er auch Vorsitzender des Indienausschusses, der die Gespräche mit Wavell geführt hatte. Cripps gehörte ebenfalls dem neuen Kabinett an. Diese Konstellation hatte Vorteile und Nachteile zugleich. Die Regierung war mit dem indischen Problem vertraut, aber durch ihre Vorkenntnisse und Vorleistungen zugleich auch belastet. Man glaubte mit dem Hinweis darauf, daß das «Cripps-Angebot» von 1942 noch gelte, zunächst einmal das Gebot der Stunde erfüllt zu haben. Doch gerade deshalb versäumte es die Labour-Regierung, im entscheidenden Moment eine neue Initiative zu ergreifen. Wavell wurde zur Konsultation nach London geholt, durfte aber noch kurz vor seiner Abreise die Wahlen in Indien ankündigen. Damit verzichtete die neue Regierung von vornherein auf eine konstruktive Einflußnahme auf das politische Geschehen in Indien.

Die sterile Wiederholung des «Cripps-Angebots» war ein Anachronismus, die Ankündigung der Wahlen ohne Definition des politischen Rahmens, auf den sie sich bezogen, ein folgenschwerer Fehler. Bei bestem Willen gab die Labour-Regierung auf diese Weise doch das Gesetz des politischen Handelns aus ihrer Hand in die Jinnahs, der sich von der Muslimwählerschaft eine Blankovollmacht holte. Wavell war verzweifelt, in Ermangelung klarer Richtlinien konnte er nicht einmal wilde Behauptungen, die im Wahlkampf gemacht wurden, zurückweisen. Wenn die britische Regierung schon keine deutliche Erklärung abgeben wolle, so meinte er, dann könne man vielleicht durch einen Abgeordneten im Parlament eine Frage stellen lassen, und der Staatssekretär könne in seiner Antwort darauf zumindest das klären, worum es im Augenblick ging. Die Reaktion des Staatssekretärs auf diesen Vorschlag Wavells war bezeichnend für die britische Ratlosigkeit in jenen Tagen. Wenn man auch nur eine Frage im Parlament stellen ließe, so schrieb er Wavell, so führe das vielleicht zu einer allgemeinen Debatte, und es kämen Fragen auf, die man besser nicht beantworte. Alle anstehenden Probleme sollten später mit den indischen Politikern diskutiert werden, die siegreich aus den Wahlen hervorgingen. In seiner Verzweiflung arbeitete Wavell nun an einem «Breakdown Plan», wie er es nannte, ein Plan also für den Fall, daß sich nach den Wahlen an der ausweglosen Lage, die sich nach dem

Fehlschlag der Simla-Konferenz ergeben hatte, nichts ändere und Jinnah weiterhin bei seinem Veto bliebe. Er wollte Jinnah dann damit drohen, daß die Briten ihm ein auf die Muslimmehrheitsdistrikte begrenztes Pakistan zudiktieren würden, daß er also nicht die gesamten Provinzen Panjab und Bengalen bekommen werde, wie er es damals noch erhoffte. Ferner wollte Wavell nicht alle Landtagswahlen abwarten, sondern im Februar 1946 gleich nach dem Abschluß der Wahlen im Panjab, die über das Schicksal der Unionist Party entschieden, eine Zentralregierung (Executive Council) bilden. Wavell bekam keine Antwort auf seinen Vorschlag, aber offenbar hatte er damit das britische Kabinett so sehr aufgerüttelt, daß es unverzüglich beschloß, eine Delegation von Ministern (Cabinet Mission) im März 1946 nach Indien zu senden, um dort alle Probleme an Ort und Stelle zu lösen. Der Delegation gehörten neben dem Staatssekretär Pethick-Lawrence auch der Marineminister Alexander und der unvermeidliche Cripps an, von dem wohl die Idee der «Cabinet Mission» stammte.

Die Verhandlungen zeigten der Delegation bald, daß Kongreß und Liga nicht kompromißbereit waren. Nach den Wahlen, aus denen beide siegreich hervorgegangen waren und nahezu alle regionalen Parteien eliminiert hatten, war das auch nicht anders zu erwarten. Es hatte sich ein klares Zweiparteiensystem in Indien herausgebildet, wie man es bei dem dort geltenden Mehrheitswahlrecht normalerweise für gut und richtig halten sollte, doch in diesem Fall war die Polarisierung durch die separaten Wählerschaften für Muslime bedingt, die die Liga nahezu vollständig gewinnen konnte. Dieses Zweiparteiensystem entsprach daher auf fatale Weise der «Zwei-Nationen-Theorie» Jinnahs, der nun den britischen Kabinettsministern noch weit selbstbewußter gegenübertreten konnte als zuvor dem Vizekönig.

Die Minister unternahmen schließlich einen letzten, recht komplizierten Versuch, die Einheit Indiens zu retten. Sie arbeiteten einen Verfassungsvorschlag aus, der eine Föderation mit drei Ebenen vorsah. Auf der untersten Ebene standen die Provinzen in ihrer bisherigen Form, darüber sollte es eine Ebene von Provinzgruppen geben und schließlich auf höchster Ebene den Bundesstaat. Pakistan konnte also auf der mittleren Ebene angesiedelt werden, und auch die Kongreßprovinzen konnten sich auf dieser Ebene zusammenschließen. Nähere Einzelheiten wurden von der Kabinettsdelegation nicht ausgearbeitet, auch war dies keine verbindliche Entscheidung der britischen Regierung, keine neue Verfassungsreform also, sondern lediglich ein Vorschlag, der als Grundlage für die weiteren Verhandlungen dienen sollte. Es gab natürlich gleich Streitigkeiten über die Ausgestaltung der mittleren und obersten Ebenen. Der Kongreß war an

2. Die Teilung Indiens

einer starken Bundesregierung und daher auch an einem Bundesparlament interessiert, während Jinnah Regierung und Parlament auf der mittleren Ebene errichten wollte und dem Bund lediglich einige beschränkte, genau definierte Aufgaben übertragen wollte, die nur eine kleine Bundesexekutive, aber keine weiteren Institutionen erforderte (agency centre).

Die größten Kontroversen gab es jedoch über die Frage, wann und wie es einer Provinz, die sich in einer Gruppe befand, der sie nicht anzugehören wünschte, möglich wäre, diese Gruppe zu verlassen (opt out) und sich einer anderen anzuschließen. Die Möglichkeit einer solchen Option war bereits im «Cripps-Angebot» von 1942 erwähnt worden und stand nun wieder im Mittelpunkt der Debatten. Der Kongreß wollte diese Option so verstehen, daß sie sich schon auf den Vorgang der Bildung von Provinzgruppen bezog, während Jinnah natürlich erwartete, daß die Gruppenbildung zunächst einmal verordnet würde und die Option allenfalls nach Abschluß der Arbeit der verfassunggebenden Versammlung ausgeübt werden könne. Über die Kompetenzen der verfassunggebenden Versammlung war man sich auch nicht einig. Sollte sie souverän entscheiden können, dann mußte sie ja auch die Freiheit haben, sich über die Vorschläge der Kabinettsdelegation hinwegzusetzen. Dem konnte grundsätzlich niemand widersprechen, aber natürlich wurde den weiteren Verhandlungen die Gesprächsgrundlage entzogen, wenn man dies betonte. Kongreß und Liga rangen sich schließlich dazu durch, diese Geschäftsgrundlage zu akzeptieren, aber die geistigen Vorbehalte, mit denen man dies tat, waren gewichtiger als dieses vorübergehende Einverständnis.

Es gelang Wavell schließlich, eine Interimsregierung zu bilden. Zunächst erteilte freilich der Kongreß Wavell eine Absage, und er mußte sich dann von Jinnah dafür beschimpfen lassen, daß er nicht ohne den Kongreß eine solche Regierung bilden wollte. Die Situation war jetzt genau umgekehrt wie ein Jahr zuvor, als Wavell die Regierung nicht ohne die Liga bilden konnte. Kurz darauf schlug die politische Lage noch einmal um, der Kongreß erklärte sich bereit, in die Interimsregierung einzutreten, und Jinnah verweigerte die Mitarbeit. Diesmal beugte sich Wavell diesem Veto nicht und beauftragte Jawaharlal Nehru mit der Regierungsbildung. Jinnah kündigte darauf für den 16. August 1946 einen «Tag der direkten Aktion» an, sagte aber nicht, was an diesem Tag geschehen solle. In den meisten Provinzen Indiens geschah denn auch gar nichts, aber in Kalkutta brach unter dem Regime des Liga-Ministerpräsidenten Suhrawardy ein großes Morden aus. Ein beträchtlicher Teil der Arbeiterschaft Kalkuttas waren Hindus aus Bihar, die in ihre Heimat flüchteten und sich dort an den Muslimen rächten. Suhrawardy konnte die Flucht dieser Leute nur recht sein, denn je weniger Hindus in Kalkutta blieben, um so größer war die Wahrscheinlichkeit, daß die Stadt bei einer Teilung Pakistan zugesprochen würde.

Trotz der grausigen Demonstration in Kalkutta war die Liga in ihrer Mehrheit keine agitatorische Organisation und konnte nicht hoffen, auf diesem Gebiet weitere Erfolge zu erzielen; so trat sie nach einigem Zögern schließlich doch in die Interimsregierung ein. Jinnah selbst mochte natürlich nicht den Posten eines Stellvertreters Jawaharlal Nehrus einnehmen und entsandte nur seine Gefolgsleute in die Regierung. Die Zusammenarbeit erwies sich als sehr schwierig. Die Liga hatte das Finanzministerium bekommen und nutzte diese Schlüsselposition, um die anderen Ministerien ihre Macht spüren zu lassen. Schon im November 1946 wären die Kongreßminister die unbequemen Kollegen am liebsten wieder losgeworden.

Attlee lud Nehru und Jinnah zu Gesprächen nach London ein, doch auch dieser Vermittlungsversuch blieb vergeblich. Freilich ließ die britische Regierung immer noch eine klare Bekundung ihres politischen Willens, um die sie Wavell immer wieder bat, vermissen, und er mußte die letzten Monate seiner Amtszeit ohne eine solche Willensbekundung der britischen Regierung zubringen. Er stand vor einer ausweglosen Situation. Die verfassunggebende Versammlung war im Dezember 1946 einberufen worden, wurde aber von der Liga boykottiert und machte sich anheischig, nachdem der Liga noch eine Bedenkzeit gewährt worden war, die Pläne der Kabinettsdelegation über Bord zu werfen und eine Verfassung nach eigenem Geschmack zu schreiben. Bald darauf kam es zur Krise in der Interimsregierung. Der Kongreß forderte Wavell auf, die Liga-Minister zu entlassen, anderenfalls wolle man die Mitarbeit in der Regierung aufkündigen. Diesen Problemen war Wavell nicht mehr gewachsen, er wurde abgelöst.

Der neue Vizekönig Lord Mountbatten hatte dafür gesorgt, daß die britische Regierung ihn mit umfassenden Vollmachten ausstattete, die Wavell nicht hatte, und daß sie seine Ernennung mit der Regierungserklärung verband, die Wavell immer wieder vergeblich gefordert hatte. Mountbatten konnte sich durchsetzen, weil er den Posten nicht haben wollte und sich nur auf die dringenden Bitten der Labour-Regierung zur Verfügung stellte. Als erfolgreicher Feldherr und Verwandter des Königs hatte er das nötige Prestige, um die Lage in Indien zu meistern. Die Regierung hatte sich in ihm nicht getäuscht, mußte aber zunächst selbst einmal zur Kenntnis nehmen, was für einen forschen Verhandlungspartner sie sich ausgesucht hatte. Als man ihm entgegenhielt, daß die Bedingungen, die er stellte, ihn praktisch zum Vorgesetzten des Staatssekretärs machten, erwiderte er

2. Die Teilung Indiens

Verhandlungen über die Unabhängigkeit Indiens, 1947.
Am Tisch: Nehru, Lord Mountbatten, Jinnah. Im Hintergrund: Sir Eric Miéville,
Lord Ismay (Stab des Vizekönigs)

ungerührt, genau das sei seine Absicht. Es gelang ihm, die indische Interimsregierung bei der Stange zu halten und die Politiker durch das rasante Tempo, das er vorlegte, so unter Druck zu setzen, daß sie keine Zeit mehr hatten, sich in interne Auseinandersetzungen zu verwickeln. So überraschte er sie zum Beispiel mit einer präzisen Denkschrift über die administrativen Konsequenzen der Teilung, über die sich bisher niemand Gedanken gemacht hatte. Die Teilung selbst wollte er auf der Grundlage des Plans der Kabinettsdelegation durchführen. Es sollte auch weiterhin möglich sein, daß eine Provinz, die nicht ihrer regionalen Provinzgruppe angehören wollte, für eine andere optieren konnte.

Dieser Plan erhielt den bezeichnenden Arbeitstitel «Plan Balkan» und wurde so nach London gesandt. Dort wurde er auf entscheidende Weise abgeändert, was Mountbatten, als er ihn von dort zurückbekam, zunächst gar nicht auffiel. Für verfassungsrechtliche Einzelheiten zeigte Mountbatten nämlich kein Interesse, er verstand auch kaum etwas davon. Bei der Bearbeitung in London waren die so kontrovers diskutierten Optionsmöglichkeiten drastisch vereinfacht worden: Alle Provinzen Britisch-Indiens sollten zunächst einmal jede für sich in die Unabhängigkeit entlassen werden, und dann mochte man sich darüber einigen, wer mit wem wofür optieren wolle. Das klang sehr überzeugend, mußte aber der Balkanisierung erst recht Vorschub leisten. Mountbatten hätte aber keine Bedenken gehabt, den Plan in dieser Form zu implementieren.

Einem intuitiven Impuls folgend, zeigte er Jawaharlal Nehru diesen Plan und war überrascht, als dieser entschieden ablehnte. Bisher hatte der Kongreß die Optionsmöglichkeit immer besonders betont und Jinnah hatte sich kritisch dazu geäußert, doch je näher die Teilung herankam, um so mehr befürchtete Nehru eine Balkanisierung Indiens und wollte von Optionen nichts mehr wissen. Mountbatten berücksichtigte dies und ließ einen neuen Teilungsplan entwerfen, der nun schon sehr deutlich die Konturen des späteren Pakistan hervortreten ließ.

Das Tempo der Verhandlungen und Entscheidungen wurde noch dadurch gesteigert, daß die Briten den Termin der Machtübergabe (Juni 1948) vorzogen und nun den 15. August 1947 ins Auge faßten. Mountbatten ließ einen Kalender aufhängen, auf dem in großen Ziffern die Zahl der noch verbleibenden Tage angezeigt war. Seine Mitarbeiter und Verhandlungspartner wurden dadurch demonstrativ auf das unvermeidliche Ende der britischen Herrschaft hingewiesen. Außer Gandhi hatten sich nahezu alle Politiker mit der bevorstehenden Teilung abgefunden, doch er widersetzte sich diesem Schicksal nicht, sondern versuchte nur, die große Not zu lindern, die durch die Konflikte zwischen Hindus und Muslimen geschaffen wurden, die sich in diesen letzten Wochen immer feindseliger gegenüberstanden.

In Bengalen schwelten seit dem «Tag der direkten Aktion» die Unruhen weiter, aber dort war die Armee auf den akuten Notstand vorbereitet, und die Teilung wurde dort schließlich ohne größere Zwischenfälle vollzogen. Ein wahrer Bürgerkrieg brach dagegen wider Erwarten im Panjab aus, wo die Briten seit eh und je glaubten, alles bestens unter Kontrolle zu haben. Die den Briten treu ergebene Unionist Party, die von Muslim- und Hindu-Grundherren unterstützt wurde, hatte dort ein Jahrzehnt das politische Feld beherrscht. Die Muslim-Liga hatte alles versucht, diese Partei aus dem Felde zu schlagen; das war ihr zum Teil auch gelungen, aber die Liga konnte nicht die absolute Mehrheit erringen, und so konnte sich eine Unionist-Regierung, gestützt auf andere Fraktionen im Landtag, noch eine Weile halten. Maulana Azad hatte bei dieser stillschweigenden Koalition Pate gestanden. Doch schon als Mountbatten sein Amt antrat, war diese brüchige Konstruktion zerfallen, und der britische Gouverneur hatte die Regierung übernommen. Die politische Willensbildung fand daher in dieser Provinz gerade in der kritischsten Zeit gar keinen Ausdruck.

Besonders problematisch war die Willensbildung der Sikhs, die bisher loyal zu den Briten gehalten hatten, in deren britisch-indischer Armee so viele von ihnen dienten. Ihr Siedlungsgebiet wurde so, wie die Teilung schließlich erfolgte, in der Mitte durchgetrennt. Der Grenzverlauf blieb übrigens den Betroffenen bis zum Ende ein Rät-

2. Die Teilung Indiens

sel. Das war kein Zufall, sondern von Mountbatten durchaus beabsichtigt, weil er befürchtete, daß die Verkündung der von einer britischen Kommission getroffenen Entscheidung über die Grenzen die Inauguration der beiden neuen Staaten Indien und Pakistan stören könnte. Man hatte ja auf Volksabstimmungen verzichtet und die Grenzziehung nach bevölkerungsstatistischen Daten als rein administrative Operation vollzogen. Jinnah hatte sich schließlich mit einem Minimal-Pakistan begnügen müssen, das er im Zorn «motten-zerfressen» nannte. Aber die Logik seiner eigenen «Zwei-Nationen-Theorie» schloß es aus, daß ihm der Westen Bengalens und der Osten des Panjab zugesprochen wurden, in denen Hindumehrheiten vorherrschen. Auf diese Weise entging Pakistan auch Kalkutta und im Panjab der strategisch wichtige Bezirk Gurdaspur, der das Verbindungsstück zwischen Indien und dem Fürstenstaat Kaschmir ist.

Mountbatten mochte hoffen, daß der Patient, wenn er aus der Narkose erwachte, die Operation rasch verschmerzen werde, und fuhr in die Berge auf Urlaub, nachdem er am 14. August in Karachi und am 15. August in New Delhi die beiden neuen Staaten eingeweiht hatte. Er war daher überrascht, als er den Urlaub bald wieder abbrechen mußte, weil im Panjab blutige Unruhen ausgebrochen waren. Für Pakistan war er nicht mehr zuständig, denn dort war Jinnah zum Generalgouverneur ernannt worden, aber in Indien war die Machtübergabe nicht mit einem Wechsel in diesem Amt verbunden. Ursprünglich wollte Mountbatten nur dann noch nach der Machtübergabe im Amt bleiben, wenn er in beiden neuen Staaten Generalgouverneur war, denn so hätte er ausgleichend und vermittelnd wirken können. Als Jinnah aber auf dem Amtswechsel in Pakistan bestand, wollte Mountbatten nicht in Indien verbleiben, da er dann Partei ergreifen mußte. Nur auf Nehrus dringende Bitte blieb er dann doch und war mit seiner Geistesgegenwart und Entschlußkraft dem neuen Staat von einigem Nutzen.

Noch waren viele Klippen zu überwinden. Der Teilung der Territorien folgte die Teilung der Armee und der Staatskasse. Ganz besonders problematisch war jedoch das Verhältnis des neuen Staates zu den Fürstenstaaten. In den Jahren vor und nach der Verfassungsreform von 1935 hatten die Briten den Fürsten erlaubt, das politische Schicksal entscheidend zu beeinflussen, und waren nicht bereit gewesen, die Reform in Britisch-Indien voranzutreiben und es den Fürsten zu überlassen, wie sie sich dieser Entwicklung anpaßten. Wäre damals ein britisch-indischer Bundesstaat zustande gekommen, wäre die Teilung vermieden worden und die Fürsten hätten früher oder später dem Gang der Ereignisse folgen müssen. Jetzt war man anders vorgegangen als damals. Machtübergabe und Teilung bezogen sich nur auf Britisch-Indien, und die Fürsten entließ man in eine iso-

Mohammed Ali Jinnah und Gandhi

lierte Unabhängigkeit, die für die meisten illusorisch war, da ihr Territorium ringsum von Indien oder Pakistan umgeben war. Nur einige der größeren Fürstenstaaten konnten mit dem Gedanken spielen, diese Unabhängigkeit zu bewahren. Sie ließen sich Zeit, den Anschlußvertrag, den ihnen die Nachfolgestaaten Britisch-Indiens vorlegten, zu unterschreiben.

Kaschmir und Haiderabad spielten eine besondere Rolle. In Kaschmir herrschte eine Hindu-Dynastie über eine Muslim-Mehrheit, in Haiderabad war es genau umgekehrt. Doch Haiderabad war von indischem Territorium umschlossen, während Kaschmir wegen seiner Randlage eher dazu geeignet gewesen wäre, seine Unabhängigkeit zu behaupten. Außerdem hatte der Maharaja, falls er sich für einen Anschluß entschied, die Wahl zwischen Indien und Pakistan. Er glaubte daher, sich Zeit lassen zu können. Als Pakistan ihm die Bedenkzeit gewaltsam kürzen wollte, wandte er sich mit der Bitte um militärische Hilfe an Indien. In dieser Situation gab Mountbatten Nehru den Rat, den Maharaja unbedingt zuerst den Anschlußvertrag unterschreiben zu lassen, ehe er Truppen nach Kaschmir entsandte. So geschah es denn auch, nur fiel dabei auch das Wort von einer späteren Volksabstimmung, auf die der Maharaja natürlich keinen Wert legte und, wie sich im Laufe der Zeit zeigen sollte, die indische

2. Die Teilung Indiens

Regierung auch nicht. Das Versprechen war an sich völlig überflüssig, denn weder die Teilung Britisch-Indiens noch der Anschluß irgendeines Fürstenstaates war zum Gegenstand eines Volksentscheides gemacht worden. Die Bevölkerung Kaschmirs wäre ganz allein in den zweifelhaften Genuß des Rechts gekommen, über die Anwendung der «Zwei-Nationen-Theorie» abstimmen zu dürfen. Der Ausgang einer solchen Abstimmung mußte entweder das Staatsprinzip Pakistans oder das Indiens in Frage stellen.

Indien hatte sich zwar mit der Teilung abgefunden, aber nicht mit der «Zwei-Nationen-Theorie», und das durfte Indien auch nicht, denn es blieben selbst nach der Teilung noch 40 Millionen Muslime in Indien, die man im Hinblick auf die nationale Integration unmöglich als «Zweite Nation» betrachten konnte. Übrigens war selbst Jinnah genötigt, nach erfolgter Teilung sich von seiner Theorie zu lösen. Als er Bombay verließ, um sein Amt als Generalgouverneur von Pakistan anzutreten, konnte er den in Indien verbleibenden Muslimen auf ihre Frage, was nun aus ihnen werden solle, nur den guten Rat geben, sie sollten sich als loyale Staatsbürger Indiens betrachten.

Während Jinnah sich mit diesen staatsmännisch weisen Ratschlägen den Konflikten entzog, die er geschürt hatte, versuchte Gandhi, mit dem Einsatz seines Lebens die Folgen der Teilung zu bewältigen. Von Kalkutta, wo er zur Zeit der Teilung war, weil er dort die größten Unruhen befürchtete, eilte er nach Delhi, als dort die Flüchtlinge aus dem Panjab eintrafen und es zu Zusammenstößen zwischen Hindus und Muslimen kam. Als dann der Kaschmirkonflikt ausbrach und gleichzeitig die Teilung der Staatskasse zwischen Indien und Pakistan erfolgen sollte, waren viele Hindus der Meinung, man brauche dem Feind nun nicht auch noch Geld zu geben, um ihn damit zu stärken. Gandhi setzte sich dagegen für eine gerechte Teilung der Staatskasse ein und wurde deshalb von radikalen Hindus als Verräter angesehen. Einer von ihnen, der junge Brahmane Nathuram Godse, erschoß Gandhi am 30. Januar 1948.

Achtes Kapitel
Die Republik

1. Die Republik Indien: Staat, Wirtschaft und Gesellschaft

Indien wurde am 15. August 1947 aus der Fremdherrschaft entlassen. Die Machtübergabe vollzog sich friedlich, ja geradezu undramatisch, wenn man von der Teilung absieht, die der Preis für diese Art des Vollzuges war. Britische Schreckensvisionen von einem schmählichen Abzug im allgemeinen Chaos hatten sich nicht bewahrheitet. Aber auch der indische Freiheitskampf hatte auf diese Weise ein an sich unheroisches Ende gefunden. Keine Revolution war zum Geburtshelfer der Freiheit geworden, niemand konnte Triumphe feiern. Die eigentliche Errungenschaft des Freiheitskampfes blieb die Existenz des Nationalkongresses, an dessen Organisation Gandhi Jahrzehnte gearbeitet hatte, von dem er aber meinte, daß er jetzt aufgelöst werden oder in eine überparteiliche Wohlfahrtsorganisation umgewandelt werden solle. Doch die Machtübergabe machte den Kongreß zur staatstragenden und staatsgetragenen Partei, und außer Gandhi dachte niemand daran, ausgerechnet jetzt auf den Kongreß zu verzichten. Seit der Kongreß in den Jahren der Weltwirtschaftskrise auch die reiche Bauernschaft für sich gewonnen hatte, war er zu einem mächtigen politischen Verband geworden. Kein anderes Land, das aus Kolonialherrschaft entlassen wurde, hatte eine politische Organisation aufzuweisen, die über eine vergleichbare soziale Basis und einen so weitgespannten überregionalen Parteiapparat verfügte. Die Muslim-Liga, die in den Jahren unmittelbar vor der Teilung Indiens zumindest bei den Wahlen eine überzeugende Position errungen hatte, erwies sich in Pakistan bald genug der Rolle einer staatstragenden Partei nicht gewachsen. Der Kongreß aber zeigte unter der Führung von Jawaharlal Nehru und Vallabhbhai Patel eine Stabilität, die dem unabhängigen Indien einen guten Start ermöglichte.

Die beiden führenden Politiker ergänzten sich sehr gut, obwohl sie miteinander rivalisierten. Es war, als hätte man Gladstone und Bismarck in einem europäischen Kabinett zusammengespannt. Nehru mit seinen linken Sympathien und seiner radikalen Rhetorik, die er nichtsdestoweniger mit einem Augenmaß für die politische Realität verband, schlug die Köpfe und Herzen des Volkes in Bann. Patel hielt die Regierung und die Bürokratie zusammen, mediatisierte die Für-

Dr. Rajendra Prasad, Präsident der Verfassunggebenden Versammlung, bei einer Ansprache im Parlament, 15. August 1947

sten und unterstützte die reichen Bauern, denen er durch seine Geburt in einer dominanten Bauernkaste Gujarats nahestand. Der rechte Flügel des Kongresses sah in diesem alten Mitarbeiter Gandhis seinen besten Repräsentanten. Aber auch die indischen Beamten, die den Briten gedient hatten und zunächst fürchteten, daß man für sie keine Verwendung mehr haben würde, fanden in ihm einen großzügigen Dienstherrn, der über die Vergangenheit hinwegsah und an die Aufgaben der Gegenwart dachte, die ohne den «steel frame» nicht zu bewältigen waren. Patel war ein souveräner Innenminister, der die Zügel in der Hand behielt, aber auch seinen Untergebenen Vertrauen schenkte und einflößte sowie die Macht zu delegieren verstand. Nehru als Premier- und Außenminister sah Indien im Weltzusammenhang und blickte über die Aufgaben der Gegenwart hinaus in die Zukunft. Doch dieser Weitblick hinderte ihn nicht daran, zugleich die Erhaltung seiner eigenen Machtposition im Auge zu haben.

Als Wahrer der staatlichen Macht mußte Nehru viele Forderungen, die er im Freiheitskampf erhoben hatte, zurückstellen und sich dem Urteil des konservativen Patel beugen, der bis zu seinem Tode im Jahre 1950 den innenpolitischen Kurs bestimmte. Dies wurde schon in der Gestaltung der indischen Verfassung deutlich, die nicht, wie Nehru es immer wieder verlangt hatte, von einer nach allgemeinem

1. Die Republik Indien: Staat, Wirtschaft und Gesellschaft

Wahlrecht gewählten Versammlung gemacht wurde, sondern von der noch unter britischer Herrschaft und nach sehr begrenztem Wahlrecht gewählten «Constituent Assembly», die bereits im Dezember 1946 ihre Arbeit begonnen hatte und sie bis zum Januar 1950 fortsetzen sollte. In drei Jahren unermüdlicher Arbeit tat diese Versammlung im Grunde nichts anderes, als daß sie das britisch-indische Verfassungsgesetz von 1935 Abschnitt für Abschnitt vornahm und ohne wesentliche Änderungen verabschiedete. Da dieses Gesetz von 1935 das längste war, das das britische Parlament je hervorgebracht hatte, war dieser Arbeitsaufwand verständlich, freilich hätte man ihn sich sparen können, wenn man sich von vornherein darüber einig gewesen wäre, daß alles beim alten bleiben solle. Das war aber nicht der Fall, und die konservative Rückbesinnung auf das Bestehende wurde erst durch äußere Ereignisse und innere Sachzwänge im Laufe der Jahre herbeigeführt.

Zu den schicksalhaften äußeren Ereignissen zählte insbesondere der Konflikt mit Pakistan, der die Verfassungsgeber dazu bewegte, die nationale Solidarität durch eine Betonung der zentralistischen Elemente der Verfassung abzusichern. Das Verfassungserbe war ohnehin zentralistisch, man brauchte also nur auf bereits bekannte Mittel zurückgreifen. Der bei den Nationalisten dereinst so verhaßte Paragraph, der es den britischen Gouverneuren ermöglichte, im Notfall die Regierung zu entlassen, den Landtag aufzulösen und die Verwaltung der Provinz selbst in die Hand zu nehmen, gehörte zu diesen probaten Mitteln. Die Briten hatten ihn abgeschafft, als sie Indien in die Unabhängigkeit entließen. Er wurde nun wieder in die Verfassung eingebaut. Auch die Gouverneure wurden nicht, wie im Laufe der Verhandlungen erwogen worden war, gewählte Politiker, sondern blieben – wie zuvor – von der Zentralregierung eingesetzte Funktionäre. Damit war die Möglichkeit zu jenem radikalen Eingriff der Zentralregierung in die Angelegenheiten der Bundesländer gegeben, der in Indien als «President's Rule» bezeichnet wird. Praktisch bedeutet dies, daß die Partei, die die Zentralregierung stellt, die Macht hat, unliebsame Landesregierungen abzusetzen. Freilich müssen innerhalb von sechs Monaten in dem betreffenden Bundesland Neuwahlen abgehalten werden, aber wenn diese nicht befriedigend ausfallen, ist eine Wiederholung des Manövers nicht ausgeschlossen. In der Amtszeit Nehrus, als der Kongreß sowohl die Zentralregierung als auch die meisten Landesregierungen stellte, ist von dieser Möglichkeit sehr selten Gebrauch gemacht worden. Aber in der Folgezeit wurde sie so sehr strapaziert, daß sie in Mißkredit geraten ist. Das britisch-indische Verfassungserbe ist hier auf eine geradezu erstaunliche Weise genutzt worden. Gandhi hätte sich das wohl nicht träumen lassen, als er 1937 im Namen des Kongresses die britischen Gouverneure dazu aufforderte, ein Versprechen abzugeben, daß sie diese Möglichkeit nicht nutzen werden. Zu den inneren Sachzwängen, die die verfassunggebende Versammlung auf das britisch-indische Erbe zurückverwiesen, gehörte der Umstand, daß das Gesetz von 1935 nach wie vor die geltende Verfassung war und die Ministerien, die von der verfassunggebenden Versammlung um Meinungsäußerungen gebeten wurden, von den Verfassungsgegebenheiten beeinflußt waren, unter denen sie arbeiteten. Auch die Einbeziehung der Grundrechte, die der Kongreß im Freiheitskampf zum Programm gemacht hatte, wurde durch verfassungstechnische Sachzwänge erschwert. Etliche der im Kongreßprogramm genannten Grundrechte, wie etwa das Recht auf Arbeit und einen gerechten Lohn, waren von solcher Art, daß der Staat sich in arge Verlegenheit bringen mußte, wenn er sie einklagbar machte. Der Grundrechtskatalog wurde daher auf Grundrechte im engeren Sinne beschränkt und die anderen Programmpunkte in eine Liste von politischen Richtlinien (Directive Principles of State Policy) verwiesen, die von Kritikern als eine Liste frommer Wünsche bezeichnet wurden. Auch die Formulierung der eigentlichen Grundrechte und die Notstandsbestimmungen, mit denen sie suspendiert werden konnten, stießen vor allem bei der kommunistischen Opposition auf Kritik. Ein Abgeordneter sagte, es sähe so aus, als seien diese Teile der Verfassung von einem Polizisten entworfen worden. Damit hatte er so unrecht nicht, denn der Dienstherr der Polizei, der gestrenge Innenminister Patel, bestimmte in der Tat die Richtlinien der verfassunggebenden Versammlung, und er hatte sich mit kompetenten Juristen umgeben, die dafür sorgten, daß alles so lief, wie er es wollte. Der Justizminister Dr. Ambedkar, der, obwohl er nicht dem Kongreß angehörte, in die Regierung aufgenommen worden war und die Aufgabe hatte, die Verfassungsvorschläge der Regierung durchzusetzen, war nur ein Erfüllungsgehilfe ohne genügende politische Hausmacht, eine Tatsache, die er selbst einmal bitter vermerkte. Dennoch unterzog er sich dieser Aufgabe mit Energie und Pflichtbewußtsein.

Nehru wurde in den Prozeß der Verfassungsdiskussionen nur hin und wieder hineingezogen, wenn es darum ging, konservative Regelungen mit einem Plädoyer zu verteidigen, das die Argumente des linken Flügels vorwegnahm. Nehru klang dann immer sehr überzeugend, denn er meinte, was er sagte. Gerade wenn er aus nüchternen Erwägungen der politischen Machtverhältnisse oder der Staatsräson Dinge tun mußte, die ihm zuwider waren, machte er höchst wirkungsvoll seinem radikalen Herzen Luft und fand treffende Worte, die der Opposition den Wind aus den Segeln nahmen. So geschah es auch in der Debatte um den heftig umstrittenen Eigentumsparagraphen, der durch seine Entschädigungsbestimmungen allen Enteig-

1. Die Republik Indien: Staat, Wirtschaft und Gesellschaft

nungs- und Sozialisierungsmaßnahmen einen Riegel vorschob. Der rechte Flügel des Kongresses bestand natürlich darauf, und Nehru lenkte den linken Flügel durch eine brillante Rede ab, in der er von der Volkssouveränität sprach, die es nicht dulden werde, daß sich aufgrund dieses Paragraphen die Gerichtshöfe zu einer Instanz entwickelten, die sich über das Parlament erhaben dünkte. Ein Bereich, in dem Nehru sich sehr engagierte und in Ambedkar einen tatkräftigen Partner fand, war die neben den Beratungen über die Verfassung in Angriff genommene Reform des Hindu-Rechts, das von den Briten kodifiziert und damit seit über einem Jahrhundert der lebendigen Anpassung an den Wandel der Gesellschaft entzogen worden war. Die Briten hatten sich gehütet, in diesen sensitiven Bereich des Ehe- und Erbrechts reformierend einzugreifen. Die Kongreßregierung hielt es weiterhin so mit dem Muslim-Recht, um sich nicht dem Vorwurf auszusetzen, daß die Hindu-Mehrheit die Muslim-Minderheit vergewaltige. Aber bei einer Reform des Hindu-Rechts konnte dieser Vorwurf nicht erhoben werden. Freilich trafen sich dann radikale Vertreter einer allgemeinen Rechtsreform mit orthodoxen Gegnern der Reform, indem sie darüber klagten, daß es nicht anginge, daß der Staat allein das Hindu-Recht reformiere. Doch Nehru ließ sich nicht davon abbringen, diese längst überfällige Reform vorzunehmen. War es doch nach Hindu-Recht noch möglich, daß ein Mann mehrere Frauen heiratete, eine Scheidung aber nicht vollzogen werden durfte. Töchter wiederum bekamen nur Mitgift, waren aber von jedem Erbanspruch ausgeschlossen. Die Frau war in diesem Rechtssystem, das eine patriarchalische Agrargesellschaft reflektierte, praktisch rechtlos und zu ständiger Abhängigkeit verurteilt.

Der Widerstand des rechten Flügels des Kongresses gegen jegliche Reform des Hindu-Rechts war stark, und Nehru mußte sich auf taktische Manöver einlassen, die die Geduld Ambedkars über Gebühr beanspruchten. Ambedkar trat schließlich entmutigt zurück, aber Nehru führte das Reformwerk weiter, wenn er es auch nicht in einem Stück, sondern nur in einer Reihe einzelner Gesetze vollenden konnte. Patel, der zu den Gegnern der Reform gehörte, war auf der Höhe seiner Macht und hatte in Purushottamdas Tandon einen Mann seiner Wahl zum Kongreßpräsidenten gemacht. Doch Patel starb, als das Reformwerk noch im Gange war. Nach Patels Tod schlug Nehru auch sehr rasch Tandon aus dem Feld, indem er sich selbst zum Kongreßpräsidenten wählen ließ und auf diese Weise mit einer aus dem Freiheitskampf überkommenen Tradition brach, derzufolge Partei- und Regierungsämter nicht in Personalunion verbunden werden durften. Nachdem Nehru so seine Macht konsolidiert hatte, führte er das Reformwerk, das er später rückschauend als eine seiner wichtigsten Leistungen betrachtete, erfolgreich zu Ende.

Neben der Rechtsreform nahm sich Nehru zugleich auch der Wirtschaftsplanung an. Der Nationalkongreß hatte bereits 1938 einen Planungsausschuß unter dem Vorsitz Nehrus gebildet. Während des Krieges hatten indische Wirtschaftsführer, darunter auch Tata und Birla, den sogenannten «Bombay Plan» von 1944 vorgelegt. Als Nehru 1950 durch Kabinettsbeschluß die nationale Planungskommission ins Leben rief, die Fünfjahrespläne zur Entwicklung Indiens ausarbeiten sollte, hatte er gewiß nicht vor, im Sinne dieser privatwirtschaftlichen Planer von 1944 vorzugehen. Sein Planungsexperte, Professor Mahalanobis, konzipierte die ersten indischen Fünfjahrespläne sogar in enger Anlehnung an die der Sowjetunion. Aber allein die Tatsache, daß Indien sich für eine «gemischte Wirtschaft» entschloß, bewirkte auf lange Sicht, daß sich die Prinzipien des «Bombay Plans» durchsetzten und die sozialistischen Ambitionen der staatlichen Planer auf der Strecke blieben. Die Privatwirtschaft investierte im Bereich der leichten Maschinenindustrie und der Konsumgüterproduktion und erzielte hohe Gewinne, der Staat baute teure Stahlwerke und Talsperren und hatte oft mit Ineffizienz und Fehlplanung zu kämpfen, da die Bürokratie den neuen Aufgaben, die ihr zugemutet wurden, kaum gewachsen war. Indiens Devisenguthaben bei der Bank von England, der zwangsgesparte Kriegsgewinn aus den Jahren des Zweiten Weltkriegs, wurde insbesondere durch die Importe der privaten Wirtschaft rasch erschöpft, und bereits 1956 mußte Indien die westliche Welt um Finanzhilfe bitten, vor allem um die staatlichen Großprojekte überhaupt in Angriff nehmen zu können.

Von den Großprojekten in der Schwerindustrie versprach sich Nehru den entscheidenden Durchbruch zum allgemeinen Wirtschaftswachstum, aber diese Hoffnungen wurden zunächst enttäuscht. Der Durchbruch ließ auf sich warten. Auch mit der Verteilung der produzierten Güter stand es ganz anders, als es nach sozialistischem Plan hätte sein sollen. Der Stahl kam unter anderem denen zugute, die in Häusern wohnten, die mit Baustahl gebaut wurden, die Autos führen und Kühlschränke besaßen, während die große Mehrheit auf dem Lande weiterhin mit Lehmhütte und Holzpflug vorliebnehmen mußte. Dem Staat wuchs freilich durch die zentrale Planung und die ausländische Finanzhilfe mehr Macht zu. Diese Macht benutzte er jedoch eher zum Ausbau eines bürokratischen Kontrollsystems als zur Gestaltung anderer Mittel der Wirtschaftsentwicklung und -lenkung. Ländliche Arbeitsdienstprogramme und ein effizienteres Steuersystem hätten vermutlich mehr dazu beigetragen, Produktions- und Verteilungsprobleme zu lösen, als es die Konzentration auf die Schwerindustrie und die Beibehaltung eines Systems zumeist indirekter Steuern vermochten.

1. Die Republik Indien: Staat, Wirtschaft und Gesellschaft

Nehrus Plänen und Hoffnungen waren aber auch in anderer Hinsicht Grenzen gesetzt. Die Bodenreform, für die er sich schon zur Zeit des Freiheitskampfes eingesetzt hatte, blieb auf einer Stufe stehen, die bereits durch die britisch-indische Gesetzgebung und die Ereignisse zur Zeit der Weltwirtschaftskrise vorgezeichnet war. Die britischen Pächterschutzgesetze hatten den Bauern Privilegien gewährt, die ihr Land unmittelbar von einem Grundherren gepachtet hatten, nicht aber den Unterpächtern und Teilpächtern dieser Bauern. Die Auseinandersetzung über die Pachtforderungen der Grundherren zur Zeit der Weltwirtschaftskrise hatte diese privilegierten Bauern dem Kongreß in die Arme getrieben, und der Kongreß hatte sich mehr und mehr mit ihren Interessen identifiziert. Die Bodenreform, die die Kongreßministerien, die 1946 wieder an die Macht gekommen waren, durchführten, entsprach diesen Interessen. Die großen Grundherren wurden enteignet und entschädigt, die privilegierten Bauern wurden zu kleinen Grundherren, die ihre neu gewonnenen Rechte zu wahren wußten.

Als Nehru in den Jahren nach 1955 von kollektiver Landbewirtschaftung zu reden begann und es so schien, als wolle der Kongreß seine soziale Basis erweitern und die ländliche Unterschicht einbeziehen, wurden die reichen Bauern mißtrauisch, und C. Rajagopalachari, einst Ministerpräsident von Madras und später Indiens erster Generalgouverneur als Nachfolger Mountbattens, fand Anklang mit seinem scharfen Protest gegen Kollektivierungstendenzen. Die Swatantra-Partei, die er ins Leben rief, gewann genug Wähler, um Nehru bedenklich zu stimmen. Er ging von seinem Linkskurs wieder ab, die Swatantra-Partei verschwand schließlich; dafür blieben die reichen Bauern nun wieder dem Kongreß treu. Es hatte sich gezeigt, daß man ihre Interessen nicht ungestraft vernachlässigen durfte. Jeder Versuch, eine breitere soziale Basis zu finden, war gefährlich, denn man mußte befürchten, die bisherige Basis zu verlieren, ehe man eine neue erreicht hatte.

Die Sozialstruktur bedingte es, daß es in den meisten Teilen Indiens unmöglich war, an ein Bündnis breiter städtischer Schichten mit der ländlichen Unterschicht zu denken, um auf diese Weise eine Wählerschaft zu mobilisieren, die eine Veränderung des Status quo unterstützen könnte. Dort, wo es zu solchen Kombinationen kam, wie zum Beispiel unter kommunistischer Führung in Kerala, blieben dies isolierte regionale Ausnahmen. Im übrigen bemühten sich alle anderen politischen Parteien mit mehr oder weniger großem Erfolg um dieselbe Bevölkerungsschicht, die den Kongreß unterstützte. Das Mehrheitswahlrecht sorgte dafür, daß der Kongreß zunächst immer wieder siegreich aus den Wahlen hervorging, weil er die meisten Kandidaten aufstellte und davon profitierte, daß sich die Oppositionsparteien Konkurrenz machten. Im Laufe der Jahre schwankte der Anteil des Kongresses an den abgegebenen Stimmen meist zwischen 42 und 48 Prozent und der Anteil der Sitze im Parlament zwischen 65 und 75 Prozent. Die Opposition blieb zersplittert. Allenfalls regional konzentrierte Parteien konnten hoffen, für einen vergleichsweise geringen Stimmenanteil eine respektable Zahl von Sitzen zu bekommen. Parteien, die überregional gegen den Kongreß antraten, waren dagegen im Nachteil, denn sie mochten unter Umständen selbst bei einem Stimmenanteil von 30 Prozent nur 5 bis 10 Prozent der Sitze erhalten. Das war meist das Schicksal der Sozialisten, die Patel schon 1948 aus dem Kongreß gedrängt hatte. Sie hatten einen beachtlichen Anhang, traten überregional auf, gewannen überall einen guten Stimmenanteil, aber blieben zur politischen Bedeutungslosigkeit verdammt. Durch Parteispaltungen taten sie ein übriges, um diesen Zustand zu verewigen.

Eine andere Oppositionspartei, die man politisch rechts einstufte, war der Bharatiya Jan Sangh, der indische Volksbund, der durch sein militantes Eintreten für den Hinduismus und die Nationalsprache Hindi vor allem die Hindus der Mittelschichten in Nordindien ansprach, dafür aber in Südindien kaum Anklang finden konnte. Politische Vereinigungen, die sich auf den Hinduismus stützten, hatten in Indien schon in den Jahren des Freiheitskampfes einen schwierigen Stand, weil der Hinduismus zwar eine lebendige, darum aber auch sehr heterogene Tradition hat und jeder Versuch, ihn für politische Zwecke auf einen gemeinsamen Nenner zu bringen, sofort den Konflikt mit Andersdenkenden heraufbeschwört, die dieses oder jenes für unverzichtbar halten. Der Jan Sangh beanspruchte deshalb auch gar nicht offiziell, den Hinduismus zu vertreten, und verwies darauf, daß auch Muslime und Christen die Mitgliedschaft offenstand, wovon diese freilich sehr selten Gebrauch machten. Aber bestimmte Probleme, die schon im 19. Jahrhundert in Nordindien Aufmerksamkeit erregt hatten, wie die Durchsetzung des Hindi als Amtssprache oder der Schutz der Kuh, waren für den Jan Sangh von Bedeutung.

Die Stärke des Jan Sangh lag weiterhin in seiner informellen Verbindung mit der militanten Hindu-Jugendorganisation Rashtriya Swayamsevak Sangh (Nationaler Selbsthilfebund), dem auch der Mörder Gandhis, Nathuram Godse, angehört hatte. Diese Organisation tritt selbst nicht politisch hervor, sondern betrachtet sich als kulturelle und soziale Vereinigung, doch ihre disziplinierten Kader wurden vom Jan Sangh genutzt, und unter den Führern dieser Partei waren viele «Ehemalige» des RSS. Neben einem hinduistisch-nationalistischen Profil und der Kaderorganisation hatte der Jan Sangh kein ausgeprägtes Programm, das ihn von vornherein festlegte; so

1. Die Republik Indien: Staat, Wirtschaft und Gesellschaft

konnte er sich je nach Lage der Dinge populistisch oder konservativ geben. Wären ihm nicht gewisse regionale und soziale Grenzen gesetzt, so hätte er sich schon damals zur führenden Partei Indiens aufgeschwungen. In ähnlicher Weise potentiell mächtig, aber faktisch begrenzt ist die Position der Kommunisten in Indien, die zudem noch durch eine Reihe ungünstiger Konstellationen in ihrer Entfaltung behindert worden sind.

In ihrer Frühzeit wurde die Kommunistische Partei Indiens durch die aggressive Politik der Komintern zur Konfrontation mit den Briten gezwungen, als sie noch kaum Fuß gefaßt hatte. Ihre Führer verschwanden für längere Zeit im Gefängnis. Der Kurs der «linken Einheit» ermöglichte es ihnen, in den Jahren nach 1933 wieder hervorzutreten und sich in einigen Teilen Indiens eine gewisse Hausmacht zu sichern. Der Zweite Weltkrieg, in dem sie auf Geheiß Moskaus mit den Briten zusammenarbeiten mußten, gab ihnen zwar ebenfalls Möglichkeiten zur politischen Arbeit in der Öffentlichkeit, isolierte sie aber völlig vom Freiheitskampf und machte sie zu verhaßten Kollaborateuren.

Im unabhängigen Indien vollzog die Kommunistische Partei 1948 einen militanten Ruck nach links außen und rief zum Kampf gegen den Kongreß auf. Rückschauend wurde dies später von den Kommunisten selbst als unglückliche «Linksabweichung» bezeichnet. Es war nämlich ein eklatanter Mißerfolg. Der Kongreß blieb siegreich und pflegte schließlich sogar gute Beziehungen zur Sowjetunion. Reumütig kehrten die Kommunisten auf den «parlamentarischen Pfad» zurück und konnten mit einem Wahlsieg 1957 in Kerala einen ersten Erfolg verzeichnen. Die kommunistische Landesregierung unter E. M. S. Namboodiripad nahm die Bodenreform und die Reform des Erziehungswesens in Angriff, rief damit aber so viele Gegner auf den Plan, daß es zu Unruhen kam, die die Zentralregierung nutzte, indem sie Kerala unter «President's Rule» stellte. Die Kommunisten erfuhren auf diese Weise, daß der «parlamentarische Pfad» für sie sehr dornenvoll war, solange sie nur in regionalen Hochburgen, nicht aber auf Bundesebene politisches Gewicht hatten. Da die militante Alternative keinen Erfolg versprach, wie sie bereits erfahren hatten, blieb ihnen nichts anderes übrig, als das parlamentarische Hindernisrennen fortzusetzen.

Die drei Wahlen von 1952, 1957 und 1962, die in der Amtszeit Nehrus stattfanden, brachten, mit der einzigen Ausnahme des Resultats von 1957 in Kerala, dem Kongreß in Bund und Ländern solide Mehrheiten. Die Tatsache, daß Bundes- und Landtagswahlen zu jener Zeit noch gemeinsam stattfanden, hatte zur Folge, daß nationale und provinzielle Politik auf ganz besondere Weise miteinander verbunden waren. Einerseits herrschten oft nationale Fragen im Wahlkampf vor, andererseits standen die Landtagskandidaten weit mehr im Mittelpunkt des Interesses als die Bundestagskandidaten, die sozusagen von den Landtagskandidaten ihrer Partei mitgezogen wurden. Dazu gab es zu jener Zeit auch noch viele unabhängige Kandidaten, die auf eigene Faust und eigene Kosten in den Wahlkampf zogen. Freilich waren viele von diesen «Unabhängigen» Bewerber um ein Mandat des Kongresses, die nicht zum Zuge gekommen waren und dann beweisen wollten und nicht selten auch konnten, daß der Kongreß auf den falschen Mann gesetzt hatte. Wenn der Erfolg ihnen recht gab, kehrten sie oft genug in die Partei, deren Disziplin sie gebrochen hatten, zurück. Je intensiver und kostspieliger der Wahlkampf wurde, um so schneller nahm die Zahl dieser Einzelgänger ab.

Der föderative Gleichklang von Bund- und Länderpolitik wurde in den Jahren von 1954 bis 1960 vorübergehend dadurch gestört, daß einige Provinzen Südindiens mit den von den Briten gezogenen Grenzen nicht zufrieden waren und eine Neuordnung nach Sprachprovinzen forderten. An sich war diese Ordnung gar nicht neu, denn Gandhi hatte sie schon 1920 für die Landesverbände des Nationalkongresses eingeführt, da es auf der Hand lag, daß sich die politische Willensbildung auf dieser Ebene der jeweiligen Landessprache bedienen mußte. Doch die Art und Weise, in der sich die Wachablösung 1947 vollzogen hatte, gab auch in dieser Hinsicht dem britischen Erbe gegenüber dem Erbe des Freiheitskampfes den Vorzug. Es kam hinzu, daß Nehru und die zumeist aus Nordindien stammende Kongreßführung für diese ausschließlich südindischen Probleme wenig Verständnis hatten. Der große Hindi-Sprachraum hatte mehrere Provinzen, während die großen alten Provinzen des Südens, Bombay und Madras, mehrere Sprachgebiete umfaßten.

Das Trauma der Teilung Indiens ließ alle weiteren Unterteilungen geradezu als Verrat an der Sache der nationalen Einheit erscheinen. Erst als sich der Vorkämpfer der Telugu-Sprachprovinz Andhra, Potti Sriramalu, zu Tode fastete, gab Nehru nach. Die Trennung Andhras von der Tamil-Provinz Madras, die bald darauf den Namen Tamil Nadu annahm, schuf den Präzedenzfall für weitere Grenzziehungen, die ja von Gandhi bereits vorprogrammiert worden waren.

Nach Madras stand nun die vielsprachige Provinz Bombay auf dem Spiel, die sich nicht so leicht teilen ließ. Von Gujarat im Norden über Maharashtra in der Mitte bis nach Karnataka im Süden umfaßte Bombay drei zum Teil fließend ineinander übergehende Sprachgebiete. Zudem war die Hauptstadt Bombay selbst ein wahres Babel, weshalb sie denn auch in Gandhis Ordnung des Kongresses als einzige der Städte Indiens einen eigenen Landesverband erhalten hatte. Die Lösung, hier nach der Art Hamburgs einen Stadtstaat zu schaffen, wurde nicht in Erwägung gezogen, denn sie entsprach weder der

1. Die Republik Indien: Staat, Wirtschaft und Gesellschaft

indischen noch der britisch-indischen Tradition. Weil sich diese Lösung nicht anbot, blieb die Frage der Neuordnung lange Zeit problematisch, denn Bombay ist vom Marathi-Sprachraum umgeben, in der Stadt selbst aber sprechen nur Proletariat und Bildungsschicht Marathi, Kaufleute und Unternehmer zumeist jedoch Gujarati. Von den nüchternen und realistischen Menschen Maharashtras fastete sich keiner zu Tode wie Potti Sriramalu, statt dessen ging man auf die Straße und kündigte dem Kongreß die Gefolgschaft auf, bis 1960 die Teilung zugestanden und ein neues Maharashtra mit der Hauptstadt Bombay entstand. Nachdem die Teilung vollzogen worden war, wurde Maharashtra wieder zu einer wahren Hochburg des Kongresses, so wie übrigens auch Andhra, das die Neuordnung durchgesetzt hatte. Es zeigte sich auf diese Weise, daß der Kongreß, wenn er mit der Vielfalt Indiens rechnete und sie im Rahmen der föderativen Verfassungsstruktur zu bewältigen verstand, seine Macht nicht nur erhalten, sondern sogar konsolidieren konnte.

Die Kongreßpartei konnte sich großzügig zeigen, solange sie die Hebel der Macht in der Hand hielt. Einer dieser Hebel war die Kontrolle der Staatsfinanzen der Bundesländer, die durch den Planungsprozeß gestärkt worden war. Die von der Planungskommission empfohlenen Zuwendungen an die Bundesländer wurden wichtiger als die Entscheidungen der Finanzkommission, deren Aufgaben in der Verfassung definiert sind. Sie muß alle fünf Jahre die Steuereinnahmen zwischen Bund und Ländern verteilen. Ihr erster Bericht wurde 1952 vorgelegt. Bisher gibt es insgesamt zwölf Berichte dieser Art. Ihre Empfehlungen zeigen eine erstaunliche Kontinuität. Nach allen umständlichen Erwägungen der jeweiligen Kommission kommt immer nahezu das gleiche Ergebnis heraus: Die Aufteilung der Steuermittel entspricht dem Verhältnis Summe der Bundesländer zu Bundesanteil = 1:1,6. Diese Verhältniszahl hatte bereits Sir Otto Niemeyer von der Bank von England festgelegt, als er 1936 von der britisch-indischen Regierung eingeladen worden war, in dieser Angelegenheit einen Schiedsspruch zu verkünden (Niemeyer Award). Er entschied auch, daß Zuwendungen an die Länder nur dann erfolgen könnten, wenn der Staatshaushalt der Zentralregierung gedeckt sei. Das scheint noch immer die goldene Regel zu sein, nach der der Bund-Länder-Ausgleich in Indien erfolgt. Solange in der ersten Zeit der Republik die Kongreßpartei Bund und Länder beherrschte, konnte es darüber keinen Streit geben. Wenn aber regionale Parteien, die Länderinteressen vertreten, in einer Koalition die Bundesregierung bilden, könnten sie eine Neuverteilung durchsetzen, bei der den Ländern größere Anteile an den dynamisch wachsenden Einnahmen aus der Einkommenssteuer und den Zöllen zugebilligt werden. Doch das sollte sich erst sehr viel später ereignen.

Nach Nehrus Tod im Mai 1964 schien es, als sei die Zukunft des indischen politischen Systems in Frage gestellt. Sein Nachfolger Lal Bahadur Shastri hatte das Glück, in einer Zeit sein Amt anzutreten, die ihm, ob er es wollte oder nicht, eine Rolle zuwies, die ihn als Wahrer und Mehrer der nationalen Integration erscheinen ließ. Seine Unerschrockenheit in der Auseinandersetzung mit Pakistan und seine staatsmännische Haltung in Taschkent, wo schließlich Ayub Khan und Kossygin gemeinsam seine Bahre trugen, als er dort starb, weisen ihm einen Ehrenplatz in der indischen Geschichte zu. Sicher hätte er einer Wahl getrost entgegensehen können, aber sein plötzlicher Tod entzog ihn diesem Test. Shastris Nachfolgerin Indira Gandhi begann ihre politische Laufbahn unter weniger erfolgverheißenden Umständen. Sie galt als Kompromißkandidatin der einander mißtrauenden Diadochen, eine Kandidatin ohne Hausmacht und eigenes Gewicht, die jeder rasch zu beerben hoffte. In dieser Situation mußte sie schon 1967, kaum mehr als ein Jahr im Amt, eine Wahl überstehen, die sie zwar in diesem Amt bestätigte, aber ihre Macht in Frage stellte. Zum ersten Mal zeigte sich ein krasser Kontrast der Wahlresultate auf Bundes- und Länderebene. Zwar konnte sie auf Bundesebene noch die erforderliche Mehrheit halten, aber in mehreren wichtigen Ländern verlor der Kongreß, und die Koalition der Oppositionsparteien kam an die Macht.

Das Jahr 1967 war in jeder Hinsicht ein ungünstiges Wahljahr, denn die verhältnismäßig positive Wirtschaftsentwicklung des vorigen Jahrzehnts war gerade durch eine Zeit der großen Dürre empfindlich unterbrochen worden. Dieser Schicksalsschlag traf nicht nur die Landwirtschaft, sondern damit auch die Industrie, von der nun allzu offensichtlich wurde, daß sie von der ungenügenden Agrarbasis nicht getragen werden konnte. Eine Rezession setzte ein, Kapazitäten mußten ungenutzt bleiben, der weitere Ausbau der Industrie unterblieb. Tausende von jungen Männern, die sich im Vertrauen auf die große Zukunft der Industrie auf den Ingenieurberuf vorbereitet hatten, blieben arbeitslos und vermehrten die Schar der Unzufriedenen. Unter diesen Umständen konnte Indira Gandhi von Glück sagen, daß der Kongreß zumindest auf Bundesebene an der Macht geblieben war. Das wiederum war nur der Gespaltenheit der Opposition zu verdanken. In den nordindischen Bundesländern, in denen der Kongreß keine Mehrheit erreichen konnte, versuchten freilich nun die Oppositionsparteien im Rahmen von Koalitionsregierungen ein Minimum an Konsensus zu erreichen. Das erwies sich jedoch als nahezu unmöglich. Die Koalitionen waren brüchig. Die Bundesregierung konnte mit dem Mittel der «President's Rule» eingreifen, sobald sich die Gelegenheit ergab. Freilich fielen auch die Neuwahlen nicht zur Zufriedenheit der Bundesregierung aus. Der indische Föderalismus wurde auf eine harte Probe gestellt. In dieser Situation verfolgte Indira Gandhi in den Jahren von 1969 bis 1971 einen Kurs, der von der Spaltung der Kongreßpartei über die vorzeitig angesetzten und damit von den Landtagswahlen losgelösten Bundestagswahlen zu einem enormen Wahlsieg führte. Im nachhinein erscheint es so, als habe sie diesen Kurs vorausschauend geplant und mit eiserner Konsequenz verfolgt. In Wirklichkeit war das Geheimnis ihres Erfolges aber nicht eine berechnende Planung, sondern eine Flucht nach vorn, bei der sie freilich jedes Ereignis klug zu nutzen verstand, so wie jemand, der geschickt von einem Stein auf den anderen über einen reißenden Bach springt.

Die Verstaatlichung der Großbanken und die Einstellung der Zahlungen an die Fürsten, die ihnen zur Zeit ihrer Mediatisierung zugesichert worden waren, gehörten zu den Maßnahmen, die eigentlich schon seit längerer Zeit auf dem Programm standen und nun vom Kongreß implementiert wurden. Indira Gandhi war dabei zunächst gar nicht die treibende Kraft, sondern führte lediglich Beschlüsse aus, die von einer Mehrheit des betreffenden Kongreßgremiums gefaßt worden waren. Die anscheinend radikale Tendenz dieser Maßnahmen kam ihr jedoch wie gerufen. Die Interessengruppen, die hier betroffen waren, konnten keinen politisch bedeutsamen Widerstand leisten, und die Maßnahmen an sich waren populär. Als konservative Kreise im Kongreß diese Politik in Zweifel zogen, scheute sie sich nicht, den Kongreß zu spalten und die alte Garde in die Wüste zu schicken. Der Rücktritt Morarji Desais von seinem Amt als stellvertretender Premierminister im Herbst 1969 bezeichnete den Anfang dieser Krise, aus der Indira Gandhi schließlich siegreich hervorging. Die Wahl des von ihr favorisierten Präsidentschaftskandidaten V. V. Giri anstelle des vom rechten Flügel des Kongresses aufgestellten Sanjiva Reddi war ein Test, der sie schließlich dazu ermutigte, die turnusmäßig im Februar 1972 zu erwartenden Wahlen um ein Jahr vorzuziehen.

Die Entscheidung, die Bundestagswahlen im Jahre 1971 abhalten zu lassen, war in jeder Hinsicht ein kluger Schachzug, denn die Lage der Wirtschaft hatte sich gegenüber 1967 wesentlich gebessert. Die Agrarpreispolitik der indischen Regierung war in den Dürrejahren nach 1965 gescheitert. Hatte man zuvor versucht, die Nahrungsmittelpreise niedrig zu halten, um die Bevölkerung in den Städten und im industriellen Sektor billig versorgen zu können, so waren in den Jahren der Not die Preise hemmungslos gestiegen. Dies wiederum hatte sich als Produktionsanreiz für die reichere Bauernschaft erwiesen, die nun auch Kunstdünger kaufte und in kurzer Zeit Ernteresultate erzielte, die als «Grüne Revolution» gefeiert wurden. Der Produktionsanstieg war freilich nur im Vergleich mit der vorhergehenden Dürrezeit so bemerkenswert, und die «Grüne Revolution» wurde in kurzfristiger Begeisterung sehr überschätzt. Die Wahlen von 1971 wurden jedoch von einer Welle des Optimismus getragen, und Indira Gandhi ging mit dem kühnen Spruch «Garibi Hatao» (Schlagt die Armut) in den Wahlkampf, dem die konzeptionslose Opposition nichts anderes als den Spruch «Indira Hatao» entgegenzusetzen hatte. Der auf diese Weise stark auf die Person Indira Gandhis zugeschnittene Wahlkampf führte zu einem plebiszitären Resultat, das Sieger und Besiegte gleichermaßen überraschte. Die erfolgreiche Befreiung Bangladeshs im gleichen Jahr trug dazu bei, Indira Gandhi geradezu als Nationalheldin erscheinen zu lassen.

Dem Höhepunkt des Sieges an der Wahlurne und auf dem Schlachtfeld folgten freilich bald Jahre der Ernüchterung. «Garibi Hatao» war leichter gesagt als getan. Außerdem traf die weltweite Energiekrise die indische Wirtschaft besonders hart. Die «Grüne Revolution» hing wesentlich von der Versorgung mit Kunstdünger und dem Einsatz von Pumpen zur Bewässerung der Felder ab, die mit den neuen ertragreichen Getreidesorten bestellt waren; Kunstdünger und Treibstoff sind Erdölprodukte. Die indische Industrie, die nach der Erholung der Agrarbasis ebenfalls wieder einen Aufschwung zu verzeichnen hatte, war auch entscheidend von der Energieversorgung abhängig.

Billige Erdölimporte hatten Indien in den Jahren zuvor davon abgehalten, die Energieversorgung aus eigenen Quellen voranzutreiben. Indien hat beträchtliche Erdölreserven und umfangreiche Kohlelagerstätten, es verfügt ferner auch über Atomkraftwerke. Die übergroße Abhängigkeit von Importen, die sich in den Jahren nach 1973 rächte, war also nicht naturgegeben. Sie hatte sich durch eine besondere wirtschaftliche Konstellation ergeben, die zunächst sehr vorteilhaft für Indien zu sein schien, sich aber später als geradezu verhängnisvoll erwies. In den Jahren nach 1965 hatte Indien insbesondere mit sowjetischer Hilfe die Erschließung seiner Erdölquellen vorangetrieben. Die internationalen Erdölgesellschaften, die natürlich kein Interesse hatten, in Indien Öl zu finden, weil Indien nicht nur kein Öl exportiert, sondern Importe substituiert hätte, an denen diese Gesellschaften gut verdienten, wurden durch diese Aktivitäten unter Druck gesetzt. Schließlich konnte Indien ihnen geradezu die Preise diktieren. Da nun die Importe kostengünstiger waren als die Erschließung der eigenen Quellen, genügte es, das eigene Produktionspotential als Trumpf auszuspielen, ohne es zu nutzen. Deshalb wurde der zum Teil noch unter unbeschreiblich primitiven Bedingungen betriebene Kohlebergbau ebenfalls nicht vorangetrieben und modernisiert. Ein großes, mit sowjetischer Hilfe gebautes Werk zur Herstellung von Bergwerksmaschinen blieb ungenutzt und mußte sich auf andere Produkte umstellen. So traf denn die Energiekrise Indien gänzlich

1. Die Republik Indien: Staat, Wirtschaft und Gesellschaft

unvorbereitet und trieb den Bedarf an den damals noch sehr knappen Devisen für die Erdölimporte innerhalb kurzer Zeit in die Höhe. Eine starke Inflationsrate und ein großer Streik ließen die politische Lage 1974 sehr bedrohlich erscheinen. Selbst Indiens erste Atomexplosion, die, wie betont wurde, nur als friedliches Experiment gedacht war, konnte die Stimmung der Nation nur vorübergehend positiv beeindrucken. Im folgenden Jahr kam zu den wirtschaftlichen Rückschlägen noch ein politisches Dilemma, das Indira Gandhi persönlich betraf. Ihr Gegenkandidat in ihrem Wahlkreis, der Sozialist Raj Narain, hatte ihre Wahl bereits 1971 angefochten, weil sie sich angeblich im Wahlkampf regelwidrig verhalten hatte. So habe sie einen damals noch im Regierungsdienst befindlichen Beamten ihren Wahlkampf organisieren lassen und in einigen Fällen offizielle Hilfe beansprucht, die einem Kandidaten nicht zusteht. Nach langen Verhandlungen entschied das Oberlandesgericht 1975, daß diese Klagen berechtigt seien, und fällte ein Urteil, das Indira Gandhi das Parlamentsmandat absprach und damit auch zu ihrem Rücktritt als Premierministerin führen mußte. Die Opposition forderte diesen Rücktritt lautstark, und sie selbst hat diesen Schritt wohl auch erwogen, sich dann aber wieder für die Flucht nach vorn entschieden. Noch ehe sich der oberste Gerichtshof eingehend mit dem Berufungsverfahren in dieser Angelegenheit beschäftigen konnte, ließ sie den Notstand ausrufen und regierte von nun an mit Notstandsverordnungen, die jedoch vom Parlament sanktioniert wurden.

Die Aussichten auf einen Wahlsieg Anfang 1976, dem turnusmäßigen Wahltermin, schienen unter diesen Umständen sehr gering zu sein. Hatte sie 1971 die Wahlen ein Jahr früher abhalten lassen, weil ihr die Lage günstig erschien, so ließ Indira Gandhi nun den Wahltermin vertagen. Um den persönlichen Notstand, den sie zu einem nationalen gemacht hatte, nun auch vor der Nation zu rechtfertigen, benutzte sie ihn dazu, die Wirtschaftslage durch ein strenges Regiment zu bessern. Streiks waren verboten, Korruption wurde bekämpft, die Inflation gezügelt und die Geburtenkontrolle durch ein rigoroses Sterilisationsprogramm gefördert. Die Industrieproduktion, insbesondere die Stahlerzeugung, stieg an. Die Verbesserung der Energieversorgung wurde in Angriff genommen. Die Ernteresultate waren günstig. So gesehen schien das Notstandsregime erfolgreich zu sein. Aber der Verlust der Freiheit machte sich ebenfalls deutlich bemerkbar. Es waren nicht nur die Intellektuellen, die der Pressefreiheit nachtrauerten, oder Oppositionspolitiker, die ins Gefängnis wanderten, welche die harte Hand der Diktatur fühlten. Viele arme Leute, die besonders in Nordindien von übereifrigen Sterilisierungsmannschaften ohne Widerrede behandelt wurden, fanden diesen Eingriff in die persönliche Freiheit unerträglich. Die Massensterilisierungskampagne war ein besonders rigoroses Mittel, um zu verhindern, daß das Bevölkerungswachstum weiterhin das Wirtschaftswachstum übertraf. Doch es war in vieler Hinsicht ein unangemessenes Mittel, denn das Bevölkerungswachstum ist in Indien nicht durch eine besonders hohe Geburtenrate bedingt, sondern durch einen Rückgang der Kindersterblichkeit sowie durch eine allgemeine Erhöhung der Lebenserwartung – beides Anzeichen für eine Verbesserung der Lebensqualität, die zu begrüßen sind. Die Frauen stehen in dieser Hinsicht übrigens immer noch hinter den Männern zurück. Bei dem steilen sozialen Gefälle Indiens stehen die Frauen der Armen an unterster Stelle. Der Unterschied von arm und reich machte sich selbstverständlich auch bei der Massensterilisierungskampagne bemerkbar. Der arme Mann war dem Eifer der zuständigen Behörden wehrlos ausgeliefert, der reiche Mann fand Mittel und Wege, sich dem Zugriff zu entziehen. Deshalb waren es nicht zuletzt auch die Unterschichten, für die Indira Gandhi sich sonst immer eingesetzt hatte, die sich nun von ihr abwandten.

Als Indira Gandhi sich Ende 1976 plötzlich entschloß, die vertagten Wahlen im Frühjahr 1977 abhalten zu lassen, war sie offenbar von der Verbesserung der Wirtschaftslage so beeindruckt und von den negativen Wirkungen ihres Notstandsregimes so wenig betroffen, daß sie mit einem glatten Wahlsieg rechnete. Die Oppositionspolitiker, die erst wenige Wochen vor den Wahlen aus den Gefängnissen entlassen wurden, hatten kaum Zeit, einen Wahlkampf zu organisieren. Hätten sie sich wie üblich gegenseitig Konkurrenz gemacht, wäre der von Indira Gandhi erwartete Wahlsieg auch nicht ausgeblieben. Das Notstandsregime hatte jedoch die von ihr nicht vorgesehene Wirkung, daß es zum ersten Mal eine vereinigte Opposition auf den Plan rief, die zudem nach langer Erfahrung mit dem Mehrheitswahlrecht die Aufstellung der Kandidaten so einrichtete, daß es zu keiner Zersplitterung der Stimmen kam.

Das Wahlresultat war erstaunlich. Insbesondere in Nordindien, wo die Auswirkungen des Notstandsregimes intensiver waren als im Süden, verlor der Kongreß so viele Stimmen, daß nicht einmal Indira Gandhi selbst ein Mandat gewinnen konnte. Statt dessen zog ihr alter Widersacher Raj Narain ins Parlament. Doch obwohl dieses Wahlergebnis mit einem «Erdrutsch» verglichen wurde, war es nicht ohne Parallele in der jüngsten indischen Geschichte. Ein Jahrzehnt zuvor hatten die nordindischen Bundesländer in ähnlicher Weise gegen den Kongreß optiert, wenn es auch damals noch nicht zu einem Machtwechsel auf der Bundesebene kam. Dieselben Parteien, die damals die kurzlebigen Regierungskoalitionen stellten, übernahmen nun wieder die Macht, und, wie sich bald herausstellen sollte, die Notstandssolidarität der heterogenen Oppositionsparteien geriet in

Vergessenheit, und die unüberbrückbaren Widersprüche traten erneut zutage. Zunächst glaubte man, die Solidarität dadurch zu retten, daß man eine neue Partei, die Janata-Partei (Volkspartei) gründete, in der alle früheren Oppositionsparteien außer den Kommunisten aufgingen. Die moralische Autorität des alten Volkstribuns Jayaprakash Narayan, der die Massenbewegung gegen den Kongreß geleitet hatte, vermochte es zu Beginn, die Rivalitäten der Führungskräfte durch seine Entscheidung, Morarji Desai zum Premierminister zu machen, zu überwinden. Desais langjährige Verwaltungspraxis und Regierungserfahrung zunächst als Beamter in britisch-indischen Diensten, dann als Freiheitskämpfer an der Seite Gandhis, schließlich als Ministerpräsident in Bombay und als Bundesminister in mehreren Kabinetten schienen dafür zu bürgen, daß die neue Regierung kompetent geführt wurde. Desai selbst hatte nie daran gezweifelt, daß er zum Premierminister bestimmt sei, und war schon nach Nehrus und nach Shastris Tod als Kandidat für dieses Amt aufgetreten. Doch mochte er auch ein guter Administrator sein, ein geschickter Politiker war er nicht. Mit großem Optimismus betrachtete er sich nun als Exponent einer neuen Partei und hatte wenig Talent dazu, die heterogene Oppositionsfront durch diplomatisches Verhalten zu integrieren.

Vier Gruppen standen sich in der Janata-Partei mit mehr oder weniger unverhohlenem Mißtrauen gegenüber. Ideologisch gespannt war insbesondere das Verhältnis von Jan Sangh und den Sozialisten, die sich gegenseitig nicht über den Weg trauten. Von persönlichen Rivalitäten bestimmt wurden die Beziehungen zwischen dem Führer der nordindischen Bauern, Charan Singh, und dem Führer der Unberührbaren, Jagjivan Ram, die beide selbst gern Premierminister gewesen wären. Charan Singh hatte bereits zur Zeit der nordindischen Anti-Kongreß-Koalition nach 1967 eine Rolle gespielt, während Jagjivan Ram damals noch Indira Gandhis treuer Gefolgsmann war. Er hatte sie erst kurz vor den Wahlen verlassen und war dann bitter enttäuscht davon, daß Desai und nicht er in den Genuß des Wahlsiegs der Opposition kam, den er mit seinem Überlaufen kurz vor Toresschluß verursacht zu haben glaubte. Die persönlichen Rivalitäten standen zwar im Vordergrund des öffentlichen Interesses, der eigentliche Grund für die Desintegration der Janata-Partei lag jedoch tiefer.

Der Jan Sangh war die einzige gut organisierte Partei, die in der Janata-Partei aufgegangen war, und früher oder später mußte sich die Macht in den Händen seiner Führer konzentrieren. Diese Furcht beschlich alle jene, die aus anderen Lagern kamen. Die vornehme Zurückhaltung, die sich die Jan-Sangh-Führer auferlegten, schürte dieses Mißtrauen noch mehr, als es ein forsches Auftreten getan hätte.

Sie hatten sich mit zwei Kabinettsposten begnügt, dem Außenministerium für Atal Bihari Vajpayee und dem Informationsministerium für Lal Advani, und diese beiden gaben sich geradezu staatsmännisch weise und verantwortungsbewußt. Die mehrfach vertagten Wahlen für die Parteiämter in der Janata-Partei sollten dann jedoch das Mißtrauen der Andersgesinnten bestätigen: Der Jan Sangh war auf dem Vormarsch. Desai, der keine große Hausmacht in der einen oder anderen Gruppierung der Partei hatte, stand – so sahen es zumindest die Sozialisten – dem Jan Sangh nahe. Die Risse in dem noch unfertigen Gebäude dieser neuen Partei zeichneten sich schon bald sehr deutlich ab. Sie stammten nicht nur vom Toben der Rivalen in den oberen Etagen, sondern von dem gespaltenen Fundament, das auf Sand gebaut worden war.

Die Zerrüttung der Janata-Partei ging auch deshalb so rasch, weil es an jedem Druck von außen fehlte. Indira Gandhi wurden etliche Prozesse wegen ihrer Notstandsmaßnahmen angedroht, sie wurde sogar einmal für einen Tag ins Gefängnis gesperrt. Ihre Kongreßpartei schien zunächst einmal jede Bedeutung verloren zu haben und wurde von ihr noch weiter gespalten. In einer Nachwahl im Süden erhielt sie wieder ein Parlamentsmandat, aber im Norden fand sie wenig Resonanz, und es schien, als sei ihre politische Karriere beendet. Die Janata-Partei hatte zudem nach ihrem Sieg auf Bundesebene etliche Landesregierungen, die noch in den Händen des Kongresses verblieben waren, auf die eine oder andere Weise gestürzt und ihre Macht auf diese Weise konsolidiert. Aber gerade diese rasche Konsolidierung der Macht führte schließlich zu ihrem Verlust, weil man den Gegner nicht mehr ernst zu nehmen brauchte und sich daher auf interne Streitigkeiten konzentrieren konnte.

Auf wirtschaftlichem Gebiet hatte die Janata-Partei zunächst auch Glück und brauchte keine Kritik zu fürchten. Der Kurswechsel in der Wirtschaftspolitik von einer Betonung der Industrialisierung zur Förderung der Landwirtschaft wurde allgemein gelobt, und Mahatma Gandhis Lehren waren wieder in aller Munde. Diese Politik kam natürlich insbesondere der reichen und mittleren Bauernschaft zugute, deren Exponent Charan Singh war. Desai, der ein Jahrzehnt zuvor als Finanzminister in Indira Gandhis Kabinett eine Agrarvermögenssteuer konzipiert hatte, um endlich einmal die reichen Bauern, die vom Fiskus bisher ungeschoren gelassen wurden, zur Kasse zu bitten, war nun als Janata-Premier ganz anderer Meinung und wollte von diesem kühnen Plan nichts mehr wissen. Die bewährte indirekte Besteuerung der großen Masse der Bevölkerung wurde beibehalten, statt durch direkte Steuern einflußreiche Schichten zu reizen.

Die Zahlungsbilanz Indiens verbesserte sich rasch, ohne daß die neue Regierung allzuviel dazu beigetragen hatte. Nachdem Indien einige Jahre unter der von den arabischen Staaten herbeigeführten Energiekrise gelitten hatte, wurde es nun zum Nutznießer der arabischen Konjunktur, weil Tausende von Indern vom Facharbeiter bis zum Ingenieur, dazu auch Ärzte und Architekten, in diese Länder strömten und einen großen Teil ihrer vergleichsweise hohen Löhne und Gehälter nach Indien überwiesen. Schon zuvor waren indische Techniker und Experten in vielen Ländern der Dritten Welt tätig gewesen, weil Indien über ein beachtliches Reservoir gut ausgebildeter Menschen verfügt, die mit westlichen Experten durchaus konkurrieren können und zudem nicht so hohe Forderungen wie diese stellen. Die arabische Konjunktur ließ jedoch diesen Export von Arbeitskräften so anwachsen, daß er den Außenhandel geradezu in den Schatten stellte. Freilich hatten die Beziehungen zu den aufstrebenden arabischen Staaten auch ihre Kehrseite, denn diese Staaten bezogen nun auch in wachsendem Maße Nahrungsmittel aus Indien. Im Grunde entsprach dies einer alten Tradition. Schon als die Portugiesen im 16. Jahrhundert Hormuz im Persischen Golf erreichten, stellten sie fest, daß diese Stadt von Indien aus mit Reis versorgt wurde. Jetzt ging es aber nicht so sehr um Reis, sondern vor allem um Gemüse, das für die zumeist vegetarisch lebenden Inder von großer Bedeutung ist und durch den Export in die arabischen Staaten verknappte und in Indien unerschwinglich teuer wurde. Dabei spielte freilich auch ein bedauerlicher Trend der «Grünen Revolution» eine Rolle, die zu einer einseitigen Betonung der Getreideproduktion geführt hatte, während Gemüse und Hülsenfrüchte vernachlässigt wurden. Der Getreideanbau, insbesondere der Anbau der neuen ertragreichen Weizenarten, aber auch die Intensivierung des Reisanbaus bringt den Bauern Geld und Macht. Getreide läßt sich aufbewahren und zum günstigsten Zeitpunkt zum Markt tragen. Der Anbau und die Vermarktung von Gemüse unterliegt anderen Gesetzmäßigkeiten. Soll er im großen Stil betrieben werden, erfordert er Berieselungsanlagen und rasche Transportmittel. Es ist anzunehmen, daß die steigende Nachfrage dazu führt, daß sich findige Händler und Bauern, vielleicht auch Genossenschaften, darum bemühen werden, auf diesem Gebiet Fortschritte zu machen.

Inzwischen entstanden jedoch Versorgungsengpässe, die mitunter auch politische Konsequenzen haben können. So soll dieses Problem bei den Wahlen im Januar 1980 eine entscheidende Rolle gespielt haben. Die glücklose Regierung des Premierministers Charan Singh, der im Sommer 1979, nach dem Rücktritt Morarji Desais, endlich am Ziel seiner Wünsche war, hatte freilich nicht nur unter einer schlechten Ernte und hohen Preisen zu leiden, sondern war in jeder Hinsicht gelähmt und handlungsunfähig. Es war dies zum ersten Mal in der Geschichte der Republik Indien eine Minderheitsregierung, die sich nur durch die stillschweigende Duldung der heterogenen Opposition an der Macht erhalten konnte. Der Präsident Sanjiva Reddi hatte nach Desais Rücktritt keine leichte Aufgabe. Er fragte zunächst den Führer der stärksten Oppositionspartei, Y. B. Chavan, der dem Kongreß vorstand, von dem sich Indira Gandhi inzwischen getrennt hatte, ob er eine Regierung bilden könne. Als sich dieser dazu außerstande sah, hätte Reddi eigentlich das Parlament auflösen und umgehend Neuwahlen anberaumen können. Aber an Wahlen war niemand zu diesem Zeitpunkt interessiert. Also mußte Reddi seine Suche nach einem Premierminister fortsetzen. Die Lösung ergab sich dann dadurch, daß Charan Singh mit seiner Gefolgschaft aus der Janata-Partei austrat und eine Koalition mit Chavans Kongreß bildete. Die allgemeine Furcht vor allzu raschen Wahlen, auf die man sich nicht vorbereiten konnte, sicherte diese schwache Koalition vor dem Sturz.

Indira Gandhis Rückkehr an die Macht hätte trotz alledem zu jener Zeit niemand erwartet. Sie hatte praktisch überhaupt keinen Parteiapparat mehr zur Verfügung. Ihr Kongreßsplitter war kaum der Rede wert. Doch es sollte sich zeigen, daß sie eigentlich gar keine Partei brauchte, sondern in der Lage war, mit einer rasch zusammengetrommelten Gefolgschaft und unter hartem persönlichen Einsatz einen Wahlkampf siegreich durchzustehen. Sie hatte praktisch mit allen ihren prominenten Gefolgsleuten gebrochen, war daher auch niemandem zu Dank verpflichtet und konnte ihre Bündnispolitik so betreiben, wie es ihr gerade gut und richtig erschien. Dabei fand sie sogar Partner, die sie in der Vergangenheit recht unsanft behandelt hatte, wie den nordindischen Politiker Bahuguna oder den Führer der Dravida Munnetra Kazhagam, Karunanidhi. Aber wie sich später herausstellen sollte, hätte sie selbst diese Bündnispartner nicht gebraucht, um wieder an die Macht zu kommen.

Das Wahlergebnis von 1980 erinnerte in vieler Hinsicht an Indira Gandhis großen Sieg im Jahr 1971. Der plebiszitäre Charakter der von den Landtagswahlen losgelösten Bundestagswahlen, der ihr damals zugute gekommen war, sich 1977 aber zu ihren Ungunsten auswirkte, war nun zum zweiten Mal zur Grundlage ihres Erfolges geworden. Dabei war der Anteil der Stimmen mit ca. 42 Prozent gar nicht außergewöhnlich. Im Norden hatte sogar die Mehrheit der Wähler fast genauso gestimmt wie 1977, und der Norden hatte ja damals den Ausschlag für Indira Gandhis Niederlage gegeben. Nur hatten die Politiker, die 1977 die Wahl gewonnen hatten, inzwischen das Geheimnis ihres Erfolges vergessen. Die Konkurrenz der Janata-Splitter verhalf in vielen Wahlkreisen den oft jungen und unbekannten Kandidaten Indira Gandhis zum Sieg. Dabei erging es Charan Singhs Lok Dal noch verhältnismäßig gut. Er konnte bei einem Stimmenanteil von weniger als 10 Prozent über 40 Sitze erringen,

1. Die Republik Indien: Staat, Wirtschaft und Gesellschaft 411

während Jagjivan Rams Janata-Rumpfpartei bei nahezu 30 Prozent nur 31 Sitze erhielt. Dieser krasse Unterschied entstand deshalb, weil Charan Singh sich auf das Gebiet seiner Hausmacht in Nordindien konzentrierte, während Jagjivan Ram überall im Lande Kandidaten aufstellte und insbesondere darauf hoffte, daß die Unberührbaren der Janata-Partei ihre Stimmen geben würden, weil er selbst aus ihrer Mitte stammte.

Die Unberührbaren hatten im Laufe der Jahre immer größeres Selbstvertrauen gezeigt. Dr. Ambedkar blieb unvergessen. Jagjivan Ram war nicht von gleicher Statur, aber er hatte sich taktisch klüger verhalten als sein großer Vorgänger. Statt sich mit einer eigenen Splitterpartei ins Abseits zu manövrieren, wie es Ambedkar getan hatte, war Jagjivan Ram mit untrüglichem Instinkt immer im Zentrum der indischen Politik geblieben – zuerst als Minister in Nehrus Kabinett, dann als Indira Gandhis Gefolgsmann und schließlich als Führer der Janata-Partei. Erst das Wahlresultat von 1980 trieb ihn an den Rand des politischen Lebens, mit ihm freilich auch die meisten seiner Altersgenossen. Eine neue Generation hielt mit den Wahlen von 1980 ihren Einzug ins Parlament. Etwa 80 Prozent der Abgeordneten nahmen zum ersten Mal ihren Sitz dort ein. Die alte Garde hatte 1977 ihre letzte Chance bekommen und hatte sie verspielt. Die Wahlen bewirkten in dieser Hinsicht eine gewaltfreie Revolution.

Indira Gandhis Rückkehr an die Macht wurde von vielen, die ihr Notstandsregime nicht vergessen und vergeben hatten, mit Skepsis betrachtet. Doch schien es so, als habe sie aus dem, was geschehen war, Lehren gezogen. Sie erklärte von vornherein, daß sie kein Notstandsregime errichten werde. Auch sonst zeigte sie sich nüchterner als zuvor. Von «Garibi Hatao» (Schlagt die Armut) war im Wahlkampf keine Rede mehr. Statt dessen versprach sie nur, für Ruhe und Ordnung zu sorgen und hielt sich damit im Rahmen der Dinge, die der Staat zu leisten vermag. Ein weiteres Anzeichen politischer Klugheit war es, daß sie ihrem Sohn Sanjay, den sie sehr hoch schätzte, keinen Platz im Kabinett zuwies, obwohl er bei den Wahlen ein Mandat erhielt, eine Errungenschaft, die er wohl schon 1977 im Auge hatte, als er ihr riet, die Wahlen abzuhalten. Er vertraute damals darauf, daß seine Kongreßjugendorganisation bereits entscheidende Fortschritte gemacht hatte. Doch erst 1980 konnte er eine beträchtliche Zahl siegreicher Kandidaten dieser Organisation verbuchen. Sanjays plötzlicher Tod bei einem tollkühnen Flug mit seiner Privatmaschine nur wenige Monate nach dem Wahlsieg beraubte seine Gefolgschaft ihres Patrons. Daher wurde sein Bruder Rajiv, der bisher als zuverlässiger Pilot der indischen Luftfahrtgesellschaft sowohl den flugsportlichen als auch den politischen Ambitionen Sanjays fernstand, aufgerufen, an seine Stelle zu treten. Rajiv folgte diesem Ruf sehr zögernd, da er am politischen Intrigenspiel keinen Gefallen fand. Erst im März 1981 quittierte er den Dienst, um sich der Politik zuzuwenden. Die Lehrjahre, die ihm nun bevorstanden, waren von regionalen Konflikten geprägt, die seiner Mutter schwer zu schaffen machten. In Kaschmir starb 1982 Sheikh Abdullah, der auf seine Weise dort für Ruhe gesorgt hatte. Sein Sohn und Nachfolger im Amt des Ministerpräsidenten, Dr. Farooq Abdullah, war politisch unerfahren und neigte dazu, zusammen mit unzufriedenen Politikern anderer Bundesländer Front gegen die Zentralregierung zu machen. In Andhra Pradesh gewann eine neue Regionalpartei «Telugu Desam» unter Führung des Schauspielers N. T. Rama Rao die dortigen Landtagswahlen von 1983. Indira Gandhi ließ ihn des Amtes entheben, mußte aber hinnehmen, daß er vom zuständigen Gericht wieder eingesetzt wurde. Im Panjab erhoben die Sikhs die Forderung nach einem unabhängigen Staat «Khalistan». Diese Herausforderung sollte Indira Gandhi schließlich das Leben kosten.

Zu Beginn ihrer Amtszeit 1966 hatte Indira Gandhi den Sikhs im Panjab ein Zugeständnis gemacht, das mehr Probleme schuf, als es löste. Die Sikhs hatten ein eigenes Bundesland angestrebt, konnten dies aber nicht für ihre Religionsgemeinschaft, sondern nur für ihre Sprachgemeinschaft verlangen. Diese Panjabi-Sprachprovinz gewährte ihnen Indira Gandhi, indem sie die Hindi-Sprachgebiete vom alten Panjab abtrennen ließ und zu einem neuen Bundesland – Haryana – machte. Doch die Panjabi-Sprachprovinz schloß neben den Sikhs auch rund 40 Prozent Panjabi-Hindus ein. Die Sikh-Partei Akali Dal, die die Sprachprovinz gefordert und errungen hatte, stand nun vor einem Dilemma. Sie mußte sich entweder sehr gemäßigt geben, um auch Hindu-Stimmen zu gewinnen, oder aber radikal auftreten, um alle Sikhs hinter sich zu bringen. Die Kongreßpartei im Panjab konnte dagegen Sikhs und Hindus für sich gewinnen. In dieser Situation hielten es Indira und Rajiv Gandhi für klug, den radikalen jungen Sikhführer Jarnail Singh Bhindranwale zu fördern, um den Akali Dal zu spalten. Doch Bhindranwale entwuchs bald der Kontrolle seiner Förderer und besetzte mit seiner Gefolgschaft den Goldenen Tempel von Amritsar, den Indira Gandhi dann von der indischen Armee stürmen ließ. Bhindranwale wurde dabei getötet. Alle Sikhs empfanden die Entweihung ihres Heiligtums als Angriff auf ihren Glauben. Indira Gandhi wurde von ihren Sikh-Leibwächtern ermordet. Sie hatte sich geweigert, diese durch andere Leibwächter ersetzen zu lassen. Ihr gewaltsamer Tod ließ ihren Wunsch in Erfüllung gehen, ihren Sohn Rajiv zu ihrem Nachfolger zu machen, denn unter normalen Umständen wäre er dies wohl nicht geworden. Präsident Zail Singh, selbst ein Sikh, der den Sikhs als Verräter galt, weil er den Sturm auf den Goldenen Tempel zu verantworten hatte, sorgte dafür,

1. Die Republik Indien: Staat, Wirtschaft und Gesellschaft 413

daß Rajiv Gandhi als Premierminister vereidigt wurde, noch ehe die Nachricht vom Tod seiner Mutter allgemein bekannt wurde. Rajiv Gandhi ließ zum frühstmöglichen Termin Wahlen anberaumen, um sich demokratisch zu legitimieren. Er gewann diese Wahlen im Dezember 1984 mit einem großen Sympathiebonus. Der plebiszitäre Charakter der Bundestagswahlen erwies sich für die Kongreßpartei wieder einmal als sehr günstig. In seinem ersten Amtsjahr erschien Rajiv als strahlender Held, der nicht nach der Macht gestrebt hatte, aber nun sehr konstruktiv mit ihr umging. Vor allem im Umgang mit problematischen Bundesländern schien er eine glückliche Hand zu haben. In Karnataka, wo die Kongreßpartei bei den Bundestagswahlen haushoch gewonnen hatte, obwohl das Land von einer Janata-Regierung unter Ministerpräsident Dr. Ramakrishna Hegde regiert wurde, ließ er es zu, daß dieser, der zurückgetreten war, durch eine Neuwahl wieder an die Macht kam. Mit den Sikhs schloß er einen Pakt, den «Panjab Accord», der dort Neuwahlen und eine Regierungsbildung ermöglichte und konkrete Zugeständnisse enthielt; unter anderem wurde dem Panjab die alleinige Überlassung der Hauptstadt Chandigarh zum 26. Januar 1986 zugesichert. Sie mußten diese Hauptstadt mit dem Bundesland Haryana teilen und hatten stets gefordert, diesem Übergangszustand ein Ende zu machen. Auch in Assam fand Rajiv eine Lösung. Dort hatte eine Studentenorganisation, die gegen die Unterwanderung dieses Bundeslandes durch Eindringlinge aus Nachbarländern protestierte, sich in eine politische Partei verwandelt. Der «Assam Accord», den Rajiv mit den Führern dieser Organisation abschloß, führte zu Neuwahlen und zur Regierungsbildung. Der Führer der Studentenorganisation, Prafulla Mahanta, wurde Ministerpräsident.

Doch schon 1986 begann Rajiv Gandhis Stern zu sinken. Das erste Anzeichen dafür war, daß er das Versprechen, Chandigarh allein dem Panjab zu überlassen, nicht hielt. Er fürchtete, daß die Kongreßpartei die anstehenden Landtagswahlen in Haryana verlieren würde; dies geschah dann ohnehin, aber Rajivs Glaubwürdigkeit war auf der Strecke geblieben. Die Unruhen im Panjab nahmen wieder zu und 1987 wurde dort erneut «President's Rule» eingeführt. Rajivs Übereinkunft mit Dr. Farooq Abdullah war auch nicht beständig. Kaschmir erwies sich mehr und mehr als unkontrollierbar. Rajiv schien glücklos zu sein, und bis zu den Wahlen im November 1989 ging es mit ihm weiter bergab. Ein Korruptionsskandal machte ihm dabei besonders zu schaffen. Beim Kauf von Artilleriegeschützen von der schwedischen Firma Bofors sollen Schmiergelder eine Rolle gespielt haben. Vermutlich kamen sie der Kongreßpartei zugute. Rajiv tat nichts für die Aufklärung dieses Skandals und geriet deshalb immer wieder in die Schußlinie der Opposition. Rajivs Bruch mit seinem

Finanzminister Vishwanath Prasad Singh wurde mit diesem Skandal in Verbindung gebracht. Er schob Singh zunächst auf den Posten des Verteidigungsministers ab und ließ ihn dann aus der Kongreßpartei ausschließen. Damit bahnte er ihm geradezu den Weg zum Aufstieg als Oppositionsführer, der Gandhi dann schließlich als Premierminister ablöste.

In den ersten Jahren der guten Zusammenarbeit hatten Rajiv und V. P. Singh wirtschaftspolitische Signale gesetzt, die Hoffnungen auf eine zügige Liberalisierung der indischen Wirtschaft weckten. Doch wurde dabei der Weg des geringsten Widerstandes gegangen, und statt einer internen Liberalisierung erfolgte zunächst einmal der Abbau der Außenhandelshemmnisse. Dadurch stiegen die Importe, und die Bundesregierung konnte beträchtliche Zolleinnahmen verbuchen. Auf diese Weise wuchs jedoch die Staatsquote, und die dringend notwendige Reform des öffentlichen Sektors, der Verluste machte, dafür aber eine Fülle unproduktiver Arbeitsplätze sicherte, wurde aufgeschoben. Rajiv wollte Indien ins 21. Jahrhundert führen und dem Wettbewerb auf den Weltmarkt aussetzen, doch er schaffte es zunächst einmal nur, Indien unaufhaltsam in eine Zahlungsbilanzkrise hinzusteuern, mit der sich freilich erst seine Nachfolger beschäftigen mußten.

Mehrfach wurden Gerüchte gehört, daß Rajiv zu einem günstigen Zeitpunkt vorgezogene Neuwahlen abhalten lassen würde. Aber jedes Jahr erwies sich auf seine Weise als ungünstig. So wurde Indien 1987 wieder einmal von einer großen Dürre heimgesucht. Da es sich aber inzwischen durch den Ausbau von Bewässerungsanlagen weitgehend vom Monsun emanzipiert und ferner beträchtliche Getreidevorräte angelegt hatte, gefährdete die Dürre Indien nicht mehr in dem Maße wie in früheren Zeiten, zumal es gleich im nächsten Jahr wieder reichlich regnete. Nun hätte es Neuwahlen geben können, aber einige Nachwahlen stimmten die Kongreßführung bedenklich. Insbesondere der Wahlsieg V. P. Singhs war ein Alarmzeichen. So blieb es denn doch bei den zum letztmöglichen Zeitpunkt abgehaltenen Wahlen vom November 1989, die für Rajiv zur Niederlage wurden.

V. P. Singh hatte sich als geschickter Wahlstratege erwiesen. Wie 1977 wurde dafür gesorgt, daß in jedem Wahlkreis nur ein Oppositionskandidat dem Kongreßkandidaten gegenüberstand. Dadurch wurden Parteien begünstigt, die zuvor kaum Abgeordnete im Parlament hatten, allen voran die Bharatiya Janata Party (BJP), die die Zahl ihrer Parlamentsmandate von zwei auf 88 erhöhen konnte. Die Kongreßpartei errang nur noch 195 der 542 Sitze und Singhs Janata Dal 150. Die beiden kommunistischen Parteien, mit denen Singh ebenfalls Wahlabsprachen getroffen hatte, erhielten zusammen 44 Sitze.

1. Die Republik Indien: Staat, Wirtschaft und Gesellschaft

Die Kongreßpartei ging zwar aus den Wahlen im November 1989 immer noch als stärkste Partei hervor und hätte eine Koalitionsregierung bilden können, doch dem standen mehrere Hindernisse entgegen. Zum einen ist das auf dem Mehrheitswahlrecht basierende indische politische System koalitionsfeindlich, denn es ist so konstruiert, daß sich die Notwendigkeit der Koalitionsbildung gar nicht ergeben dürfte. Zum anderen befürchtete die Kongreßpartei, bei einer Option für einen linken oder einen rechten Koalitionspartner ein für allemal ihre Position als «Zentrumspartei» einzubüßen. Ferner wollten die Oppositionsführer, die sich verschworen hatten, Rajiv zu stürzen, keinesfalls eine Koalition mit ihm eingehen; die Kongreßpartei war wiederum nicht gewillt, Rajiv in die Wüste zu schicken und einen Politiker an ihre Spitze zu stellen, der vielleicht koalitionsfähig gewesen wäre. Daher war nur die Bildung einer geduldeten Minderheitsregierung möglich, die V. P. Singh im Namen der wiedererstandenen Janata-Partei führte. Er war dabei auf die Duldung durch die Kommunisten einerseits und die zu ungeahnter Stärke erwachte BJP andererseits angewiesen. Die BJP war aus dem Bharatiya Jan Sangh hervorgegangen, der 1977 in der Janata Party aufgegangen war, sich aber dann wieder selbständig gemacht und seinen Namen geändert hatte. Diese Namensänderung stand im Zusammenhang mit dem Bemühen, eine echte Volkspartei zu werden und sich aus der selbstgewählten Isolierung zu befreien, die dieser Partei zwar ein deutliches Profil verliehen, aber ihr stets den Erfolg an der Wahlurne verwehrt hatte.

Den Aufstieg der BJP hatte V. P. Singh selbst verursacht, indem er mit dieser Partei eine Wahlabsprache getroffen hatte, doch diese Absprache war keine Wahlallianz. Immerhin konnte sich V. P. Singh zunächst auf die Duldung durch die BJP verlassen, doch bald sollte sich diese Abhängigkeit für ihn als verhängnisvoll erweisen. Die BJP startete nämlich eine Kampagne, die sie unweigerlich auf Kollisionskurs mit der Regierung bringen mußte. Es ging dabei um «Ramjanmabhumi», die Geburtsstätte des legendären Königs Rama in Ayodhya, über der einst ein Tempel errichtet worden sein soll, den der erste Großmogul Baber durch eine Moschee ersetzen ließ. Dieser Platz war schon zur Zeit der britischen Kolonialherrschaft zwischen Hindus und Muslimen umstritten und wurde deshalb unter Verschluß gehalten. Rajiv Gandhi hatte 1986 bewirkt, daß die Schlösser beseitigt und damit den Konflikten dort buchstäblich Tor und Tür geöffnet wurden. Die Entscheidung Rajivs stand im Zusammenhang mit einer Niederlage, die die Muslimorthodoxie ihm bereitet hatte. Shah Bano, eine geschiedene Muslimfrau, hatte ihren Mann, einen reichen Rechtsanwalt, wegen Unterhaltszahlung verklagt, und Indiens oberster Gerichtshof hatte ihr unter Bezugnahme auf rein weltliche Unterhaltsbestimmungen Recht gegeben. Dies wurde von der Muslimorthodoxie als Einmischung in das islamische Recht, das solche Unterhaltsfragen anders regelt, zurückgewiesen. Im Hinblick auf die Wählerstimmen der Muslime hatte Rajiv vor der Orthodoxie kapituliert, dann aber – sozusagen im Gegenzug – den Hindus ein Zugeständnis in bezug auf Ayodhya gemacht.

In der Folgezeit entstand eine Bewegung, die die erneute Errichtung eines Ramatempels neben oder anstelle der umstrittenen Moschee zum Ziel hatte. Die BJP schloß sich dieser Bewegung an und übernahm schließlich ihre Führung. Lal Advani, der Präsident der BJP, organisierte einen Pilgerzug durch ganz Nordindien, den er in der Pose König Ramas mit Pfeil und Bogen auf einem Streitwagen (in diesem Fall freilich einem kleinen Lastwagen) anführte. Man hat im Zusammenhang mit solchen Kampagnen von Hindu-Fundamentalismus gesprochen, doch diese Bezeichnung ist unzutreffend. Religionen, die sich auf eine schriftlich fixierte Offenbarung berufen, können einen Fundamentalismus hervorbringen, der sich auf den Wortlaut der heiligen Schrift bezieht. Der Hinduismus ist keine Offenbarungsreligion, sondern eine Sammelbezeichnung für indische Religionen, die eine reiche Mythologie hervorgebracht haben. Man könnte also hier eher vom Mythologismus sprechen, der in moderner Form inszeniert wird, um einen gemeinsamen Nenner für alle Hindus zu finden. Das Heldenepos Ramayana war kurz zuvor mit großem Erfolg als Fernsehserie in Indien gezeigt worden, und Advanis Auftritt mit Ramas Bogen knüpfte offensichtlich an diese Art der mythologischen Inszenierung an. Der Publikumserfolg war ihm sicher. Als sich Advanis Prozession im Oktober 1990 Ayodhya näherte, sah sich V. P. Singh gezwungen, ihn zu verhaften und damit auch der Duldung seiner Minderheitsregierung durch die BJP ein Ende zu setzen. Ein weiterer Janata-Politiker, Chandra Shekar, bildete nun eine noch schwächere Minderheitsregierung, die durch die Kongreßpartei geduldet wurde. Diese Duldung wurde ihr im Februar entzogen, und nun wurden endlich Neuwahlen anberaumt. Im Wahlkampf wurde Rajiv Gandhi im Mai 1991 in einem Dorf in der Nähe von Madras von einer Selbstmordattentäterin ermordet. Vermutlich gehörte sie zu der terroristischen Organisation LTTE (Liberation Tigers of Tamil Elam), die befürchtete, daß Rajiv nach einem Wahlsieg die indische Intervention in Sri Lanka wiederaufnehmen werde. Über diese Intervention wird im zweiten Teil dieses Kapitels berichtet.

Während des Wahlkampfs wurde es um Ayodhya zunächst wieder still. Indien hatte zu dieser Zeit andere Sorgen, die sich aus seiner unmittelbar bevorstehenden Zahlungsunfähigkeit ergaben. Das Zahlungsbilanzdefizit war unaufhaltsam gewachsen. Ursprünglich war es

1. Die Republik Indien: Staat, Wirtschaft und Gesellschaft 417

durch das Handelsbilanzdefizit entstanden, das durch den Anstieg der Importe und den Mangel an Exporten verursacht worden war. Dann war die politische Unsicherheit hinzugekommen, die die Auslandsinder dazu bewog, ihre wegen der hohen Zinsen in Indien geparkten Gelder abzuziehen. Die neue indische Regierung mußte sich vordringlich mit diesem Problem beschäftigen und war dabei auf die Hilfe von Weltbank und Weltwährungsfonds angewiesen, die diese Hilfe natürlich nur zu den bekannten Bedingungen einer radikalen Strukturanpassung gewähren wollten. Die Kongreßpartei hatte bei den Wahlen ihre Position verbessern können. Sie hatte nun 220 Sitze, die BJP 117, die Janata Party 54 und die beiden kommunistischen Parteien zusammen 47. Eine Koalitionsbildung gab es auch diesmal nicht, und die Kongreßpartei mußte nun ihrerseits eine Minderheitsregierung bilden. Premierminister wurde der alte Kongreßpolitiker P. V. Narasimha Rao, der bereits unter Indira und Rajiv Gandhi verschiedene Kabinettsposten innegehabt hatte. Er ernannte Dr. Manmohan Singh zu seinem Finanzminister und gewährte ihm seine volle politische Unterstützung. Dr. Singh war kein Politiker, sondern ein bekannter Wirtschaftswissenschaftler, der viele Jahre im Dienste der Weltbank gestanden hatte und daher bestens dafür qualifiziert war, das unvermeidliche Strukturanpassungsprogramm durchzuführen, ohne das die Zahlungsbilanzkrise nicht überwunden werden konnte. Die Währung wurde abgewertet und das Haushaltsdefizit reduziert, zugleich aber auch ein Programm der internen Liberalisierung eingeführt. Das Vertrauen in die indische Wirtschaft wurde wiederhergestellt, die Gelder der Auslandsinder flossen nach Indien zurück, Auslandsinvestitionen strömten ins Land und die Devisenreserven erreichten bald wieder respektable Größenordnungen.

Dieses positive Bild wurde jedoch durch das erneute Aufflammen innerer Unruhen getrübt. Die BJP hatte bei Landtagswahlen in vier nordindischen Bundesländern Erfolge erzielen und Landesregierungen bilden können. Auch in Uttar Pradesh, dem Bundesland, in dem Ayodhya liegt, regierte nun eine BJP-Regierung. Die Bewegung, die 1990 mit der Verhaftung Advanis ein vorläufiges Ende gefunden hatte, lebte nun wieder auf. Aus verschiedenen Teilen Indiens strebten Prozessionen nach Ayodhya, die Steine zum Aufbau des Ramatempels mit sich führten. Die Bundesregierung zögerte, Vorkehrungen zur Sicherung der Moschee von Ayodhya zu treffen, und überließ die Verantwortung der Landesregierung; doch damit hatte man den Bock zum Gärtner gemacht. Als sich die Situation in Ayodhya zuspitzte, griff die Landesregierung nicht ein. Schließlich wurde die Moschee am 6. Dezember 1992 dem Erdboden gleichgemacht. Tausende von fanatisierten Hindus hatten die Moschee in wenigen Stunden abgerissen. Die BJP hatte das wohl nicht gewollt, übernahm aber die Verantwortung. Advani trat demonstrativ als Oppositionsführer im Bundestag zurück. Doch das war eine leere Geste, denn den Posten eines Oppositionsführers gibt es als solchen in Indien nicht. Es wird lediglich der Vorsitzende der größten Oppositionspartei als Oppositionsführer anerkannt. Von seinem Posten als Parteipräsident trat Advani allerdings nicht zurück.

Die Bundesregierung reagierte rasch und enthob alle vier BJP-Landesregierungen ihres Amtes. Das erschien als eine Überreaktion, die der BJP Munition für den Wahlkampf liefern würde, der nun anstand. Doch erwies sich diese Reaktion zunächst als gutes politisches Kalkül. Die Wähler der BJP kommen zumeist aus besitzenden Schichten, die Ruhe und Ordnung lieben und revolutionäre Gewalt scheuen. Spätere Meinungsumfragen zeigten, daß 60 Prozent der indischen Bevölkerung den Abriß der Moschee nicht billigten. Das traumatische Ereignis hatte die Nation zumindest in dieser Hinsicht gespalten. Die BJP verlor die im November 1993 abgehaltenen Landtagswahlen in allen vier Bundesländern, um die es dabei ging, und konnte nur in einem wieder eine Regierung bilden, allerdings nur eine schwache Koalitionsregierung. Doch wenn auch diese Wahlen nicht gut für die BJP ausgingen, brachten sie der Kongreßpartei nur in zwei Ländern Erfolge ein, während das große Bundesland Uttar Pradesh nun von einer Koalition der Samajwadi Party und des Bahujan Samaj regiert wurde. Die Samajwadi Party (= Sozialistische Partei) wurde von Rebellen der Janata-Partei getragen, der Bahujan Samaj repräsentierte die Unberührbaren.

Wenn es nach den Wahlen von 1993 so aussah, als habe Premierminister Narasimha Rao seine Position konsolidiert und könne nun mit Optimismus den Bundestagswahlen von 1996 entgegensehen, so wendete sich das Blatt doch bald darauf. Durch eine Gruppe von Überläufern, geführt von Ajit Singh, dem Sohn Charan Singhs, war die Kongreß-Regierung zwar zur Mehrheitsregierung geworden, aber in den Bundesländern gewannen oppositionelle Tendenzen an Boden. Dies geschah vor allem deshalb, weil die Liberalisierung, die zu einer Steigerung des Wirtschaftswachstums geführt hatte, noch nicht in deutlichen Verbesserungen des Lebensstandards der armen Massen ihren Ausdruck gefunden hatte. Diese Massen waren populistischen Wahlversprechen zugänglich. So gelang es 1994 dem alten Schauspieler N. T. Rama Rao mit seiner «Telugu Desam»-Partei, einen großen Wahlsieg zu erringen, nachdem diese Partei mehrere Jahre im Abseits gestanden hatte. Für Premierminister Narasimha Rao, der aus Andhra Pradesh stammt und sich dort stark im Wahlkampf eingesetzt hatte, war dies eine besonders bittere Niederlage. In Karnataka hatte sich zur gleichen Zeit die Janata-Partei wieder durch-

1. Die Republik Indien: Staat, Wirtschaft und Gesellschaft 419

gesetzt. Dr. Hegde war im Wahlkampf aktiv, ließ aber H. D. Deve Gowda den Vortritt bei der Regierungsbildung.

Die Überraschungen des Jahres 1994 wurden aber 1995 noch übertroffen, als in Gujarat und Maharashtra die Kongreßpartei in ihren alten Hochburgen geschlagen wurde und die BJP bewies, daß sie den Rückschlag von 1993 überwunden hatte. In Maharashtra bildete sie eine Koalitionsregierung mit einer lokalen Partei, der Shiv Sena, die auch den Ministerpräsidenten Manohar Joshi stellte. Der Parteiführer der Shiv Sena, Bal Thakeray, hielt sich zurück, ließ aber durchblikken, daß er den Ministerpräsidenten fernsteuere. Die Shiv Sena wird besonders von der Marathi-Arbeiterschaft unterstützt, weil sie gegen die Zuwanderung von Südindern agitiert, die in der Konkurrenz um Arbeitsplätze sehr erfolgreich sind. Sie hat es jedoch verstanden, über dieses Anliegen hinauszuwachsen und sich allgemein als Herausforderer der Kongreßpartei zu präsentieren. Die BJP, die in Maharashtra stark mit den Brahmanen identifiziert war, die nur eine kleine Minderheit sind, mit der man keine Wahlen gewinnen kann, ist deshalb um so mehr auf das Bündnis mit der Shiv Sena angewiesen.

In dieser verwirrenden Szene des Machtwechsels in den Landtagen wirkte das seit 17 Jahren von den Kommunisten regierte Bundesland West-Bengalen geradezu wie ein Hort der Stabilität. Dazu hatte sich der alte Ministerpräsident Jyoti Basu trotz kommunistischer Tradition geradezu als Apostel der Liberalisierung erwiesen, um auch sein Bundesland für Auslandsinvestitionen attraktiv zu machen. Die BJP dagegen hatte mit der Liberalisierung von vornherein keine Schwierigkeiten. Sie hat sie schon seit Jahren gefordert, doch die Kongreßpartei hat ihr den Wind aus den Segeln genommen und sie damit in Verlegenheit gebracht. Die Option für den Hindu-Mythologismus war für die BJP auch dadurch bedingt, daß die Kongreßpartei ihr die Möglichkeit genommen hatte, sich auf andere Weise zu profilieren. Es schien nun so, als ob in Indien ein echtes Zweiparteiensystem entstehen könne, das ja eigentlich durch das Mehrheitswahlrecht ohnehin herbeigeführt werden soll, was in Indien jedoch nicht geschah, solange die Kongreßpartei als «Zentrumspartei» von der Inkompatibilität der Oppositionsparteien profitierte. Die Liberalisierung der Wirtschaft wird beim politischen Wettbewerb im Rahmen eines solchen Zweiparteiensystems nicht umstritten sein, wohl aber die Frage, auf welche Weise verschiedene Schichten der Bevölkerung am Wirtschaftswachstum teilhaben können. Die BJP hat Schwierigkeiten, wenn es darum geht, Muslime, Unberührbare und die Angehörigen rückständiger Kastengruppen anzusprechen. Die Kongreßpartei macht sich zum Anwalt dieser Bevölkerungsgruppen. Die Interessenaggregation, die man von großen demokratischen Parteien erwartet, ist unter diesen Gegebenheiten nicht leicht.

Die Bundestagswahlen von 1996 warfen ihre Schatten weit voraus und lähmten den Willen der Regierung, die allerlei populistische Maßnahmen zur Linderung der Armut einführte und die Liberalisierung zurückstellte. Sogar das Wort «Liberalisierung» wurde jetzt gemieden und nur noch von «Reformen» gesprochen. Es war der Regierung nicht gelungen, den Wählern die Vorteile ihrer Liberalisierungspolitik deutlich zu machen. Wie sich bei den Wahlen, die von Ende April bis Anfang Mai 1996 abgehalten wurden, herausstellen sollte, nutzte der Kongreßpartei ihre populistische Politik jedoch nichts. Sie erlitt eine spektakuläre Niederlage. Das alte System, das auf der Polarisierung der Oppositionsparteien beruhte, brach zusammen. Von den 537 Sitzen, für die Abgeordnete gewählt wurden, errang die Kongreßpartei nur 136, die BJP dagegen 160. Das erstaunlichste Phänomen war der Anstieg der Zahl der Sitze, die von kleinen regionalen Parteien errungen wurden. Im vorigen Parlament hatten sie nur insgesamt 58 Sitze, im neuen aber 155. Sie wurden damit zum Zünglein an der Waage, nur war es nicht ein Zünglein, sondern es waren viele; welchen Ausschlag sie geben würden, war deshalb unberechenbar.

Die Kongreßpartei blieb nach wie vor die einzige nationale Partei, weil sie in mehr als zehn Bundesländern vertreten war, während sich die BJP in erster Linie auf fünf Bundesländer im Norden und Westen Indiens stützte. Ihre wichtigste Hochburg war Uttar Pradesh mit 52 Sitzen. Narasimha Rao hatte einen entscheidenden politischen Fehler begangen, als er den Rat des Kongreßlandesverbandes von Tamil Nadu in den Wind schlug, der empfohlen hatte, der Ministerpräsidentin Jayalalitha und ihrer AIADMK (All-India Anna Dravida Munnetra Kazhagam) die Freundschaft aufzukündigen und statt dessen die DMK (Dravida Munnetra Kazhagam) zu unterstützen. Der Kongreßlandesverband spaltete sich daher noch vor den Wahlen von der Kongreßpartei ab und ging als TMC (Tamil Maanila Congress) im Bündnis mit der DMK in den Wahlkampf. Die Bundesminister aus Tamil Nadu, darunter P. Chidambaram, schieden deshalb schon vor den Wahlen aus dem Bundeskabinett aus. Der TMC errang dann 20 und die DMK 17 Parlamentssitze. Jayalalithas Partei aber verlor sowohl die in Tamil Nadu gleichzeitig abgehaltenen Landtagswahlen als auch alle Bundestagssitze. Die erwähnten 37 Sitze trugen entscheidend zum Anstieg der Sitze der Regionalparteien auf insgesamt 155 bei.

Trotz des großen Verlusts an Stimmen und Sitzen hätte Narasimha Rao die Chance gehabt, eine Anti-BJP-Koalition zu bilden, aber die alte Aversion gegen eine Koalitionspolitik blieb bestehen. Statt dessen schrieb er einen Brief an den Staatspräsidenten Dr. Shankar Dayal Sharma und teilte ihm mit, die Kongreßpartei sei bereit, eine Minderheitsregierung der «Nationalen Front» der Regionalparteien zu dulden. Doch dieser Brief erreichte den Präsidenten zu spät, er hatte bereits die BJP eingeladen, die Regierung zu bilden. Diese entschied sich dafür, Atal Bihari Vajpayee als Premierminister zu benennen. Er war als gemäßigter Vertreter des BJP-Kurses bekannt und hatte seinerzeit den Abriß der Moschee öffentlich verurteilt. Man traute ihm zu, Koalitionspartner zu gewinnen. Einige kleine Parteien hatten ihm sogar schon ihre Unterstützung zugesagt, ehe der Präsident ihn zur Regierungsbildung aufforderte. Es erwies sich jedoch bald, daß die Zahl der Abgeordneten, die bereit waren, ihn zu unterstützen, zu gering war. Er hätte zusätzlich zu den 160 Sitzen der BJP 70 weitere gebraucht. Indische Abgeordnete hatten oft dazu geneigt, sich dem anzuschließen, der die Macht hatte. Es sollen auch hohe Geldbeträge angeboten worden sein, um Abgeordnete anzuwerben, doch diese erwiesen sich als erstaunlich standfest. Ob sie dies allein aus Überzeugung waren, oder ob sie sich davor fürchteten, von der BJP ganz und gar vereinnahmt zu werden, läßt sich der Natur der Sache nach nicht feststellen. Die BJP ist eine disziplinierte Kaderpartei und läßt sich nicht für eigennützige Zwecke von Überläufern benutzen. Gibt man ihr den kleinen Finger, so nimmt sie die ganze Hand – und darauf wollte es wohl keiner der Umworbenen ankommen lassen. So blieb es bei nur 30 Abgeordneten, die bereit waren, in eine Koalition mit der BJP einzutreten. Vajpayee trat daher nach wenigen Tagen als Premierminister zurück, noch ehe er die Vertrauensfrage im Parlament stellen mußte.

Nun forderte der Präsident die «Nationale Front» zur Regierungsbildung auf, aber die mußte sich erst einmal auf einen Kandidaten für den Posten des Premierministers einigen. Für eine Weile schien es so, als sei der dienstälteste Ministerpräsident Jyoti Basu der beste Kandidat, aber seine Partei gestattete es ihm nicht, sich für dieses Amt zur Verfügung zu stellen. So fiel die Wahl auf H. D. Deve Gowda, den Ministerpräsidenten von Karnataka. Er vertrat die Janata-Partei, die einmal eine nationale Partei gewesen, aber inzwischen zur regionalen Partei mit zwei Hochburgen abgesunken war. Von den 43 Sitzen, die sie errungen hatte, entfielen 15 auf Karnataka und 21 auf Bihar. Mit dieser bescheidenen Hausmacht konnte Deve Gowda die Koalition nicht dominieren und mußte sich darauf verlassen, daß die 13 Parteien, die dieser Koalition angehörten, zusammenhielten. Alle Parteien waren nicht an raschen Neuwahlen interessiert, und das war die beste Garantie für die Stabilität der Regierung.

Narasimha Rao konnte noch für einige Zeit Präsident der Kongreßpartei bleiben. Man zögerte, ihn zu stürzen, obwohl man ihm die Schuld für die Niederlage zuschrieb. Schließlich sah er sich zum Rücktritt gezwungen, weil Korruptionsklagen gegen ihn erhoben wurden. Er wurde von dem Kongreßveteranen Sitaram Kesri abgelöst, der zunächst die Politik der Duldung der Minderheitsregierung fortführte. Für diese Regierung war die Verfolgung von Kongreßpolitikern wegen Korruption in ihrer Amtszeit ein gutes Mittel, um die Kongreßpartei «duldsam» zu machen. Sie war zwar durchaus nicht an Neuwahlen interessiert, doch als Kesri selbst eine solche Klage auf sich zukommen sah, kündigte er im März 1997 die Duldung der Nationalen Front auf. Am 11. April 1997 stellte H. D. Deve Gowda dann die Vertrauensfrage und mußte zurücktreten, weil er keine Mehrheit fand. Die Kongreßpartei war jedoch bereit, die Nationale Front unter einem anderen Premierminister zu dulden. Es war nicht leicht, einen geeigneten Kandidaten zu finden, da keiner der Landesministerpräsidenten sich dazu bereit fand, dieses Amt zu übernehmen. Chandrababu Naidu, der Ministerpräsident von Andhra Pradesh, bewährte sich als «Königsmacher». Er lud die Führung der Nationalen Front in seine Landesvertretung in Neu Delhi ein und ließ am späten Abend noch den Außenminister Inder Kumar Gujral holen. Der alte Herr erschien, wollte sich aber zunächst ausruhen. Während er schlief, kürte man ihn zum Premierminister und weckte ihn mit der Bitte, das Amt anzunehmen. Er war später stolz darauf, auf diese Weise erwählt worden zu sein, weil er ja ganz offenbar nichts dazu getan hatte, das hohe Amt zu erlangen. Er erhielt es aufgrund seines Ansehens und seiner Integrität. Er hatte freilich keine Hausmacht. Dennoch gelang es ihm, die Regierung gut zu führen, bis die Kongreßpartei 1998 die Chance sah, Wahlen zu gewinnen, und der Nationalen Front erneut die Duldung entzog. Doch es sollte sich zeigen, daß die Kongreßpartei sich in ihren Erwartungen getäuscht hatte. Es gelang der BJP mit 179 Sitzen einen entscheidenden Vorsprung vor der Kongreßpartei zu erreichen, die nur 141 Sitze errang. Dabei war der Stimmanteil beider Parteien fast gleich. Die Kongreßpartei hatte 26,4 Prozent, die BJP 26 Prozent erhalten. Entscheidend waren die Erfolge der kleineren Regionalparteien, die diesmal zusammen 37,2 Prozent der Stimmen errungen und dafür insgesamt 185 Sitze bekommen hatten. Damit übertraf ihr Anteil an den Sitzen deutlich ihren Anteil an den Stimmen, während in früheren Zeiten das Gegenteil der Fall gewesen war. Auf diese Weise erweiterte sich das Koalitionspotential, das die BJP besser nutzen konnte als die Kongreßpartei, die noch immer koalitionsfeindlich war, weil jede Bindung nach «rechts» oder «links» ihre Position als «Zentrumspartei» kompromittieren mußte. Die BJP als «rechte» Partei brauchte darauf nicht zu achten und konnte auf Koalitionswillige vorbehaltlos zugehen. Die von der BJP geführte «National Democratic Alliance» (NDA) barg denn auch eine bunte Mischung von Regionalparteien in sich, deren problematischste die tamilische AIADMK war. Sie wurde von der früheren Ministerpräsidentin von Tamil Nadu, Jayalalitha, geführt, die sich sehr zierte, bis sie Vajpayee ihr Jawort gab. Sie verließ schon im April 1999 die Koalition wieder und stürzte ihn damit. Nun wäre es der erst vor kurzem zur Kongress-Parteipräsidentin gekürten Sonia Gandhi möglich gewesen, eine von ihr geführte Koalition an die Macht zu bringen, doch sie verpaßte diese Chance. Neuwahlen wurden anberaumt, und bis dahin amtierte Vajpayee, der in dieser Zeit eine Krise in Kaschmir überwinden mußte, über die im Zusammenhang der Außenpolitik berichtet werden soll. Er behielt in dieser Krise die Nerven und gewann so im November 1999 die Wahlen, die ihm eine stabilere Koalition bescherten, die eine ganze Legislaturperiode überstand. Das Wahlresultat von 1999 akzentuierte das Muster, das sich im Vorjahr gezeigt hatte, nur noch mehr. Die BJP konnte die Zahl ihrer Sitze halten, verlor aber Stimmen. Die Kongreßpartei errang nur noch 112 Sitze. Sie war noch nie zuvor so tief gefallen. Die Regionalparteien waren noch erfolgreicher. So steigerte die auf Andhra Pradesh beschränkte Telugu Desam Party die Zahl ihrer Parlamentssitze von 12 auf 29. Sie schloß sich nicht der NDA-Koalition an, sondern unterstützte sie von außen. Doch die Regionalparteien, die zur NDA gehörten, hatten diesmal auch mehr Sitze gewonnen und sicherten der Koalition, die nun über 300 Sitze verfügte, eine komfortable Mehrheit.

Der Verfall der Kongreßpartei und der Aufstieg der Regionalparteien standen in einem engen Zusammenhang. Die Struktur der indischen politischen Elite hatte sich grundlegend gewandelt. Früher hatte es eine nationale Elite gegeben, die durch das Erlebnis des Freiheitskampfes geprägt war. Diese Elite bestand aus Gehaltsempfängern, Händlern und reichen Bauern. Das Wachstum Indiens, sowohl in wirtschaftlicher als auch demographischer Hinsicht, erzeugte eine neue «Mittelklasse». Die Bevölkerung Indiens hatte sich seit der Unabhängigkeit verdreifacht. Dies war nicht so sehr auf hohe Geburtenraten als auf den raschen Rückgang der Sterberate zurückzuführen. Indien gelang es, die wachsende Bevölkerung zu ernähren und das Prokopfeinkommen zu verdoppeln. Hinter diesem statistischen Durchschnitt verbergen sich jedoch krasse Ungleichheiten. Indien beherbergt die größte Zahl von Armen dieser Welt, hat aber auch eine Mittelklasse von 150 bis 200 Millionen. Der Ausdruck Mittelklasse ist irreführend, denn es handelt sich um die oberen 15 bis 20 Prozent der Bevölkerung. Man sollte daher lieber von einer «bemittelten» Klasse sprechen. Die Mehrheit dieser «Bemittelten» ist nicht reich, hat aber insgesamt eine bedeutende Kaufkraft. Dabei zeigt die Konzentration der Kaufkraft deutliche regionale Konturen. Im Norden bilden die Bundesländer Panjab und Haryana sowie Delhi und sein Umland einen Kaufkraftschwerpunkt. Im Westen ist es der «Wirtschaftskorridor», der von Ahmedabad über Surat und Mumbai

(Bombay) bis nach Pune reicht, der sich durch hohe Kaufkraft auszeichnet. In der Mitte Indiens bildet Nagpur mit vier benachbarten Distrikten eine Wohlstandsinsel in einem Meer ländlicher Armut. Im Süden sind Haiderabad, Viskhapatnam, Bangalore, Chennai (Madras) und Coimbatore solche Wohlstandsinseln. Der gesamte Osten Indiens leidet mit Ausnahme von Kolkata (Kalkutta) an einem Mangel an Kaufkraft. Die kaufkräftige Mittelschicht bestimmt die Nachfrage nach Gütern und Dienstleistungen, darunter auch Bildung und Gesundheitsvorsorge. All dies wird nicht auf der nationalen, sondern auf der regionalen Ebene erzeugt und verteilt. Daher artikuliert die neue Mittelklasse ihre politischen Präferenzen nicht national, sondern regional. Die zuvor erwähnte Telugu Desam Party ist ein gutes Beispiel dafür. Die Kongreßpartei konnte hier nicht mithalten. Die Erosion ihrer Macht war ein langwieriger Prozeß, der zu einem Rückgang von 405 Parlamentssitzen (1984) auf 112 (1999) führte. Die politische Soziologie reicht zur Erklärung dieses Phänomens nicht aus, man muß auch die Auswirkungen des Mehrheitswahlrechts beachten. Die Kongreßpartei profitierte im Rahmen dieses Systems von Dreieckswahlkämpfen, bei denen eine polarisierte Opposition den Kongreßkandidaten zum Sieg verhalf. Doch die geschickte Politik der Wahlallianzen der BJP verdarb der Kongreßpartei dieses Spiel. Die BJP wurde zur Hebamme der Regionalparteien, von denen sie einige in die NDA einbinden konnte, während andere sie von außen unterstützten. Das tat der Kongreßpartei Abbruch, die vergeblich darauf wartete, durch die Vermeidung von Koalitionsbildungen die Dreieckswahlkämpfe wieder einmal nutzen zu können.

Inzwischen wuchs die indische Wirtschaft mit durchschnittlich 7 Prozent pro Jahr. Geradezu rasant entwickelte sich Indiens Softwareproduktion, die nicht nur quantitativ, sondern auch qualitativ eine globale Spitzenstellung erreichte. Es gibt eine internationale Bewertungsskala des Reifegrads von Betrieben, die auf diesem Gebiet arbeiten. Der höchste Grad ist 5. Entsprechende Zeugnisse werden von einem Universitätsinstitut im Auftrag des amerikanischen Verteidigungsministeriums ausgestellt. Der Grad 5 wurde 1999 weltweit von 12 Betrieben erreicht, davon waren 7 in Indien, 2003 waren es 74 Betriebe und davon 50 in Indien. Das bedeutete einen Vorsprung für Indien; es konnte kaum von einer anderen Nation eingeholt werden. Diese Spitzenstellung brachte es auch mit sich, daß Hunderttausende von Arbeitsplätzen für Spezialisten dieser Branche in den USA verschwanden, während sie in Indien entstanden. Softwareprogramme werden über Satelliten exportiert, die von keiner Zollbehörde kontrolliert werden. Hier herrscht ein absolut freier Markt. Die räumliche Entfernung ist dabei kein Hindernis, sondern bietet sogar Vorteile. Der Zeitunterschied erlaubt es indischen Firmen, Programme für den amerikanischen Markt buchstäblich über Nacht zu liefern. Die Kaufkraftdifferenz von 1 zu 5 spielt dabei auch eine Rolle. Ein indischer Experte kann sich in Indien für ein Fünftel des amerikanischen Gehalts denselben Lebensstandard leisten wie sein Kollege in den USA. Das wiederum gibt vielen indischen Experten, die in den USA Karriere gemacht haben, den Anreiz, nach Indien zurückzukehren und dort eigene Firmen zu gründen. Indien ist heute auf diesem Gebiet unschlagbar, und Amerika hängt weitgehend von der indischen Leistungsfähigkeit in der Informationstechnologie ab. Dabei arbeitet man in Indien nicht nur für den Export. Es gibt bereits eine große Binnennachfrage nach dieser Technologie, die viele Produktionszweige grundlegend verändert.

Der wirtschaftliche und politische Wandel vollzieht sich jedoch nicht immer harmonisch, er ruft auch Konflikte in der indischen Gesellschaft hervor. Das Pogrom in Gujarat von 2002, bei dem Tausende von Muslimen getötet wurden, entstand aus solchen Konflikten. Mit nur 9 Prozent ist der Muslimanteil an der Bevölkerung Gujarats gering. Im nationalen Durchschnitt sind es 11 Prozent und in Uttar Pradesh 17 Prozent. Doch während die Muslime in Indien fast überall arme Bauern und Arbeiter sind, gibt es in Gujarat eine beachtliche Muslim-Mittelklasse. Früher waren Hindu- und Muslim-Mittelklasse hier gesellschaftlich gut integriert. In jüngster Zeit hat jedoch der Wettbewerb Konflikte erzeugt. Die Hindu-Mittelklasse unterstützte die BJP und deren Ministerpräsidenten Narendra Modi, einen radikalen Hindu-Chauvinisten. Der Funke, der das Pulverfaß entzündete, war ein tragisches Ereignis bei der Bahnstation Godhra. Hindu-Pilger, die aus Ayodhya zurückkamen, waren im Zug mit Muslim-Kellnern in Streit geraten. Nach dem Verlassen der Station Godhra wurde der Zug inmitten eines Muslim-Slums mit der Notbremse angehalten. Muslime stürmten den Zug und steckten einige Abteile in Brand, so daß Hindu-Frauen und ihre Kinder in den Flammen umkamen. Als die Nachricht davon die Millionenstadt Ahmedabad erreichte, begann dort das Pogrom, das allen Anzeichen nach nicht spontan war, sondern das bereits vorbereitet war. Die Polizei griff nicht ein, auch wurde die Armee nicht um Hilfeleistung gebeten. Modi scheint dies nicht nur geduldet, sondern die offizielle «Untätigkeit» befohlen zu haben. Er entschuldigte sich auch nachher nicht dafür, sondern führte bald darauf einen Landtagswahlkampf, in dem er den «Stolz» (*gaurav*) Gujarats proklamierte. Er errang damit einen glänzenden Wahlsieg. Es war alarmierend, daß sich die Hindu-Mittelklasse an den gewalttätigen Ausschreitungen beteiligt hatte, obwohl sie sonst Gewalt meidet, da sie ja selbst Eigentum zu verlieren hat. Modi profitierte von dieser Situation. Die nationale Führung der BJP wagte es nicht, ihn zu disziplinieren. Man konnte schon befürchten, daß Modis Beispiel anderenorts in Indien Schule machen würde. Doch dazu kam es nicht. Die Landtagswahlen von 2003 in mehreren Bundesländern Indiens führten in den meisten Fällen zu Wahlsiegen der BJP, doch ohne Rückgriff auf Modis Methoden. In zwei Bundesländern wurden BJP-Ministerpräsidentinnen gekürt: Uma Bharati in Madhya Pradesh und Vasundhara Raje in Rajasthan. Bei den Bundesparlamentswahlen von 2004 scheint sich jedoch die Erinnerung an das Pogrom negativ für die BJP ausgewirkt zu haben. Sie ging mit dem Schlagwort «Indien strahlt» (India Shining) in den Wahlkampf. Das rasche Wirtschaftswachstum schien dieses Schlagwort zu rechtfertigen. Doch die ärmere Bevölkerung auf dem Lande hatte wenig von diesem Wirtschaftswachstum mitbekommen. Hier konnte die Kongreßpartei ansetzen, die inzwischen ihre Koalitionsfeindlichkeit überwunden hatte und der BJP mit Wahlallianzen und Koalitionsabsprachen Konkurrenz machte. Da Sonia Gandhi als Kongreßpräsidentin den Wahlkampf führte und bei einem Sieg ihrer Partei Premierministerin werden konnte, warnte die BJP das Volk davor, einer Ausländerin dieses hohe Amt anzuvertrauen. Doch dieses Argument beeindruckte viele Wähler gar nicht. Die unerwartete Niederlage der regierenden NDA-Koalition hatte mehrere Gründe. Es handelte sich keineswegs um einen «Erdrutsch», wie man in Indien Wahlen, die zu einem plötzlichen Machtwechsel führen, gern nennt. Die beiden Hauptkontrahenten, BJP und Kongreßpartei, errangen 138 und 145 Sitze. Wesentliche Unterschiede ergaben sich aus den Verlusten und Gewinnen der Koalitionspartner. Die Alliierten der BJP brachten es insgesamt nur noch auf 48 Sitze. Damit verfügte die NDA über 186 Sitze, konnte aber nicht hoffen, Unterstützung von außen zu erhalten, um eine Minderheitsregierung zu bilden. Die Kongreßpartei hatte Koalitionspartner mit insgesamt 74 Sitzen. Diese Koalition wurde United Progressive Alliance (UPA) genannt. Sie erreichte auch nicht die erforderliche Mehrheit von 272 Sitzen, aber im Unterschied zur NDA konnte die UPA sich auf die Unterstützung der Linksparteien von außen verlassen, die auf jeden Fall verhindern wollten, daß die NDA wieder an die Macht kam. Die Abhängigkeit von den Linksparteien hatte einige Nachteile für die UPA, sie konnte aber mit viel «Toleranz» bei diesen Parteien rechnen, da für sie keine Alternative bestand, es sei denn, sie kündigten die Duldung der UPA auf, um Neuwahlen herbeizuführen. Nun ist die bedeutendste Linkspartei, die Communist Party (Marxist), die 43 Parlamentssitze innehat, längst zu einer bengalischen Regionalpartei geworden, und die nächstgrößere Linkspartei, die Samajwadi Partei mit 36 Parlamentssitzen, ist ganz eindeutig eine Regionalpartei in Uttar Pradesh. Diese Parteien könnten bei Neuwahlen höchstens ihre bisherige Position halten, hätten aber keine Chance, die Kongreßpartei auf der nationalen Ebene zu überholen. So gesehen ergibt die derzeitige Regionalisierung der indischen Politik eine verhältnismäßig stabile Struktur.

Die Kongreßpräsidentin Sonia Gandhi hätte nun Premierministerin werden können, doch in einer überraschenden Entscheidung übertrug sie dieses Amt dem früheren Finanzminister Dr. Manmohan Singh. Das war klug, denn Singh ist ein integrer und international bekannter Fachmann ohne eigene politische Hausmacht. Er wird sie unterstützen und ihr keine Konkurrenz machen. Zudem entzog sie der BJP so auf elegante Weise den Angriffspunkt, den sie als Ausländerin in diesem Amt geboten hätte. Für die Zukunft, in der ihre Kinder vielleicht eine politische Rolle spielen werden, hat sie damit auch vorgesorgt.

Die UPA wird nun daran gemessen werden, inwieweit es ihr gelingt, das Los der Armen in Indien zu bessern und ihnen einen Anteil an dem beachtlichen Wirtschaftswachstum zu sichern. Ein Vorteil, der der UPA zugute kommt, ist die «demographische Dividende», die Indien jetzt ins Haus steht. Diese Dividende kommt dadurch zustande, daß nach dem Absinken der Geburtenrate nun Jahrgänge in das Erwerbsleben eintreten, die weniger Kinder zu ernähren haben und dementsprechend mehr sparen können. Voraussetzung für die Nutzung dieser Dividende ist freilich die Schaffung von Arbeitsplätzen. Doch dafür sollte das steigende Wirtschaftswachstum sorgen. Indiens demographische Entwicklung schüttet aber nicht nur Dividenden aus, sondern akzentuiert auch regionale Diskrepanzen. Während nämlich in Südindien fast überall ein Gleichgewicht erreicht ist (2,1 Geburten in der Lebenszeit einer Frau), ist das im Norden noch nicht der Fall. In Uttar Pradesh muß man damit rechnen, daß dieser Stand erst im Jahr 2100 erreicht wird. Inzwischen wächst die Bevölkerung dort noch enorm an. Das hat auch politische Konsequenzen, denn die Zahl der Abgeordneten soll die jeweilige Bevölkerungszahl reflektieren. In den 1970er Jahren hat man sich geeinigt, zunächst keine weiteren Korrekturen auf diesem Gebiet vorzunehmen. Sollte man es in Zukunft tun, so würde die Repräsentanz des Nordens die des Südens weit in den Schatten stellen, was zu sozialen Konflikten führen könnte.

2. Indien in der Weltpolitik:
Von der internationalen Vermittlung zur regionalen Vormacht

Bereits im Altertum hatte der Brahmane Kautilya in seinem Staatslehrbuch ein vollendetes Muster der Außenpolitik entworfen. Jeder Herrscher ist der Mittelpunkt eines Systems konzentrischer Kreise von Feinden und Freunden, wobei der Nachbar meist der Feind ist und der Herrscher im Rücken des Nachbarn daher zum Freund wird. Doch die Lehre Kautilyas blieb nicht bei dieser simplen Gleichung stehen. Er analysierte ein dynamisches Rollenspiel: Da gab es den «mittleren König», der, selbst mächtiger als seine zwei Nachbarn, bei einem Kampf zwischen ihnen den Ausschlag geben konnte und den es daher galt, mit allen Mitteln der Diplomatie für sich zu gewinnen oder mindestens zur Neutralität zu verpflichten. Dann war da der «Fersenfänger», auf den man achten mußte, denn er griff einen von hinten an, wenn man gerade mit einem anderen kämpfte. Vertrauen konnte man dagegen auf den «Rufer im Rücken des Feindes», der Alarm schlug, wenn der feindliche Nachbar sich zum Angriff rüstete. Und schließlich gab es den großen «Außenstehenden», der mächtiger war als alle bisher genannten Freunde und Feinde und daher nicht in das System ihrer gegenseitigen Abhängigkeiten eingebunden war. Er war deshalb unberechenbar, und man mußte sich ganz besonders bemühen, seine Absichten zu erforschen und dafür sorgen, daß er sich nicht einmischte oder einem günstig gesonnen blieb. Die Republik Indien hat im Laufe ihrer außenpolitischen Erfahrung alle diese Typen zur Genüge kennengelernt, und es bestehen Anzeichen dafür, daß ihre führenden Politiker aus dieser Erfahrung gelernt haben. Als Indien aus der Fremdherrschaft entlassen wurde, gab es diese Erfahrung noch nicht. Gewiß hätte man aus den Erfahrungen der Kolonialherren lernen können, von denen man den Territorialstaat, den es nun zu verteidigen galt, übernahm. Aber das konnte man nicht, denn um das zu tun, hätte man sich mit ihnen identifizieren müssen. Eine solche Identifikation hatten die indischen Nationalisten von vornherein abgelehnt.

Schon 1885 faßte der indische Nationalkongreß auf seiner ersten Sitzung einen Beschluß, mit dem er die in diesem Jahr erfolgte britische Annexion Ober-Birmas scharf verurteilte und zum Ausdruck brachte, daß die Inder sich von allen Aggressionen distanzierten, die im Namen und auf Kosten Britisch-Indiens betrieben wurden. Diese anti-imperialistische Position wurde auch später vom Nationalkongreß immer wieder betont. Jawaharlal Nehru, der bereits während des Freiheitskampfes zum außenpolitischen Sprecher des Nationalkongresses wurde, fügte diesem Antiimperialismus eine neue Dimension hinzu. Beeinflußt durch die marxistische Imperialismuskritik sah er den Feind im kapitalistischen Westen und betrachtete die Sowjetunion als eine Friedensmacht, eine Anschauung, die er später auch auf das kommunistische China übertrug.

Als Nehru dann die Außenpolitik Indiens bestimmen konnte, wurde diese von den Anschauungen geprägt, die er im Freiheitskampf gewonnen hatte. Obwohl die Sowjetunion unter der Herrschaft Stalins Indien wenig Beachtung schenkte, bemühte sich Nehru von Anfang an um gute Beziehungen zu Moskau und sandte seine politisch sehr aktive Schwester Vijayalakshmi Pandit als erste indische Botschafterin dorthin. Seine Skepsis gegenüber dem Westen wurde dann durch den «Kalten Krieg» bestärkt, der schon im Sommer 1947 mit der amerikanischen Politik der «Eindämmung» und der sowjetischen Einteilung der Welt in «zwei Lager» begann. Indien, das gerade erst seine Unabhängigkeit erlangt hatte, wollte sich von keinem der zwei Lager vereinnahmen lassen. Nehru sah eine besondere Aufgabe der indischen Außenpolitik in der Vermittlung zwischen den «Lagern» und einem Werben für eine von beiden Lagern unabhängige Position, die zur Erhaltung des Weltfriedens notwendig war. Er fand für seine Haltung zunächst weder in Ost noch West viel Verständnis. Man richtete sich im «Kalten Krieg» nach der alten Regel: «Wer nicht für mich ist, ist gegen mich.» In Indien wurde diese Haltung jedoch durch einen Konsensus getragen, der sich nicht leicht erschüttern ließ.

Der Konflikt mit Pakistan über Kaschmir trübte freilich die von Nehru vertretene Weltfriedenspolitik und bot zugleich den Großmächten einen Ansatzpunkt, sich in die Angelegenheiten der Region einzumischen. Pakistan war zunächst mit seinen eigenen Problemen so sehr beschäftigt und durch die Existenz von zwei weit voneinander entfernten Landesteilen so verwundbar, daß es Indien kaum etwas anhaben konnte. Diese Labilität trieb Pakistan freilich auch dazu, sich den Amerikanern als Bündnispartner anzubieten, um auf diese Weise äußere und innere Stabilität zu gewinnen.

Der Kaschmirkonflikt belastete auch Indiens Verhältnis zu den Vereinten Nationen, einer Organisation, deren Ziele an sich mit denen Nehrus übereinstimmten. Indien hatte ursprünglich beim Einfall pakistanischer Freischärler in Kaschmir die Vereinten Nationen alarmiert und gehofft, daß diese die Aggression verurteilen und die Pakistanis zum Rückzug auffordern würden. Statt dessen entsandten die Vereinten Nationen Beobachter, unter ihnen auch eine Reihe von Amerikanern, nach Kaschmir, die sich dort, wie Indien es sah, in die inneren Angelegenheiten des Landes einmischten und zudem eine politische Lösung in der Abhaltung einer Volksabstimmung in Kaschmir sahen, von der Indien nichts mehr wissen wollte. Indien wurde daher mißtrauisch und souveränitätsbewußt, eine Haltung, die zu Nehrus weltweiter Vermittlungspolitik schlecht paßte.

Auf dem Gebiet der internationalen Vermittlung konnte Nehru einen Erfolg verbuchen, als er während des Koreakrieges an Stalin und den amerikanischen Außenminister Acheson schrieb und sich für eine Lokalisierung des Konflikts einsetzte. Indien konnte schließlich insbesondere bei der schwierigen Frage der Repatriierung der koreanischen Kriegsgefangenen nach dem Ende des Krieges eine wichtige Rolle spielen.

Die nächste Vermittlerrolle ergab sich bei der Bewältigung des Indochinaproblems. Frankreich hatte nach dem Krieg den anachronistischen Versuch unternommen, seine Kolonialherrschaft wieder zu errichten und war schließlich von den Vietnamesen aus dem Felde geschlagen worden. Die Genfer Konferenz von 1954, die sich um eine internationale Lösung des Problems im Sinne einer Neutralisierung der Region bemühte, war ein Erfolg, weil die Vereinigten Staaten und die Sowjetunion zu jener Zeit im Prinzip mit einer solchen Neutralisierung einverstanden waren und Nehrus Mitarbeiter Krishna Menon, der hinter den Kulissen in Genf sehr aktiv war, diese Situation klug zu nutzen verstand. Indien wurde denn auch mit dem Vorsitz in der internationalen Kontrollkommission beauftragt, die über die Neutralisierung zu wachen hatte. Dieser Erfolg wurde jedoch für Indien zu einer langfristigen Belastung, denn wie sich bald zeigen sollte, bezogen die Großmächte die verschiedenen Staaten Indochinas in ihre Pakt- und Sicherheitssysteme ein und machten dadurch die Arbeit der Kontrollkommission zur Farce. Die von den Amerikanern geförderte SEATO (South East Asia Treaty Organization), der 1954 auch Pakistan beitrat, wurde für Indien dabei zu einem ganz besonderen Ärgernis. Es zeichnete sich schon jetzt deutlich ab, daß die internationale Vermittlerfunktion eine undankbare Aufgabe war, wenn sie den Intentionen der Großmächte nicht entsprach. Aber im Jahre 1955 schien es noch so, als entspräche Nehrus Politik voll und ganz der Tendenz der weltpolitischen Entwicklung. Der «Geist von Bandung», wo sich die afrikanischen und asiatischen Staaten trafen, und der «Geist von Genf», wo Eisenhower und Chruschtschow ein anscheinend harmonisches Gipfeltreffen veranstalteten, waren bemerkenswerte Signale. Im selben Jahr weilten auch Chruschtschow und Bulganin zu einem denkwürdigen Besuch in Indien. Nehrus alte Vorstellung von der Sowjetunion als Friedensmacht schien sich endlich zu bewahrheiten, einer Friedensmacht zudem, die sich in jeder Hinsicht auf den indischen Standpunkt stellte. Den einheimischen Kommunisten und zugleich auch Pakistan konnte Nehru diesen Trumpf entgegenhalten. Chruschtschow demonstrierte seine Sympathie für die indische Regierung und ließ es auch in der Kaschmirfrage an deutlichen Worten nicht fehlen.

Dem Erfolgsjahr 1955 folgten jedoch bald problematische Jahre. Der Kontrast zwischen Nehrus scharfer Reaktion auf die westliche Intervention in der Suezkrise und seiner vagen Stellungnahme zur sowjetischen Intervention in Ungarn fiel auf. Zugleich setzte aber eine verstärkte Abhängigkeit Indiens von westlicher Entwicklungshilfe ein, weil die Sterlingguthaben aufgezehrt worden waren und ab

2. Indien in der Weltpolitik 431

1957 ein Konsortium der Westmächte für die Finanzierung der indischen Fünfjahrespläne von ausschlaggebender Bedeutung wurde. Ferner machte sich zunächst hinter den Kulissen, mit der Flucht des Dalai Lama von Tibet nach Indien im Herbst 1959 aber auch in aller Öffentlichkeit der Konflikt mit China bemerkbar, den Nehru zunächst nicht wahrhaben wollte, dem er sich aber nicht entziehen konnte und an dem er schließlich zerbrach. Nehru hatte schon während des Freiheitskampfes Kontakt mit den Nationalchinesen gehalten und sympathisierte mit den Hoffnungen des chinesischen Volkes. In seinen ersten außenpolitischen Reden im unabhängigen Indien hatte er von Asien als einer Zone des Friedens gesprochen, in die die Konflikte nur von den Imperialisten hineingetragen worden waren. Mit der Emanzipation Asiens kehrte nach seiner Meinung der Friede wieder ein. In diesem antiimperialistischen Sinne begrüßte er auch den Sieg Maos und glaubte an eine gute Nachbarschaft. Als die Volksrepublik China 1950 Tibet, das lange Zeit de facto unabhängig war, wieder in den chinesischen Staatsverband eingliederte, verzichtete Nehru rasch auf die von den Briten übernommenen Außenposten in Tibet, die ihm als imperialistische Relikte erschienen. Im Jahre 1954 schlossen Indien und China einen Vertrag, der die Handelsbeziehungen zwischen der Region Tibet und Indien regelte. Außer von einigen Pässen, über die die Handelsstraßen liefen, war von Grenzen in diesem Vertrag nicht die Rede. Beide Seiten waren offenbar nicht daran interessiert, die Grenzfrage zu berühren, und Indien wiegte sich wohl in der Hoffnung, daß die Grenzen ohnehin nicht strittig seien. Als Beschwörungsformel des guten Willens enthielt der Vertrag die «Fünf Grundsätze» (Panchashila), die in den folgenden Jahren immer wieder als Richtlinien der indischen Außenpolitik betont wurden und auch als Credo der «blockfreien» Nationen galten: 1) Gegenseitige Achtung der territorialen Integrität und Souveränität, 2) Verzicht auf Aggression, 3) Nichteinmischung in die Angelegenheiten anderer Staaten, 4) Gleichheit und gegenseitiger Nutzen, 5) Friedliche Koexistenz. Der Ostblock und die «Blockfreien» fanden diese Formel gleichermaßen nützlich, denn sie enthielt einen indirekten Vorwurf gegen die Westmächte, insbesondere gegen das amerikanische Paktsystem.

Die antiimperialistische Verbrüderung von Indien und China erwies sich jedoch bald als trügerische Scheinblüte. Handfeste nationale Interessen führten zu einem Grenzkonflikt, der sich immer mehr verschärfte. Die Konsolidierung der chinesischen Macht in Tibet war problematisch. Auch die anderen zentralasiatischen Gebiete des weitgespannten chinesischen Reiches waren den Chinesen im Grunde ebenso fremd wie Tibet. Die militärische Beherrschung dieser Gebiete erforderte den Ausbau einer großen Ringstraße, die von China nach Tibet, von dort über das Karakorum-Gebirge nach Sinkiang und weiter über die Mongolei zurück nach China führte. An einer strategisch besonders wichtigen Stelle ragte das zu Indien gehörende Aksai-Chin-Gebiet in diesen Ring hinein und bildete eine Barriere, die die Chinesen dazu zwang, einen großen Umweg zu machen und dabei in die unwirtliche Wüste Takla Makan zu geraten, deren Name bedeutet, daß es schwierig ist, ihr zu entkommen, wenn man sich in sie hineinwagt. Dieses Abenteuer wollten die Chinesen möglichst vermeiden und bauten statt dessen stillschweigend Straßen durch das menschenleere Aksai-Chin mit dem Ziel, Sinkiang vom Süden über den Karakorum-Paß zu erreichen. Um von diesem Ziel abzulenken, provozierten sie Grenzzwischenfälle an der Nordostgrenze, wo sie keine strategischen Absichten hatten, und veröffentlichten Karten, die den indisch-chinesischen Grenzverlauf in dieser Region am Fuße der Berge nahe dem Tal von Assam statt auf der Wasserscheide zeigte, die der Brite McMahon 1914 als Vorsitzender einer Grenzkommission, an der China und Tibet beteiligt waren, als Grenzlinie bestimmt hatte. Diese tibetisch-indische Grenze war damals eigentlich nicht strittig, sondern nur die Grenze zwischen einem äußeren und einem inneren Tibet (in Analogie zur inneren und äußeren Mongolei), aber China nützte die Tatsache, daß das Abkommen nicht ratifiziert worden war, um nun auch die Himalayagrenze in Frage zu stellen und Indien zu bezichtigen, am imperialistischen Erbe zu hängen.

Der Hinweis auf alte Ansprüche im Nordosten sollte dazu dienen, eine Verhandlungsposition für eine Grenzbegradigung im Aksai-Chin aufzubauen, wo die Grenzen nicht so leicht in Frage gestellt werden konnten. Doch wenn China auch die Bereitschaft zu einem Tauschgeschäft dieser Art signalisierte, stieß es in Indien dabei auf kein Verständnis. Nehru mußte sich wiederholt der Kritik im Parlament stellen, wo man nicht bereit war, auch nur einen Fußbreit indischen Territoriums aufzugeben. Er neigte zunächst dazu, die Grenzfrage herunterzuspielen, und fragte die Parlamentarier schließlich zornig, ob sie denn wünschten, daß er deshalb einen Krieg beginnen solle. Aber er konnte sich dem Druck der Kritik nicht entziehen, und China verfolgte sein Ziel unermüdlich weiter. So kam es schließlich zum Grenzkrieg von 1962. Im Nordosten sandten die Chinesen eine ganze Division über die Berge bis hinunter in die Ebene von Assam, zogen sich aber rasch wieder zurück, ehe der Nachschub zum Problem werden konnte. Dieser Theaterdonner im Nordosten sollte von dem raschen Zugriff im Westen ablenken, wo die Chinesen den Südzugang zum Karakorum-Paß erreichten und mit zahlenmäßig überlegenen Kräften die indischen Posten überwältigten. Dort gab es denn auch keinen chinesischen Rückzug. Das Ziel war erreicht.

Der Demonstrationskrieg, mit dem China den indischen Gegner militärisch und politisch demütigte, machte das Jahr 1962 zum Tiefpunkt der Karriere Nehrus. Dieser Tiefpunkt kam um so überraschender, als sich im Vorjahr eine überaus günstige Konstellation für ihn ergeben hatte. Sowohl im Forum der «Blockfreien» als auch in dem der afro-asiatischen Nationen war Nehru 1961 als zentrale Gestalt erschienen. Die Konferenz der «Blockfreien» in Belgrad im September 1961 war die letzte Konferenz dieser Art, die ein gewisses politisches Gewicht hatte, und Nehru prägte den Stil dieser Konferenz, die sich in einer besonders kritischen Phase des «kalten Krieges» selbstbewußt gegenüber den Drohgebärden der Großmächte behauptete und vor allem der zu diesem Zeitpunkt besonders militanten Sowjetunion zur Mäßigung riet, ein Rat, den Nehru im Namen der Konferenz anschließend auch noch persönlich in Moskau vortragen konnte.

Die afrikanischen Nationalisten, die Nehru in Belgrad als allzu maßvoll empfanden, wurden am Ende des Jahres von ihm mit der Befreiung Goas überrascht, die ein Signal für den Kampf gegen die portugiesische Kolonialmacht in Afrika setzte. Nehru hatte lange gezögert, dieses Problem gewaltsam zu lösen. Aber mit Salazar ließ sich nicht verhandeln, und die afrikanischen Nationalisten hatten den Eindruck, daß Indien, statt in diesem Kampf voranzugehen, darauf wartete, bis das portugiesische Reich in Afrika zusammenbrach, um sich dann Goa wie eine reife Frucht zufallen zu lassen. Die Befreiung Goas, die im Dezember 1961 so reibungslos verlief, war Indien zuvor durchaus als ein nicht unbeträchtliches Risiko erschienen, denn man rechnete mit einem Eingreifen Pakistans und wußte, daß die starke portugiesische Garnison mit modernsten Waffen wohlgerüstet war. Daß der portugiesische Generalgouverneur weise genug war, auf einen aussichtslosen Widerstand zu verzichten, lediglich die Brücken sprengen ließ und sich dann kampflos ergab, konnte man vorher nicht ahnen.

Der Gesichtsverlust von 1962 stand im Kontrast zu diesen Erfolgserlebnissen. Bis zu seinem Tode im Mai 1964 litt Nehru an diesem Schicksalsschlag. Sein Nachfolger, Lal Bahadur Shastri, hatte weder außenpolitische Erfahrungen noch Ambitionen, es fiel ihm daher nicht schwer, eine den Umständen entsprechende Zurückhaltung zu zeigen. Diese Zurückhaltung wurde jedoch von Pakistan als Zeichen der Schwäche aufgefaßt, und Ayub Khan, der allen Grund hatte, sich außenpolitisch und militärisch zu profilieren, weil ihm innenpolitische Erfolge versagt blieben, nutzte die vermeintliche Schwäche. In den ersten Jahren seiner Regierungszeit hatte Ayub Khan auf der Höhe seiner Macht mit großzügigen Gesten eine Zusammenarbeit zwischen Pakistan und Indien einzuleiten versucht. Das Gipfeltreffen mit Nehru in Murree 1960 und der Abschluß des Vertrages über die gemeinsame Nutzung des Indus-Flußsystems ließen auf eine Normalisierung der Beziehungen zwischen beiden Staaten hoffen. Bald aber brach die alte Feindschaft wieder hervor, und Pakistan ging ein Bündnis mit China ein, das sich deutlich gegen Indien richtete. Durch dieses Bündnis ermutigt, fühlte sich Pakistan nach dem Tode Nehrus stark genug, die Kaschmirfrage gewaltsam zu lösen. Ein kleiner Testkrieg wurde im Frühjahr 1965 veranstaltet. In einem nach pakistanischer Ansicht ungeklärten Grenzstreit im Gebiet von Kutch an der Küste Gujarats vertrieben pakistanische Panzer die indischen Truppen aus ihren Stellungen. Shastri befahl keinen Gegenangriff, sondern ließ den Fall dem britischen Premierminister Wilson zur Vermittlung vorlegen. Diese konziliante Haltung deutete Pakistan offenbar wiederum als ein Zeichen der Schwäche. Wenige Monate später holte Ayub Khan zur «Operation Grand Slam» aus, bei der mit einem blitzschnellen Panzerangriff Indiens einzige Verbindungsstraße nach Kaschmir abgeschnitten werden sollte. Diesmal ließ sich Shastri nicht auf eine Lokalisierung des Konflikts ein, sondern antwortete mit einem Gegenangriff auf Lahore. Auch ein chinesisches Ultimatum, mit dem ein Angriff auf Sikkim angedroht wurde, nahm Shastri schließlich mit Fassung hin. Es zeigte sich dann, daß China nicht bereit war, seine Drohungen in die Tat umzusetzen. Als es schließlich zum Waffenstillstand kam, standen indische Truppen auf pakistanischem Boden. Ayub Khan hatte eine schmähliche Niederlage erlitten. Das indische Militär hatte die Scharte von 1962 ausgewetzt.

Die Sowjetunion nutzte die Gelegenheit, durch die Vermittlung zwischen Indien und Pakistan eine führende politische Position in der Region Südasien zu erringen. Der Erfolg dieser Vermittlung stand freilich zunächst sehr in Zweifel. Die Konferenz von Taschkent, die dieser Vermittlung diente, war mehrmals nahe daran auseinanderzubrechen. Ayub mußte natürlich darauf bestehen, über Kaschmir zu reden, und Shastri war ebenso fest entschlossen, sich auf keine Debatte hierüber einzulassen. Ayub drohte abzureisen, wußte aber, daß er nur mit sowjetischer Vermittlung den Abzug der indischen Truppen aus Pakistan erreichen konnte. In dieser Beziehung zeigte sich Shastri verhandlungsbereit. Kossygins persönlicher Einsatz als Vermittler war für den Erfolg der Konferenz ausschlaggebend. Shastris Tod am Ende der Konferenz war ein Zeichen für die Intensität, mit der um den Erfolg der Konferenz gerungen wurde.

Der Preis, den Pakistan für den Abzug der indischen Truppen zahlte, war eine formelle Erklärung über einen künftigen Gewaltverzicht. Für Indien bedeutete dies einen Prestigegewinn, für die Sowjetunion einen Zuwachs an politischem Einfluß, da sie als Garant dieses Gewaltverzichts betrachtet wurde; für Pakistan war die Erklärung nur eine Bestätigung seiner Niederlage, die man so rasch wie möglich zu vergessen trachtete. Um der neuen Rolle als Schiedsrichter zwischen Indien und Pakistan gerecht zu werden, konnte die So-

2. Indien in der Weltpolitik 435

wjetunion freilich nicht mehr einseitig für Indien Stellung nehmen, sondern mußte versuchen, auch mit Pakistan bessere Beziehungen herzustellen. Darin ging die Sowjetunion in den kommenden Jahren so weit, daß sie Pakistan sogar Waffenhilfe zukommen ließ, was in Indien übel vermerkt wurde. Pakistan war auf die sowjetische Hilfe dringend angewiesen, weil die Westmächte zur Zeit des Krieges von 1965 ein Waffenembargo verkündet hatten und die pakistanische Armee empfindliche Verluste zu verzeichnen hatte, die sich nicht aus eigener Kraft überwinden ließen. Der Krieg hatte Indien und Pakistan etwa im gleichen Maße Menschen und Material gekostet. Aber Indien hatte bereits seit dem Konflikt mit China beträchtlich aufgerüstet und verfügte über eigene Rüstungsfabriken, so daß der Kriegsverlust relativ geringe Auswirkungen hatte und leicht zu verschmerzen war. Pakistan dagegen verfügte über keine eigene Rüstungskapazität und hatte sich auf seine teuren und komplizierten amerikanischen Panzer verlassen, von denen ihnen die Inder nahezu 300 abgeschossen hatten, die es nun zu ersetzen galt. Der Aufrüstungssprung, der für Indien vor 1965 lag, vollzog sich in Pakistan erst danach, und man mußte dabei mehr als zuvor in die Tasche des Steuerzahlers greifen, weil die früher so großzügig gewährte amerikanische Militärhilfe ausblieb. Die sowjetischen Bemühungen um Pakistan waren jedoch nur von kurzer Dauer. Sie entwickelten sich in den ersten Jahren der Amtszeit Indira Gandhis, die zunächst von der Sowjetunion mit Skepsis betrachtet wurde. Man hielt sie für eine schwache Kompromißkandidatin und wußte, daß Indien inzwischen so sehr auf sowjetische Rüstungshilfe angewiesen war, daß es nichts gegen eine Hilfe für Pakistan einwenden konnte. In dem Maße, in dem Indira Gandhi innenpolitisch ihre Macht konsolidierte, wurde sie auch für die Sowjetunion zur ernstzunehmenden Gesprächspartnerin. Der Abschluß des indisch-sowjetischen Freundschaftspaktes wenige Monate nach Indira Gandhis großem Wahlsieg von 1971 machte dies besonders deutlich. Der Pakt enthielt wenig Konkretes und entsprang nicht einer indischen Initiative, sondern dem Plan Leonid Breshnevs, der möglichst viele Länder der Dritten Welt für eine derartige Verbindung mit der Sowjetunion zu gewinnen versuchte. In diesem Werben war er nicht sehr erfolgreich, aber Indien tat ihm den Gefallen, den Pakt zu unterzeichnen. Für eine neue Auseinandersetzung mit Pakistan, die 1971 bevorstand, war es für Indien zudem sehr nützlich, die Sowjetunion auf seiner Seite zu wissen. Das war freilich nicht Breschnews Absicht gewesen, und die Sowjetunion stand dem indischen Eingriff, der zur Befreiung Bangladeshs führte, zunächst recht skeptisch gegenüber.

Der Zerfall Pakistans und die entscheidende Rolle, die Indira Gandhi dabei spielte, machten Indien eindeutig zur Vormacht in

Südasien. Der Gang der Ereignisse bewirkte es, daß Indien dabei das stolze Gefühl haben konnte, diese Stellung im Alleingang erreicht zu haben. Die Zurückhaltung der Sowjetunion, die offene, aber wirkungslose Feindseligkeit der Amerikaner, die Neutralität Chinas, das seinem Bundesgenossen Pakistan wieder nicht zur Hilfe eilte, schufen eine Situation, wie sie sich Indien gar nicht besser wünschen konnte. Wie bei ihren innenpolitischen Erfolgen sah es auch in diesem Fall so aus, als habe Indira Gandhi all das vorausschauend geplant, während sie in Wirklichkeit nichts dergleichen getan hatte, sondern nur die Situation kühn zu nutzen verstand. Der Flüchtlingsstrom von Ost-Bengalen nach West-Bengalen hatte Indien schwer belastet. Die Schreckensherrschaft der pakistanischen Armee verhieß weiteres Unheil. Indira Gandhi war rund um die Welt gereist und hatte darum gebeten, man möge Einfluß auf Pakistan nehmen, damit das Unheil abgewendet werden und die Flüchtlinge zurückkehren könnten. Erst als sie dabei auf taube Ohren traf, entschied sie sich zum offenen militärischen Eingriff, nachdem zuvor bereits die bengalischen Freiheitskämpfer von indischer Seite inoffiziell unterstützt worden waren. Die Operation erwies sich als unvermutet rascher Erfolg, zumal Pakistan nicht wagte, im Westen eine zweite Front zu eröffnen. Die Erinnerung an die indischen Panzer vor Lahore war wohl noch allzu frisch.

Die Beziehungen Indiens zu dem mit seiner Hilfe befreiten Bangladesh waren freilich nicht unproblematisch. Niemand ist gern zu Dank verpflichtet, vor allem wenn der, gegenüber dem die Verpflichtung gilt, ein übermächtiger Nachbar ist. Indien tat gut daran, seine Truppen rasch wieder abzuziehen und sich aus den inneren Angelegenheiten des unruhigen Nachbarlandes herauszuhalten. Zugleich gelang es Indira Gandhi im Zusammenwirken mit dem neuen pakistanischen Präsidenten Bhutto, die Beziehungen zu dem geschlagenen Pakistan vorübergehend zu normalisieren. Bhutto war in früheren Jahren als junger Außenminister Ayub Khans ein Scharfmacher gewesen, hatte das Bündnis mit China herbeigeführt und schließlich durch seine intransingente Haltung in der Krise von 1971 die Spaltung Pakistans bewirkt, die ihm insgeheim recht war, weil er nur in West-Pakistan an die Macht kommen konnte, während in einem geeinten Pakistan dem Bengalen Mujibur Rahman die Macht gebührt hätte, da er die Mehrheit hatte. Als Präsident wurde Bhutto zum nüchternen Realpolitiker, der wußte, daß er sich mit Indien arrangieren mußte, um die Hände frei zu haben für die innenpolitischen Probleme, die unter anderem darin bestanden, daß es auch in West-Pakistan Autonomiebestrebungen einzelner Provinzen gab, die durch das bengalische Beispiel ermutigt wurden.

Nach dem erfolgreichen Eingriff in Bangladesh war das nächste bedeutsame Signal, das Indira Gandhi setzte, die indische Atomexplosion des Jahres 1974. Indien, das wurde damit gezeigt, wollte sich nicht nur die «atomare Option» offenhalten, sondern war auch in der Lage, sie zu nutzen. Im übrigen sprach man geflissentlich von einem «Sprengsatz» und vermied das Wort «Bombe». Die Explosion wurde als wissenschaftliches Experiment deklariert, das der Entwicklung der Atomenergie zu friedlichen Zwecken dienen solle. Die Explosion setzte einer langen Debatte ein Ende, die in Indien und in den verschiedenen internationalen Gremien seit Jahren geführt worden war. Zu Zeiten Nehrus hatte Indien sich intensiv für die Einstellung der Atombombentests eingesetzt und als eine der ersten Nationen den Moskauer Vertrag von 1963 hierzu unterschrieben. Unter dem Eindruck der chinesischen Atomexplosion von 1964 weigerte sich Indien jedoch, den nächsten Vertrag zu unterschreiben, der der Verbreitung der Atombombe Einhalt gebieten sollte. Dieser Atomsperrvertrag sicherte nur die Hegemonie der Mächte, die bereits im Besitz der Bombe waren, und hätte Indien die Möglichkeit der Selbstverteidigung genommen. Shastri hatte sich zwar dem Vertrag widersetzt, zugleich aber betont, daß Indien nicht daran denke, eine eigene atomare Potenz aufzubauen. Statt dessen wollte er die Großmächte dafür gewinnen, einen «atomaren Schirm» über Indien zu halten und es damit der Sorge um die Selbstverteidigung zu entheben. Gerade dieser Plan rief bei den Befürwortern der indischen Atomoption einen Sturm der Entrüstung hervor. Wo bleibt die Bündnisfreiheit, so hieß es, wenn man sich unter die atomare Schirmherrschaft von Großmächten stelle. Der «Schirm» wurde bald nicht mehr erwähnt, im übrigen führte Indira Gandhi zunächst die Politik Shastris weiter. Dabei kam es zu gewissen Spannungen mit der Sowjetunion, der nach Absprache der Großmächte die Aufgabe zugefallen war, Indien für den Atomsperrvertrag zu gewinnen. Es bestand ein Konsensus darüber, daß man diesen Vertrag nicht unterschreiben solle, aber über die Wahrnehmung der «atomaren Option» gab es Meinungsverschiedenheiten. Das «Experiment» von 1974 bedeutete in dieser Hinsicht einen geschickten Mittelweg. Die Option wurde demonstrativ wahrgenommen, da man aber nicht von einer Bombe sprach, entzog sich Indien der Frage, ob es eigentlich im Besitz eines Waffensystems sei, das diese Option strategisch bedeutsam machen könne. Dennoch gab es nun Schwierigkeiten mit der Anlieferung von Uran, das Indien für seine Kernreaktoren bisher weitgehend aus Amerika bezogen hatte.

Indiens Verhältnis zu den Vereinigten Staaten von Amerika war im Laufe der Jahre vielfachen Stimmungsumschwüngen unterworfen. Zur Zeit der Paktpolitik des amerikanischen Außenministers John Foster Dulles war das Verhältnis sehr gespannt. In der Amtszeit des Präsidenten Kennedy wurde Indien aktiv unterstützt und als «größte Demokratie der Welt» gefeiert. Gemeinsamkeiten wurden betont und

Differenzen vergessen. Mit dem amerikanischen Engagement in Vietnam traten die Differenzen wieder hervor. Indien hatte gute Beziehungen zu Hanoi und mißbilligte die amerikanische Intervention. Der Tiefpunkt wurde 1971/72 erreicht, als Nixon zunächst Indira Gandhi kein Gehör schenkte, als sie ihn darum bat, Pakistan zum Nachgeben zu bewegen, und dann zur Zeit des indischen Eingriffs in Bangladesh eine Drohgeste in Gestalt einer Flottenexpedition vollführte. Nixons Bemühungen um China konnten in Indien ebenfalls nur Mißtrauen erwecken. Erst nach der Wahl Carters und dem bald darauf folgenden Amtsantritt Morarji Desais schien sich eine Verbesserung der Beziehungen anzubahnen. Desai galt als antikommunistisch und pro-westlich. Carter war von der Politik seiner Vorgänger nicht belastet. Dennoch blieben einige Gegensätze bestehen, insbesondere die unterschiedliche Einstellung zum Atomsperrvertrag. Hier zeigte sich Desai ebenso standhaft wie seine Vorgänger und trat sogar noch härter auf, als er Carter aufforderte, doch erst einmal die amerikanischen Atombomben zu verschrotten, ehe er anderen Nationen Vorschriften mache. Über das demonstrative «Experiment» von 1974 war Desai jedoch gar nicht glücklich, da es seiner Ansicht nach mehr Probleme geschaffen als gelöst hatte.

Die Rückkehr Indira Gandhis an die Macht im Jahr 1980 fand zu einem Zeitpunkt statt, in dem sich eine weltpolitische Konstellation abzeichnete, die Indien zwar belastete, ihm aber als regionaler Vormacht auch eine bedeutsame Rolle zuwies. Die islamische Revolution im Iran, der sowjetische Einmarsch in Afghanistan und die neuerliche Aufwertung Pakistans als Partner des Westens verwandelte Südasien, das seit Jahrzehnten außerhalb des unmittelbaren Interesses der Weltpolitik gestanden hatte, weil sich dort allenfalls lokal begrenzte Konflikte abspielten, in einen Krisenherd, der allgemeine Aufmerksamkeit beanspruchte. Deshalb wurde Indiens Stellungnahme besonders wichtig. Indira Gandhi kritisierte bereits vor ihrem Amtsantritt die sowjetische Intervention in Afghanistan, hielt sich aber später zurück, weil von amerikanischer Seite Pakistan in einer Weise hofiert wurde, wie dies seit langer Zeit nicht mehr geschehen war. Die Andeutung einer Achse Washington – Peking – Islamabad konnte Indien nur bedenklich stimmen. Die Beziehungen Indiens zu China blieben nach wie vor problematisch. China hatte kein besonderes Interesse daran, sein Verhältnis zu Indien zu normalisieren. Es hatte 1962 erreicht, was es wollte, und konnte sich nun taub stellen. Indien wiederum wußte, daß China die Gebiete, die es besetzt hielt, nicht wieder herausgeben werde. Jede Verhandlung darüber mußte peinlich werden, weil sie den Verzicht auf indisches Territorium offenkundig machen würde. So ergab sich eine gegenseitige Verschwörung des Schweigens. Als Indien schließlich 1979 mit dem Besuch des indischen Außenministers in Peking einen ersten Schritt zur Aussöhnung machte, griff China ausgerechnet in diesem Moment Vietnam an, mit dem Indien seit langer Zeit in freundschaftlichen Beziehungen stand. Die überstürzte Abreise des indischen Außenministers aufgrund dieser überraschenden Provokation zeigte deutlich, daß dieser erste Schritt zur Normalisierung eher einen Rückschritt als einen Fortschritt bedeutete.

Die außenpolitischen Optionen waren für Indira Gandhi in ihrer zweiten Amtsperiode sehr begrenzt. Die Freundschaft zur Sowjetunion, die für sie keineswegs eine ideologische Herzenssache war, blieb notgedrungen die Grundlage der indischen Außenpolitik. Der Freundschaftspakt, den sie 1971 unterschrieben hatte, war für sie damals nur ein Rückversicherungsvertrag gewesen, der mit der Befreiung Bangladeshs seinen Zweck erfüllt hatte. Die Tatsache, daß die Sowjetunion sich bei jedem der gegenseitigen Staatsbesuche ausdrücklich auf den Freundschaftspakt berief, war ihr gar nicht angenehm, zumal Indien ja auch weiterhin eine Führungsposition unter den bündnisfreien Nationen einnahm.

Die Initiative Bangladeshs, die schließlich zur Gründung der SAARC (South Asian Association for Regional Cooperation) führte, wurde von Indira Gandhi, die gern bilateral und aus einer Position der Stärke mit den Nachbarn verhandelte, nicht begrüßt. Doch konnte sie sich ihr auch nicht mit guten Gründen widersetzen, und so fanden noch zu ihrer Zeit die Treffen der Staatssekretäre und Außenminister statt, die den Weg zum Gipfel bahnten, der dann erst 1985 stattfand. Für Rajiv Gandhi war dieses südasiatische Gipfeltreffen in Dhaka einer seiner ersten bedeutsamen internationalen Auftritte. Er schloß sich gern der Meinung der versammelten Regierungschefs an, daß man sich künftig jedes Jahr treffen sollte. In Bangladesh staunte man darüber, denn man hatte höchstens auf ein Treffen alle zwei Jahre gehofft. Rajiv Gandhi war wohl auch ein angenehmerer Gesprächspartner als seine Mutter, doch während man bei ihr genau wußte, woran man war, konnte man das bei Rajiv nicht so leicht feststellen. Südasien braucht ein berechenbares Zentrum in Indien, selbst wenn die Nachbarn dies nicht so deutlich zum Ausdruck bringen würden. Für Indien aber ist es diplomatisch geschickter, SAARC als Forum zu nutzen, als alle Fragen nur bilateral zu behandeln.

Rajiv Gandhis spektakulärste außenpolitische Initiative war das Abkommen mit Sri Lanka von 1987, das zur Entsendung der Indian Peace Keeping Force führte. Es war bedeutsam, daß dies mit stillschweigender Duldung der beiden Supermächte geschah, die auf diese Weise Indiens Rolle als Ordnungsmacht in Südasien anerkannten. Leider war die Initiative nicht von Erfolg gekrönt und erwies sich als ein kostspieliges und frustrierendes Abenteuer für Indien.

Indien hatte einerseits bereits zuvor den Vermittler spielen wollen, andererseits aber auch den Tamil-Rebellen Sri Lankas Unterschlupf in Tamil Nadu gewährt. Die Singhalesen Sri Lankas, die dort in der überwältigenden Mehrheit sind, fühlten sich den Tamilen gegenüber, zu denen sie eben auch die 55 Millionen in Tamil Nadu zählten, als bedrohte Minderheit. Für Junius Jayewardene, den Präsidenten Sri Lankas, war es ein kluger Schachzug, die indische Armee damit zu beauftragen, die Tamil-Rebellen zu entwaffnen. Rajiv Gandhi aber war recht naiv, wenn er glaubte, daß es genüge, 5000 Soldaten nach Sri Lanka zu entsenden und zu erwarten, daß diese die Waffen der Rebellen ohne große Schwierigkeiten einsammeln könnten. Guerillas haben im eigenen Land immer einen Standortvorteil, und die indische Armee konnte später selbst mit mehreren Divisionen nichts gegen sie ausrichten. Statt dessen mußte sich Indien auf längere Zeit als Besatzungsmacht im Norden Sri Lankas einrichten und erwarb sich dadurch auf beiden Seiten keine Freunde. Jayewardenes Nachfolger Ranasinghe Premadasa kündigte dann das Abkommen mit Indien auf und entzog damit der Besatzungsmacht die Legitimation. Rajivs Nachfolger V. P. Singh zog schließlich 1990 die indischen Truppen ab. Angeblich standen sie damals kurz vor einem Sieg über die Rebellen; das könnte erklären, warum diese Rajivs Rückkehr an die Macht fürchteten und ihn im Wahlkampf umbrachten.

Weit erfolgreicher war dagegen Indiens Intervention auf den Malediven, mit der der dortige Staatspräsident 1988 vor einem Staatsstreich gerettet wurde. Indische Fallschirmjäger sicherten den Präsidenten, und indische Kriegsschiffe fingen die flüchtenden Rebellen ab. Die Operation verlief nach Plan und zeigte, daß die indische Ordnungsmacht von Nutzen sein konnte. Peinlich war dagegen die indische Auseinandersetzung mit Nepal, die 1989 zu einer Handelsblockade führte, mit der das Bergkönigreich gefügig gemacht werden sollte. Einer der Hauptstreitpunkte war das Aufenthaltsrecht von Indern in Nepal, das eine Überfremdung durch die Einwanderer befürchtet. Indien hält dem entgegen, daß sich Millionen von Nepalesen in Indien aufhalten. Das trifft zwar zu, ist aber ein schwacher Trost für Nepal, das mit rund 20 Millionen Staatsbürgern nicht mit Indien verglichen werden kann. Der Streit wurde zunächst einmal beigelegt, doch das Problem als solches bleibt bestehen.

Indiens Verhältnis zu Pakistan blieb nach wie vor gespannt, auch wenn die Militärherrschaft dort durch ein demokratisches Regime abgelöst wurde. In außen- und militärpolitischen Fragen spielt das Militär in Pakistan weiterhin die entscheidende Rolle. Zunächst mochte man eine gewisse regionale Entspannung nach dem Abzug der Sowjets aus Afghanistan erwarten, aber für das pakistanische Militär bedeutete das Entfallen der «Frontstaat»-Rolle, die ihm großzügige amerikanische Unterstützung eingebracht hatte, die Notwendigkeit, nun wieder seine bevorzugte Position durch die Konfrontation mit Indien zu sichern. Die politische Destabilisierung Kaschmirs, an der das pakistanische Militär, vor allem der Geheimdienst ISI (Inter-Services Intelligence) nach Kräften mitwirkt, ist von Nutzen, wenn es darum geht, das hohe Militärbudget zu verteidigen, das den Löwenanteil des pakistanischen Staatshaushalts beansprucht. Die Destabilisierung Kaschmirs wird zugleich mit dem Ziel betrieben, den Kaschmirkonflikt zu internationalisieren und der Verpflichtung des Abkommens von Simla (1972) zu entkommen, demzufolge solche Konflikte nur in bilateralen Verhandlungen zwischen Indien und Pakistan zu regeln sind. Die Gewaltverzichtserklärung von 1966 und dieses Abkommen von 1972 waren Zugeständnisse des Besiegten an den Sieger, um ein Faustpfand zurückzubekommen. Nach der Rückgabe wollte man diese Zugeständnisse jeweils so rasch wie möglich vergessen und nahm alle Erinnerungen daran übel. Pakistan hat sich seit seiner Gründung als Gegenstaat zu Indien empfunden. Selbst nach der Sezession Bangladeshs hat es an dieser Vorstellung festgehalten, die das Streben nach der militärischen Parität im Verhältnis zu Indien impliziert. Eine solche Parität konnte nur erreicht werden, wenn Indien und Pakistan Atommächte wurden und sich dann «ebenbürtig» gegenüberstanden. Pakistan hatte seit 1972, als Z. A. Bhutto sich um die «islamische Bombe» bemühte, an diese Art der Parität gedacht. In den 1980er Jahren hat es dann Indien mehrfach drohend auf das pakistanische Potential hingewiesen. Indien hatte wohl spätestens 1995, als es in den Verhandlungen um den Atomwaffensperrvertrag und den Atomteststop (Comprehensive Test Ban Treaty) unter Druck gesetzt wurde, an Atomtests gedacht, um nach dieser Demonstration die Verträge als anerkannte Atommacht unterschreiben zu können. Es war aber durch amerikanischen Druck davon abgehalten worden. Die BJP hatte in ihrem Wahlmanifest betont, daß sie die Tests nach einem Wahlsieg durchführen würde. Dies hätte schon 1996 geschehen können, doch Vajpayee fand zu dieser Zeit nicht die nötige Mehrheit für die Regierungsbildung. Als er im April 1998 dann eine Regierung bilden konnte, erwartete man einen Hinweis auf die Tests in seiner Regierungserklärung, doch erst eine neuerliche Provokation durch Pakistan, der Abschuß einer nordkoreanischen Rakete, die in Pakistan auf den Namen «Ghauri» umgetauft wurde und damit auf den Eroberer Mohammed von Ghor verwies, gab den Anlaß zu den Tests im Mai 1998, die Vajpayee im nachhinein verkündete. Pakistan folgte mit seinen Tests nur wenige Wochen später.

Vajpayee, der an die Doktrin der gegenseitigen Abschreckung glaubte, die sich im Kalten Krieg als gültig erwiesen hatte, versuchte nun auf Pakistan zuzugehen, um auf dieser neuen Grundlage eine

Friedenspolitik zu betreiben. Er fuhr im Februar 1999 demonstrativ mit dem Bus nach Lahore und umarmte seinen pakistanischen Amtskollegen Nawaz Sharif. Augenzeugen haben bemerkt, daß Sharif diese Umarmung peinlich war. Er muß bereits gewußt haben, daß sein Armeechef General Parvez Musharraf Vorbereitungen getroffen hatte, bei Kargil in Kaschmir die indischen Stellungen an der «Line of Control» anzugreifen. Die indischen Truppen wurden während der Wintermonate in wenigen befestigten Stützpunkten zusammengezogen. Die Infiltration von Abschnitten südlich der «Line of Control» durch pakistanische Truppen war daher leicht. Bis Ende Mai würden keine Einsatztruppen aus dem Tal von Kaschmir Kargil erreichen können, weil die Pässe bis dahin nicht passierbar waren. Das Eis schmolz in diesem Jahr aber früher, und so ging Musharrafs Rechnung nicht auf. Er hatte bei diesem ersten konventionellen Krieg unter Atommächten darauf gesetzt, daß indische Truppen es nicht wagen würden, die «Line of Control» zu überschreiten, um die pakistanischen Nachschublinien abzuschneiden. Doch es gelang ihnen auch so, die pakistanischen Truppen zurückzuwerfen. Als Mitte Juni der amerikanische Stabschef General Zinni Musharraf besuchte, um ihn zum Rückzug zu bewegen, willigte Musharraf rasch ein, weil er schon wußte, daß sein Plan gescheitert war. Er bat Zinni jedoch, für Nawaz Sharif eine Einladung Präsident Clintons zu erwirken, damit der Abzug auf höchster Ebene verhandelt werden konnte. Sharif nahm diese Einladung gern an; er bedachte nicht, daß Musharraf ihm damit die Verantwortung für den Abzug zuwies. Als Sharif schließlich merkte, was Musharraf ihm angetan hatte, wollte er sich seiner entledigen, doch statt dessen schickte Musharraf ihn in die Wüste und übernahm die Herrschaft über Pakistan.

Als sich Indien nach dem 11. September 2001 rasch der amerikanischen «Allianz gegen den Terror» anschloß, trat auch Musharraf ihr nach einigem Zögern bei. Pakistanische Fundamentalisten wollten diese Allianz hintertreiben und verübten im Dezember 2001 einen Anschlag auf das indische Parlament. Daraufhin marschierten indische Truppen an der Grenze Pakistans auf, und es kam 2002 zu einer «Krieg-in-Sicht-Krise», die nur mit intensiver amerikanischer Vermittlung entschärft werden konnte. Trotz dieser Belastung trieb die indische Regierung die Vorbereitung der Wahlen in Kaschmir voran, die im Oktober 2002 zu einem unerwarteten Ergebnis führten. Die National Conference, die Partei Sheikh Abdullahs und Farooq Abdullahs, wurde nun von Farooqs Sohn Omar geführt, der Staatsminister in der NDA-Regierung war. Man rechnete allgemein mit einem Wahlsieg dieser Partei, doch statt dessen errang die Kongreßpartei einen beachtlichen Erfolg, ebenso die neugegründete People's Democratic Party (PDP) des früheren Bundesinnenministers Mufti Mohammed Sayed. Die Kongreßpartei bildete eine Koalitionsregierung mit der PDP und ließ, obwohl sie mehr Sitze hatte als diese, der PDP den Vortritt. Der Mufti wurde Ministerpräsident, versprach aber, nach der Halbzeit der Legislaturperiode einem Vertreter der Kongreßpartei das Amt zu übergeben. Der Wechsel fand 2005 statt. Die neue Regierung sicherte dem leidgeprüften Staat eine Periode des Friedens. Unter amerikanischem Druck verhielt sich Pakistan ruhig und stellte die Unterstützung des Terrors in Kaschmir weitgehend ein.

Zu den grotesken Aspekten der militärischen Auseinandersetzungen zwischen Indien und Pakistan gehören die immer wieder aufflammenden Kämpfe auf dem Siachem-Gletscher (ca. 5000 m Höhe) südlich des Karakorum-Gebirges. Es ist dies in jeder Hinsicht ein Niemandsland; selbst die Soldaten, die dort kämpfen, müssen in kurzen Zeitabständen abgelöst werden, um überleben zu können. Zur Zeit des Kaschmirkrieges von 1948 wurde dort nicht gekämpft, und daher gibt es dort auch keine Waffenstillstandslinie. Die pakistanische Seite möchte nun diese Linie bis zum Karakorumpaß verlängern, die indische Seite aber will das nicht zulassen. Volksabstimmungen stehen hier mangels Menschen nicht zur Debatte, so können nur die Waffen sprechen, und das werden sie vermutlich noch lange tun.

Eine kriegerische Auseinandersetzung größerer Art wurde für Indien wesentlich peinlicher: der Golfkrieg. Der Irak, der als säkularer Staat Indien besonders sympathisch war und zu dem es gute Beziehungen unterhielt, gab sich plötzlich islamisch-fundamentalistisch und wurde dazu noch zur Zielscheibe eines internationalen Krieges, dem Indien hilflos zuschauen mußte. Die Repatriierung indischer Arbeitskräfte aus Kuwait war für Indien mit großen wirtschaftlichen Verlusten verbunden. Doch was noch schwerer wog, war der außenpolitische Profilverlust, den Indien in diesem Krieg erlitt. Es war dies die Zeit der Minderheitsregierungen, die ohnehin in ihrer Entscheidungskraft gelähmt waren. Indien vermied es, in diesem Krieg eindeutig Stellung zu beziehen, konnte aber auch keinerlei Vermittlungsdienste anbieten.

Ähnlich unangenehm wie der Golfkrieg von 1991 war für Indien die Wiederaufnahme dieses Kriegs durch Präsident Bush im Jahre 2003. Die USA und Indien waren inzwischen sehr weit aufeinander zugegangen; man konnte sie fast schon als Bündnispartner betrachten. Bush hatte gehofft, daß Indien sich der «Koalition der Willigen» anschließen würde, aber Indien bestand darauf, Truppen nur dann zu entsenden, wenn ein Beschluß der Vereinten Nationen dies legitimiere. Bei seinen Bemühungen um einen ständigen Sitz im Sicherheitsrat war Indien besonders darauf bedacht, die Position der Weltorganisation zu verteidigen.

Indiens außenpolitische Orientierung war durch den Zusammenbruch der Sowjetunion stark verunsichert worden. Es war eine Ironie des Schicksals, daß der umstrittene Freundschaftspakt, der 1991 zur Erneuerung anstand, ausgerechnet wenige Tage vor diesem Zusammenbruch tatsächlich erneuert wurde. Es hatte Zeiten gegeben, wo die Kritik an diesem Vertrag die Überzeugung von seinem Nutzen überwog. Aber mit Gorbatschow wollte jeder gut Freund sein, obwohl man in der indischen Regierung seinen Reformeifer auch mit gewisser Skepsis betrachtete. Bei dem Putschversuch gegen ihn meinte Premierminister Narasimha Rao sogar, so ginge es eben jenen, die mit Reformen zu rasch bei der Hand seien. Was in den folgenden Monaten geschah, muß für die indische Führung geradezu atemberaubend gewesen sein. Man hielt sich aber dann mit Kommentaren zurück und freute sich schließlich, mit Jelzin einen neuen Partner gefunden zu haben.

Die wohlgeordneten Verhältnisse des Kalten Krieges, den Indien zwar immer bedauerte, den es aber als Gegebenheit hingenommen hatte, waren plötzlich dahin. Man hatte am Golf einen heißen Krieg sozusagen vor der Haustür, und statt der zwei Supermächte gab es nur noch eine. Die Beziehungen zu Amerika mußten neu überdacht werden. Die indische Gesellschaft hat durch die große Zahl hochqualifizierter indischer Auswanderer, die in den letzten Jahrzehnten in den Vereinigten Staaten gute Positionen errungen haben, sehr intensive Kontakte mit Amerika, die politischen Beziehungen jedoch waren stets belastet. Von amerikanischer Seite war Indien geradezu in die Arme der Sowjetunion gedrängt worden, und solange es in diesen Armen lag, war es suspekt gewesen. Es kam hinzu, daß Südasien für die Vereinigten Staaten keine hohe Priorität hatte und es nur hin und wieder interessant wurde – so etwa nach dem sowjetischen Einmarsch in Afghanistan. Eine langfristige amerikanische Südasienpolitik gab es nicht, und so pendelte diese Politik – von Indien aus gesehen – zwischen Gleichgültigkeit und Einmischung hin und her. Die Beziehungen zwischen den beiden «größten Demokratien der Welt» werden sich in der Zukunft sicher verbessern, doch sind dazu auf beiden Seiten noch manche Anstrengungen nötig.

Die Beziehungen Indiens zu China sind mindestens ebenso wichtig wie die zu den Vereinigten Staaten. Auf diesem Gebiet konnten nach dem abgebrochenen Außenministerbesuch von 1979 immerhin einige Fortschritte gemacht werden. In den 1980er Jahren klammerte man zunächst einmal alle strittigen Fragen aus und bemühte sich um einen modus vivendi. Dann nahm die Anzahl hochkarätiger Staatsbesuche auf beiden Seiten zu, und schließlich konnte Premierminister Narasimha Rao bei seinem Besuch in China 1993 einen Vertrag unterzeichnen, mit dem man die leidigen Grenzfragen regelte, indem man die «line of actual control» akzeptierte. Das war im Grunde ein indisches Zugeständnis an China, für das keine chinesischen Gegenleistungen zu verzeichnen waren. So gesehen erinnerte dieser Vertrag sehr an den Vertrag von 1954, von dem bereits zuvor die Rede war. Als Gegenleistung hatte Indien damals die Herrschaft Chinas über Tibet anerkannt. Es hätte dafür wohl etwas mehr verlangen dürfen und die Grenze eindeutig festlegen sollen. Die Neuauflage von 1993 bringt Indien auch nicht mehr, und dennoch bemüht sich die indische Regierung, bei jeder Gelegenheit die Legitimität der chinesischen Herrschaft über Tibet zu betonen. Ob dieses Wohlverhalten Indien viel nutzt, bleibt abzuwarten. Auf alle Fälle wird man von indischer Seite darauf achten, daß man mit allen Waffengattungen China gewachsen ist, um nicht erpressbar zu sein.

Indien hat erklärt, niemals einen nuklearen Erstschlag zu unternehmen und sich auf die Abschreckung durch die Fähigkeit zu einem Zweitschlag zu beschränken. Man spricht dabei von einer «minimalen aber ernstzunehmenden Abschreckung» (minimal credible deterrent). Wie man das erreichen will, ist noch nicht ganz geklärt. Indien hat sein Atomwaffenprogramm nicht unter militärstrategischen Gesichtspunkten entwickelt. Das Bemühen um eine indische Fähigkeit auf diesem Gebiet war zunächst rein politisch, es war sozusagen eine Fortsetzung des Freiheitskampfes mit anderen Mitteln. Man strebte die Gleichberechtigung mit den Atommächten an. Dieses Ziel schien mit den Tests von 1998 erreicht zu sein. Auch das Thema «Abschreckung» wurde zunächst rein symbolisch betrachtet. Eine «ernstzunehmende Abschreckung» muß aber operativ gesehen werden. Darüber hatten sich die indischen Politiker kaum Gedanken gemacht. Das indische Militär war an der Planung überhaupt nicht beteiligt gewesen, und die Politiker zögerten auch, die Streitkräfte mit Atomwaffen auszurüsten. Die Sprengköpfe blieben im Gewahrsam der zivilen Behörden. Schließlich kristallisierte sich die Idee einer «Atombombenbereitschaft» (force-in-being) heraus. Die Streitkräfte waren für entsprechende Flugzeuge und Raketen zuständig, die im Ernstfall mit den dann erst freizugebenden Sprengköpfen bestückt werden können. Ein unmittelbarer Vergeltungsschlag wäre unter diesen Umständen nicht möglich, er würde erst nach geraumer Zeit erfolgen können. Das erhöht zwar die Sicherheit und erschwert Terroristen den Zugriff auf einsatzbereite Atomwaffen, beeinträchtigt aber die «ernstzunehmende» Abschreckung. Ein besonderes Problem ergibt sich bei der Rüstung der Kriegsmarine mit Atomwaffen. Schiffe brauchen Sprengköpfe an Bord, wenn sie einsatzbereit sein sollen. Die Entscheidungen, die in Indien auf diesem Gebiet getroffen werden, verdienen daher besondere Aufmerksamkeit. Für China wird die indische Atommacht erst dann eine ernstzunehmende Bedrohung, wenn Indien über Interkontinentalraketen mit über 5000 km Reichweite und eine Flotte von U-Booten verfügt, die von Atomreaktoren getrieben und mit entsprechenden Raketen gerüstet sind. Auf absehbare Zeit ist damit noch nicht zu rechnen.

In jüngster Zeit hat Indien mit China gute Beziehungen gepflegt, und die chinesische Regierung hat Indien geradezu hofiert. Zu Rußland hat Indien nach wie vor ein sehr gutes Verhältnis. Dies drückt sich unter anderem auch in der Zusammenarbeit bei der Entwicklung neuer Waffensysteme aus. Ein Musterbeispiel dafür sind die BRAHMOS, Marschflugkörper, die nach den Flüssen Brahmaputra und Moskwa benannt sind. Sie fliegen mit doppelter Schallgeschwindigkeit, ihr Treibstoff wurde von den Russen, ihr Steuerungssystem von den Indern entwickelt. Mit den USA hat Indien trotz der Weigerung, am Irak-Krieg teilzunehmen, kürzlich ein Quasi-Bündnis geschlossen. Es wird als «Rahmenvereinbarung» und nicht als «Bündnis» bezeichnet, beinhaltet aber eine enge militärische Zusammenarbeit, die sich auch auf die modernste Rüstung und gemeinsame Manöver bezieht. Desgleichen arbeitet Indien auf diesem Gebiet eng mit Israel zusammen, und man könnte geradezu von einer Achse USA – Israel – Indien sprechen. Wie sich die hier geschilderte außenpolitische Konstellation in Zukunft entwickelt, bleibt abzuwarten. Ein großer Unsicherheitsfaktor ist heutzutage die Intervention nichtstaatlicher Akteure in die internationalen Beziehungen. Ein terroristischer Anschlag – man denke nur an den auf das indische Parlament vom Dezember 2001 – kann gefährliche Folgen haben, weil die Terroristen im konventionellen Sinne «unangreifbar» sind und Aktionen gegen sie zu Kriegen zwischen Staaten eskalieren können.

Perspektiven

Das indische Staatswesen blickt auf eine große Tradition zurück. Die kleinen Königreiche in der Gangesebene, das Großreich des Altertums, die Regionalreiche des Nordens und des Südens, die Sultanate, das Mogulreich, das britisch-indische Imperium und schließlich die Bundesrepublik Indien bezeichnen die Stadien seiner vielfältigen Entwicklung. Im Zuge dieser Entwicklung kam es zu einer immer stärkeren Einbeziehung der vielen Regionen des riesigen Landes in den Wirkungskreis einer gemeinsamen Kultur. Selbst die Vielzahl der mittelalterlichen Regionalreiche, die aus nationaler Rückschau als Auswuchs zentrifugaler Tendenzen erscheinen mögen, lieferten ihren Beitrag zu dieser gemeinsamen Kultur, indem sie überall einen Herrschaftsstil reproduzierten, der sich an dem gleichen Vorbild orientierte.

Bis ins späte Mittelalter war die Herrschaftsform nicht die eines Territorialstaates, sondern bestand aus einer Verknüpfung strategischer Punkte – Tempelstädte und Brahmanendörfer, Zitadellen und Handelsknotenpunkte –, die in besonderer Beziehung zum Herrscher standen. Weite Bereiche innerer Autonomie waren dem Zugriff des Herrschers entzogen, und er beschränkte sich darauf, die Rolle des Schiedsrichters zu spielen, der angerufen wurde, wenn es zu Konflikten autonomer Körperschaften kam. Diese Rolle war oft von großer Bedeutung. Auch die Staatsfinanzen waren noch nicht die eines Territorialstaates. Tribut und Eroberungszüge sowie die Kontrolle wichtiger Handelswege waren für den Herrscher wichtiger als die regelmäßigen Abgaben der Bauern. Der Aufstieg des Territorialstaates begann erst in der Neuzeit unter den Großmoguln, die die Grundsteuerverwaltung ausbauten und eine Bürokratie schufen, die auch für ihre Feinde und Nachfolger zum Vorbild wurde. Das Erbe des Militärfeudalismus ihrer unmittelbaren Vorgänger blieb aber im Reich der Großmoguln erhalten. Die wichtigsten Beamten waren immer zugleich auch Offiziere. Militärischer Dienstgrad und ziviler Rang entsprachen einander. Hier brachte die Kolonialherrschaft der bürgerlichen Handelsmacht England einen entscheidenden Wandel. Die Kolonialherren übernahmen weitgehend die Verwaltungsstruktur des Mogulreiches, aber sie trennten die Funktionen von Armee und ziviler Verwaltung und besetzten alle Schlüsselstellungen dieser Verwaltung mit einem zentralen Beamtenkorps, das alle Merkmale einer modernen Bürokratie aufwies: Geregelte Laufbahn und Besoldung, Versetzbarkeit und disziplinierte Einordnung in einen Instanzenzug. Ferner importierten die Kolonialherren ihr bürgerliches Recht und überzogen Indien mit einem engmaschigen Netz von Gerichtshöfen, die sich nicht nur selbst trugen, sondern dem Staat zusätzliche Einkünfte durch Gerichtsgebühren verschafften. Auf diese Weise wurde geradezu eine Omnipräsenz des modernen Territorialstaates gesichert. Die alte Schiedsrichterrolle des indischen Königs wurde an unzählige beamtete Richter delegiert und bis in den letzten Winkel des Landes projiziert. Jeder Bauer, der einen Streit mit seinem Nachbarn hatte, geriet bald in die Maschen dieses Netzes.

Die Kolonialherren beschränkten sich bewußt auf die Aufrechterhaltung von «law and order» (Gesetz und Ordnung); für die weitere Entwicklung des Landes taten sie nichts. Solange für sie die Rechnung stimmte, hielten sie an der Kolonialherrschaft fest. Ernsthafte Dekolonisierungsgedanken kamen ihnen erst in der Weltwirtschaftskrise, als die britische Regierung fürchtete, daß sie im Falle eines britisch-indischen Staatsbankrotts die Schulden Indiens übernehmen müßte und dadurch vielleicht ebenfalls in einen Staatsbankrott hineingeraten könne.

Die Weltwirtschaftskrise tat ein übriges, indem sie die indischen Bauern dem Nationalkongreß in die Arme trieb, der im Freiheitskampf bisher nur von der Bildungsschicht und von Händlern und Industriellen unterstützt worden war. Der Zweite Weltkrieg, in dem Indien vom Schuldner zum Gläubiger Großbritanniens wurde, erleichterte die Gewährung der Unabhängigkeit. Da sich der Prozeß der Machtübergabe ohne gewaltsame Revolution vollzog, konnte die Republik Indien das britische Erbe ungehindert übernehmen. Die Teilung Indiens schmälerte zwar den ererbten Territorialstaat, erleichterte aber auch die Konsolidierung des Erbes. Bürokratie und Armee standen der Republik ohne jeden Bruch in Kontinuität ihrer jeweiligen Tradition zur Verfügung. Die Kontinuität wurde auch dadurch erleichtert, daß sowohl die Beamtenschaft als auch das Offizierskorps bereits in den vorangegangenen Jahrzehnten zunehmend «indisiert» worden waren. Den Kolonialherren hatte es bereits nach dem Ersten Weltkrieg an genügend britischen Bewerbern für den Verwaltungsdienst in Indien gefehlt, und der Zweite Weltkrieg zwang sie dazu, in wachsendem Maße indische Offiziere einzustellen und viele von ihnen auch rasch zu befördern. Für die Führer des Nationalkongresses, die die Macht im Staat übernahmen, war das britische Erbe in Armee und Verwaltung sehr willkommen. Das Offizierskorps pflegte die britische Tradition des unpolitischen Berufssoldatentums und wurde daher zur Stütze und nicht zum Rivalen der neuen politischen Führung; das galt auch für die Beamtenschaft. Solange die Politiker nicht versagten, bestand keine Gefahr, daß sich Offizierskorps und Beamtenschaft verbündeten und sie ausschalteten, wie es in Pakistan geschah. Die demokratische Führung sorgte für die Stabilität der Republik Indien. Ein weiteres Element der Stabilität ist der zentralistisch orientierte indische Föderalismus. Solange sich die zentralen Eingriffe in Grenzen halten und den Landesregierungen der Freiraum bleibt, die regional differenzierten Probleme Indiens zu bewältigen, wird sich dieses System bewähren. Politische Stabilität und Wirtschaftswachstum stehen in einem engen Wechselverhältnis zueinander. Indien hat gute Chancen, in der nächsten Zeit einen großen wirtschaftlichen Aufschwung zu erleben. Es ist nach China der zweite asiatische Riese, der mit großen Schritten voraneilt. Dabei könnte Indien China sogar überholen, weil es eine erprobte Demokratie ist und auf vielen Gebieten der neuen Wissensökonomie beachtliche Leistungen vollbringt, mit denen es China in den Schatten stellen kann. Die zuvor erwähnte «demographische Dividende» kommt Indien in naher Zukunft zugute. Noch erlaubt es die Kaufkraftdifferenz Indien, für geraume Zeit qualifizierte Arbeitsplätze, die bisher meist den westlichen Ländern vorbehalten waren, nach Indien zu transferieren, weil die Informationstechnologie Zeit und Raum überwindet. Indien ist so gesehen ein Globalisierungsgewinner. Das gilt jedoch nicht für die armen Massen Indiens, die noch in den modernen Produktionsprozeß einbezogen werden müssen. Die indischen Bauern sind bereit, die Signale des Marktes aufzunehmen, doch sie können durch sie auch auf tragische Weise in die Irre geleitet werden, wie das Beispiel der Bauern in einigen Gebieten von Andhra Pradesh zeigt, die Selbstmord begingen, weil sie ihre Schulden nicht zahlen und ihre Familien nicht mehr ernähren konnten. Steigende Baumwollpreise hatten sie dazu verleitet, auf ungeeigneten Böden Baumwolle anzubauen und die bescheidenen Getreidearten, von denen sie sich ernährt hatten, zu vernachlässigen. Die zuständige Landesregierung hatte sich zu dieser Zeit begeistert der Förderung der Informationstechnologie gewidmet und die Probleme dieser Bauern vergessen. Die Wahrnehmung der Chancen, die Indien hat, erfordert umfassende Aufmerksamkeit. Indiens freie Presse und seine demokratischen Institutionen sorgen dafür, daß Probleme erkannt und bewältigt werden. Doch ein Land, das ein Sechstel der Menschheit beherbergt, stellt alle, die Sorge um es tragen, vor große Aufgaben. Die bisherige Erfahrung lehrt, daß Indien fähig ist, seine Probleme zu meistern. Es ist ein altes Land mit einer ehrwürdigen Tradition, aber zugleich mit einer überwiegend jungen Bevölkerung, die die Zukunft gestalten wird.

Literaturhinweise und Anmerkungen

Auf Anmerkungen wurde weitgehend verzichtet. Quellennachweise wörtlicher Zitate befinden sich im Text oder am Ende der Literaturhinweise der jeweiligen Kapitel.

Einführende Literaturhinweise

Allgemeine Werke zur indischen Geschichte

A. T. Embree und F. Wilhelm, Indien. Geschichte des Subkontinents von der Induskultur bis zum Beginn der englischen Herrschaft (Fischer Weltgeschichte, Bd. XVII). Frankfurt 1967.
D. D. Kosambi, An Introduction to the Study of Indian History. Bombay 1956.
H. Kulke, Indische Geschichte bis 1750. München 2005.
R. C. Majumdar (Hrsg.), The History and Culture of the Indian People. 11 Bde., Bombay 1951 ff.
M. Mann, Geschichte Indiens. Vom 18. bis zum 21. Jahrhundert. Paderborn 2005.
The New Cambridge History of India (Abkürzung NCHI): Siehe Angaben unter den einzelnen Autoren.
D. Rothermund, Geschichte Indiens vom Mittelalter bis zur Gegenwart. 2. Aufl., München 2006.
V. A. Smith (Hrsg.), The Oxford History of India. Oxford 1919; 3. Aufl., Oxford 1958.
B. Stein, A History of India. Oxford 1998.
R. Thapar, Cultural Pasts. Essays in Early Indian History. New Delhi 2000.
R. Thapar, Early India. From its Origins to AD 1300. London 2002.
O. von Hinüber, Indiens Weg in die Moderne. Geschichte und Kultur im 19. und 20. Jahrhundert. Aachen 2005.
S. Wolpert, A New History of India. 5. Aufl., New York 1997.

Allgemeine Kulturgeschichte

Th. de Bary (Hrsg.), Sources of Indian Tradition. 5. Aufl., New York 1966.
A. L. Basham, The Wonder that was India. London 1954.
J. Filliozat und L. Renou, L'Inde classique. 2 Bde., Paris 1947–53.
H. G. Franz (Hrsg.), Das alte Indien. Geschichte und Kultur des indischen Subkontinents. München 1990.

N. Gutschow und J. Pieper, Indien. Von den Klöstern im Himalaya zu den Tempelstädten Südindiens. Bauformen und Stadtgestalt einer beständigen Tradition. Köln 1978; 9. Aufl. 1993.

N. Ray, A Sourcebook of Indian History, ed. by B. D. Chattopadhyaya. Calcutta 2000.

S. A. A. Rizvi, The Wonder that was India. Bd. II (1200–1700), London 1987.

Literatur, Religion, Kunst und Gesellschaft

G. Bailey und I. Mabbett, The Sociology of Early Buddhism. Cambridge 2003.

H. Bechert und R. Gombrich (Hrsg.), The World of Buddhism. London 1984.

H. Bechert, Der Buddhismus I. Der indische Buddhismus und seine Verzweigung. Stuttgart 2000.

A. Dallapiccola und S. Zingel-Avé Lallement (Hrsg.), Islam and Indian Regions. 2 Bde., Stuttgart 1993.

V. Dalmia und H. von Stietencron (Hrsg.), Representing Hinduism. The Construction of Religious Traditions and National Identity. New Delhi 1995.

L. Dumont, Homo Hirarchicus. The Caste System and its Implications. Chicago 1980.

E. Frauwallner, Geschichte der indischen Philosophie. 2 Bde., Salzburg 1953/56.

S. Fuchs, The Aboriginal Tribes of India. Delhi 1973.

H. von Glasenapp, Die Religionen Indiens. Stuttgart 1955.

H. Goetz, Fünftausend Jahre indischer Kunst. Baden-Baden 1959.

J. Gonda (Hrsg.), A History of Indian Literature. 10 Bde., Wiesbaden 1974 ff.

J. Gonda et.al., Die Religionen Indiens. 3 Bde., Stuttgart 1960–64.

J. C. Harle, The Art and Architecture of the Indian Subcontinent. Harmondsworth 1986.

A. Michaels, Der Hinduismus. Geschichte und Gegenwart. München 1998.

G. Michell, Der Hindu Tempel. Bauformen und Bedeutung. Köln 1979.

A. Schimmel, Der Islam im Indischen Subkontinent. Darmstadt 1983.

U. Schneider, Einführung in den Buddhismus. Darmstadt 1980.

H. W. Schumann, Der historische Buddha. Leben und Lehre. München 1982.

K. S. Singh, People of India: An Introduction. Calcutta 1992.

C. Sivaramamurti, The Art of India. New York 1977.

G. Sontheimer und H. Kulke (Hrsg.), Hinduism Reconsidered. 2. Aufl., Delhi 1997.

H. von Stietencron, Der Hinduismus. München 2001.

M. Weber, Hinduismus und Buddhismus. (Gesammelte Aufsätze zur Religionssoziologie, Bd. 2) Tübingen 1963.

M. Winternitz, Geschichte der indischen Literatur. 3 Bde., Leipzig 1905–22.

Weitere bibliographische Hinweise

H. Bechert und G. von Simson, Einführung in die Indologie. Stand, Methoden, Aufgaben. Darmstadt 1979.

H. Kulke, H.-J. Leue, J. Lütt, D. Rothermund, Indische Geschichte vom Altertum bis zur Gegenwart. Literaturbericht über neuere Veröffentlichungen. (Historische Zeitschrift, Sonderheft X) München 1981.

H. Kulke, Quellen und Literatur, in: ders., Indische Geschichte bis 1750. München 2005, S. 191–241. Erweiterte Bibliographie im Internet http://www. uni-kiel.de/fakultas/philosophie/geschichte.

Einleitung
Umwelt und Geschichte

J. Blenk, D. Bronger, H. Uhlig, Südasien (Fischer Landeskunde, Bd. 2). Frankfurt 1977.
H. Kulke und D. Rothermund (Hrsg.), Regionale Tradition in Südasien. Wiesbaden 1985.
D. Rothermund (Hrsg.), Indien. Kultur, Geschichte, Politik, Wirtschaft, Umwelt. Ein Handbuch. München 1995.
J. E. Schwartzberg (Hrsg.), A Historical Atlas of South Asia. Chicago 1978, 2. Aufl., New York 1992.
R. L. Singh (Hrsg.), India. A Regional Geography. Varanasi 1971.
D. E. Sopher (Hrsg.), Exploration of India. Geographical Perspectives on Society and Culture. Ithaca 1980.
O. H. K. Spate und A. T. A. Learmonth, India and Pakistan. London 1967.
B. Subbarao, The Personality of India. Baroda 1958.

Erstes Kapitel
Die frühen Kulturen im Nordwesten

1. *Vorgeschichte und Induskultur*

D. P. Agrawal und D. K. Chakrabarti (Hrsg.), Essays in Indian Protohistory. Delhi 1979.
B. und R. Allchin, The Rise of Civilization in India and Pakistan. Cambridge 1982.
D. K. Chakrabarti, The External Trade of the Indus Civilization. New Delhi 1990.
A. Ghosh (Hrsg.), An Encyclopedia of Indian Archaeology, 2 Bde., New Delhi 1989.
J. F. Jarrige und M. Lechavellier, Excavations at Mehrgarh, Baluchistan. Their Significance in the Context of the Indo-Pakistan Borderlands, in: South Asian Archaeology, ed. by M. Taddei. Naples 1979, S. 463–535.
J. Marshall, Mohenjo-Daro and the Indus Civilization. 3 Bde., London 1931.
G. L. Possehl (Hrsg.), Ancient Cities of the Indus. Delhi 1979.
G. L. Possehl (Hrsg.), Harappan Civilization. 2. Aufl., New Delhi 1993.
S. Ratnagar, Enquiries into the Political Organization of Harappan Society. Pune 1991.
Vergessene Städte am Indus. Frühe Kulturen in Pakistan vom 8.–2. Jahrtausend v. Chr. Ausstellungskatalog. Mainz 1987.

2. Einwanderung und Seßhaftwerdung der Aryas

Die Indo-Aryas

J. Bronkhorst und M. M. Deshpande (Hrsg.), Aryan and Non-Aryan in South Asia. Interpretation and Ideology. Cambridge, Mass. 1999.
E. Bryan, The Quest for Origins of Vedic Culture. The Indo-Aryan Migration Debate. Oxford 2001.
G. Erdosy (Hrsg.), The Indo-Aryans of Ancient South Asia. Language, Culture and Ethnicity. Berlin 1995.
A. Parpola, The Coming of the Aryans to Iran and India and the Cultural and Ethnic Identity of the Dasas, in: Studia Orientalia, Bd. 64, 1988, S. 195–302.
C. Renfrew, Archaeology and Language: The Puzzle of Indo-European Origins. London 1987.
R. S. Sharma, Looking for the Aryans. Madras 1995.
T. R. Trautmann, Aryans and British India. New Delhi 1997.

Übersetzungen

J. Eggeling, The Shatapatha-Brahmana According to the Text of the Madhyandina School. 5 Bde., Oxford 1882–1900.
K. F. Geldner, Rig-veda. Aus dem Sanskrit ins Deutsche übersetzt. 4 Bde., Cambridge, Mass. 1951–57.
W. D. Whitney, Atharva-Veda Samhita. 2 Bde., Cambridge, Mass. 1905.

Archäologie der vedischen Zeit

D. K. Chakrabarti, Theoretical Issues in Indian Archaeology. New Delhi 1988.
D. K. Chakrabarti, The Early Use of Iron in India. Delhi 1992.
B. K. Thapar, Recent Archaeological Discoveries in India. Paris 1985.
V. Tripathi, The Painted Grey Ware, an Iron Age Culture of Northern India. Delhi 1976.

Frühstaatliche Entwicklung

A. S. Altekar, State and Government in Ancient India. 3. Aufl., Benares 1958.
J. C. Heesterman, The Ancient Indian Royal Consecration. Den Haag 1957.
M. Lal, Settlement History and Rise of Civilization in Ganga-Yamuna Doab, from 1500 B. D. to 300 A. D. Delhi 1984.
W. Rau, Staat und Gesellschaft im alten Indien nach den Brahmana-Texten dargestellt. Wiesbaden 1957.
K. Roy, The Emergency of Monarchy in North India. Eight-Fourth Centuries B. C. as Reflected in the Brahmanical Tradition. New Delhi 1994.
H. Scharfe, The State in Indian Tradition. Leiden 1989.
J. P. Sharma, Republics in Ancient India, c. 1500 BC–500 BC. Leiden 1968.
R. S. Sharma, Material Culture & Social Formations in Ancient India. Madras 1983.
R. S. Sharma, Aspects of Political Ideas and Institutions in Ancient India. 3. Aufl., Delhi 1991.
J. W. Spellman, Political Theory of Ancient India. A Study of Kingship from Earliest Times to circa A. D. 300. Oxford 1964.

R. Thapar, Ancient Indian Social History. Delhi 1978.
R. Thapar, From Lineage to State. Social Formations in Mid-first Millenium BC in the Ganga Valley. Bombay 1984.
M. Witzel (Hrsg.), Inside the Texts. Beyond the Texts. New Approaches to the Study of the Veda. Cambridge, Mass. 1997.
M. Witzel, Das Alte Indien. München 2003.

Anmerkungen

1 Zitate aus dem Rigveda stammen aus Geldner, op. cit.
2 Jaimintiya Upanisad Brahmana, 1, 35, 7 (zitiert nach W. Rau, Staat und Gesellschaft, S. 59).
3 Sapatha Brahmana, 1, 3, 2, 15, (zitiert nach W. Rau, S. 59).
4 Maitrayani Samhita, 1, 8, 3 (siehe auch W. Rau, Töpferei und Tongeschirr im vedischen Indien. Wiesbaden 1972, S. 69).

Zweites Kapitel
Die Großreiche des Altertums

1. Der Aufstieg der Gangeskultur und die Großreiche des Ostens

F. Arrianus, Der Alexanderzug. Indische Geschichte. Zweispr. Ausg. Griechisch/Deutsch. Hrsg. und übers. von O. Wirth und O. von Hinüber. München 1985.
H. Bechert (Hrsg.), The Dating of the Historical Buddha. Die Datierung des historischen Buddha. 3 Bde., Göttingen 1991–97.
G. Bongard-Levin, Mauryan India. New Delhi 1985.
P. H. L. Eggermont, The Chronology of the Reign of Asoka Moriya. Leiden 1956.
R. Fick, Die sociale Gliederung im nordöstlichen Indien zu Buddhas Zeit. Kiel 1897 (Neudruck 1974).
G. Fussman, Central and Provincial Administration in Ancient India: The Problem of the Mauryan Empire, in: Indian Historical Review, Bd. 14, 1987/88, S. 43–72.
E. Hultzsch, Inscriptions of Asoka, Bd. 1 des Corpus Inscriptionum Indicarum. Oxford 1925.
R. C. Majumdar, Classical Accounts of India. Calcutta 1960.
U. Schneider, Die großen Felsen-Edikte Ashokas. Kritische Ausgabe. Übersetzung und Analyse der Texte. Wiesbaden 1978.
R. Thapar, Asoka and the Decline of the Mauryas. London 1961.
R. Thapar, The Mauryas Revisited. Calcutta 1987.
M. Wheeler, Flammen über Persepolis. Alexander der Große und Asien. Berlin 1968.

Urbanisierung

F. R. Allchin, The Archaeology of Early Historic South Asia. The Emergence of Cities and States. Cambridge 1995.
D. K. Chakravarti, Ancient Indian Cities. Delhi 1995.

R. Champakalakshmi, Trade, Ideology and Urbanization: South India 300 BC to AD 1300. Delhi 1996.
G. Erdosy, Urbanisation in Early Historic India. Oxford 1988.
A. Ghosh, The City in Early Historical India. Simla 1973.
H. Härtel, Archaeological Research on Ancient Buddhist Sites, in: H. Bechert (Hrsg.), The Dating of the Historical Buddha. Bd. 1, Göttingen 1991, S. 61-89.
R. S. Sharma, Urban Decay in India (c. 300-c. 1000). New Delhi 1987.
D. Schlingloff, Die altindische Stadt. Wiesbaden 1970.
H. Spodek und D. M. Srinavasan, Urban Form and Meaning in South Asia: The Shaping of Cities from Prehistoric to Precolonial Times. Washington 1993.
V. K. Thakur, Urbanisation in Ancient India. New Delhi 1981.
V. K. Thakur (Hrsg.), Towns in Pre-Modern India. Patna 1994.

Das Arthashastra des Kautalya

R. P. Kangle, The Kautiliya Arthashastra. 3 Bde., Bombay 1960-65.
J. J. Meyer, Das altindische Buch vom Welt- und Staatsleben. Leipzig 1926.
H. Scharfe, Untersuchungen zur Staatslehre des Kautalya. Wiesbaden 1968.
T. R. Trautmann, Kautilya and the Arthashastra. Leiden 1971.

Anmerkungen

1 Maitrayani Samhita, 4, 7, 9 (zitiert nach W. Rau, Staat und Gesellschaft, S. 13).
2 Jaiminiya-Brahmana, 3, 146 (zitiert nach W. Rau, ibid., S. 14).
3 Katakam, 26, 2 (zitiert nach W. Rau, ibid., S. 13).
4 Shatapatha-Brahmana, 1, 4, 1, 14-16.
5 Zitiert nach O. Stein, Megasthenes und Kautilya. Wien 1921.
6 Zitiert nach L. Alsdorf, Asokas Separatedikte von Dhauli und Jaugada. Wiesbaden 1962, S. 36.

2. *Zerfall des Großreiches und die Invasionen des Nordens*

G. Fussman, Documents epigraphiques Kouchans, in: Bulletin de l'Ecole Française d'Extrême-Orient, Bd. 61, 1974, S. 1-66.
H. Härtel, Excavations at Sonkh. 2500 Years of a Town in Mathura District. Berlin 1993.
K. Kartunen, India and the Hellenistic World. Helsinki 1997.
B. L. Lahiri, Indigenous States of Northern India (circa 200 B. C. to 320 A. D.). Calcutta 1974.
J. E. van Lohuizen-de Leeuw, The ‹Scythian› Period. Leiden 1949, Neuaufl. New Delhi 1995.
B. N. Mukherjee, The Rise and Fall of the Kushana Empire. Calcutta 1988.
A. K. Narain, The Indo-Greeks. Oxford 1957.
K. A. Nilakanta Sastri (Hrsg.), Mauryas and Satavahanas, 325 BC-AD 300. Bd. 2 von Comprehensive History of India. Bombay 1956.
W. W. Tarn, The Greeks in Baktria and India. 2. Aufl., Cambridge 1951.

Anmerkungen

1 R. C. Majumdar, Classical Accounts of India. Delhi 1960, S. 286.
2 H. Jacobi, Das Kalakacarya-Kathanakam, in: ZDMG, Bd. 34, 1880, S. 247–318.
3 Für weitere Arbeiten zur Kanishka-Ära und Kushana-Chronologie siehe B. N. Puri, Kushana Bibliography. Calcutta 1977; G. Fussman, Nouvelles inscriptions Shaka: ère d'Eucratides, ère d'Azes, ère Vikrama, ère de Kanishka, in: Bulletin de l'Ecole Française d'Extrême-Orient, Bd. 67, 1980, S. 1–45. M. Alram, D. E. Klimburg-Salter, Coins, Art and Chronology. Essays on pre-Islamic History of the Indo-Iranian Borderland. Wien 1999.
4 F. Kielhorn, Junagadh Inscription of Rudradaman, in: Epigraphia Indica, Bd. 8, 1905, S. 36–49.

3. Das klassische Zeitalter der Guptas

A. Agrawal, Rise and Fall of the Imperial Guptas. Delhi 1989.
B. Ch. Chhabra et al. (Hrsg.), Reappraising Gupta History for S. R. Goyal. New Delhi 1992.
R. Göbl, Dokumente zur Geschichte der iranischen Hunnen in Baktrien und Indien. Wiesbaden 1966.
S. R. Goyal, A History of the Imperial Guptas. Allahabad 1967.
P. L. Gupta, The Imperial Guptas. 2 Bde., Varanasi 1974–79.
S. K. Maity, The Imperial Guptas and their Times, c. AD 300–550. Delhi 1975.
R. C. Majumdar und A. S. Altekar (Hrsg.), The Vakataka-Gupta Age (c. 200 to 550 A. D.). 2. Aufl., Benares 1954.
B. L. Smith, Essays on Gupta Culture. New Delhi 1983.
F. Virkus, Politische Strukturen im Guptareich (300–550 n. Chr.). Wiesbaden 2004.

Anmerkungen

1 J. F. Fleet, Inscriptions of the Early Gupta Kings and their Successors. Bd. 3 von Corpus Inscriptionum Indicarum. Calcutta 1888, S. 1–17.
2 Zitiert nach San Shih, A Record of the Buddhist Countries by Fa-hsien. Peking 1957, S. 34 f.

4. Der Aufstieg Südindiens

H. Bakker, The Vakatakas. An Essay in Hindu Iconology. Groningen 1997.
H. Bakker (Hrsg.), The Vākāṭaka Heritage. Indian Culture at Crossroads. Groningen 2004.
V. Begley und R. D. de Puma, Rome and India. The Ancient Sea Trade. Delhi 1992.
M. F. Boussac und J. F. Salles (Hrsg.), Athens, Aden and Arikamedu. Essays on the Interrelations between India, Arabia and the Eastern Mediterranean. New Delhi 1995.
L. Casson (Hrsg.), The Periplus Maris Erythraei. Princeton, NJ 1989.

R. M. Cimino (Hrsg.), Ancient Rome and India: Commercial and Cultural Contacts between the Roman World and India. New Delhi 1994.
A. Parasher-Sen (Hrsg.), Social and Economic History of Early Deccan. Some Interpretations. Delhi 1993.
M. G. Raschke, New Studies in Roman Commerce with the East, in: H. Temperoni und W. Haase (Hrsg.), Aufstieg und Niedergang der römischen Welt, Bd. II, 9, 2. Berlin 1978, S. 604–681.
H. P. Ray, Monastery and Guild. Commerce under the Satavahanas. Delhi 1986.
A. M. Sastri, Early History of the Deccan. Problems and Perspectives. Delhi 1987.
K. A. Nilakanta Sastri, A History of South India from Prehistoric Times to the Fall of Vijayanagara. Madras 1955.
B. Stein (Hrsg.), Essays on South India. New Delhi 1975.
N. Subrahmanian, Sangam Policy: The Administration and Social Life of the Sangam Tamils. Bombay 1966.
E. H. Warmington, The Commerce between the Roman Empire and India. Cambridge 1928.
M. Wheeler, Der Fernhandel des Römischen Reiches. München 1965 (englischer Titel: Rome beyond the Imperial Frontiers. London 1955).
J. Wiesehöfer, Mare Erythraeum, Sinus Persicus und Fines Indiae. Der indische Ozean in hellenistischer und römischer Sicht, in: S. Conermann (Hrsg.), Der Indische Ozean in historischer Perspektive. Hamburg 1998, S. 9–36.
G. Yazdani (Hrsg.), The Early History of the Deccan. 2 Bde., London 1960.
K. V. Zvelebil, The Smile of Murugan. On Tamil Literature of South India. Leiden 1973.

Anmerkungen

1 G. Sontheimer, Biroba, Mhaskoba und Khandoba. Ursprung, Geschichte und Umwelt von pastoralen Gottheiten in Maharashtra. Wiesbaden 1976, S. 16 ff.
2 G. W. F. Hegel, Vorlesungen über die Philosophie der Geschichte. Stuttgart 1961, S. 215 ff.
3 W. H. Schoff, The Periplus of the Erythraean Sea. London 1912, S. 44 ff.
4 Zitiert nach M. Wheeler.
5 Ibid.

Drittes Kapitel
Die Regionalreiche des frühen Mittelalters

1. Entstehung und Konflikte der Regionalreiche

B. D. Chattopadhyaya, The Making of Early Medieval India. Delhi 1994.
H. Kulke (Hrsg.), The State in India 1000–1700. New Delhi 1995.
R. C. Majumdar, Ancient India. 6. Aufl., Delhi 1971.
B. P. Sahu (Hrsg.), Land System and Rural Society in Early India. New Delhi 1997.

Nordindien

P. Bhatia, The Paramaras (c. 800–1305 AD). Delhi 1970.
B. D. Chattopadhyaya, Origins of the Rajputs: The Political, Economic and Social Processes in Early Medieval Rajasthan, in: Indian Historical Review, Bd. 3, 1976, S. 59–82.
D. Devahuti, Harsha: A Political Study. London 1970.
M. Njammasch und A. Schmiedchen, Maitraka-Studien. Berlin 1993.
B. N. Puri, The History of the Gurjara-Pratiharas. Delhi 1958.
H. C. Ray, The Dynastic History of Northern India, Early and Medieval Period. 2 Bde., Calcutta 1931–36.
C. Schnellenbach, Geschichte als «Gegengeschichte»? Historiographie in Kalhanas Rajatarangini. Kiel 1995.
D. R. Sharma, Rajasthan through the Ages. Bikaner 1966.

Ostindien

S. Bhattacharya, Landschenkungen und staatliche Entwicklung im frühmittelalterlichen Bengalen (5. bis 13. Jh. n. Chr.). Wiesbaden 1984.
G. Berkemer, Little Kingdoms in Kalinga. Ideologie, Legitimation und Politik regionaler Eliten. Stuttgart 1993.
D. K. Chakravarti, Ancient Bangladesh. A Study of Archaeological Sources. Delhi 1992.
R. C. Majumdar (Hrsg.), The History of Bengal. Bd. 1: Hindu Period. 2. Aufl., Patna 1971.
B. M. Morrison, Political Centers and Cultural Regions in Early Bengal. Arizona 1970.
S. K. Panda, Herrschaft und Verwaltung im östlichen Indien unter den Späten Gangas (ca. 1038–1434). Wiesbaden 1986.

Zentral- und Südindien

M. Abraham, Two Medieval Merchant Guilds of South India. New Delhi 1988.
A. S. Altekar, Rashtrakutas and their Times. 2. Aufl., Poona 1967.
J. D. M. Derrett, The Hoysalas. A Medieval Indian Royal Family. Madras 1957.
K. R. Hall, Trade and Statecraft in the Age of the Colas. New Delhi 1980.
J. Heitzman, Gifts of Power: Lordship in an Early Indian State. Delhi 1997.
N. Karashima, History and Society in South India: The Cholas to Vijayanagara. New Delhi 2001.
K. A. Nilakanta Sastri, The Colas. 2. Aufl., Madras 1955.
G. W. Spencer, The Politics of Expansion. The Chola Conquest of Sri Lanka and Sri Vijaya. Madras 1983.
B. Stein, Peasant State and Society in Medieval South India. New Delhi 1980.

Anmerkungen

1 Hsiuen-tsang (übers. von S. Beal), Buddhist Record of the Western World. Bd. 2, London 1906, S. 256.
2 F. Kielhorn, Inscription of Pulakeshin II, in: Epigraphia Indica, Bd. 6, 1900, S. 1–12.

3 R. G. Bhandarkar, Karhad Inscription of Krishna III Saka-Samvat 88, in: Epigraphia Indica, Bd. 4, 1896, S. 278.
4 Translated by K. A. Nilakanta Sastri, A Tamil Merchant Guild in Sumatra, in: Tijdschrift voor Indische Taal-, Land- en Volkenkunde, Bd. 72, 1932, S. 321–25.

2. Könige, Fürsten und Priester: Strukturprobleme hinduistischer Reiche

B. D. Chattopadhyaya, Aspects of Rural Settlements and Rural Society in Early Medieval India. Calcutta 1990.

N. Dirks, The Hollow Crown. 2. Aufl., Ann Arbor 1995.

L. Gopal, Samanta – Its Varying Significance in Ancient India, in: Journal of the Royal Asiatic Society of Great Britain and Ireland, 1963, S. 21–37.

D. N. Jha (Hrsg.), The Feudal Order. State, Society and Ideology in Early Medieval India. New Delhi 2000.

H. Kulke, Jagannatha-Kult und Gajapati-Königtum. Ein Beitrag zur Geschichte religiöser Legitimation hinduistischer Herrscher. Wiesbaden 1979.

R. S. Sharma, Indian Feudalism: c. 300–1200. Calcutta 1965.

D. Shulman, The King and the Clown in South Indian Myth and Poetry. Princeton, NJ 1986.

D. C. Sircar (Hrsg.), Land System and Feudalism in Ancient India. Calcutta 1966.

G. W. Spencer, Religious Networks and Royal Influence in Eleventh Century South India, in: Journal of the Economic and Social History of the Orient, Bd. 12, 1969, S. 42–56.

Y. Subbarayalu, The Cola State, in: Studies in History (New Delhi), Bd. 4, 1982, S. 265–306.

Anmerkungen

1 G. Bühler, Madhuban Copper-plates of Harsha, in: Epigraphia Indica, Bd. 1, 1882, S. 67–75.
2 D. C. Sircar, Banpur Copper-plates of Ayasobhita II, in: Epigraphia Indica, Bd. 29, S. 32 ff.

3. Götter, Tempel und Dichter: Die Entstehung der Regionalkulturen

H. Bakker (Hrsg.), The Sacred Center as the Focus of Political Interest. Groningen 1992.

D. Eck, Banaras. City of Light. London 1983.

J. Ensink, Problems of the Study of Pilgrimage in India, in: Indologica Taurinensia, Bd. 2, 1974, S. 57–80.

A. Eschmann, H. Kulke, G. C. Tripathi (Hrsg.), The Cult of Jagannath and the Regional Tradition of Orissa. New Delhi 1978.

H. von Glasenapp, Die Heiligen Stätten Indiens. Die Wallfahrtsorte der Hindus, Jainas und Buddhisten. München 1928.

N. Gutschow und A. Michaels, Benares. Tempel und religiöses Leben in der heiligen Stadt der Hindus. Köln 1993.

H. Kulke, Cidambaramahatmya. Eine Untersuchung der religionsgeschichtlichen und historischen Hintergründe der Entstehung der Tradition einer südindischen Tempelstadt. Wiesbaden 1970.
H. Kulke, Kings and Cults. State Formation and Legitimation in India and Southeast Asia. New Delhi 1993.
J. Rösel, Der Palast des Herrn der Welt. Entstehungsgeschichte und Organisation der indischen Tempel- und Pilgerstadt Puri. München 1980.
D. D. Shulman, Tamil Temple Myths. Princeton, NJ 1980.
B. Stein (Hrsg.), South Indian Temples. An Analytical Reconsideration. New Delhi 1978.
K. Sundaram, The Simhachalam Temple. Waltair 1984.

Anmerkungen

1 H. W. Schomerus, Die Hymnen des Manikka-Vashaga (Tiruvashaga). Jena 1923, S. 65 ff.
2 H. W. Schomerus, Shivaitische Heiligenlegenden (Periyapurana and Tiruvatavurar-Purana). Jena 1923, S. 131.

4. Indiens Einfluß in Südostasien: Ursachen und Wirkungen

K. N. Chaudhuri, Trade and Civilisation in the Indian Ocean. An Economic History from the Rise of Islam to 1750. Cambridge 1985.
G. Coedès, The Indianized States of Southeast Asia. Honolulu 1968.
K. R. Hall, Maritime Trade and State Development in Early Southeast Asia. Honolulu 1984.
H. Kulke, Maritimer Kulturtransfer im Indischen Ozean: Theorien zur «Indisierung» Südostasiens im 1. Jahrtausend n. Chr., in: Saeculum 56 (2005), S. 173–98.
I. W. Mabbett, The «Indianization» of Southeast Asia. I. Reflections on the Prehistoric Sources; II. Reflections on the Historical Sources, in: Journal of Southeast Asian Studies, Bd. 8, 1977, S. 1–14; S. 143–61.
H. P. Ray, The Winds of Change. Buddhism and the Maritime Links of Early South Asia. Delhi 1994.

Anmerkung

1 P. Pelliot, Le Fou-nan, in: Bulletin de l'Ecole Française d'Extrême-Orient, Bd. 3, 1903, S. 269.

Viertes Kapitel
Religionsgemeinschaften und Militärstaaten im Spätmittelalter

1. Die islamische Eroberung Nordindiens und das Delhi-Sultanat

M. Habib, Politics and Society during the Early Medieval Period. New Delhi 1974.
M. Habib und K. A. Nizami, The Delhi Sultanate, Bd. 5 von A Comprehensive History of India. New Delhi 1970.

S. B. P. Nigam, Nobility under the Sultans of Delhi. AD 1206–1398. Delhi 1968.
K. A. Nizami, Some Aspects of Religion and Politics in India during the Thirteenth Century. Delhi 1972.
T. Raychaudhuri and I. Habib (Hrsg.), The Cambridge Economic History of India. Bd. I, c. 1200 – c. 1750. Cambridge 1982, S. 45–101.

Anmerkungen

1 E. C. Sachau, Alberuni's India. Berlin 1888; Neudruck Delhi 1964, S. 22 ff.
2 Tarikh-i-Firuz Shahi (übers. H. M. Elliot and I. Dowson), The History of India, As Told by Its Own Historians. Bd. 3, London 1867.
3 M. A. Stein, Kalhana's Rajatarangini or Chronicle of the Kings of Kashmir. Neudruck Delhi 1961, Bd. 1, S. 154.
4 Siehe Anm. 2.

2. Die Staaten Zentral- und Südindiens im Zeitalter des Delhi-Sultanats

Dekkhan

H. K. Sherawani, The Bahmanis of the Deccan. Hyderabad 1953.
H. K. Sherwani und M. P. Joshi (Hrsg.), History of Medieval Deccan 1295–1724. 2 Bde., Hyderabad 1973/74.

Orissa und Vijayanagara

A. Dallapiccola und S. Zingel-Avé Lallement (Hrsg.), Vijayanagara. City and Empire. New Currents of Research. Wiesbaden 1985.
V. Filliozat, L'épigraphie de Vijayanagara du début à 1377. Paris 1973.
J. M. Fritz und G. Michell, City of Victory. Vijayanagara – the Medieval Hindu Capital of Southern India. New York 1991.
N. Karashima, Towards a New Formation. South Indian Society under Vijayanagara Rule. Delhi 1992.
A. Krishnaswami, The Tamil Country under Vijayanagara. Annamalai 1964.
P. K. Mishra (Hrsg.), Comprehensive History and Culture of Orissa. 2 Bde., New Delhi 1997.
R. Sewell, A Forgotten Empire. 1900; Neudruck New Delhi 1962.
B. Stein, Vijayanagara, NCHI. Bd. I. 2, Cambridge 1989.

Anmerkungen

1 B. Ch. Chhabra, Chateshvara Temple Inscription, in: Epigraphia Indica, Bd. 29, 1952, S. 121–33.
2 N. N. Vasu, Copper-plate Inscriptions of Narasimha II., in: Journal of the Asiatic Society of Bengal, 1896, S. 229–71.
3 Tarikh-i-Firuz Shahi (übers. von H. M. Elliot and J. Dowson), The History of India. As Told by Its Own Historians. Bd. 3, London 1867.
4 Zitiert nach Sewell, A Forgotten Empire, S. 268 f.

Anhang 463

Fünftes Kapitel
Aufstieg und Zerfall des Mogulreiches

1. Die Großmoguln und ihre Widersacher

F. Anwar, Nobility under the Mughals, 1628–1658. New Delhi 2001.
M. Athar Ali, The Mughal Nobility under Aurangzeb. Kalkutta 1966.
Babur, Babur-nama. Engl. Übersetzung von A. Beveridge. 2 Bde., London 1921.
S. Chandra, Parties and Politics at the Mughal Court. Kalkutta 1959.
V. G. Dighe, Peshwa Baji Rao I. and Maratha Expansion. Bombay 1944.
J. Gommans, Mughal Warfare. London 2002.
A. Fazl, The Akbar-nama of Abul Fazl. Engl. Übersetzung von H. Beveridge. 3 Bde., Kalkutta 1898.
S. Gordon, The Marathas, 1600–1818. Cambridge 1993.
I. Habib, The Agrarian System of Mughal India, 1556–1707. Bombay 1963.
D. H. Kolff, Naukar, Rajput and Sepoy. The Ethnohistory of the Military Labour Market in Hindustan, 1450–1850. Cambridge 1990.
A. R. Kulkarni, Maharashtra in the Age of Shivaji. Pune 1969.
S. Moosvi, The Economy of the Mughal Empire. Delhi 1987.
J. F. Richards, The Mughal Empire. Cambridge 1993.
G. S. Sardesai, New History of the Marathas. 3 Bde., 2. Aufl., Bombay 1957.
J. Sarkar, History of Aurangzib. 5 Bde., Kalkutta 1912–52.
J. Sarkar, The Fall of the Mughal Empire. 4 Bde., Kalkutta 1932–50.
S. Nath Sen, The Military System of the Marathas. Bombay 1958 (revidierte Neuauflage).
R. Singh, Rise of Jat Power. Delhi 1988.
S. A. I. Tirmizi, Mughal Documents 1526–1627. Delhi 1989.
S. A. I. Tirmizi, Mughal Documents 1628–1659. Bd. 2., Delhi 1996.
R. C. Varma, Foreign Policy of the Great Mughals, 1526–1727. Agra 1967.

2. Indische Landmacht und europäische Seemacht

S. Aiolfi, Calicos und gedrucktes Zeug. Die Entwicklung der englischen Textilveredelung und der Tuchhandel der East India Company, 1650–1750. Stuttgart 1987.
B. S. Ali, Tipu Sultan, A Study in Diplomacy and Confrontation. Mysore 1982.
R. J. Barendse, The Arabian Seas. The Indian Ocean World of the Seventeenth Century. Armonk, N.Y., 2002.
C. R. Boxer, The Dutch Seaborne Empire. London 1965.
K. N. Chaudhuri, The English East India Company. The Study of an Early Joint Stock Company. London 1965.
K. N. Chaudhuri, The Trading World of Asia and the English East India Company, 1660–1760. Cambridge 1978.
S. Chaudhuri, Trade and Commercial Organization in Bengal, 1650–1720. Kalkutta 1975.
A. Das Gupta, Indian Merchants and the Decline of Surat. Wiesbaden 1978.
R. Davis, The Rise of the English Shipping Industry in the Seventeenth and Eighteenth Centuries. London 1972.

G. Dharampal-Frick, Indien im Spiegel deutscher Quellen der Frühen Neuzeit (1500–1750). Tübingen 1994.
H. Furber, Rival Empires of Trade in the Orient, 1600–1800. Minneapolis 1976.
K. Glamann, Dutch-Asiatic Trade, 1620–1740. Kopenhagen 1958.
P. Haudrère, La Compagnie Française des Indes au XVIIIe siècle (1719–1795). Paris 1987.
B. B. Kling und M. N. Pearson (Hrsg.), The Age of Partnership-Europeans in Asia before Dominion. Honolulu 1978.
V. Magalhaes-Godinho, L'Économie de l'Empire Portugais aux XV et XVI Siècles. Paris 1969.
P. Malekandathil, Portuguese Cochin and the Maritime Trade of India. 1500–1663. New Delhi 2001.
K. S. Mathew, Indo-Portuguese Trade and the Fuggers of Germany. New Delhi 1997.
O. Prakash, The Dutch East India Company and the Economy of Bengal, 1630–1720. Princeton 1985.
O. Prakash (Hrsg.), European Commercial Expansion in Early Modern Asia. Aldershot 1997.
M. N. Pearson, Merchants and Rulers in Gujarat. The Response to the Portuguese in the Sixteenth Century. Berkeley 1976.
M. N. Pearson, The Portuguese in India. Cambridge 1987.
M. N. Pearson, The Indian Ocean. London 2003.
T. Pires, The Suma Oriental. An Account of the East 1512–1515 (portugiesischer Text und englische Übersetzung, hrsg. von A. Cortesao). 2 Bde., London 1944.
O. Prakash, European Commercial Enterprise in Pre-Colonial India, Cambridge 1998.
T. Raychaudhuri, Jan Company in Coromandel, 1605–1680. Den Haag 1962.
E. Schmitt (Hrsg.), Dokumente zur Geschichte der europäischen Expansion. 4 Bde., München 1984–88.
S. Subrahmanyam, The Portuguese Empire in Asia, 1500–1700: a Political and Economic History. London 1993.
S. Subrahmanyam, The Career and Legend of Vasco da Gama. Cambridge 1997.
S. Subrahmanyam (Hrsg.), Merchant Networks in the Early Modern World. Aldershot 1996.
N. Steensgaard, The Asian Trade Revolution of the Seventeenth Century. Chicago 1974.
J. Weber, Compagnies et Comtoirs. L'Inde des Français XVII–XXe siècles. Paris 1991.
G. D. Winius und M. P. M. Vink, The Merchant-warrior Pacified: the VOC (the Dutch East India Company) and its Changing Political Economy in India. Delhi 1994.

3. Der Kampf um die Vormacht in Indien

M. Alam, The Crisis of Empire in Mughal North India. Delhi 1986.
F. S. Bajwa, Military System of the Sikhs. Delhi 1964.
J. Gommans, The Rise of the Indo-Afghan Empire, c. 1710–1780. Delhi 1999.

Anhang 465

S. Gordon, Marathas, Marauders and State Formation in Eighteenth-century India. Delhi 1994.
J. S. Grewal, The Sikhs of the Punjab. Delhi 1994.
P. Marshall, The Impeachment of Warren Hastings. London 1965.
P. Marshall, Bengal: The British Bridgehead in Eastern India, c. 1740–1828. Cambridge 1987.
A. R. Pillai, The Private Diary of Ananda Ranga Pillai. A Record of Matters Political Historical Social and Personal, From 1736–1761. Hrsg. von F. Price. Bd. 1, Madras 1907.
I. Prasad, India in the Eighteenth Century. Allahabad 1973.
M. Stukenberg, Die Sikhs. München 1995.
A. Wink, Land and Sovereignty in India. Agrarian Society and Politics under the Eighteenth-century Maratha Svarajya. Cambridge 1986.

Sechstes Kapitel
Die Epoche der Kolonialherrschaft

1. Company Bahadur: Händler und Herrscher

Anonym, Considerations upon the East India Trade. London 1701 (nachgedruckt in: East Indian Trade. Selected Works, 17th Century. London 1968).
M. Frenz, Vom Herrscher zum Untertan. Spannungsverhältnisse zwischen lokaler Herrschaftsstruktur und Kolonialverwaltung in Malabar zu Beginn der britischen Herrschaft, 1790–1805. Stuttgart 2000.
H. Furber, John Company at Work. A Study of European Expansion in India in the late Eighteenth Century. London 1951.
R. Guha, A Rule of Property for Bengal. An Essay on the Idea of Permanent Settlement. Paris 1963.
B. B. Kling, Partner in Empire. Dwarkanath Tagore and the Age of Enterprise in Eastern India. Berkeley 1976.
D. Kopf, British Orientalism and the Bengal Renaissance. The Dynamics of Indian Modernization 1773–1835. Berkeley 1969.
M. Mann, Bengalen im Umbruch. Die Herausbildung des britischen Kolonialstaates, 1754–1793. Stuttgart 2000.
M. Mann, Britische Herrschaft auf indischem Boden. Landwirtschaftliche Transformation und ökologische Destruktion im ‹Central Doab›, 1801–1854. Stuttgart 1992.
B. B. Misra, The Central Administration of the East India Company 1773–1834. Manchester 1959.
S. N. Mukherjee, Sir William Jones. A Study in Eighteenth Century British Attitudes to India. Cambridge 1968.
P. Nightingale, Trade and Empire in Western India, 1784–1806. Cambridge 1970.
C. H. Philips, The East India Company, 1784–1834. Manchester 1940 (Neudruck 1961).
S. N. Sen, Eighteen Fifty-Seven. Kalkutta 1958.
N. K. Sinha, The Economic History of Bengal. 3 Bde., Delhi 1975.

E. Stokes, The English Utilitarians and India. Oxford 1959.
E. Stokes, The Peasant and the Raj. Studies in Agrarian Society and Peasant Rebellion in Colonial India. Cambridge 1978.

2. Das britisch-indische Imperium

B. H. Baden-Powell, The Land Systems of British India. 3 Bde., London 1892.
C. A. Bayly, Rulers, Townsmen and Bazaars. North Indian Society in the Age of British Expansion 1770–1870. Delhi 1992.
S. Bhattacharya, Financial Foundations of the British Raj, 1858–1872. Simla 1971.
S. Förster, Die mächtigen Diener der britischen East India Company. Ursachen und Hintergründe der britischen Expansionspolitik in Südasien, 1793–1819. Stuttgart 1992.
M. V. Jain, Outlines of Indian Legal History. Bombay 1972.
S. R. Mehrotra, The Emergence of the Indian National Congress. New Delhi 1971.
T. R. Metcalf, Ideologies of the Raj. Cambridge 1995.
M. D. Morris und C. B. Dudley, Selected Railway Statistics for the Indian Subcontinent, 1853–1946/47, in: Artha Vijnana (Gokhale Institute of Politics and Economics, Pune), Bd. 17, Nr. 3, 1975.
M. Pernau-Reifeld, Verfassung und politische Kultur im Wandel. Der indische Fürstenstaat Hyderabad, 1911–1948. Stuttgart 1992.
P. Robb, The Government of India and Reform, 1916–1921. Oxford 1976.
D. Rothermund, Die politische Willensbildung in Indien, 1900–1960. Wiesbaden 1965.
D. Rothermund, Government, Landlord and Peasant in India. Agrarian Relations under British Rule 1865–1935. Wiesbaden 1978.
A. Rumbold, Watershed in India, 1914–1922. London 1979.
A. Seal, The Emergence of Indian Nationalism. Competition and Collaboration in the Later Nineteenth Century. Cambridge 1968.
P. Sharan, The Imperial Legislative Council of India from 1861 to 1920. New Delhi 1961.
W. Simon, Die britische Militärpolitik in Indien und ihre Auswirkungen auf den britisch-indischen Finanzhaushalt, 1878–1910. Wiesbaden 1974.
D. Thorner, Investment in Empire. British Railway and Steam Shipping Enterprise in India, 1825–1849. Philadelphia 1950.
S. Wolpert, Tilak and Gokhale. Revolution and Reform in the Making of Modern India. Berkeley 1962.
S. Wolpert, Morley and India, 1906–1910. Berkeley 1967.

3. Entwicklung und Unterentwicklung

S. Ambirajan, Classical Political Economy and British Policy in India. Cambridge 1978.
A. K. Bagchi, Private Investment in India, 1900–1939. Cambridge 1972.
R. Chandavarkar, The Origins of Industrial Capitalism in India: Business Strategies and the Working Classes in Bombay, 1900–1940. Cambridge 1994.

K. N. Chaudhuri und C. Dewey (Hrsg.), Economy and Society. Essays in Indian Economic and Social History. New Delhi 1979.
A. Gerschenkron, Economic Backwardness in Historical Perspective. Cambridge (Mass.) 1962.
S. Guha (Hrsg.), Growth, Stagnation or Decline? Agricultural Production in British India. Delhi 1992.
M. M. Islam, Bengal Agriculture 1920–1946. A Quantitative Study. Cambridge 1979.
M. M. Islam, Irrigation, Agriculture and the Raj: Punjab, 1887–1947. New Delhi 1997.
J. M. Keynes, Indian Currency and Finance. London 1913.
N. Mansergh (Hrsg.), The Transfer of Power in India. Bd. 2., London 1971.
M. D. Morris, The Emergence of an Industrial Labor Force in India. A Study of the Bombay Cotton Mills, 1854–1947. Berkeley 1965.
D. Naoroji, Poverty and Un-British Rule in India. London 1901.
H. Papendieck, Britische Managing Agencies im Indischen Kohlenbergbau, 1893–1918. München 1980.
M. G. Ranade, Essays on Indian Economics. Madras 1920.
R. Ray, Industrialization in India. Growth and Conflict in the Private Corporate Sector, 1914–1947. New Delhi 1979.
R. Ray (Hrsg.) Entrepreneurship and Industry in India, 1800–1947. Delhi 1994.
D. Rothermund, India's Silver Currency, 1876–1893. An Aspect of the Monetary Policy of British Imperialism, in: Indian Economic and Social History Review, Bd. 7, Nr. 1, 1970, S. 91–107.
D. Rothermund, An Economic History of India. From Pre-colonial Times to 1991. 2. Aufl., London 1993.
T. Roy, Traditional Industry in the Economy of Colonial India. Cambridge 1999.
T. Roy, The Economic History of India, 1857–1947. New Delhi 2000.
A. Satyanarayana, Andhra Peasants under British Rule. Agrarian Relations and the Rural Economy, 1900–1940. New Delhi 1990.
G. Schuster, Private Work and Public Causes. A Personal Record 1881–1978. Cowbridge 1979.
K. T. Shah, World Depression. Madras 1933.
R. Specker, Weber im Wettbewerb. Das Schicksal des südindischen Textilhandwerks im 19. Jahrhundert. Wiesbaden 1984.
P. Thakurdas, J. R. D. Tata, et al., A Brief Memorandum Outlining a Plan of Economic Development for India. Bombay 1944.
B. R. Tomlinson, The Political Economy of the Raj. London 1979.

Siebtes Kapitel
Der Freiheitskampf und die Teilung Indiens

1. Der indische Freiheitskampf

S. Banerjea, A Nation in the Making. London 1925.
A. Besant, How India Wrought for Freedom. Madras 1915.
G. D. Birla, In the Shadow of the Mahatma. Bombay 1953.

S. C. Bose, The Indian Struggle, 1920–1934. Kalkutta 1948.
S. C. Bose, The Indian Struggle, 1935–1942. Kalkutta 1952.
P. R. Brass (Hrsg.), The Indian National Congress and Indian Society: 1885–1985. Delhi 1987.
J. Brown, Gandhi. Prisoner of Hope. Oxford 1989.
G. H. Deshmukh (Lokhitwadi), Satapatren (Marathi) Aundh 1940 (Brief 54, 1849).
C. Dobbin, Urban Leadership in Western India. Politics and Communities in Western India, 1840–1885. London 1972.
M. K. Gandhi, My Experiments with Truth. An Autobiography. Boston 1940.
S. Gopal, The Viceroyalty of Lord Ripon. London 1953.
S. Gopal, The Viceroyalty of Lord Irwin, 1926–1931. Oxford 1957.
M. Hauner, India in Axis Strategy. Germany, Japan and Indian Nationalists in the Second World War. London 1981.
C. Heimsath, Indian Nationalism and Hindu Social Reform. Princeton 1964.
G. Johnson, Provincial Politics and Indian Nationalism. Bombay and the Indian National Congress, 1880–1915. Cambridge 1973.
D. Kopf, The Brahmo Samaj and the Shaping of the Modern Indian Mind. Princeton 1979.
R. Kumar (Hrsg.), Essays on Gandhian Politics. The Rowlatt Satyagraha of 1919. Oxford 1971.
H. J. Leue, Britische Indien-Politik, 1926–1932. Wiesbaden 1980.
J. Lütt, Hindu Nationalismus in Uttar Pradesh, 1867–1900. Stuttgart 1970.
R. J. Moore, The Crisis of Indian Unity, 1917–1940. Oxford 1974.
B. R. Nanda, Gokhale. The Indian Moderates and the British Raj. Delhi 1977.
J. Nehru, An Autobiography. London 1936.
B. Ramusack, The Princes of India in the Twilight of Empire. Dissolution of a Patron-Client System, 1914–1939. Columbus 1978.
D. Rothermund, The Phases of Indian Nationalism and other essays. Bombay 1970.
D. Rothermund, India in the Great Depression. Delhi 1991.
D. Rothermund, Mahatma Gandhi. Eine politische Biographie. München 1997.
S. Sarkar, Modern India, 1885-1947. Delhi 1984.
K. Gräfin Schwerin, Indirekte Herrschaft und Reformpolitik im indischen Fürstenstaat Hyderabad, 1853–1911. Wiesbaden 1980.
M. Shakir, Khilafat to Partition. A Survey of Major Political Trends among Indian Muslims during 1919–1947. New Delhi 1970.
D. Washbrook, The Emergence of Provincial Politics. The Madras Presidency, 1870–1920. Cambridge 1976.
J. Voigt, Indien im Zweiten Weltkrieg. Stuttgart 1978.

2. Die Teilung Indiens

A. K. Azad, India Wins Freedom. Bombay 1959.
A. Campbell-Johnson, Mission with Mountbatten. London 1953.
M. Hasan (Hrsg.), India's Partition. Delhi 1993.
H. V. Hodson, The Great Divide. New York 1971.
A. Jalal, The Sole Spokesman. Jinnah, the Muslim League and the Demand for Pakistan. Cambridge 1985.

N. Mansergh (Hrsg.), The Transfer of Power. Bd. 3–8, London 1971–79.
V. P. Menon, The Transfer of Power in India. Bombay 1957.
P. Moon (Hrsg.), Wavell. The Viceroy's Journal. London 1973.
R. J. Moore, Churchill, Cripps and India, 1939–1945. Oxford 1979.
R. J. Moore, Escape from Empire. The Attlee Government and the Indian Problem. Oxford 1983.
C. H. Philips und D. Wainwright (Hrsg.), The Partition of India. Policies and Perspectives, 1935–1947. London 1970.
D. Rothermund, Delhi, 15. August 1947. Das Ende kolonialer Herrschaft. München 1998.
F. Tuker, While Memory Serves. London 1950.
S. Wolpert, Jinnah of Pakistan. New York/Oxford 1984.

Achtes Kapitel
Die Republik

1. Die Republik Indien: Staat, Wirtschaft und Gesellschaft

G. Austin, The Indian Constitution, Cornerstone of a Nation. Oxford 1966.
C. Baxter, The Jana Sangh. A Biography of an Indian Political Party. Philadelphia 1969.
M. Brecher, Nehru. A Political Biography. London 1959.
A. S. Burger, Opposition in a Dominant Party System. A Study of the Jan Sangh, the Praja Socialist Party and the Socialist Party in Uttar Pradesh, India. Berkeley 1969.
H. Erdmann, The Swatantra Party and Indian Conservatism. Cambridge 1967.
F. Frankel, India's Green Revolution. Economic Gains and Political Costs. Princeton 1971.
P. S. Ghosh, BJP and the Evolution of Hindu Nationalism. From Periphery to the Centre. New Delhi 1999.
A. H. Hanson, The Process of Planning. A Study of India's Five Year Plans, 1950–1964. London 1966.
Government of India, Report of the States Reorganisation Commission. New Delhi 1955.
C. Jaffrelot, The Hindu Nationalist Movement and Indian Politics, 1925 to the 1990s. London 1996.
S. Kochanek, The Congress Party of India. The Dynamics of One Party Democracy. Princeton 1968.
S. Kochanek, Business and Politics in India. Berkeley 1974.
Inder Malhotra, Indira Gandhi. Freiburg 1992.
V. P. Menon, The Story of the Integration of the Indian States. Bombay 1956.
D. Mookherjee (Hrsg.), Indian Industries: Policies and Performance. Delhi 1995.
W. H. Morris-Jones, Parliament in India. Philadelphia 1957.
W. H. Morris-Jones, The Government and Politics of India. London 1964.
E. M. S. Namboodiripad, The National Question in Kerala. Bombay 1952.
G. Overstreet und M. Windmiller, Communism in India. Berkeley 1959.

J. Rösel, Gestalt und Entstehung des tamilischen Nationalismus. Berlin 1997.

D. Rothermund (Hrsg.), Indien. Kultur, Geschichte, Politik, Wirtschaft, Umwelt. München 1995.

D. Rothermund (Hrsg.), Liberalising India. Progress and Problems. New Delhi 1996.

D. Rothermund, The Role of the State in South Asia and Other Essays. New Delhi 2001.

M. Stukenberg, Der Sikh-Konflikt. Eine Fallstudie zur Politisierung ethnischer Identität. Wiesbaden 1995.

M. Weiner, Party Building in a New Nation. The Indian National Congress. Chicago 1967.

C. Weiß et al. (Hrsg.), Religion, Macht, Gewalt. Religiöser ‹Fanatismus› und Hindu-Muslim-Konflikte in Südasien. Frankfurt am Main 1996.

2. Indien in der Weltpolitik: Von der internationalen Vermittlung zur regionalen Vormacht

P. R. Brass, The Politics of India since Independence. 2. Aufl., Cambridge 1994.

S. Gupta, Kashmir. New Delhi 1966.

C. Heimsath und S. Mansingh, A Diplomatic History of Modern India. Bombay 1971.

R. P. Kangle (Hrsg.), The Kautiliya Arthashastra. 3 Bde., Bombay 1960–65.

Alastair Lamb, The China-India Border. London 1964.

K.-P. Misra (Hrsg.), Studies in Indian Foreign Policy. New Delhi 1969.

B. Prasad, The Origins of India's Foreign Policy. Patna 1960.

D. Rothermund, Indien und die Sowjetunion. Tübingen 1968.

D. R. Sardesai, Indian Foreign Policy in Cambodia, Laos und Vietnam, 1947–1964. Berkeley 1968.

A. Stein, India and the Soviet Union. The Nehru Era. Chicago 1969.

A. Tellis, India's Emerging Nuclear Posture. Santa Monica 2001.

T. T. Tien, India and South East Asia 1947–1960. Genf 1963.

Zeittafel

ca. 6000	Jungsteinzeitliche Siedlungen in Baluchistan, Beginn der Viehzucht und des Ackerbaues.
4. Jahrtausend	Siedlungen im Industal.
2800–2600	Beginn der Induskultur.
2600–1700	Harappa-Kultur der Städte im Industal (Mohenjo Daro, Harappa), Panjab (Kalibangan) und Gujarat (Lothal).
2. Jahrtausend	Einwanderung der Indo-Aryas in Nordwestindien.
1400–900	Frühvedische Zeit (Rigveda), Seßhaftwerdung der Aryas im Panjab und westlichen Ganges-Yamuna-Tal.
ca. 1000	Eisennutzung in Nordwestindien.
900–600	Spätvedische Zeit, Ausbreitung der vedischen Zivilisation im östlichen Gangestal.
800–400	«Bemalte Graue Keramik» im vedischen Siedlungsgebiet.
ab 600	Beginn früher Urbanisierung im östlichen Gangestal (Kausambi eventuell etwas früher), Entstehung der Mahajanapadas.
um 518	Gandhara und Sind werden unter Dareios persische Satrapien.
5. Jh. v. Chr.	Buddha.
um 364	Mahapadma gründet die Nanda-Dynastie.
327–325	Indienzug Alexander des Großen.
um 320	Candragupta gründet das Maurya-Reich.
ca. 268–233	Kaiser Ashoka.
ca. 261	Eroberung Kalingas, Ashokas Hinwendung zum Buddhismus.
ca. 256	Entsendung buddhistischer Missionare in südasiatische und hellenistische Länder.
um 248	Unabhängigkeit der Griechen in Baktrien.
ca. 185	Pushyamitra begründet Shunga-Dynastie (bis 73 v. Chr.).
ca. 155–130	Menander bedeutendster indo-griechischer Herrscher («Milindapanho»).
nach 141	Shakas erobern Baktrien.
ca. 94	Maues, Shaka-König in Nordwestindien.
58	Azes I., Beginn der Vikrama-Ära.
1. Jh. v. Chr.	Aufstieg der Shatavahanas zur Vormacht in Zentralindien.
frühes 1. Jh. v. Chr.	Kharavela von Kalinga. Kujala Kadphises einigt die Yuezhi-Stämme und begründet das Kushana-Reich.
ca. 20–46 n. Chr.	Gondophernes, indo-parthischer König in Taxila; St. Thomas in NW Indien frühes 1. Jh.
Mitte 1. Jh.	Vima Kadphises setzt Eroberung Nordindiens fort.

78	Beginn der Shaka-Ära. Vermuteter Regierungsbeginn König Kanishkas. Unter ihm und seinen Nachfolgern bis Vasudeva I. Blütezeit des Kushana-Reiches.
ab 125	Höhepunkt der Shatavahana-Macht unter Gautamiputra und Vasishthiputra.
150	Rudradaman, Shaka-Kshatrapa von Gujarat.
um 250	Zerfall des Shatavahana-Reiches.
320	Candragupta I. begründet die Gupta-Dynastie.
ca. 335–375	Samudragupta, Expansion des Gupta-Reiches in Nord- und Ostindien, zeitweise bis Südindien.
375–413/15	Candragupta II., Höhepunkt des Gupta-Reiches, Eroberung Westindiens, Verbindung mit den Vakatakas Zentralindiens, Aufschwung der Sanskrit-Dichtung.
405–411	Faxian (Fa-hsien) in Indien.
415–455	Kumaragupta, Friedenszeit des Gupta-Reiches.
455–467	Skandagupta, erster Angriff der Hunnen.
467–497	Buddhagupta, letzter bedeutender Gupta-König.
ca. 500–527	Hunnenherrschaft unter Toramana und Mihirakula in Nordindien.
543–566	Pulakeshin I., Aufstieg der Calukyas von Badami im westlichen Zentralindien.
ca. 574–600	Simhavishnu, Aufstieg der Pallavas von Kanchipuram im östlichen Südindien.
606–647	Harsha von Kanauj, Spätklassik Nordindiens.
609–642	Pulakeshin II., Calukyas Vormacht Zentralindiens.
ca. 630	Pulakeshin schlägt Harsha, Ende der nordindischen Vorherrschaft.
630–643	Xuanzang (Hsiuen-tsang) in Indien.
642	Pallavas erobern Badami, Tod Pulakeshins II., Pallavas Vormacht Südindiens.
680–720	Höhepunkt der Pallava-Macht unter Narasimhavarman II., Kailasanatha-Tempel in Kanchipuram.
711/12	Araber erobern den Sind.
752–756	Dantidurga besiegt Calukyas und gründet Rashtrakuta-Dynastie Zentralindiens.
770–821	Gopala gründet Pala-Reich von Bengalen, unter Dharmapala Vormacht Ostindiens.
783	Vatsaraja begründet Gurjara-Pratihara-Dynastie in Rajasthan.
788–820	Shankara.
ab spätem 8. Jh.	Konflikte zwischen den Regionalreichen.
836–885	Unter Bhoja werden Gurjara-Pratiharas Vormacht Indiens.
ca. 860	König Balaputra von Sumatra gründet Kloster in Nalanda.
871–907	Aditya I. besiegt Pallavas und gründet Cola-Dynastie.
939–968	Krishna III., Rashtrakutas Vormacht Indiens.
949	Krishna III. besiegt den Cola-König Parantaka.
973	Taila stürzt die Rashtrakutas und gründet die Dynastie der Calukyas von Kalyani.

Zeittafel 473

988–1038	Mahipala von Bengalen, erneuter Aufstieg der Palas.
1000–1027	Mahmud von Ghazni plündert in 17 Kriegszügen Nordindien, Zerstörung des Somnath-Tempels (1025).
985–1014	Unter Rajaraja I. werden Colas regionale Großmacht, Unterwerfung Südindiens und Sri Lankas.
1014–1047	Rajendra I., Höhepunkt der Cola-Macht.
1022/23	Colas stoßen bis zum Ganges vor.
1025	Flottenexpedition der Colas nach Südostasien (Shrivijaya).
1070–1120	Kulottunga I. von Vengi wird Cola-König.
1077–1147	Anantavarman Codaganga von Kalinga gründet Ganga-Reich von Orissa.
ca. 1077–1120	Ramapala, letzter bedeutender König der Pala-Dynastie von Bengalen.
1137	Tod Ramanujas.
1179–ca. 1205	Lakshmana Sena von Bengalen.
1192	Muhammad von Ghuri schlägt Rajputenheer unter Prithviraja bei Tarain; Eroberung Nordindiens durch Qutb-ud-din Aibak und Ostindiens durch Muhammad Bakhtyar Khalji.
1206	Aibak begründet das Delhi-Sultanat.
1210–1236	Iltutmish, Sultan von Delhi, Kampf gegen Rajputen Zentral- und Westindiens.
1246–1279	Rajendra Cola III., letzter König der Cola-Dynastie.
um 1250	Erbauung des Sonnentempels von Konarak.
1253–1275	Jatavarman Vira Pandya von Madurai, zeitweiser Aufstieg der Pandyas zur Vormacht Südindiens.
1266–1286	Balban, Sultan von Delhi.
1290–1320	Khalji-Dynastie, Höhepunkt des Delhi-Sultanats.
1293	Marco Polo in Südindien.
1296–1306	Mehrere Angriffe der Mongolen abgewehrt.
1297–1316	Ala-ud-din, Sultan von Delhi, einschneidende Reformmaßnahmen.
1309–1311	Eroberung Südindiens durch Malik Kafur.
1320–1388	Tughluq-Dynastie von Delhi.
1321–1351	Muhammad bin Tughluq.
1327	Daulatabad wird vorübergehend Hauptstadt des Sultanats, beginnender Zerfall des Sultanats.
1334	Madurai selbständiges Sultanat.
1338	Bengalen selbständiges Sultanat.
1336/1346	Gründung des Reiches von Vijayanagara durch Harihara I. (Sangama-Dynastie).
1347	Bahman Shah gründet Bahmani-Sultanat in Zentralindien.
1351–1388	Firoz Shah letzter bedeutender Sultan von Delhi.
1361	Firoz Shah erobert vorübergehend Orissa.
1370	Vijayanagara erobert das Sultanat von Madurai.
1398	Timur plündert Delhi.
1403	Begründung des Sultanats von Gujarat.
1406–1422	Unter Deva Raya II. Eroberung der Ostküste durch Vijayanagara.

1414–1450	Sayyiden regieren als Sultane nur noch den Umkreis von Delhi.
1435–1467	Kapilendra stürzt letzten Ganga-König, begründet Suryavamsha-Dynastie von Orissa.
1450–1526	Lodi-Dynastie, Delhi-Sultanat Vormacht Nordindiens.
1463	Kapilendra stößt bis an den Kaveri-Fluß in Südindien vor, Höhepunkt des Orissa-Reiches.
1481	Ermordung des Ministers Mahmud Gavan des Sultanats Bahmani.
1486–1505	Tulava-Dynastie von Vijayanagara.
ab 1489	Zerfall des Bahmani-Sultanats in Nachfolge-Sultanate (u. a. Bijapur, Golkonda).
1489–1505	Sikandar Lodi, Agra neue Hauptstadt des Delhi-Sultanats.
1498	Vasco da Gama landet in Calicut.
1509–1529	Krishnadeva Raya, bedeutendster König Vijayanagaras, Kämpfe gegen Orissa.
1510	Portugiesen erobern Goa.
1526	Baber besiegt den Sultan von Delhi.
1542–1545	Sher Shah unterwirft Nordindien; neues zentrales Verwaltungssystem.
1554–1556	Humayun besiegt den Nachfolger Sher Shahs.
1556–1605	Humayuns Sohn Akbar konsolidiert das Mogulreich.
1565	Das Heer Vijayanagaras wird von den Nachfolgestaaten des Bahmani-Sultanats bei Talikota geschlagen.
1574	Akbar erobert Gujarat.
1586	Philipp II. von Spanien und Portugal schließt mit den deutschen Kaufleuten Fugger und Welser den Pfefferkontrakt.
1600	Gründung der britischen Ostindiengesellschaft.
1602	Gründung der niederländischen Ostindiengesellschaft.
1605–1627	Unter Jahangir und seiner persischen Gemahlin Nur Jahan Blüte der höfischen Kultur.
1615–1618	Sir Thomas Roe erster britischer Gesandter am Mogulhof.
1627–1658	Shah Jahan erobert große Teile des nördlichen Hochlandes; größte Machtentfaltung des Mogulreiches, Bau des Taj Mahal in Agra, Grabmal der Frau Shah Jahans, und des Roten Forts in Delhi.
1636–1644	Mogulprinz Aurangzeb Vizekönig des Hochlandes.
1646	Shivaji schafft sich im Gebiet von Pune eine Hausmacht.
1655	Aurangzeb überfällt das Sultanat Golkonda.
1658–1707	Aurangzeb führt das Mogulreich zur größten Ausdehnung, überspannt es und bereitet seinen Zerfall vor.
1664	Gründung der französischen Ostindiengesellschaft.
1668–1706	François Martin, Gründer der französischen Kolonialmacht in Indien.
1680	Tod Shivajis.
1681	Aurangzeb verlegt Hauptstadt nach Aurangabad (Maharashtra).
1686–1687	Aurangzeb annektiert Bijapur und Golkonda.

Zeittafel 475

1707–1719	Drei Großmoguln, in rascher Folge von Königsmachern auf den Thron gehoben, präsidieren über den Verfall des Reiches.
1714–1720	Balaji Vishwanath, Minister (Peshwa) des Marathenkönigs Shahu, schafft das neue System zentralisierter Tributeinziehung; Beibehaltung regionaler und lokaler Selbstverwaltung.
1724	Nizam-ul-Mulk Asaf Jah, Vizekönig des Hochlandes und Minister in Delhi, kehrt nach Haiderabad zurück und gründet dort einen faktisch unabhängigen Staat, andere Provinzen des Reiches (z. B. Oudh, Bengalen) folgen diesem Beispiel.
1720–1740	Baji Rao I., Sohn Balajis, Peshwa und Feldherr der Marathen, dehnt seine Herrschaft bis vor die Tore Delhis aus.
1739	Nadir Shah, der Herrscher Persiens, erobert Delhi und plündert den Reichtum der Großmogul.
1742–1754	Gouverneur Dupleix von der französischen Ostindiengesellschaft spielt indische Herrscher gegeneinander aus, setzt von Franzosen ausgebildete indische Söldner ein.
1746	Der französische Admiral La Bourdonnais erobert Madras.
1751	Robert Clive wird durch die Einnahme und Verteidigung der Stadt Arcot berühmt.
1757	Clive schlägt den Nawab von Bengalen in der Schlacht von Plassey und setzt Mir Jafar als Nawab ein.
1760	Die Franzosen werden in der Schlacht von Wandiwash bei Madras von den Briten entscheidend geschlagen.
1761	Die Marathen verlieren die Schlacht von Panipat gegen den Afghanen Ahmad Shah Durrani.
1764	Die Heere des Großmoguls und der Nawabs von Oudh und Bengalen werden bei Baksar (Süd-Bihar) vom Söldnerheer der britischen Ostindiengesellschaft geschlagen.
1765	Clive kehrt als Gouverneur von Bengalen nach Indien zurück und erhält vom Großmogul die Steuerhoheit (Diwani) über Bengalen und Bihar für die Ostindiengesellschaft.
1769	Haider Ali, der 1761 den Thron der Maharajas von Mysore usurpiert hatte, unterwirft weite Gebiete Südindiens.
1770	Hungersnot in Bengalen, ein Drittel der Bevölkerung stirbt.
1773	Regulation Act über die Regierung Indiens durch die Ostindiengesellschaft. Warren Hastings, seit 1772 Gouverneur von Bengalen, wird erster Generalgouverneur.
1782	Haider Ali stirbt, Tipu Sultan setzt den Kampf gegen die Briten in Südindien fort. Hastings schließt mit den Marathen den Frieden von Salbei.
1784	Zweites Gesetz über die Regierung Indiens, Stärkung der Position des Generalgouverneurs, Schaffung einer Aufsichtsbehörde (Board of Control) in London.

1785	Hastings wird nach seiner Heimkehr als Kriegsverbrecher angeklagt. Lord Cornwallis, sein Nachfolger, besiegt Tipu Sultan.
1793	Permanent Settlement (Grundsteuerveranlagung) Bengalens.
1799	Endgültiger Sieg der Briten über Tipu Sultan.
1803	Abtretung der Region Agra-Allahabad durch den Nawab von Oudh.
1818	Endgültiger britischer Sieg über die Marathen.
1843–1848	Konsolidierung der britischen Herrschaft; Sind und Panjab werden annektiert.
1856	Die Briten setzen den Nawab von Oudh wegen «Mißwirtschaft» ab und annektieren den Rest seines Territoriums.
1857	Aufstand der indischen Soldaten der britisch-indischen Armee in Nordindien (Mutiny) und der Grundherren von Oudh.
1858	Ende der Company, Übernahme Indiens durch die Krone.
1861	Errichtung des Imperial Legislative Council mit einigen vom Vizekönig nominierten indischen Mitgliedern.
1877	Königin Victoria nimmt den Titel «Kaiserin von Indien» an.
1880	Britische Niederlage im afghanischen Krieg Gegenstand des Wahlkampfes, Gladstone entsendet den liberalen Vizekönig Ripon.
1885	Gründung des indischen Nationalkongresses, 1. Sitzung in Bombay.
1892	Reform des Imperial Legislative Council.
1905	Teilung Bengalens, Boykott britischer Waren.
1906	Gründung der Muslim-Liga.
1907	Spaltung des Nationalkongresses: «Gemäßigte» und «Extremisten».
1908	Bal Gangadhar Tilak zu sechs Jahren Zuchthaus verurteilt.
1909	Verfassungsreform (Morley-Minto).
1916	Lakhnau-Pakt von Nationalkongreß und Muslim-Liga (Tilak-Jinnah).
1917	Montagu, Erklärung über «Responsible Government».
1919	Rowlatt-Gesetze, Gandhis erste Satyagraha-Kampagne in Indien.
1920	Verfassungsreform (Montagu-Chelmsford).
1920–1922	Gandhis «Nichtzusammenarbeit» und Khilafat-Agitation der Muslims.
1928	Simon-Kommission zur Erarbeitung von Verfassungsreformvorschlägen; Nehru-Report (indischer Entwurf einer Dominion-Verfassung).
1929	Irwins Erklärung zum «Dominion Status».
1930	Gandhis «Salzmarsch» (Civil Disobedience); 1. Konferenz am Runden Tisch in London, vom Kongreß boykottiert.
1930–1931	Einfluß der Weltwirtschaftskrise, die Agrarpreise fallen um die Hälfte; Bauernunruhen werden vom Kongreß politisch genutzt.

Zeittafel 477

1931	Gandhi-Irwin-Pakt, 2. Konferenz am Runden Tisch, Teilnahme Gandhis.
1932	Gandhi-Ambedkar-Pakt: reservierte Sitze statt separate Wählerschaften für die Unberührbaren.
1932–1933	Wiederaufnahme der Kampagne des bürgerlichen Ungehorsams.
1934	Wahlen zum Zentralparlament (Imperial Legislative Council) unter Beteiligung des National-Kongresses.
1935	Verfassungsreform (Government of India Act).
1936	Wahlen der Provinzlandtage, Wahlsiege des Kongresses.
1937	Bildung von Kongreßregierungen in sieben Provinzen.
1939	Kriegsausbruch und Rücktritt der Kongreßregierungen.
1940	«Pakistan Resolution» der Muslim-Liga; Zwei-Nationen-Theorie.
1942	Cripps-Mission; «Quit-India-Resolution»; «August-Revolution».
1944	Gandhi-Jinnah-Gespräche enden ergebnislos.
1945	Simla-Konferenz, Pläne zur Bildung einer nationalen Interimsregierung scheitern an den Forderungen Jinnahs.
1946	Wahlen, starker Stimmenzuwachs für die Muslim-Liga, «Cabinet-Mission», Direct Action Day der Liga (16. August); große Unruhen in Kalkutta; Interimsregierung: Premierminister Jawaharlal Nehru.
1947	Wahlen zur verfassunggebenden Versammlung. Unabhängigkeit und Teilung: Dominion Pakistan 14. August, Dominion India 15. August, Beginn des Kaschmirkonflikts.
1948	Ermordung Gandhis, 30. Januar.
1950	Verfassung der Republik Indien, Staatspräsident Dr. Rajendra Prasad, Premierminister Jawaharlal Nehru.
1951	Nehrus Vermittlung im Koreakrieg.
1952	Erste allgemeine Wahlen, Erfolg der Kongreßpartei.
1952–1956	Erster indischer Fünfjahresplan.
1954	Indischer Vermittlungsversuch im Indochina-Konflikt, Internationale Kontrollkommission unter Vorsitz Indiens, Einbeziehung Pakistans in das amerikanische Bündnissystem (CENTO, SEATO).
1955	Bandung-Konferenz der afro-asiatischen Staaten unter maßgeblicher Beteiligung Indiens, Besuch Bulganins und Chruschtschows in Indien. Bericht der States Reorganisation Commission: Bundesstaaten = Sprachprovinzen.
1957	2. allgemeine Wahlen, Erfolg der Kongreßpartei mit Ausnahme von Kerala (kommunistischer Ministerpräsident: E. M. S. Namboodiripad).
1957–1961	2. Fünfjahresplan, Betonung des Ausbaus der Schwerindustrie, Indien ist auf westliche Wirtschaftshilfe angewiesen.
1959	«President's Rule» in Kerala; Gründung der Swatantra-Partei (rechte Opposition), Flucht des Dalai Lama von Tibet nach Indien, Beginn der offenen Konfrontation Indien – China.

1960	Vertrag über amerikanische Weizenlieferungen (P. L. 480), Abschluß des Induswasservertrages mit Pakistan, Nehrus Vermittlungsversuch (UN) nach dem Scheitern der Pariser Gipfelkonferenz. Teilung des Bundesstaates Bombay: Gujarat und Maharashtra.
1961	Konferenz der bündnisfreien Staaten in Belgrad, Nehru als Sprecher der «Gemäßigten». Gespräche Nehru-Tschou Enlai in Delhi. Indien befreit Goa von portugiesischer Kolonialherrschaft.
1962	Dritte allgemeine Wahlen. Grenzkonflikt mit China.
1962–1966	Dritter indischer Fünfjahresplan.
1964	Tod Nehrus, Wahl des Nachfolgers Lal Bahadur Shastri.
1965	Konflikt mit Pakistan im Rann von Kutch (Gujarat), dann in Kaschmir, indischer Gegenangriff auf Lahore.
1966	Waffenstillstand durch sowjetische Vermittlung, Konferenz von Taschkent; Tod Shastris, Wahl Indira Gandhis; Abwertung der indischen Rupie (ca. 50%); Schlechte Ernte durch Dürrekatastrophe 1966/67, allgemeine wirtschaftliche Rezession.
1967	4. allgemeine Wahlen; Koalitionsregierungen der bisherigen Oppositionsparteien in mehreren Bundesländern, reduzierte Mehrheit des Kongresses im Bundestag.
1968	«Grüne Revolution» nach Zusammenbruch der Agrarpreispolitik in der vorangegangenen Dürrezeit; der Beginn des 4. Fünfjahresplans (1967–1971) wird verschoben (1969–1974).
1969	Wahlen in einigen Bundesländern nach vorangehender «President's Rule», keine Konsolidierung der Position der Kongreßpartei; Spaltung des Nationalkongresses durch Indira Gandhi.
1971	Indira Gandhi zieht die Bundestagswahlen vor und erringt einen großen Wahlsieg; Trennung der bisher gemeinsam abgehaltenen Bundestags- und Landtagswahlen; Freundschaftsvertrag mit der Sowjetunion; mehrere Millionen Flüchtlinge strömen von Ost-Pakistan nach Indien; indische Truppen befreien Bangladesh.
1972	Dürrezeit in Indien; erfolgreicher Dialog mit Pakistan.
1974	Ein weiteres Dürrejahr und die Weltenergiekrise treffen Landwirtschaft und Industrie; Inflationsrate ca. 30%; Eisenbahnerstreik; Atomsprengsatz gezündet.
1975	Protestbewegung gegen die Regierung, geführt von Jayaprakash Narayan, Gerichtsurteil gegen Indira Gandhi wegen Unzulässigkeiten im Wahlkampf; Niederlage der Kongreßpartei bei der Landtagswahl in Gujarat; Indira Gandhi läßt den Notstand erklären und viele Oppositionspolitiker verhaften.
1976	Indira Gandhi verschiebt die fälligen Wahlen und setzt sie dann kurzfristig auf Anfang 1977 an.

1977	Kongreßpartei verliert Bundestagswahl, die Janata-Partei, aus den früheren Oppositionskoalitionen hervorgegangen, kommt an die Macht, Premierminister: M. Desai.
1979	Desai tritt zurück, Charan Singh bildet Interimsregierung, Neuwahlen für den Beginn des nächsten Jahres festgesetzt.
1980	Indira Gandhi gewinnt die Bundestagswahl; Sanjay Gandhi wird Generalsekretär der neuen Kongreßpartei; Tod Sanjay Gandhis beim Absturz seines Privatflugzeuges.
1982	Sheikh Abdullah stirbt, sein Sohn Dr. Farooq Abdullah wird Premierminister von Kaschmir.
1983	Sieg der «Telugu Desam»-Partei in Andhra Pradesh. Ministerpräsident N. T. Rama Rao.
1984	Oktober: Die indische Armee stürmt den Goldenen Tempel von Amritsar (Operation Bluestar), der radikale Sikhführer Jarnail Singh Bhindranwale wird dabei getötet. Indira Gandhi wird von ihren Sikh-Leibwächtern ermordet. Rajiv Gandhi als Premierminister vereidigt. Dezember: Rajiv gewinnt die Bundestagswahlen.
1985	Rajiv unterzeichnet «Panjab Accord» mit den Führern der Sikhs und «Assam Accord» mit den Oppositionsführern dieses Bundeslandes; Wahlen in beiden Bundesländern; erstes Gipfeltreffen der Regierungschefs der Mitglieder der SAARC (= South Asian Association for Regional Cooperation) in Dhaka; Giftgaskatastrophe in Bhopal in einer Fabrik der Union Carbide Co.
1986	Rajiv hält «Panjab Accord» nicht ein.
1987	Niederlage der Kongreßpartei in den Landtagswahlen von Haryana; Juli: Rajiv trifft Abkommen mit Präsident Jayewardene, Sri Lanka. Entsendung der Indian Peace Keeping Force.
1989	Erneute Erstürmung des Goldenen Tempels durch die indische Armee; November: Kongreßpartei verliert Bundestagswahlen, Minderheitsregierung unter Premierminister V. P. Singh (Janata-Partei) geduldet von Kommunisten und Bharatiya Janata Party (BJP).
1990	Oktober: V. P. Singh läßt Lal Advani, Präsident der BJP, bei Prozession in der Nähe von Ayodhya verhaften, Singhs Regierung fällt, wird durch neue Minderheitsregierung unter Premierminister Chandra Shekhar ersetzt, die von der Kongreßpartei geduldet wird.
1991	Minderheitsregierung fällt, Neuwahlen anberaumt. Mai: Rajiv Gandhi von Terroristen (LTTE) ermordet. Kongreßpartei bildet Minderheitsregierung unter Premierminister P. V. Narasimha Rao. Zahlungsbilanzkrise gibt Anlaß zu Wirtschaftsreform, Finanzminister Dr. Manmohan Singh wertet Währung ab, System staatlicher Lizenzen wird abgebaut.

1992	Dezember: Abriß der Moschee von Ayodhya durch fanatisierte Hindus. BJP übernimmt Verantwortung dafür, Bundesregierung entläßt vier BJP-Landesregierungen (Himachal Pradesh, Madhya Pradesh, Rajasthan, Uttar Pradesh).
1993	November: Neuwahlen in den genannten Bundesländern ergeben Verluste der BJP. Dezember: Überläufergruppe im Parlament sichert Mehrheit der Kongreßregierung.
1994	Landtagswahlen in Karnataka und Andhra Pradesh führen zu neuen Regierungsbildungen: Janata Party unter Ministerpräsident Deve Gauda in Karnataka, Telugu Desam Party unter N. T. Rama Rao in Andhra Pradesh.
1995	Landtagswahlen in Gujarat, Maharashtra und Orissa. Die Kongreßpartei siegt nur in Orissa, in Gujarat bildet die BJP die Regierung, in Maharashta eine Koalition aus BJP und Shiv Sena.
1996	April/Mai: Bundesparlamentswahlen, Niederlage der Kongreßpartei, nächststärkste Partei BJP versucht Regierungsbildung unter Premierminister A. B. Vajpayee, der nicht genügend Unterstützung findet. Regierungsbildung durch «Nationale Front» (13 Parteien), Premierminister H. D. Deve Gowda. Minderheitsregierung von der Kongreßpartei geduldet.
1997	Februar: Finanzminister P. Chidambaram legt Staatshaushalt vor (Senkung von Steuern und Zöllen). März: Kongreßpartei kündigt Duldung der Regierung auf, Deve Gowda stürzt, wird durch neuen Premierminister der «Nationalen Front», I. K. Gujral, ersetzt. Dezember: Kongreßpartei kündigt erneut Duldung der Regierung auf. Gujral stürzt.
1998	Februar/März: Neuwahlen, «Nationale Front» erleidet starke Verluste, weder Kongreßpartei noch BJP erringen genügend Sitze für Regierungsbildung, doch es gelingt Vajpayee, eine Koalitionsregierung zu bilden, deren wichtigster Partner die tamilische AIADMK ist. Der bisherige Präsident der Kongreßpartei, Sitaram Kesri, wird von Sonia Gandhi abgelöst. Mai: Indien führt mehrere Atomtests durch, Pakistan folgt wenige Wochen später.
1999	Februar: Vajpayee reist demonstrativ mit dem Bus nach Lahore und umarmt seinen pakistanischen Amtskollegen Nawaz Sharif. April: Die AIADMK verläßt die Koalition, Vajpayee stürzt, amtiert aber bis zu Neuwahlen weiter. Mai: Der pakistanische General P. Musharraf bricht bei Kargil in Kaschmir einen Grenzkrieg vom Zaun, den er erfolglos abbrechen muß. Vajapayee behält die Nerven, gewinnt Neuwahlen im November 1999 und bildet eine stabilere Koalitionsregierung.
2000	März: Der amerikanische Präsident Clinton besucht Indien, unterstützt Vajpayee und tadelt Musharraf. Zusammenarbeit USA – Indien nimmt entscheidenden Aufschwung. Schaf-

	fung von drei neuen indischen Bundesstaaten: Chattisgarh (Ostteil von Madhya Pradesh), Jharkhand (Südteil von Bihar), Uttar Anchal (Nordteil von Uttar Pradesh).
2001	Volkszählung zeigt Rückgang der Geburtenrate, der „demographische Umschlag" ist deutlich erkennbar. Wirtschaftswachstum steigt weiter (ca. 6% pro Jahr). September: Nach dem Terroranschlag auf das World Trade Center schließt sich Indien der „Allianz gegen den Terror" an. Dezember: Terroristen aus Pakistan verüben Anschlag auf das indische Parlament.
2002	„Krieg-in-Sicht-Krise", indische Truppen einsatzbereit an der Grenze Pakistans; die Krise wird durch amerikanische Vermittlung überwunden. Februar: Pogrom in Gujarat, dem Tausende von Muslimen zum Opfer fallen. Narendra Modi, Ministerpräsident von Gujarat, billigt Pogrom und gewinnt darauf Landtagswahl. Oktober: Wahlen in Kaschmir, Niederlage der National Conference, Gewinne der Kongreßpartei und der neuen People's Democratic Party, deren Führer, der frühere indische Innenminister Mufti Mohammed Sayed, Ministerpräsident von Jammu und Kaschmir wird.
2003	Vajpayee bemüht sich erneut um Frieden mit Pakistan und besucht China.
2004	April/Mai: Bundesparlamentswahl; Niederlage der von der BJP geführten Koalition, neue Koalitionsregierung (United Progressive Alliance), geführt von der Kongreßpartei: Premierminister: Dr. Manmohan Singh, Finanzminister: P. Chidambaram.
2005	Die USA und Indien vereinbaren einen Nuklearpakt, der Indien praktisch den bisherigen fünf Atommächten gleichstellt, obwohl Indien den Atomsperrvertrag nicht unterzeichnet hat. In Kaschmir löst Ghulam Nabi Azad (Kongreßpartei) Mufti Mohammed Sayed (People's Democratic Party) als Ministerpräsident ab, wie es in der Koalitionsvereinbarung von 2002 festgelegt worden war.

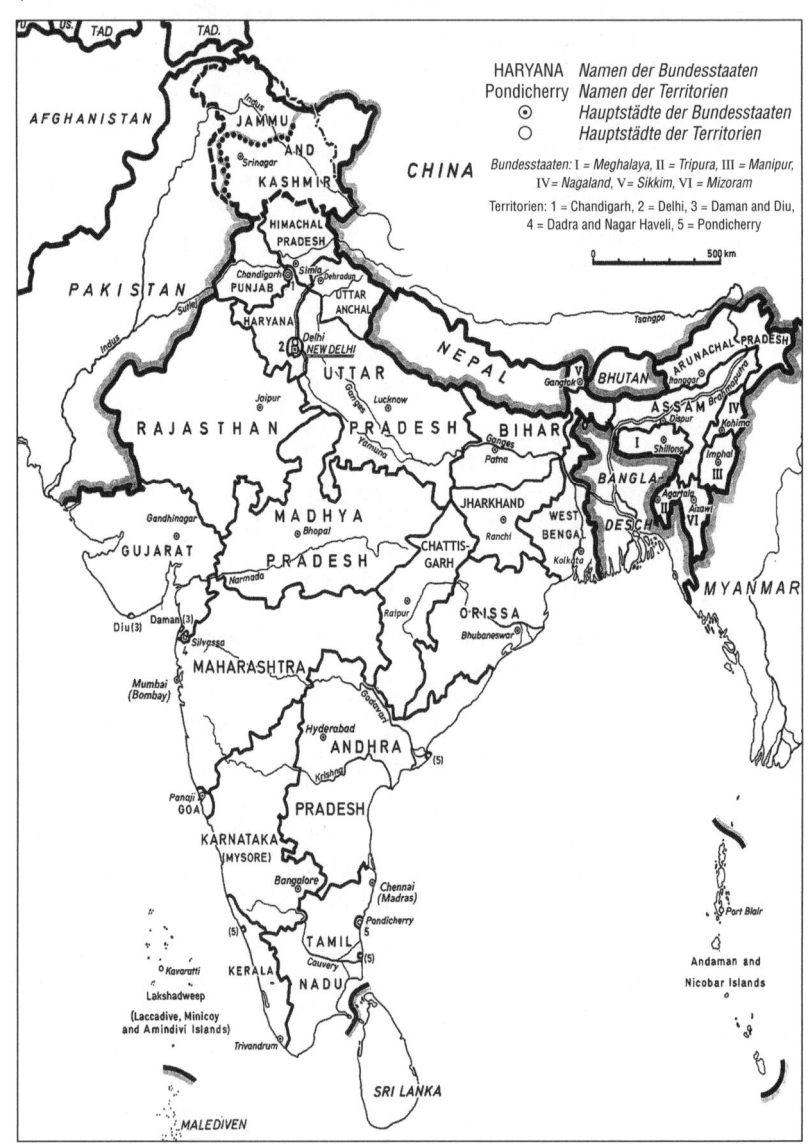

Karte 1: Die politische Gliederung Indiens

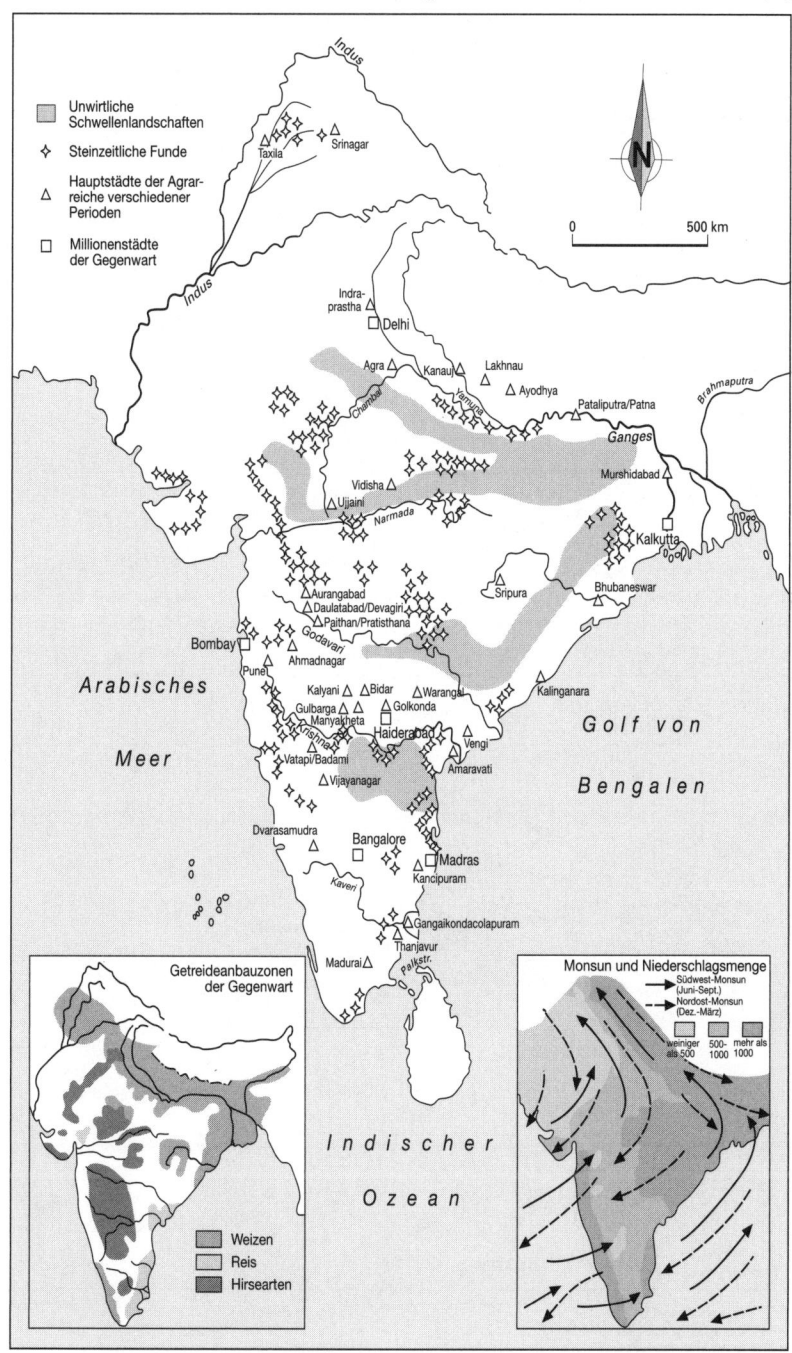

Karte 2: Umwelt und Geschichte

484 Anhang

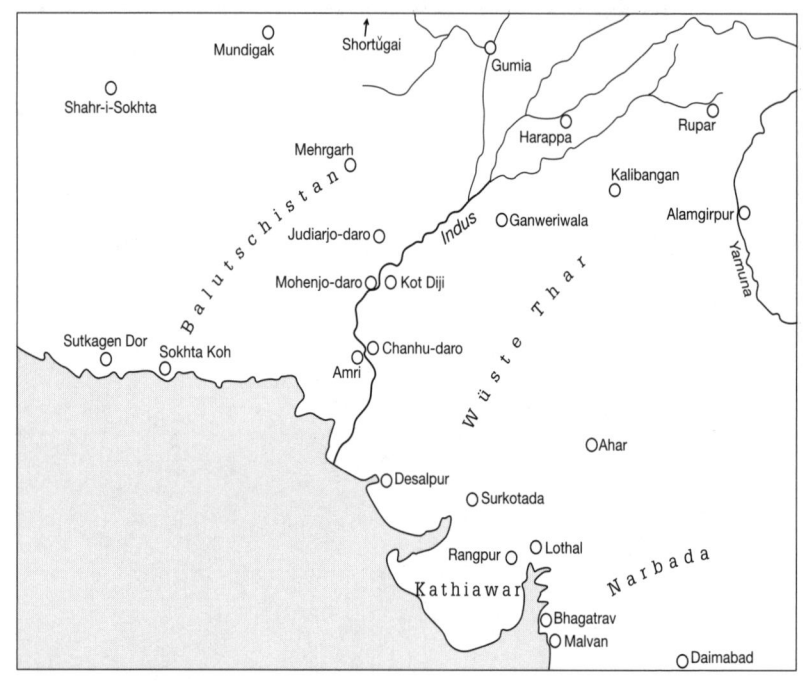

Karte 3: Die Induskultur

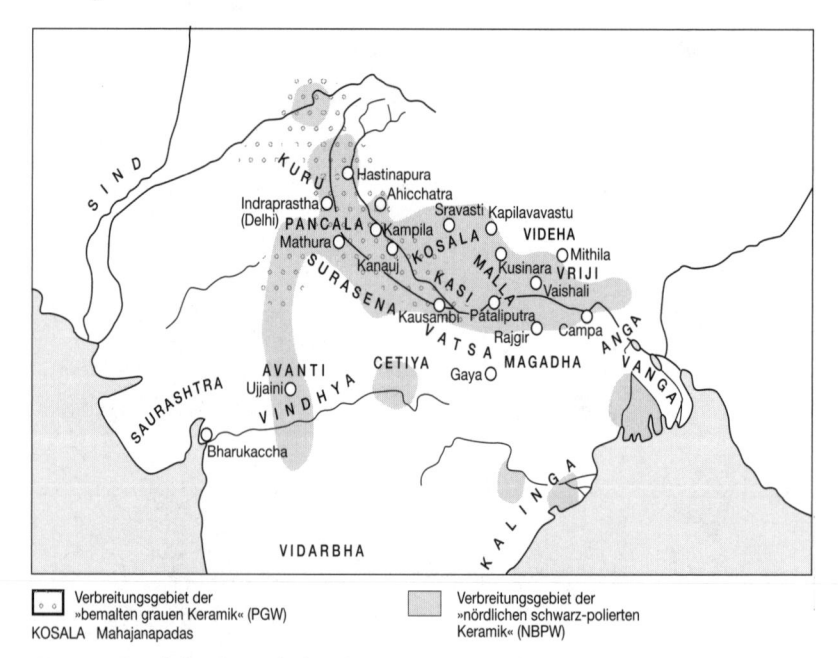

Karte 4: Die frühe Gangeskultur (ca. 1000–500 v. Chr.)

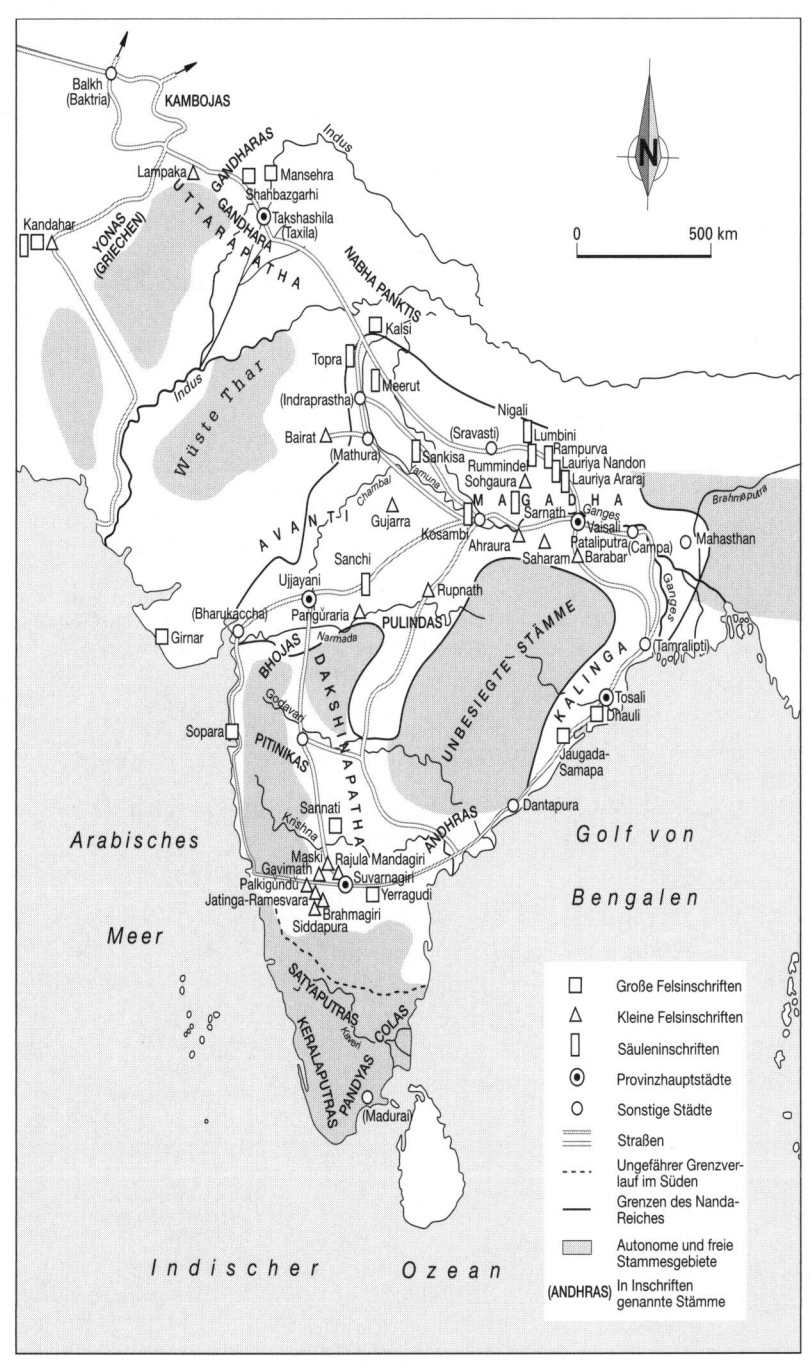

Karte 5: Maurya-Reich unter Ashoka (268–233 v. Chr.)

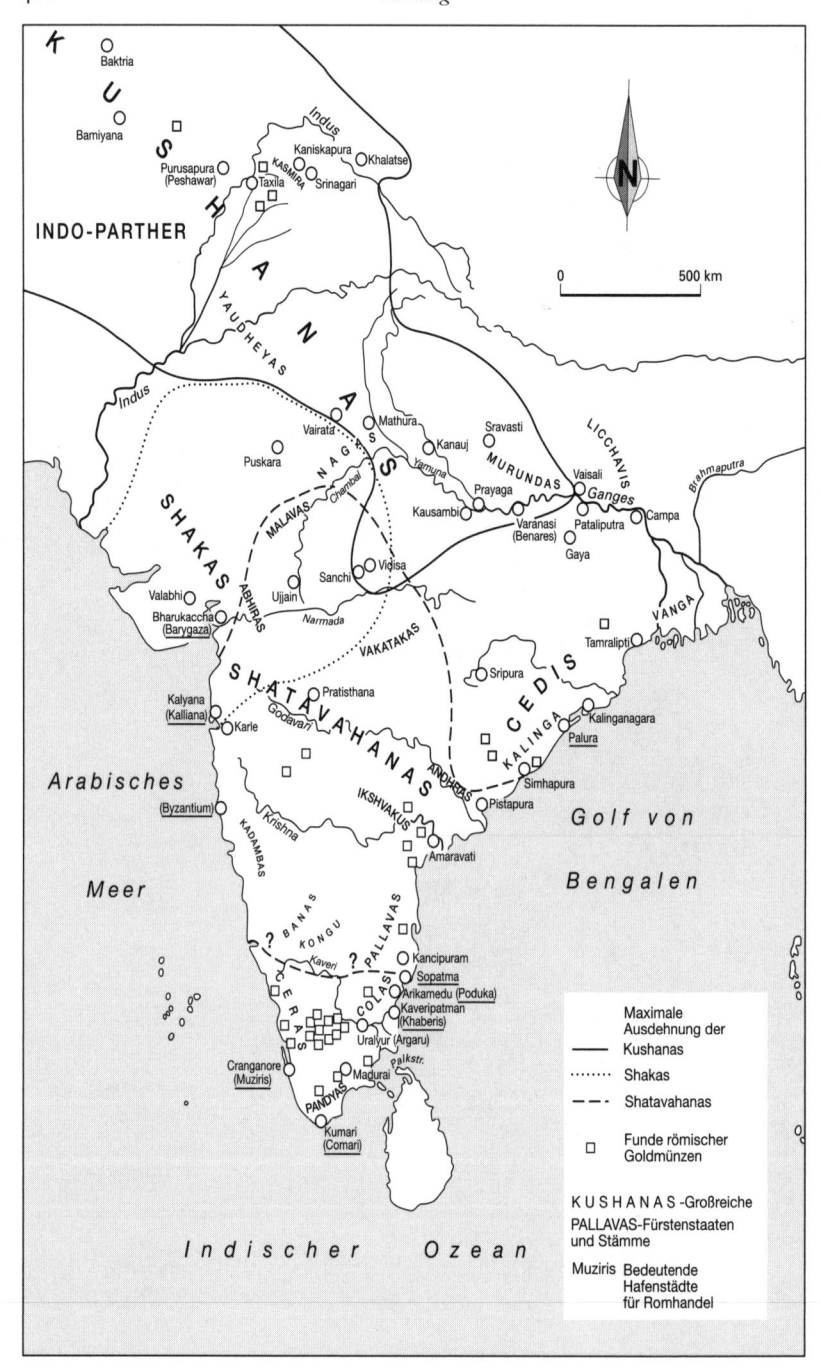

Karte 6: Indien ca. 1–300 n. Chr.

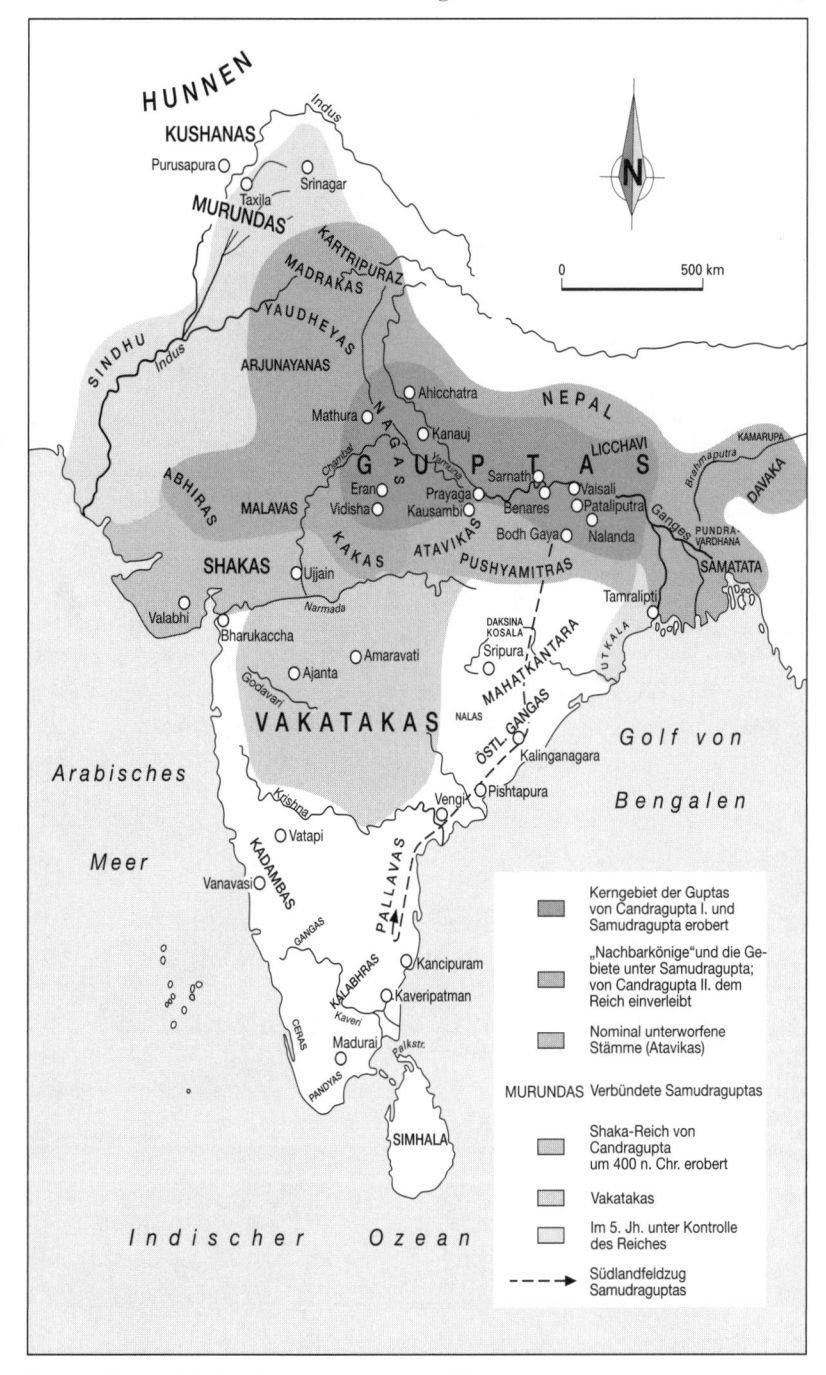

Karte 7: Das Reich der Guptas (320–500 n. Chr.)

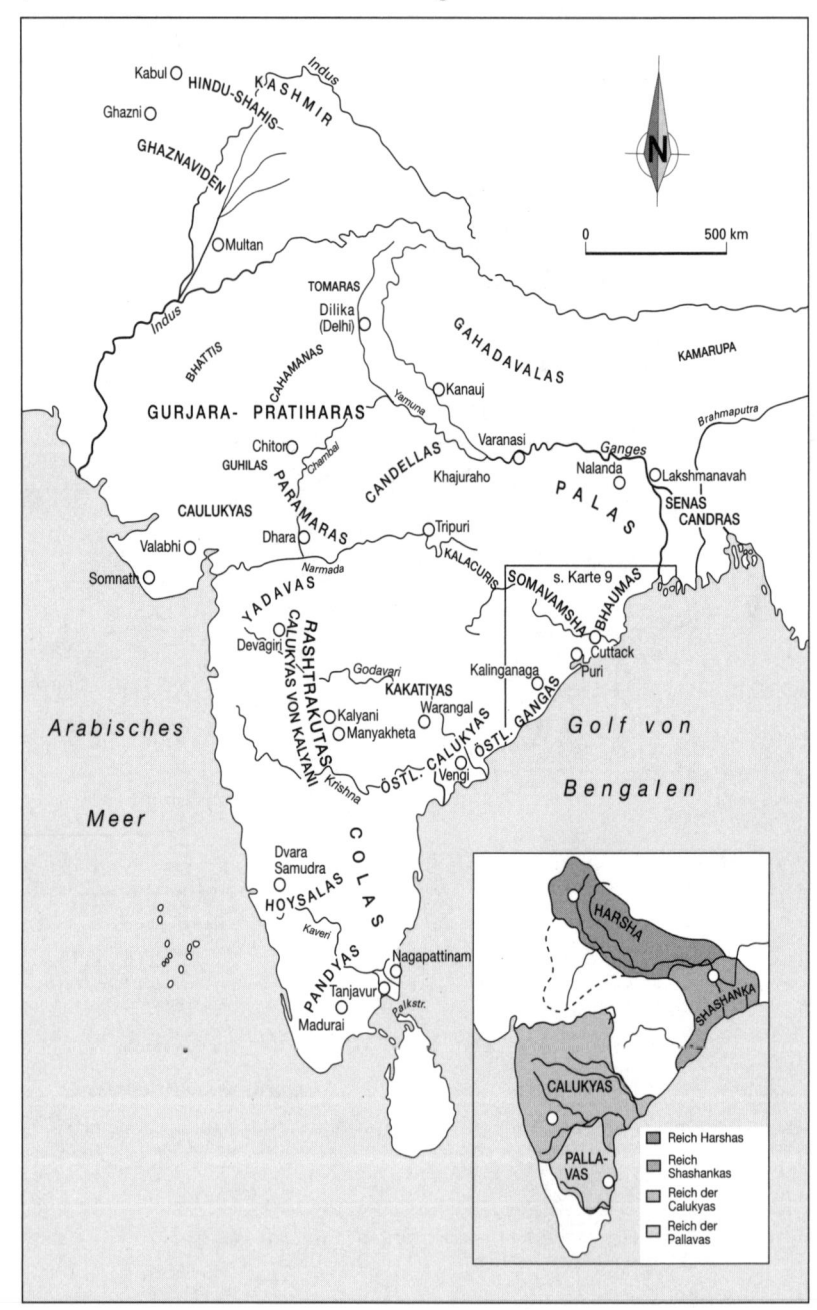

Karte 8 (große Karte): Die Regionalreiche des Mittelalters (ca. 900–1200 n. Chr.)

Karte 9 (kleine Karte): Regionale Schwerpunktbildung im frühen 7. Jh. n. Chr.)

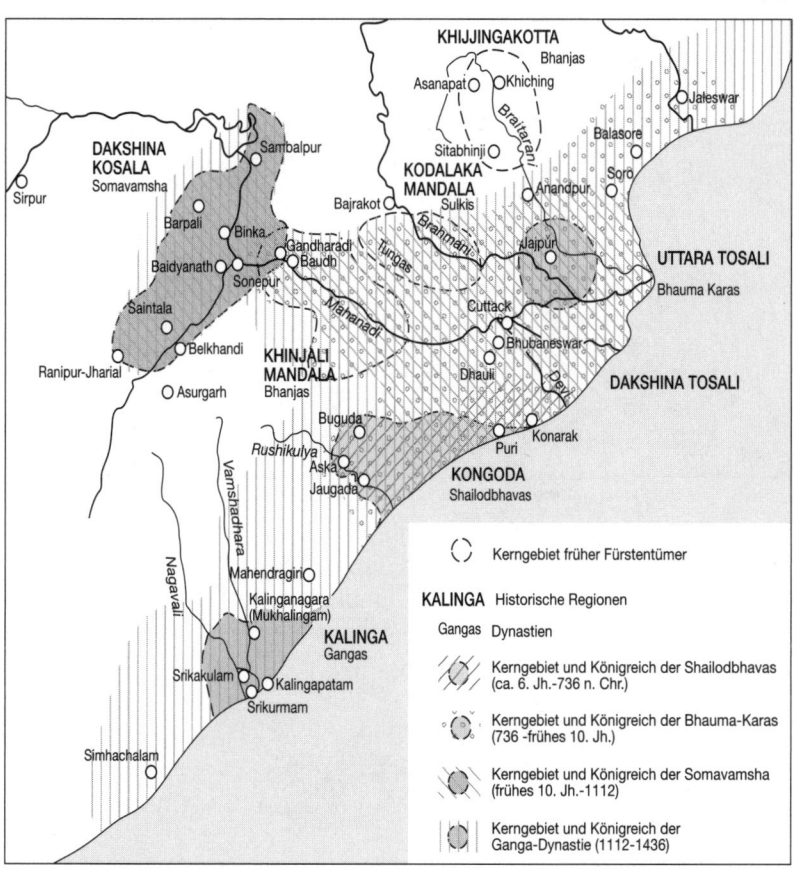

Karte 10: Territoriale Entwicklung Orissas (ca. 600–1400 n. Chr.)

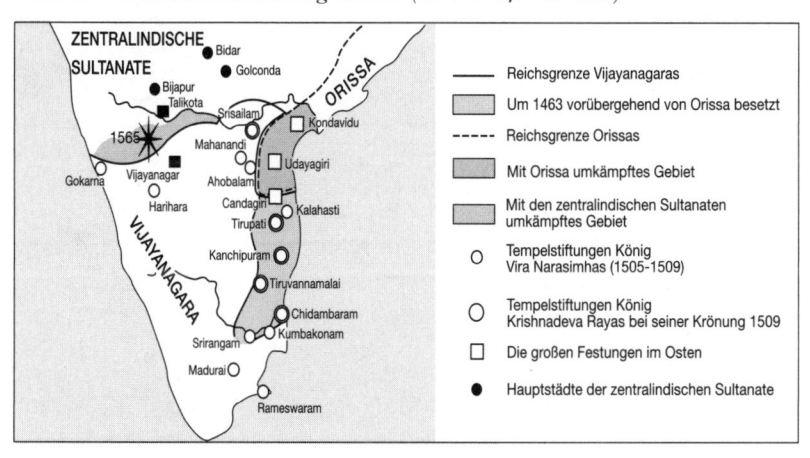

Karte 11: Tempelstiftungen und Ritualpolitik in Vijayanagara (1505–1509)

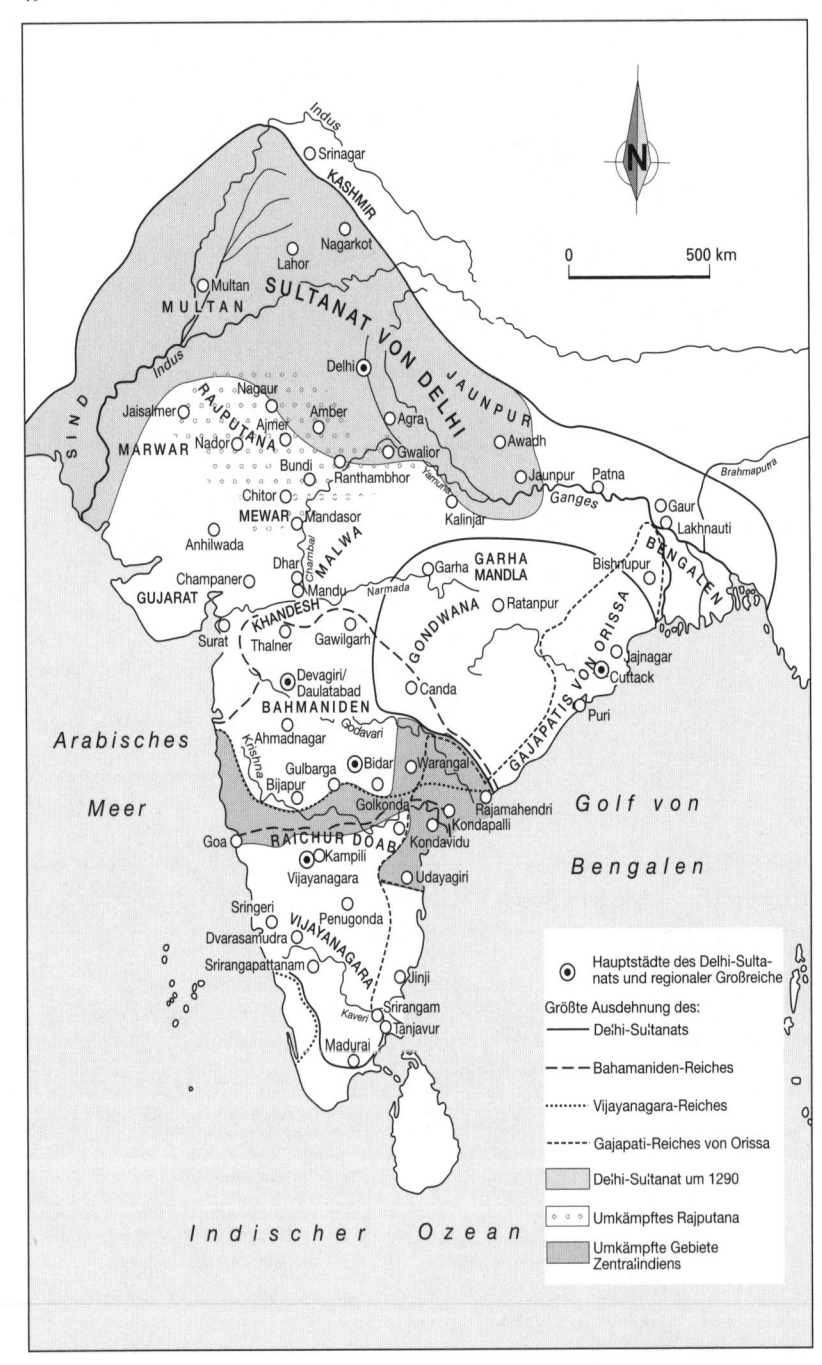

Karte 12: Spätes Mittelalter (1206–1526): Delhi-Sultanat und späte Regionalreiche

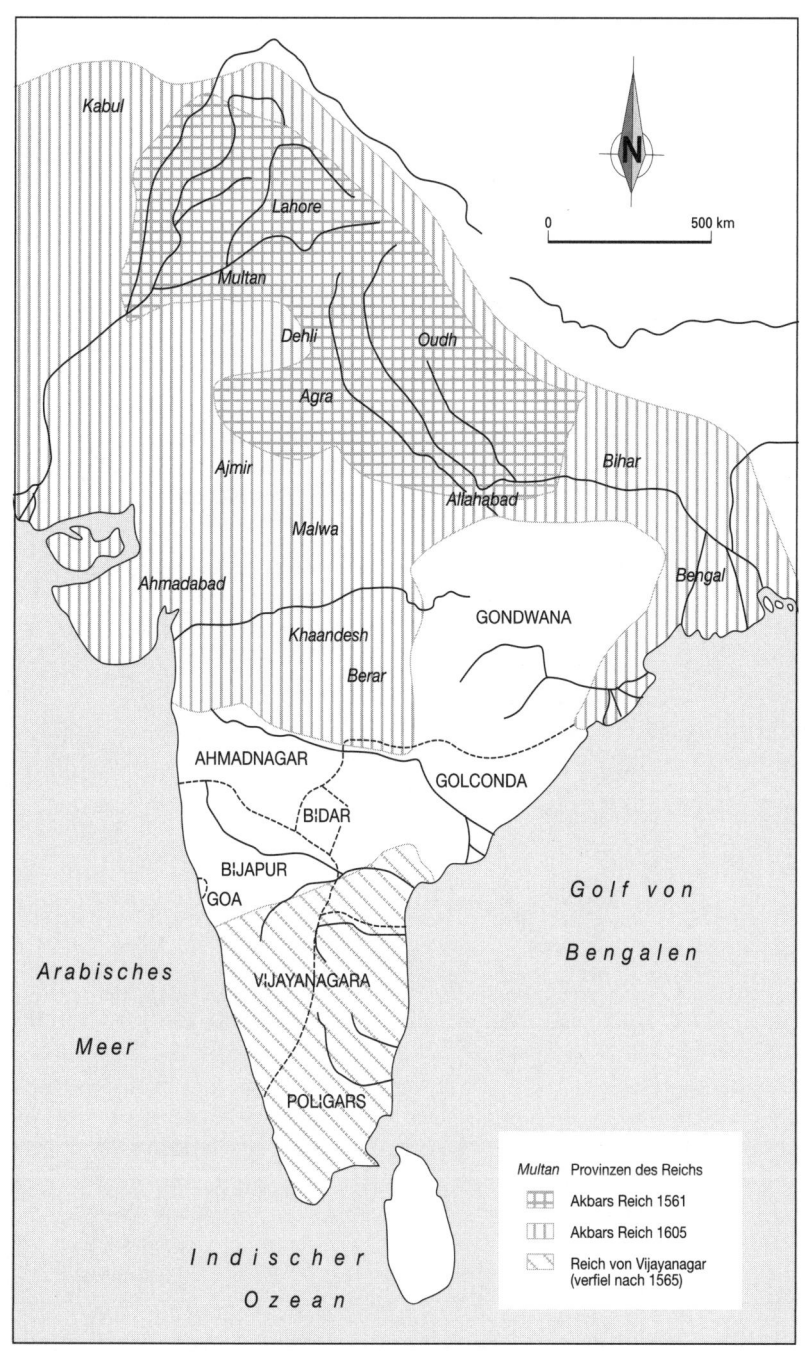

Karte 13: Das Reich der Großmoguln zur Zeit Akbars

492   Anhang

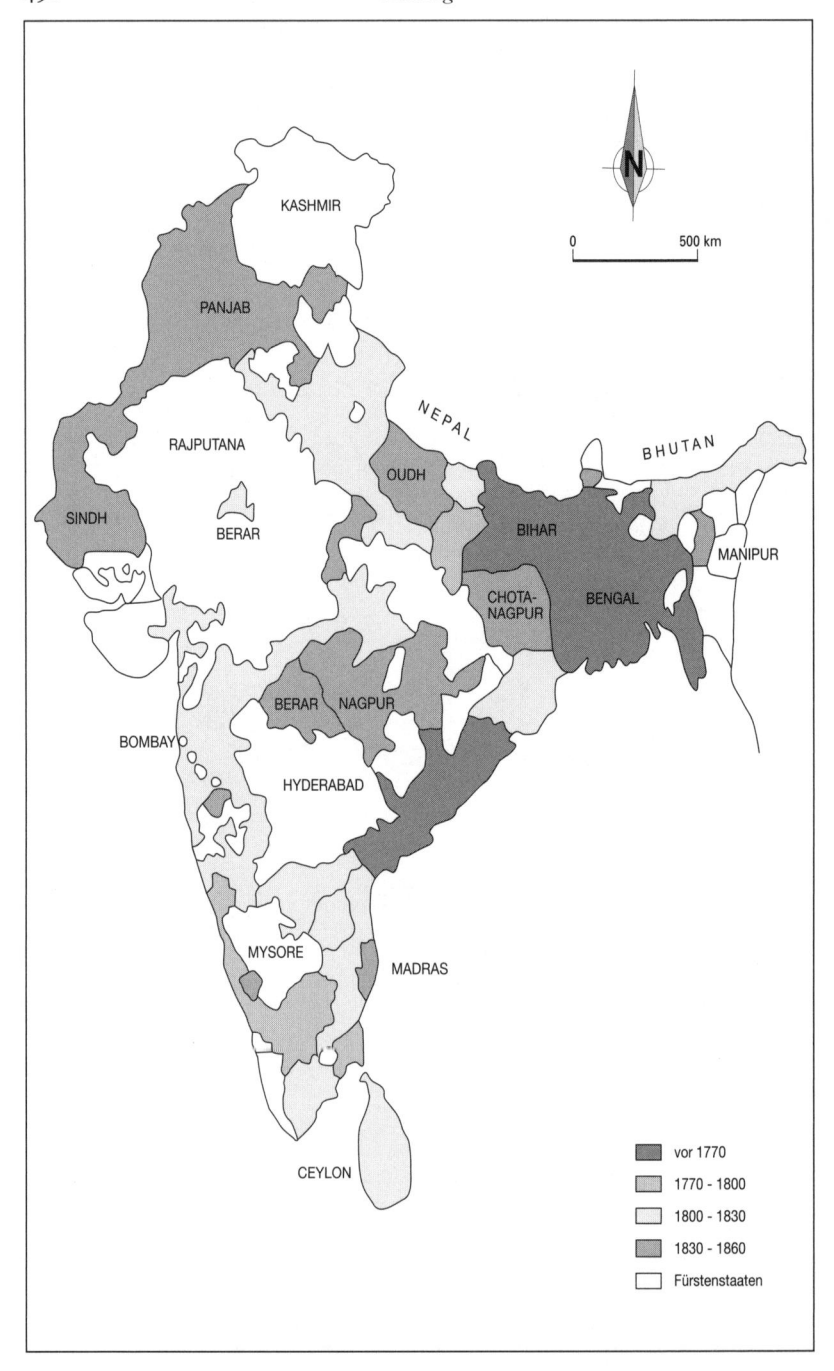

Karte 14: Die britische Durchdringung Indiens

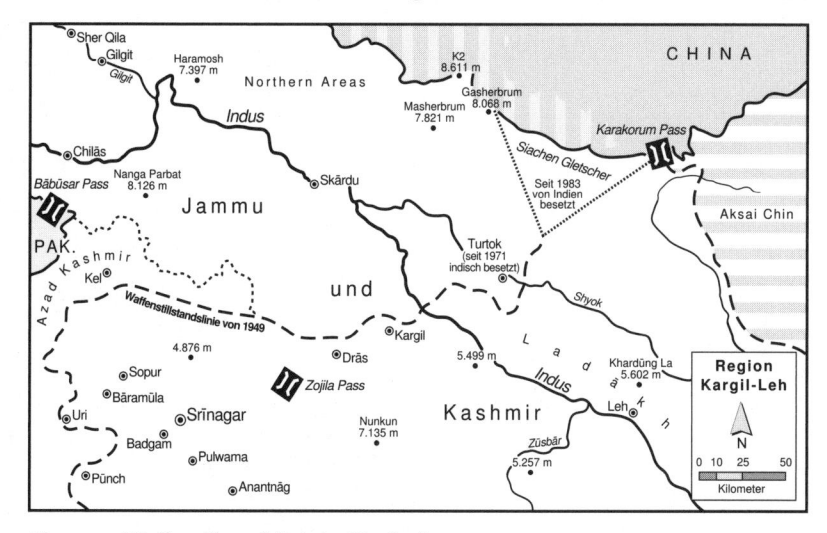

Karte 15: Waffenstillstandslinie in Kaschmir

Abbildungsnachweis

Abb. S. 26: Georg Helmes, Aachen.
Abb. S. 51, 149, 154, 155 und 173: Archiv Hermann Kulke.
Abb. S. 84 und 269: Eberhard Thiem, Lotos Film, Kaufbeuren.
Abb. S. 95: Staatliche Museen zu Berlin – Preußischer Kulturbesitz, Museum für Indische Kunst.
Abb. S. 102 und 243: Heinrich Gerhard Franz, Das alte Indien. München 1990.
Abb. S. 252 und 255: Museum Rietberg, Zürich. Fotografen: Wettstein & Kauf.
Abb. S. 262: Indische Baukunst islamischer Zeit. Baden-Baden 1976.
Abb. S. 295, 330, 350 und 353: The Raj, India and the British 1600–1947, published by National Portrait Gallery Publications. London 1990.
Abb. S. 385 und 392: Archiv für Kunst und Geschichte, Berlin.
Abb. S. 388: Nehru Memorial Museum and Library, New Delhi.

Register

Aachen, Friede von (1748) 287 f.
Abdullah (Usbek.) 257
Abdullah, Farooq 412 f., 442
Abdullah, Sheikh 412, 442
Abhinavagupta 192
Abhiras 111
Absolutismus 15, 261
Abu, Berg 148
Abul Kalam Azad s. Azad
Accutavikkanta 134
Achaimeniden 74
Acyutadeva Raya 244, 246
Adel 57, 230, 247
Aditya 156
Advaita 181, 190 ff., 240
Advani, Lal 408, 416 ff.
Afghanischer Krieg 326
Afghanistan, Afghanen 12, 28, 48, 52, 147, 207, 209, 211, 214, 251, 254, 256 f., 285, 291, 377, 438, 440
Agency Houses 310 f.
Agni 52, 55, 68 f.
Agnikula 148
Agnimitra 92
Agra 17, 19, 21, 228
Agrarpreise 307, 334, 341 f., 364
Ägypten 135, 161, 251, 270–72, 299 f.
Ahimsa 128, 193
Ahmad Shah 285, 291
Ahmad Shah Durani 232
Ahmadabad 28, 36, 423, 425
Ahmadnagar 28, 232 f., 263, 265, 357
Ajanta 153, 203
Ajatashatru 75, 77
Ajivika-Sekte 90 f.
Ajmer 150, 214
Akali Dal 412
Akbar (Sohn Aurangzebs) 266, 268
Akbar 228, 230, 233, 237, 245, 254, 256–64, 266 f., 274

Aksai Chin 432
Alamgirpur 28
Ala-ud-din 217–26, 229
Alberuni 211
Albuquerque, A. de 206
Alexander der Große 78 ff., 139
Alexandria 135
Ali, Mohammed und Shaukat 359
Alivardi Khan 284, 289
All-India Anna Dravida Munnetra Kazhagam (AIADMK) 420, 422
Allahabad 132, 145, 164, 169, 292, 295
Allodialfürsten 130, 174
Al-Masudi 147, 208
Alwar 369
Amaranayakas 247
Amaravati 131, 203
Ambala 11
Ambedkar, B. R. 368, 394 f., 411
Amerika s. Vereinigte Staaten
Amery, Leopold 344
Amoghavajra 202
Amoghavarsha 175
Amri 28 f., 32 ff., 38–41, 44
Amritsar 358
Amsterdam 224, 275 f., 286
Anangabhima III. 234, 237
Anantavarman Codaganga 234, 237
Andamanen 157 f.
Andhra Pradesh 87, 89, 123, 132, 172, 218 f., 234, 239 ff., 242 f., 367, 400 f., 412, 418, 422 f.
Andhra-Dynastie 93, 129
Anga 70, 74, 77
Angkor 160, 195, 204
Anglo-Inder 327
Anglo-Vedic College 347
Anhilwara 214
Antialkidas 92
Antiimperialismus 362 f., 425, 427 f.

Antiochos II. 85
Antiochos III. 93
Anuradhapura 157
Apollodoros 94
Appar 155, 182
Arabien, Araber 135, 147f., 208, 232, 248, 270, 277, 408 f.
Arabisch 267
Aramäisch 72
Aravalli-Hügelkette 19, 148
Aravidu-Dynastie 245
Arcot 287, 297
Ardashir I. 106
Arikamedu 137
Arsakes 93
Arthashastra 77, 81 ff., 90, 167, 222
Artillerie 251, 253 f., 260, 265, 286, 291, 300
Arya Samaj 347
Aryas 13, 25, 28, 35, 42, 44–50, 53–56, 58f., 61 ff., 67f., 97, 123, 148
Asaf-ud-Daula 295
Ashoka 71, 83–91, 103, 105, 107, 109, 128, 133, 140, 170, 201, 227
Asiatic Society 306
Assam 114, 144, 151, 164, 214, 432
Assam Accord 413
Aśvamedha 59, 92, 113, 132, 152
Aṭavi 90
Atharvaveda 49
Atomkraft 404, 437
Atomsperrvertrag 437 f., 441
Atomwaffen 445
Atranjikhera 62
Attlee, Clement 381, 384
Aufstand von 1857 315–18, 325 f., 347 f.
August-Revolution 373 f.
Augustus 135
Aurangabad 17, 19, 89, 266 f.
Aurangzeb 90, 192, 223, 225 f., 263–68
Aurobindo s. Ghose
Avanti 17, 67, 70 f., 75, 77, 83
Ayodhya 415 ff., 425
Ayub Khan 402, 433 f., 436
Ayyavole 161 ff.
Azad, Maulana Abul Kazam 359, 370, 372, 380, 386

Azes I. 97 f.
Azes II. 98

Baber 251–57, 262 f., 265–68, 270, 285 f., 415
Babylon 48, 79
Badakshan 12
Badami 17, 19, 141 f., 146, 152
Bagdad 147, 215, 225, 227
Bahadur Shah 268, 302
Bahman Shah 231
Bahmani-Sultanat 143, 225, 231 ff., 236, 243, 245, 264
Bahujan Samaj 418
Bajaur 253
Baji Rao I. 268–70, 281, 285, 287, 291 f.
Baji Rao II. 300
Bakhtyar Khilji, Muhammad 151, 214 f.
Baksar 292, 297
Baktrien 53, 92 ff., 97, 100, 102 f., 120
Balaji Baji Rao 291 f.
Balaji Vishwanath 268
Balaputra 152, 158, 202
Balban 217, 224, 228
Bali 205
Balkh 263
Ballala III. und IV. 218, 239 f.
Baluchistan 10, 28–33, 38, 46, 79 f., 257, 377
Bande Mataram 349
Banerjea, Surendranath 349
Bangalore 424
Bangistan 377 f.
Bangladesh 404, 435 f., 438 f., 441
Bania-Kaste 72
Banken 310 f., 337, 342, 344 f.
Barani 222–25
Baroda 269, 300
Basu, Jyoti 421
Bauernbewegung 367
Baukunst 152 f., 216, 226 ff., 244
Baumwolle 27, 37, 276, 284, 310, 334 f.
Belgrad (Konferenz der Blockfreien) 433
Benares 17, 63, 69 f., 100, 102, 108 f., 147, 164 ff., 177, 180, 203, 214, 227, 295, 318

Bengal Chamber of Commerce 336
Bengalen 13, 17, 21, 70, 109, 118,
    121, 132, 141–46, 151f., 157, 164f.,
    174, 203f., 214f., 217, 224ff., 231,
    233f., 257, 274, 278f., 281, 283–86,
    289–92, 294, 296, 302, 312, 328f.,
    336, 347f., 351f., 355, 362f., 371,
    374, 379, 382, 419, 432
Berar 232f.
Bergbau 82f., 310f., 335, 404
Besant, Annie 354f.
Besnagar 92, 96
Bevölkerungsdichte 22f.
Bevölkerungswachstum 22f., 341,
    345, 405f.
Bewässerung 10, 22, 35f., 54, 82,
    125f., 149, 404
Bhagabhadra 92
Bhagavadgita 181
Bhagavata Purana 191, 194
Bhakti-Bewegung 155, 180–87, 189,
    193
Bhanja-Fürsten 172f.
Bhanudeva IV. s. Kapilendra
Bhanugupta 121
Bharatas 52
Bharati, Uma 426
Bharatiya Janata Party (BJP) 414–27,
    441
Bharhut 92, 107
Bharukacha 89
Bhaumakaras 172f.
Bhils 149
Bhindranwale, Jarnail Singh 412
Bhoja 145
Bhopal 369
Bhubaneswar 87, 128, 177
Bhutto, Z. A. 436, 441
Bidar 17, 232f.
Bihar 13, 17, 21, 70, 74, 77, 80, 109,
    143, 145, 151, 203, 214f., 281, 292,
    352, 357, 367, 383, 421
Bijapur 17, 232ff., 244, 265f.
Bildungsschicht 267, 323, 347f., 351f.,
    354, 360
Bildungswesen 312ff., 326, 345f., 348,
    360
Bimbisara 74f., 77

Bindusara 83
Binnenmarkt 284, 302
Birla G. D. 362, 396
Birma 326, 428
Blockfreie Nationen 431, 433, 439
Board of Control 305
Bodenreform 343, 364, 397
Bodh Gaya 73, 111, 201
Boghazköi 47
Bolan-Tal 10
Bombay 89, 153, 279, 281f., 296, 309,
    313, 323, 332, 335, 347, 353, 357ff.,
    362, 389, 400f., 407, 424
Bombay Plan 343f., 396
Borneo 199
Borobudur 195, 202
Börse 335f., 337
Bose, Subhas Chandra 362f., 370, 374
Boykott 359–63, 365
Brahmana-Texte 49, 56f., 59f., 64, 67
Brahmanen 13, 15, 21, 48, 56f., 59f.,
    64, 67ff., 80, 90, 107, 118, 124,
    131f., 134, 163, 165, 176–83, 194,
    196–201, 223, 227, 248, 281, 326,
    352, 354, 419
Brahmo Samaj 347
Breshnev, Leonid 435
Brihadratha 91
Briten 21, 143, 270, 276–79, 281–84,
    286–302, 306, 312, 315f., 325,
    330ff., 346, 355, 386
Broach 89f.
Bronze 33, 45, 55, 57
Buddha 49, 56, 65, 69, 72–75, 86, 107,
    161, 201ff.
Buddhismus 13, 69, 72f., 85, 90, 92,
    95, 100, 103, 107, 109, 115, 118,
    123, 127, 131f., 140, 151f., 156,
    179, 181f., 201–06
Bukka 239, 241
Bulganin, Nikolaj A. 430
Bundesländer 393, 401, 412
Bundesstaat 365ff., 369, 377, 382
Bundi 213
Bürgerlicher Ungehorsam 367f.
Burke, Edmund 295
Burma 152, 195, 204
Bush, George W. 443

Cabinet Mission 382
Cahamanas 150
Caitanya 191 f.
Cakravartin 14, 113, 128, 187
Calicut 233
Calukyas von Badami 124, 141, 143, 208, 213
Calukyas von Kalyani 143, 146, 152 f., 161, 157
Campa 70
Candalas 115
Candellas 150, 209
Candi Jago 205
Candragupta (Maurya) 78, 80 f., 83, 93, 105
Candragupta I. 16, 109
Candragupta II. 113 ff., 117
Carr, Tagore & Co. 310 f.
Cartazes 273
Carter, Jimmy 438
Cedi-Dynastie 128
Ceraputra 136
Ceras 132 f., 146, 154, 157
Chalkolithikum 30
Champaran 357
Chandernagar 286, 289
Chandigarh 413
Chandragiri 242
Chanhu Daro 31, 34
Chattisgarh 17
Chavan, Y. B. 410
Chemische Industrie 343
Chhatrapati 266
Chidambaram 184 ff., 244
Chidambaram, P. 420
China 13, 85, 106, 132, 137, 158 f., 200, 202, 207, 209, 309 f., 428, 431 f., 434–36, 438 f., 444–46
Chitor 218 f.
Chota-Nagpur-Plateau 9, 23, 77
Christen 313 f., 347, 398
Chruschtschow, Nikita 430
Churchill, Winston 344, 365, 371 ff., 376, 379, 381
Civil Procedure Code 321
Clinton, Bill 442
Clive, Robert 288–92, 294, 302 f., 317
Cochin 136, 138

Coimbatore 18, 299, 424
Cola-Dynastie 18, 21, 85 f., 124, 132, 134, 142–47, 151, 154, 156–60, 185, 203 f., 211, 237
Colbert, J. B. 279 f.
Colleges 152, 201 f., 312 ff., 360
Communal award 368
Communist Party 426
Congress Socialist Party 368
Cornwallis, Lord 298 f., 305, 308
Coromandelküste 137, 143
Council Drafts 339 f.
Country trade 277–79, 310
Cranganore 136, 138, 161
Cripps, Stafford 371 ff., 378
Cripps-Angebot (1942) 372, 381, 383
Curzon, Lord 325, 331, 349, 352
Cuttack 236, 243

Daimabad 12, 28
Daksina Kosala 17
Daksinapatha 13, 110
Dalai Lama 431
Dareios 69, 74
Das, C. R. 362 f.
Dasa Shambara 52
Daśaratha 91
Dasyu 50, 52 f.
Daud 210
Daulatabad 19, 225, 230 f., 265
Deb, Radhakanta 313
De Bussy, General 280, 288, 290, 297
De La Haye, Vizekönig 279
De Rozio, Henry 313
Deflation 338, 340
Dekhan 123 f., 141 f., 225 f., 231
Dekhan-Lava-Plateau 17
Dekolonisierung 332
Delhi 17, 19, 28, 61, 88, 90, 105, 109, 150, 207, 215 f., 218 f., 224, 228, 240, 245, 263, 265–70, 278, 281, 283, 285, 293, 297, 317 f., 329, 389, 423
Delhi-Sultanat 78, 139 ff., 143, 148, 169, 205, 207 ff., 215–20, 226–34, 239, 247, 251
Demetrios I. 94

Demobilisierung 357, 374, 379
Demographie 423, 427
Desai, Morarji 403, 407ff., 438
Deshmukh, G. H. (Lokhitwadi) 347
Deutschland, Deutsche 341, 374
Devagiri 218, 225
Devanagari-Schrift 348
Devapala 145, 150, 152, 202
Devaputra 101
Devaraja I. und II. 241 f.
Devimahatmya 117
Dhamma-Mahamatras 86, 91
Dharmapala (König) 145, 150, 152
Dharmapala (Philosoph) 202
Dharmashastra 108, 197
Dhauli 86, 89
Dholavira 12
Dhruva 145
Digvijaya 110, 112, 157
Din-i-Illahi 261
Dion Cassius 105
Directive Principles of State Policy 394
Diu 272
Divodasa 52
Diwani 289f., 292, 301, 307, 322
Diwani Adalat 307
Doab (Yamuna-Ganges) 19, 28, 50, 54, 61, 67, 88f., 94, 100f., 104, 148, 224, 226, 228
Dominionstatus 363
Drain of Wealth 332 f.
Draupadi 62
Dravida Munnetra Kazhagam 410
Dravidische Sprachen 24
Dritte Welt 409, 432
Dulles, J. F. 437
Dupleix, J. F. 280, 286–88, 290
Durbar 328 f.
Durga 117
Dürre 322, 402, 414
Dvarasamudra 218, 225
Dyarchie 331 f.

Eggermont, P. H. L. 84 f.
Eisen 48, 50, 55 ff., 76 f., 125
Eisenbahn 22, 311, 319, 326f., 333, 336, 338

Eisenhower, D. D. 430
Elefanten 16, 78– 80, 82, 129, 135, 156, 175, 218f., 245f., 265
Elephanta 153
Ellora 153, 203
Energiekrise 404, 408
England 279f., 284f., 290, 294, 296f., 348f., 356, 362, 376
Entwicklungshilfe 396, 427
Eran 121
Erdöl 404
Erragudi 89
Eukratides 94
Europa 276f., 280, 287, 302, 337, 351
Euthydemos 93 f., 321
Evidence Act 321
Export 309f., 338 ff.
Extremisten 329f., 354

Fa-hsien 115 f.
Faktoreien 276–79, 283, 286, 289f., 294, 303
Fatehchand s. Jagat Seth
Feudalismus 20, 166ff., 174, 229f., 247
Firdausi 210
Firoz Shah 226f., 229, 235 f.
Flotte 270, 280, 287
Fluyt 275
Föderalismus 332, 400 ff.
Fort William College 314
Francis, Philip 296, 306–309, 312
Frankreich, Franzosen 279f., 285–91, 297, 299, 430
Frauen 64, 182, 316, 395, 406
Freihandel 272f., 306
Freiheitskampf 196, 346, 357, 359, 362, 365, 368f., 374, 392, 395
Freundschaftsvertrag (Ind.-Sowjet. 1971) 435, 439, 444
Fugger 274
Funan 200f., 203
Fünfjahrespläne 343, 431
Fürsten 21, 55, 100, 108, 110, 112, 125, 127, 131, 133, 145, 163, 166f., 169, 172, 182, 238, 244, 248, 267, 300, 316, 329, 365, 367, 391, 403

Gaekwar 269
Gahadavala 176f., 214
Gajapati 231, 234, 236ff., 242f., 245, 248
Gandak 68
Gandhara 69, 71, 74, 96f., 111, 122, 132
Gandhi, Indira 402–08, 410ff., 435–39
Gandhi, M. K. (Mahatma) 72, 356–71, 373ff., 378, 386, 388f., 391ff., 408
Gandhi, Rajiv 411–17, 439f.
Gandhi, Sanjay 411
Gandhi, Sonia 423, 426f.
Gandhi-Ambedkar-Pakt 368
Gandhi-Irwin-Pakt 365ff.
Ganga s. Ganges
Ganga-Dynastie (östl.) 144, 235f., 238
Ganga-Dynastie (westl.) 144
Gangaikondacholapuram 157, 204
Ganges 11ff., 19, 40, 42, 48, 54, 61, 63, 67ff., 70, 74f., 77, 99, 109, 114, 123, 125, 137, 142, 145, 158, 234, 285, 318
Gangeskultur 67–78
Ganpati 351
Ganweriwala 11
Garhjat-Staaten 238
Garibi Hatao 404, 411
Gautamiputra 130
Gemäßigte 328, 354
Gemischte Wirtschaft 344
Generalgouverneur 292, 305, 320, 387, 389
Genfer Gipfeltreffen (1955) 430
Genfer Konferenz (Indochina 1954) 430
Genossenschaften 409
George, Lloyd 332
Gerschenkron, Alexander 337
Geschichtsschreibung 14, 78, 103, 117, 128, 140, 195, 210, 243–345
Gesundheitswesen 346
Getreide 22, 30, 136, 178, 223f., 272, 373, 404, 409, 414
Gewürze 136, 273, 275, 277
Gewürzhandelsmonopol 272–74, 276
Ghaggar 10f., 36
Ghatotkaca 108

Ghaznaviden 209, 211, 213
Ghazni 147, 209f.
Ghiyas-ud-din Tughluq 224
Ghose, Aurobindo 329, 354
Ghulam Qadir 298
Ghuriden 213ff.
Gilden 130f., 158, 160f.
Giri, V. V. 403
Girnar 89
Gladstone, William 349, 391
Glasenapp, Helmut v. 180
Goa 232f., 244f., 248, 272, 433
Göbl, R. 104
Godavari 79, 129f., 169f., 234
Godhra 425
Godse, Nathuram 389, 398
Goethe, J. W. v. 116
Gokhale, G. K. 351–54, 357, 375
Gold 27, 57, 138, 157, 271f., 341f.
Goldstandard 339–42
Golfkrieg 443f.
Golkonda 232f., 237, 263, 266f., 275
Gond 174
Gondama 174
Gondopharnes 99
Gopala 145, 150
Gorbatschow, Michail 444
Gottesgnadentum 261
Gottheiten 50, 64, 107, 149, 184, 186–89
Govinda III. 145
Gowda, H. D. Deve 419
Graeco-baktrisches Reich 80, 93
Grama 56
Greater India Society 196
Griechen 86, 92ff.
Großkönig 146, 167, 169, 173f.
Großreiche 21, 40, 89, 133, 139, 142, 144, 147, 164f., 168f., 172, 245, 249
Grotius, Hugo 276
Grundherren 267, 333f., 364, 367
Grundrechte 394
Grundsteuer 258f., 266, 270, 283, 294, 300, 302, 305, 307, 309, 312, 315f., 322f., 326, 333f., 338, 347, 357, 364
Grüne Revolution 403f., 409

Guhilots 215
Gujarat 12, 17, 22, 28, 37, 43, 147,
    150, 203, 208 f., 218, 225 ff., 232 ff.,
    257, 265, 271 f., 274, 281, 354,
    356 f., 392, 400 f., 419, 425, 434
Gujral, Inder Kumar 423
Gulbarga 231 f., 245
Gupta-Dynastie 15, 132, 139 ff., 142,
    163–66, 169, 176, 263, 285
Gurdaspur 387
Gurjara-Pratiharas 20, 143 ff., 147–50,
    208 f., 211
Gwalior 209, 214 f., 228, 269, 296,
    300, 318

Hadrian 104
Hafenstädte 22, 137, 272 f., 334
Haider Ali 293, 296 f., 299
Haiderabad 17, 242, 270, 285, 287 f.,
    291, 298 f., 352, 368, 388, 424
Haiderabad, Nizam von 270, 288, 293,
    298, 378
Haileybury College 312, 314 f.
Handel 22, 27 f., 31, 36 f., 43 f., 55,
    58 f., 82 f., 90, 97, 108, 114, 121,
    125 ff., 134–38, 158–62, 195 f., 204,
    221 f., 267, 270–84, 303 f., 307, 309,
    334–38, 373
Handelsstraßen 13, 89, 138, 160, 206
Handspinnen 362
Handwerk 30, 37, 43 f., 55–58, 83,
    125 f., 198, 219
Han-Dynastie 100
Harappa 10, 12, 25 ff., 29, 31–41, 43 f.,
    46 f.
Harihara 239 ff.
Harihara II. 241
Hariyupiya 52
Harsha 103, 140–43, 148, 152, 164 ff.,
    173, 216
Haryana 413, 423
Hasil 312
Hastinapura 61, 63, 70 f.
Hastings, Warren 290, 294–98, 305 ff.
Hastivarman 110, 132
Haustiere 30, 63
Hegde, Ramakrishna 413, 419
Hegel, F. W. 135

Heliodorus 92
Helmand-Fluß 257
Hemu 256
Hephtaliten 120
Herodot 74
Hethiter 47
Himalaya 28, 68, 70, 75, 88, 140, 226,
    432
Hinayana-Buddhismus 73
Hind Swaraj 358
Hindi 24, 194, 267, 348, 398, 400, 412
Hindu College 313
Hinduismus 59, 64 f., 73, 91, 106 f.,
    113, 117, 123 f., 134, 140, 153, 156,
    163 f., 179 ff., 183, 186 f., 189, 194,
    206, 219, 241, 261, 266, 347 f., 351,
    354, 398, 416
Hindukush 44, 54, 80, 93 f., 121, 209
Hindu-Recht 395
Hindus 21, 209–14, 220, 223, 230,
    248, 257, 266, 313, 329 f., 355,
    358 f., 361, 376, 383 f., 386, 389,
    412, 415 ff.
Hindu-Shahis 209
Hippalus 135
Hirten 81, 126, 186 f.
Hitler, Adolf 374
Hiung-nu s. Hunnen
Hochland (s. auch Dekhan) 17–24,
    262 f., 335
Holkar 269
Holländer s. Niederländer
Home Charges 338, 340, 342
Home Rule League 354
Hormuz 272
Hoysalas 17, 134, 144, 147, 218, 225,
    239 f.
Hsiuen-tsang 122, 140 f., 156, 167
Hugli 274, 279
Humayun 228, 254, 256, 274
Hungersnöte 22, 294, 306, 341, 373 f.
Hunnen 97, 100, 119–22, 148, 163
Hussain Shah 236
Huvishka 104, 107
Hydaspes 79

Ibn Battuta 225 f.
Ibrahim Lodi 228, 253

Ikshvakus 132
Iltutmish 215 ff., 235
Immunitäten (Parihára) 131
Imperialismus 326
Impey, Eliah 307 f.
Importsubstitution 335, 341
Indian Association 349
Indian National Army 374
Indicopleustes 122
Indienausschuß (brit. Kabinett) 379, 381
Indigo 310 f., 357
Indischer Ozean 20, 135, 159, 270 f., 274–77, 279, 287
Indisierung 195 ff., 200, 325
Indo-Aryas s. Aryas
Indochina 430
Indoeuropäische Sprachen 44 f.
Indo-Griechen 93–97, 99 ff., 107, 139
Indonesien 114, 199 f., 276 f.
Indo-Parther 99
Indore 17, 269, 300
Indra (Gott) 8, 47, 50–54, 61
Indra III. 145
Indraprastha 61, 70
Indus 10, 17, 28, 32, 38–43, 50, 74, 78, 97, 99, 101, 114, 125, 208
Indus-Städte 26–44, 46 f., 55
Industrie 334–37, 343 ff., 396, 402, 405
Induswasservertrag (1960) 433
Infanterie 16, 286, 293, 300
Inflation 283, 373 f., 405
Informationstechnologie 425
Inschriften 83–90, 94, 101, 103–06, 108, 113 f., 118, 120, 128, 132 f., 141, 145, 158, 160 ff., 165, 167, 169 f., 172 f., 177 f., 198 ff., 203, 236 ff., 240, 248
Interimsregierung 383 ff.
Investitionsgüter 341
Iqbal, Mohammad 377
Irak 208, 443
Iran 28, 31, 38, 45 f., 48, 97, 438
Irwin, Lord 363, 365 ff.
Islam 206 f., 210, 212 f., 219, 222, 227, 240, 257, 262, 274, 281, 348, 416, 438
I-tsing 202

Jacobi, Hermann 49
Jagadhri 11
Jagannatha 187, 192, 234 f., 237
Jagat Seth 281 f.
Jagir 229, 258
Jahangir 261–63
Jainismus 13, 127 f., 134, 148, 155, 179, 182
Jaipur 9
Jalal-ud-din 217
Jallianwala Bagh 358 f.
Jama 312
Jan Sangh 398, 407 f.
Jana 59 ff.
Janapada 61, 69 ff.
Janata-Partei 407 f., 410 f., 413, 415, 421
Jati 57
Jats 267, 298, 315
Jaugada 86 f., 89
Jaunpur 227 f.
Java 156, 195, 198 f., 202
Jayalalitha 420, 422 f.
Jayavarman VII. 205
Jayewardene, Junius 440
Jelzin, Boris 444
Jhangar-Kultur 33
Jhansi, Rani von 316, 318
Jinismus 72
Jinnah, M. A. 330, 354 f., 358, 361, 374–89
Jizya 209, 220, 227, 257, 266
Jodhpur 148, 150
Jones, William 44, 306, 308, 313
Joshi, Manohar 419
Jüdische Händler 161
Junagadh 105, 120
Justice Party 370
Jutefabriken 335

Kabul 80, 100, 104, 209
Kadamba-Dynastie 152
Kadphises I. 100
Kadphises II. 100 ff., 107
Kairo 161, 225
Kaivartas 151, 175
Kakatiyas 147, 218
Kala Pani 21

Kalabhras 18, 134, 154
Kalacuris 150f., 234
Kalakacayakathanaka 97
Kalapahar 236
Kalhana 223
Kali 351
Kalibangan 28f., 34ff., 39ff., 43
Kalidasa 92, 114, 116f.
Kalinga 77, 84–88, 90ff., 110, 128, 157, 169f., 172, 238
Kalinganagara 128, 234
Kalkutta 44, 279, 289, 293f., 305ff., 310f., 313, 329, 347, 349, 354, 383f., 387, 389, 424
Kalsi 89
Kalter Krieg 429, 433, 441, 444
Kalyani 17, 143
Kamarupa 110, 144, 164
Kambodscha 154, 158, 199
Kamboja 69
Kampili 225, 239f.
Kanada 290, 331
Kanauj 140, 142f., 145, 147, 149, 164f., 209f., 214
Kanchipuram 132f., 141ff., 153, 155f.
Kandahar 28f., 85, 89, 257, 263
Kanishka I. 101–04, 106f.
Kanishka II. 104f.
Kannada (Kanaresisch) 352
Kanonen 260, 268, 291
Kanpur 17, 317
Kapilendra 235f., 242
Karachi 387
Karakorum 434f., 443
Kargil 442
Karikala 133
Karli 131
Karmayoga 350f.
Karnataka 123, 134, 141, 144, 161, 218, 239, 400, 413, 421
Karneol 27, 31
Kaschmir 101, 114, 121f., 132, 142, 144, 164, 208, 214, 223, 233, 257, 368, 377, 388f., 413, 434, 441–43
Kaschmirkonflikt 388f., 429ff., 434, 441
Kashi 70, 75

Kasten 50, 56–60, 116, 127, 148, 168, 182f., 196, 212, 219, 362, 419
Kathasaritsagara 167
Kathiawar 12, 28, 43, 90, 120, 150, 208, 210
Kaufkraft 342
Kaundinya 201
Kauravas 61ff., 213
Kausambi 44
Kautilya 77, 81ff., 133, 427f.
Kavallerie 16, 20, 211f., 216, 248, 253, 259f., 265, 268, 286, 293, 300
Kaveri 18, 133f., 137, 153f., 156, 236, 242, 258
Kaveripatnam 137
Kavindra Parameshvara 234
Kennedy, J.F. 437
Kerala 89, 123, 397, 399
Keralaputra 85
Keramik 30–35, 46, 58, 62f., 71
Kesri, Sitaram 421f.
Khajuraho 150, 177, 209
Khalji 217
Khandoba 186
Kharavela 92, 128f., 133, 169
Kheda 357
Khiching 235
Khilafat-Bewegung 358–61
Khilji-Dynastie s. Khalji 228
Khotan 102, 122
Kili Ghul Mohammad III 31
Kindersterblichkeit 406
Klöster 92, 101, 104, 111, 118, 122, 127f., 131f., 134, 156, 158, 160, 180, 202, 204f., 214, 239ff.
Koh-i-Nur-Diamant 218
Kohle 22, 311, 335, 404
Kollektivierung 397
Kommunismus, Kommunisten 367, 394, 397, 399, 407, 414, 417, 419, 428, 430
Konarak 235
Kondavidu 241f.
Konferenzen am Runden Tisch 365–68, 376
Kongreß der unterdrückten Nationen (Brüssel 1927) 363
Kongreß s. Nationalkongreß

Kongreß-Liga-Pakt (1916) 355
Kongu-Land 18
Königtum 59 ff., 68, 82, 90, 107,
    109, 133 f., 154, 167 f., 188 f.,
    248 f., 259
Kopfsteuer s. Jizya
Koreakrieg 429 f.
Koromandel s. Coromandel
Korruption 292, 294, 413, 421
Kosala 70, 74 f., 77, 110, 169, 172
Kossygin, Alexej 402, 434
Kot Diji 28 f., 34, 39, 43
Krishna (Fluß) 9, 17 f., 89, 124, 154,
    234, 241, 245
Krishna (Gott) 62, 107, 149, 187,
    191 f.
Krishna I. 153
Krishna III. 145 f.
Krishnadeva Raya 243 ff., 248
Krishna-Godavari-Delta 132, 142,
    147, 236, 242 f.
Kshatrapas 98 f., 105, 111, 114
Kshatriya 56 f., 77, 148, 196
Kuhschutzbewegung 348, 351, 398
Kulottunga I. 147, 160
Kulottunga II. 182
Kumaradevi 109
Kumaragupta 110, 118–20
Kumarasambhava 116 f.
Kunst 80, 92, 96, 103, 108, 150, 152 f.,
    155, 199, 202–05, 216, 233, 267
Kupfer 27, 30 f., 33, 37, 45, 55, 57
Kurukshetra 61, 68 f., 213
Kushanas 96 f., 99–108, 111, 129, 134
Kutch 12, 208, 434
Kutumbin 119, 172
Kuwait 443
Kyros 74

La Bourdonnais, Admiral 280, 287 f.,
    381
Labour Party 366, 372
Lahore 79, 213, 227, 377, 434, 436,
    442
Lakhnau 215, 225, 292, 317 f.
Lakhnaur 235
Lakshmanasena 151, 214
Lalitaditya 142, 144, 223

Lally, General 290
Landschaftstypen (tinai) 126, 130, 134,
    158
Landschenkung 118, 130 f., 134, 158,
    165 f., 173, 176 f., 248
Landwirtschaft 12, 22, 29 f., 43, 83,
    125 ff., 149, 198, 220, 264 f., 269,
    315, 333 f., 338, 345, 364, 402–05,
    408 f.
Las Belas 10
Law, John 280
Lebenserwartung 406
Lehen 258 f., 267, 288 f., 299
Leur, J. C. van 198
Liberal Federation (ind.) 356
Liberale Partei (brit.) 328, 349
Liberation Tigers of Tamil Elam 416
Licchavis 75, 109
Line of Control 442
Lingam 178, 193
Lingayats 193
Linlithgow, Lord 371 ff., 378
Lissabon 271–74, 277
Literatur 48 ff., 52 ff., 61 f., 72, 117,
    126, 133 f., 140, 155, 163, 194 f.,
    244, 251, 267, 313
Lodi-Dynastie 228
Lok Dal 410
London 276, 278, 284, 286, 296 f.,
    305, 309 ff., 352 f., 365 ff., 372, 381,
    384 f.
Lothal 12, 28, 36 f., 40 f., 44
Luntenschloßgewehr 253, 267, 286
Lytton, Lord 320, 349

Ma'bar 218, 225
Macaulay, Lord 313
Macdonald, Ramsay 366
Madhav Rao 292 f.
Madhava s. Vidyaranya
Madhuban 165
Madhya Pradesh 70, 87, 111, 114, 121,
    128, 174, 426
Madhyadesa 111
Madras 137, 141, 144, 153, 184, 225,
    234, 279, 287–90, 293 f., 291 f., 297,
    299, 309, 323, 347, 351, 354, 369,
    397, 400, 416, 424

Madurai 18, 127, 133, 153, 157, 186, 218, 225, 241
Magadha 70, 74–78, 82, 87, 90, 92 f., 121, 128, 164 f., 169
Magadhi 105
Mahabalipuram 153, 155
Mahabharata 61 ff., 124, 183, 189, 234
Mahadaji Rao Scindia 296–98, 300
Mahajanapada 61, 69 f., 74, 76 ff., 82, 87, 93
Mahakshatrapas 98, 105
Mahalanobis, P. C. 396
Mahamatras 88, 130
Mahanadi 170 f., 234
Mahanta, Prafulla 413
Mahapadma 78
Maharashtra 12, 28, 63, 89, 298, 351, 400, 419
Mahasamanta 165
Mahasanghika 73
Mahatmyas 184, 187, 189
Mahavira 72, 205
Mahayana-Buddhismus 73, 103, 151 f., 156, 181, 192, 201, 203 ff.
Mahendra 110
Mahendragiri 170
Mahendrapala 145
Mahendravarman 141, 155, 182
Mahinda 86, 157
Mahinda V. 157
Mahipala 151, 157, 175
Mahmud Gawan 232
Mahmud Shah 232, 243
Mahmud von Ghazni 147, 209 ff., 213
Majumdar, R. C. 196
Malabarküste 136, 161, 283
Malakka 158, 206, 272 f.
Malavas 79, 111
Malaya 157 ff., 201
Malayalam 352
Malediven 157 f., 437
Malikarjuna 242
Malindi 272
Malkhed s. Manyakheta
Mallas 70
Malthus, Thomas 312
Malwa 17, 102, 105, 121 f., 164, 218, 227, 232 f.

Malwan 28
Mamluken 251, 271
Managing Agencies 310, 335 ff.
Mandala 82, 173 f.
Manigramam 161
Manikkavasagar 182
Mansab, Mansabdar 247, 259 f., 264
Mansehra 89
Mantra 49
Manu 124
Manyakheta 17, 143
Mao 431
Marathen 179, 265–68, 281, 284 f., 288, 291, 293–300, 312
Marathi 24, 234, 401
Marco Polo 135
Martial Races 326
Martin, François 280
Marx, Karl 336
Mas'udi 208
Mathara-Dynastie 170
Mathura 62, 92, 97, 99 f., 103, 108 f., 115, 191 f., 210
Maues 97
Maukhari-Dynastie 165
Mauryas 77, 81 ff., 85, 87–93, 96, 108, 112, 116, 119, 127, 129 f., 139, 142, 163, 165, 169
McMahon-Linie 432
Meerut 28, 317
Megasthenes 80 f., 83, 88, 116, 125
Meghaduta 116
Meghavanna 111
Mehrgarh 10, 29–32, 38, 46
Mehrheitswahlrecht 382, 397, 406, 424
Mehta, Pherozeshah 349, 354
Meluhha 10 f., 27
Menander 93–96, 103, 107
Menon, Krishna 430
Merkantilismus 280, 306
Mesopotamien 10 ff., 27, 38, 47
Mewar 192
Mihirakula 121 f.
Milindapanho 95
Militär 78, 147 f., 175, 216, 221, 231 f., 238, 246, 248 f., 254, 258, 272,

286–88, 293, 315f., 325ff., 357, 374, 386
Militärfeudalismus 246, 258
Militärlehen 169, 229f., 238f.
Minakshi 186
Mir Jaffar 289, 291
Mir Kasim 291 f.
Mitanni 47
Mithras-Kult 103, 107
Mithridates II. 97
Mitra 47
Modi, Narendra 425 f.
Mofusil 22
Mogul-Dynastie 15, 108, 251, 258, 260f., 263, 268f., 274, 281f., 284f., 298, 337
Mohenjo Daro 10f., 25–29, 33–36, 38–41, 43
Mönchsorden 197, 201–05
Monetisierung 283f., 302
Mongolen 207, 215ff., 219, 221, 432
Mon-Reich 203
Monsun 10, 19, 79, 135, 209, 275, 323, 333, 414
Montagu, Edwin 331f., 355, 358
Morley, John 328f., 353
Mountbatten, Lord 384–88, 397
Mudrarakshasa 80
Muhammad Ali (Surat) 282f.
Muhammad bin Tughluq 224ff., 229ff., 264f.
Muhammad Ghuri 213ff., 230
Muhammad Ibn Qassim 208
Müller, Max 49, 319
Multan 208f.
Mumtaz 261
Mundigak 28, 31
Munro, Hector 292, 297
Münzwesen 18, 71, 94, 96f., 100–04, 106f., 109, 113ff., 120f., 137f., 218, 226, 281, 337f.
Murad 233
Murshid Quli Khan 281
Murshidabad 281, 290, 294, 307
Musharraf, Parvez 442
Muslim-Liga 330ff., 361, 376ff., 380f., 383f., 386, 391

Muslimmehrheitsprovinzen 354f., 377f.
Muslime 14, 139, 226, 230, 248, 326, 329ff., 358f., 361, 367, 376, 380, 383, 386, 389, 398, 415f., 419, 425
Mutiny s. Aufstand von 1857
Muziris 136, 138
Mysore 17, 89, 293, 297, 299, 352, 369
Mystik 181, 191, 351

Nadir Shah 270
Naga-Dynastien 109, 154, 200
Nagaram 160
Nagarjunikonda 132
Nagpur 17, 424
Naib Diwan 294
Naidu, Chandrababu 422
Nalanda 201 ff., 214
Namboodiripad, E. M. S. 399
Nana Phadnavis 293, 296
Nana Saheb 317f.
Nanadesi 160f.
Nándá-Dynastie 77f., 90, 128f., 169, 173
Nandivarman III. 158
Naoroji, Dadabhai 332f., 346, 353
Napoleon 299f.
Narain, Raj 405f.
Narasimha (Gupta) 121
Narasimha I. 235
Narasimha Rao, P. V. 417f., 420, 444
Narasimhavarman 141f., 155f.
Narasimhavarman II. 155
Narayan, Jayaprakash 407
Narmada 9, 89, 114, 123, 140f., 218
Nataraja 153, 184
Nathadvara 192
National Democratic Alliance (NDA) 422f., 426
Nationale Front 421f.
Nationalismus, ind. 313, 329, 343, 347, 349ff., 352, 375
Nationalkongreß 328, 330f., 343, 349, 352–56, 358–73, 376, 380, 383, 386, 391–403, 406, 408, 410f., 413–23, 428
Nationalrevolutionäre 350, 363

Nayaka 231, 238f., 247f.
Nayanars 181 ff., 192 f.
Nagapattinam 158, 160
Nehru, Jawaharlal 358, 362f., 365, 372, 383–88, 391–97, 399ff., 407, 411, 428–31, 433f., 437
Nehru, Motilal 358, 362f., 365
Neo-Hinduismus 180, 348, 350
Nepal 110, 114, 164, 440
Nichtbrahmanenpartei s. Justice Party
Nichtzusammenarbeit 358f., 362f.
Niederlande, Niederländer 274–80
Niemeyer, Otto 401
Nigama s. Gilden
Nikitin, Athanasius 232f.
Nimbarka 191
Nixon, Richard 438
Nizam-ul-Mulk 269f., 285, 287
Nomaden 29, 38, 48, 54, 97, 99, 120
Northern Black Polished Ware 71
Notstandsparagraph 369, 393
Notstandsregime (1975/76) 405f., 411
Nur Jahan 262

Oldenberg, Hermann 69
Operation Grand Slam 432
Opium 326
Orientalisten 313
Orissa 17, 77, 87, 110, 129, 132, 140f., 144, 150f., 164, 169–74, 177, 187, 191, 226, 231f., 234–39, 242, 247ff., 281, 352
Osmanisches Reich 251, 271
Ostindiengesellschaft, engl. 276–278, 281, 284, 286, 288-90, 292, 294, 299f., 302, 305, 309ff., 314, 319f., 322, 347
– franz. 279f., 288
– niederl. 275f., 278f.
Oudh 285, 291f., 294f., 316, 322

Pächterschutzgesetze 321, 343, 371, 397
Pachtverweigerungskampagne 367
Padang Lawas 204
Paes, Domingo 246
Pagan 161, 195, 204f.
Painted Grey Ware 58, 62, 71

Paithan 17, 89, 129
Pakistan 25, 28, 45, 48, 69, 78, 96, 114, 147, 208ff., 375, 377, 380f., 384, 387f., 391, 393, 402, 429, 433–36, 438, 440–42, 449
Pakistan Resolution 377
Pala-Dynastie 143ff., 150ff., 157, 203f.
Pali-Chroniken 123, 133
Pallavas 18, 124, 132, 134, 141ff., 152f., 156, 158, 182, 200, 203
Pancala 62, 69f., 108
Pancaratra 190
Pandavas 61ff., 213
Pandit, Vijayalakshmi, 429
Pandyas 18, 85f., 125, 127, 132f., 137, 142f., 146f., 153f., 156f., 218
Panguraria 87, 89
Panini 72
Panipat 214, 253f., 292
Panipat, Schlacht (1761) 291
Panjab 39, 42, 50, 54, 67, 79, 104, 121, 140, 142, 148, 209, 213ff., 217, 228, 231, 267, 300, 317, 322, 326, 355, 357ff., 371, 377, 380, 382, 386f., 389, 412f., 423
Panjab Accord 413
Paramaras 148, 177, 244
Parantaka 156
Parlament (brit.) 288, 295–97, 303f., 310, 319ff., 349
Parlamentarismus 329, 370
Parther 93f., 97, 100, 102, 105f.
Pataligrama 75
Patel, Vallabhbhai 357, 370, 391f., 394f., 398
Pathanen 377
Patna (Pataliputra) 19, 68, 70, 75, 78, 80, 84, 87ff., 91, 109, 129, 142f., 151, 307
Pauravas 79
People's Democratic Party (PDP) 442f.
Periodisierung 14
Periplus 94, 136, 138
Periya Puranam 182f.
Perlen 30, 125, 135ff.
Permanent Settlement 309, 312, 322f.

Persien, Perser 30, 69, 71, 74, 78f., 93f., 122, 226f., 232, 251, 257, 262f.
Persisch 267, 348
Peshawar 201
Peshwa 268–70, 291
Pethick-Lawrence, Lord 382
Pfeffer 136, 271f.
Pferde 20f., 45, 47, 140, 244, 246, 286
Pferdeopfer s. Aśvamedha
Pflug 9, 76, 396
Philipp II. 273f.
Physiokratismus 306
Pigot, Lord 293
Pilger 85, 103, 111, 115, 186, 189, 191, 194, 270
Piraten 272–74., 277
Pires, Tomé 273
Pitt, William 290, 303
Planungskommission 396, 401
Plassey, Schlacht (1757) 289, 291
Plinius der Ältere 129
Poduka 137
Polyandrie 62
Pondicheri 137, 280, 286, 329
Poona Sarvajanik Sabha 349
Poros 79
Portugal, Portugiesen 244, 247f., 270–77, 409, 433
Prabhavatigupta 113f.
Pradesika 88
Pradyota 75, 77
Prakrit 105, 108, 123, 194
Prasad, Rajendra 357, 370f., 392
Prataparudra 236
Pratiharas 145, 147
Pratishthana s. Paithan
Pravarasena I. und II. 114
Preise 258, 282, 342, 409
Premasada, Ranasinghe 440
Presidency Colleges 313
President's Rule 393, 399, 402, 413
Pressegesetz von 1878 349
Prithivisena I. 114
Prithviraja 150, 214
Prokopfeinkommen 341, 423
Provincial Autonomy 369
Ptolemäer 83

Ptolemäus 125, 130, 136
Pulakeshin II. 141ff., 152f.
Pulindas 170
Pulindasena 170
Pulisani 88
Punch-marked coins 96
Pune 186, 265f., 291, 424
Puranas 77, 109, 117, 129, 189
Puri 177, 187, 191, 234–37
Purnavarman 165
Purugupta 120f.
Purusha 57
Purushottama 236
Pushyagupta 105
Pushyamitra Shunga 91
Pushyamitras 119ff.

Quetta 10, 29, 31, 46
Quit India Resolution 373, 375
Qutb Minar 216
Qutb-ud-din Aibak 207, 214–17
Qutlugh Khvaja 219

Raghunath 291–93, 296, 300
Raghuvamsha 116
Rahman, Mujibur 436
Rahmat Ali 377
Raichur Doab 241
Rajagopalachari, Cakravarti 369f., 397
Rajagriha 70, 73, 75
Rajanya 57, 60
Rajaraja I. 147, 156, 158, 178
Rajasthan 29, 35, 37, 39, 42, 110, 121, 123, 149f., 208
Rajasuya 59f.
Rajatarangini 122, 223
Raje, Vasundhara 426
Rajendra I. 21, 147, 151, 157ff.
Rajputen 123, 148ff., 179, 209, 213, 217, 253, 257, 268, 298, 316
Rajputisierung 150
Ram, Jagjivan 407, 411
Rama 149, 415ff.
Rama Rao, N. T. 412, 418
Rama Raya 244f.
Ramacaritam 175
Ramanuja 190f., 193

Ramapala 151, 175, 234
Ramayana 194, 234, 416
Rameswaram 146, 248
Ranade, M. G. 333, 349
Rani von Jhansi s. Jhansi
Ranjit Singh 300
Rashtrakuta-Dynastie 20, 124, 143, 145 ff., 149, 153, 156 f., 175, 208, 231
Rashtriya Swayam Sevak Sangh 398
Rau, Wilhelm 56
Rayalaseema 18, 23 f.
Raziyyat 216
Recht, brit. 334, 346
Recht, ind. 163, 227, 375
Rechtsprechung 307 f., 313, 321 f., 327 f., 334, 345 f., 395, 405, 415
Reddi, Sanjiva 403, 410
Reddi-Fürsten 241
Regenfälle 10, 12, 41 f.
Regionalkulturen 144, 164, 179
Regionalsprachen 15, 23 f., 194
Reis 13, 22, 125 ff., 178, 272, 342, 374, 409
Religion 36, 47, 64, 72 f., 86, 103, 107, 118, 123 f., 127 f., 179 ff., 230, 248, 259, 347 f., 351, 358, 416
Reservierte Mandate 368
Responsible Government 331, 355, 376
Ricardo, David 312
Rigveda 47–50, 52–57, 61, 64, 79
Ripon, Lord 320, 349
Rohillas 294 f., 298
Rom, Römer 93, 100, 102, 105 f., 125, 134–38
Roosevelt, F. D. 372
Rowlatt-Gesetze 356 f.
Roy, B. C. 362
Rudradaman 105 f., 108
Rudrasena I. 114
Rudrasena II. 113 f.
Rudrasimha III.
Rupar 28
Rupie 281, 337, 339 f.
Rüstung 435, 445 f.
Rußland 446
Ryotwari-System 323

SAARC (South Asian Association for Regional Cooperation) 439
Sabaras 149
Sabha 59
Sadashiv Rao 291
Sadashiva 244
Saketa 70
Salbei, Friede von (1782) 296–98
Saluva-Dynastie 242
Salz 58, 127
Salzmarsch (1930) 363
Salzsteuer 236, 326, 363 ff.
Samajwadi Party 418, 426
Samanta 166–69, 174–79, 188
Samantaisierung 166 ff., 175, 177
Samarkand 257, 263
Samatata 110
Samaveda 49
Sambandar 182
Sambhaji 266
Samiti 59
Samudragupta 106, 108 f., 113, 117, 169
Sanchi 89, 92, 107, 131
Sangama-Dynastie 239, 242
Sangha 73
Sannathi 89
Sanskrit 15, 44, 47 f., 105, 108, 114, 116, 123, 140, 152, 155, 163, 194, 197, 199
Sanskritisierung 123, 184, 186
Sarasvati-Fluß 35, 54, 68
Sarnath 84, 101, 108
Sarvajanik Sabha s. Poona
Sassaniden-Reich 106, 120, 122
Satakarni I. 129
Satara 268
Satyaputras 85
Satygraha 356 f., 371
Saurashtra 105, 113, 164, 209
Sayana 240
Sayed, Mohammed 442 f.
Sayyiden 228
Schachspiel 16
Schiffahrt 10, 100, 135, 156 ff., 198, 270–79, 304, 310 f.,
Schiiten 262
Schrift 40, 63, 71 f., 348

Schutzzoll 333f., 341, 364
SEATO (South East Asia Treaty Organization) 430
Seehandel 37, 107, 125, 127, 158, 204, 270–79, 304
Seide 310
Seignelay, Marquis de 280
Seleukiden 93
Seleukos Nikator 16, 80, 83
Selim I. 251, 253
Sena-Dynastie 151
Separate Wählerschaften 329, 331 f., 355
Servants of India Society 357
Seßhaftwerdung 55 ff., 59, 125
Sèvres, Friede von (1920) 359
Shah Abbas 263
Shah Alam 291, 298
Shah Jahan 216, 233, 263
Shahji Bhonsle 265
Shahu 266–69
Shailendra 152, 204
Shailodbhavas 170, 172
Shaiva-Siddhanta 192 f.
Shaka-Stamm 94, 97–101, 104f., 108, 111 f., 129 f.
Shakuntala 116
Shakya 75
Shalankayanas 132
Shangam 126, 133 f., 137 f.
Shankara 180 f., 190, 240 f.
Shapur I. 106
Shar-i-Sokhta 31
Sharif, Nawaz 442
Sharma, G. R. 71
Shashanka 141 ff., 165
Shastri, K. A. N. 157
Shastri, Lal Bahadur 402, 407, 433 f., 437
Shatapatha-Brahmana 68
Shatavahana-Dynastie 14, 93, 105, 128–32
Shekar, Chandra 416
Shekkilar 182
Sher Shah 254, 256, 267
Shilapattikaram 133
Shin Arahan 205
Shishunaga 77

Shiva 101, 107, 118, 153, 178, 180, 182–86, 193
Shivaismus 155, 192 f., 205
Shivaji 265 f., 268, 282, 351
Shiv Sena 419
Shortugai 12, 28
Shri Gupta 108
Shrivijaya 21, 152, 157–60, 202, 204
Shudra 57 f, 64, 168
Shuja-ud-Daula 291 f., 295
Shulkis 173 f.
Shungas 92, 108
Sialkot 121
Sidis 282
Siebenjähriger Krieg 288, 290
Sikandar 228
Sikhs 179, 267, 298, 300, 317 f., 326, 386, 412 f.
Silber 27, 57, 125, 260, 270, 281, 283 f., 311, 337 f., 341
Simhavishnu 154
Simla-Konferenz (1945) 379 f., 382, 441
Sind 74, 102, 142, 147, 208 ff., 226 f., 254, 377
Singh, Ajit 418
Singh, Charan 407–11, 418
Singh, Manmohan 417, 427
Singh, V. P. 414–16, 440
Singh, Zail 412
Sinkiang 431 f.
Siraj-ud-Daula 289
Skanda 118
Skandagupta 115, 119–22
Sklaven 26, 57, 212 f., 216, 218
Skylax 74
Skythen 92
Smuts, General 356
Solankis 150
Soma 50, 53
Somavamsha 172, 234
Softwareproduktion 424
Somnath 210
Sopara 89
Sowjetunion 45, 372, 399, 404, 428–30, 433–35, 437–40, 444
soziale Differenzierung 55 ff., 125 ff., 198

Sozialismus, Sozialisten 343, 351, 354, 362, 396, 398, 407f.
Spanien 273 f.
Spinnrad s. Handspinnen
Sprachen 23 f., 44 f., 105, 123, 194 ff., 265, 313, 348, 352, 400 f.
Sprachprovinzen 360, 400, 412
Sravasti 70
Sri Lanka 85 f., 90, 111, 114, 132 f., 146, 157 f., 205–08, 416, 439 f.
Sringeri 180, 239 f.
Sriramalu, Potti 400
Srirangam 191, 218
Srisailam 248
Staatsbildung 127, 164, 169 f., 208
Staatssekretär für Indien 320, 328, 339, 341, 344, 352 f., 384, 381 f.
Städte 18 f., 63, 70, 118 f., 122, 130, 219 f., 267, 403
Stahlwerke 336, 343
Stalin, Josef 428 f.
Stambeśvari 173
Stämme 17, 22, 52, 56, 61, 74 f., 124, 126 f., 154, 168, 184, 198, 237
Sterilisierungskampagne 405 f.
Steuern 78, 112, 115, 167 ff., 175 ff., 209, 219 ff., 223 f., 226, 229, 247, 254, 259, 267, 270, 272, 289 f., 294, 302, 304, 344, 365, 396, 401
Strabo 135 f.
Streitwagen 16, 45, 50, 159
Südafrika 356 f.
Sudasa 52
Südostasien 90, 136 f., 152, 154, 156, 158 ff., 161, 195–206, 278
Suezkrise 430
Sufis 261
Suffren, Admiral 297
Suhrawardy, Shahid 383
Sumatra 152, 157 f., 160 f., 202, 204
Sundaramurti 183
Supatama 137
Surat 265, 281 f., 354, 423
Surkh-Kotal 103 f.
Suryavamsha 236 f.
Suryavarman I. 159
Suryavarman II. 160
Sutkagen Dor 28

Sutra 49
Suvarnagiri 87, 89 f.
Svadeśi 160
Swaraj 360
Swaraj Partei 362
Swatantra Partei 397

Tag der direkten Aktion (16. 8. 1946) 383 f., 386
Tagore, Dwarkanath 310 f.
Tagore, Rabindranath 310
Taj Mahal 261
Takuapa 158, 161
Talikota 245, 264
Tamil 24, 123, 133, 161, 352, 400
Tamil Maanila Congress (TMC) 420
Tamil Nadu 89, 123, 141, 161, 181 f., 203, 218, 239, 248, 400, 420, 422, 440
Tandon, Purushottamdas 395
Tanjore 177 f., 266
Tantrismus 152, 204
Tarain 213 f.
Tarn, W. W. 95
Taschkent 402
Taschkent-Konferenz (1966) 434
Tata, J. R. D. 396
Tata, Jamshed 336
Taxila 71, 79, 84, 87, 101, 201
Tee 304, 309, 335
Telugu 24, 123, 244, 248, 352, 400
Telugu Desam 412, 418, 423 f.
Tempel 18, 36, 118, 133, 148, 150, 153, 155 ff., 159 ff., 173, 176–79, 183 f., 189, 191, 194 f., 203 ff., 210, 226, 235 ff., 248, 368, 412, 415 ff.
Terrorismus 328 f., 363, 445 f.
Textilien 272, 276 f., 280, 284, 302, 309, 335, 362, 364
Thailand 161, 205
Thakeray, Bal 419
Thaneswar 210
Theravada-Buddhismus 205
Theravadins 73
Thomas, Apostel 99
Tibet 152, 204, 431 ff., 445
Tilak Swaraj Fonds 362

Tilak, B. G. 49, 329f., 351, 354, 360f.
Timur 227, 254
Tipu Sultan 297–300, 309, 312
Tirtha 189
Tirumala 245
Tirupati 186, 248
Toleranz 261
Tolkappiyam 133
Tomaras 150
Tondaimandalam 17f., 143, 145, 154, 241
Toramana 121f.
Tosali 87f., 132
Trajan 105
Transfer of Property Act 321
Trasadasyu 52
Travancore 352
Tributärfürsten 111f., 146, 151, 157, 159, 166–69, 212
Tripuri 150
Tschingis Khan 207, 210, 215, 227
Tughluq-Dynastie 224, 228
Tulsidas 194
Tuluva-Dynastie 243
Tungabhadra 9, 18, 234, 239, 241
Türken 122, 147, 214f., 227, 232, 359, 361
Turkmenistan 31

Udaipur 9, 177, 192, 215
Udayaditya 178
Udayagiri 128
Ujjain 17, 67, 70f., 75f., 84, 87, 89f., 92, 97, 105, 116
Ulema 359
Unabhängigkeitsliga 363
Unberührbare 376f., 407, 411, 418f.
Ungarn 430
Union Bank 311
United Progressive Alliance (UPA) 426f.
Universalismus 348
Unkündbarkeit der Pächter 367, 371
Unterentwicklung 332, 345f.
Upanishad 49, 64, 161, 180f.
Uparika 165, 173
Urbanisierung 67ff., 71, 127, 267

Urdu 267, 348
Usbeken 251, 253f., 257
Ushas 53f.
Utilitarismus 308
Uttar Pradesh 23, 74, 417f., 420, 425–27

Vainyagupta 121
Vaishali 73
Vaishnava-Heilige 190, 351
Vaishya 57, 64, 182, 196
Vajpayee, Atal Bihari 408, 421, 423, 441f.
Vajrabodhi 202
Vakatakas 113f., 132
Valabhi 164, 166
Vallabha 191
Vallalasena 151
Varendra 151
Varna 47, 56f.
Vasco da Gama 136, 271
Vasishka 104
Vasisthiputra 130
Vasudeva 92f., 106f.
Vasugupta 192
Vatapi s. Badami
Vatsa 69, 74
Vatsaraja 144f.
Vedanta 181, 190, 350f.
Veden 45ff., 49, 193, 347
Velama-Dynastie 241
Vellalas 182
Venedig 271–73, 277
Vengi 17, 110, 132, 147, 157
Venkateshvara 186
Vereinigte Staaten 284, 297, 344, 351, 430, 436–38, 442–44, 446
Vereinte Nationen 429, 443
Verfassung (Republik) 392ff.
Verfassunggebende Versammlung 383f., 392ff.
Verfassungsreform (1892) 328
Verfassungsreform (1909) 329
Verfassungsreform (1919) 330f., 355, 358, 360
Verfassungsreform (1935) 368, 376, 387, 393f.
Verstaatlichung 403

Verwaltung 15, 74, 87f., 118f., 130f., 165f., 169, 172, 219, 228ff., 232, 234, 238, 267, 289, 306, 320-25
Verwaltungsdienst (brit.-ind.) 314f., 325, 345f., 349
Vidarbha 17
Videgha 69
Vidisha 89, 92, 109
Vidyaranya 240f.
Vietnam 430, 438f.
Vijayanagara 17, 143, 169, 180, 225, 231ff., 236, 239-42, 244-49, 264, 285
Vijayasena 151
Vikrama-Ära 98, 104, 116
Vikramaditya (Malawa) 98
Vikramaditya (Ujjain) 116
Vikramaditya I. und II. (Calukya) 142, 153
Vikramashila 152
Viktoria 319f., 324
Vindhya-Gebirge 23, 89f., 111f., 114f., 123, 127f., 141
Vindhyashakti 114
Virudhaka 77
Virupaksha II. 242
Viṣaya 119
Viṣayapati 165, 173
Vish 56, 59, 61
Vishnu 113, 117f., 183
Vishnu Vasudeva 107
Vishnugopa 110, 132
Vishnuismus 191f., 194, 237
Viskhapatnam 424
Vithoba 186f.
Vivekananda, Swami 350f., 354
Vizekönig 320f., 323, 328, 349, 365f., 372, 378ff., 384
Volksabstimmung 388f., 429
Volkszählungen 22
Vrijis 70, 74f.

Waffen 45, 55, 76f., 248, 251, 253f., 267, 272, 284, 435
Wahlberechtigte 360, 376
Wahlen 359ff., 368f., 376f., 381f., 397f., 399f., 403-06, 409ff., 414f., 418ff., 425f., 442

Währung 337-43, 364, 366
Waldstämme 112, 114, 120, 175
Walpole, Robert 280
Wandiwash, Schlacht (1760) 290f., 297
Warangal 218, 224f., 231f., 242
Wavell, Lord 374, 379-84
Weizen 22, 338, 342, 364
Wellesley, Lord 299f., 309
Wellington, Herzog v. (Arthur Wellesley) 299
Weltkrieg, Erster 324, 326, 329f., 332, 340, 343, 357, 448
Weltkrieg, Zweiter 343f., 371-74, 377, 396, 399, 448
Weltwährungsfonds 344, 417
Weltwirtschaftskrise 340, 364f., 391, 397
Westasien 28ff., 38, 48, 50, 76, 125, 130, 161, 207f.
Wiedergeburt 64, 180, 187, 193
Wilson, Harold 434
Wirtschaft 42f., 83, 114, 125ff., 221f., 229f., 267, 271f., 276f., 306f., 309-12, 319, 326f., 333-46, 357, 374f., 396f., 402f., 405, 408, 414, 417, 419
Wirtschaftswachstum 326, 336, 340, 342f., 396, 418f., 424f.

Yadavas 143, 218, 225
Yajurveda 49
Yamuna 11f., 19, 54, 61, 74
Yashodharman 122
Yaudehas 105, 111
Yavanas 94, 128, 132, 243
Yüe-chi 97, 99f., 120

Zabt 258
Zahlungsbilanz 408
Zamindar 267
Zentralasien 31, 38, 45, 47f., 86, 97, 99, 102f., 106f., 120, 152, 214, 226f., 251, 260
Zentralregierung 323, 321, 393
Zinssätze 338f.
Zölle 272-74, 307, 309, 414
Zwei-Nationen-Theorie 378, 387, 389